Tagbuch der Gräfin Franziska von Hohenheim
späteren Herzogin von Württemberg

Tagbuch

der Gräfin Franziska von Hohenheim
späteren
Herzogin von Württemberg

Im Auftrag des
Württemberg. Geschichts- und Altertumsvereins
herausgegeben von A. Osterberg, Major z.D.

Faksimile-Ausgabe
mit einem Vorwort von
Peter Lahnstein

Verlag Karl Knödler Reutlingen

Als Vorlage zu dieser Reprintausgabe diente die im Adolf Bonz Verlag Stuttgart im Jahre 1913 erschienene Auflage, die freundlicherweise von der Stadtbibliothek Reutlingen für diesen Zweck zur Verfügung gestellt wurde. Die Neuausgabe wurde durch die Seiten I–XVI ergänzt.

Abbildungsnachweis
Seite X, XI: Schloßmuseum Ludwigsburg. Seite XII, XIII, XIV, XV: Hauptstaatsarchiv Stuttgart (Vorlage und Aufnahme G 2 Bü 2). Vorsatz: Aus »Wilhelm Kohlhaas, Das war Stuttgart« (J. F. Steinkopf Verlag, Stuttgart, 1977).

Der Verlag dankt herzlich der Stadt Reutlingen, dem Schloßmuseum Ludwigsburg, dem Hauptstaatsarchiv Stuttgart und dem J. F. Steinkopf Verlag, Stuttgart für die freundliche Genehmigung zur Reproduktion. Weiter gilt der Dank des Verlages allen Persönlichkeiten, die zum Erscheinen dieser Reprintausgabe beigetragen haben.

Printed in Germany 1981
Herstellung: Druckerei Harwalik KG, Reutlingen
ISBN 3-87421-096–0

Vorwort

Franziska von Hohenheim hat am 10. Januar 1748 in Adelmannsfelden, ungefähr halbwegs zwischen Ellwangen und Gaildorf, das Licht der Welt erblickt. Der Vater, Ludwig Wilhelm von Bernerdin, von einer aus Kärnten des Glaubens halber ausgewanderten Familie, hatte dort eingeheiratet. Seine Ehefrau, die Erbtochter, mußte fünfzehnmal ins Wochenbett, fünf Kinder blieben am Leben, Töchter sämtlich. Für ihre Bildung wurde wenig getan, der Dorfschulmeister hatte für die Schloßfräulein zu genügen; vor allem waren sie unter die Haube zu bringen. So wurde Franziska, sechzehnjährig, dem viel älteren, etwas schief gewachsenen Baron Leutrum kopuliert. – Als ihr Gebieter sie einmal ins Wildbad führt, begegnet sie dem Herzog Carl Eugen und gefällt.

Franziska war schlank und hochgewachsen, mit angenehmen, wenn auch nicht ebenmäßig schönen Gesichtszügen. Der Herzog, von seiner Gemahlin längst getrennt, hielt sich selten Mätressen, hatte aber in ungezählten Stundenliebschaften sein Land mit Bastarden übersät. Seltsam, aber nicht unerklärlich, daß dieser vollblütige Mann dennoch einer tiefen und dauernden Liebe fähig geblieben ist. Seine Begegnung mit Franziska – sie war damals 22, er 42 Jahre alt – hat sein Leben verändert. Das Jahr 1770 war für Carl Eugen in mehrfacher Hinsicht von Bedeutung. Der nach langem Prozessieren in Wien geschlossene sogenannte Erbvergleich hatte den Zwist mit seinen Ständen förmlich beendet; es ist auch das Entstehungsjahr der Militärischen Pflanzschule, seiner späteren Hohen Karlsschule, für sein ganzes weiteres Leben Gegenstand seines unermüdlichen pädagogischen Eifers.

Franziskas Anteil an dieser zweiten, beruhigten Phase der langen Regierungszeit Carl Eugens kann kaum überschätzt werden; schon die Zeitgenossen haben ihn erkannt als eine still wirkende, sänftigende Kraft. Das Paar blieb vereint bis zu Carl Eugens Tod. Er nahm seine »allerliebste Franzell« meistens auf Reisen mit. Waren sie je einmal auf eine kurze Weile getrennt, so sandte er ihr die zärtlichsten Billets, verstieg sich sogar zu grob geschnitzten, aber innig gemeinten Knittelversen. Er hat die geborene Bernerdin, geschiedene Leutrum, zur Reichsgräfin von Hohenheim erheben lassen, konnte sie aber für lange Zeit aus zwingenden juristischen Gründen nicht heiraten. Daran war erst zu denken, als seine legitime Gemahlin gestorben war, und dann waren noch unendliche Schwierigkeiten zu überwinden; die allerletzte, der päpstliche Konsens, wurde erst 1791 erteilt.

Der päpstliche Konsens – Carl Eugen war für seine Person katholisch, dessen ungeachtet aber als Herzog von Württemberg Oberhaupt seiner protestantischen Landeskirche; eine merkwürdige Doppelrolle, die er souverän gespielt hat. Franziska war Protestantin, eine tief religiöse Frau und nicht frei von pietistischen Neigungen – dies der einzige Kummer, den sie ihrem geliebten Gebieter bereitet hat, denn der empfand gegenüber den Stillen im Lande ein Mißbehagen.

Franziskas pietistisch durchtränkte Frömmigkeit stand in einem argen Widerspruch zu ihrer Stellung an der Seite Carl Eugens, denn äußerlich gesehen war sie bis auf die letzten Jahre des Fürsten Mätresse. Alles, was sie von Carl Eugen an beständiger herzlicher Zuneigung, an Aufmerksamkeiten, Geschenken, Ehrungen empfangen hat, ihr ganzes Leben an seiner Seite, ihr bald höfischer, bald gutsfrauenmäßiger Alltag, ihr schlichtes, würdiges Repräsentieren wie ihre unauffällige Hilfsbereitschaft – über allem lag der Schatten, unter dem sie sich, als im Stande der Sünde, gefühlt hat.

Das »Tagbuch« ist ein einzigartiges Zeugnis ihres Lebens. Es beginnt mit dem Neujahrstag 1780, die ersten Zeilen sind von des Herzogs Hand, was man als ein Zeichen dafür nehmen kann, daß die Führung eines Tagebuchs auf seine Anregung zurückgeht. Das Tagbuch ist durch neun Jahre, von 1780 bis 1788, fast lückenlos durchgeführt. Nur auf Reisen über die Landesgrenzen hinaus führt meistens Serenissimus in Person das Journal. So 1786 – »Mein des Herzogs eigenhändiges Tagbuch der Raysse nach Helmstett, Hamburg, Schwerin und wieder zurück. Meiner liebsten Frau, der Herzogin, zum Andencken mit getreuen Herzen übergeben«. – Nach den ersten Tagen des Jahres 1789 brechen die Aufzeichnungen ab. Am Neujahrstag 1791 wird ein neuer Anlauf genommen, der schon nach 26 Tagen endet. Als Witwe nimmt sie noch einmal die Gewohnheit aus glücklicheren Jahren auf, schreibt am Neujahrstag 1795: »In Gottes nahmen fange ich nun wieder Ein neues Jahr an, o dass es das Letzte nach seinem Weisen wille sein möchte«. Sie führt das Journal bis in den Februar. Dann hat sie endgültig aufgehört.

Die lückenlosen Aufzeichnungen beginnen also in Franziskas zweiunddreißigstem Lebensjahr und reichen bis zum vierzigsten. Merkwürdig sind sie in mehrfacher Hinsicht. Was dem Leser zuerst, verwirrend, und belustigend, auffällt, ist die tolle Orthographie; sie erinnert mehr an die von Goethes Hausfrau und Bettschatz Christiane als an die auch noch recht großzügige seiner Mutter, der Frau Aja. Eine individuelle Orthographie war zeitüblich, auch die Carl Eugens war ziemlich frei, aber im Tagbuch seiner Frau kommt man aus dem Verwundern nicht heraus – »ich machde meine neijars aus Gaben in richdig Keid« – oder: » am hämmelfartstag«. Ganze Variationen findet man über das häufig erwähnte Frühstück: »Im Dörfle wurde frie Gestigdt« oder »gefrie gestiegdt« oder wie immer. Aufs freieste wird auch mit Personen- und Ortsnamen umgesprungen, aus der Solitude wird die Solidide oder Solidite, und die glanzvollste Stadt ihrer Zeit schreibt sie gut schwäbisch Baris.

Gut schwäbisch ... Franziskas gänzlich unbekümmerte Schreibweise macht dieses Tagebuch zu einem mundartlichen Dokument. »Keinen rirenderen, Keinen scheneren Anblig kan man sich nicht denken ...« » ... alstan gengen sie in die mess und ich nacher Birgach in die Kirch ...« »ich raumde biecher in meine Kohlerhitte auf«. Aus jeder Zeile des Tagbuchs klingt das Honoratiorenschwäbisch ihrer Zeit, sehr vertraut auch noch dem heutigen Leser.

Bedeutsamer als die originelle Form ist der Inhalt der Tagbücher. Sie enthalten nichts Unerhörtes, aber sie spiegeln über Jahre den Alltag eines fürstlichen Paars, den Alltag und die Feiertage, worunter die Geburtstage, der Franziskas im Januar, der des Herzogs im Februar, sowie die Namenstage obenan stehen. An den hohen kirchlichen Feiertagen wird der Gang zum Gottesdienst erwähnt wie an gewöhnlichen Sonntagen; der Heilige Abend erscheint als ein Werktag, doch sind Geschenke gelegentlich vermerkt. Auch Silvester ist anscheinend nie festlich begangen worden, doch gibt dieser Tag Franziska stets Anlaß zu frommer Betrachtung – »So beschloss sich wieder Ein Jahr voll Gnade und Seegen von Gott«. In einer solchen Jahresschlußbetrachtung liest man: »O, kende ich so ruhig in das buch, wo alle meine Handlungen richtig von dem hertzens forscher ein Geschrieben Sein, hinein Sehen, du, o Jesu Sey der Fürsprecher vor die Senden, die in dem Selbigen Buch aufgezeichnet Sein . . .« Wie sie Tag für Tag ihre irdischen Begebenheiten notiert, so wird im Himmel Buch geführt über ihre Seele . . .

Eine Fülle von Namen taucht auf, Personen, die aufgesucht, empfangen oder getroffen werden. Doch bleibt es fast immer bei der Erwähnung des nach Belieben geschriebenen Namens – Näheres erfährt man nicht, von dem genialen Uhrenbauer und pietistischen Pfarrer Ph. M. Hahn so wenig wie von dem Franziskanerpater Eulogius Schneider, der zeitweilig Hofkaplan war und später das Elsaß mit der Guillotine terrorisierte, bis sein eigener Kopf fiel. Ausführlich wird Franziska selten, so beim Besuch des russischen Thronfolgers Paul und seiner württembergischen Gemahlin (die Festivitäten aus diesem Anlaß hat Schiller zu seiner Flucht genutzt).

Die Hauptperson des Tagbuchs ist Carl Eugen. Man könnte an Hand dieser Aufzeichnungen eine Tabelle seines Befindens anfertigen. Vieles von seiner rastlosen Tätigkeit läßt sich aus den täglichen Notizen ablesen. Wo einmal ganz Persönliches zur Sprache kommt, bleibt es meist rätselhaft. Am 28. August 1786: » . . . nach der Kirch sagden mir der herzog so was bewegliches, daß ich fast den Gantzen Tag weinde u. abends wegen Kopf we u. brechen vom essen auf stehen muste«.

In der schönen Jahreszeit ähnelt das Journal dem einer Gutsfrau. Nicht nur Franziska, auch der Herzog selbst sind tätig bei allerlei Gartenarbeiten, versuchen sich sogar im Mähen. Das Idealbild des Fürsten hatte sich im Lauf des Jahrhunderts, nicht zuletzt unter dem Einfluß Rousseau's, total gewandelt; am Ende war der Country Gentleman das Vorbild geworden, dem Carl Eugen nachlebte, zur tiefen Erleichterung seiner Lebensgefährtin, die sich als »Frau auf dem Hof« in ihrem Element fühlte. Beim Einbringen der Ernte fließt die Umsicht der Gutsfrau zusammen mit der Dankbarkeit gegen Gott – »gleich nach Tisch wurde mit Gottes hülfe angefangen Denkel zu schneiden mit 150 Personen; Gott Sey es gedangdt, der uns wieder einen so schenen ErndSeegen geschenget hat, und Er Gebe auch, dass wir es in seiner furcht mit Danksagung u. Tugend geniessen megen« (am 26. Juli 1786).

Von Franziskas Tagebuch wissen viele, aber nur wenige haben in den letzten Jahrzehnten Gelegenheit gehabt, es zu lesen. Sein Wiedererscheinen ist von hohem landesgeschichtlichem und kulturgeschichtlichem Interesse. Vor allem erlaubt es die Begegnung mit einer liebenswerten Frau, der Württemberg viel zu danken hat.

September 1981 *Peter Lahnstein*

Franziska von Hohenheim (1748–1811)
(Gemälde von J. F. Weckherlin um 1790)

Herzog Carl Eugen von Württemberg (1728–1793)
(Gemälde von Christian Jakob Schlotterbeck 1782)

Originalseiten aus Franziskas Tagebuch

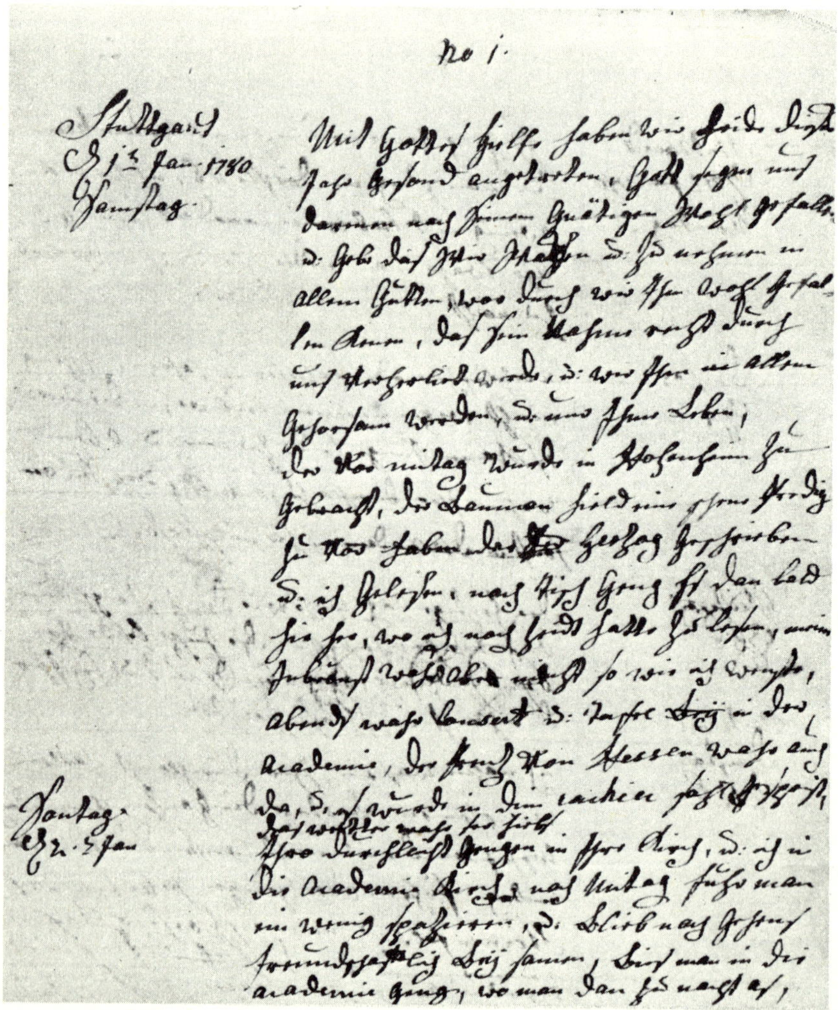

No 1.

Stuttgard
d 1. Jan. 1780
Samstag

Sontag
d. 2. Jan

1. u. 2. Januar 1780 (Erster Eintrag, Seite 13)

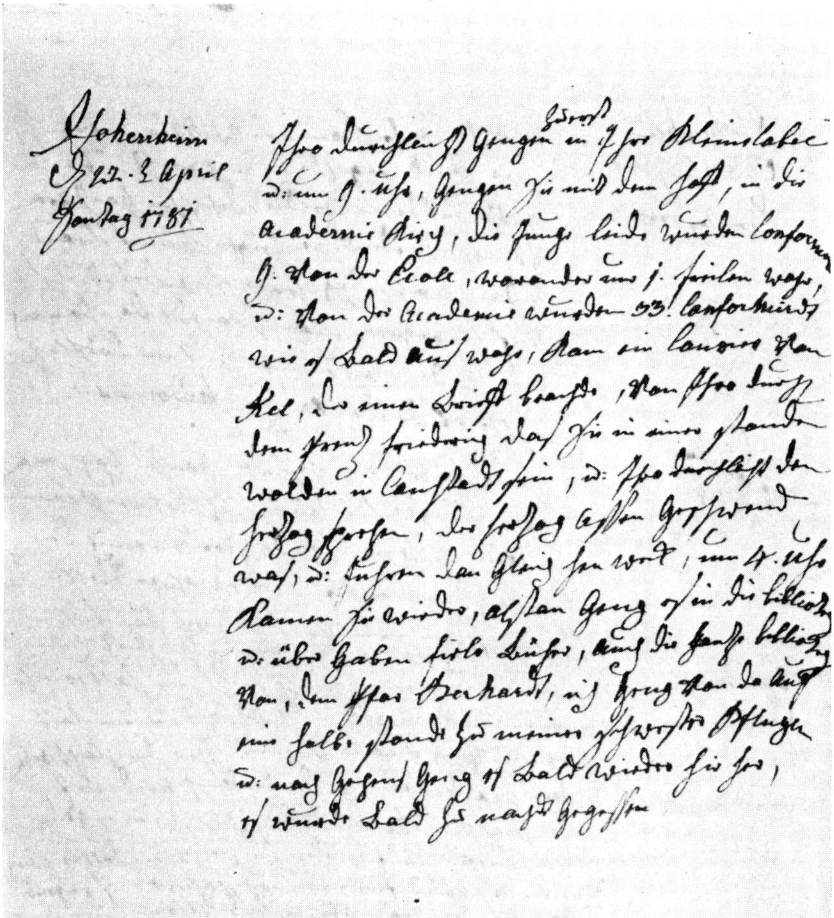
Hohenheim
d. 22. t April
Sontag 1781

Ihro durchleücht gingen gerad in Ihro Kleinkabinet
um 9. uhr, gingen Sie mit dem Hof, in die
academie Kirch, die junge leüt wurden Confirmiert
9. von der Ecole, worunder nur 1. fräulein war,
und von der Academie wurden 23. Confirmiert
wie es bald aus war, kam ein Courier von
Kehl, der einen brief brachte, von Ihro durchl:
dem Prinz friderich das Sie in einer stunde
wolten in Canstadt sein, und Ihro durchleücht den
Herzog sprechen, der Herzog aber gerad beim
war, und fuhren dan gleich hin weck, um 4. uhr
kamen Sie wieder, als dan gieng es in die biblioth
und über haben fiele bücher, auch die Kupfer biblioth
an, dem Herr Berhardt, ich gieng von da aus
eine halbe stunde zu meiner schwester Pflanzer
und nach hauß gieng es bald wieder hin her,
es wurde bald zu nacht gegessen

22. April 1781 (Seite 88)

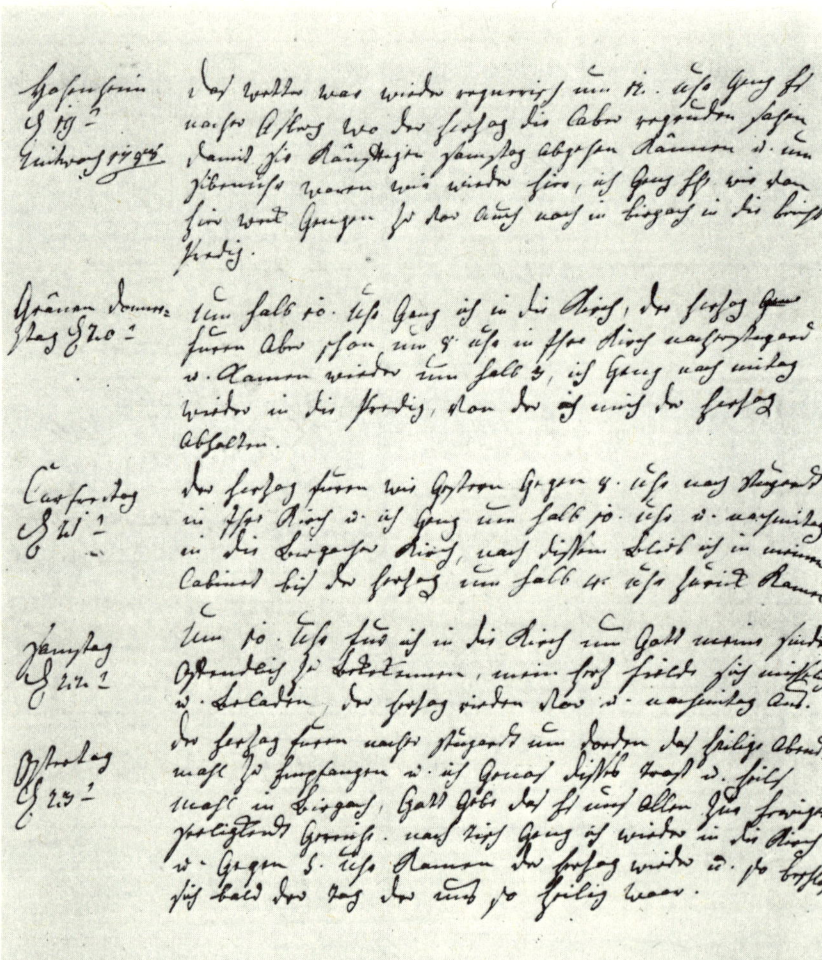

19. bis 23. März 1788, Osterwoche (Seite 440)

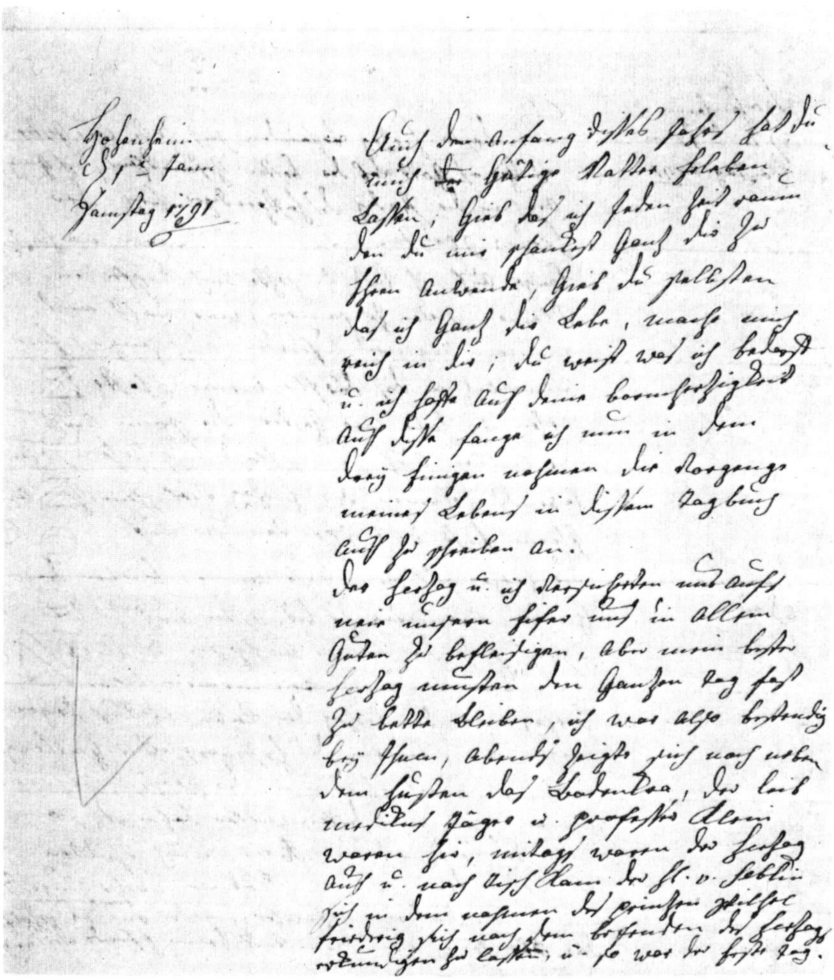

1. Januar 1791 (Seite 477)

Tagbuch

der Gräfin Franziska von Hohenheim, späteren Herzogin von Württemberg.

Im Auftrag des

Württemberg. Geschichts- und Altertumsvereins

herausgegeben von

A. Osterberg

Major z. D.

Stuttgart 1913.

Druck von A. Bonz' Erben.

Einleitung.

Das erblassende Andenken an die Herzogin Franziska von Württemberg, welche einen so günstigen und weitragenden Einfluß auf Herzog Karl zum Segen des württembergischen Volkes ausgeübt hat, wieder aufgefrischt zu haben, ist das Verdienst zweier literarischer Erscheinungen. Die ältere davon ist das Buch von E. Vely „Herzog Karl von Württemberg und Franziska von Hohenheim“, während in dem 1907 vom Württembergischen Geschichts- und Altertumsverein herausgegebenen bedeutungsvollen und umfassenden Werke: „Herzog Karl Eugen von Württemberg und seine Zeit“ Franziska und ihre Beziehungen zum Herzog eine musterhaft geschichtliche Darstellung erfahren. Das Werk von E. Vely enthält eine Fülle dankenswerten Stoffes zur vaterländischen Geschichte dieser letzten Rokokoperiode; nur sind die Farben des hierin dargestellten Bildes von einer Hand aufgetragen, welche zu sehr dem Zuge eines liebevollen, daher alles verzeihenden und alles verschönernden Herzens gefolgt ist. So kommt es, daß der Leser mehr den Eindruck einer verherrlichten Romangestalt, nicht aber den einer geschichtlich umschriebenen Persönlichkeit erhält. Gewiß war Franziska eine Dame von überwiegenden Vorzügen, durch welche sich der übersättigte Karl endlich und endgültig von seinem 43. Lebensjahre ab den Weg weisen ließ, welcher ihn wieder zu den Herzen seines bisher unterdrückten und mißhandelten Volkes führte. Und wenn von den mannigfachen Denkmälern, welche der stets sich übermäßig in den Vordergrund stellende Herzog sich selbst errichtet hat, keines mehr vorhanden ist, so hat er es ihr, seiner Geliebten und späteren Gemahlin, zu verdanken, daß das Andenken an seine guten, selbst vortrefflichen Eigenschaften heute noch im Herzen seiner Alt-Württemberger vorherrschend ist.

Bei der Beurteilung der Stellung der Gräfin von Hohenheim sind die mildernden Umstände in Betracht zu ziehen, wie sie in jener Zeit allgemein solchen Persönlichkeiten, welche sozusagen zum Hofstaat gehörten, zuteil wurden. Hoch über sie alle ragte Franziska, welche indessen, solange sie nicht Herzogin war, nie zu voller Zufriedenheit mit sich selbst und ihrer Stellung gelangen konnte, hervor.

In der kleinen Kapelle ihres einstigen Gutes Sindlingen bei Herrenberg hat ihr Neffe von Böhnen eine noch daselbst vorhandene Büste — vielleicht ihr naturgetreuestes Abbild — nach ihrem Tode aufstellen lassen mit der Inschrift: „Ihr Herz schlug warm für Gott und Menschen. Durch Frömmigkeit und Wohlthätigkeit zeichnete sie sich aus;“ von Böhnen, der zu Franziska in sehr nahen persönlichen und dienstlichen Beziehungen gestanden war, hat damit die Grundzüge ihres Wesens mit wenig Worten bezeichnend getroffen.

Den tiefsten Einblick aber in ihre Charakter- und Herzenseigenschaften, sowie in ihre Privattätigkeit wird das Lesen ihrer „Tagbücher“ gewähren. Nachdem ich, angeregt durch das Erscheinen des Herzog Karl-Werkes, dieselben dank dem gütigen Entgegenkommen der Direktion des Kgl. Geh. Haus- und Staatsarchivs einer Durchsicht unterzogen hatte, entstand in mir der Wunsch, sie der Allgemeinheit zugänglich zu machen, um dadurch dieser ausgezeichneten Frau, deren Andenken nach neuzeitlicher Auffassung wohl ein Makel angehängt werden mag, ein neues ehrendes und versöhnliches Denkmal zu errichten. Dieses schließt natürlich aus, daß derjenige, welcher das Buch in Erwartung einer „sensationellen und pikanten Lektüre“ in die Hand nimmt, nicht im mindesten auf seine Rechnung kommt. Auch von politischen Dingen ist nicht einmal andeutungsweise die Rede; sie hat sich nie, wie sie nach dem Tode ihres Gemahls selbst sagte, „in Staatsgeschäfte melirt“, was ihr auch der Herzog nie erlaubt hat. In seinem Schreiben vom 10. Juli 1780, worin er ihr nach dem Tode der Herzogin Friederike seine Hand anträgt, sagt er: „Versehe ich mich gänzlich zu Dir, daß Du, wie bißhero, immer und täglich mehr entfernt bleiben wirst, Dich, weder in Staats sachen, noch andern zu mischen.“ Der kulturhistorische Wert des „Tagbuchs“ erleidet dadurch sicher keine Einbuße. Es umfaßt nur die Jahre 1780 bis 1788 einschließlich. Vom Jahre 1783 an hat der Herzog auf seinen Reisen, die er nie ohne Franziska gemacht hat, das Tagbuch selbst geführt, was sie jedesmal bemerkt. Diese Reisetagebücher des Herzogs sind erst vor kurzem zum Vorschein gekommen und sehen ihrer Veröffentlichung entgegen, so daß von 1780—1788 ein fortlaufendes Tagebuch beider vorhanden sein wird, da Franziska in ihren Aufzeichnungen stets auch der Tätigkeit des Herzogs gedenkt. Vom Jahre 1789 sind nur zwei Tage, 1791 nur der Monat Januar, von 1795 nur der Januar bis zum 11. Februar vorhanden, d. h. bis zu ihrer Übersiedlung nach Kirchheim u. T. Die Einträge werden zuletzt ganz kurz, es ist daher anzunehmen, daß das Tagebuch in Kirchheim nicht weiter geführt worden ist. Da nunmehr das Tagebuch über die „Land-Reisen" des Herzogs Karl in der Zeit von 1767—1773 (herausgegeben von Oberstleutnant Freiherr von Ziegesar) erschienen ist, so liegt das Privatleben des Herzogs in wertvollen geschichtlichen Dokumenten durch eine Reihe von 14 Jahren vor uns.

Zur Beurteilung der Abfassung des Tagbuchs durch Franziska ist zu beachten, daß der Herzog stets darin zu lesen pflegte, wie er auch an manchen Tagen selbst Einträge gemacht hat. Sie zeigt einen erstaunlichen Takt, aber auch einen recht unterwürfigen Ton gegenüber dem selbstgefälligen, an keinen Widerspruch gewöhnten Herzog.

Auffallend ist die Nachlässigkeit ihrer Schreibweise; von Rechtschreibung, von einer systematischen Schreibart keine Spur; die fremdsprachlichen Ausdrücke sind unglaublich fehlerhaft geschrieben, so daß deren Entzifferung schwierig, manchmal unmöglich ist. Da sie offenbar im Tagbuch schrieb, wie sie zu sprechen pflegte, so kann man daraus ihre Sprache erkennen, allem nach ein Gemisch von schwäbisch-norddeutschem Dialekt, erkenntlich an der häufigen Verwechslung des Dativs mit dem Akkusativ, wie „Ihro Durchleicht klagten sich in die Glieder, der Herzog zangden mit die professers, war gnädig gegen mir" usw.; sodann ameblemang, arangemangs, apardemang, buliung usw.; „Es zogen Wetters hin und her, sprach mit die Schreibers" usw.

Keinen Zweifel läßt das Tagbuch darüber, daß Franziska von der aufrichtigsten Frömmigkeit erfüllt und daß keine Berechnung, auf den Herzog Eindruck zu machen oder ihr Ansehen zu heben, damit verbunden war. Dieser, ein liberal denkender Katholik, dem es gewiß Ehre macht, daß er für seine Lebensgenossin die evangelische Kirche in Birkach erbaute, war von ihrer tiefen Frömmigkeit von früher her überzeugt, wenn er 1780 an sie schreibt: „Ich will Dir in Deiner glaubens lehre nichts im weege legen, jedoch unter der austruckentlichen bedingnuß, Dich der falschen Neigung zu dem so genannten Pietismo zu enthalten, und darinnen meinem rath mehr alß bishero gehör zu geben, glaub mir, liebste Freundin, Ich habe schon in dießem fall in meinem Herzen Viel vor Dich gelitten.“ Am gernsten verkehrte sie, überall wo sie sich aufhielt, mit der evangelischen Geistlichkeit; auch empfand sie bis zu ihrem Tode eine Vorliebe für die Herrenhuter Brüdergemeinde.

Mit Vergnügen können wir in dem Tagbuch Einblick nehmen in die häusliche Tätigkeit des Paares. Franziska war eine hingebende Hausfrau, die alles mögliche, sogar Medizin, sowie auch auf der Reise, selbst kochen, ihren ganzen Putz usw. selbst machen konnte, auch alle gärtnerische Arbeiten mit Vorliebe verrichtete, wozu sie auch den Herzog anleitete, der sich nicht scheute, selbst zu säen, zu mähen, Bäume zu setzen usw.

Franziska, eine Freundin des ländlichen Lebens, nennt ihren Hauptaufenthaltsort die „Englischen Anlagen“ nie anders als das „Dörfle“. Es war ein 21 Hektar umfassender Park, nördlich an die Stuttgarter Straße von der jetzigen Station Hohenheim bis zur „Garbe“ stoßend, westlich begrenzt durch die alte Staatsstraße nach Plieningen—Reutlingen bis zur Körsch, südlich diesem Bache auf eine Länge von 130 m folgend und im Osten annähernd begrenzt durch den Fußweg, welcher von der Station Hohenheim nach Plieningen führt, jetzt aber den südlichen unteren Teil des früheren Dörfles durchschneidet. In diesem dreieckigen, nach Süden spitz auslaufenden Parke erhoben sich, nachdem Karl im Jan. 1772 den „Garbenhof“ (d. i. das damalige Hohenheim) der Frau Franziska von Leutrum, geb. von Bernerdin, geschenkt hatte, welcher seit 18. Juli 1771 im geschenkten Besitze seiner letzten Maitresse, der „Demoiselle“ Caterina Bonafini, gewesen war, im Laufe der folgenden 15 Jahre nach Schwetzinger Vorbild gegen 60 phantasievolle, teils ländliche, teils künstlerische Baulichkeiten, umgeben von den seltensten Bäumen und Gesträuchern, wodurch damals Hohenheim einen europäischen Ruf erhielt. Karl wollte die Erinnerung an Denkmäler des Altertums mit der durch Rousseau geweckten Vorliebe für idyllisches Naturleben verbinden, indem er zwischen den Trümmern einer alten Römerstadt eine ländliche Kolonie errichtete. Diesem phantastischen Gedanken tat es keinen Eintrag, daß die meisten Bauwerke, neben anderen stilistischen Mißgriffen, in einem viel zu kleinen Maßstab errichtet waren. Der größte Teil dieser wunderlichen Spielereien ist in dem Werke Viktor Heideloffs: „Ansichten des Herzogl. Würtembergischen Landsizes Hohenheim. Nürnberg 1795“ sehr schön abgebildet und beschrieben nebst einem eingehenden Plan der „Englischen Anlage.“

Nach dem Tode Karls, 1793, blieb das noch nicht ganz vollendete Schloß Hohenheim und die dortigen Anlagen zunächst in ihrem Bestand erhalten. Herzog Friedrich Eugen wählte nach seiner Thronbesteigung 1795 Hohenheim zu seinem Lieblingsaufenthalt. Nach dessen Tode 1797 begann der Verfall der Anlagen. „Aus dem Schloß wurden, so berichtet die Oberamtsbeschreibung von Stuttgart-Amt, alle Gegenstände von Werth nach Ludwigsburg (z. T. nach Monrepos) gebracht, einzelne Bautheile ausgebrochen, viele Gebäude ganz abgetragen, die herrlichen Anlagen ihrer meisten Zierden beraubt, die Gutsumzäunung samt den Pappelalleen entfernt; was noch von der alten Pracht übrig war, fand vollends sein Ende, als in den Kriegsjahren die Schloßgebäude zu wiederholten Malen zu Militärspitälern gebraucht wurden.“

Von der ganzen Herrlichkeit des „Dörfles“ ist daher heutzutage im „Exotischen Garten“ nur wenig mehr zu erschauen. Zwar stehen noch viele Prachtexemplare der von Franziska gepflanzten seltenen Bäume, welche allein schon einen Besuch desselben lohnen. Es dürfte daher hier der Platz sein, für die Erhaltung des noch Vorhandenen, das seinem Verfall entgegengeht, Fürsprache einzulegen. Am besten erhalten ist das sogenannte „Römische Wirtshaus“, in dessen Nähe einstens die zahlreichen ländlichen Feste und „Jahrmärkte“, besonders unter Beteiligung der Karlsschüler, stattfanden. Die Bögen von dem „ goldenen Haus des Nero“, an welche es an seiner östlichen Seite angebaut war und welche von dem Wirtshaus aus erstiegen werden konnten und wegen ihrer Aussicht von Franziska viel besucht wurden, auch der hübsche Aushängeschild „Zur Stadt Rom“ sind verschwunden. Es bietet in seinen Raumverhältnissen einen richtigen Begriff von dem kleinen Maßstab des „Dörfle“. Im Innern, leider völlig verwahrlost, steht noch ein Ofen vom Jahre 1777; äußerlich wurde es vor kurzem aufgefrischt. Dieses Gebäude mit seinen vielfachen Erinnerungen würde verdienen, wieder hergestellt zu werden; es ist nach V. Heideloff auch in den „Veröffentlichungen des Schwäbischen Schillervereins", 2. Band 1907, Seite 146 abgebildet.

Ganz in der Nähe südlich davon liegen unter einer Baumgruppe versteckt die Trümmer der „drei Säulen des donnernden Jupiter". Eine davon steht noch. Etwas südlich davon sind noch die Gräben des „Römischen Gefängnisses" zu erkennen; in derselben Richtung weiter steht eine Gruppe großer Lebensbäume von seltener Schönheit. Hinter diesen stand die als Lieblingsaufenthalt der Franziska bekannte „Köhlerhütte", von ihr gewöhnlich „Kolhitl" genannt, welche uns im Tagbuch am meisten begegnet. Wie so vieles in dem Tagbuch für ihren einfachen Sinn spricht, so die Bevorzugung dieses dachförmigen Bretterhäuschens, welches in seinem Innern eine auserlesene Büchersammlung, auch die astronomische Uhr des Pfarrers Hahn barg. Eine Abbildung davon nach V. Heideloff findet sich in den genannten „Veröffentlichungen" Seite 161, sowie in Wilhelm Seytters Werk: „Unser Stuttgart" Seite 450. Im nordwestlichen Teil des „Dörfles" ist der „See mit einer Insel" wohl erhalten, auch fließt in der Nähe noch das Bächlein, wie früher. Unweit des nördlichen Eingangs stand das „Spielhaus", eigentlich nur ein Spielsaal zu ebener Erde; 1841 im Biedermeierstil umgebaut und mit An- und einstockigem Aufbau versehen. Der Saal wurde mit vielen sehenswerten Bildern nach den Zeichnungen V. Heideloffs von Hofmaler Joseph Neher geschmückt und bietet dem Besucher des „Dörfles" einen belehrenden und anziehenden Aufenthalt. Sonst enthält das Haus die Wohnung des Gärtners und Aufsehers des exotischen Gartens. Südlich und nördlich der Straße zur Garbe befanden sich je 3 Wassersammelbecken, welche aus der Körsch gefüllt werden konnten. Die drei nördlichen sind noch vorhanden; ebenso die Vertiefung für die südlichen. Aus den durch einen Tannenhain verdeckten Becken wurde das Wasser bei hohen Besuchen, Festlichkeiten usw. abgelassen, um in einem noch erkenntlichen Bett zunächst die Badezellen in den „Ruinen eines Römischen Bades" zu füllen und dann entlang dem Pappelsträßchen, welches die Anlagen in zwei ungleiche Teile zerlegte und noch heute in seiner ganzen Länge vorhanden ist, einen Bach zu bilden, der den langen See füllte, eine Mühle trieb, die „Bäder des Diokletian" speiste und schließlich den „großen Wasserfall" zuwege brachte, dessen Stelle im jetzigen Akazienwäldchen südlich des Fußwegs nach Plieningen wohl zu erkennen ist. Am westlichen Rand dieses Wäldchens nördlich des Fußwegs ist die Stelle, wo einst der berühmte „Sibyllentempel" mit seiner schönen Aussicht stand, an ihrer Erhebung leicht wahrzunehmen. Da, wo der Sumpf jetzt ist, stand das zirkelförmige „Carthäuser Kloster mit gothischer Kapelle."

In dem Teil des „Dörfles", welcher östlich von genanntem Pappelsträßchen sich erhob, ist alles gänzlich eingeebnet. Nur noch in tiefem Baumesschatten versunken und vergessen erinnert der „Lange See" an die Tage, wo Franziska mit Karl hier die Fische und Schwanen fütterte. In seiner Mitte befand sich das „Feststehende Schiff".

Was sonst noch in Hohenheim an erhaltenen Räumen, welche in besonderer Beziehung zu Karl und Franziska standen, erhalten ist, ist in den beiden anfänglich erwähnten Werken beschrieben.[1])

Noch möge an dieser Stelle ein Wort für das alte Scharnhausen eingelegt werden, welches am wenigsten von seiner Ursprünglichkeit eingebüßt hat.

In reizender Einsamkeit von Karl mit der Inschrift „Carolus otio 1784" erbaut, der es „Retraite" nannte, ist das Schlößchen äußerlich wohl erhalten, innerlich zu der Wohnung des Verwalters umgebaut. Seitlich hinter ihm war je ein Pavillon, wovon nur noch der westliche steht. Bedauerlicherweise dient der darin enthaltene einstige Speisesaal mit schönen Ausmalungen als Gärtnermagazin. Davor befindet sich noch wohlerhalten der von Franziska errichtete Springbrunnen. Die alten Laubgänge, terassenförmig hintereinander aufsteigend, sowie die vorliegende Ballustrade tragen zu dem stimmungsvollen Bild, welches das alte Scharnhausen gewährt, wesentlich bei. Oben auf der Höhe steht noch der 1788 durch Franziska erbaute, offene, auf 12 jonischen Säulen ruhende Aussichtstempel. Ein hübsches Bild der ganzen damaligen Anlage befindet sich in der Kgl. Staatssammlung vaterländischer Altertümer. Möge auch dieses Denkmal eines künstlerisch bedeu-

---

[1]) Im Anschluß an die Ausgabe dieses „Tagbuchs" wird durch den Unterzeichneten ein „Geschichtlicher Führer durch Hohenheim und Umgebung" erscheinen, welcher im Besondern die Geschichte von Alt-Hohenheim, das „Dörfle", das Schloß, Scharnhausen, Floride usw. eingehend behandelt.

tenden Abschnitts der vaterländischen Geschichte stets ein wachsames Auge behüten!

Da der Herzog beinahe täglich von Hohenheim nach Stuttgart fuhr und auf dem dabei eingeschlagenen Weg wohl ungemein lebhafte und prächtige Bilder des letzten Rokoko-Zeitalters zu sehen waren, so sei noch eine Bemerkung hiezu erlaubt. Die damals befahrene Straße führte vom Schloß Hohenheim zur „Garbe", wo sie in die Staatsstraße Stuttgart—Reutlingen einmündete. Letztere führte in nordwestlicher Richtung, dann durch den Weidachwald und mündete bei dessen Grenze westlich von der „Hohen Eiche" in die Staatsstraße nach Tübingen. Die weitere Fortsetzung bildete die Hauptstraße in Degerloch, dann die „Steig", „Weinsteig" (später alte Weinsteige), die alte Tübingerstraße, welche etwa der heutigen äußeren Hauptstätterstraße entsprach. Dann ging es durch das damalige Hauptstätter Tor und die Hauptstätterstraße zum Schloß. Diesen Weg legte der Herzog, welcher stets sehr schnell zu fahren pflegte, in einer Stunde zurück.

In den erwähnten „Veröffentlichungen des Schwäbischen Schillervereins" sucht Johannes Proelß in seiner Abhandlung „Schiller in Hohenheim" nachzuweisen, daß dieser Weg von Stuttgart nach Hohenheim Schiller „auch als Vorbild für die poetische Schilderung eines Aufstiegs durch Feld und Wald in seiner großartigen, einzigschönen Elegie „Der Spaziergang" gedient hat".

Zum Schlusse möge an dieser Stelle mir noch erlaubt sein, dem Direktor des Königlichen Geheimen Haus- und Staatsarchivs, Herrn Dr. von Schneider für seine gütigen Bemühungen bei Herausgabe des „Tagbuchs", sowie dem Königlichen Oberhofmarschallamt, besonders Herrn Geheimen Hofrat Sachs für sein freundliches Entgegenkommen meinen geziemenden Dank hierdurch abzustatten.

Stuttgart, im Oktober 1912.

A. Osterberg.

1780[1]

Der Gräfin von Hohenheim

Eigenhändiges

Tag Buch

Stuttgardt d. 1. Jan. 1780 Samstag. Mit Gottes Hielfe haben wir heide dieses Jahr gesond angetreten. Gott segne uns darenen nach Seinem gnätigen Wohlgefallen u. gebe, daß wir Waksen u. zu nehmen in allem Gutten, wordurch wir Ihm wohl gefallen kenen, daß sein Nahme recht durch uns verherliet werde, u. wir Ihm in Allem gehorsam werden, u. nur Ihme leben.

Der Vormitag wurde in Hohenheim zugebracht; der Bauman[332]) hield eine schene Predig; zuvor haben der Hertzog geschrieben u. ich gelesen. Nach Tisch geng es dan bald hie her, wo ich noch Zeidt hatte zu lesen. Meine Inbronst wahr aber nicht so, wie ich wenschte. Abends wahr Consert u. Tafel in der Akademie, der Prentz von Hessen[2]) wahr auch da u. es wurde in dem Rachir sahl[3]) gespeist. Das Wetter war sehr hiebsch.

Sontag d. 2. Jan. Ihro Durchleicht gengen in Ihre Kirch,[4]) u. ich in die academie Kirch;[5]) nach Mitag fuhr man ein wenig spatzieren, u. Blieb nachgehens freundschaftlich Beysamen, Bies man in die academie geng, wo man dan zu nacht aß.

Stuttgardt d. 3. Jan. 1780 Montag. Es geng gleich nach Tisch nach Hohenheim u. man stieg im Dörfle[6]) ab; ich wahr ein wenig mit leib we incomodiert; um 4. uhr wahr man wieder hir u. as in der academie zu nacht.

Dinstag d. 4. Nach Tisch wurde spatzieren gefahren, ich geng niecht wegen meinem leib we in die academie. Es kamen Junge Leide[7]) zu mir, u. abend wahren Ihro Durchleicht so gnädig u. aßen hir im schloß.

Mitwoch d. 5. Ich nahm was ein, Ihro Durchleicht hatten, wie schon ein Paar Tage, den gantzen Vormitag Geschefden, die ich nicht wiessen durfde; nach mitag fuhren oder gengen sie aus, u. der Sternenfels[8]) u. meine schwester[9]) kamen zu mir u. Blieben Bies Ihro Durchleicht wieder kamen; wir wahren recht vergnügdt bey samen u. Ihro Durchleicht aßen wieder im schloß, wie sonsten in der academie wahr die Tafel.

Stuttgardt d. 6. Jan. 1780 Donerstag. Ihro Durchleicht gengen in Ihre Kirch, u. ich in die academie Kirch, alwo der Profesor Cleß[10]) predigde. Um halb zwey Uhr versamelte sich der Hof in Galla[11]), es wurde das aller Erste Mahl im Marmor Sahl gespeist; nach der Tafel redirirden sich Ihro Durchleicht Baldt u. wahren wieder in geheimen Beschefdigungen. Die Geheimderadin von Uxkull u. Ihr Mann[12]), der Sternenfels[8]) u. meine Schwester[9]) wahren Bey mir, Bies Ihro Durchleicht kamen. Wir wahren vergniegt u. Ihro Durchleicht speisten wieder u. ich auch in der academie zu nacht.

Freitag d. 7. Vor mitag u. nachmitag hatten Ihro Durchleicht immer wieder solche Beschefdigungen, die ich nicht wissen durfde. Ich hatte was zum laxiren eingenomen; um halb 4. uhr kam die Geheimderadin Buleren[31]) u. der Sternenfels[8]) zu mir u. blieben bis Ihro Durchleicht kammen; zu vor schrieb ich die gantze Zeid.

Stuttgardt d. 8. Jan. 1780 Samstag. In die academie geng ich niecht. Es kamen aber Junge leide[7]) zu mir; um zwey uhr fuhr ich zu der Mosheimen mit den Zwey Mosheims[42]), die in der academie sein; ich blieb eine stonde, dan geng ich in das Sternenfelssche haus, allwo meine Schwester, die Uxculle u. Ihr mann u. die Klenkofstremen[13]) auch wahren; ich blieb bies 6. uhr, u. Ihro Durchleicht speisten im schloß mit mir ganz allein.

Sontag d. 9. geng ich in die Kirch u. Blieb den gantzen Tag übrigens zu haus u. alleine; Ihro Durchleicht fuhren gleich nach Tisch aus, u Kamen Kafe zu trengen, gengen aber gleich wieder u. kamen erst nach die 6. uhr wieder. Es wurde im schloß gantz alleine gespeist, u. um 9. uhr geng es zu Bett.

Stuttgardt d. 10. Jan. 1780 Montag. Heide als an meinem gliecklich Erlebdem Geburtztag, wo for ich Gott mer Dank schuldig bin, als ich Ihm auf dieser Weld Brengen kan, Erwachte ich etwas Belder, als man wekde, überdachde die Gnate Gottes u. Empfahl mich wieder aufs neihe in Seinen almechtigen Schutz; dan wurde gewekd, ich lag auf ein mahl in einem andern Ausgetzierden Bet, das Frie stück wahr auch in andern Gefessen gebracht, da wahr es 4. uhr. Ihro Durchleicht stonden Bald auf, ich las noch wie geweniglich u. um die 7. uhr solde ich auch aufstehen; ich stond mit zidernden Fiesen u. mit Angst auf den heidigen Tag auf. Wie ich in mein Zemer Kam, wahren alle Kesten henaus u. es stond eine Manifiege Toalette u. an der seite die Wahrheidt vorstellend, die mir einen Brief über gab von Ihro Durchleicht, der mich Inigst freide. Es geng dan die andere Dier von meinen Zemern auf, wo alles schemmerte, u. ein gantzes Süberbes Sielbernes Servies under einem Tempel aufgesteldt stond. 15 Von die Junge leide[7]) in der academie haben die Girrlanden, die angemachtwahren, gehalden, wordurch ich gehen muste; eine ser schene uhr Von Pfarrer Hann[14]) gemacht, wahr auch in's Zemer gesteldt; ich war gantz beteibt von aller der Gnadt Ihro Durchleicht u. konde Ihnen kein word von den rierungen meines Hertzens sagen. Ich zog mich an, um 9. uhr wahr der gantze Hof versameld, ich erstaunde über die menge u. über den staat, mein Hertz Klopfde sterger, ich sahe im schloß hof wahren 29 Wegen rachirt, mit der schensten Equipach u. Pferde; es wurde dan eingesesen, nach deme von der academie u. Ecol[15]) angeredet wurde u. mir von Ihnen Ferse übergeben wurden; ich wußte nicht wo es hengeng, Bies man der Kirch nahe kam, so ich mir dan von dem, was vorgeng, etwas einbildede. Ich war gantz geriert über diesen umstand, über Ihro Durchleicht Ihren Edelmut, über Ihre denkungsart; ich konde Kein word mer sagen. Keinen rirenderen, Keinen scheneren Anblieg kan man sich niecht denken, als, da 15 Pahr Arme, die von der Gnadt Ihro Durchleicht gekleidet, ausgesteirdt u. noch Gelt mitgegeben da standen, sich copulieren zu lassen; neben ihnen 4 Pahr, die ihren 50zig jerigen Hochzeidt Tag feirden u. auch von Ihro Durchleicht gekleidt u. Beschenkdt, u. Sie, Ihro Durchleicht neben ihnen mit dem gantzen Hofe die gantze Copulacion aus haltendt. Es soll Ihnen im Buche des Lebens angeschrieben werden, wahr die gantze Handlung über mein Wonsch zu Got; sprechen konte ich niechts. Wie dieses zu End wahr, so fuhr man in die academie, wo zuerst frie gestiegdt wurde und dan mit einer allerliebsten Fete[16]) surpreniert wurde, die sich u. auf den Speis Sahl fierde, wo Ihro Durchleicht auch wieder 200 arme leide gespeiset wurden u. ganz gekleidet von Fuß auf von der Gnadt Ihro Durchleicht wahren. Die 15 neihe Ehe pars u. die 4 Par Alte wurden auch alda gespeist. Es wahr ein Anblieg, welcher alle Hertzen durchdrengen mußte u. das fühlloseste konte niecht gleichgieldig dabey sein u. muste den Wohldäter darvor segnen; alle die Arme wahren so durchdrongen, daß sie nicht Worde genug finden konten, ihren Dank auszudrüken. Ihro Durchleicht u. der gantze Hof blieb einige Zeidt darbey u. dan geng es zu dem Essen von der academie, wo zu vor noch von dem Elev. Schieller eine Rede im Examinacions Sahl[17]) gehalden wurde beim rachiren u. beim Essen von der academie wahren aller Orden auch noch Sachen vor mich angebracht. Wie dieses vorbey wahr, geng man durch den cabinets gang[18]) von Ihro Durchleicht in das Schloß zur Tafel, welche in 74 Couvers bestand. Nach der Tafel retirierde sich Alles u. es geng in die Opera Didone[19]), wo auf die letzt noch was besonders vor mich gemacht wahr[20]), nach diesem zur Tafel, die 90 Couvers wahr; nach der Tafel wahr noch redute, wovon es dan her nach Bald zu Bet geng.

Der Gantze Tag geng also von einer Gnad zu der andern von Ihro Durchleicht vorüber u. ich wahr fiel zu foll, um Ihnen nur den vierten Teil von meiner Empfendong zu sagen, wahr auch noch durch den schnupen so geplagdt, daß ich fast nicht schnaufen konnte, und damit trette ich non mein 33.tes Jahr an. Gott verleihe, daß ich darinen umkehre u. mich gantz bessere u. er leite mich nach seinem rat u. wohlgefallen auf dem weg des glaubens u. der Tugend.

Stuttgardt d. 11. Jan. 1780 Dinstag. Es schlief alles zimlig aus; ich wahr noch so Kunfus von aller der Gnadt u. von Allem, was gestern als vorgeng, daß ich gantz aus meiner ordnung kam. Nach dem Essen von der academie fuhr man ein wenig spatzieren u. stieg in meinem Hause[21]) ab, suchte Sielber aus u. ließ als dan den Sielberhändler, der das Servies von der Gnad Ihro Durchleicht gemacht hatte, in's schloß komen, bestelte vor altes Sielber noch einiges Bey Ihm, u. damit wahre Es Balt Zeidt in die academie. Ich wahr aber im Grond gar niecht mit meinem Tag zufrieden mit mir selbst.

Mitwoch d. 12. Nach Tisch geng es nach Hohenheim, es wahr aber kein so schen Weter, wie die vorigen Tage. Im Dörfle[6]) stieg man ab u. geng bald wieder nach Haus, allwo Ihro Durchleicht der Aller Gnätigste Hertzog u. ich schrieben u. in der academie zu nacht aßen.

Donerstag d. 13. geng niechts anderes vor als: man fuhr ein wenig spatzieren, u. Ihro Durchleicht fingen Ihren Trank an zu trenken, u. der gantze Nachmitag wurde den mit schreiben hingebracht.

Stuttgardt d. 14. Jan. 1780 Freitag. Ich freude mich heide recht, um ein Par Stonden darauf mich recht zu ergern. Ich kaufde Ihro Durchleicht ein Pferdt, daß Sie es niecht wußten u. freude mich zu viel auf eine surprise, die mir nicht gelang; der Oberstallmeister [22]) verriedt das Geheimniß eine halbe Stonde zu vor, ehe ich das Vergniegen geniesen konte. Das ergerde mich grausam u. ich hatte nicht Sterke des Geistes genug, um nicht den gantzen Tag darieber unmutig u. über Ihn Bese zu sein. Es geng nach Louisburg in das Waisenhaus, wo ich ein schenes Exempel der Gelassenheidt u. Sterke des Geistes an der Hauptmann Hoffen [23]) hette nehmen kenen. Ihre wurde heide frie ein hoffnnongvolles Kind begraben u. sie wahr denoch heiter, u. mir begegnede eine Kleinig Keidt u. mußte immer daran denken. Es wahr ser Kaldt, ich hatte noch einen schnupen u. man aß in der academie zu nacht; mitags wahr auch der Hof u. der Printz von Hessen[2]) in der academie.

Stuttgardt d. 15. Jan. 1780 Samstag. Heide geng gar niechts vor, als man fur ein wenig spazieren.

Sontag d. 16. Jan. 1780. Ich geng in die academie Kirch, u mit Ihro Durchleicht zu dem Essen von der academie; nach diesem wurde spatzieren gefahren u. weiter geng niechts vor.

Hohenheim Montag d. 17. Jan. 1780. Der Wolfskel[24]) geng nach Holland u. der Stralemdorf[25]) nach Mömpelgardt; da hat ich einiges zu don bies zum Essen. Nach dem Essen geng es gleich nacher Ensingen[26]), da Ihro Durchleicht u. ich das Gut von dem Herrn von Palm Besahen u. so es Ihro Durchleicht gefühl, so kaufte ich es gleich vor zehn dausend Gulden; ich freide mich, man Besah alles u. geng nachgehens noch nach Hohenheim über nacht.

Stuttgardt Dinstag d. 18. Ihro Durchleicht Blieben etwas lengers liegen wie geweniglich, u. rieten her nach in das Dörfle. Ich blieb liegen Bies 11 uhr. Nach Tisch rieten der Herzog wieder aus, ich aber Blieb zu Haus u. um halb 4. uhr gengs wieder hir her, wo man dan in der academie zu nacht as.

Hohenheim Mitwoch d. 19. geng es um 12 uhr nacher Hohenheim, wo man im Dörfle abstieg, es wahr ein rechter frielingstag; es wurden einige beime versetzt, die aus England u. Holland kamen. Nach dem nachdt Essen geng man noch in stall.

Hohenheim d. 20. Jan. Donerstag 1780. Um 12 uhr gengen Ihro Durchleicht u. ich nach Ober-Ensingen, auf mein neihes landgut. Sie rieten herum die Gieder zu Besehen, u. ich Blieb in dessen bey der Frau von Palm; auch wurde das Bauwesen ein wenig regulierdt u. man Kam nach die 5 uhr wieder in Hohenheim an.

Stuttgardt Freitag d. 21. Um 9. uhr geng Es von Hohenheim weck, um halb 2. uhr wahr der Hof in Galla versameld[27]; nach der Tafel gengen alle Dames in mein Zemer, um das Sielber Servies, von der Gnadt Ihro Durchleicht zu sehen u. Abends wurde es in der academie zu nachdt gespeist.

Samstag d. 22. Nach Tisch geng es nacher Hofen[28], in das Waisenhaus, u. kam um 4. uhr wieder an, u. as in der academie zu nacht.

Stuttgardt d. 23. Jan. Sontag 1780. Ich geng in die academie Kirch, alwo der Repetend Hoßiander Bredigde. Zu dem Essen von der academie geng ich niecht; nach die 1. uhr fur man spatzieren u. alstan liessen Ihro Durchleicht von ihren regiemender u. von Ihren Garderobleiden die katolische Kender zusamen komen, wo fon sie welche nach Hofen[28] aussuchden; nach diesem Blieben Ihro Durchleicht u. ich bey samen, sie schrieben u. ich las, bies man zum nacht essen geng.

Hohenheim Montag d. 24. Gleich nach dem Essen geng es nacher Hohenheim, man stieg im Dörfle ab u. blieb da Bies 4. uhr, dan geng man henein, as u 7. uhr ruhig zu nacht, u. nach dem nacht essen geng Es noch in stall.

Dinstag d. 25. Um 8. uhr geng es von Hohenheim weck, es schneide ser, u. hat die nacht über schon stark geschniehen. Um halb 10. uhr Kam man in Nürtingen auf dem Markt an, Ihro Durchleicht Kaufden fielle Oksen, es daurde bies 1. uhr, dan geng es von da auf mein Landhaus Ober Ensingen, da verweilde man sich bies 3. uhr, dan geng es wieder nacher Hohenheim; im Dörfle besahe man nach die von dem bürgermeister von Arnem[29] geschickte Beime.

Stuttgardt d. 26. Jan. Mitwoch 1780. Ihro Durchleicht rietten nach die 8. uhr in das Dörfle, ich Blieb ser lang liegen, nach die 3. uhr geng es weck u. hir her, wo weider niechts vor geng, als daß ich erfuhr, daß die Schillingen Hofdam sich heiraden wierde nacher rusland mit dem H. v. Benkendorf[30].

Hohenheim Donerstag d. 27. Es geng nach Tisch nacher Hohenheim, es schneite immer, u. man Blieb niecht so gar lange im Dörfle.

Freitag d. 28. Nach Tisch fuhren Ihro Durchleicht u. ich Im Schlieten, sie hatten immer etwas Husten, besonders Bey nacht; im Dörfle Blieb man Etwas über eine stond, dan geng es wieder nach haus, es feng an ziemlich Kald zu werden.

Stuttgardt Samstag d. 29. Nach Tisch geng es nach Ober Ensingen[26]), Ihro Durchleicht rietten ein wenig da aus; das haus wurde follens recht Besehen, weilen es seid Gestern ler worden ist, indem der H. v. Palm mit Sack u. Pack gestern abgezogen ist. der Rieß wurde follens Bestemt, u. von da geng es her nach hier her nach Stugardt.

Stuttgardt d. 30. Jan. Sontag 1780. Ich geng in die academie Kirch; zu dem Essen von der academie Kam die Geheimderädin v. Seckendorf[587]). Nach Tisch fuhren Ihro Durchleicht u. ich nach Heslich, u. von da solde es Bies Kaltendal gehen, allein der Weg wahr so schlem, daß man zulest im großen schneh aussteigen muste, den Wagen follens zum umkeren in das ord henein fahren lassen, u. dan gengen wir noch eine gutte strecke zu fus.

Montag d. 31. Nach Tisch geng es nach Louisburg, bey dem Mitag essen wahr ich niecht in der academie, dargegen kam die Geheimderädin u. Er, Buhler[31]) zu mir, wo ich Ihnen mein silbernes Servis wies.

Hohenheim Dinstag d. 1. Feb. Es geng um halb 9. uhr nacher Leonberg auf den Markt im schlietten, es wahr ser Kaldt, von da geng es nacher Hohenheim.

Mitwoch d. 2. Es geng heide niechts Besonderes vor, man Blieb fiel zu haus, u. um 3. uhr geng es in den Fasanen Garden.

Stuttgardt d. 3. Feb. Um 9. uhr geng es auf den böblenger Markt im schlietten, von da geng man über meiringen nacher Kaldenthal, das man aber gar niecht schen fand, u. alsdan geng es hir her nacher Stuttgardt.

Freitag d. 4. Ihro Durchleicht gaben audienz. Ich ließ die Ecol zu mir komen u. geng niecht zu dem Essen von der academie; in die Audienz kam der Hofrad Zeller [32]) u. bot sein Gut, Ober Enderingen an. Nach dem Essen geng es Baldt nach Hohenheim, u. es wahr ein ser schener Winder-Tag.

Samstag d. 5. Um 8. uhr geng man von Hohenheim wek im schlietten u. nach Hohen Enderingen, das Gut zu Besehen; da aber fiel schne lag, so konde man nur die Lag davon einsehen,

u. wurde sich zu niechts entschlossen. Um 5. uhr kam man in Stuttgardt an. Das Wetter wahr den gantzen Tag trieb u. auf den abend feng es an ein wenig zu regnen.

Stuttgardt d. 6. Febr. Sontag 1780. Ich geng in die academie in die Kirch, u. nach mitag fur man ein wenig spatzieren.

Hohenheim Montag d. 7. Es geng nach Hohenheim, meine schwester[9]) wahr werend dem Essen von der academie mit Ihren Kändern Bey mir; in Hohenheim Blieb ich Bies Abend im römischen Wirdzhaus[33]), weilen es von auf Dauer ser nas im Dörfle zu gehen wahr, u. nach die 4. uhr geng man in Hof[34]), wo man dan wie geweniglich nach dem nacht essen noch in stall geng.

Stuttgardt Dinstag d. 8. Um 11. uhr geng es nacher Ensingen; es wurde mit dem Gebäu Alles follens mit dem Bau Inspekdor Groß[35]) ausgemacht u. Abends geng es wieder hir her nacher Stuttgardt.

Mitwoch d. 9. Ihro Durchleicht hatten fiell zu don wegen Ihrer Abreis morgen; ich glaubde dishalb auch fiell zu don zu haben; nach dem Essen geng es auf eine Kurtze Zeidt in die Biblioteg[36]) u. dan wieder nacher haus.

Dinkelsbühl d. 10. Feb. Donerstag 1780. Es geng um halb 7. uhr von hir weck. Ihro Durchleicht hatten vor, eine gleine reise nach Franken zu machen. Es geng Alles Gottlob gliecklich, u. um 5. uhr kammen wir in Dinkelsbühl an; in Aalen wurde ein wenig zu mitag gespeist, u. Abends legde man sich bald in das Bet; in der Post logierten wir.

Nürnberg Freitag der Glieckliche 11. Februar 1780. Das Erste meiner Handlongen wahr, daß ich meine inbrenstige Wensche vor Ihro Durchleicht im Gebet vor Gott brachde u. dan sie auch suchde einiger mahsen Ihro Durchleicht zu sagen. Um 6. uhr stond man auf u. um 7. uhr oder halb 8. uhr geng es weck. In Anspach as man was Weniges, u. dan geng es follens nacher Nürnberg, wo Ihro Durchleicht u. ich noch die Biblioteg von denen deductionen[611]) Besahen. In einen Barbierladen geng es auch noch, u. dan bey Zeidt in das Bet.

Nürnberg d. 12. Feb. Samstag 1780. Um 11. uhr geng man von Nürnberg weck, nach Altdorf, da geng man dan in das Universitäts haus, sa die Biblioteg u. alles, was da zu sehen war. Abends geng es wieder nacher Nürnberg.

Sontag d. 13. Ihro Durchleicht gengen in die Kirch, nach diesem gengen sie u. ich in das Arsinal, u. der beriehmte Bronnen wurde Besehen, her nach geng man noch vor dem Essen, eine Malerey samlung zu sehen Bey dem hE. v. Braun. Nach Tisch geng man um die Kaisers Krone u. Alles, was zur Krönung geherde, wie auch einige reliquien zu sehen. Von da geng es in das Kriegspresidenden v. Haller sein Haus, u. dan Baldt wek nacher Erlangen, wo man Bey nacht ankam, u. im Walfisch Logierte.

Montag d. 14. Ihro Durchleicht gengen in die Colegia u. hörden 7. Profesors lesen, in die Biblioteg u. naturalien Kammer. Um 12. uhr kamen Sie wieder; 3. Profesors, welche Würtenberger wahren Gemehlen[37]), Elsässer[406]) u. Preiher[37]) da zu mitag; nach dem Essen gengen Ihro Durchleicht u. ich zu der Margräfin[37]), blieben eine Zeidt lang da, u. dan geng es wieder nach Nürenberg.

Dinkelsbühl Dinstags d. 15. Febr. 1780. Um halb 8. uhr geng es von Nürenberg Weck, u. vor die 11 uhr kam man nach Anspach, wo man im Wirtzhaus etwas weniges aß. Es kamen gleich einige Cavaliers, u. es geng in einer schenen Equipach das Schloß zu sehen; da wahren fiele von Hofe, die Erste auch die Frau Ober Hofmarschall v. Eichler. Von da geng es nacher Triesdorf, da Besahe man die Pferdt stall für stall u. das Landschloß u. fur mit marggreflichen Pferden bies Dinkelsbühl, wo man bald zu nacht as u. auch Baldt zu Bet geng.

Stuttgardt Mitwoch d. 16. Um halb 9. uhr geng es von Dinkelsbühl weck, underwegs hield man sich in Aalen eine halbe stonde auf, u. kam Gott lob bey Zeiden Gliecklich u. Wohl hir an, wo man dan noch in der academie zu nacht as.

Stuttgardt d. 17. Febr. Donerstag 1780. Man rude ein wenig aus, geng wie geweniglich in die academie, fuhr nach diesem ein wenig spatzieren u. Blieb wieder zu Haus, bies es zum nacht essen von der academie geng.

Hohenheim Freitag d. 18. Ihro Durchleicht gaben Audientz, die Ecol kam zu mir, in der academie wahr der Hof, u. nach diesem geng es nacher Hohenheim; man Blieb bies Abend im Dörfle, u. dan saß man ruhig Bey samen; der v. Hobe hatte seinen ersten Denst, als leib Gnab.

Stuttgardt Samstag d. 19. Vor dem Essen rieden Ihro Durchleicht aus. Es wahr ser Kaldt, um 3. uhr geng es wieder hir her nach Stuttgardt. Ich sa das Erste Mahl den Haus Geschmuck, der von Holland zurick kam.

Sontag d. 20. Ich geng in die academie Kirch, u. niecht zum essen von der academie, nach Tisch gengen Ihro Durchleicht u. ich zuerst in das Sichenhaus, dan in das stadt spiedal u. nachgehens in das Latzaret, wo man dar zwischen immer wieder ein wenig spatzieren fuhr.

Stuttgardt d. 21. Febr. Montag 1780. Nach mitag fur man spatzieren, geng in stall, die Bescheler aus zu suchen, u. nach Gehens in dic Biblioteg.

Hohenheim Dinstag d. 22. Nach Mitag geng es nacher Hohenheim. Es schneide underwegs gantz Besonders starck. Giebal[38]) u. haubtman Fischer[39]) wahren im Dörfle u. es wurde follens ausgemacht, wie der Consert sall[40]) werden solde, u. auch Gleich von die Junge Leide[7]) von der academie daran angefangen. Der Leitenand von Bönen[41]) hatte heide seinen Ersten Dinst als Leib Gnab.

Stuttgardt d. 23. Mitwoch. Das Wetter wahr schen Glar u. hell. Um 3. uhr geng es vom Dörfle aus wieder hir her.

Donerstag d. 24. Gleich nach Tisch geng es nach Asperg u. im ruckweg stieg man in Louisburg im Waisenhaus ab, u. kam um 6. uhr nacher Haus.

Hohenheim d. 25. Febr. Freitag 1780. Ihro Durchleicht gaben Audientz u. gengen in Ihre Kirch, der Hof war in der academie. Nach diesem geng es nacher Hohenheim, im Dörfle stieg man ab, geng da in Consert sahl nach die mahlers zu sehen. Das Wetter wahr zemlich Wendig.

Stuttgardt Samstag d. 26. Das Wetter wahr die gantze nacht über ser stirmisch, schneide auch; Ihro Durchleicht rietten aus, nach mitag wurde das wetter aber gar zu übel mit wend u. schneihen, daß Sie niecht mer lang ausreiden Konden. Um halb 4. uhr geng es weck, im sturm u. schneihen, der schne wahr ser hoch, gleich underwegs Kam ein Feierreider mit der Nachricht, daß es im alden schloß brende, bald darauf Kam aber auch die Nachricht, daß es niechts mer zu Bedeiden hätte. Wie man hinan Kam, war alles schon gelescht, es entstand aber ein neiher lermen, daß es brende, welcher aber niechts wahr; alles wahr noch im alden schloß Versameld, ich Kam, da Ihro Durchleicht da wahren, auch hinieber.

Stuttgardt d. 27. Febr. Sontag 1780. Ich geng in die academie Kirch, Ihro Durchleicht gaben der landschaft audientz. Ich geng niecht mit in die academie. Nach Tisch fur man ein wenig spatzieren u. dan geng man in das Waisenhaus hir, wo Ihro Durchleicht alles durch visidierten u. die Kender Besahen, bey der nacht Tafel wahren 3 von der landschaft, v. Mosheim[42]), v. Üxküll[12]) u. hofrad Stockmeiher[43]).

Montag d. 28. Feb. Meine Schwester[9]) Kam werend dem essen von der academie zu mir, u. nach diesem geng es nacher Hohenheim.

Dinstag d. 29. brachte man fiel im Dörfle zu, u. es geng weider niechts vor, als daß man etwas von des Burgemeister von Arnheim[29]) seine geschengde Beime in Kerbe versetzde. Der schne geng mit macht wek.

Mitwoch d. 1. Mertz. Nach Tisch geng es nacher Stuttgardt, man aß wie geweniglich in der academie.

Hohenheim d. 2. Mertz Donerstag 1780. Bald nach Tisch geng Es hir her, vor mitag Kam die Ecol[15]) zu mir, u. in Hohenheim stieg man im Dörfle ab, wo man dan bies Abend Blieb.

Aurach Freitag d. 3. Um halb 9. uhr geng Es von hir hin weck über Einsiedel[451]) nacher Aurach, wo aller orden das Beschel regiester gemacht, wurde.

Samstag d. 4. Vor mitag machden Ihro Durchleicht das land Beschelregiester, dan geng es Bald von Aurach hen weck, nach Offenhausen u. Marbach. Man besa alle die pferde u. wurde in Marbach noch das regiester gemacht.

Marbach Sontag d. 5. Ihro Durchleicht schrieben vor mitag, u. ich Blieb recht lang liegen u. las, nach Tisch fur man nacher Grafeneck, u. nach gehens Kamen die landpferde, wo dan das beschel regiester gemacht wurde; auf den Abend fur man noch ein wenig auf die Jagdt, u. aß Bald zu nacht.

Hohenheim d. 6. Mertz Montag 1780. Um halb 9. uhr geng es von Marbach hinweck, es geng über Nürtingen, wo auch das land Beschel regiester gemacht wurde, von da geng es nacher Ensingen; der General Bubenghausen[44]) wahr dar Bey, dem wies ich mein Ensingen[26]), u. man Kam alstan noch bey Zeiden hir an, u. stieg im Dörfle ab. Bald darauf Kam ein Kamerdener von Ihro Durchleicht dem prentzen,[27]) daß Sie in Hochberg[45]) angekommen wehren u. Ihro Durchleicht negstens visiede machen wolde, wo dan der Herzog den Tag auf den mitwoch sich aus Biddede, Sie schrieben auch der prentz daß Ihre hoheiden[52]) den 10. nach Komen wirden.

Dinstag d. 7. Man wahr ser fiell im Dörfle, u. es geng weider niechts Besonderes vor, ich blieb zemlich lang liegen.

Mitwoch d. 8. Um 11. uhr Kamen Ihro Durchleicht der prentz, bald darauf wurde gespeist, u. nach der Tafel geng man in stal u. fur ins Dörfle, wo Ihro Durchleichden beiderseits her nach zu pferdt weider im Gut herumriedden, u. nach diesem fur man nacher Glein Hohenheim, wo der prentz von da wieder nach Hochberg zurik gengen.

Hohenheim d. 9. Mertz Donerstag 1780. Im Dörfle wurde das Friestück genomen, nach mitag wahr man auch die meiste Zeidt im Dörfle, u. Abend fur man nach Klein Hohenheim, um da den Waldt zu sehen, den die Leib Jegers anlegen.

Freitag d. 10. Der heitige Tag wurde zugebracht wie der gestrige, nur daß man niecht nach Klein Hohenheim fur, es wurde ser fiell an denen Terassen an der mühl[46]) gearbeidt. Ihro Hoheiden Kamen in Hochberg an.

Stuttgart Samstag d. 11. Es wurde der greste Teil vom Tag hen gebracht wie gestern, abends aber geng man nacher Stuttgardt.

Sontag d. 12. Ich geng in die academie Kirch, aber nicht zu dem Essen von der academie, gleich nach diesem gengen Ihro Durchleicht u. ich nacher Hochberg, u. erst nach die 6. uhr geng es wieder von da her weck, daß man also etwas spader hir in Hohenheim ankam.

Montag d. 13. Die meiste Zeidt wahr man heide im Dörfle, ich wahr ser übel aufgeräumd.

Dinstag d. 14. Im Dörfle wurde gefrie gestiegdt, dan wahr ein Fiech Verkauf, wo ich 882 fl. löste, nach Tisch wahr man wieder die gantze Zeidt im Dörfle u. es wahren ser fiele leide bey der mühl[46]), die den platz zu recht machden. Ich steckde erbsen u. war in meinem garden lang beschefdigt; es hatte heide einen stargen nebel, fragt sich ob bis den 13 Mey ein wetter komen wird.

Hohenheim d. 15. Mertz Mitwoch 1780. Es wurde im Dörfle gefrie Gestiegdt, u. nach Tisch wahr man auch wieder die ganze Zeidt da, u. wurde fiell bey der Mühl planierdt.

Donerstag d. 16. Der heitige Tag wahr ser wendig u. übel

weter. ich Kam gar niecht in das Dörfle. Ihro Hoheiden[52]) solden morgen benebst dem prentzen[27]) Komen, aber wegen dem gar zu üblen wetter, so schiegde der Herzog den hE. v. Benen[41]) nach Hochberg, um sich zu erkondigen, ob sie doch dem ongeacht Komen wolden. Heide nacht ist an der schenen Wurst[47]) was gestolen worden, u. man hatte daher groses aus Kondschafdigen for.

Maria heim suchung freitag d. 17. Die hoch Berger Herschafden Kamen heide niecht, es wahr heide aber wieder hiebsch, nur daß Vormitag noch ein wenig wend geng, nach mitag aber das wetter recht schen wahr; der Herzog gaben mir einen blauhen rock, ich geng auch nach Plenengen in die Kirch. Es wurde das stieck mit Kleinen Grotten bey der mühl über dem bach gemacht, u. ich wahr lang im Felsen.

Samstag d. 18. Ihro Hoheiden u. der prentz Kamen um 12. uhr, der Herzog u. ich fuhren Ihnen in gegen, bald darauf wurde gespeist, nach der Tafel gengs in den stall u. dan ins Dörfle, wo sie überall herum gengen, abends fur man nach Klein Hohenheim, da sahen die herschafden das fiech u. gengen nachgehens Ihro Hoheiden u. der prentz nach Hochberg, u. Ihro Durchleicht der Herzog nach Stuttgardt, wo man gantz spadt ankam.

Hohenheim d. 19. Mertz Sontag 1780. Ich geng in die academie Kirch, der Cleß[10]) bredigde u. Ihro Durchleicht Kamen vor mir aus der Kirch. Zui essen Kam weder der Hof noch ich in die academie. Nach diesem geng es baldt wieder hir her, u. hir fur mann ins Dörfle, Ihro Durchleicht räumden mit dem Gemengen[48]) Bonen[41]) u. Lutzo[49]) in der milch Kamer[50]) ab.

Montag d. 20. Heide wahr es ser übel Wetter, u. den gantzen Tag regnete es. In der Milch Kamer[50]) wurden an die Fenster Gestelle henein geschlagen, um noch mehr Majolika aufstellen zu Kenen, daher Wahren Ihro Durchleicht einige mahl darausen u. ich fur auch abends henaus.

Dinstag d. 21. Ihro Durchleicht wahren wie geweniglich den gantzen Vor mitag im Dörfle u. es wurde da gefrie Gestiegdt, nach mitag säte ich fielerley samen vom Mosheim[42]), man wahr auch fiell in der milch Kamer, u. der Tag wahr recht schen.

Stuttgardt Mitwoch d. 22. Nach mitag wahr man ser fiell in der Milch Kamer. Ihro Durchleicht liesen das Majolika rachiren u. dan geng es nach die 6. uhr nacher Stuttgardt, es wurde in der retret[51]) gespeist.

Stuttgardt d. 23. Mertz Gründonerstag 1780. Ich geng in die academie Kirch, Ihro Durchleicht Blieben lenger in Ihrer Kirch, wie sonsten. Zum essen von der academie geng ich niecht mit; nach diesem wurde ein wenig spatzieren gefahren u. in meinem Haus[21]) abgestiegen; nach diesem gengen der Herzog noch ein mahl in die Kirch, u. ich las zu Haus, in der academie wurde es zu nacht gespeist.

Carfreitag d. 24. Ihro Durchleicht u. ich gengen fast zu gleicher Zeidt in die Kirch, Sie in das alde schloß, u. ich in die academie, zum Essen von der academie geng ich niecht, nach dem Essen geng es um 3. uhr in die Kirch, Ihro Durchleicht u. ich in's schloß, Sie in Ihre[4]), u. ich in die Efangelische[5]). Ihro Durchleicht holden mich Ab, es wahr Ihnen niecht ganz wohl, sie tranken Kafe, u. gengen nachgehens wieder in die Kirch, u. ich nach Haus. So baldt Ihro Durchleicht auch zurick Kamen, geng es Gleich hir her, u. es wurde dan Baldt zu nacht gespeist; Ihro Durchleicht führden mich wegen Ihrer Gesondheit immer heimlich an.

Samstag d. 25. Mertz 1780. Im Dörfle wurde gefrie gestiegdt, nach mitag wahr man auch die meiste Zeidt da, es Kam ein laufer von Hochberg, der brachde mir einen Brief von Ihro Hoheiden[52]), wor mit sie einen Beutel vor Ihro Durchleicht u. mir eine Garnierung von Pers[53a]) schiegden, u. der prentz schrieben an Ihro Durchleicht, daß sie bies Dinstag wieder nacher Mömpelgardt gehen wolden. Um 6. uhr fur man nacher Stuttgardt, nach deme Ihro Durchleicht lang in der milch Kamer[50]) geraumd hatten; um halb 8. uhr geng der Herzog zur Protzesion, ich Kam auch zur Musik in die Kirch, u. nach gehens assen der Herzog u. ich in der retret[51]).

Stuttgardt Sontag d. 26. Ihro Durchleicht u. ich gengen fast wieder zu gleicher Zeidt in die Kirch, wie am Karfreitag, sie blieben aber fiel lenger aus als ich. Nach mitag fur man ein wenig spatzieren; Zum essen von der academie geng ich aber niecht, der Herzog gengen in Ihre nach mitags Kirch u. ich in meine, u. Kamen fast zu gleicher Zeidt heraus, wo sie u. ich hernach noch zu fuß ein wenig gegen den Canstader Tor[51a]) zu genge, dan wieder nach Haus u. um 7. uhr in die academie. Nach mitag wurden auch die Junge Confermanden von der academie exameniert im schloß[359]). Der Herzog klagde den gantzen Tag Kopfwe.

Hohenheim d. 27. Mertz 1780 Montag. Um 9. uhr geng

es nacher Hochberg; es wurde da zu mitag gespeist u. bald nach der Tafel geng es wieder nach Stuttgardt, wo hen Ihro Hoheiden[52]) u. der Prentz auch gengen, man fahrde in Ihrem wagen, u. stieg in der academie ab, wo die Herschafden den neihen Speis sall[3]) zuerst besahen, u. dan die Examena derer Jungen Confermanden von der academie mit anherden, der General Wormser[53]) wahr auch da, seine Tochder und Sohn. Nach einigen Stonden gengen Ihro Hoheiden u. der Prentz wieder nacher Hochberg u. Ihro Durchleicht hir her, wo es dan gleich Zeidt wahr zum nacht essen.

Dinstag d. 28. Im Dörfle wurde gefrie gestiegdt, es wahr Gut wetter, nach mitag wahr man auch fiell da, u. weider geng niechts sonderliches vor.

Mitwoch d. 29. brachde man wieder zu wie gestern, außer daß man abends zu dem Leibkor[209]) wald fuhr, u. der Ökonomieradt Schwartz Kam von Bruchsal, um das Wasserwerg[54]) einzuriechten. Der Herzog zangden heide niecht fiell.

Hohenheim d. 30. Mertz 1780 Donerstag. Das Wetter verenderde sich, u. abends feng es an zu regnen. Es wurde gefrie gestiegdt im Dörfle, nach Tisch wahr man auch fiell da. Beim Gärtnershaus setzden Ihro Durchleicht u. ich pladanus budire,[54a]) u. seden sahmen, u. der Tag geng recht ruhig vorbey.

Freitag d. 31. Mertz 1780. Um halb 9. uhr geng es nacher Stuttgardt, der Herzog gaben Audientz, ich geng in die Ecoll, unter dem Essen von der academie Kam meine Schwester zu mir, nach diesem geng es baldt wieder hir her über Heinlesberg.[178]) Es feng an zu regnen, Ihro Durchleicht gengen noch in's Dörfle, ich aber niecht mer.

Stuttgardt Samstag d. 1. April. Das Wetter wahr ser stirmisch, ich blieb bies 11. uhr liegen, Ihro Durchleicht wahren aber dem ongeacht die meiste Zeidt im Dörfle, Abends Kam ich auch hinaus, der Herzog u. ich gengen zu samen herum u. besahen die Blomen, die so schen heraus Komen u. dan noch um 7. uhr geng es nach Stuttgardt u. man as in der retret[51]).

Hohenheim d. 2. April Sontag 1780. Zuerst gengen der Herzog in Ihre Kirch, u. um 9. uhr gengen Sie in unsere Kirch in die academie, wo 25 von der academie u. 5 von der Ecol konfermierd wurden; der Hof von Dames u. Cavaliers hatten auch Erlaubniß da zu sein, Ihro Durchleicht, der Seeger[55]) u. ich assen nur Alleine in einem neben Zemer in der academie, u. dan geng es zu dem Essen von der academie, wo also der Hof wahr, nach diesem zog man sich aus, u. fur in die Biblioteg[36]), wo die Nürnberger Biblioteg[611]) ausgepagd wurde u. sich der Herzog lang dar bey aufhielden; ich las indessen da, u. man Kam erst um 6. uhr hir her.

Montag d. 3. Heide wahr das Wetter Ser schlem, daß sogar der Herzog vormitag niecht henaus gengen, ich blieb lange liegen, es Kam die nachricht, daß die Hertzogen[56]) ser grank währen; es wahr mir empfendlich u. geng mir den gantzen Tag nach. Nach mittag ritten der Herzog nur ein wenig aus, den das Wetter wahr immer gleich.

Hohenheim d. 4. April Dinstag 1780. Das Wetter wahr immer noch ser schlem, Ihro Durchleicht rietten aber denoch von Zeit zu Zeidt aus, ich geng aber den gantzen Tag niecht aus, u. Abends feng es einige mahl an zu schneihen.

Mitwoch d. 5. Beim Aufwachen wahr das Wetter gut, auf der Alb aber hatte es schne, es veränderde sich auch wieder u. schneide u. regnede immer abweckslungsweise. Um 11 uhr Kam der Ober Leutnant v. Milius[57]) benebst dem bruchsaler Ökonomie Inspektor, u. das Wasser werck[54]) wurde mit Ihnen im Dörfle follens ausgemacht; Abends fuhren mich der Herzog ein wenig spatzieren, u. es hatte das Ansehen, daß es schener werden wolde. In Birgach wurde ausgeworfen.

Donerstag d. 6. Das Wetter wahr immer noch ser übel, Ihro Durchleicht hatten einen rauhen Hals u. ein wenig Husten, Sie waren aber dennoch fiell drausen, Abends geng ich auch ins Dörfle, u. nachgehens wurde spatzieren gefahren. Die nacht über hatte es starg gefroren gehabt.

Freitag d. 7. Heide frie Wahr der Boden ein wenig weiß vom schne, der übrige Tag wahr wie gestern, es wurden fiele beime im Carlshof[58]) gesetzt, u. Beim nacht essen Kam eine Stafette, daß die Hertzogin[56]) recht ser übel wehren.

Hohenheim d. 8. April Samstag 1780. Beim aufwecken Kam gleich die nachricht, daß ein Curier da wehre von Ihro Durchleicht der Hertzogin; es wahr ein Kammer Laquai, der einen Brief vom Oberhofmeister brachte, daß die Hertzogin wenschten, jemanden von hir zu sehen u. zu sprechen. Es wurden von Ihro Durchleicht gleich Anstalten dar zu gemacht, der Kammer Laquai wurde auch bald wiederum abgeferdigt, u. nach mitag Kam der

Geheimderadt Büler[31]) u. dieser wurde also nacher Beireuth abgeschiegdt[59]). Ich wahr den gantzen Tag traurig über die nachricht, u. gebe nur, daß der Bühler die Hertzogin noch bey leben antrefe.

Sontag d. 9. Gleich Beim aufweken wurde gemeldet, daß eine Stafette da wehre, u. diese brachte die nachricht, daß Ihro Durchleicht die Hertzogin den 6. dieses anbends zwischen 6. u. 7. uhr das Ewige mit dem Zeittlichen verweckseldt hätten; ich wahr gewieß gerierdt über die nachricht. Es geng dan um halb 8. uhr nacher Stuttgardt, der Herzog gengen gantz in der stielle in die Meß, ich geng in die academie Kirch, der Herzog sprachen lang mit Ihren Geheimden, es wurde alles wegen dem Todt verabredt u. ab geschiegdt. Nach Tisch geng es baldt hir her, u. dan fur man noch spatzieren.

Hohenheim d. 10. April Montag 1780. Es hat heide nacht zemlich gefrohren, doch hat es den gantzen Tag hir niecht geregnet u. wahr ser früsch. Ich geng vor mitag niecht in das Dörfle, bald nach Tisch fuhren der Herzog u. ich auf den Heinlesberg[178]) u. dan in das Dörfle. Ich Konde gar niecht monder sein, Ihro Durchleicht u. ich gengen Abends lang zu Fuß im Dörfle herum.

Dinstag d. 11. Der Heitige Tag wurde hen gebracht wie der Göstrige außer, daß es ein wenig angenehmer wetter wahr.

Mitwoch d. 12. Ich geng vor die 8. uhr in das Dörfle, indem einige Mahlers Kamen von der academie, die die Ries vor die Grosfürsten[246]) vom Dörfle follens verbesserden. Es wahr zemlich Kiell. Um 3. uhr geng es nacher Stuttgardt auf eine stond, da Ihro Durchleicht mit Ihren Geheimderedten die Trauer follens ausmachden, u. dan Kam man um 7. uhr wieder hir an.

Donerstag 13. Ich Versetzde nachmitag 38 pinus Cembera u. leren. Es geng weider niechts sonderliches vor.

Freitag d. 14. Auch heide geng niechts sonderliches vor, es wahr abweckselnd wetter.

Hohenheim d. 15. april Samstag 1780. Das Wetter wahr wieder zemlich stiermisch. Um 2. uhr Kam der Prentz Galizin[60]), der Oberst Seeger[55]) u. Consistoriahlradt Lepret[61]). Sie wurden aller orden herüm gefierd u. gengen nach die 6. uhr wieder Weck.

Sontag d. 16. Um halb 9. uhr geng es nacher Stuttgardt, ich geng in die academie Kirch, u. der Herzog herten das Erste Mahl in Ihrer Kleinen Capel im neihen Schloß[4]) Meß. Zum academie essen geng ich niecht, u. nach diesem geng es baldt wieder hir her, die Ecol ließ ich, ehe man von Stuttgardt weg geng, Komen, u. hir fur man Abends noch ein wenig aus.

Montag d. 17. Das Wetter wahr wieder ser abweckselnd u. Wendig, ich geng erst spadt in's Dörfle u. es geng heide Weider niechts vor.

Dinstag d. 18. Das Wetter wahr ein wenig vor mitag besser, ongeacht ein ser starker Wend geng, im Dörfle wurde gefrie gestiegdt. Es geng heide weider niechts vor.

Mitwoch d. 19. Es wahr Kald u. schneide in der Frie, um 5. uhr fur man auf den Heinlesberg[178]) u. sonst noch spatzieren.

Hohenheim d. 20. april Donerstag 1780. Es wurde im Dörfle gefrie gestiegdt, es wahr zemlich Kiel, doch geng übrigens das wetter an, es geng wieder niechts vor.

Freitag d. 21. Das Wetter wahr zemlich gut, bies Abends regnede es wieder ein wenig, es geng weider niechts vor.

Samstag d. 22. Die Feigen beime wurden heraus gedan, u. Ihro Durchleicht u. ich wahren fiell dar bey.

Sontag d. 23. Um halb 9. Uhr geng es nach Stuttgardt. Ich geng in die academie Kirch, u. Ihro Durchleicht in Ihre Kleine Capel, nach Tisch geng es bald weck, man stieg in meinem Haus[21]) ab, u. hir fur man noch Ein wenig spatzieren, es feng an zu regnen.

Montag d. 24. Im Dörfle wurde gefrie gestiegdt, u. nach mitag brachde man auch die meiste Zeidt da zu, auf den Abend feng es wieder an zu regnen.

Dinstag d. 25. Das Wetter wahr anfenglich ser zweydeitig, doch wurde es nach Tisch zemlich angenem, ich hatte um 11 uhr den Bauenspekdor zu mir Komen lassen, um die Verendrong im bauwesen in die won Zemer mit Ihro Durchleicht Ihrem beyfall abzureden, u. übrigens geng niechts vor.

Hohenheim Mitwoch d. 26. april 1780. Im Dörfle wurde gefrie Gestiegdt, um 12. uhr donnerde es ein mahl u. Wetterleichdede auch; das Wetter geng aber Baldt vorüber, nach mitag wahr man fiell im Dörfle, um 4. uhr feng es aber wieder neiher Dengen an zu regnen, u. man fur Bald nach haus.

Donerstag d. 27. Es regnede den gantzen Tag, u. es geng um 3. uhr nacher Stuttgardt, der Herzog gengen in die Lecionen von der academie, u. zu mir Kam meine Schwester. Um 6. uhr geng es wieder von da hen weck, u. das Wetter wahr sich den gantzen Tag gleich.

Freitag d. 28. Freitag geng niechds vor, das Wetter wahr Besser.

Samstag d. 29. Es wahr ein hübscher Tag u. man wahr fiell im Dörfle.

Sontag d. 30. Es geng um halb 9. uhr nacher Stuttgardt, ich geng in die academie Kirch, beim essen von der academie wahr der Prentz Nassau[62]); nach diesem geng es baldt wieder hir her, Ihro Durchleicht gengen noch rechdt fiell zu Fuß hir im Dörfle.

Hohenheim d. 1. Mey Montag 1780. Um 3. uhr Kam der Geheimderadt von Kniestett[63]), General Georgii[64]) u. von Mosheim[42]). Sie wurden allerorden herum gefierdt, u. das Wetter wahr rechdt schen, nach die 7. uhr gengen sie wieder weck.

Dinstag d. 2. Heide Erfuhr ich beym frie stieck im Dörfle, daß die Geheimderädtin von Sternenfels[8]) gestern gestorben ist, u. Ihro Durchleicht liesen es mich gleichsam nur erraden, es Betriebde mich ser, u. den Gantzen Tag konde ich mich niecht fassen. Abends fur man in den Fassahnen Garden[360]), es wurde auch an der Verendrong im Gebey angefangen.

Mitwoch d. 3. Es geng niechts sonderliches vor, man wahr die meiste Zeidt im Dörfle, u. mir geng der Todt von der Sternenfelsen noch immer ser na.

Donerstag d. 4. Um halb 9. uhr geng es nacher Stuttgardt, ich geng in die academie Kirch, u. der Seeger[55]) bewegde mich wieder aufs neihe wegen der Sternenfelsen Ihrem Todt; werend dem daß Ihro Durchleicht zum essen von der academie gengen, so geng ich in das Betriebde Sternenfelsische haus, wo wir reich zu samen weinden, u. ich doch zufrieden von Ihnen weg geng, daß ich sahe, daß sie besser gefast wahren, als ich glaubde. Nach diesem geng es bald weck, u. über Büsnau[65]) hir her, wo man auch noch aus fur, u. dan zu Haus blieb.

Hohenheim d. 5. Mey Freitag 1780. Es wurde im Dörfle gefrie gestiegdt, u. die meiste Zeidt brachde man da zu den Tag über.

Samstag d. 6. Heide geng wieder so wenig vor wie gestern, ich steckde Bohnen in meinem Garden.

Sontag d. 7. Es geng um halb 9. uhr nach Stuttgardt, da in die Kirch, zum essen von der academie geng ich niecht mit;

ehe man weg geng ließ ich die Ecol Komen, es geng dan in die biblioteg u. dan hir her, wo Ihro Durchleicht u. ich in Frieden noch fiell herum gengen.

Montag d. 8. Man wahr den Tag über fiell im Dörfle, ich pflantzde allerhand in meinem Garden, Frie Graud, rote rieben u. aller hand hirsche. Abends geng es nacher Klein Hohenheim, da wurde das eingesede Stiek mit lören besehen u. in Bürkich (Birkach) ausgeworfen. Ihro Durchleicht wahren niecht rechdt monder, aber denoch ser gnädig.

Dinstag d. 9. Im Dörfle wurde wie geweniglich gefrie gestiegdt, um 3. uhr Kam der Geheimderadt von Uxküll[12]), seine Frau, der Sternenfels[8]) u. meine Schwester[9]), stiegen im Dörfle ab, u. mir gengen fiell herum. Ihro Durchleicht wahren anfenglich niecht rechdt auf gelegdt, aber bald enderde es sich, u. ich wahr vergniegdt darüber.

Hohenheim d. 10. Mey Mitwoch 1780. Im Dörfle wurde wie geweniglich, wan es schen ist, frie gestiegdt, es wahr recht schen, nach mitag ließen der Herzog das Leibcorps[209]) Kommen, u. teilden die Pferde ein, dan fur man spatzieren, es Kam aber ein Wetter, daß man Baldt wieder umkeren muste.

Donerstag d. 11. Es wurde im Dörfle gefrie gestiegdt, nach mitag wahr man auch meistens da. Ihro Durchleicht brachden mir den Pfarrer von Plenengen[67]), u. nachgehens fuhr man zu dem Bronnen henaus; auch wahr der Dokder Reis[66]) einen Augenblieck da, weile Ihro Durchleicht schon einige Zeidt incomodidet wegen einem verlegenen schnupen verspieren.

Freitag d. 12. Es nübelde immer ein wenig, doch wurde im Dörfle gefrie gestiegdt, nach mitag hield als das nübeln an, u. man geng baldt vom Dörfle herein.

Samstag d 13. Das wetter wahr hiebsch, man war vor u. nachmitag meistens im Dörfle, u. um 6. uhr fur man in den Echderdenger Fassanen Garden[360]).

Hohenheim d. 14. Mey Sontag 1780 Pfengsten. Um 10. uhr geng ich in die Plieninger Kirch, u. Ihro Durchleicht herden da im Radhaus Meß, ich herde den Pfarrer Weber[67]) das Erste mahl predigen, nach der Kirch Wurde Es Baldt zu mitag gespeist u. um halb 4. uhr Kam der neihe Kaiserliche Gesand Graf Hardeck[68]), Ein Graf Chernen[68]) u. mit ihm ein Kaiserlicher Oberstleidnand v. [68]), Geheimderad v. Uxküll[12]), auch der Oberst

Kammerherr Graf Puckler[68]), Oberstallmeister v. Schenck[22]), u. von Gemmingen Kammerherr[68]). Nach deme Ihro Durchleicht dem Gesanden Audientz gegeben hatten, so geng man allerorden herum, auch das Dörfle wurde besehen, u. um 8. uhr gengen sie wieder Weck; das Wetter wahr immer nüblich.

Pfengst Montag Montag d. 15. Da Es immer regnede u. die Wetterglesser noch mer fielen, so geng es um halb 9. uhr nacher Stuttgardt. Ich geng in die academie Kirch, u. auch zum essen von der academie, wohen auch der Gesande Kam, u. die General Wöllwarthen von Essingen mit ihrer Tochder, nach diesem geng es über das Seehaus[69]) nach Asberg, u. um 8. uhr Kam man wieder hir an.

Hohenheim d. 16. Mey Dinstag 1780. Heide Erwachte ich mit einer besonderen Zufriedenheidt, mir träumde, Wie Wan mich Christus der Herr Bey der Hand faßte u. ich darieber so ruhig durch einen fenstern Gang Geng, wo es dan wahr, wie wan ich in die Biblioteg Kam, u. da ein Buch aufgeschlagen sa, worauf zwey Schieffe mit farben Gezeichned wahren, das underste mit Persohnen angefülld wahr, die zur linken gehen solden, worauf ich allerley Stände wahr nahm; das obre Schieff aber mit ehben so fiel menschen angefülld wahr, die zur rechten stehen solden. Da wußte ich mich niecht mer recht zu Besennen, wie ich von diesem Buch weg Kam. Das obre Schieff wahr gantz hell glentzend, u. nach diesem so wahr es, wie wan ich auf einer Wiessen geng mit dem Herzog, u. man die Sonne durch die Büsch u. Welder, die auch auf dieser Wiesen wahren, ankomen sahe; der gantze Horitzond wurde hell, u. da weiß ich mich auch wieder niecht recht zu Besennen, wie es als wahr. Es sind aber noch mer Bielder im Traum vorkomen, die ich aber wachend niecht mer zusamen fenden Konde, außer noch dieses, daß auch im Zemer ich an des Herzogs Ihrer Brust lag, wo die Läden zu wahren, u. man allerorden die aufgehende Sonne durch die Läden durch Brechen sahe.

Ich schetze mich dieses Traumes unwürtig, u. spiere ein Inniges Sanftes Vergniegen u. Seelig Keidt, wan ich mir die Leitong durch den Gang vorstelle; es soll mir auch eine ermahnong sein, Gott immer mer u. mer vor augen u. im Hertzen zu haben, u. in Seinem liecht zu Wandlen; O, Gott schenke mir darzu Kräffde, von mir selbst Kan ich gar niechts, Ergreife mich mit deiner Hand, daß ich dir folge, u. stelle mich Einstens um Jesu Christi Wiellen aus Gnaden zu deiner rechden, so werd ich dich dan in deinem liechte vor deinem Trohne, mit allen Engeln u. Auserwelten immer u. Ewiglich loben u. Preisen Amen.

Hohenheim d. 17. Mey. Es geng niechts vor, man wahr die meiste Zeidt im Dörfle.

Donerstag d. 18. Wie der gestrige Tag, so vergeng auch der heidige.

Freitag d. 19. Um 10. uhr geng es nacher Stuttgardt, ich geng niecht mit in die academie, dargegen Kam die Geheimderadt Buhlerin[31]) zu mir. Ihro Durchleicht wurde der Prentz Prosorowsky[70]) presendierd, u. es geng baldt wieder nachgehens hir her, wo man noch die Zeidt im Dörfle zu brachde.

Samstag d. 20. Um 7. uhr geng es nacher Tübingen, der Profesor Stor[71]) wurde Prorektor, ich aß bei der Geheimderadt Frangenberge[296]) zu mitag, u. um 4. uhr wahr man wieder hir.

Sontag d. 21. Um halb 11 uhr geng ich in Plieningen in die Kirch, der Herzog herden im radthaus Meß, man blieb den gantzen Tag allein, fur u. geng spatzieren, der Herzog reideden auch gleich nach Tisch ein wenig. Die Senfden[220]) kam nieder.

Hohenheim d. 22. Mey Montag 1780. Abends geng man in den Fassanen Garden u. sahe die Erst aus Geschlubfde Silberfassahnen, sonst geng niechts vor.

Dinstag d. 23. Um halb 5. uhr geng es auf den Markt[72]) nacher Stuttgardt, u. nach diesem wieder hirher.

Mitwoch d. 24. Nach mitag Kam der Pfarrer u. die Pfarrerin zu mir in das Dörfle, es Kam aber ein wenig ein Wetter, daß es regnede u. auch etwas schloßte, daß wir nicht fiell herum Gehen Konden, abends aber fuhren der Herzog u. ich noch ein wenig spatzieren.

Donerstag d. 25. Um 7. uhr geng es nacher Stuttgardt, um 9. uhr gengen der Herzog zu der Prozesion[73]), ich kam auch zu der Musieck in Ihre Kirch, geng auch mit in die academie, wo Ihro Durchleicht 4. russische Cavaliers vorgestelldt worden sein, die in der academie schon einige Zeidt erwardt worden sein, nach diesem gengen der Herzog wieder in Ihre Kirch, u. ich machte visiede bey der General Wöllwarten u. noch ein paar anderen.

Hohenheim d. 26. Mey freitag 1780. Man Brachde die meiste Zeidt im Dörfle zu, nach mitag wahr der Hofradt Stahl[408]) hir.

Samstag d. 27. So wie der gesterige Tag, so verstriech auch der heidig.

Sontag d. 28. Es geng um halb 9. uhr nacher Stuttgardt, ich geng in die academie Kirch, u. werend dem essen von der academie Kam der Konzmann (Consbruch?[81])) zu mir, nach diesem geng es nacher Hofen[28]) [38]) u. Abends Kam man wieder hir her.

Montag 29. Es wurde die meiste Zeidt im Dörfle zugebracht u. Abends fur man spatzieren u. aß das erste mahl im Hof[34]) zu nacht.

Dinstag d. 30. Man wahr fiell im Dörfle, nach die 4. uhr geng es nach Stuttgardt auf den marckt[72]), der Konzmann Kam zufor noch zu mir, u. nach dem spatzier Gang so geng es wieder hirher.

Hohenheim d. 31. Mey Mitwoch 1780. Es war ser Warm, man wahr die meiste Zeidt im Dörfle.

Donerstag d. 1. Joni. Vor mitag so wahr man die meiste Zeidt im Dörfle, morgends um 5. uhr nahmen der Herzog ein Bat, nach mitags um 3. uhr geng es nacher Stuttgardt, der Herzog suchden pferde zum verkaufen aus, ich lies die Carlotte Frankemond[73]) zu mir Komen, u. besprach mich freundschaftlich mit Ihr, dan geng es auf den markdt, u. von da wieder hir her, ich wahr zemlich mit mir selbst zufrieden.

Freitag d. 2. Ehe ich noch ausgeng, Kam der Pfarrer von Scharnhausen, Götz zu mir, u. brachde mir das Buch, das er von dem Wetter geschrieben hat, ich nahm Ihn mit henaus in meine Biblioteg. Um 11. uhr wie geweniglich geng es wieder hir her, der Herzog hatten eine lange Audientz, wegen einem Protzeß von zwey Häuser in Stuttgardt, u. den nachmitag brachde man im Dörfle meistens zu, die Statuen auf das rathaus[74]) wurden aufgestelldt, u. das Capelle beim Wasserfall[74]) wurde aufgerichtet.

Hohenheim d. 3. Juni Samstag 1780. Der merste Tag wurde im Dörfle hin gebracht, u. abends geng es nacher Stuttgardt, man geng da auf die messe[72]) u. aß in der academie zu nacht, der Herzog wahren aber gar niecht wohl disponiert u. ich wahr recht fro wie der Tag vor bey wahr.

Sontag d. 4. Ich geng in die academie Kirch, nach dem essen von der academie, wo bey ich niecht wahr, gengen der Herzog u. nahmen einen augenschein, wegen einem Haus, u. fierden mich zu meiner Schwester[9]), holden mich auch da wieder ab, u. dan geng es noch in mein Haus[21]) u. dan Baldt hir her.

Montag d. 5. Der Vor mitag wahr gut, u. geng im Dörfle in stieller ruhe dahen, nachmitag aber wahren der Herzog übels Homors, u. ich auch, ich fühlde, daß meine Krefde abnahmen, u. wahr auch gar niecht aufgelegdt, bekam aber nach gehens die Nachricht, daß meine schwester v. Schertel[75]) den 1. niedergekommen sei.

Dinstag d. 6. In der Nacht stonden der Herzog auf, u. Klagden ser über Hietz, schliefen aber nach gehens wieder recht gut, morgends aber wahren Sie matt; nach mitag geng es nacher Ensingen, zuvor ließ sich aber eine Gräfin v. Falkenstein bey mir melden, u. ich nahm sie im Wirtzheisle[33]) im Dörfle an; nach die 7. uhr wahr man wieder von Ensingen da.

Hohenheim d. 7. Juni. Abends wurde es in Fassanen Garden[360]) gefahren u. sonst geng niechts vor.

Donerstag d. 8. Heide solden Welche von Stuttgardt hir her gebeten werden, das wetter wahr aber so Kald u. Trieb, daß man davor auf die Solitude über Stuttgardt geng. Der Herzog hatten mit dem schmiedle[76]) zu don u. ich ließ die Ecoll zu mir Kommen, u. auf der Solitude wurden die Ananas Besehen.

Freitag d. 9. Ich wahr vor mitag gar niecht aufgelegdt, mein Hertz wahr beglemd, u. ich wuste niecht warum. Nach mitag Kam Herr u. Frau v. Mosheim[42]), Geheimeradt v. Üxküllen[12]), Herr von Sternenfels[8]) u. seine Tochder Hofdam, Herr u. Frau von Suvill[77]), Regierungsradt Eisenbach[411]), Hofrad Stockmeier[43]). Sie wurden allerorden herumgefürdt, u. gengen abends wieder weg.

Samstag d. 10. Vor mitag wahr man fiell im Dörfle, u. nachmitag fiell im Tahl bey der oberen u. mittleren Mühl[78]) Beim heien.

Hohenheim d. 11. Juni Sontag 1780. Um halb 11. uhr geng es nacher Plieningen, der Herzog herden im radhaus Meß, u. ich geng da in die Kirch; der Pfarrer predigde, daß Jesus gewis die Sender an nemd, wan Sie recht an Ihn glauben u. Buse dun. Nach Tisch rietten der Herzog aus, ich las im Dörfle, dan fur man spatzieren, u. sa die 8. Buben zu speisen, die der Herzog zur Gerdnerey an nehmen wollde.

Montag d. 12. Man wahr ser mit dem Heien beschefdigdt, Vor mitag schon wurde im Baum Gut[78]) um den Garden herum Hey herein gefierdt, weilen das weder immer verdechdig aus sa, u. so den gantzen Tag machde man, daß herein Kam, was zu

Tragen wahr, in meinem Garden ist gefrie gestiegdt worden, u. es Blieb den gantzen Tag ohne regen.

Dinstag d. 13. Den Gantzen Tag wahr man wieder mit hey herein zu don Beschefdigdt.

Mitwoch d. 14. So wie der gerstrige Tag mit hey herein zu brengen hen gebracht wurde, so wurde auch der heidige Tag hen gebracht.

Hohenheim d. 15. Juny. Den Vormitag Brachde man im Dörfle zu u. den nach mitag mit hey machen.

Freitag d. 16. Nach deme man vom Dörfle zurick Kam, gaben der Herzog Audientz, u. nach mitag wurde auf der so genanden Hohbruckswiese bey den Emmenheiser[78]) hey gemacht; Ihro Durchleicht gengen fiell dar Bey zu fuß, ich wahr fiell dar bey u. arbeidede.

Samstag d. 17. Der Vormitag geng hen im Dörfle wie geweniglich u. nach mitag Brachde man gantz in der stille u. Guttem Frieden 60 wägen hey herein.

Sontag d. 18. Um halb 9. uhr geng es nacher Stuttgardt, ich geng in die academie Kirch, u. nach Tisch geng ich zu der Klinckofstremen[13]), die den vorigen Dinstag nieder Gekomen ist mit einem Sone; der Herzog gengen in dessen in Ihren Stall, u. in meinem Haus[21]) Kam man zusamen, u. von da geng es über die Solitude hir her, wo man im Dörfle ab stieg, ich las noch was u. dan wurde es noch ein wenig spatzieren gefahren; in Stuttgardt wurden auch einige einschleg mit Porzelan aufgemachdt, die von Baireuth gekommen sein.

Hohenheim d. 19. Juni Montag 1780. Den vor mitag brachde man im Dörfle zu u. den nachmitag dad man, was es sein Konde, hey in die 3 Schafscheuern herein, u. seind 77. wegen herein gekomen, ich geng auch ein wenig in die Baum Schule.

Dinstag d. 20. Es donerde Beim aufwachen, Ihro Durchleicht nahmen das Frie stug hirinnen, dan fur man in steinbruch, es regnede ein wenig, man geng also bald wieder nach haus, u. um 3. uhr wurde wieder Bey den 3 Scheuern hey herein gefierdt.

Mitwoch d. 21. Es wurde in Klein Hohenheim angefangen zu mehen, man fierde Bey den 3 Scheuern nach Tisch follens alles von der aspe[217]) herein.

Donerstag d. 22. Nacher Klein Hohenheim fur man vom Dörfle aus nach dem Frie stuck zum mehen, u. nach Tisch fur man wieder da hen, um hey herein zu fieren. Der Herzog klagden seidt gestern Kopf Wehe.

Freitag d. 23. Man fur vor mitag wieder nacher Klein Hohenheim, dan gaben der Herzog Audientz u. nach Tisch fur man wieder zum hey machen nacher Klein Hohenheim, es kam aber ein Wetter, daß es so fiell regnede, daß man aufheren mußte herein zu fieren. Der Herzog befenden sich noch wie gestern.

Hohenheim d. 24. Junii Samstag 1780. Heide wurde man mit dem heihen in Klein u. Gros Hohenheim ferdig, man wahr die gantze Zeidt nachmitag beim heihen in Klein Hohenheim.

Sontag d. 25. Es geng um halb 9. uhr nacher Stuttgardt, ich geng in die academie Kirch, nach mitag Kam der Geheimderadt Buhler[31]) u. überbrachte Ihro Durchleicht den Geschmuck Von der Hertzogin, alstan geng es wieder hir her, u. man geng noch in das Dörfle, ich erfuhr auch, daß meine schwester wieder von Sindlingen[335]) gekomen ist.

Montag d. 26. Es wurde die Gantze Zeidt im Carlshof[58]) hey herein gefierd u. man wahr den nach mitag meistens dar Bey, es geng ein starger wend, u. wahr zemlich Kiell dar Bey.

Dinstag d. 27. Der heidige Tag wurde just wie der Gestrige hen gebracht, es geng auch noch ein starker wend.

Hohenheim d. 28. Junii Mitwoch 1780. Um 8. uhr geng es nacher Stuttgardt, haubdtsechlich wegen dem Carlshof[58]), ihn follens von den Plieningern zu erhandeln, es wurden auch alle die Kisten, die von Baireuth gekomen sein, aufgemachdt, u. Ihro Durchleicht übergeben. Nach mitag geng es gleich wieder hir her u. da wahr man die merste Zeidt im Carshof Beim mehen.

Donerstag d. 29. Vor mitag wahr man im Dörfle, u. nach mitag geng es nacher Büsnau[65]) zum hey machen, u. von da auf ein Lapenjagen[377]), wo der Herzog 2 Hiersch schossen, man wahr um die 6. uhr wieder hir u. geng noch in das Dörfle.

Freitag d. 30. Der Suviell[77]) Kam Befohlener masen vor die 11 uhr, u. wurde nacher Anspach zu schicken ab geferdigd u. vor die 11 uhr geng es nacher Büsnau, man aß da zu mitag, wahr die gantze Zeidt Beim hey machen, u. geng es auch ein Pahr stonden auf ein Lapen jagen[377]) gleich bey Büsnau, dan wieder zum heihen, u. erst um halber 10. Kam man hir wieder an.

Samstag d. 1. Juli. Vor u. nach mitag wahr man meistens im Dörfle.

Sontag d. 2. Um halb 9. uhr geng es nacher Stuttgardt, da in die Kirch, der Hof Kam das erste mal wieder werend der Traur in die academie, auch der Gesande vibere[79]) presendierde sich seidt seiner Zurieck Kunft auch, ich wahr niecht da, die Ecoll u. des Seegers[55]) seine Känder Kamen zu mir; die Baireuther Sachen wurden von Ihro Durchleicht follens in Augenschein genommen u. dan geng es hir her, es wahr ein Wetter, u. regnede Gott lob auch einige stonden.

Hohenheim d. 3. Julli Montag 1780. Die Gantze nadur wahr Erfriescht durch den heidigen nächtigen regen, es regnede auch mittags wieder ein wenig, Abends fuhr man in den Fassahnen Garden. Ihro Durchleicht fengen heide Ihr Dekogdh[80]) an.

Dinstag d. 4. Es geng niechts vor, man Brachde die mereste Zeidt im Dörfle zu, ich steckde Zucker Erbsen.

Mitwoch d. 5. Es wurde im Dörfle frie gestiegdt, nach diesem Kam die nachricht, daß der Pfarrer in Plieningen ser schnell ser grank nieder gefallen ist. Der Herzog rieten gleich hen, Kamen bald wieder, machden anstalden, daß Kunspruck[81]) u. Klein[81]) Kammen, nach gehens fuhren Sie u. ich noch ein mahl zu Ihm, nach dem Essen wahr man wieder Viell im Dörfle, Konspruck u. Klein Kamen vom Pfarrer aus auch ins Dörfle, nach gehens wurde spatzieren gefahren u. in der Ömdscheur stieg man ab, u. Besahe das Kranke fiech, es feng Abends art g an zu regnen.

Donerstag d. 6. Die mereste Zeidt des Tages Brachde man im Dörfle zu.

Nach die 11. uhr gaben der Herzog Audientz, übrigens wahr man fiell im Dörfle. Der Kamer Pragorador Fischer[82]) wurde durch den v. Lützow[49]) herum gefierdt, ich begegnede in auch. Der Herzog klagden starg Kopfwe, der Konsprug u. Klein rieden einen Aderlaß.

Hohenheim d. 8. Julli Samstag 1780. Nach Tisch geng es nacher Stuttgardt, die sachen der Erbschaft, welche vorgestern Kommen sein, zu besehen, u. dan Kam man nach die 7. uhr wieder hir an.

Sontag d. 9. Ihro Durchleicht Schrieben bies fast 11. uhr, dan herden Sie eine messe, ich las u. blieb lange zu Bet, nach die Meß Liesen Ihro Durchleicht zur ader, nach Tisch fur man aus u. wahr rechdt ruhig Beysamen, u. Ihro Durchleicht Befanden sich Gottlob recht wohl.

Montag d. 10. Ihro Durchleicht hatten Gottlob eine ruhige

nacht auf Ihre ader Laß, man Brachde den vormitag meistens im Dörfle zu, nach mitag übergaben mir Ihro Durchleicht einen Brief[83]), worenen Sie mir Ihre so gnädige als grosmütige Gesenong Eröffneden, ich Wahr darieber gerierd u. eiserst Empfendlich, ich schrieb so gleich wieder, der Herzog Kamen dar zu, u. ich Wurde imer mer bewegdt von Ihrer schenen Denkungsard; Sie drukden sich noch Viell größer aus, möndlich als wie schrieftlich; ich wahr den gantzen Tag ser ser Empfendlich gerierdt; man fur Abends etwas spatzieren.

Hohenheim d. 11. Juli Dinstag 1780. Ich stond so Empfendlich über die Gestrige gnädige Erklerung von Ihro Durchleicht auf, als ich zu bette geng; der Vormitag wurde wie geweniglich wieder im Dörfle zugebracht, nach Tisch sprachen der Herzog wieder neier Dengen von Ihrem schreiben mit mir, ich wahr wieder Gantz Bewegdt. Abends kam die Nachricht, daß der Prentz von Holstein[84]) in Stuttgardt angekomen wehre, aber das Fieber hatte, daß Er sich gleich zu Bette legen muste.

Mitwoch d. 12. Nach mitag Geng es nacher Stuttgardt. Ihro Durchleicht Besuchden den Prentzen von Holstein, ich ließ die Fräulen v. Franquemont[73]) zu mir Komen, u. nach deme der Herzog wieder vom Prentzen zuriek Kamen, so geng es gleich wieder hir her; in der Frie Kam die nachricht, daß der akordsman Isak todt wehre gefonden worden.

Donerstag d. 13. Es geng um halb 4. uhr wieder nacher Stuttgardt, Ihro Durchleicht Besuchden den Prentzen wieder, ich ließ in dessen meine schwester zu mir Komen, u. nach diesem geng es gleich wieder hir her.

Freitag d. 14. Um halb 4. uhr geng es wieder nacher Stuttgardt, der Prentz wurde von Ihro Durchleicht wieder besucht, ich ließ die Frankemon[73]) wieder zu mir Komen, u. dan geng es wieder hir her.

Hohenheim d. 15. Juli Samstag 1780. Der Vor mitag wurde im Dörfle zu gebracht, um 3. uhr geng es wieder nacher Stuttgart, u. der Herzog Besuchden den Prentzen von Holstein wieder, nach diesem geng es in mein Haus u. da hen Kam auch die Geheimderadt Buhler, Ihr mann u. der regierungsradt Kaufmann[59]), alstan geng es wieder hir her.

Sontag d. 16. Um halb 10. uhr geng es nach Stuttgardt, ich geng in die academie Kirch, u. mit Ihro Durchleicht in die academie, alwo hen der Hof Kam, auch die Generale St. Andere[85]) u. von Benkendorf[30]) von Rußland, so auch der anspachische Gesande von Wöllwarth; nach diesem geng es in mein Haus. Ihro Durchleicht sahen nach wegen gestickten Tapeden, von da aus geng es wider hir her.

Montag d. 17. Den Vor mitag Brachde man im Dörfle zu, u. nach mitag Kam die General St. Andere, der Anspachische Gesande v. Wöllwarth, Geheimderad Üxküll[12]) u. Kniestett[63]), von Benkendorf[30]), General Oche[86]) u. Georgii[64]) u. Kammerherr v. Gemmingen[87]) u. President von Gemmingen[88]), Sie wurden aller orden herum gefierd, u. gengen nach die 8 uhr wieder weck.

Hohenheim d. 18. Juli Dinstag 1780. Bald nach Tisch geng es nacher Stuttgardt, weilen die nachricht Kam, daß der Prentz heide aus gehen Könde, Ihro Durchleicht der Herzog fuhren zu Ihm, u. Kamen dan benebst dem Prentzen zu mir in mein haus, so auch die St. Andere[85]), der französische Gesande[79]) u. mit Ihm der Oberst von Durfor[89]), meine Schwester[9]), von Benkendorf u. der Anspachische Gesande v. Wöllwardt. Nach diesem gengen der Prentz in die Opera u. der Herzog u. ich wieder hir her in die ruhe.

Mitwoch d. 19. Nach die 10. uhr, wo man zu vor im Dörfle gefrie gestiegdt hatte u. ich von einem Wetter regen naß wurde, geng es nacher Stuttgardt, es wahr Tafel Bey hof, nach der Tafel gengen der Herzog u. Prentz in die Biblioteg, u. ich zu der Klinkowstremen[13]), der Prentz geng Abends noch ein mahl in die Opera, u. der Herzog u. ich wieder hir her.

Donerstag d. 20. Nach deme man hir etwas weniges zu mitag gegesen hatte, geng es nacher Stuttgardt, den Prentzen abzuholen u. es geng alstan nacher Louisburg; man besahe alles das merk Würdige, das schloß, das Arsenal, die Portzelan Fabrik, die uhren Fabrik, das Waisenhaus, das Opernhaus u. mein haus[90]), alstan brachte man den Prentzen wieder nacher Stuttgardt, u. der Herzog u. ich fuhren wieder hir her.

Hohenheim d. 21. Juli Freitag 1780. Gleich nach Tisch geng es auf die Solitude, der Prentz Kamen auch hen, u. es wurde Ihnen alles da gewiesen, der Prentz gengen wieder nacher Stuttgardt, u. Ihro Durchleicht u. ich wieder hir her.

Samstag d. 22. Den Vor mitag brachde man meistens im Dörfle zu, u. nach mitag Kamen der Prentz, der französ. Gesande, der Anspachische Gesande, Geheimde radt von Üxküll, von Kniestedt, von Gemmingen u. noch 8. Dames u. einige Cavaliers, Sie wurden aller orden herum gefierdt, u. gengen gegen die 8. uhr wieder weck.

Sontag d. 23. Ihro Durchleicht der Herzog fierden mich nacher Plieningen in die Kirch, der Pfarrer von Scharnhausen predigde, doch geng der Pfarrer von Plieningen [67]) auch wieder das erste Mahl in die Kirch, der Herzog herden meß im radt haus; nach dem essen rieden der Herzog aus, ich legde mich auf das bet u. las. Abends fur man ein wenig spatzieren, u. sahe die Gärdners buben essen.

Montag d. 24. Um 8. uhr geng es von hir wek auf ein eingeriehdes Jagen bei Metzingen u. eins bey Alfdorf, auf Welchem der Herzog 54. hiersche schossen, wovonder ein 24ziger u. zwey 18zener wahren. Man kam um halb 6. uhr wieder im Dörfle an, u. blieb da bies nach die sieben uhr.

Hohenheim d. 25. Juli Dinstag 1780. Vor mitag regnede es immer ein wenig, nach mit Tag feng man aber durch Gottes Gnade an Denkel zu schneiden mit 133. persohnen, Gott Sey Es alleine gedangdt, daß es wieder so gliecklich bies da hen gekomen ist.

Mitwoch d. 26. Es wurde in aller frie angefangen zu schneiden. Es wahr das allerschenste Wetter, Ihro Durchleicht u. ich Wahren die mereste Zeitd dar Bey, u. Gott gab seinen Seegen, daß das gantze hoheimer Denkelfeldt fellig abgeschnieden wurde, aber niechts fierde man herein.

Donerstag d. 27. Um halb 9. uhr feng man an Garben zu benden, es wurde bei der Ömdscheur gefrie Gestiegdt, Ihro Durchleicht gaben Sich fiele miehe Alles recht gut anzuordnen, u. durch Gottes Gnade Kam heide alles herein.

Freitag d. 28. Es wurde im Carlshof angefangen, rocken zu schneiden, Ihro Durchleicht u. ich wahren fiell dar Bey, im Dörfle wurde das Gouter genomen, u. Abends gengen Ihro Durchleicht u. ich noch eine stonde im Dörfle spatzieren.

Samstag d. 29. Heide wurde wieder im Carlshof geschnieden u. herein gefierdt, der Herzog wahren gar nicht monder u. klagden sie wehren so schwer, befanden Sich aber übrigens rechdt Wohl.

Hohenheim d. 30. Juli Sontag 1780. Es geng nacher Stuttgardt, ich geng in die academie Kirch, ich auch mit Ihro

Durchleicht zum Essen von der academie, nach Tisch geng es nach die 5. uhr wieder hir her.

Montag d. 31. Es wurde den Gantzen Tag im Carlshof geschnieden, den Vormitag brachte ich im Dörfle zu, u. Ihro Durchleicht nahmen auch das Frie stieg da, u. nach mitag wahr man meistens beim Schnitt.

Dinstag d. 1. Aug. So wie der gestrige Tag, so wurde auch dieser heitige zu gebrachdt, ich wahr recht ruhig.

Mitwoch d. 2. Der gesterige Tag Beschreibdt auch den heidigen, außer daß nach die 5. uhr der Pfarrer u. die Pfarrerin von Plieningen[67]) zu mir zum schneiden Kammen.

Donerstag d. 3. Heide geng es follens rechdt an das Aufbenden u. hereinfieren, um alles fertig zu machen, damit die Sichelhanget[91]) sein Kände; die Sichelhanget wahr, aber es Kam niecht Alles Gantz herein, alles wahr vergniegdt dar bey u. Gott Verleihe nur, daß Wir Seinen Gnädigen seegen mit Danksagung u. Gehorsamm geniesen.

Hohenheim d. 4. Aug. freitag 1780. Heide Kam Gottlob follens alles vom Carlshof nach Haus, u. Ihro Durchleicht u. ich fuhren nach die 4. uhr zu die Plieninger in Ihre Ernde.

Samstag d. 5. Vor mitag wahr man die mehreste Zeidt im Dörfle u. nachmitag nach die 4 uhr geng man zu die Kamleder[92]) u. Birgacher in Ihre Ernde.

Sontag d. 6. Nach die 9. uhr geng es nacher Stuttgardt, ich geng mit Ihro Durchleicht in Ihre Kirch, den Bauman[332]) heren zu predigen, auch geng ich in die academie zum Essen, wo hen der Hof Kam, u. der von Flachsland[93]) u. ein Oberst v. Mansbach, der zwey von Alenfeld in die academie, auch sich presendieren ließen, nach die 4. uhr geng es wieder hir her u. man geng noch einen Augenblieck in das Dörfle.

Montag d. 7. Heide um halb 8. uhr feng man an haber zu schneiden u. nach Tisch Gersten, auch diese Früchde hat Gott bies da hen Gnädig behiedet.

Dinstag d. 8. Nachmitag wurde man hir mit haber u. Gerstenschneiden Gottlob ferdig, u. nach diesem feng man gleich im Carlshof an, Sommerrocken zu schneiden; ich schnied auch im mosheimischen Garden einige sorten von Friechden, auch Ihro Durchleicht probierden es zu schneiden.

Hohenheim d. 9. Aug. Es wurde wieder braf im Carlshof geschnieden u. sonst geng niechts sonderliches vor.

Donerstag d. 10. Im Carlshof wurde follens, was zeidig wahr, geschnieden, u. der Sommer rocken herein gefierd, ich wahr fiel auf des Nero seinem Palast[33]), u. abends fur man spatzieren, zu vor aber hatte ich rechdt fiell zu don mit aus u. einziehen in die neie Zemer, heide wurde das Erste mahl in die neie Zemer geschlafen.

Freitag d. 11. Um 11 uhr geng es über Kirchheim nacher Randeck, um einen stall, der hir her gebaudt werden soll, zu besehen, es wahr ser warm. Vor die Sieben uhr wahr man wieder hir u. man geng noch ein wenig im Dörfle spatzieren.

Samstag d. 12. Um 7. uhr nahm ich ein bat in meinem neien Kleinen Zemer; nach Tisch Kam der General Bubbenghausen[44]) u. der Ober Forstmeister Weitershausen[94]), es Kam ein starkes wetter u. Sie beide Konden also niecht fiell sehen; es geng aber, Gott sei es gedankt, so gliecklich ab, daß wir auch etwas schon lang gewenschten regen bekamen.

Hohenheim d. 13. Aug. Sontag 1780. Es geng um halb 9. uhr nacher Stuttgardt, ich geng in die academie Kirch, u. der Herzog gengen in die schloß Capell, zum essen von der academie geng ich niecht mit, sondern geng in die Ecoll, u. nahm sie auch noch mit ins schloß. Nach diesem besahen der Herzog Ihre Truppen, ich las in dessen u. um 5. uhr geng es wieder hir her, alwo man noch ein wenig in das Dörfle geng.

Montag d. 14. Um 7. uhr Badede ich wieder, u. im Dörfle wurde gefrie gestiegdt, nach mitag wahr man die mereste Zeidt im Carlshof beim Gerstenschneiden.

Dinstag d. 15. Der heitige Tag wurde hengebracht, wie der göstrige.

Mitwoch d. 16. Es wurde wieder den gantzen Tag im Carlshof geschnieden, u. hat es einen artigen regen gedan, daß man den haber herein fieren Kan, wan man will; ich habe auch das 4. badt genommen.

Donerstag d. 17. Ich Badede; man feng an herein zu fieren u. den Weitzen zu schneiden, u. es wurde ser spadt, Bies es feier Abend gemachdt wurde.

Freitag d. 18. Es Kam heide, Gott sey es gedangdt, fast Alles nacher Haus, auch hir auf dem Gut wurde fast Alles gebonden u. herein gefierdt. Gott sey davor gebriesen, ich nahm das 6. bad.

Hohenheim d. 19. Aug. Samstag 1780. Es sahe ser regnerisch aus, doch Kam, Gott Sey Gelobdt u. Gedangdt, Alles follens herein, es regnede um die Mitags stunde ser starck u. um 4. uhr wahr die Sichelhänget[91]), nach diesem regnede es noch immer ein wenig, Gott sey Es Ewig gedangdt vor alles, was wir aus seiner händ alle augenplick empfangen.

Sontag d. 20. Es geng nacher Stuttgardt um halb 9. uhr, da gengen der Herzog in Ihre Kirch u. ich in meine, bey dem Essen von der academie wahr der Hof, auch die Frau v. Wolzogen mit Ihrer Tochder, der General Widengshofen[95]) u. Prälat von Neresheim[96]), auch der Oberst Mansbach. Nach diesem geng es nacher Louisburg, alwo der Herzog zu Erst die regimender daselbst musterden, u. dan geng es in das Militär Waisenhaus, u. von da wieder hir her.

Montag d. 21. Es wahr ein wenig Kiell, also wurde, weilen ich gebadt hatte, hir im haus gefrie gestiegdt, es wahren auch Junge leide von der academie da, die das Lager aus stekden, u. sonst geng heide niechts vor.

Dinstag d. 22. Der heitige Tag gliech ganz dem gestrigen, ich nahm das 9. bad.

Hohenheim d. 23. Aug. Mitwoch 1780. Heide vor mitag regnede es, es wurde also hir innen gefrie gestiegdt, der Pfarrer Hahn Kam um eine uhr[14]) aufzustellen u. nach diesem fierde ich Ihn im Dörfle herum. Abends fur man noch spatzieren; es hatte mich gefreidt in des Hahn seiner Gesellschaft zu sein. Ihro Durchleicht hatten fiell zu don mit orders, weilen Sie morgen wollen in das Lager ruken lassen.

Donerstag d. 24. Vor mitag nahm ich das 11 Bat, u. Wachde vertrieslich auf, nach deme ich aber mörgde, daß Ihro Durchleicht so gnätig Wahren, meine Schwester Pflugen[9]) nachmitag herauf Komen zu lassen, so wahr ich wieder rechdt gutten homors, nach die 1. uhr Kam Sie auch, Ihro Durchleicht rieden baldt henaus in das lager, wir fuhren um 2. uhr Auch henaus, u. um 3. uhr Kamen die Truppen in 4. Colonnen. Die vom Milidär u. einige von die andere von der academie wahren auch da, wir sahen alles, u. meine Schwester u. ich fuhren nach gehens in das Dörfle, gengen ein wenig herum u. setzten uns nach gehens auf des Nero seinen Palast[33]), lasen u. wahren rechdt vergniegdt bey sammen; abends speiste man im lager.

Hohenheim d. 25. Aug. Freitag 1780. Ich nahm das 12. Bad, u. nach gehens wurde es im Dörfle gefrie gestiegdt, der Herzog gengen nach gehens in das lager, u. Kamen um 11. uhr nach der Parade u. holden mich ab, nach mitag wahren Sie auch wieder fiell im Lager, abends gengen Sie u. ich aber im Dörfle spatzieren u. fuhren auch ein wenig aus; nach diesem gengen der Herzog wieder in das Lager u. ich Holde Sie nach dem retretschuß im Lager ab; es wurde hir zu haus gespeist.

Samstag d. 26. Ich Badede wieder in der Frie, der Herzog schrieben so lang, u. das Frie stug wurde hir genomen. Nach diesem fuhren Sie u. ich aber in das Dörfle, um 11 uhr Kamen der Herzog wieder aus dem Lager u. holden mich ab, nach mitag um 5. uhr gengen Sie wieder in das Lager, ich Kam nach dem retret schuß auch da hen.

Sontag d. 27. Es wahr um 10. uhr Kierch in dem Laager, ich geng da hen, nach diesem sahe ich auch noch die Parade, um 4. uhr fuhren der Herzog u. ich spatzieren, u. nach dem retret schuß so Kam ich auch in das Laager, alwo Ihro Durchleicht zu nacht speisten.

Hohenheim d. 28. Aug. Montag 1780. Nach mitag um 5. uhr exercirte der Herzog Ihre Truppen, u. sonst geng niechts vor, Abends Kam der haubdt man Bregenzer[97]) zu mir.

Dinstag d. 29. In der frie Kam die nachricht, daß der Obermarschall Bock[98]) gestorben wehre, u. nach mitag Kam die Oberst Seegeren, Ihr mann, freilein v. Frankemont[73]), v. Penas zwey[99]), v. Pfuhl, Seeger u. Sombe[99]) aus der Ecoll zu mir, u. abends geng ich wie geweniglich nach dem retret schuß in das Laager, um Ihro Durchleicht abzuhollen.

Mitwoch d. 30. Nach mitag Kam der General v. Widenghofen[95]), Oberst v. Mansbach, General Georgii[64]), Oberst v. Wolfskehl[24]) u. Oberst Seeger von Stuttgardt hir her, sie wurden aller orden herum gefierdt u. abends gengen Sie auch mit Ihro Durchleicht in das Lager, nach dem retret schuß gengen Sie aber wieder hen weck, u. der Herzog u. ich speisten im Lager.

Donerstag d. 31. Heide geng niechts vor, als daß abends exercirdt wurde, u. Gott löste den alden Reiher u. des Korporal Wenglers seine Frau von Ihrem Kranken laager auf.

Hohenheim d. 1. Sep. freitag 1780. Es wahr im Lager Betstond, ich geng da in die Kirch, nach Tisch fuhr mann spatzieren, Es wahr ser warm, um 4. uhr Kam der Kasernenprediger Ohlenhausen[100]), der Pfarrer von Plieningen, Pfarrer von Scharnhausen u. Hof Capelan Weisert[101]) zu mir in das Dörfle, u. ich fierde Sie aller orden herum, abends wurde im lager zu nacht gespeist. Die Oberst Seegeren bekam ich nachricht daß nieder Komen ist.

Samstag d. 2. Der Herzog stonden um eine stonde frieher auf als sonsten, u. Sie machden ein Manever bey Echterdingen, alwo gestern schon ein anderes Laager sich niedergelassen hat, wofon man abends un Verhoft im hiesigen laager den retret schuß geherdt hat. Es regnede ser starck werend dem Manevere, u. der Herzog Kamen Patsch Tropf naß nacher haus, nach diesem geng wieder niechts mer for, Abends Kam ich wie geweniglich nach dem retret schuß in das laager.

Sontag d. 3. Um halb 10. uhr gengen Ihro Durchleicht u. ich in die Kirch im Lager, Sie in Ihre u. ich in meine, nach diesem geng es nacher Stuttgardt, da gengen der Herzog zum essen von der academie, alstan aßen Sie u. ich, u. dan geng es Baldt wieder hir her, wo man im Dörfle ab stieg u. der Herzog nach gehens in das Lager gengen, ich kam nach dem retret schuß u. holde Sie ab.

Hohenheim d. 4. Sep. Montag 1780. Im Dörfle wurde gefrie gestiegdt u. nach dem Essen fuhren der Herzog u. ich ein wenig spatzieren u. sahen die Jägers zu dantzen zu. Es kamen welche von der academie, das Laager zu sehen u. die dan auch zu mir in das Dörfle Kammen, alwo ich Sie aller orden herum fierde.

Dinstag d. 5. Um 4. uhr Kamen 40. Oficiers aus dem Laager, denen wurde das Dörfle gewiesen u. Abends wurde im laager zu nacht gespeist.

Mitwoch d. 6. Der Herzog exercierden Vormitag welche von Ihren Truppen, nach die 12. uhr geng es nacher Ensingen, u. da wurde dem Bau Inspekdor Gross[35]) alles angegeben, was gemachdt soll werden, u. dan geng es wieder hir her u. im laager wurde zu nacht gespeist.

Donerstag d. 7. Um 5. uhr gengen der Herzog in das Laager u. dan Kammen fielle von der academie zu mir in das Dörfle u. ich fierde Sie aller orden herum.

Freitag d. 8. Vormitag geng alles gut, auf den nachmitag wurde Eingeladen meine Schwester Pflugen, Ihre älste Tochder, die Frau von Stein, freilein v. Stein, freilein v. Franquemont, freilein v. Penasse[99]) u. freilein v. Reischach, der Herzog zangden oder fiellmer Kritelden u. ich wurde rechdt übels Homors darieber; die invitierde Kammen um halb 4. uhr, gleich darauf gengen der Herzog zum Manever; ich fierde sie aller orden im Dörfle u. Hohenheim herum u. im Laager wurde zu nacht gespeist.

Hohenheim d. 9. Sep. Nachmitag wurde exerzirdt, u. sonsten geng heite niechts vor.

Sontag d. 10. Es geng um halb 10. uhr im Laager in die Kirch, nach gehens fuhren der Herzog u. ich nacher Stuttgardt, der Hof Kam in die academie, nach diesem wurde gespeist, u. alstan ließen der Herzog den Abel[102]) zu sich Komen, der in München wahr, u. ich geng zu der Oberst Seegeren, ließ nach gehens die Ecol zu mir Komen, u. darauf geng Es Baldt wieder hir her, wo man im Dörfle abstieg, ich las noch was u. Ihro Durchleicht ritten Baldt in das Laager u. Abends wurde es auch im Laager zu nacht gespeist.

Montag d. 11. Heide Vormitag Erfur ich, daß in der Frie der Leib Medikus Reis[66]) gestorben wehre, u. so sehe ich einen nach dem andern zum Grabe Tragen, nachmitag wurde exerzirdt u. sonst geng niechts vor.

Dinstag d. 12. Nachmitag Kam der regierungsradt Kaufmann[59]) von Frankfurt hir her, u. über brachde den Geschmuck von der höchst Seeligen Hertzogin follens. Es wahr ein Manever bey Birgach u. es wurde im laager zu nacht gespeist.

Mitwoch d. 13. Nachmitag Kamen 40 Oficiers aus dem laager in's Dörfle, Sie wurden allerorden herum gefierd u. im laager wurde zu nacht gespeist; das Wetter wahr vortreflich.

Hohenheim d. 14. Sep. Donerstag. Es geng niechts sonderliches vor, nach mitag wurde Maneverierdt, oder fiell mer nur mit Mörser geschossen.

Freitag d. 15. Es geng um halb 10. uhr im laager in die Kirch, ich blieb niecht bey der Parade, u. nach mitag wahr ich die merste Zeidt wie geweniglich im Dörfle, Abends wurde es im laager gespeist.

Samstag d. 16. Der heitige Tag geng hen wie der gestrige.

Sontag d. 17. Um halb 10. uhr geng es im laager in die

Kirche, nach mitag wurde aus gefahren ein wenig, der Herzog schrieben fiell, ich las, u. dan gengen der Herzog in das laager.

Montag d. 18. Um 10. uhr Kam die Gantze Generalidet von Stuttgardt benebst dem General v. Witinghofen[95]). Es wurde im laager zu mitag gespeist, dan wahr ein Manever u. die Generals wahren bies nach dem retret schuß da.

Dinstag d. 19. Es regnede beym aufstehen. Es geng nacher Stuttgardt, man geng in des verstorbenen Obermarchal von Bock[98]) sein Haus, um die Sachen zum Verkauf zu sehen, dan geng es in mein Haus, alstan in ein Magazen von öfen u. her nach noch in das alde schloß, die Matrazen zu sehen, die vor die Soldaten gemacht wurden, u. nach die 4 uhr geng es wieder herauf.

Mitwoch d. 20. Es geng niechts sonderliches vor, abends wurde es mit Bomben geschossen.

Donerstag d. 21. Es geng um halb 10 uhr im laager in die Kirch, da es aber so wendig wahr u. regnerisch aus sa, so geng ich niecht henein, Abends liesen der Herzog zwey Alarmschüsse schiessen, u. es wurde im laager zu nacht gespeist.

Freitag d. 22. Heide geng wieder niechts vor, es wurde etwas weniges exercierdt u. Abends mit Bomben geschossen.

Samstag d. 23. Der Herzog bestelden Ein Manever auf nachmitag, u. um 4. uhr geng es an. Zu mir Kam meine Schwester mit Ihren Kändern, u. 6. von der Ecoll, wir wahren vergniegdt Bey samen, u. Abends wurde es im laager zu nacht gespeist.

Sontag d. 24. Es geng um halb 10. uhr in die Kirch im laager, dan geng es nacher Stuttgardt, u. da in die academie zum essen, nach diesem geng es baldt wieder weck, zu vor ich noch die Ecol zu mir Komen liese, abends wurde es im laager zu nacht gespeist, u. Ihro Durchleicht bestelden alles ins geheim zum Abmarsch, auch machten Sie den v. Stralemdorf[25]) zu Oberst leitnant.

Montag d. 25. Das laager brach auf um 9. uhr, der Herzog wahren aber schon drausen um 6. uhr, ich fuhr alleine nacher Stuttgardt, stieg einen Augenplieck bey meiner Schwester ab, geng nachgehens in mein Haus, lies welche von der Ecol Kommen, u. wir sahen da die Truppen ein rucken, dan Kammen der Herzog, man aß in meinem haus zu mitag, u. alsdan geng es hir her, u. hir brachde man die mereste Zeidt im Dörfle zu.

Hohenheim d. 26. Sep. Dinstag 1780. Heide wahr man die mereste Zeidt im Dörfle, ich Kochde ein Zwetschgen geseltz in meiner Kleinen Küch, u. abends packde ich noch mein sach nach Aurach ein.

Mitwoch d. 27. Sep. 1780. Um 10. uhr geng es von hir weck nacher Aurach auf die hiersch Bronft über Ober Ensingen, da as man zu mitag u. besa, wie die Zemer gemacht wahren, dan geng Es wieder weider, u. Ihro Durchleicht Schossen noch 7. Hiersch, in Aurach wahr der General von Buwinghausen[44]), Ober Stallmeister von Schenk[68]), Ober Jägermeister von Bosse[103]), u. Oberst leitnand von Strallemdorf[25]).

Donerstag d. 28. Ihro Durchleicht gengen um 7. uhr auf die Jagdt, ich Blieb recht lang liegen, u. nach Tisch geng es gegen die drey uhr hen auf die Jagdt, u. sonst geng niechts vor.

Freitag d. 29. Ihro Durchleicht gengen um 7. uhr wieder auf die Jagdt, ich ließ die Kleine Freilein von Marchal[330]) zu mir Komen, u. geng mit Ihr in die Kirch, nach Tisch geng es Bald auf die Jagdt, u. man Blieb in Marbach über nacht.

Samstag d. 30. Um 7. uhr gengen der Herzog wieder auf die Jagdt, nach mitag wahr aber niechts zu don, weilen es zemlig starg regnede, man geng also über Offenhausen gradt nacher Aurach, es helde sich ein wenig auf u. es geng noch ein par stonden auf die Jagdt.

Urach d. 1. Okto. Sontag. Ihro Durchleicht u. ich gengen in die stiefts Kirch, nach deme aber die Predigt aus wahr, so gengen Sie u. herden Meß. Nach mitag geng es auf die Jagdt, u. Schossen der Herzog einen 18ner.

Montag d. 2. Es regnede zemlig starg in der Frie, daß also es niecht auf die Jagdt geng, nach Tisch aber wurde es gut wetter, u. man wahr bies halb 7. uhr auf der Birst, von da aus geng es her nach hir her u. man Kam erst um halb 10. uhr hir an.

Dinstag d. 3. wurde ich den gantzen Tag angefierd, u. sonst weis ich niechts das vor gegangen ist.

Hohenheim d. 4. Oct. Mitwoch 1780. Heite Entwickelden Sich alle die gestrige Geheimnisse. Ihro Durchleicht Betzeichneten eine jede stonde mit Ihrer wohltätig Keidt so gnätig, daß Ihre Munder Keit u. gnätiges Betzeigen allen Ihren Wohltaden noch Einen heheren Werdt gaben; Sie überheifden mich mit so Viell un verdenden Gnaden, daß ich Es niecht brauche in mein Tag buch aufzuschreiben, Es ist dies in meinem Hertzen ein Geschrieben[104]).

Zu Erst in der frie um 6. uhr fengen schul Känder im hof

an zu sengen, u. Ihro Durchleicht gaben mir ein besonders gnätiges schreiben, u. einen magnifiegen Geschmuck von Schmaragden, nach diesem stond ich auf, geng an das fenster, wo gleich balden 600 rageden in die Höhe stiegen u. mein Nahmen in dem hof brande, der gantze hof wahr angefieldt mit lauder leiden von den Fildern, die danzten; nach diesem Kammen welche von der academie, die mir eine rede hielden, um 9. uhr geng es in das Dörfle, alwo Ser fielle von hof wahren, auch ein ser großer Theil von der academie u. die Benachbahrden Pfarrers, Es wahr ein gantzer Marckt um das Wirtshaus[33]) herum; im Zirkel bau[105]) wahr eine schul von 40 Kändern, denen Ihro Durchleicht Einem jeden eine bibel, 1. Gesangbuch u. 1. Conformatzion buch gaben; beim rat haus[74]) wahren wieder 40. arme, des ein jedes 4. Gulden an Geldt bekam; beim neihen schweitzerhaus[50]) wahren auch wieder 40 arme, die ein jedes 10. pfond fleisch bekam; bey der mühl wahren wieder 40 arme, da auch wieder ein jedes einen halben scheffel Denkel bekam, beim feigen haus[106]) wahren auch 50. arme, da ein jedes 12 pfond brot bekam, beim Weinberg bekahmen auch 50 arme ein jedes 6. Maas Wein. Alles deilden die von der academie aus, u. beim Wasserfall[54]) [74]) wurden honderde gespeist, die Ihro Durchleicht auch zu gleich haben kleiden lassen. Bey diesen Ihren Tischen danzden die Junge landleide, die auch Wein, brodt u. fleisch bekamen; der gantze Wasser fall wahr foll mit welche von der academie, u. es wahr eiserst rierend, alle die gnätige gesenongen Ihro Durchleicht hir so im liecht zu sehen.

Ihro Durchleicht benebst dem hof speisten im feigen Sahl, nach Disch geng man noch ein wenig im Dörfle herum, u. Abends geng es nacher Stuttgardt. Da traf ich die Ecol in meinem Zemmer an, u. nach diesem Wahr Consert in der academie u. Ilominacion u. es Wurde nach gehens auch in der academie benebst fiellen Dames u. cavaliers in einem prechtigen Sahl gespeist.

Ich Wuste Bey allem Kein Wordt zu saagen, das meiner unterthänigsten Danksagung gleich Kam. Ihro Durchleicht Verschenerden alles durch Ihre grose leidt selig Keidt immer noch mehr, u. so geng dieser Tag vorüber, wo sich Ihro Durchleicht eine jede stonde neihen Segen u. Dank eigen machden; in Stuttgardt blieb man über nacht.

Urach d. 5. Donerstag. Um halb 9. uhr geng es von Stuttgardt hen Weck, man aß in Hohenheim im Dörfle zu mitag, u.

dan geng es wieder nacher Aurach, u. da gleich underwegs auf die Jagdt.

Urach Freitag d. 6. Okt. 1780. Ich blieb lange liegen, u. der Herzog gengen um 7. uhr auf die Jagdt, nach mitag geng es auch bey Zeidt auf die Jagdt, ich las immer die mereste Zeidt auf der Jagdt.

Samstag d. 7. Ihro Durchleicht gengen wieder um die 7. uhr auf die Jagdt nacher Grafeneck, ich fuhr um 10. uhr in der Cariol nach, u. in Grafeneck wurde es zu mitag gespeist; im schloß in Aurach wurden die oberen Zemer mit Pabier anfangen tapetzierdt; nach dem mitag essen gengen der Herzog baldt wieder auf die Jagdt, ich schrieb noch einige Zeidt, dan fur ich auch wieder hender Ihro Durchleicht darein, u. Sie schiesten den Selbigen Tag 20 hiersche, man kam ein wenig spadt in Aurach an.

Sontag d. 8. Um 10. uhr geng ich in die Kirch, nach meiner Kirch gengen Ihro Durchleicht Erst u. herden Messe, Sie Schrieben ser viell vor mitag, nach diesem wurde baldt gegessen, u. dan geng es auf die Jagdt.

Monag d. 9. Vor mitag regnede es die Gantze Zeidt, es wurde also niechts aus der Jagdt, der Herzog schrieben Viell, es wurde auch noch an die Tapeden aufgemacht, u. nach mitag geng es wieder auf die Jagdt, das wetter wahr so passabel dar bey.

(Der 10. bis 24. Oktober fehlt.)

Hohenheim d. 25. Okt. Mitwoch 1780. Nachmitag solden diejenige fremde, die letzten Sontag in der academie wahren, Kommen, allein es feng an zu regnen, u. es wurde Ihnen abgesagdt. Ich wolde die Sonne auf dem Nero[33]) aufgehen sehen, aber es feng gleich um 7. uhr an Trieb zu werden, den nachmitag wahr man aber doch fiell im Dörfle, man fuhr auch spatzieren u. besa das Rathaus u. sahe nach der Kirch in Birgach[119]).

Donerstag d. 26. Es regnede fast den gantzen Tag, u. nachmitag fur man nacher Stuttgardt, alwo der Herzog in die Lecions von der academie gengen, u. ich lies die Freilein v. Franquemont[73]) werend der Zeidt zu mir Kommen; der Doktor Hopfengärtner[107]) Kam wieder von Mömbelgardt, u. Ihro Hoheiden[52]) schiekten mir Ihr Portret im Reng, welches mich ser ser freide.

Freitag d. 27. Es geng heide niechts sonderliches vor, das frie stug wurde hir henen genommen, u. nach mitag wahr man meistens im Dörfle, abends fur man spatzieren u. sahe nach der Kirch in Birgach; der Tag vergeng recht in wahrer ruhe.

Samstag d. 28. Um halb 3. Kam der General von Wittenghoffen[95]), ein frantzösischer Oberst, der bolnische Graf, der zwey söhne in die academie gebracht hat, u. Kammerherr von Goller, der auch seinen Vetter in die academie gebracht hat, auch v. Uxcüll, v. Kniestett[63]) u. Oberst Seeger, sie wurden aller orden herum gefierdt, u. es wahr schon nachdt, wie sie weg gengen.

Hohenheim d. 29. Okt. Sontag 1780. Um halb 9. uhr geng es nacher Stuttgardt, es geng da in die Kirch, beim Essen von der academie wahren die Fremden, auch ein Graf Lerchenfeldt[237]), der zwey söhne in die academie Brachde, u. die vetter[107]) von Stuttgardt, nach diesem so examenierden Ihro Durchleicht 8. Magiesters mit dem Geheimderadt Comerell[108]) u. Consistorialrat Lepret[61]) Selbsten, u. fanden den Magiester Kohler am tichtigsten als Pfarrer nacher Birgach, er gewan es auch noch durch das Los, da Ihro Durchleicht Ihm einen andern namens Boßerd ; ich wahr einen augenplieck bey meiner Schwester, dan ließ ich die Ecoll zu mir Kommen, u. wie die weg wahren, auch eine halbe stond die Sekretarius Wagnerin[205]), u. nach diessen las ich, bies der Herzog mit Ihren Magiesters fertig wahren, man Kam erst um halb 9. uhr hir an.

Montag d. 30. Heide geng gar niechts merkwierdiges vor, abends fur man spatzieren, u. sahe nach der Kirch in Birckach.

Dinstag d. 31. Der heitige Tag wurde hen gebracht wie der gestrige.

Mitwoch d. 1. Nov. Nach mitag fierde ich den Hof Capelan Bauman[332]) im Dörfle herum, u. dan geng es nacher Birkach, der neihe Pfarrer wahr da, u. man machde die Prob, die Leide in der Ordnong in die Kirch gehen zu lassen,

Hohenheim d. 2. Nov. Donerstag 1780. Nach mitag fur man bei Zeidt spatzieren, u. dan auch nacher Birkach, alwohen der Consistorialradt Lepret[61]) Beschieden wahr, um daß der Herzog alles follens mit Ihm ausmachden wegen der Kirch weihe.

Freitag d. 3. Um 9. uhr geng es auf das Eingerichtede Schweinsjagen, wobey fiele fremde u. Einheimmische wahren, es wurde vor mitag alles abgefangen, dan geng es nacher Stuttgardt, wo selbst der Prentz Louis[11]) von Mömbelgardt gleich darauf ankammen, der Herzog gengen zu Ihnen, u. dan geng es wieder hirher u. man fur noch nacher Birgach alles auf morgen ein zu richten.

Samstag am glieckliche Carlstag d. 4. Nov. 1780. Ich wachde mit wenschen vor Ihro Durchleicht auf; um halb 9. uhr herten der Herzog Meß, in dem Kammen der Prentz Louis u. die Berufene, die zu der Einweihung von der Kirch[119]) gehörten, alstan geng es dan das aller Erste mahl in Birgach in die Kirch, u. Gott Erhöre die Wönsche, die bey diesser Einweihung vor Ihro Durchleicht den Besten Herzog gedan wurten, er gebe seinen gnätigen Seegen zu diessem Seinem haus, u. Lasse Sein wort recht unter uns Wachsen u. zu nehmen zu unserm Ewigen heil, Seelich Keidt u. zu Seiner Ere in Ewigkeidt. Die Ceremonie wahr ser schen, alle Pfarrer von der Diotzes wahren da bey Benebst alle geheimderadt u. welche von dem Consisdorio; ein Kend hebden der Herzog u. der Prentz[11]) Selbsten, auch ich, aus der Tauf; zwei wurden copulierdt, auch der neihe Pfarrer installierdt, um 12 uhr geng es aus der Kirch, Ihro Durchleicht ließen die gantze Bürger schaft im hof speisen, gengen zu Ihnen u. sprachen auf das gnädigste mit Ihnen; alle die Pfarrers wurden ebenfals gespeist, u. so auch alle benachbarde schultzen, es wahr alles herrlich u. vergniegdt u. dank bahr gerierdt; die Tafel von Ihro Durchleicht bestand, Prentz Louis zuerst, Geheimde rat von Uxkull, Geheimderat von Kniestett, Geheimderadt Commerell[108]), Geheimder. Weigersreiter[109]), Geheimder. Bühler[31]), Direkdor v. Hochstetter[110], Assessor von Breidtschwirdt[111]), Kamer brogorader Fischer[82]), Regierungs radt Ruf[112]), Oberst v. Seeger, Chevalier von Mandelsloh[113]), von der Loni[114]) u. Pfeifle[114]) aus der academie, Spezial Schmiedle[115]), Prälat Schmiedle[116]), Consistorialrat Lepret[61]) u. ich. Nach der Tafel fengen die Leide an zu dantzen, die von allen filderorden da wahren, man sahe Ihnen zu; die Pfarrers wahren auch alle nach der Tafel da, der Prentz wurden auch in das schlößle[117]) [34]) u. auf den Frucht u. Hey boden gefierdt u. nach diessem gengen Sie benebst den anderen anwesenden baldt hen weck, u. Ihro Durchleicht liesen noch in Ihrer gegen wardt die fier Hanen ausdantzen[118]), damit wahr es nacht, u. es geng alles nach haus. Gott schreibe alles, was der Herzog vor gutte handlongen don, Ihnen zum Ewigen Seegen an. Ich bekam auch nachricht, daß meine Mutter mit sack u. pack in Stuttgardt angekommen wehre.

Hohenheim d. 5. Nov. Sontag 1780. Um halb 9. uhr geng es nacher Stuttgardt, ich geng in die academie Kirch, nach diessem ziegte ich mich an, u. Ihro Durchleicht gengen mit dem Prentz Louis auf die Parade, wie sie wieder Kamen, fur ich zu meiner Mutter u. Schwestern[120]), ich blieb da bies eins, u. hatte eine herzliche freidt meine Mutter so wohl zu sehen; um halb 2. uhr geng es nach gehens, nach deme der Herzog u. der Prentz aus der academie Kamen, nacher hof, es wurde ein herr von Hardenberg[121]) presendierd, u. Baldt geng man dan zur Tafel, nach der Tafel retirierde man sich baldt, Ihro Durchleicht fierden den Prentzen in mein haus, u. von da gengen der Prentz in die Biblioteg, u. Ihro Durchleicht u. ich hir her.

Montag d. 6. Es wurde gestern der Prentz u. alle die fremden hir her invitierdt, es wahr aber heide so schlem Wetter, daß man es Ihnen absagen lassen muste, u. davor gengen der Herzog nacher Stuttgardt, u. fierden den Prentzen u. die fremden nacher Louisburg, es wurde das Militär Waisenhaus u. die stal Fabrik besehen mit Ihro Durchleicht dem Herzog furen der Prentz, General von Widenghoffen[95]) u. ich; bey der Zuriekkehr stieg man beim Prentzen ab, u. dan geng es wieder hir her; der Prentz wollen bies 10. uhr abreisen.

Hohenheim d. 7. Nov. Dinstag 1780. Um 9. uhr Kam meine Mutter u. meine zwey schwestern von Pflug[9]) und Juliana[120]); es feng an zu schneihen u. hatte heite nacht schon geschniehen, Der Herzog Konden niecht lange draussen sein, meine Mutter frie stiegde hir u. um halb 11. uhr geng sie Weck in Ihre neihe wonong nacher Ober Ensingen, wir wahren recht herlich u. Inigst vergniegdt bey samen. Das Wetter wurde nachmitag etwas besser, in der Kolhitte[122]) wurde gutierdt, es wahr aber zemlich Kaldt, so daß es abends anfeng das erste Mahl zu frieren. Ich bekam von meiner schwester noch nachricht, daß es Ihnen in Ensingen gefiel, u. darieber schetzde ich mich gliecklich u. wahr vergniegdt.

Mitwoch d. 8. Heide schneide es fast den gantzen Tag, ich blieb lange liegen, abends fur man ein wenig aus u. nach diessem schrieben der Herzog an Ihrer Rede auf den Jahres Tag.

Donerstag d. 9. Der heitige Tag vergeng wie der gestrige.

Hohenheim d. 10. Nov. freitag 1780. Es wahr recht schen hell u. klar Wetter des Vormitags, nach mittag aber wahr es wieder gantz trieb, man fur abends spatzieren u. sonst geng niechts vor.

Samstag d. 11. Das wetter wahr Kald u. unangenehm, u. es geng heide wieder niechts sonderliches for. Ihro Durchleicht wurden aber mit Ihrer Rede fertig.

Sontag d. 12. Um halb 9. uhr geng es nacher Stuttgart; da wie geweniglich in die Kirch u. academie; bey dem essen von der academie wahr Baron von Hardenberg[121]) u. von Feldheim. Nach der academie gaben der Herzog dem Preusischen Gesanden Madenweis[123]) Audientz, alstan hatten Sie sonst zu don, ich ließ meine 4. Niesen[9]) zu mir Komen, u. las alstan, u. um 5. uhr geng es wieder hir her.

Montag d. 13. Das wetter wahr ser wendig, es wurde Abends ein wenig spatzieren gefahren u. auch im Dörfle herum gegangen.

Dinstag d. 14. Nach deme man sa, daß das Wetter so schlem wahr, so entschloßen sich der Herzog nacher Stuttgardt zu gehen, um 10. uhr geng man weg, um 11 uhr Kam man da an, as, geng in die academie, von da zu der Frau oberhofmeistern[98]), alstan in mein haus, u. nach gehens zu der geheimderad Büleren, alwo ich blieb bies 4 uhr, um halb 5. uhr geng es wieder hir her.

Hohenheim d. 15. Nov. Mitwoch 1780. Das Wetter wahr hiebsch, nach mitag gutierte man im Dörfle u. fuhr gantz wenig spatzieren, weiter geng niechts vor.

Hohenheim d. 16. Nov. Donerstag. Der heitige Tag wahr wie der gestrige, außer daß ich gar niecht in das Dörfle Kam, u. Abends Zalden der Herzog die Plieninger vor die Gietter (Güter) vom Carlshof.

Freitag d. 17. Der Herzog klagden Kopf we, u. Zalden wieder die Plieninger, auch fur man spatzieren u. das wetter wahr recht schen.

Samstag d. 18. Beim Aufwachen wahr alles weiß; mit dem Kopf wehe wahr es Gott lob besser. Abends fur man spatzieren, u. das wetter wahr den Tag über rechdt gelend.

Sontag d. 19. Es geng nacher Stuttgardt, da in die Kirch u. zum Essen von der academie, 3. Neihe russen, welche von einem Oberst Leutnand gebracht worden sein, zwey heissen Tallisin u. Einer Kroock; nach mitag geng es baldt in mein haus, alwo Ihro Durchleicht portzelanene Wasen rachirten, u. dan geng es hir her.

Hohenheim d. 20. Nov. Montag 1780. Das Wetter wahr

vormitag passabel, nach mitag feng es aber baldt an zu regnen, der Herzog fierden mich einen Augenblieck in das Dörfle, u. sonst geng weider niechts vor.

Dinstag d. 21. Das Wetter wahr heite nacht wieder ser stirmmisch u. Es geng um halb 10. uhr nacher Stuttgardt, da geng es in die academie, nach diessem fuhren der Herzog u. ich in den Stall, u. alstan gengen der Herzog in die Lecionen in die academie, ich ließ die Ecol Komen, u. gab nach gehens mit der Freilein v. Franquemont einige visieten, um 3. uhr geng es her nach wieder hir her; das wetter wahr den Tag über recht hiebsch.

Welzheim Mitwoch d. 22. Vor 10. uhr geng es von hir hen weck, in Stuttgardt aß man in meinem haus zu Mitag u. alstan geng es von da über Schorndorf nacher Welzheim, der Menister von Kniestett[63]) wahr schon da, man blieb über nachdt, bede Ober forst meisters Grafen von Sponeck[124]) u. von Molik[125]) wahren auch mit.

Gaildorf d. 23. Nov. Dinstag 1780. Um halb 10. uhr geng es von Welzheim ab, u. um 1. uhr ungefer Kam man in Gaildorf an, Ihro Durchleicht wurden auf allen Ihren neihen Herschafden[126]) mit Großem Gepreng empfangen; nach der Ankunft wurde Baldt gespeist, an der Tafel aßen mit, Geheimderadt Kniestedt, Kammer Progorador Fischer[82]), Gast Keller Flattig[127]), marsch Kommisarius Elseßer[128]), pfarrer Kausler von Gaildorf[129]), zwey Depudierde von Hall, Hardtmann u. Bonheffer, u. der Hofradt[130]) . Nach Tisch rietten der Herzog noch aus, um einen neihen Theil zu besehen; ich sahe das Pücklerische schloß u. das Alaun Bergwerg, Abends geng es baldt wieder zur Tafel u. ich erneierde auch wieder die bekandschaft von dem Pfarrer von Sulzbach Neidhardt.

Murrhardt freitag d. 24. Gleich nach die 8. uhr geng es nacher Hall, da stieg man im rathaus ab u. wurde von allen rads herrn da empfangen, alstan besahe man die stadt Kirch, das Salz werg u. wasser werg, wie auch Ihr Gemnasium, um 3. uhr geng es wieder da hen weg u. es geng von da über Gaildorf nacher Murrhardt, aber man erst um 7. uhr an Kam.

Hohenheim d. 25. Nov. Samstag 1780. Gleich nach die 8. uhr geng man in die beden Kirchen, besahe die Altertümmer, u. alstan über Backnang, Winnenthal, Waiblingen u. Stuttgardt hir her; under weg brach der Wagen, man Kam aber denoch mit vort, in Stuttgardt aß man in meinem haus zu Mitag u. Kam um 4. uhr hir an.

Sontag d. 26. Um halb 9. uhr geng es nacher Stuttgardt, ich lies gleich zur Ader, u. dan geng es in die Kirch, Zum Essen von der academie geng ich niecht, der Herzog schiekten mir einige Junge Leide; nach dem Essen mesden der Herzog die academie[131]), u. zu mir Kam meine Schwester mit Ihren Kändern[9]), wir blieben bey samen, bies Ihro Durchleicht wieder Kamen, u. alstan geng es gleich weck wieder hir her. Das Wetter wahr heide recht schen.

Montag d. 27. Heide gab es fiell zu don mit Einpaken. Ihro Durchleicht hatten ein wenig die Diare von Morgends an, nach mitag ritten der Herzog doch aus, u. Abends fur man noch ein wenig aus, auch bezahlden der Herzog wieder fiell am Carlshof; heide nacht hat es geschniehen, den Tag durch wahr aber das wetter gut.

Hohenheim d. 28. Nov. Dinstag 1780. Der Herzog musten heide nacht wieder Ein Par Mahl aufstehen, Sie ritten also niecht aus vor mitag, nach mitag aber, u. ich fur auch noch in das Dörfle, um bücher [122]) zu holen u. mit zu nehmen. Non ist Alles Ein gepackt, u. also get es vor diessen Wenter nacher Stuttgart. Gott leite u. regiere uns auf Allen Seinen Weegen, u. gebe, daß Wir in allem Gutten Wachsen u. Zu nehmen zu seiner Ehre u. unserer Ewigen Seelig Keidt um Jesu Christi Wiellen; Er stehe uns in Gnaden Bey mit Seinem Heiligen Geist, Ammen.

Stuttgardt d. 28. Nov. Dinstag 1780. Um halb 5. uhr Kam man hir an, es wurde noch alles aus gepackt, der Herzog hatten noch immer eine Diare, u. es wurde in der retret[51]) gespeist.

Mitwoch d. 29. Um 8. uhr fengen die examena an, Ihro Durchleicht gengen also gleich hen zu, ich geng auch niecht zum Essen von der academie, u. brachde mein sach follens in die Ordnong, nach mitag geng cs um 3. uhr wieder in die examena, u. Ihro Durchleicht befanden sich gar niecht recht wohl.

Donnerstag d. 30. Der heitige Tag wahr wie der gestrige, ich wahr ser vertrieslich, den der Herzog befanden sich gar niecht wohl u. bekamen einen starken husten, nachmitag fur man aber doch ein wenig aus.

Freitag d. 1. Dez. So wie der gestrige Tag, so wahr auch der heidige; man Bekam nachricht, daß die Kaiserin[132]) ser krank sein sollen; die gantze Ecol war in der Frie bei mir.

Stuttgardt d. 2. Dez. Samstag 1780. Der heitige Tag zeichnede sich mit niechts gegen dem gestrigen aus, der Herzog musten nachts stark husten u. wahren ser mat; die Geheimderadt Bühlerin wahr in der Frie bey mir.

Sontag d. 3. Ich geng in die academie Kirch, nach mitag fur man spatzieren u. ein wenig auf der Treib[133]) reiten; die nachricht Kam, daß die Kaiserin[132]), die von der gantzen Weldt verehrt wierd, gestorben wehre, ich wahr recht Empfendlich darieber. Um 3. geng es zu die examena, der Herzog wahren noch als niecht wohl.

Montag d. 4. Mit dem husten von Ihro Durchleicht wahr es noch imer Eins; es geng heide niechts anderes vor als daß man nach Tisch ein wenig spatzieren fuhr, u. in die examena gieng, u. in der Frie war die Ecol bey mir.

Dinstag d. 5. Um 11. uhr geng es, nach deme der Herzog zu for denen examena bey gewond hatte, nacher Hohenheim auf ein par stonden, es bekam Ihnen recht wohl; das Wetter wahr vortreflich, u. nach diesem geng es wieder in die examena.

Stuttgart d. 6. Dez. 1780 Mitwoch. In der frie geng ich zu meiner Schwester, mit der Gesondheit von Ihro Durchleicht geng es Gott lob Besser, der Tag über wurde wieder mit die Examena zu gebracht.

Donerstag d. 7. Ihro Durchleicht hatten Gottlob wieder eine Gutte nacht, nach Tisch geng es einen Augenblieck nach der Solidute, in der frie war die Ecol bey mir, u. der übrig lebenslauf war wie gestern.

Freitag d. 8. Mit der Gesondheit Ihro Durchleicht geng es Gott lob Besser, man fur ein wenig spatzieren u. übrigens geng es wie gestern, außer daß ich das Vergniegen hatte meine Mutter u. schwestern in der frie bey mir zu sehen.

Samstag d. 9. In der frie Kam die Freilein von Stein, u. nach mitag fur man ein wenig spatzieren. Um 3. uhr geng es alstan in die examena.

Stuttgardt d. 10. Dez. Sontag 1780. Ich Blieb ser lange liegen, nach mitag fur man ein wenig spatzieren u. um 3. uhr geng es in die examena.

Montag d. 11. So wie ich aufstond, Kam meine Mutter[120]), Niesen u. Schwestern[9]) [120]) zu mir, auch fiele von der Ecol, sie machden Musieck, u. sonst geng es wie sonstige Tage.

Dinstag d. 12. Vor mitag wahr eine dispudacion von Tesens, die der Herzog selbsten gemacht haben. Wie ich auf stond, so draf ich schon meine mutter, Schwestern u. Niesen in meinem Zemer an, wir blieben Vergniegdt bey samen Bies 11. uhr; mit der Gesondheidt von Ihro Durchleicht geng es vor mitag Gott lob gut, Abends aber werend denen examena befanden sie sich gar nicht wohl u. Kam noch die redt, die Sie hielden[134]), dar zu, wo bey Sie sich angriefen, daß Sie schwendlich wahren; wie es gar wahr, werend dem Nacht essen geng es aber Gott lob wieder besser.

Stuttgardt d. 13. Dez. Mitwoch 1780. Es geng nach die 10. uhr nacher Hohenheim, der Herzog rietten aus ob es wol taude, u. ich schrieb bies man wieder nacher Stuttgardt geng, es wurde in der retrett[51]) zu nacht gespeist.

Donerstag d. 14. Um halb 10. uhr gengen der Herzog u. ich in die Catolische Kirch u. herden eine ser schene predigt, alstan geng es in die academie Kirch, da wurden von Fremde presentirdt, wer da wahr, u. man geng in der gantzen academie herum, besa Ihre Arbeiden u. Sähle, dan geng es zu dem Essen von der academie u. von da zur Dafel von Ihro Durchleicht, her nach geng es in das schloß zum Preis aus deilen[135]), nach diesem war Conserd, u. alstan Dafel in der academie; der Herzog klagden ser über geschwolne Fühs, außer dem aber wahren Sie Gott lob wohl u. monder.

Stuttgardt Freitag d. 15. Dez. 1780. Man Blieb lange liegen, Ihro Durchleicht gengen zum essen von der academie, u. nach Tisch fur man aus, alstan sassen der Herzog die meiste Zeidt in meinem Zemer u. liessen Ihren fus, der zemlich geschwollen war, auf einem Taboret aus ruhen. Es besserde sich auch in der Tadt in etwas dar durch, Abends aß man in der academie, wo bey auch die fremde, Frau von Stein, von Wöllwardt u. die Frau von Röder von Waldenbuch[238]) wahr.

Samstag d. 16. Nach mitag fur man nacher Hofen in das Waisen haus[28]); mit der Gesondheidt Ihro Durchleicht geng es Gott lob recht ser gut; Abends aß man, wie geweniglich in der academie, u. den Tag über wahren der Herzog ser aufgelegt zum schreiben, ich arbeidede neben Ihnen die gantze Zeidt.

Stuttgardt Sontag d. 17. Dez. 1780. Ich geng in die academie Kirch, die frau von Stein wahr auch da, auch zum Essen von der academie geng ich, nach mitag fur man spatzieren,

u. schrieben der Herzog u. ich las, Abends aß die frau von Stein u. frau von Wöllwardt in der academie.

Montag d. 18. Ihro Durchleicht gengen zum speisen von der academie, u. zu mir Kam meine liebe Mutter, ich zog mich werend dem an, alstan wahr der hof in Roben um 2. versameld, es geng zum speisen, u. nach 4. uhr retirierden sich der Herzog wieder, in der academie wurde zu nacht gespeist, wo gegen auch die Frau von Stein u. Frau von Wöllwarth wahren u. bede sich beurlaubden.

Stuttgardt d. 19. Dez. Dinstag 1780. Nachmitag fierden mich der Herzog zu meiner Mutter u. Schwestern u. gengen alstan in Marstall, holden mich aber baldt wieder ab, u. alstan sas man gantz ruhig den Abend über im schloß.

Mitwoch d. 20. Um 11. uhr geng es nacher Hohenheim, man stieg im Dörfle ab, geng alstan henein in den hof[34]), u. von da wieder hir her.

Donerstag d. 21. Nachmitag Kam meine Mutter, Schwestern u. Niesen zu mir, Ihro Durchleicht wahren ein par stonden abwesend, Kamen aber nachgehens zu uns, weisten Ihren bayreuter Geschmuck u. wahren ser gnätig gegen uns alle, welches uns ser aufheiderde.

Freitag d. 22. Vor mitag gaben der Herzog lang Audienz u. nachmitag so fur man auf eine stonde auf die Solitude.

Stuttgardt d. 23. Dez. Samstag 1780. Um 8. uhr geng es nacher Vayhingen an der Entz, alwo der Herzog hatten Pferde hen Komen lassen, aus zu suchen, man Kam erst um 6. uhr wieder zuriek, weilen man ser langsam fur.

Sontag d. 24. Ihro Durchleicht gengen in Ihre Kirch, ich in die academie Kirch, nach mitag fur man ein wenig spatzieren, übrigens geng niechts vor, ich las die gantze Zeidt.

Montag als an dem heiligen Crist Tag d. 25. Dez. 1780. Ihro Durchleicht gengen in Ihre Kirch, ich in die academie Kirch, u. nach dem Essen fur man ein wenig spatzieren; her nach gengen der Herzog wieder in Ihre Kirch u. ich in die schloß Kirch, alstan blieb man bey samen u. ich las. Ihro Durchleicht klagden Kopf we.

Sontag d. 26. Dez. Dinstag 1780. Der Herzog gengen in Ihre Kirch u. wahren Gottlob wieder besser, ich blieb die gantze Zeidt zu haus, nur daß ich ein wenig nach Tisch mit Ihro Durchleicht aus fur, nach diesem Kam auch der Haubtmann Fischer[39]) mit dem Haubt plan der stadt[136]), u. übrigens saß man recht ruhig bey samen, u. um 5. uhr ließ ich die Ecol Komen.

Mitwoch d. 27. Um 11. uhr geng es nacher Hohenheim, ich geng in das Dörfle allein u. sa einige bäume, die aus Holland gekomen wahren, auspaken, u. Ihro Durchleicht zalden indessen wieder dreißig dausend Gulden an dem Carlshof aus, u. dan geng es wider hir her.

Stuttgardt d. 28. Dez. Donerstag 1780. Vor die 8. uhr geng es nach Laufen. Es wurden da Pferde besehen, in der Zurieck reis stieg man in Louisburg in meinem haus[90]) ab, Ihro Durchleicht der Herzog gengen in Ihre Sattel Kamer u. her nach geng es in das Milidärische Waisen haus, u. von da wieder hir her.

Freitag d. 29. Vor mitag gaben der Herzog Audientz, nachmitag fuhren Sie mich nach dem spatzieren fahren zu meiner Mutter u. Schwestern. Sie aßen just zu mitag, nach die 3. uhr wurde ich wieder ab geholdt, u. Ihro Durchleicht u. ich sassen follens ruhig bies zum academie essen bey sammen.

Samstag 30. Nach Tisch wurde ein wenig spatzieren gefahren u. alstan geng ich mit der freilein von Franquemont zu meiner mutter u. schwestern, etwas vor die 5. uhr wurde ich wieder ab geholdt.

Stuttgardt d. 31. Dez. Sontag 1780. Ich geng in die academie Kirch, nach Tisch schrieben der Herzog u. ich las, um 4. uhr herum geng es nacher Hohenheim, u. damit non haben wir wieder durch Gottes Hielfe u. Gnade Ein Gantzes Jahr zu rieke gelegdt; Gott hat uns fiele Barmhertzig Keidt, Gnade u. Seegen geschenget, Er bereide sich selbst den Dank in unsern hertzen, u. vergebe uns alle unsere Senden u. Misetaden u. rechne Sie uns niecht zu, um Jesu Cristi wiellen; Er verleie uns ferner Seine Gnade, langmud u. Seegen, u. Gebe, daß unser leben Ihme alleine geheiligdt seihe, Er schenke uns rechten lewendigen Glauben, sterke, Mut u. Zuforsicht u. Seine himlische liebe, u. wierke alles alles in uns, nach seinem gnädigen wohl gefallen, u. Stehe uns bey mit der Kraft seines Heiligen Geistes, in allem Gutten wachsen u. zu zu nehmen durch Jesum Cristum Amen; Ihme sey lob u. Ehre u. herlich Keidt in alle Ewig Keidt Amen.

1781[1]

Der Gräfin von Hohenheim

Eigenhändiges

Tag Buch

Stuttgardt d. 1. Jan. Montag anno 1781. Mit Gottes hielfe haben wir non wieder Ein Jahr Erlebet, Gott schaffe in uns Selbsten, daß wir mit diesem neihen Jahre auch Ein Gantzes neihes leben anfangen, u. nur Gantz zu Seiner Ehre in wahrem Glauben u. Inbrensdiger liebe leben, Er mache Es mit uns nach seinem radt u. wohl Gefallen nur Seeliglich, Amen. Ihro Durchleicht herten Meß in der hohenheimer Capel u. ich geng nacher Birgach in die Kirch, nach der Kirch hatte noch ein wenig Zeidt zu lesen u. nach dem mitag Essen geng es Baldt hieher; da las ich noch, u. um 6. uhr geng es in das Consert, wo hen der gantze hof Kam, u. die Frau von Üxküll von Cassel[243]) sich presendieren lies; die Tafel war in der academie, u. etwas größer als sonsten wegen denen Depudierden u. damit geng der Erste Tag des Jahres durch den bey stand Gottes gliecklich vorüber.

Stuttgardt d. 2. Jan. Dinstag 1781. Nach Tisch holde ich meine Mutter ab, u. wir gengen, nach deme man von dem spatzieren nacher haus Kam, zu der Geheimderad Büleren; Ihro Durchleicht Beschefdigden sich mit meinem Geburtztag, meine Schwester Pflugen wahr beim von Kniestett mit einer Geselschaft; ich fierte meine Mutter wieder nacher haus u. alstan sassen der Herzog u. ich noch eine Zeidtlang bey sammen, sie schrieben u. ich las, mit ruhigem Geiste.

Mitwoch d. 3. Ihro Durchleicht gengen nach Tisch wieder aus, zu vor aber wurde spatzieren gefahren; zu mir Kam meine Mutter Schwestern u. niesen, auch die Freilein v. Franquemont u. auf die lezt auch die Oberst Seegerin u. Ecoll. Sie blieben bey mir bies man zum Essen von der academie geng, ich wahr so zemlich zufrieden mit meinem Tag.

Donerstag d. 4. Nach deme man ein wenig ausgefahren war, so gengen der Herzog aus, u. ich geng benebst der Freilein v. Franquemont zu meiner Mutter u. schwestern, u. Kam niecht so gantz zufrieden nacher haus, der Herzog husteden starg.

Stuttgardt d. 5. Jan. Freitag 1781. Um 9. uhr geng es nacher BloEngen[137]), um pferte zu Kaufen, man sahe bey 3000, der Herzog aber Kaufden nur 2., nach die 5. uhr Kam man wieder nacher haus; der Herzog husten zemlich starck, u. man as in der retret[51]).

Samstag als an dem Trey Königs Tag u. geburtztag von Ihro Durchleicht, dem Prentz Louis d. 6. Jan.[11]) Ihro Durchleicht u. ich gengen in die Kirch, um halb 2. uhr geng es nacher hof in grossen reifröken, nach die 3. uhr wahr schon alles wieder vorbey, der Herzog gengen noch aus, u. ich las die Gantze Zeidt über, u. wahr niecht unzufrieden mit meinem Tag, mit dem husten von Ihro Durchleicht geng es Gottlob besser.

Sontag d. 7. Ihro Durchleicht u. ich gengen in die Kirch, ich wurde belder fertig als Sie, nach Tisch fur man ein gantz Klein wenig spatzieren, u. dan wahr ich den Tag über meistens allein, las u. schrieb mein Tagbuch u. um halb 7. uhr geng es wie geweniglich zum Essen von der academie, mit dem husten von Ihro Durchleicht wahr es zemlich gut Gott lob.

Stuttgardt d. 8. Jan. Montag 1781. Nach mitag Kam meine Mutter Schwestern u. Niesen zu mir, wir wahren recht ruhig u. vergniegdt bey samen, zu mahl da uns Ihro Durchleicht manigmahl besuchden.

Dinstag d. 9. Nachmitag geng ich mit der Freilein Franquemont zu der Geheimderadt Üxküllin[12]), meine mutter u. schwestern Kamen auch hin, u. wir blieben da bies nach die 6. uhr, mit dem husten von Ihro Durchleicht geng es zemlich gut.

Stuttgardt d. 10. Jan. 1781. Mitwoch. Der Gantze Tag[138]) wahr so überhäufd mit der Gnade von Ihro Durchleicht, daß ich seine vor genge niecht auf das Pabier schreiben Kan, desdo tiefer aber in meinem hertzen Ein getzeichnet habe, u. Gott Gab Gnadt, daß Ihro Durchleicht bey dem Fatiganden Tag vor sie, sie sich wohl befanden u. Keine incomoditet verspierden; Ihme Sey Dank dar vor.

Donerstag d. 11. Man schlief zemlich lang aus, nach mitag wurde nacher Hohenheim gefahren, u. abends wie geweniglich in der academie gespeist.

Freitag d. 12. Vormitag geben der Herzog Audienz, nach mitag fur man spatzieren u. beim nacht essen wahren Einige fremde Domhern.

Samstag d. 13. Es geng nacher Hohenheim nachmitag, die fremde Domhern v. Schamberg, zwey v. Gros u. Einer v. Korf[139]) wahren auch da, Sie wurden aber alleine von dem Hern v. Gemmingen[48]) herum gefierdt, Abends assen sie mit in der academie u. der von Blangk von Rotenburg[140]) as auch mit.

Stuttgardt d. 14. Jan. Sontag 1781. Ich geng niecht in die Kirch, aber Ihro Durchleicht gengen in Ihre Kirch, nach mitag wurde spatzieren gefahren u. die übrige Zeidt brachden der Herzog mit schreiben u. ich mit lesen zu.

Montag d. 15. Ich hatte fiell zu don wegen der vor habenden reis, nachmitag fur man aber doch spatzieren, u. an der nacht Tafel sagde es Ihro Durchleicht, daß Sie in ein Par Tagen weg gengen.

Dinstag d. 16. Meine Mutter u. Schwestern Kamen werend dem academie essen zu mir, nach gehens fur man spatzieren, u. her nach hatte ich Viell zu don wegen der reis.

Heidelberg d. 18. Jan. Donerstag 1781. Heite traden Ihro Durchleicht Eine reise an, die Sie sich schon lange vor genomen hatten, u. Es geng nach 6. uhr von Stuttgardt weck, nach deme mann recht viell noch zu don hatte; Es geng über Bruchsal nacher Heidelberg u. da Kam man Gott lob wohl an, u. blieb da übernacht.

Frankfurt d. 19. Freitag. Um 7. uhr geng es von Heidelberg ab, Ihro Durchleicht hatten leib We, u. wahren den gantzen Tag übels Homors, in Darmstadt as man etwas weniges zu mitag, u. Kam mit Gottes Hielfe bei Zeiden in Frankfurt an; Ihro Durchleicht u. ich fuhren noch in Zwey buchleden, die Schwiede[141]) Kam auch baldt an, u. es wurde nach Gehens baldt zu nacht gespeist, es regnede fast den gantzen Tag.

Marburg d. 20. Jan. Samstag 1781. Nach dem Alles ferdig wahr, so nahmen Ihro Durchleicht noch eine viside von dem dänischen Gesanden v. Wechder an, u. alstan geng es um 7. uhr von Frankfurdt weck, das Wetter wahr schen, u. der Weg Gefroren, aber ser schlem, in Buszberg as man was weniges zu mitag u. da man um 3. uhr schon nacher Gißen Kam, so geng man noch bies hieher.

Caßel d. 21. Jan. Sontag. Es geng um 7. uhr von Marburg henweck, der Weg wahr zemlich schlem, u. das Wetter wahr auch niecht gar zu gut, daß man also erst um 6. uhr in Caßel an Kam, Es wurde bald gespeist u. das ser schlecht, u. dan in das bet gegangen.

Montag Caßel d. 22. Zu Erst sahe man die Bielder Gallerie u. einige Cabineter von kinesischem Lack u. Portzelan, dan gengen der Herzog auf die wach parade u. in den marstall; ich fuhr nach haus, nach diesem geng es in das Collegium Carolinum, u. her nach Zum Mitag essen. Nach dem Essen geng es in das baad u. sahen die orangerie benebst dem appartement von dem land Grafen u. der land Grafin, alstan aber geng es in das Museum u. die Biblioteg u. da Verblieb man bies u. dan es Zeidt zum Essen wahr, der Ober hofmeister von Uxküll[243]) wahr überal mit dar bey, u. Kam auf der Parade zu Ihro Durchleicht.

Göttingen d. 23. Jan. Dinstag 1781. In Caßel besahe man noch das Model haus, u. der Herzog gengen noch ein mahl auf die paradie u. in die Menagerie, u. alstan geng es um halb 12. uhr von Caßel weck, u. Kam nach die 6. uhr erst in Göttingen an, bey der Ankunft wahr gleich der Pütter[142]) da, u. zwey Würtemberger, profeser Spittler[143]) u. Gemelin[144]), Ihro Durchleicht sprachen lange mit Ihnen, u. bede leztere assen mit zu nacht.

Einbeck d. 24. Jan. Mitwoch 1781. Morgend Kam gleich Pütter, Ihro Durchleicht fuhren mit Im in sein haus, u. hielden Sich zemlich lange bey Ihm auf; ich schlief aus; wie Sie zu rieck Kamen, so Kam auch Pütter wieder benebst dem Oberst Lieut. v. Stralemdorf von die Hanoveraner u. Profesor Bohme[145]), auch der Junge Brandstein[146]) u. zwey andere Würtemberger, die da studieren Dafenger[147]) u. Blanck[148]), alstan geng es um 12. uhr weck, u. man Kam gliecklich nacher Einbeck.

Hanover d. 25. Donerstag. Um 7. uhr geng man von Einbeck hen weck u. Kam um 3. uhr hir an, gleich Kam des Stralemdorf sein bruder u. der General Dublat, man fur in die Garde Caserne, stall u. reidt haus, der General Dublad fur mit in den marstall, wo man schene pferdt sahe, u. von da aus geng es zum nacht essen, man wahr gut logierdt, u. hatte heide gutte wege.

Hanover d. 26. Jan. Freitag 1781. Um 9. uhr gengen der Herzog auf die Wacht Paradie, da Kamen die 3. Prentzen von Mecklenburg Strelitz zu Ihnen, dan Kamen Sie wieder, u. Sie u. wir gengen in die Biblioteg, wo besonders die Manuskripte von Leibnitz wohl gefiehlen, von da fierde der General Dublad uns in Seine Milidär Biblioteg u. dan geng es in die Kirch u. man sahe einige religwien, u. alstan geng es zum Essen, nach deme der Herzog noch visiete bey die 3. prentzen, bey dem General Dublad u. Oberstalmeister v. Marenholz gemacht hatten; in dem marstall wahren der Herzog auch noch ein mahl nach der parade; nach Tisch fur man nach Hernhausen u. sahe da das schloß. Der Prentz von Engeland bischof von Osnabrück[149]) erwartede man alle stonden, er Kam ungefer um 6. uhr in der stadt an; Abends Kam der Oberstall Meister v. Marenholz zu Ihro Durchleicht, es freide mich Ihn Kennen zu lernen; zu nacht as des v. Stralemdorf sein Bruder, der haubdman, mit.

Witzendorf d. 27. Jan. Samstag 1781. Um 7. uhr geng Es von Hanover hen weck, u. Kam um die mitags Zeidt in Celle an, da besahen der Herzog u. ich die bescheler, u. assen da zu mitag, alstan geng es bies hir her, u. man Kam ungeacht denen langen posten um die 5. uhr hir an, ich geng noch aus in ein bauren haus u. zum Pfarrer, u. wahr recht Vergniegdt mit meiner visiede, das quardier wahr ser schlecht, u. der Herzog wahren übels homors.

Sontag Hamburg d. 28. Es geng wieder um 7. uhr von Wietzendorf hen weck, die posten wahren wieder ser schlecht, in Zahrendorf as man etwas zu mitag, aber niecht mit vielem apetide, weilen das Zemer foll mit Mucken wahr, in Harburg Kam man bey Zeiden an, u. fur auf der Elbe über das Eis mit dem reiswagen ungeacht der post Meister es misriedt, u. haben wolde, man solde Sich auf dem schlietten setzen; ich hatte angst, doch Kamen wir Gott lob gliecklich in Hamburg an, man fur noch in der Stadt herum u. beym nach haus Komen beklagde man, daß der HE. v. Gemmingen[150]) niecht mer wegen dem Tor mit die betten Komen Konde; ehe man sich aber Versa, Kam er noch.

Hamburg d. 29. Jan. Montag 1781. Vormittags fuhren der Herzog nacher Altona, nach diesem Kam der russische Gesande von Groß u. Legationsradt v. Bühler[224]) [232]), her nach wurde gegessen u. nach dem Essen geng es in die stadt Biblioteg, alwo siebenzig dausend bende wahren, daß sie sagen; her nach geng man zu dem Profesor Pisch sein institut von 15. Junge leide zu sehen, die sich der Kaufman schaft wiedmen u. alstan fur man noch zu einer Kaufmennin mit Portzelan, u. as her nach zu nacht, der Herzog wahren ser übels homors.

Hamburg d. 30. Dinstag. Ihro Durchleicht gengen auf die Wach parade, alstan geng es auf das radt haus, alwo man von einem Sindico und radt hern, Empfangen u. herum gefürdt wurde, alstan geng es in das Zucht haus u. von da in die handlungs biblioteg u. von da auf die Börse u. zum mittag essen, wo mit der Bühler[234]) as. Nachmitag besahe man die feir sprietzen u. das spenhaus[151]), aller orden wurde man von dem Sindico herum gefürd u. auf das beste gewiesen, bey dem russischen Gesanden stieg man ab u. fur alstan nach haus u. Ziegde sich an zu der Gräfin v. Bindeng[152]) zu gehen, alwo große Geselschaft wahr, u. man da blieb bies nach die 9. uhr, u. her nach zu nacht as.

Hamburg d. 31. Jan. Mitwoch 1781. Vormitag geng es nacher Altona, Ihro Durchleicht besahen pferde bey dem Juden Julius, u. ich einen Garden, alwo man die Elbe ser schen sahe, in der Zurieck fardt sahe man den Hafen, das Baum haus, alwo eine ser schene aussicht ist, u. die Michelis Kirche u. dan nach haus, der Bühler as mit zu mitag; nachmitag fur man vor die Stadt, zu dem Campe[153]), der 12. junge leide erziegdt, um 5. uhr Kam man zurieg, zog sich an in die Geselschaft zu der Gräfin v. Bendeng[153]), alwo man bies 8. uhr blieb u. fiele Geselschaft da andraf, u. alstan zu nacht as.

Itzehoe d. 1. febr Donerstag 1781. Um halb 8. uhr geng es von Hamburg hen weck, in Elbenholmen[154]) as man zu mitag, underwegens sahen Ihro Durchleicht fiele pferde, Kaufden auch 3. hängste, in Neubruck[154]) wahr es schon zemlich spadt, daß man die pferde niecht mer recht sehen Konde, es wurden woll einige heraus gefürdt, u. der Herzog besahen sie u. ich blieb einst weilen im haus u. disgurierde mit die haus leide; die posten wahren ser stark, u. man Kam gantz bey nacht in Itzehoe an, der Oberst v. Romer Kam noch, u. dan wurde gespeist.

Nordtdorf d. 2. Ihro Durchleicht fuhren vor die 7. uhr nacher Neubruck, um die pferde da zu sehen, Sie Kaufden auch 7 studen schemel, u. 5. hengst u. 2. walachen; ich blieb bies 9. uhr liegen, um 11. uhr Kamen der Herzog wieder zurieg, der General von Göler Kam auch, u. Ihro Durchleicht Kaufden noch zwey hängste von einem mecklenburger roskam. Wie man weck geng stieg man noch bey dem General v. Göler u. seiner Frau ab u. wolde noch bies Kiel Komen, allein es geng so langsam, daß man niecht mer weider Komen Konde bies Norddorf, das Quatier wahr klein, ich half auch Kochen u. um 8. uhr as man u. legde sich gleich zu bette.

Kiel d. 3. febr. Samstag 1781. Um 7. uhr geng es von Norddorf henweck u. Kam um halb 11 uhr hir an, ich hatte mir fiel mer von hir versprochen, man as baldt zu mitag, alstan geng man in den schloß garden, u. Ihro Durchleicht von da in den Cavalerie stall, ich aber auf das Obserfadorium; her nach sahe man die griechische Kirch, dan geng man ein wenig in der stadt herum, u. in das Universidets haus, von da in die Biblioteg u. besahe die schloß Kirch u. das schloß, alstan geng es nacher h. u. noch zu der Frau von Alefeldt, nach dem mitag essen Kam auch der russische Geistliche, der hir Gottes Dinst häld, auch der Major v. Stenglin, es Kamen auch briefe von haus.

Eutin d. 4. febr. Sontag 1781. Um 9. uhr fur man zu dem neihen Canal, der die bede Mere, Ost u. West Merh vereinigen soll, u. hielde sich zemlich lange dar bey auf, weilen er ser sehenswürdig ist; der Oberst Leutnant von Stenglin wahr da u. wie man wieder nacher haus Kam as man gleich zu mitag, alstan Kam noch ein herr von Blum, u. es geng nach die 1. uhr von Kiel hen weg, u. Kam um 7. uhr in Eutin an, under wegens sahen der Herzog ein par pferde in Brezin[154]), alwo ein stieft von 40 freilein ist, das man auch besahe; das wetter wahr den gantzen Tag nebelich.

Lübeck d. 5. Montag. Man geng in Eutin in der Garden u. stall besahe was man bey dieser witerung sehen Konde, as noch da zu mitag, der Junge von Wederkopf[155]) Kam auch noch, u. alstan geng es um 12. uhr von da hen weg, man Kam noch bey Tag hir an, geng aber niecht mer aus, sondern schrieb nacher haus.

Rennen[156]) d. 6. febr. Dinstag 1781. Der Herzog gengen in Lübeck in der frie auf die Barde[155]), u. sahen die Catolische Capel, alstan Kamen Sie wieder u. Sie u. wir gengen in die Dom Kirche, in das Arsenal, rath hauß, alwo einige Gemälde von dem , von da in das Börse hauß, Marien Kirch, Biblioteg u. Sahen den hafen; in der Dom Kirche seind fiele Capellen vor Famillien, Sich da begraben zu lassen, nach der nachhaus Kunft Kam der Geheimderadt v. Eiben u. Graf Baßewitz[156]), Dom Dechand; man as nach her baldt, u. geng weck nach die 1. uhr u. Kam in Reinen[156]) nach die 7 uhr an, alwo das Quartier ser klein wahr.

Schwerin Mitwoch d. 7. Ihro Durchleicht Kaufden 4. pferde, nach gehens geng es von Renen hen weck, u. stieg under wegs in einem Meierey hof ab, wo der Herzog wieder 2. pferde Kaufden, u. Abends um 4. uhr Kam man in Schwerin an, es wahr ein großer Auflauf, in einem ser schenen haus wurde man Logierdt, um 6. uhr geng es nacher hof, die Hertzogen[157]) wahren besonders gnädig u. vergniegdt Ihro Durchleicht wieder zu sehen, die Frau v. Luhe[228]) Kam auch noch nach hof, es wurde zemlich baldt gespeist, u. nach der Tafel sich baldt reterierdt.

Schwerin d. 8. febr. Donerstag 1781. Um 10. uhr Kamen die Hertzogen, u. es wahr noch Kein mensch angezogen, ich geng aber denoch gleich henaus, der Hof von Cavaliers Kamen alle zu Ihro Durchleicht, ich hatte ser fiell zu don, bies al mein sach in der ordnong wahr, u. plagde mich was rechts ab, bies mein Godischer Anzug ferdig wahr, um halb 2. uhr geng es nacher hof, es wahr große Tafel, nach diesem fur man wieder nacher haus bies 6. uhr, u. der Herzog gaben viside so lang, ich las in dessen, um 6. uhr geng es alstan wieder nach hof, ser fielle Dames bey 60. wahren da, die Hertzogen aber wurde granck, daß Sie sich reterieren musten, es wurde gespieldt, ich spielde mit dem prentzen, mit der Frau v. Mecklemburg u. Frau von Bleßen Driset[158]), an Bunttrée[159]), wurde gespeist u. es wahren ser fiele leide da.

Schwerin d. 9. Freitag. Um 1. uhr geng es wieder nacher hof, die Hertzogen wahren wieder besser, von Dames wahren da, die Frau v. Luhe[228]) u. Oberstalmeistern v. Lützow. Übrigens wahr es wie gestern, außer daß die Hertzogen wohl blieben, u. ich auch visieden gab. In der frie gengen der Herzog auch zum Erbprentzen u. sahen das naduralien u. Malerey Cabinet.

Ludwigslust Samstag d. 10. febr. 1781. In der frie sahen der Herzog pferde, alstan geng es nacher hof, u. um 3. uhr geng es ab nacher Ludwigslust u. die Ankunft wahr da nach die 6. uhr, ich fur mit der Hertzogen u. dem Herzog u. freilein v. Schwartzkopf, der Herzog von Mecklenburg[157]) wahren so an Ihrem Fuß incomodierdt, daß Sie gar niecht auf den Fuß tretten Konden, bede prentzen von Strelitz wahren auch da, man geng noch ein wenig das schloß zu besehen, der Erbprentz wahr in der Frie schon vor aus gegangen, u. empfing Ihro Durchleicht in Ludwigslust, die Verwiddibde prentzeß, Seine Frau mutter wahren auch da, u. es geng dan zur Tafel, nach der Tafel reterierden sich die herschafden baldt, u. das Quatier vor Ihro Durchleicht wahr recht hiebsch, in einem haus im Ordt.

Ludwigslust d. glieckliche 11. Februar 1781 Sontag. Ohne alles Gepreng wolden der Herzog Ihren Geburtztag begangen wiessen, u. baten sich Alles ab, nur stielle wensche stiegen vor sie zu Gott, u. diese wierd Gott um so mer Erheren, weilen sie reine sein. Sie batten sich niechts aus als eine Messe zu heren, nach deme Sie diese geherdt hatten, so geng es die Efangelische Kirch zu besehen, die Ser schen ist, von da nacher hof, der Erbprentz fierden Ihro Durchleicht in die Biblioteg, nach diesem geng es zur Tafel, nach der Tafel fuhren der Herzog mit dem Erbprentzen aus, ich blieb in dessen bey der Hertzogen[157]), u. um 4. uhr geng alles zu der Erbprentzeß, das eine charmande prentzeß ist, erst 10 Tag wahr es, daß Sie nieder Komen seind, baldt darauf Kamen der Herzog u. Erbprentz auch wieder zu rieg u. Kamen dan auch zu der prentzeß, man blieb da bies nach die 7. uhr, her nach wahr consert im schloß, dan geng es zur Tafel, u. ich habe in meinem gantzen leben niecht weniger Gelegenheit gehabt mit Ihro Durchleicht zu sprechen, als heide an Ihrem glieckIichen Geburtztag.

Dobbertin d. 12. febr. Montag 1781. Um 8. uhr wahr das Ziel gesetzt von Ludwigslust hen weck zu gehen, allein die Hertzogen, der Prentz u. fielle von Hof Kamen noch, daß man also erst nach die halber 9. uhr henweck Kam, bey Barand[160]) Kammen der Major v. Folgrad mit die übrige Ofisier ingegen gerietten, u. machten Ihro Durchleicht ein Manewer mit Ihren leiden, die auch schon aus gerugdt wahren, der Herzog satzden sich auch auf ein pferdt, das Sie mit vor Sie henaus gebracht hatten, nach diesem stieg man beym ritmeister v. Lock ab, wo die ritmeister v. Lestog die Honeur machde, alstan geng man, nach deme man was zu sich genomen hatte, wieder hen weck, underwegens Kaufden der Herzog einen schenen Fugs hengst von einem pferdshändler, u. man Kam erst gegen die 8. uhr nacher Dobbertin bey ser schlemem weg, da wurte man recht gut auf genomen von dem Kloster haubtman u. seiner Frau Chrachwiz u. es wahren ser viell Eldern da, die Ihre Söhne in der academie haben, welches Ihro Durchleicht u. mich ser freite, u. alwo ser viel von der academie gesprochen wurde; wie man von Ludwigslust hen weck geng, so rietten der Erbprentz benebst einige Cavaliers ein stuck begleidung weis mit.

Grubenhagen d. 13. febr. Dinstag 1781. In der Frie Besahe man das Closter, geng zu Ein par Freileins in Ihre heisser, as alstan ein wenig was u. geng weck nacher Grubenhagen, wo hen aber der weg so schlem wahr, daß man auch wieder Erst um die 8. uhr ankam, Es wahr niemand da, als der herr u. die frau vom haus v. Malsan, nach diesen die frau v. Oldenburg u. Ihr mann, auch ein herr v. Leppel u. eine freilein v. Kedenburg, man as recht gut zu nacht, im bet aber wurde man ser durch die Meise oder ratten am schlaf gesterdt.

Gisderot[160]) d. 14. Mitwoch. Gleich in der frie gengen der Herzog in den stall u. reit haus, ich schlief aus, Sie Kaufden dem Leppel einen braunen hengst ab, ich geng nach deme ich angezogen wahr, zu der haus frau, u. under hielde mich gut mit Ihren 3. Kändern, alstan Kamen der Herzog wieder, es wurde was weniges gefrie gestiegdt, die Pferde vom herrn v. Malsan[176]) wurden noch einmahl vor gefierdt u. Ihro Durchleicht Kaufden Ihm eine studt u. hengst noch ab, alstan geng es weck, u. Kam gliecklich aber bey nacht in Gisderod[160]) an, es Kam noch zwey herrn v. Raben u. ein Major, nach dem nacht essen Kam auch noch der herr v. Kolhaus, man Eilde zur ruhe zu Komen, den der Herzog wahren ser fatigird.

Schwerin d. 15. febr. Donerstag 1781. Es geng gleich nach die 7. uhr von Gisderod henweck, der weg wahr außer ordenlich schlem, under wegs draf man Kalde Küch von hof an, u. um 4. uhr Kam man in Schwerin an, man solde beim Minister Graf Baschewiz[160]) zu nacht speisen, allein er wurde granck, u. man as alstan bey dem Kammerhern v. Dorn zu nacht; die Hertzogin[157]) u. der Erbprentz wahren auch da, Es wurde vor dem nacht Essen noch gespieldt, u. nach der Tafel reterierde man sich baldt.

Wittenburg d. 16. Freitag. Nach die 10. uhr geng es nacher hof, nach deme der Herzog fiele pferde besehen hatten u. zwey dar von gekauft haben, man blieb noch anderhalb stonden da bey hof, alstan beurlaubde man sich u. Empfeng noch dausend höflich Keiden; in Wittenburg Kam man bey Zeidt an; das quatier wahr schlecht, hen gegen die Gantze gegend von Schwerin hir her wahr schen, auch das wetter ein wenig ginstiger als bies her, man legde sich bald zu bet, der wirt erzelde fiell von seinen reissen in West Indien.

Leneburg[160]) d. 17. febr. Samstag 1781. Man geng um

7. uhr von Wüttenburg ab, as in Renzenburg (?) etwas zu mitag, es Kam ein ovicir u. erkundigde sich, ob der Herzog niechts zu Befehlen häten, alles war noch von hof aus da besteldt, man Kam nach gehens bei Lauenburg gliecklich über die Elbe, u. bey gutter Zeidt in Leneburg an, der General schiegde schon einen ovicir ingegen, um Ihro Durchleicht die gebierende Ehre zu bezeigen, der Herzog baden sich aber alles ab; nach der Ankunft aber so Kam er mit seinem gantzen Kor ovicir auf einen augenblieck, nach diesem gengen der Herzog u. wir noch in die ritter academie, alwo sich 10. Cavaliers befanden, dar von aber nur 4. zu haus wahren u. die Andere in dem Consert sich befanden, es wurde die gantze Veranstaldung, das haus u. die Kirch gewiesen u. dan geng man wieder nacher haus, as u. legde sich zu bet.

Ülzen d. 18. Sontag. Befor man weck geng so Kamen die profesors u. die Junge leide von der ritter academie noch, alstan geng es weck, es wahr gantz abscheiliges wetter, u. über niechts als heiden Kam man, bey der helfde des weges as man was weniges, besa da eine ardt pfliege u. den Kustall u. Kam bey follem Tag noch hir an, der Herzog schrieben u. ich las noch, der wierdt wahr ein advocadt, man geng baldt zu bet.

Braunschweig d. 19. febr. Montag 1781. Um 7. uhr geng es von Ülzen henweck u. Kam immer recht ser bese wege, in einem gantz abscheiligen wirzhaus as man ein wenig was zu mittag, von da wahr der weg noch Eben so schlem, oder noch schlemer; die letzte post vor Braunschweig wahren herschaftliche pferdt, u. so wie das Braunschweigische anfeng, war auch der weg etwas besser, nach die 7. uhr Kam man in Braunschweig an, der Stralemdorf[25]) wurde gleich nach hof mit complemenden aller orden an die herschafden ab geschiegdt, der Herzog von Braunschweig wolde gleich noch selbst Komen, der Herzog liessen Sich aber vor heide alles ab bitten, es wurde quadir u. alles oferirdt, aber der Herzog blieben im wirzhaus, die bedinde aber wahren alle von hof, man legde sich baldt zu bet, die Eigne better aber wahren noch niecht da, u. Kamen auch erst nach die 12. uhr, wo Alles schon schlief.

Braunschweig d. 20. febr. Dinstag 1781. In der frie Kamen der regierende Herzog u. Prentz Ferdinand von Braunschweig, wurden aber niecht angenomen, der Herzog fuhren so gleich wieder hin, u. liessen sich niergend ab weisen, um halb 2. uhr geng es alstan nacher hof, alle die herschaften wahren besonder höflich u. gnädig, besonder nahm mich die regierende Hertzogen gleich recht Ein; es wurde bald zur Tafel gegangen, ich hatte den Herzog von Braunschweig zum bar[161]), der Prentz von Hohenlo war auch da, nach der Tafel fierden der Herzog uns in das Musehum, alwo auch die Profeser u. Junge leide von dem Carolenum, die an der Zahl 17. seind, wahren, den Abdt Jerusalem lernde ich auch da Kennen u. alles wurde da besehen, vortzüglich die fisicalische Instrumende, nach diesem fur man einen augenplieck nach haus, u. dan wieder nacher hof, Es wurde dan gespieldt, ich spielde mit der verwiddibden Hertzogen, dem Prentz Ferdinand u. dem Ober Marchall von Munchighausen, nach diesem geng es zur Tafel, ich bekam zum bar den Prentz Ferdinand.

Braunschweig d. 21. febr. Mitwoch 1781. Nach die 9. uhr fur Man nach dem Salzdal, der Herzog, die Hertzogen u. Prentz von Hohenlo wahren schon da; Es wurde gefrie gestiegdt, nach diesem sahe man die schene Gallerie mit Gemelde, auch den Sall mit portzelan, die Kirch u. das gantze schloß, wo gleich auch ein Gloster von frauhens ist, welche alle in der Kirch wahren.

Nach diesem geng es nacher Wolfenbüttel, der Herzog, die Hertzogen u. Prentz wahren auch wieder da, u. da wurde dan die biblioteg gesehen, der Herzog musten Ihren nahmen ein schreiben, ich auch, alstan fur man nacher haus, zog sich geschwend an, u. geng nacher hof, alwo man bald zur Mittags Tafel nach die 4. uhr geng, nach der Tafel geng man wieder Einen Augenplieck nach haus, u. von da zu der verwiddibden Hertzogen, alwo man spielde u. suppierde, nach dem Supe aber geng Es auf die redude, die auf dem Teader wahr, u. ser foll mit wohl gegleideden Masgen wahr, in der fürstlichen loge bliebe man die gantze Zeidt, u. da beurlaubde man sich auch von allen herschafden, u. fur nacher haus.

Seesen d. 22. febr. Donerstag 1781. Nach die 9. uhr geng Es von Braunschweig henweck, der Herzog von Braunschweig hielden noch mit dem Erbbrentzen zu pferd, um abschied zu nehmen, der Weg wahr ausser ordentlich schlem u. mit Samd die hofpferde, die man hatte, Blieb man alle augenpliecke stecken, verfelde auch noch den weg wie Es nacht wahr, daß man im diefen schne aus steigen muste, um niecht umgeworfen zu werden. Es Kamen zum Glieck zwey andere wegen dar zu, welche nach gehens vor aus fuhren, um unserm postielion, der den weg niecht wuste, zu zeigen, v. Stralemdorf[25]) Kam auch noch mit dem Gardrob wagen auf dem selbigen blatz, da man verird wahr, nach, u. man Kam zemlich spadt in Sessen an.

Freitag Göttingen d. 23. Wahr der Weg gestern schlem, so wahr ers heide noch schlemer bies Norddorf[162]), alwo man etwas weniges zu mitag as, zwischen Norddorf[162]) u. Göttingen ließen der Herzog Ihre briefe Komen, die in Göttingen lagen u. sie wurden underwegs gelesen, wo man dan erfur, daß der Gutte Graf Isenburg[163]) in der academie gestorben ist, welches mir dan ser leid dat, auch Bekamen der Herzog Eine invidacion vom König von Preißen weilen sie von Mecklenburg so nah weren, von Botzdam, da hen zu Komen; bald nach der Ankunft Kam Bömer[145]) u. Bitter[142]) auf einen augenplieck u. professor Spittler[143]) u. Gmelin[144]) assen mit zu nacht.

Göttingen d. 24. febr. Samstag 1781. Gleich in der frie gengen der Herzog in die Colegia, mittags aßen fielle professers da, nach mitag gengen der Herzog wieder um 2. in die Colegia u. Gelerde Geselschaft u. ich in den Botanischen Garden, wo fon der ritter Murey[164]) professor ist, abends assen die bede gestrige professors mit, u. sonst Keiner.

Göttingen d. 25. Sontag. Der Herzog gengen in die Catolische Kirch, ich in die Sancd Johannes Kirch, nach diesem gengen Sie u. ich auf das obserfadorium, mitags assen wieder vielle Professers da, nach der Tafel liessen Sich die Grafen, die da Studieren u. einige wenige Edeleide pressendieren, u. dan geng es in die Biblioteg, alwo man blieb bies es nacht wahr, zu haus las ich noch ein wenig, u. bey der nacht Tafel wahr wieder Professor Spittler[143]) u. Gmelin[144]).

Göttingen d. 26. febr. Montag 1781. Vor mitag gengen der Herzog wieder um 7. uhr zum reitten u. um 8. uhr in die Colegia, bies mitag, Es assen alle Professors da, die gesond wahren, nach der Tafel gengen der Herzog wieder in die Colegia u. in Eine gelerde Geselschaft, wo der Junge Dafenger[147]) aufgenomen wurde; ich sahe das Naduralien Cabinet u. geng in begleidung des v. Gemmingen[150]) nacher zu der Frau v. Stralemdorf, um 6. uhr Kam die Profesor Gemehlen[144]) zu mir, Geheimer Justitz rad Bomer[145]) u. hofrad Kamen auch noch, um sich zu beurlauben; bey der nacht Tafel wahren wieder bede Profesers Gmelin u. Spittler. Ihro Durchleicht Kaufden sich u. mir noch Bicher.

Wabern d. 27. febr. Dinstag 1781. Vor die 7. uhr geng Es von Göttingen Hen weck, in Mönden[165]) as man was weniges zu mitag, u. der Herzog Kaufden 7. Studen aus Holstein, 6. falen u. 1. braun, in Caßel Kam man bey Zeidt an, u. fur noch auf den Weissenstein, besahe in der Geschwendig Keid, was man in einer so Kurtzen Zeid bey so viellen gegenstenden sehen Konde, im ruck weg dar von Kam der Oberhofmeister v. Üxküll[243]), man hielde sich etwas dar durch auf, u. Kam vor die 7. uhr in Wabern an.

Gißen d. 28. Mitwoch. Der weg war wieder gar niecht gut, in Halsdorf as man was weniges zu mitag u. Kam bald oder noch vor die 6. uhr in Gießen an, ich geng einen augenplieck zu der Generalin von Rotberg, man as bald zu nacht, das wirtzhaus wahr recht gut, v. Gemmingen[150]) Kam aber niecht mer zur rechten Zeidt mit dem einen bet.

Frankfurt d. 1. Merz 1781 Donerstag. Vor die 7. uhr geng es wieder von Gißen henweck, der weg wahr ser schlecht, in Fribberg[166]) as man etwas zu mitag, u. Kam bald nach die 4. uhr in Frankfurt an, der Herzog u. ich schrieben noch, der Herzog bekamen die nachricht, daß der Geheimderadt Comerel[108]) gestorben were, es gab auch einen gleinen Zanck, u. ich wahr zemlich unmutig werend der nacht Tafel, das wetter wahr heide schener als lang niecht.

Heidelberg d. 2. Merz Freitag. Von Frankfurt geng es nach die 8. uhr hen weck, in Darmstadt as man was zu mitag u. der Herzog sahen von weidem die Barade, in Heidelberg Kam man um die 6. uhr herum gliecklich an u. as Bald zu nacht.

Stuttgardt d. 3. Merz Samstag 1781. Um 5. uhr geng man von Heidelberg ab, in Bruchsal ließ sich der General von Wenkelhausen u. Geheimderad v. Turn[219]) vor dem wagen presendieren, in Knittlingen as man was zu mitag, die Gemeinde stonden alle vor dem post haus, Ihro Durchleicht zu Empfangen, in Vayhingen hielte auch der spetzial eine gleine rede, u. die Gemeinde stond in der reihe, in Enzweihingen wahr es gleich sam so, der Herzog u. ich stiegen da aus u. Sie Tranken eine Tasse Kaffe, um 2. uhr Pretzies Kam man in Stuttgardt an, alles von der Stadt geng fast Ihro Durchleicht in gegen, u. der Oberamtman hield vor dem Tor[167]) eine rede, bey hof wahr alles versameld, der Herzog sprachen eine stonde lang haussen, nach diesem Kam meine Mutter, meine 2. Schwestern, 3. Niesen, u. bald darauf die gantze Ecol zu mir, in dem hof von der academie wahr eine Ilominacion, u. Sie die Junge leide wahren alle in Ihrem rachir Sal[3]) an anfideader rachird, u. der v. Mandelslo[113]) hild eine Kurtze rede, bey der nacht Tafel wahr niemand als was zu der academie gehörde.

Hohenheim d. 4. Mertz Sontag 1781. Der Herzog gengen in Ihre Kirch, u. ich in die academie Kirch, nach der Tafel geng es zu dem Essen von der academie, ich Kam aber erst eine halbe stonde darnach hen, bies u. dan die Biellets[339]) ab gemacht wahren, der gantze hof von Herrns wahre da, der ritmeister v. Stralemdorf[168]) lies sich Presendieren, nach mitag gengen der Herzog in den stall, u. setzden mich bey meiner mutter u. schwester ab, erstere befand sich am reissen gar niecht wohl, so auch meine Kleine Nies v. Schertel[75]) fand ich übel daran, an Ihrem arm, des mich bedes ser Engiedierde, der Herzog Kamen nach gehens auch hen u. Tranken Kafe da, alstan geng Es hir her nacher Hohenheim. Gott sey gelobd, der Ihro Durchleicht u. uns alle so gnädiglich, so gesond u. gut erhalden hat, auf der gantzen reise hat er uns auf allen unsern wegen so gnädig behieted, Ihme sey Ewig Danck dar fier. Im Dörfle stieg man ab u. Kam denoch bey Zeidt herein.

Hohenheim d. 5. Mertz Montag 1781. Vor die 8. uhr ritten der Herzog gleich aus in das Dörfle, ich rude recht aus, nach mitag gengen der Herzog auch gleich wieder in das Dörfle, ich Kame auch Bald henaus u. freide mich schon hir u. dar ein blomen laub herfor Komen zu sehen, ich schrieb ein wenig u. Abends fur man in den Carls hof. Es wahr das schenste wetter von der welt.

d. 6. Mertz Dinstag. Der heitige Tag wahr wieder eingericht, wie der gestrige, nur daß man in den Fassanen Garden nacher Echterdingen fur u. ich niecht so gut Disponierd wahr wie gestern.

d. 7. Mitwoch. Heide geng es fast wieder auf dem gestrigen lauf, ich wahr aber wieder fiel besser auf gelegdt, u. abends fur man nacher Klein Hohenheim, der Pfarrer[169]) u. die Pfarrerin von Birkach wahren under weg u. ich lernte das erste mahl die Pfarrerin Kenen. Nacher Klein Hohenheim Kam heide das Egelzer[170]) fiech, u. das besahe man.

Stuttgardt d. 8. Mertz Donerstag 1781. Nach mitag

nam man das Gute im Kolhitl[122]) u. gegen die 5. uhr geng es nacher Stuttgardt, in der academie wurde zu nacht gespeist, u. bald zu bet gegangen.

Hohenheim Freitag d. 9. Ihro Durchleicht gaben Audienz, ich Besuchde meine Mutter u. Schwestern. Meine Mutter wahr ser incomodirdt mit reissen im Kopf, nach dem Essen von der academie geng es bald wieder hir her, u. man stieg im Dörfle ab.

Marbach Samstag d. 10. Um halb 9. uhr geng es von hir henweck, in Aurach wurde das Beschel regiester gemacht, u. etwas gegessen, dan geng es nacher Offenhausen, Besahe die fohlen dorden, u. geng dan follens nacher Marbach, in allen orden, wo man durch Kam wurden reden gehalden, auch in Aurach der Oberamtman u. spetzial.

Sontag d. 11. Ich blieb lange liegen, der Herzog schreibden Ser fühl, herden die meß, nach mitag fur man ein wenig nacher Grafeneck, u. der Herzog machden alle Ihre Pabirer ferdig, die sich werend Ihrer reisse geheifet hatten.

Hohenheim d. 12. Mertz Montag 1781. Der Herzog stonden bald auf u. machden das marbacher land Beschel regiester, u. um 9. uhr geng es wieder hir her, das wetter wahr hir wohl schen aber Kald, man brachde die meiste Zeidt im Dörfle zu u. ich blieb meistens im Kolhitle[122]), der Ober Amtmann von Canstadt[171]) wahr auch einen Augenplieck bey mir, u. wie der General Bubenghausen[44]) vor bey fur, wurde er von Ihro Durchleicht herein gerufen, ich behield ihn aber niecht lange da wegen seinem fus.

Dinstag d. 13. Heite geng weider niechts vor, als daß man vor gestern schon am Vogelherd anfeng zu mauren u. heide fiell daran arbeidede, u. Abends fur man spatzieren.

Hohenheim d. 14. Mertz Mitwoch 1781. Das Wetter wahr gantz Besonders schen, um 2. uhr Kam meine Mutter u. 2. Schwestern von Pflug u. Juliana[120]), meine mutter u. Juliana gengen von Stuttgardt wieder nacher Ensingen, u. die luise nacher Stuttgardt, nach diesem fuhren der Herzog u. ich noch spatzieren.

Donerstag d. 15. Im Kolhitle[122]) wurde gefrie gestiegdt, nach mitag lies ich einige bäum aus meinem Garden heraus Graben, u. steckde Zirbelnieslen, die übrige Zeidt wahr man meistens im Dörfle, abends fur man spatzieren.

Freitag d. 16. Es geng nacher Stuttgardt, Ihro Durchleicht

gaben Audientz, ich pakde Einige sachen ein mit herauf zu nehmen, u. nach dem Essen geng ich in die Ecol u. von da in die academie, nach dem Essen geng es baldt wieder hir her, man stieg im Dörfle ab u. blieb da bies abend u. alstan fur man noch spatzieren, das Wetter wahr ser schen.

Hohenheim d. 17. Mertz Samstag 1781. Die mereste Zeidt brachde man im Dörfle zu u. abend fur man spatzieren, Ihro Durchleicht liesen auch im Dörfle zur ader u. es wurde auch da zu mitag gespeist, sie rietten gleich wieder auf das ader lassen aus nach Tisch, u. es bekam Ihnen Gott lob recht wohl.

Sontag d. 18. Es geng nacher Stuttgardt, der Herzog hörden Mes in Ihrer Kleinen Capel, u. ich geng in die academie Kirch, nach dem academie essen so blieb man bies 3. uhr im schloß, alstan so geng man in mein haus, u. von da gengen der Herzog in stall, weil ein Transbordt pferden Kam 6. Falen studen u. eine braun, die Sie in menden gekauft hatten[177]), u. nach diesem geng es wieder hir her, man stieg noch ein wenig im Dörfle ab, u. fur noch etwas spatzieren u. dan schrieben der Herzog u. ich las, Ihro Durchleicht haben heide auch Ihre Kur, eine Tisane angefangen zu Trenken.

Hohenheim d. 19. Montag 1781. In der frie Kam ein Kammer diener von Hochberg[45]) u. man wahr die mereste Zeidt im Dörfle, doch wurde hir frie gestiegdt.

Dinstag d. 20. Man brachde die mereste Zeidt im Dörfle zu, u. sonst geng niechts sonderliches vor.

Mitwoch d. 21. Im Dörfle wurde Gefrie Gestiegdt, u. um 10. uhr geng es nacher Stuttgardt, alwo man sich anzog u. aß, u. dan nacher Hochberg geng; die herschaft wahr ser gnädig, Es wahren die hoheidt[52]), der Prentz Friederich[27]), u. Zwey prentzen, prentz Louis u. Wilhelm[327]), auch her u. Frau v. Oberkirch[172]) wahren da, man blieb einige stonden da, u. im ruck weg stieg man in Canstadt ab, u. Ihro Durchleicht liessen in der Ober amdey den Gefangenen alda Komen, u. wolden Sich von Seiner strafbar Keidt selbst über zeigen, Sie nahmen den spetzial[173]) u. Ober Amtman[171]) mit Sich, u. scherfden Ihm selbst sein Gewiessen, nach diesem geng es follens hir her, man Kam um 8. uhr an; das wetter wahr ser schen.

Hohenheim d. 22. Mertz Donerstag 1781. Man wahr wieder fast die mereste Zeidt im Dörfle, Abends fur man spatzieren, ich bekam ein presend von Ihro Hoheiden[52]) von einer haub u. halsduch, Ihro Durchleicht klagden sich, daß es Ihnen brecherisch were, u. husteden auch anfangen.

Freitag d. 23. Um 10. uhr fuhren der Herzog u. ich in der wurst[47]) bies fast zu der hohen Eich[174]), Ihro hoheiden u. Semdlichen herschaften von Hochberg[45]) in gegen, man hield lange da, in dessen Kamen auch die Stugarder Geselschaft, die invidirdt wahr, v. Sternenfels[8]), v. Üxküll[12]), v. Kniestett[63]) u. von Oge[86]), auch Kamer herr v. Gemmingen[88]), u. Endlich Kamen auch die herschafden; es wahr ein wenig Kiel, aber schen wetter, es wurde bald gespeist, nach der Tafel so geng es in stall u. in die Zemer hir oben, u. alstan fur man ins Dörfle, u. geng aller orden herum, um 7. uhr gengen Sie wieder hen weck, der prentz Louis beurlaubde sich, da er morgen wieder zu seinem regimend geng[175]). Ihro Duchleicht husteden als noch; die hochberger herschafden zeigden fiell wohl gefallen am Dörfle u. wahren ser gnädig.

Hohenheim Samstag d. 24. Mertz 1781. Die mereste Zeidt brachte man im Dörfle zu, der Herzog wahren ser mit einem Cadarr incomodirdt, abends fur man spatzieren, das Wetter wahr ser schen.

D. 25. Um halb 9. uhr geng es nacher Stuttgardt, ich geng in die academie Kirch, Ihro Durchleicht wurten belder mit Ihrer Kirch fertig, nach dem Essen von der academie geng es in die Bibliotеg, man blieb zemlich lang da, ich solde einen ris aus suchen zu die Gebeide auf dem Carlshof[58]), nach gehens fur man in mein haus, der Kamer procorader[82]) wurde da hen besteldt, u. Ihro Durchleicht sprachen mit Ihm, es wurde Ihm auch mein haus gewiesen, zu vor aber geng man von der biblioteg in den Gardes stall, um die pferte von dem hE. von Malsan[176]), die erst angekomen sein, zu sehen, u. dan geng es hir her, man stieg im Dörfle ab, u. der Herzog u. ich gengen gantz gelassen in dem Dörfle herum, u. abends fur man bald nacher haus, Ihro Durchleicht schrieben u. ich las noch was, vom Sander.

Hohenheim d. 26. Mertz Montag 1781. Im Dörfle wurte Gefrie gestiegdt, gleich nach dem frie stieg ritten der Herzog dem fiech, des aus der Schweitz Kam, in gegen, es Kam bald u. wahr ein Vergniegen Ihre schenheid an zu sehen, es wahren an der Zal 40 Kühe, 2 Farren u. 8. Ocksen, man fur gleich henein in den stal, u. stelde Sie nach der reihe; nach diesem wurde bald zu Mitag gespeist, u. nach die 12. uhr geng es nacher Stuttgardt, auch um die ney ankomende pferte zu sehen, die der Herzog in Holstein u. Mecklenburg gekauft hatten, es wurte in meinem haus abgestiegen, da hen Kam auch v. Üxküll, v. Kniestett, General v. Buwinghausen, v. Stralemdorf u. v. Seeger; man blieb da bies der Transbord pferde beim haus vorbey marchierde, u. dan gengen Ihro Durchleicht u. ich in dieser Geselschaft zu fus in den Gardes stall, man hielde sich einige Zeidt da auf, u. von da geng es weck, im Dörfle stieg man ab, Abends fur man noch spatzieren.

Hohenheim d. 27. Mertz Dinstag 1781. Heite war es ser wentig, u. es wurte disfals, weil es auch ser Kald wahr, niecht im Dörfle gefrie gestieckt, der Herzog aber wahren denoch die mereste Zeit draussen, ich arbeitede an einer Garnierung auf einen rock; nach mitag wahr man die mereste Zeit im Dörfle, ich säte auch Salad, rieben u. der Gleichen, steckte auch bonen in das Mistbet, Abends fur man spatzieren, mit dem Catar von Ihro Durchleicht geng es etwas bessers, u. es wahr so Kald, daß ich einen beltz anziegen muste, doch wahr es helles wetter.

Mitwoch d. 28. Heite wahr es ein unangenehmer Wentiger u. recht Kalder Tag, ich Kam garniecht in das Dörfle, sondern fur nur Abends mit Ihro Durchleicht ein wenig spatzieren.

Donerstag d. 29. Der heitige Tag gliech in der schenheit gantz dem göstrigen u. wahr so Kald, daß man ein brenen muste, nach die 3. geng ich doch in das Dörfle, zeichnede im warmem Zèmer im wirtzhaus[33]), u. dan fur man spatzieren, wo bey man den bereiter von Mecklenburg, der die pferte u. die stelle alle hir gesehen hat, begegnede. Vor mitag wahr ein fiech Verkauf, Ihro Durchleicht u. ich wahren dar bey, u. es wurte 2500 fl. gelest.

Hohenheim d. 30. Mertz Freitag 1781. Heite geng weider niechts vor, nachmitag heiderde sich das Wetter wieder recht schen auf, Abends fur man spatzieren, auch gegen Echterdingen, um die lage von Hohenheim zu sehen.

Samstag d. 31. Das Wetter wahr ser schen, man wahr fiell im Dörfle, das frie stieck u. gude wurde da genomen, u. Abends fur man nacher Klein Hohenheim, auf heinles berg[178]), u. sahe mit vergniegen wie die baum Samen u. gesetzde beime so gut wachsen; in Birgach hat man aus geworfen.

Sontag d. 1. April um 3. viertel auf 9. uhr geng es nacher

Stuttgardt, über hals u. Kopf lies ich mich frießieren, geng in die Kirch in die academie, u. Ihro Durchleicht herden in Ihrer Kleinen Schloß Capell Meß, nach der Kirch ziegden sich der Herzog u. ich an, u. in dem Kam die nachricht, daß die Hoheid[52]) u. Prentz[27]) schon ankamen; Ihro Durchleicht gengen nur Geschwend zu fus in das fürsten[179]) haus, u. ich lies mich nach Tragen, nach diesem gengen Semdliche herschaften in das schloß, es wahr große Tafel im weissen Sall, nach der Tafel geng Es in mein haus, da Selbst wurden die neihe pferde for gefierd, u. um 6. uhr geng es in das Consert, zu nacht speiste man in der academie.

Stuttgardt d. 2. April Montag 1781. Vor die 10. uhr Kamen der Prentz, alstan fur man in das fürsten haus zu Ihro hoheiden, der Herzog wahren des übelsten homors, um 11. uhr gengen Seine hoheiden u. der Prentz weck, u. nach der Solidite, u. der Herzog gengen auch gleich hir her, ich hatte Kopfweh, u. legde mich nach Tisch bies 3. uhr auf das Bet, abend fur man spatzieren.

Hohenheim Dinstag d. 3. Man wahr Ser fiell im Dörfle, ich steckde Zuckerschäfen u. Säde linsen, der Herzog husteden noch immer, wahren auch gar niecht guten homors, Abend fur man spatzieren.

Mitwoch d. 4. Ihro Durchleicht klagden sich einen schmerzen im ruken u. wahren wieder übels homors, um halb 5. uhr fur man spatzieren, um den gantzen Carlshof, nach diesem geng man wieder in das Dörfle, u. Blieb da, bies Es hoch wahr u. dan wurde denen arbeids leiden Geldt aus geworfen.

Donerstag d. 5. Um 10. uhr fur man Ihro hoheiden u. Prentzen von Hochberg in gegen bies über Klein Hohenheim, nach Ihrer Ankunft wurde Bald gespeist, beim durchfahren durch Birgach stieg man aber auch in der Kirch ab, Sie zu sehen; nach Tisch geng man in den Stall u. von da durch den garten, wo man die bogengeng gantz besonders schen in der Blüde fand, von da fur man in das Dörfle an die Seehe henonder, u. stieg bey der brüke ab, man geng das gantze Dörfle aus, im wirtzhaus wurde goutirdt, u. von da geng es nacher den Echterdenger fassahnen garden[360]), wo selbsten sich die herschafden beurlaubden.

Hohenheim d. 6. April Freitag 1781. Im Dörfle wurde wie geweniglich gefrie gestiegdt, der Herzog hatten heide nacht wieder fiel Gehust, nach Tisch geng man vom Dörfle aus nacher

Kirchheim, besahe da die fohlen, das reid haus u. auch das faberische haus[192]), um 7. uhr Kam man wieder hir an.

Stuttgardt Samstag d. 7. Um 9. geng Es nacher Stuttgardt, nach deme man zuvor im dem Dörfle gefrie Gestieckt hatte, der Herzog gengen zu dem academie Essen, sie schiegden mir einige Junge leide[7]), um 1. uhr geng Es nach gehens nacher Hochberg[45]), um abschied zu nehmen, weilen die herschaften dorden Morgen wieder zurik nacher Membelgard gehen, man Kam Erst um halber 7. uhr wieder zurick, u. dan wurde Es in der academie zu nacht gespeist. Mit dem husten von Ihro Durchleicht geng es heite was bessers.

Palmdag Sontag d. 8. Um halber 10. uhr geng ich in die academie Kirch u. Ihro Durchleicht in die schloß capel, der Herzog wahren dcn gantzen Tag wohl disponierdt.

Hohenheim d. 9. April Montag 1781. Man wahr die Mereste Zeidt im Dörfle, u. sonst geng niechts sonderliches vor.

Dinstag d. 10. Heide hat man in dem Dörfle anfangen Saamen zu schneiden, Ihro Durchleicht u. ich gengen fiell im Dörfle herum.

Mitwoch d. 11. Im Dörfle wurde wie geweniglich gefrie gestiegdt u. um 2. uhr Kamen bede Oberhofmeistern v. Walbron[180]) u. v. Üxküll[243]), frau v. Mosheim u. Ihr mann[42]), frau v. Üxküll u. der Geheimderadt, Ihr mann[12]), herr v. Madeweis[123]), man fierde Sie aller orden herum, u. nach die 7. uhr gengen Sie wieder.

Grünendonerstag d. 12. Ich geng nacher Birgach in die Kirch, der Herzog herden Meß in der hiesigen Capell, Sie schrieben ser fiell u. machden 338. expedizionen, abends fur man spazieren, das wetter wahr ein wenig Kiel u. drieb.

Hohenheim d. 13. April Carfreitag 1781. Gestern nachmitag fierden mich der Herzog noch ein mahl henaus nacher Birgach in die Kirch, dan schrieben Sie u. ich las, abends fur man ein wenig spatzieren, es regnede immer ein wenig, u. der Tag wurde gantz stiell hen gebracht, doch wahr ich mit mir selbst niecht zufrieden. Der Herzog machden wieder über 100. Expeditionen u. ser schwere wie Sie sagden.

Stuttgardt Samstag d. 14. Nachmitag um 5. uhr geng es nacher Stuttgardt, ich blieb Vormitag lange liegen, u. das frie stuck wurde also niecht im Dörfle genommen, in Stuttgardt feng die Protzesion nach die 7. uhr an, der Herzog wahren dar

Bey, u. ich las in dessen, u. nach diessem wurde es in der retret[51]) gespeist.

Sontag Oster tag d. 15. Der Herzog gengen bald nach mir in Ihre Kirch, ich geng in die academie Kirch um 9. uhr, nach dem essen von der academie fur man spatzieren, alstan gengen der Herzog wieder in Ihre Kirch, u. ich auch in die schloß Kirch, alstan wurden die jenige, die dies Jahr Confirmierdt werden von der academie, in dem schloß[359]) examenierdt, man as in der academie zu nacht.

Hohenheim d. 16. April Oster Montag 1781. Der Herzog u. ich gengen in die Kirch, sie in Ihre Schloß Capele u. ich in die academie Kirch, der hof Kam in die academie, ich geng in den Garden[181]) von der academie, so lang der Herzog Beim rachiren[3]) wahren, der Kammerherr Wechder[182]) wurde presendirdt, so auch v. Malzan[183]) u. Graf Bachewitz[184]) aus Mecklenburg, nach diesem fur man ein wenig spatzieren u. stieg in dem Leib Corps Garden[185]) ab, besahe alle Ihre Gerten u. nach die 3. uhr geng es in das examen von die Confermanden in die academie, wo gegen auch wieder der hof wahr, Magister Blanck[148]) examenierde sie recht schen; nach die 5. uhr geng es dan hir her, man stieg im Dörfle ab u. Ihro Durchleicht u. ich gengen zusamen herum u. Bewonderden die schene nadur.

Dinstag d. 17. Im Dörfle wurde gefrie gestiegdt, nach mitag Kammen der Oberst Seeger, alle die Chevallies von der academie, leib medicus Hopfengärtner[107]) u. Jäger[186]) u. fiele professers aus der academie, man wolde Sie alleine herum gehen lassen, her nach gengen der Herzog u. ich doch immer mit Ihnen, u. wie sie weg wahren, wahr man vertrieslich, daß man von seinem endzwek ab gekomen ist.

Güglingen d. 18. April Mitwoch 1781. Vor die 7. uhr rietten der Herzog in das Dörfle u. Kamen um 8. uhr wieder zu rieg, alstan geng Es über Louisburg u. Tirgarden[187]) nacher Güglingen; in Louisburg stieg man in dem Waisen haus ab u. fand da alles in der grösten ordnong, man blieb zemlich lang da, as auch was weniges da zu mitag, alstan geng es in den Tirgarden[187]), das der endzweck der reise wahr; Ihro Durchleicht wurden da erwarted von dem Geheimderadt Kniestett[63]), expedizions rad Fladig[127]) u. hofrad Auderid[188]), Sie nahmen von den dordigen Gütern einen augenschein, rieden bey zwey stonden herum, u.

ich Blieb in dessen bey der Meierin, her nach geng es follens nacher Güglingen, alwo man über nacht blieb; die Gegend gefiell mir ser wohl.

Hohenheim d. 19. Um halb 9. uhr geng man in Güglingen die Kirch zu Besehen, u. von da aus über Brackenheim u. Asberg wieder hir her, in Brackenheim stieg man im schloß ab, besahe es, alstan fur man durch die stadt, Besahe das radhaus u. die Kirch, von da fur man auch noch die St. Johannes Kirch zu besehen, alwo man sich auch eine Vierdel stonde auf hildt u. ins besondere die gantz Manifique Gegend auf dem Kirch hof betrachdede; Von da geng man dan weck u. nacher Asberg, der Herzog visiedierden alles, besahen auch die festungs werker, um Sie aus bessern zu lassen, ich muste mit Allem Gewald in die Comedie u. geng recht ungern, von da holden mich Ihro Durchleicht ab, u. man Kam um halb 9. uhr hir in Hohenheim an.

Hohenheim d. 20. April freitag 1781. Im Dörfle wurde gefrie gestiegdt, um halb 11. uhr lies ich beim Kolhitle zur ader, um 12. uhr Kam ein wetter, u. donerde es fast den gantzen Tag, es wahr aber denoch angenehm dar bey; der Herzog Gaben audientz, nach Tisch geng ich auch bald aus u. lies mir in meinen betrachdungen recht wohl sein. Im Dörfle sprach ich einen augenpliek den hofrad Auderid[188]), der da herum geng u. es besahe. Wie man abends spatzieren fur, donerde es noch starg, es gab auch ein wenig steine, die aber Gottlob niechts daden, auf die lezt fur man auch durch Birgach, u. der Herzog sagden dem pfarrer, daß bies Sontag über 8. Tag Commonion sein solde, u. ich da das Gnaden Mahl Empfangen wolde[189]), ich danckde Gott in dem enersten meines hertzens vor diesen Ersten schriedt meiner ruhe, u. Gott verleihe mir Seinen Segen u. Gnädigen Beistand dar zu um Jesu Christi wiellen.

Samstag Stuttgardt d. 21. Im Dörfle wurde gefrie gestiegdt, nachmitag Kam die Geheimderadt Üxküllen u. Ihr man[12]), meine schwester[75]), die erst Mitwoch als den 18. wieder von Burtenbach zu rieck gekomen ist, zwey hern aus Mecklenburg v. Malzan[183]) u. Graf Baschewitz[184]), General Georgii[64]) u. v. Stralemdorf[25]) Kamen auch mit, sie wurden alstan aller orden herum gefierdt, abends nach deme Sie weck sein, gengen der Herzog u. ich auch nacher Stuttgardt, es wurde in der retret[51]) gespeist.

Hohenheim d. 22. April Sontag 1781. Ihro Durchleicht gengen zuerst in Ihre Kleine Capel u. um 9. uhr gengen Sie mit dem hof in die academie Kirch, die Junge leide wurden Conformirdt, 9. von der Ecoll, woronder nur 1. freilein wahr, u. von der academie wurden 33. Conformirdt; wie es Bald aus wahr, Kam ein Courier von Kehl, der einen Brief brachde von Ihro Durchleicht dem Prentz Friederich, daß Sie in einer stonde wolden in Canstadt sein, u. Ihro Durchleicht den Herzog sprechen; der Herzog assen geschwend was u. fuhren dan gleich hen weck, um 4. uhr Kamen Sie wieder, alstan geng es in die biblioteg u. über Gaben fiele Bücher, auch die Gantze biblioteg von dem Pfarrer Berhardt[190]), ich geng von da auf eine halbe stonde zu meiner schwester Pflugen u. nach gehens geng es Bald wieder hir her, es wurde Bald zu nachdt gegessen.

Hohenheim d. 23. April Montag 1781. Um 12. uhr Kam ein wetter, beim frie stuck ergetzde ich mich recht über die Gutte düfde im weldle, des schon gantz gren ist, es wurden die feigen Beime[106]) heraus Gedan, nachmitag herde es wieder etwas auf zu regnen, man brachde daher nach dem Guté noch einige Zeidt im Dörfle zu; ich schrieb dorden an den Sardorius[191]).

Dinstag d. 24. Heide nübelde es fast den gantzen Tag, man frie stiegde hir hennen, ich blieb recht lang liegen, nach dem Guté fierden mich der Herzog ins Dörfle, u. Sie wahren fiell beim Feigen beim Versetzen, ich las fiell; die bogengenge fengen an Ihr schene Blüde starg zu verlieren u. dar gegen aber eben so viehle früchde zurick zu lassen.

Mitwoch d. 25. Im Dörfle wurde gefrie gestiegdt, um halb 10. uhr fur ich nacher Birgach in die Betstond u. um halb 11. uhr geng es nacher Stuttgardt, Ihro Durchleicht gaben dem Madeweis[123]) in der academie Audienz, der Malzan[183]) Beurlaubde sich auch, u. es geng nach diesem gleich wieder hir her, u. im Dörfle stieg man ab, abend fur man noch spatzieren, es regnede den gantzen Tag so abwechslend Klein, Ihro Durchleicht u. ich steckden bohnen beim gewächs haus.

Hohenheim Donerstag d. 26. April. Man Blieb gantz in der stielle hir, ich Bekam antword von dem Sardorius u. war gantz gerird den gantzen Tag, es regnede immer abweckslend.

Freitag d. 27. Da es aus sa, daß es den gantzen Tag regnen wierde, so ging es nachmitag in die Biblioteg nacher Stuttgardt,

Ihro Durchleicht hatten den Vormitag einen Geistlichen Bei Sich hof Capelan Weiserdt[101]) u. Beichdeden u. Kamen Gantz Vergniegdt dafon zu rick. In der Biblioteg Kam der Kamer Prokorader Fischer[82]), ich gab im den Auftrag das haus der Geheimmerädin Faber[192]) vor mich zu Erkaufen, er wurde auch bald mit Ihr ferdig u. Brachde die nachricht noch so lang man in der Bibliotheg wahr, daß das haus mit die Beden Gerden vor 5000 fl. mein Gehörde, ich freide mich ser darieber, abends as man Bald zu nacht, ich schrieb die nachricht des haus Kaufs noch an meine schwester, daß sie nonmero ein Ziegen Könde, wan es Ihr gefällig währe.

Hohenheim d. 28. April Samstag 1781. Um 10. uhr geng ich nacher Birgach in die Beicht, u. warf mich gantz in die Barmhertzig Keid Jesu u. wahr Getrost; Ihro Durchleicht wolden werend der Zeid auch Beichden, allein wie ich zurik Kam, so hat es Bey Ihnen eine Gantz andere Wendong genommen, ich wahr darieber unruhig, u. nachmitag fierden mich Ihro Durchleicht nacher Stuttgardt, mich rads bey dem Consisdorial rad Le Bret[61]) zu hollen, ich wahr ser beklemmd u. Betriebt, der Le Bret rit mir, daß es Besser wehre, wan ich es noch eine Kurtze Zeid an stehen lies zu Gottes Tisch zu gehen, u. das Kostede mir fiell, es ein zu Gehen; Ihro Durchleicht sprachen in meiner Gegenward lange mit Ihm u. man Kam erst um 9. uhr wieder hir her.

Sontag d. 29. Um halb 9. uhr geng es nacher Stuttgardt, Ihro Durchleicht u. ich gengen, Sie in Ihre u. ich in meine Kirch, under dem essen von der academie schieckden mir der Herzog 12 junge leide aus der academie, nach diesem geng es nacher Hofen[28]), u. man Kam Bald wieder hir an; der Herzog schrieben noch u. ich las.

Hohenheim d. 30. April Montag 1781. Es regnede immer von Zeid zu Zeid, man Brachde aber denoch die mereste Zeid im Dörfle zu, Ihro Durchleicht u. ich steckden Bohnen.

Dinstag d. 1. Mey. Ich geng nacher Birgach in die Kirch, u. holde nach gehens Ihro Durchleicht im Dörfle ab, nach Tisch Kam meine Mutter u. Schwester von Ensingen, wir Blieben Vergniegdt Beysamen, u. gengen im Dörfle herum bies der Herzog spatzieren fahren wolten, wo Sie Sich dan Beurlaubden u. nach Stuttgardt reisten, um über Morgen follens nacher Adelmannsfelden[193]) Ihren Weg ford zu setzen.

Mitwoch d. 2. Es wahr Ein ser schener Tag u. man Brachde Ihn meistens im Dörfle zu, ich schrieb Ihro Durchleicht einen frantzösischen Brief ab vor den Schordanie[194]) nacher rom.

Stuttgardt Donerstag d. 3. Im Dörfle wurde wie geweniglich gefrie gestiegdt, u. dar Bey wurde Beschlossen, daß heide u. übermorgen alles von hof, Milidär u. honoraziores das Dörfle u. gantz Hohenheim sehen darf, u. wurde auch gleich Es nacher Stuttgardt zu wissen gedan. Es Kamen fielle, man genierde sich aber niecht mit Ihnen, sondern nach deme Ihro Durchleicht u. ich ein wenig mit Ihnen herum gegangen sein, so geng es über Büsnau[65]) u. Solitude nacher Stuttgardt, in Büsnau besahe man die pferde u. in der Solitude die forst Schul u. Treiberey, es feng aber an zu regnen, daß man eilen muste, u. in Stuttgardt wurde in der retret gespeist.

Hohenheim d. 4. Mey Freitag 1781. Um 7. uhr gengen der Herzog in die Canceley zu einem revisions prozes, ich geng um halb 9. uhr zu meiner schwester, da hatte Sie eine grosse herlich Keidt, mir Ihre einrichtung in dem Kirchheimer haus[192]) zu weissen, u. ich freite mich; um halb 10. uhr geng ich wiederum, u. ließ die Elteste Franquemont Komen, lies mich auch von dem Schlehauf[195]) mahlen, dan Kammen der Herzog u. gaben audienz, ich Lies noch die gantze Ecol Komen, u. dan wurde Bald zu mitag gespeist, nach diesem geng es in die academie; so lang Ihro Durchleicht beim rachiren[3]) wahren, geng ich in den academie Garden[181]) u. Blieb ein wenig zu lang, daß der Herzog zangden, nach der academie ferdigden Ihro Durchleicht den Kamerherrn v. Gemmingen[150]) nacher Rom ab u. nach diessem geng es nacher Louisburg, im schloß stieg man ab, Ihro Durchleicht Besahen rekruden, von da fur man in die portzelan Fabrig, Ihro Durchleicht suchden was vor die hertzogin von Schwerin[157]) aus, nach gehens geng man noch in das Milidär Waisen haus u. von da aus geng es graden wegs hir her, hir stieg man im Dörfle ab u. geng noch ein wenig im Dörfle herum.

Samstag d. 5. Heide regnede es fast den gantzen Tag u. aus diessem Grund durfde auch niemand Hohenheim sehen, nach mitag fuhren mich der Herzog in das Dörfle u. dan fur man noch ein wenig spatzieren, der Herzog ferdigden zwey leib Jägers mit hunden nach Weimar an Herzog ab, auch schrieben Sie heide an König u. an prentz von Preussen.

Hohenheim d. 6. Mey Sontag 1781. Halb 9 uhr geng Es nacher Stuttgart, der Herzog u. ich gengen in die Kirch, nach diessem gaben Ihro Durchleicht dem Badischen Gesanden Geheimderath v. Geling[196]) Audientz, alstan as man u. geng zum Essen von der academie, wo hen der hof Kam, her nach fierden mich der Herzog zu meiner Schwester, u. liessen mich wieder abhohlen in den Bauhof[197]), ich nam abschied von meiner Schwester, die morgen mit dem hofrad Mögle[198]) nacher Adelmannsfelden get, vom Bauhof geng es geraden wegs hir her, man stieg im Dörfle ab u. geng noch da herum; heide Abend wahr es ser Kiell, doch hat in der fru das Kalde Gott lob nichts geschadt.

Montag d. 7. Um 7. uhr Kamen schon leide Hohenheim zu sehen, Ihro Durchleicht haben es heide gantz Stuttgardt erlaubdt; es wurde auch der Geheimderadt v. Geeling[196]), Oberhofmeister v. Üxküll[243]), herr u. frau v. Suwil[77]), herr u. frau Geheimderadt v. Sternenfels[8]) u. herr u. frau v. Klinkowstren[13]) invidirdt; sie wurden aller orden herum gefierdt u. Es wahren ser fielle leide hir Hohenheim zu sehen, auch ein fürst v. Salm; heide frie hatte es einen reifen, wo fon die bonen liten u. auch etwas weniges an weinberg schaden lidt.

Hohenheim d. 8. Mey. Es wahr heide frie wieder ser Kaldt, doch hat es Gottlob, weder gefroren noch einen reifen gehabdt, nachmitag habe ich hirsche gesädt u. Kierbsen gestegdt u. abend fur man in den fassanen Garden[360]), wo Ihro Durchleicht den Ober Jägermeister[238]) hen besteldt haden, um denen fassanen noch mer platz ein zu richden; die Kleine beder liesse der Herzog auch dapetziren; Kurtz vor dem mitag essen Kam die nachricht, daß die Prentzessin von Neustadt[199]) gestorben seihen, nach mitag Kam auch der Lengenfeld[199]) mit den Tedemend[199]).

D. 9. Den heitigen Tag Brachte man recht ruhig zu, die mereste Zeidt wahr man im Dörfle u. Abends wurde spatzieren gefahren, abend wie man bald zu Tisch geng, herde man ein bar mahl schwach donern.

D. 10. Ihro Durchleicht nahmen das früstuck hir, ich Blieb lange liegen, den nachmitag brachde man meistens im Dörfle zu, es Kamen ein bar wetter, die aber Gottlob Gliecklich Verbey zogen, der Herzog klagden ein wenig Druken auf der Brust, abends fur man spatzieren, im rad haus wurde noch immer an die Kleine Zemer dapetzierdt.

Hohenheim d. 11. Mey Freitag 1781. Um halb 9. uhr geng es nacher Stuttgardt, es Kam auch die nachricht, daß das gestrige Wetter in Aurach grossen schaden solle gedan haben. Die Geheimderath Bühlerin Kam zu mir, so lang Ihro Durchleicht beim rachiren wahren, lies ich die Ecol zu mir Komen, dan geng ich auch in die academie, der Geling[196]) Beurlaubde sich da, nach diesem so geng es gleich wieder hir her, man Blieb die mereste Zeidt im Dörfle, den Gantzen Tag zogen wetters herum, Kam aber Gottlob ausser ein wenig regen Keines hir her.

Samstag d. 12. In der frie wurde nacher Stuttgardt geschiegdt, daß heide frauhen u. Menner Hohenheim sehen darf, wer wolle, es Kamen aber wenige, u. Abends fuhren der Herzog u. ich spatzieren gegen Bernhausen.

Sontag d. 13. Um halb 9. uhr geng Es nacher Stuttgardt, da gengen der Herzog u. ich in die Kirch, werend dem rachiren geng ich in die Ecol u. dan Kam ich auch noch zum Essen von der academie, um 2. uhr gengen der Herzog u. ich in das Waisenhaus, Es wurde da alles durchgegangen, nach diesem Badede die academie, der Herzog wahren dar Bey, ich geng so lang zu der Geheimderath Bülerin, Ihro Durchleicht Kamen nach dem bad auch hin, u. von da geng es hir her, im Dörfle stieg man ab.

Hohenheim Montag d. 14. Mey 1781. Ihro Durchleicht wachden mit schmertzen am fus auf, zwangen sich aber u. gengen ser fiell herum, es wolde aber niechts helfen, der Zehen wahr rod u. geschwollen, man wahr die mereste Zeid im Dörfle, das Wetter wahr ser warm, abends as man im hof[34]) zu nacht.

Dinstag d. 15. Heide nacht hatten Ihro Durchleicht starge schmertzen u. gengen ser Viell herum, morgend hatten sie niecht Viell geschlafen, stonden aber doch um 8. uhr auf u. zogen stiefel mit grosser beschwerlich Keidt an, man fuhr ins Dörfle, da schrieben sie bei der Kol hitte, um 11. uhr Kam man wieder herein, der hE. Klein[81]) wahr da, der fus wurde besehen u. es fand sich, daß der Zehen u. Ein Theil vom fus zemlich geschwollen wahr, Sie Konden Keine stifel mer anziegen u. Brachden den Gantzen Tag sitzent zu, es wurde aus gefahren u. Sie hatten ein Par stonden starge schmertzen, abends aber wahr es ertreglich, sie schrieben fiell, u. wahren außer dem Bodagra Gott Lob wohl.

Hohenheim d. 16. Mey Mitwoch 1781. Der Fus wahr ser geschwollen, doch Ertragden der Herzog die schmertzen mit fieller gelassenheid, um 10 uhr stonden Sie auf, nach Tisch fur man gleich in das Dörfle u. bei der Kol hitte Setzde man sich in schatten, abends Kamen die Bede Leib Medici Hopfengärtner[107]) u. Jäger[186]), man fur auch noch ein wenig spatzieren, wie man aber nacher haus Kam u. Beim nacht Essen wahren die schmertzen auser ordentlich groß, vor schlafen gehen legden Sie sich aber wieder etwas; es wahr grausam warm.

Donerstag d. 17. Gott Lob scheinde es, daß das Bodagra im um Keren wehre, um 10 uhr stonden der Herzog wieder auf u. nach Tisch fur man gleich in das Dörfle, alwo der Herzog in einem Sessel hir u. da im Dörfle herum fuhren; Beim Guck heisle[200]) setzde man sich in schatten, u. den Gantzen Tag durch wahren der Herzog mit den schmertzen zu frieden, abends fur man auch noch spatzieren; es wahr heide wieder ser ser warm; ich lies mir eine Blater setzen.

Freitag d. 18. Heide geng es immer Gottlob mit Ihro Durchleicht Besser, sie Konden wieder alleine gehen, schwietzden aber ser die nacht über, nachmittag fur man in die neue remis u. dan in das Dörfle, alwo sich Ihro Durchleicht in schatten setzden bies Abends, nach gehens fur man spatzieren; heide Kamen die erste Kirschen auf die Dafel von Gablenberg oder Gaisburg, es wahr auch wieder ser warm.

Hohenheim d. 19. Mey Samstag 1781. Es geng Gott Lob immer Besser mit Ihro Durchleicht, nachmittag machten Sie auch den Versuch u. rieten aus, es geng auch so gut, daß Sie über eine stonde aus Blieben, nach diesem fur man in das Dörfle u. Setzde sich Beim Guck heisle[200]) nieder, Ihro Durchleicht in dem far Sessel, mir dat mein fus mit der platter ser wehe, doch lies ich es mir niecht anmerken.

Sontag d. 20. Ihro Durchleicht Schreibden den Gantzen vormitag u. hatten eine Gott Lob Gutte nacht, mittags herden Sie mes in der hiesigen Capel, ich aber Konde niecht auf den fus stehen u. muste den Gantzen Tag im Bet Bleiben, bies abends stond ich mit grossen schmertzen nur eine stonde zum nacht essen auf, Ihro Durchleicht reiteden fiell aus, es regnede als aber manig mahl, da her Kamen Sie auch oft wieder zu riek u. daten mir ser fiell Guttes.

Montag d. 21. Die Kirch abgerechnet u. daß heite gearbeited wurde, wahr der heitige Tag wie gestern.

Dinstag d. 22. Der heitige Tag sahe auch ser dem gestrigen enlich, es wurde ser stark an denen ställen oben gemacht u. Ihro Durchleicht Betreibden es ser, ich lag noch immer zu bet.

Mitwoch d. 23. Nachmitag fur man nacher Stuttgardt, das wahr das erste mahl, daß ich wieder auf stond, aber erst nach mitag, in Stuttgardt Stieg man nicht aus, sondern hild im wagen in dem academie hof, weilen der Herzog noch nicht in Stiefel henein Konden; alle junge leide Kamen, u. nach diesem fur man noch in den Bauhof[197]) u. lies den neihen wagen von Baris aus paken u. geng von da wieder hir her; es helde Sich ser auf, daß man frost Befürchdede.

Donerstag himels farts Tag, d. 24. Ihro Durchleicht schrieben zu erst, alstan gengen sie in die meß u. ich nacher Birgach in die Kirch, nach Tisch fur man Bald in das Dörfle, ich las da u. Ihro Durchleicht reiteden herum u. sahen ob der frost nichts gedan hatte, man fendede nicht Vill, hen gegen wie der Klein[81]) Kam, so brachde er Zweige von Trauben steke von Stuttgardt mit, die fellig ferfroren wahren, u. erzelde, daß alle nidriche Weinberge dieses schiecksall benebst bonen u. welsch Korn Gehabd hätten, Abends wurde spatzieren gefahren u. am nacht essen wurde noch veranstaldet, daß man morgens frie feier in dem Weinberg machen solle; mit dem fus von Ihro Durchleicht geng es Gottlob immer Besser.

Hohenheim d. 25. Mey. Ungeacht des gemachten feirs, so hat doch der Weinberg hir ser Vill diese nacht erlitten u. so auch hen u. wieder Bonen, der Herzog wahren Vill Beim Bau wesen Bey die ställe, Abends fur man spatzieren u. sonst geng nichts vor.

Samstag d. 26. Weil mein fus noch immer nicht ganß gut wahr, so wurde die Tag her das frie stieck hir henen genomen, nach die Zwey uhr Kam meine schwester Pflugen mit Ihren Kändern zu mir, ich wahr immer Bewegdt wan ich an Ihren abzug von Stuttgardt dachte, wir gengen zu samen in das Dörfle u. nach die 6. uhr geng sie wieder hen weck, der Herzog erlaubden, daß Sie mitwoch, wan Sie nacher Kirchheim[192]) ziegt, über hir gehen solle u. das freite mich.

Sontag d. 27. Nach deme man um halb 10. uhr nach Stuttgardt Kam, so gengen der Herzog bald u. ich gleich in die Kirch, zu dem essen von der academie geng ich nicht, hengegen in die

Ecoll, da traf ich meine Schwester Pflugen mit Ihren Kändern auch an, nach Tisch Kam meine Schwester mit Ihren Kändern auch zu mir, u. der Herzog machten einen protzes mit dem Stockmayer[43]) u. Mögle[198]) aus, nach diesem geng es vor die 5. uhr wieder hir her u. noch in das Dörfle.

Hohenheim d. 28. Mey Montag 1781. Der Herzog wahren immer Vill bey denen remis u. stall gebeiden, ich schrieb Vill, das wetter wahr ser warm, ich dachte immer fiell an den abzug meiner schwester, abends wahr ich im Dörfle u. dan fur man auch ein wenig spatzieren.

Dinstag d. 29. Der heitige Tag wurte fast wie der gestrige hen gebracht, nur daß ich an stadt Vill schrieb an einem hut machte u. der Herzog klackten, daß Ihnen Ihr fuß wieder ein wenig mer geschwollen wehre, es wahr aber ser warm.

Weinsperg Mitwoch d. 30. Gleich um 8. uhr Kam meine Schwester Pflugen mit Ihren Kändern, wir wahren Bede ser bewegt, so wie auch die Känder, es wurde gefrie gestiegdt, dan Blieben wir noch eine Viertel stonde hir, u. gengen alstan in den garden, wo geward wurde, Bies der Herzog Kamen. Sie beurlaubde sich, u. wir nahmen recht geriert von einander abschied, es wahr mir recht schwer, daß ich sie niecht mer in Stuttgardt zu fenden weis, Sie freite Sich nacher Kirchheim[192]), um 11 uhr wurte gespeist, u. bald nach die 12. uhr geng es von hir hen weck nacher Weinsperg, in Louisburg stieg man im milidär Waisen haus ab, u. in Heilbronn wurde der Herzog bekomblemenddirt, vor die 6. uhr wahr man schon in Weinsberg, da geng es nach dem Weißen[201]) hof, der eigendlich der entzweck der reisse wahr, der Herzog beritten den gantzen umfang u. sahen alles, der Kniestett Geheimderad[63]) u. profeser Sprenger[202]), hofrad Authenrieth[188]) u. Gast Keller Fladig[127]) wahren mit dar bey, ich geng auch in die weinberge herum.

Hohenheim d. 31. Mey Donerstag. Um halb 5. uhr geng es von Weinsberg hen weg. Um halb 8. uhr wahr man in Stuttgardt, in meinem haus wurte gefrie gestiegdt, u. u. halb 10. uhr wahr man Gott lob wieder Gliklich hir, in der angenemsten Tages Zeidt wahr heide die reise gemacht u. weit nicht so Viell staub wie gestern, der Herzog ritten noch aller orden herum, nach mitag wahren Sie geteild im Dörfle u. remis Gebeide, ich wahr fiell im Dörfle u. Besahe auch mit Ihro Durchleicht die mauer am wasser[74]) fall, der Walter[203]) Kam auch wieder das erste mahl, seid dem er Granck wahr, u. Abend fierden mich der Herzog zu dem Bau wesen, ich fur das erste mahl mit einem neihen Cariol pferdt.

Freitag d. 1. Juny. Im Dörfle wurde gefrie gestiegdt. Nach dem man zurik Kam, so gaben der Herzog audientz, es wurde Viel an die Stallungen gearbeit u. Ihro Durchleicht wahren Viell dar Bey, sonst geng nichts sonderliches vor.

Samstag d. 2. Der Heitige Tag vergeng fast wie der Gestrige.

Hohenheim d. 3. Juny Pfingsten 1781. Um 10. uhr gengen der Herzog in Ihre Kirch u. ich nacher Birgach in die Kirch, mitag Kam ein wetter u. es regnede so daß es den staub legde, nach Tisch Kam der hE. von Gemmingen[204]) wieder von Seiner 4. wöchigen reisse, nach diesem ritten der Herzog aus u. ich las, u. abend fur man ein wenig spatzieren.

Montag d. 4. Im Dörfle wurde gefrie gestiegdt, nach Tisch geng es gleich nacher Stuttgardt, der Herzog musterden Ihre Pferde, u. der frantzösische Gesande[79]) wenschte Ihro Durchleicht sprechen zu dürfen in seinen angelegenheiden. Der Herzog sprachen Ihn auch so lang sie in Stuttgardt wahren; ich lies die freilein Franquemont[73]) zu mir Komen u. geng nach gehens mit ihr in die Ecoll, her nach Kam auch die Wagnerin[205]) zu mir u. nach die 5. uhr Kam man wieder hir an. Vor mitag wahr ich auch in Birgach in der Kirch, u. geng nach gehens mit Ihro Durchleicht Beym obern Bauwesen herum; heide wurde angefangen zu heihen bei der Puder mühl.

Hohenheim d. 5. Juny Dinstag 1781. Im Kol hitle wurde gefrie gestieckt, nach gehens las ich auf dem Nero[33]), u. geng auch ein wenig mit Ihro Durchleicht im Dörfle herum, der Herzog wahren vor u. nachmitag Vill beim Bauwesen u. Dörfle, ich wahr meistens im Dörfle, abends steckden der herzog u. ich Bonen beim Kleinen Schweitzer haus, u. sonst geng nichts vor.

Mitwoch d. 6. Im Dörfle nam man das frie Stieck, es feng an zu regnen u. es geng nichts sonderliches vor. Abend Besahe man die neihe Ställe, geng auch das erstemahl in die im ersten Stall gemachte Zemer, im Baum gut[78]) wurde gemäd.

Donerstag d. 7. Der heitige Tag glich Gantz dem gestrigen, ausser daß ich Beim aufrichten der Zweiten remis mich setzde u. arbeidede, u. da wurde auch gutirt. Ich Bekam auch die nachricht, daß des Oberst Seegers seine Jüngste Tochder gestorben wehr.

Freitag d. 8. Es wurde hir frie Gestieckd, der Herzog gaben audientz u. sonsten geng nichts sonderliches vor, auch säde ich im Dörfle Salad u. der Herzog rechneden in henein.

Samstag d. 9. Nachmitag feng es an zu regnen, der herzog fuhren bald nach Tisch u. ich in das Dörfle, um die Ampel in der Kolhitte[122]) zu sehen, ich schrieb nachgehens follens nacher Mecklenburg[157]), u. abends nach dem spatzieren fahren geng man noch in die neihe Ställe.

Hohenheim d. 10. Juny Sontag 1781. Halb 9. uhr geng es nacher Stuttgardt, da gengen der Herzog u. ich in die Kirch, nach der Kirch Kam die nachricht, daß der Prentz Eugen von Mömbelgardt[206]) Komen werde, der Hopfengärtner Kam auch wieder von Mömbelgardt zurick, d. Herzog u. ich gengen in die academie, u. gleich Kamen auch der Prentz, der hof Kam auch, nach diesem speiste der Prentz, u. der herzog liessen auf einen Augenplick noch den Abel[102]) zu sich Komen, u. ich die Ecol, alstan geng es gleich hir her, Ihro Durchleicht schrieben noch u. ich las, u. um 5. uhr geng es in das Dörfle, bald darauf Kamen der Prentz u. mit Ihnen der General v. Oche[86]), Geheimderad v. Sternenfels, Geheimderad v. Kniestett, Kamerherr v. Gemmingen[150]), hofmarchal v. Geisberg[207]) u. Oberst Seeger, man fierde Sie in dem Dörfle herum, u. fur nach gehens herein, geng noch Bey die neu gebaude Ställe, u. nach die 8. uhr geng es zur Tafel, halb 11. uhr Beurlaubde Sich der Prentz wiederum, u. gedenken die nacht durch zu reissen; der schon seid langer Zeidt hir gewesene Bereiter[208]) u. der Bichsen spanner reitter[208]) wurten heide in Stuttgardt, auch mit die fiech u. was noch mehr wahr, nacher Schwerin abgeferdigdt.

Montag d. 11. Das frie Stück wurte hir henen genomen, bald nach Tisch Kam ein wetter, der herzog Beklackden sich über mattigkeidt, wahren aber doch gut disponirdt, Sie gengen fiell ab u. zu, Bald zu dem bauen, bald ins Dörfle u. hir her, das Guté wurde auch hir henen genomen; es Kam ein starges wetter u. man Konde vor dem regen nicht mer aus gehen, professer Sprenger[202]) Kam auch u. werend dem wetter sprachen der Herzog mit ihm.

Hohenheim d. 12. Juny Dinstag 1781. Es wurde hir

henen gefrie gestiegdt, nach mitag fierden mich der Herzog nach dem Gutė in's Dörfle u. in das Wirtzhaus[33]), um es follens aus machen zu lassen, Sie klagden immer, daß es Ihnen so schwer wehre, die neu gebaude Ställe besahe man nach spatzieren fahren auch u. in dem undern zog man zur hölfde mit die Pferde ein, bald nach Tisch gab es ein wetter u. mit dem hey herein zu don geng es nicht gut.

Mitwoch d. 13. Mitag regnede es wieder anfangen, u. um 5. uhr herum feng es wieder neiher dengen an; die Jägers vom leib Kor[209]) hatten erlaubdtnis den amerischen garden[210]) zu sehen.

Donerstag d. 14. Um halb 8. uhr geng es nacher Stuttgardt, der Herzog gengen bald darauf in die Protzesion, weil heite fron Leichnam wahr, in die academie Kam der hof, weil zwey fremde da wahren, Ein Graf La Roße[211]), der zwey Söhne in die academie Brachde u. der Commandant von Befor[212]), ich geng aber nicht mit in die academie, sondern geng in die Ecol, die Freil. v. Franquemont geng mit mir in mein Zemer, u. Ihro Durchleicht brachten mir 50. von die Junge leide aus der academie mit, Sie blieben lang da, u. der herzog sahen, wie Sie noch einen Sahl weider vor die academie heraus Brengen Kenden, es wurden auch hiebsche Kupferstiche gekauft u. um 4. uhr geng es von Stuttgardt wieder hir her; man fur noch spatzieren, u. besa die obre Zemer in die meierey[34]).

Hohenheim d. 15. Juny Freitag 1781. Das frie Stuck wurde hir genomen, das Gutė auch, nach die 11 uhr gaben der Herzog audienz, Sie wahren fiell Beim Bauen u. Dörfle; u. nach die 4. uhr geng es in das Dörfle, der Herzog u. ich gengen zu Samen im Dörfle herum u. Brachen Schäfen u. brogel Erbsen, Es Scheinde daß Sich das wetter Bessern wolde.

Samstag d. 16. Im Dörfle nam man das frie Stieck, Ihro Durchleicht gaben Sich viele mihe, alles zum hey herein fieren an zu ordnen, um 4. uhr wahren einige wetters, da wir von einem ein wenig regen bekamen, u. also nur etlich u. zwantzig wegen hey herein gekommen ist; abend fur man spatzieren, u. Es feng wieder an zu regnen.

Sontag d. 17. Um 3. Vierdel auf 9. uhr geng es nacher Stuttgardt, da gengen der Herzog u. ich in die Kirch, nach diesem geng es zum Essen von der academie, u. Bald darauf Messten[131]) der herzog die academie, ich geng so lang in die Ecoll, u. nam die Franquemont mit mir Bies 3. Dan Kamen auch der Herzog wieder, Sie fierden mich in mein hauß, u. Sie nahmen einen Augenschein von des Pelargus seinem haus Bau[213]); wie Sie wieder zurick Kamen, so fuhren Sie u. ich zu dem regierungsrath Breiher[214]), um Seine malereien zu sehen, von da fur man wieder hir her, u.as Bald zu nacht.

Hohenheim d. 18. Juni Montag 1781. Im Dörfle wurde das frie Stuck genomen, nachmitag Brachde man Wegen hey herein vom Baum Gut[78]) u. aus des Sigles Täle[215]), nach dem Guté Kam ich auch dar zu u. Setzde mich unten im Baum Gut mit meiner arbeit.

Dinstag d. 19. Heite wahr es recht schen hey Wetter, nachmitag Brachte man Wegen hey herein; vom heihen aus fur ich zu der Pfarrerin von Plieningen u. draf den Pfarrer Hahn[14]) u. seine frau da an; der Herzog sprachen in der frie den gantzen Vormitag die 4 Theologen Sartorius[191]), Le Bret[61]), Miller[216]) u. Weiser[101]) in Klein Hohenheim.

Mitwoch d. 20. Das Guté wurde im Dörfle genomen, um halb 11 uhr fur man herein, u. nach Tisch geng es gleich an das heihen auf der hobruck[78]) u. hauchswis[292]), 72. Wegen Kamen heim, der herzog wahren meistens dar Bey, u. ich auch Viell, der reps wurde auch geschnitten.

Donerstag d. 21. Von der frie an zogen immer wetters um her u. die nacht über regnede es, daß man heide nur weniges hey, des auf Schoken wahr, herein Brengen Konde, abends fur man spatzieren.

Freitag d. 22. Vor 11 uhr gaben der Herzog audienz, nach mitag dat man hey herein bey der Baum Schul, ich wahr Viell Beim reps schneiden mit meiner arbeit.

Hohenheim d. 23. Juny Samstag 1781. Um 7. uhr gengen der Herzog nacher Klein Hohenheim, alwo Sie mit dem Canzler Sartorius[191]), Consistorialrat Le Bret u. zwey Ihrer hof Capelans sprachen. Ich las in meinem Garden, u. nach mitag wurde hey Bey die 3. Scheiern herein gefierdt, der herzog wahren Viell dar bey u. ich Kam auch Baldt dar zu, abends fur man auch noch einen augenplick in den Carls hof, um reps herein fieren zu sehen.

Sontag d. 24. Um halb 9. uhr geng es nacher Stuttgardt, dan geng es wie geweniglich in die Kirch, aus der Kirch nam ich den ney angekommenen, Schwede, in mein Zemmer mit, dan geng es baldt in die academie zum Essen, der hof wahr da, von Fremden Komandant von Befor[212]), Serrne (?) u. ein hE. von Boldenstern aus Schwedisch Pomern, der 4. Junge Cavaliers in die academie Brachte, woronder zwey seine schöne wahren, nach diesem sprachen der herzog den französischen Gesanden[79]) in seinen Angelegenheiden im schlos, auch der Serne (?) Verlangde Ihro Durchleicht da zu sprechen; das bede wärte zemlich lang; ich fur in des zu der frau v. Senfft[220]), sie war nicht zu haus, alstan geng man von Stuttgardt weck, es Kam aber ein starkes wetter, daß man in Degerloch beym Zoll heisle abstieg, bies es verbey wahr, hir fur man nach gehens noch spatzieren, der herzog klagden über Kopf we u. sausen in die ohren.

Hohenheim d. 25. Juni Montag 1781. Nachmitag fierde man 18. wegen hey in der Aspen[217]) herein, der Herzog u. ich wahren meistens dar Bey, abends fur man auch zum Mähen in den Carlshof, der Herzog klagden noch Immer Kopf wehe u. saussen in den Ohren, sie Brachen die Erste hembeer im Dörfle.

Dinstag d. 26. Vormitag feng es schon immer ein wenig an zu regnen, heide hatte man die Erste Kleine Birn u. Abrico auf der Tafel, es regnede den gantzen Tag, daß man gar Kein hey herein Brengen Konde, abend fur man ein wenig spatzieren.

Mitwoch d. 27. Um 12. uhr geng es nacher Asberg, da Besahe der Herzog die festungs werker, u. gaben Befehle, wie Sie solden gebaudt werden, es geng dan über Louisburg, im Waisen haus Stieg man ab, die bede aus der Ecoll Bardin u. Geisenderfin wahren schon angekomen, um 8. uhr Kam man wieder hir an.

Dunerstag d. 28. Heide lies es sich an, daß das wetter schener werden wirte, u. man frie Stuckde im Dörfle, nach mitag Bald Kam aber ein starkes Wetter, ziegde aber Gottlob hir verbey, in Kurtzer Zeid Lief aber die Kersch zemlich schnell an, trad aber nicht gantz aus, man fur hen zu u. stieg im Dörfle ab, u. Brach schefen u. Brogelerbsen u. wurde braf nas dar von, abends fur man noch spatzieren.

Hohenheim d. 29. Juni freitag 1781. Es wahr den gantzen Tag etwas Kiell, ich geng nacher Birgach in die Kirch, dan gaben der Herzog audienz, nach Tisch wurde Bald hey herein gefierd; Ihro Durchleicht fuhren mich hen zu in den Carls hof, von da geng es zu die 3. scheiern, wo auch hey herein Kam, man geng zu vor zum Bauen, ich geng auch in die Baum schul, u. abends wurde Bald zu nacht gespeist.

Samstag d. 30. Es wurde im Carls hof u. Klein Hohenheim Geheid über hals u. Kopf, u. Kamen an beden orden 131 Wegen hey herein, in Klein Hohenheim wurde zu nacht gespeist.

Sontag d. 1. Juli. Nachts um halb zwey uhr Kam die nachricht, daß es in Waiblingen Brende, der Herzog u. ich stonden gleich auf, u. um Zwey fur man[218]) da hin, es hatte Bey der ankunft schon Keine gefar mer, der Herzog machden aber noch gutte anstalden, um 7. uhr Kam man wieder in Stuttgardt an, Ihro Durchleicht u. ich legden sich noch ein bar stonden nieder, dan geng es in die Kirch, u. Bey dem Essen von der academie wahr der v. Wambold mit 3. Söhne[219]), da dar von der eine in die academie bestemd ist, v. Durn[219]) u. hE. v. Koch[219]) wahren auch da; nach diesem besahe man einen neihen schlafsall, geng in das alde schloß, ich in die Ecoll, dan in die biblioteg, von da in mein haus u. dan hir her.

Hohenheim d. 2. Juli Montag 1781. Im Dörfle wurde gefrie stugdt, u. nach mitag wahren der herzog gleich Beim heihen, Sie holden mich ab nach dem goute u. man Blieb dan im Carls hof beim heihen Bies 8. uhr.

Dinstag d. 3. Es wahr heide gantz grausam Warm, Abends fur man noch ein mahl in Carls hof zum heihen, es wurde heide da ferdig, nach diesem stieg man Bey die Ställe ab, u. erwardede dorden die Pferde von Stuttgardt, nach die 7. uhr Kamen 10. Ziege, sie wurden alle in die neihe ställe ein Logirt, in der frie haben der Herzog auch ein Bat genomen.

Mitwoch d. 4. Wie ordiner, wurde im Dörfle gefrie gestiegdt, nach mitag um 3. uhr Kam der Oberst Kamerherr von Wambold benebst frau, 1 Tochter u. 3. Söhne, frau v. Wolzogen, herr v. Koch, oldenburgischer Gesande, her u. frau v. Senfft[220]), v. Sternenfels[8]), v. Scheng[22]), v. Ber[221]), Oberst Seeger, Sie wurden aller orden herum gefierdt u. gegen 9. uhr gengen Sie wieder weck.

Hohenheim Dunerstag d. 5. Juli 1781. Heide nacht hatte es geregned, denoch Kam hey in Büsnau[65]) heren, u. der Herzog u. ich gengen da hen nach die 12. uhr, abends feng es wieder an zu regnen, aus der ursach man auch etwas Belders wieder Weck geng.

Freitag d. 6. Nach deme man aus dem Dörfle Kam, so

gaben der Herzog audienz, (um 1. uhr geng es nach Stuttgardt, die Wamboldische[219]) Kamen in mein haus, es wurden noch einige herrns von hof da hen von Ihro Durchleicht Berufen, um 3. uhr gengen Sie in die Komedie, u. Ihro Durchleicht u. ich wieder hir her, man Stieg Bey dem Bauen ab u. geng zu gleich in die Pferts ställe.

Samstag d. 7. Heide wahr es wieder besonders warm, der herzog reideden aber denoch den gantzen Tag herum, u. mich fierden Sie um 5. uhr in das Dörfle, da Blieb man Bis nach die 6. uhr, dan fur man ein wenig spatzieren, u. stieg wieder Bey der Kelder ab, u. geng durch die Ställe.

Hohenheim d. 8. Juli Sontag 1781. Um 9. uhr geng es von hir nacher Stuttgardt, es geng gleich in die Kirch, nach dem Essen in die academie, die Vätter derfden hin komen, auch wahr der General Wormser[53]) benebst seiner Tochder u. noch zwey andere freilein da, nach diesem geng man Bald wieder hen weck u. stieg noch in meinem haus ab. Hir fur man noch in das Dörfle, der herzog schrieben da vor dem Wirtzhaus[33]) u. ich las, es Kam aber ein wetter u. man muste sich in das haus flichten.

Montag d. 9. Es abweckselte bestendig mit regen u. Sonenschein, im Dörfle Brach man das erste mahl Bohnen, sonsten geng nichts sonderliches vor.

Dinstag d. 10. Es geng nichts Besonderes vor, der heitige Tag wahr fast wie der Gestrige.

Mitwoch d. 11. Es regnede immer ein wenig, u. wahr gantz Kiell, abend fur man wie alle Tage ein wenig spatzieren.

Donerstag d. 12. Heide solden fremde Komen, allein das Wetter sa so übel aus, daß man es Ihnen bies morgen ab sagen lies, nach diesem wurte es aber schen, nach mitag geng es in das Dörfle u. fur spatzieren u. stieg bey die ställe ab.

Hohenheim d. 13. Juli freitag 1781. Nach deme der Herzog wieder zu rick Kamen vom Dörfle, so gaben Sie audienz, u. um 3. uhr Kam der General Graf Wormser[53]), sein Sohn u. Dochter, frau v. Käneseck[222]), freilein v. Ladur Gräfin
ein denischer Kamer herr v. Hobe[222]), ein Marqui, der bey der Biblioteg in Caßel angesteldt ist Nerciat, General Oche[86]), General Holle[223]), General Georgii[64]), General Buwinghausen[44]) u. Oberstall meister Schenk[68]), Sie wurten aller orden herum Gefird u. gengen um 8. uhr wieder hen Weck.

Samstag d. 14. Es geng nichts sonderliches vor, Abends fur man spatzieren u. stieg beim bauwesen ab.

Sontag d. 15. Um halb 9. uhr geng es nacher Stuttgardt, da in die academie, alwo der russische Gesande v. Gros, Graf Degenfeld u. legatsions rad Büler[232]) presendirdt wurte, nach diesem geng es nacher Louisburg, wo es in die alde reformierte Kirch geng, welche jetzo zur luderische follens aus gebaut wirt, von da geng es in den Kleinen Garden u. in das schlos, der herzog suchten bomerantzen beimlein aus auf die müll[46]), dan geng man in das Waisen haus, u. von da aus wieder hir her, heide nacht stond man auf weil ein wetter wahr.

Hohenheim d. 16. Juli 1781 Montag. Es wahr heite zemlich Kill, ich geng vormitag nicht in das Dörfle, dar gegen brachten der Herzog einen gantzen Tisch voll frichten mit aus dem Dörfle, Grumbirn bonen schefen hember u. Blomen mit, um 3. uhr fierden mich Ihro Durchleicht spatzieren in das Dörfle, u. man geng auch noch durch die pferts Stelle, der Herzog spierten sich heide auch wieder Wohler leichter wie sonsten.

Dinstag d. 17. Gottlob befanden Sich der Herzog wie gestern u. im Dörfle wurte gefrie gestiegdt, um 3. uhr fierden mich der herzog spatzieren u. in's Dörfle, alwo die Bomerantzen beime auf die mühl[46]) gestelt wurden, u. Abends fur man nach Birgach die leide zum schneiden aus zu suchen.

Mitwoch d. 18. Man geng in das Dörfle u. wahr auch Beim Bauhen, u. wahr immer Willens anfangen zu schneiden, es wurde aber denoch aus gesetzt bies morgen frie.

Donerstag d. 19. Um halb 4. uhr stonden der Herzog u. ich auf, die schnieter wahren alle Versameld bey der obern scheir, da wurden Sie verlessen, der Herzog liesen von Birgach, von Scharnhausen, von Kemnath, von Degerloch, von Bonlanden, von Bernhausen, von Sillmingen u. von Echterdingen die schnietter Komen u. mit Gottes Hielfe feng man um 4. uhr an, zu schneiden; Gott sey es gedanckt, daß Er uns Wieder so reichlich gesegnet hat u. uns Seinen reichen Ernd Seegen wieder gesond hat erleben lassen, Er Gebe uns auch, daß Wier es in Seiner furcht u. zu Seinen Ehren im frieden u. Wacksdum im Glauben geniessen.

Der Herzog u. ich wahren bei dem schnit bies 8. uhr, wo sie hoch machden, nach diesem gengen der Herzog u. ich auch wieder bald dar zu, u. so wahr man die meiste Zeidt beym schneiden, die leide schenen alle vergniegdt zu sein, ich wahr den Gantzen Tag schlefrich vom friehen auf stehen, u. so auch Ihro Durchleicht.

Freitag d. 20. Juli 1781. Es wurde frie wieder angefangen zu schneiden, nach mitag feng man an zu Benden u. wurte es follens alles ab geschnieten, die Pfarrerin von Birgach Kam auch zu mir auf das feld.

Samstag d. 21. In der frie wurte im Carls hof angefangen zu schneiden Bies 8. uhr, dan feng man wieder hir an zu Benden u. mit Gottes hielf ein zu fieren, u. nach dem Abend essen wahr alles gebonden u. Gott lob Kam heide alles von hir herein, es geng auch nach dem abend essen mit gesamder hand auf den Carls hof, u. da wurde dan auch mit ernst angefangen zu schneiden, Abends hat man noch Kreitze aus geworfen.

Sontag d. 22. Juli 1781. Es geng nacher Stuttgardt, da in die Kirch u. in die academie, Graf Moreli[225]) mit seiner frau u. einer Grefin Coronini[226]), deren Ihr bruder in die academie Kam, wahren da, auch alle die Vätters hatten benebst dem russischen Gesanden v. Gros erlaubdtnis in die academie zu derfen, nach diesem geng es Baldt wieder hir her, im Dörfle stieg man ab u. geng ein wenig spatzieren, abends fur man auch noch.

Montag d. 23. In aller frie feng man wieder an zu schneiden im Carls hof, man wahr Viell dar bey, das Wetter wahr mer Kiell als warm.

Dinstag d. 24. So wie gestern geng es wieder gleich an das schneiden, es wurde auch heide angefangen zu Benden, es wahr etwas wermer wie gestern.

Hohenheim d. 25. Juli Mitwoch 1781. Man schniet wieder in aller frie, ich geng nacher Birgach in die Kirch, u. nach diesem wie geweniglich zum schneiden, alle die Weiber, die Ihren menern zu essen brachten, Blieben auch da beim schneiden, es solde alles ab geschnieden werden, allein es wurte doch nicht gantz fertig, weilen man zu lang auf Bendede, es wahr ser schen Wetter.

Donerstag d. 26. In aller frie wurte follens alles ab geschnietten, es feng aber an zu regnen, daß man nicht mer mit der ernt fort machen Konde; die Sichel hanget[91]) wurde aber nach die 3. uhr in der Wagen remis gehalden, u. es wahr alles herlich u. vergniegdt, abends wurde es wieder schen, aber zu spat um follens alles herein zu don.

Freitag d. 27. Es regnede die nacht wieder u. es sahe drieb

aus, man geng also nacher Stuttgardt u. wahr beim essen von der academie, alwo sich herr u. frau v. Gadow[227]) u. frau v. der Luhé[228]) presendieren liessen, sie brachten einen Jungen v. Quitzow in die academie, nach dem essen geng man nacher Hofen[28]), um die Kirch u. das Waisen haus zu Besehen, u. nach die 6. uhr Kam man wieder hir her, im Dörfle stieg man ab u. fur abends noch spatzieren.

Hohenheim d. 28. Juli Samstag 1781. Heide Brachte man mit Gottes hülfe allen Denkel follens herein, auf den grossen wagen wurden 400. Garben geladen u. daran gespand, er Brach aber underwegs, hofrad Auderid[188]) Kam auch dar zu, man wolde den wagen wieder machen, da wardede ich lange darauf Bey der Kelder, endlich muste man Ihn aber ab laden.

Sontag d. 29. Der Herzog gengen in Ihre Kirch hir in die Capell, u. ich nacher Birgach, nach Tisch ritten Sie aus u. ich las, nach diesem fur man in das Dörfle, Sie schrieben im feigen haus u. ich las, abends fur man noch spatzieren u. so Brachde man den heitigen Tag gantz in Stoltzer ruhe zu.

Montag d. 30. Um 7. uhr feng man under dem Wein berg an, Gersten mit Gottes Hülfe zu schneiden, der herzog gengen gleich dar zu u. ich Kam nach die 9. uhr, der Pletzenger Kam auch dar zu u. in der Geselschaft der schultzen von Echterdengen geng ich zum schnit, nach mitag wurde immer geschnieden bei der ömdscheir, man nam das Abend Brot, nach diesem fur man bald auch ein wenig in das Dörfle, Kam aber gleich wieder zum schneiden.

Hohenheim d. 31. Juli Dinstag 1781. Heite wurte wieder Bestendig geschnietten, man wahr die mehreste Zeit darbey, man wurte in Hohenheim dar mit fertig.

Mitwoch d. 1. Aug. Es wahr heite Ser Warm, im Carlshof wurte Gersten Geschniten, nach mitag Kamen die benachbahrte pfarrers mit Ihren frauhen zu mir, Ihro Durchleicht Wahren recht Gnätig mit Ihnen, u. das machte mich recht froh, ich fierte Sie aller orden im Dörfle herum u. erst wie es fast schier schon nacht wahr gengen Sie.

Donerstag d. 2. Vormitag wurte wieder Braf geschnietten, nach die 5. uhr Kam aber ein Wetter, u. es feng an zu regnen, daß man aufhören muste.

Freitag d. 3. Vor mitag regnede es noch immer ein wenig, Ihro Durchleicht liessen aber denoch schneiden, nach mitag wurte es zemlich schen, der herzog wahren nicht Gut auf gereimt, Abends wurte der haber im Carls hof follens ab geschnietten, da geng es recht monder, u. Ihro Durchleicht wurten auch wieder Guten homors; ehe der haber abgeschnitten wahr, geng ich von der schanz aus in das Dörfle u. lies mir in meinen betrachdungen über die gnade Gottes recht wohl sein.

Hohenheim Samstag d. 4. Aug. 1781. Heite wurte der haber in Hohenheim abgeschniten, man Konde aber noch nicht allen nehmen, weil er nicht gantz zeitig wahr, es wahr also balt hoch, die von Echterdengen liessen der herzog auch noch ein stuck von einem fremden haber ab schneiten, u. Sie u. ich fuhren in den fassanen Garten bei Echterdengen.

Sontag d. 5. Um halb 9. uhr geng es nacher Stuttgardt, da gengen der herzog u. ich in die Kirch, in der academie wahr der hof, auch die Bede Dames v. der Luhé[228]) u. v. Gadow[227]); werend dem rachiren geng ich in die Ecoll u. von da erst in die academie, nach diesem lies ich auch noch die freilein Franquemont zu mir Komen, u. es geng Balt weck, im Dörfle wurte noch geschrieben u. gelessen, es hatte heite frie Viell Geregnet.

Hohenheim Montag d. 6. Aug. Da Es noch nas Wahr, so wahr nichts zu don mit dem Benden u. es regnede auch heite frie noch, nachmitag Kam der Geheimderat v. Sternenfels mit Zwey Dames aus Hanover v. Walmerode u. v. Lande u. firte sie hir herum, Ihro Durchleicht u. ich gengen in das Dörfle u. sahen Sie nur von weitem, alstan fur man spatzieren um das Kraut herum, sonst geng nichts sonderliches vor.

Dinstag d. 7. Das Wetter sahe noch drib aus, u. es wurte Beschlossen auf den Asberg zu gehen, man Kam auch da um 2. uhr an, u. hir traf man wieder nach die 7. uhr ein.

Mitwoch d. 8. Heite feng man mit Gottes hielfe an zu benden, abends über zog sich aber der hemel ser starck u. es Trote uns ein starges Wetter, doch Kam es Gott lob nicht, man trug die Garben abends wegen dem Wetter noch aus dem Kle Acker, damit der schene Kle, wan es regnet, nicht Verderbt wirt; ich wahr in der Kirch in Birgach, da erfur ich, daß der Pfarrer heite nacht beunruhigt worden ist von einem der in das fenster hat henein steigen wollen, so lang man also an Tisch sas, so lissen der herzog den Pfarrer u. Sie Komen, daß Sie selbsten hörten, wie es wahr, u. abends wurde in Birgach aus geworfen, um noch weiters zu hören.

Hohenheim d. 9. Aug. Donerstag 1781. Alles stelde Sich wieder Ein zum benden, nach mitag um halb 1. uhr Kam das freilein v. Franquemont zu mir, u. um 3. uhr meine mutter, schwester Juliana u. Niese v. Wöllwarth[587]), wir wahren die mereste Zeit im Dörfle, um 4. uhr gab man auch die schnitter das abend brot im Dörfle, es sahen auch einige fremde Dames aus Zell benebst herr u. frau v. Mosheim hohenheim Oberhofmeister bey der gewesten Königen von Denemarck frau v. Pleßen, freilein v. Wangenheim u. freilein v. Bettiger; die freilein v. Franquemont geng mit meiner mutter n. Ensingen; ich wurte heite auch von dem maurer zu gefader gebeten, das Kend aber starb gleich.

Freitag d. 10. Freitag wurde follens aller haber gebonden, nach mitag Kam ein Kurir vom Keisser, bey der Oberen ömt scheir wurde denen leiten das abend brot gegeben, dan geng man mit Ihnen henaus in den Carls hof u. damit wurte hir u. draussen alles mit benden Gott lob fertig, es wurde auch fast alle Gersten herein gefirt.

Hohenheim d. 11. Aug. Samstag 1781. Es wurte heite Viell im Emden geschafft, um 11 uhr Kam die frau v. Gadow[227]) Ihr mann u. Sohn die frau v. der Luhe[228]) Ihre 2. Söhne u. neve v. Quitzow, Geheimderat v. Sternenfels, General Buwinghausen, v. Stralemdorf u. Seeger, es wurte im Dörfle zu mitag gegesen u. nach dem Essen geng es auf ein gemachtes Jagen bey Echterdengen, auf der Wurst fur man hen. Von da fuhren Ihro Durchleicht u. ich wieder hir her, u. die andere nacher Stuttgardt.

Sontag d. 12. Es geng nacher Stuttgart, daselbst in die Kirch u. Ihro Durchleicht zum mitag essen von der academie, ich gab viside bey der frau v. Wolzogen u. brachde der frau von der Luhe u. Ihrer schwester Ihre Söhne da hen, blieb eine Viertel stonde u. fuhr wieder nach haus, Ihro Durchleicht fierten mich in mein haus u. fuhren her nach in Ihre ställe u. wie Sie wieder Kamen, Kam der Gesande v. Gros u. die Gantze Bülerische Verwandschaft in mein haus, man zeigde Ihnen alles, u. wie sie wieder weck wahren, so geng es hir her, abend fur man noch spatzieren.

Hohenheim d. 13. Aug. Montag 1781. Es wahr Ser Warm, ich nahm mein Badt wie geweniglich um 7. uhr, nach diesem

Kam ich zu Ihro Durchleicht in das Dörfle, um halb 4. uhr Kam der russische Gesande v. Gros, Geheimderath Bühler, Seine frau u. 4. Söhne, es Kam aber in dem auch ein starkes Wetter, daß man also vor 6. uhr nicht aus gehen Konde, nach diesem geng es in das Dörfle u. man zeigde Ihnen in der Geschwendigkeidt noch was möglich sein Konde, es wurte halb 9. uhr, bies Sie weck gengen; ich bekam auch die nachricht, daß die Tante von Sindlingen[335]) den 10. dieses gestorben wehre.

Dinstag d. 14. Ich stond mit einem Geschwolnen Gesicht auf, Ihro Durchleicht liessen Ser viell im Emden arbeiten, abend fierten Sie mich auch in das Dörfle.

Mitwoch d. 15. Mein Gesicht wahr noch zemlich geschwollen, u. ich nahm Kein bat; Es wurte wieder viell im Emden gearbeit, auch wurde der Weitzen hir geschniten, ich Kam aber nicht dar zu, abends geng ich aber doch auch in das Dörfle, es Kam bald darauf ein starkes wetter, Ihro Durchleicht holten mich aber zu vor noch in der Cariol bei der alten pruck ab; der Weitzen Konde nicht aller herein gefiert werten.

Hohenheim d. 16. Aug. Donerstag 1781. Heide mäde man Viell, man Brachte auch den Weitzen vollens von hir hoheim herein, auch Wurte viel obst herunder gedan, mein mund Wahr noch Etwas geschwollen, abends fierten mich der Herzog spatzieren, es Kam aber balt ein starkes Wetter, u. man brachte her nach den abend im haus zu.

Freitag d. 17. Um 1. uhr geng es auf Ein Eingerichtes Jagen Bey Bonlanden, dar zu Kam General Buwinghausen, Kamerherr v. Gadow[227]), Geheimderat v. Sternenfels u. hE. v. Stralendorf, um 7. uhr wahr man wieder hir u. Blieb im haus; wie schon alles zu Bette wahr, Kamen einige starke Wetter, die dauerten Bis 3. uhr, der herzog stonden gleich wieder dis fals um halb 11 uhr auf, u. blieb alles so lang auf als die Wetter dauerten, ich Blieb liegen.

Samstag d. 18. nach mitag fur man nach dem Gutė zum Mehen nach Klein Hohenheim, der herzog wahren Ser mit, man dat auch Viel obst herunder, sonst geng nichts vor.

Hohenheim d. 19. Aug. Sontag 1781. Nach die halb 9. uhr geng es nacher Stuttgardt, der Herzog u. ich gengen in die Kirch, in der Kirch Wahren die 3. Dames v. Gadow, v. der Lühe u. v. Buwinghausen, zu dem essen von der academie Kamen die

Vätter, nach diesem geng Es Balt hir her, es feng aber an zu regnen, daß man nur gantz wenig aus fuhr, u. übrigens schrieben Ihro Durchleicht u. ich las.

Montag d. 20. Um 9. uhr Kam meine Mutter, freilein Franquemont, meine Schwester Juliana u. Niese Welwart[587]) von Ensingen, Sie nahmen eine Tasse schokolat, dan gengen Sie nacher Stuttgardt, um 10. uhr gengen der Herzog u. ich auch hen u. Kamen noch vor, man zog sich gleich an, dan Kam meine mutter mit Ihrer Geselschaft auch, ich lies die Ecoll Komen, u. über gab die Franquemont wieder, meine mutter hatte die Gnad mit Ihro Durchleicht zu mitag zu essen, nach diesem geng Sie auch in die Ecoll, u. der Herzog u. ich gengen auf die Meß, da wurde Viell auf die Sichelhänget ein gekauft, u. man Kam erst nach die 4. uhr wieder hir an, es geng noch in das Dörfle u. abends fur man spatzieren.

Hohenheim d. 21. Aug. Dinstag 1781. Der Weitzen hir wurte vollens auf gebonden u. nach haus gefürt un Geacht es immer ein Wenig regnede u. ein starker Kalter Wend geng u. da mit ist nun mit Gottes hilfe Alles von hir zu haus, u. aller orden ein so grosser Segen, daß man nicht alles in die scheiren auf heben Kan, Gott Sey es gedanckt u. Er Gebe nun, daß Wir alles in seiner furcht in wahrem Glauben u. Gott Seelig Keidt zu Seinen Ehren geniessen. Es solde in dem Carls hof auch noch an dem Weitzen angefangen werten zu schneiden, allein es feng wieder an zu regnen, u. man mädte an stadt zu schneiden.

Mitwoch d. 22. Heite in aller frie wurte angefangen zu schneiden u. durch Gottes Gnade wurte auch vormitag der Weitzen Acker in dem Carls hof vellig ab geschnitten, nachmitag Bey Zeiten wahr alles auf gebonden u. Alles Kam also heide Gott seys gedanckt damit herein, auf den lezten Wagen wurten 715 Garben geladen, der General Buwinghausen wurde dar zu gebetten, alles wahr vergniegdt u. die gantze Sichel hänget lief recht gut ab, die leide u. alles wahren danckbahr monder u. froh, Gott aber Kennen wir nicht genugsam danken, der uns wieder einen so schenen ernd seegen geschengdt hat.

Hohenheim d. 23. Aug. Dunerstag 1781. Nach die 9. uhr geng es von hir nacher Louisburg; daselbst wurde die Caserne, welche an das Militär Waisen haus stost, besehen, um es noch zur Vermehrung des Waisen hauses zu recht richten zu lassen, im Waisen haus wurte zu mitag gespeist, alstan geng es einen augenplick in die Casernen Kirch, welche gebaut wirt, u. von da in mein haus[90]), Ihro Durchleicht gengen in das schloß u. besahen Ihre Trupen, ich lies in dessen die Donnerteldin[229]) mit Ihren 3. Köndern zu mir Komen, u. nach gehens geng es auf den Asberg, vor die 8. uhr Kam man wieder hir an.

Freitag d. 24. Heite wurte fiell geemdet, Ihro Durchleicht firten mich Nach mitag dar zu, Vor mitag geng ich in die Kirch, u. sunsten geng nichts vor.

Samstag d. 25. Um 11. uhr Kam die frau v. Gadow u. Ihr Mann, die frau v. der Luhe, Geheimderat Uxküll, Kniestett, General Buwinghausen u. Oberst Leutnant Stralendorf, es wurte im Dörfle zu mitag gespeist u. nach diesem geng es auf ein ein gerichdedes Jagen bey Rohr, u. nach die 8. uhr wahr man wieder zu haus.

Hohenheim d. 26. Aug. Sontag 1781. Nach die 8. uhr geng es nacher Stuttgardt, der herzog herden in Ihrer Kleinen Capell meß, ich geng in die academie Kirch, 3. Dames v. der Luhe, v. Gadow u. v. Buwinghausen wahren auch da. Zum Essen von der academie haben die Eldern gederft, nach Tisch Kam die frau v. Hiller zu mir mit Ihren beden Töchder, dar von Sie die Jüngste aus der Ecoll genomen hat; Ihro Durchleicht Besahen das Gavelenzische regimend[230]) im schloß hoff so lang u. nach dissem geng es wieder hir her, man fur noch ein wenig spatzieren.

Montag d. 27. Balt nach dem Essen geng es nacher Stuttgardt, um den Prentzen[27]) von Mömbelgardt u. Ihren hE. Sohn Prentz Eugen[206]) zu erwarden. Sie Kamen erst Etwas vor die 5. uhr, so lang man in Stuttgardt wardede, so lies ich die v. Franquemont zu mir Komen. Ihro Durchleicht die Prentzen wurden im fürsten haus[179]) Empfangen, bald darauf geng man auf die meß, in der academie wurde zu nacht gespeist, wor zu auch die 3. fremde Dames Envidirt wurten, auch die frau v. Üxküll.

Hohenheim d. 28. Aug. Dinstag 1781. Es wahr die Tage her immer eine grausame hitze, in der frie reideden der herzog zum Jagen, um es selbsten an zu geben, welches bis freitag fertig werden solde, allein es gefiell Ihnen nicht dar bey u. Sie Kamen bald wieder; nach meinem Bat, so geng ich in das Dörfle auf den Nero.

Mitwoch d. 29. Heite geng nichts sonderliches vor, es wahr wieder Ser Warmm.

Donerstag d. 30. Nach die 4. uhr Abends geng es nacher Stuttgardt auf die meß, zu vor wasthe ich brelen[231]) in eine melun, gegen 9. uhr wahr man wieder hir.

Freitag d. 31. Um 3. uhr Kamen fremde, hE. u. frau v. Mosheim, hE. v. Madeweis, frau v. Heinitz u. hE. u. frau v. Holle[223]), die Dames v. der Luhe u. v. Gadow, auch v. Gadow, herr u. frau v. Uxkull u. hofmarschall v. Geisberg[207]). Sie wurten aller orden herum gefirt, die Mecklenburgischen Beurlaubden sich zu gleich, u. vor die 8. uhr wahr schon alles wieder hen weck.

Hohenheim d. 1. Sep. Samstag 1781. Um 10. uhr Kamen der Prentz Friederich von Hochberg[45]), Sie gengen noch in die Ställe, u. nach diesem fur man in der Wurst[47]) in das Dörfle, von Cavaliers wahren auch da, v. Kniestett, Minister, v. Gemmingen Präsident, v. Buwinghausen, General u. v. Schenk Ober Stall meister; in dem Wirtzhauß[33]) wurde zu mitag gespeist, gleich nach Tisch geng man, so warmm es auch wahr, in dem Dörfle herum, u. alstan geng es auf ein eingemachtes Jagen bei Ruith, von da gengen der Prentz wieder nacher Hochberg u. vor die 9. uhr wahr man wieder zu haus.

Sontag d. 2. Um 10. uhr fur ich nacher Birgach in die Kirch, der herzog schrieben vor mitag u. gengen auch um 10. uhr in Ihre Capell, nach Tisch rietten Sie Bald aus mit der hof Jägerey, um ein jagen auf morgen zu Bestellen, ich legde mich so lang nieder u. laß, um 4. uhr wahren der herzog wieder da, Sie ritten wieder aus, ich geng in das Dörfle u. laß auf dem nero, der herzog Kamen bald u. schrieben auch, wo ich wahr, abends fierden Sie mich noch da hen spatzieren, wo der lauf vom Jagen henkomen solde.

Montag d. 3. Der herzog hatten viell zu underschreiben, nach diesem gengen Sie aber gleich zum Jagen, u. Blieben bis 11. uhr, ich geng nach meinem badt in das Dörfle u. las auf dem nero, nach Tisch gengen der herzog gleich wieder zum Jagen, ich wahr nicht sonderlich gutten homors, um 6. uhr fur ich auch zu dem Jagen u. holde Ihro Durchleicht ab.

Hohenheim d. 4. Sep. Dinstag 1781. In der frie gengen der herzog gleich wieder zum Jagen, Kamen aber vor die 10. uhr wieder zu rick um zu schreiben, nach Tisch gengen Sie aber gleich wieder zum Jagen, um halb 3. Kamen Sie wieder u. sagden mir viell schenes, u. nach die 3. Kam die Oberst Seegerin mit einem Deil der Ecoll zu mir, der herzog wahren schon wider wcck zum Jagen wie sie Kamen, ich holde Sie her nach nach die halber 7. uhr beim Jagen ab.

Mitwoch d. 5. Um halb 11. uhr fur man vor Birgach henaus, um den Prentzen Friederich da zu erwarden, Sie Kamen Balt, in der Baum schul stieg man ab, u. geng eine halbe stonde herum, dan geng es in das Dörfle, daselbst wahr der Geheimderat v. Sternenfels, General Georgii, General Buwinghausen, Ober Jägermeister Boße[103]) u. Oberst Leutnant v. Stralendorf; im Wirtzhaus wurde zu mitag gespeist, nach Tisch geng man noch ein wenig herum im Dörfle, alstan geng es auf das Eingemachte Damhirsch Jagen, des der herzog selbsten gemacht haben, es wahr recht schen, u. alles wahr vergniegdt dar bey, von da aus gengen der Prentz nacher Mömbelgardt, um 6. uhr Kam man wieder zu rick, u. fur noch spatzieren.

Hohenheim d. 6. Sep. Donerstag 1781. Um halb 11. uhr as man zu mitag, um halb 12. uhr geng man von hir nacher Asberg u. Louisburg in das Militär Waisen haus, da geng man auch in die aus gelerte Casern, die noch zu dem Waisen haus gebaudt wirt, da holde man braf flehe, vor die 8. uhr Kam man hir wieder an, u. zigde sich gleich in anderem Zemer anderst an, um von denen flehen los zu werten; heite nacht hat es ein wenig geregned, daß es also einen ser angenehmen Tag gegeben hat.

Freitag d. 7. Es nübbelde immer ein wenig, ich geng in die Bredig nach Birgach u. Kam zu Bald, Ihro Durchleicht gaben Audientz, nach Tisch wurde Kafe um 4. hir gedrongen, dan fierde mich Ihro Durchleicht in das Dörfle, von da geng man in den Leib Kor[209]) Bau, Abends fur man auch noch spatzieren.

Samstag d. 8. In dem Dörfle wurde gefrie gestiegdt, nach dem Gute fierten mich der Herzog auch wieder in das Dörfle, u. abends fur man in den fassanen Garden, der herzog klagden auch ein wenig Kopf We, abend schrieb man noch.

Hohenheim d. 9. Sep. Sontag 1781. Nach die halb 9. uhr geng es nacher Stuttgardt, da selbst geng es in die Kirch, u. zum Essen von der academie, in die Ecoll geng ich auch einen augenplieck, nach diessem geng es auf den roden Berg oder Württemberg, man Besahe da selbst das alde schloß, u. geng noch am Berg herum, die Aussicht zu Sehen u. geng wieder nacher Stuttgardt, bey der

Geheimerad Bühlerin stieg man ab, u. hielde Sich einige Zeidt da auf; Ihro Durchleicht machden den Wener Buler zum miiester residang[232]), von da geng es her nach gerad hir her u. gleich Wurte zu nacht gespeist.

Montag d. 10. Im Dörfle wurte gefrie gestiegdt, Ihro Durchleicht Wahren nicht recht wohl, nachmitag wurde der garden Enspeckder Walter[203]) nacher Engeland abgeferdigdt, u. auf den Abend fur man spatzieren, mit dem übelsein von Ihro Durchleicht wahr es abends noch nicht viell Besser, Sie schrieben nach der spatzier fard.

Dinstag d. 11. Ihro Durchleicht Befendeden Sich Gott Lob wieder wohl, um 12. uhr geng es auf Ensingen zu meiner mutter, daselbst wahr auch meine Schwester Pflugen u. Ihre Zwey Elste Döchder, auch Zwey freilein v. Seckendorf, ich wahr recht inigst vergniegdt u. Ihro Durchleicht wahren recht gnädig; von da geng es auf ein gemachtes Jagen bei Nürtingen, meine mutter u. Zwey schwestern Kamen auch dar zu, um 8. uhr Kam man wieder hir an, man fur schnell, um nicht in das aufsteigende Wetter zu Komen, u. Kam auch glüklig Gott lob zu vor hir an.

Hohenheim d. 12. Sep. Mitwoch 1781. Heite geng nichts sonderliches vor, nach dem Goutee fierten mich der herzog in den Leib Kor Bau, der Bald fertig werten solle, Sie glagden Sich auch nicht wieder so monder wie gestern.

Donerstag d. 13. Heide Blieb man die gantze Zeidt hir, in dem Dörfle wurde gefrie gestiegdt, gleich nach Tisch sprachen der herzog mit dem Stralendorf[25]), abends fierden mich vom Dörfle aus Ihro Durchleicht spatzieren.

Freitag d. 14. Nach die 9. uhr geng es auf die Solidide, nach deme der herzog zu vor mit dem Stralendorf u. dem E . . . in dem hohenheimer Tahl; auf der Solidide as man geschwend ein wenig zu mitag, u. dan geng es auf den Asberg, da hatten Ihro Durchleicht Viell zu don, Sie beaschschiededen welche, u. nach diesem geng es nacher Louisburg, im schloß stieg man ab, Ihro Durchleicht besahen da auch Ihre Trupen u. beabschiededen auch welche, dan geng es noch auf einen Augenplick in das militer Waissen haus u. um halb 9. uhr Kam man hir an.

Samstag d. 15. In dem Dörfle wurde gefrie gestiegdt, es Kamen auch Zwey Biffel von dem Grafen reraschefgie[233]) aus Polen, sonst geng nichts Vor, abend, nach deme man zu vor nach dem bauen vom leib Kor gesehen hatte, so fur man spatzieren.

Hohenheim d. 16. Sep. Sontag 1781. Nach die halb 9. uhr geng es nach Stuttgardt, daselbst gengen der herzog u. ich in die Kirch, under dem Essen von der academie geng ich zu der Geheimderadt Uxküllen, von da geng ich doch auch noch in die academie, Ihro Durchleicht wahren zemlich gut disponierd, Sie Kaufden mir auch Adlas zu zwey Gleider, ohne daß ich es wuste, sie hadden viell zu don. Es wurden auch die Känder aus gesucht, die Sie in das Milider Waisenhaus nehmen wolden, u. nach diesem geng es in die Biblioteg, von da zu der Geheimderath Bühlerin u. alstan wieder hir her.

D. 17. Montag. Diesen Tag brachde man ruhig zu, Ihro Durchleicht wahren viell beym leib Kor Bau, abends fierden Sie mich auch hin u. nachgehens spatzieren.

Dinstag d. 18. Der heidige Tag glich gantz dem gestrigen.

Mitwoch d. 19. Ausser daß Es Ser Kald wahr, so glich der heidige Tag wieder den Beden vor her gehenden.

Hohenheim d. 20. Sep. Donerstag 1781. Es wurde heide ser Viell in dem Leib Kor bau gemacht, u. es wahr ser unfreindlich Wetter, der herzog wahren viell beim bauhen u. sonst geng nichts vor.

Freitag d. 21. Heide Bekam ich die nachricht, daß meine schwester Schertel[75]) den 17. in Kirchheim angekomen wehre, Ihro Durchleicht hielden Kirch in Ihrer Kleinen Capell u. ich fur nach Birgach in die Bredig, sunst geng nichts vor, der herzog wahren wieder viell beim leib Kor bau, u. abends feng es wieder an zu regnen.

Samstag d. 22. Es wahr wieder zemlich Kald vor diesse Zeidt, Bei dem Leib Kor Bau wahren der Herzog die mereste Zeidt, im Dörfle wurde goutiert, sonst geng nichts vor.

Sontag d. 23. Ich geng in Birgach in die Kirch u. Ihro Durchleicht herden Meß in Ihrer Capell hir, um 12. uhr aber geng es nacher Louisburg; da Selbst hatte ich das Vergniegen meine schwester Schertel Ihren mann[75]) u. zwey söhne zu sehen, der herzog haden ein u. andere gescheften, so lang blieben wir allein in meinem haus[90]), u. wie Ihro Durchleicht wieder Kamen, so gengen Sie u. wir in das Militer waissenhaus u. daselbst Suchden der herzog Känder aus, die Sie in das haus auf nehmen wolden, um 8. uhr wahr man wieder hir.

Montag d. 24. Beim bauwesen wahren der Herzog viell, abends Kam ich auch dar zu, es wahr wieder zemlich Kald, sonst geng nichts vor.

Hohenheim d. 25. Sep. Dinstag 1781. Heide geng nichts sonderliches vor, Es wahr wieder Ser Kald, u. sonst geng es wie gestern.

D. 26. Mitwoch. Es wahr heide so Kald u. übel Wetter, daß man es fast ohne ein zu brennen nicht aushalden Konde. Abend Kam ich auch in das Dörfle u. Ihro Durchleicht zeigden mir Ein Zemer in dem rat haus[74]), welches Sie ser schen haben machen lassen u. nach diessem geng man noch in den Leib Kor bau.

D. 27. Donerstag. Ein Ser Starker sturm den gantzen Tag u. in dem leib Kor Bau hilden Sich der herzog viell auf.

Freitag d. 28. Heide wahr das Wetter Gott Lob Besser, u. sonst geng nichts neihes vor.

Samstag d. 29. Nach die 1. uhr Kam meine Schwester Schertlin benebst Ihrem zweiten Sohn u. hofmeister zu mir, Ihro Durchleicht wahren recht gnädig, nach die 5. uhr geng Sie wieder hen weck nacher Kirchheim u. ich fur auch noch wie geweniglich zu dem leib Kor bauhen um 6. uhr u. holde Ihro Durchleicht ab.

Hohenheim d. 30. Sep. Sontag 1781. Nach die halb 9. uhr geng es nacher Stuttgardt, daselbst gengen der herzog u. ich in die Kirch, zum Essen von der academie geng ich nicht, nach Tisch brachden mir Ihro Durchleicht einige Cavaliers, die in die academie angekomen sein, ich lies auch die Zweide v. Franquemont[73]) zu mir Komen, u. man geng bald wieder hir her, es geng auch noch in das Dörfle, abends feng es aber wieder an zu regnen. Und Ihro Durchleicht hatten ein starkes besses Aug.

Montag d. 1. Okt. Es regnede den gantzen Vormitag, dem ungeachdt u. mit all Ihrem bessen Aug wahren der herzog die mereste Zeidt bey dem leib Kor bau, abends holde ich sie da ab, u. mit dem aug wurde es abends wieder etwas schlemers, wie es heide frie wahr.

Dinstag d. 2. Okt. Der heitige Tag wahr wie der Vorige, ausser daß Kein so wend mer geng, u. mit dem Aug von Ihro Durchleicht wahr es ein wenig besser.

Mitwoch d. 3. Das wetter lis sich an besser zu werden, der herzog wahren die mereste Zeidt in dem leib Kor bau, u. abends holden sie mich ab zum spatzieren fahren durch Birgach.

Hohenheim d. 4. Okt. Donerstag. Gleich Beim auf

Wachen schengden mir Ihro Durchleicht einen gantz manifieken reng, bald darauf fengen die Kender von Birgach an vor dem fenster zu sengen, ich stande auf u. sahe mit Ihro Durchleicht zum fenster henaus, da wahr ein aller liebstes feierwerk[104]), aber an Ihrem aug hatten der herzog heide nacht vielle schmertzen, man zog sich an, es Kamen welche von der academie, die mir cradulierden, u. Bald darauf fierden mich Ihro Durchleicht an den Wagen, ohne daß ich wuste, wo es hen geng. Daussend mud masungen hatte ich, u. under diessem Kam man in Louisburg an, daselbst fand ich Von Ihro Durchleicht meinen gantzen anzug barad gantz ney, u. Schenckden Sie noch zu allem diesen ein Buget von Schmaragden von einem unschetzbahren werdt; wie alles angezogen wahr, fuhren Sie u. ich aus, ohne daß ich wieder wuste wo hen, sie machden mich bey der Ober Jegermeister Brandsteinen ab steigen, u. Sie hielden Kirchenbarade, u. fierden die Garnison selbsten in die neihe Kirch, ich sahe alles vom fenster aus, u. wie die Kirchen barade vor bey wahr, so liessen mich der herzog hollen u. dan wonden Sie u. alles der Einweihung der Garnison Kirch bey, nach der Kirch geng es in das Milidär Weissen haus, diesses haben Ihro Durchleicht um 100 Könder verstergdt u. auf heide wurden Sie auch in den neihen Gebey, die der herzog noch weider haben dar zu zurechdt machen lassen, ein genomen, eine handlung, die Ihnen gewies im hemel mit Segen an geschrieben ist; aller orden fierden uns Ihro Durchleicht herum u. zum erstaunen von allen menschen ist alles das Gebei verdig worden in einer gantz Kurtzen Zeidt, man blieb da beim essen, u. an diessem allem wahr es Ihro Durchleicht noch nicht genug, Ihr Wohl detiges hertz zeigde sich noch weiders, wie man in das schloß Kam, so wahr in einer Galerie eine Tafel von 100 Persohnen mit Arme, die Sie da auf das beste speissen liessen, u. von fus bis auf den Kopf kleiden liessen; diesse sahe man essen, u. alstan geng es auch zur Dafel, nach der Tafel geng es bald nacher Stuttgardt, bald nach meiner ankunft da trukden Ihro Durchleicht noch das Siegel auf alle Ihre so grosse Gnade, u. ehe ich mich es versahe, Kam meine mutter u. 3. schwestern u. auch an diesser grossen Gnade wahr es Ihnen noch nicht genug, es wahr nach gehens noch eine ser schene Elominacion, Consert u. großes Supe in der academie, Sie wahren mit all Ihrem bessen aug denoch monder u. ehben lauder Gnad; es geng nach gehens noch hir her.

Die nachricht Kam auch, daß die Junge prentzessen von Württemberg mit einem prentzen d. 27. Sep. entbonden worden ist[234]).

Hohenheim Freitag d. 5. Okt. 1781. Ihro Durchleicht hatten starck Kopf Wehe, u. das Wetter wahr wieder etwas regnerisch, abends legden Sich Ihro Durchleicht auch zu Bet, stonden aber doch zum nacht Essen wieder auf.

Samstag d. 6. Um 10. uhr Wurden der Erbprentz benebst der Erbprentzes Ihre Prentzessen schwester u. hE. Bruder vom Erbprentzen von Darmstadt[235]) Erwardet, sie Kamen auch, Ihro Durchleicht u. ich fierden Sie aller orden hir herum, u. fur nach gehens ins gesamd in das Dörfle, ich dachte an nichts, auf ein mahl wie man dem Dörfle nahe Kam, so erplickde ich den gantzen hof von Dames u. Cavaliers, meine Verwonderung wahr nicht gerenge, als ich Er fur, daß das noch meinen nahmens Tag betraf, u. meine Empfendung darieber last Sich nicht hir nieder schreiben, meine mutter u. 3. Schwestern wahren auch dar bey, u. ein grosser Theil von der academie, man geng aller orden in dem Dörfle herum u. da ich mir gar nichts Vermudede, so erstaunde ich u. Konde Ihro Durchleicht Kein wordt vor alle Ihre Gnade sagen, wie ich beim Wasser fall alles voll der Gresten Gnadens beweise Ihro Durchleicht erplickde; da wurde mehl denen armen gegeben, dordt wurde Ihnen frucht aus gedeilt; die scene stelde einen marckt vor, in dem leib Kor bau wurden 100 arme gespeist, die auch von fus bis auf den Kopf gekleidt durch die gnade Ihro Durchleicht worden Sein; unden, wo die Pferde hen Kommen werden, wahren fiele Kaufleide, des recht schen aus sahe, u. oben speisten Ihro Durchleicht mit dem gantzen hof, nach Tisch gengen die Darmstedtische herschaft Bald Weck u. Ihro Durchleicht Kaufden noch von einem jeden Kaufmann was; man sahe auch noch zu dantzen, die dantzende wahren lauder Junge leide von den fieldern, die sich vorzüglich gut auf führen, u. die Wein u. brot bekamen; alle die schultzen wurden auch gespeist, die von der nachbarschaft da wahren, u. so auch die Pfarrers mit Ihren frauhen; nach die 7. uhr wahr man wieder hir u. alles Kerde wieder nach haus; Ihro Durchleicht haben viell an Ihrem bessen aug gelitten, u. man eilde dis fals zu bette, ich wahr aber so durchdrongen von aller so vieller Gnade, daß ich nicht gut schlafen Konde.

Hohenheim d. 7. Okt. Sontag 1781. Es geng nach die

halb 9. uhr nacher Stuttgardt, da in die Kirch u. zum Essen von der academie, dan in den bau hof[197]) u. wieder hir her u. hir in das Dörfle, u. bald zu bet wegen dem bessen aug von Ihro Durchleicht.

Montag d. 8. Um 6. uhr geng es nacher Ensingen, Ihro Durchleicht liessen mich bey meiner mutter u. schwestern, u. sie gengen auf die Jagdt, ich Kam zu Ihnen mitags in den greider[236]) bil, fur aber wieder zu meinen Verwanden, u. Ihro Durchleicht gengen wieder auf die birst u. Kamen um 4. uhr u. holden mich in Ensingen ab, es geng graden wegs hir her, u. wan das aug von Ihro Durchleicht besser gewest wehre, so hette ich heide einen ausgezeichneden herlichen Tag gehabdt.

Hohenheim d. 9. Okt. Dinstag 1781. Mit dem Aug von Ihro Durchleicht wahr es als eins, Sie wahren aber doch die mereste Zeidt in dem Dörfle u. liessen die betladen in dem leib Kor bau stellen, Sie holden mich nach die 3. ab, u. abends fur man noch in den Carls hof spatzieren, das Wetter wahr ser schen.

Mitwoch d. 10. Mit dem Aug von Ihro Durchleicht wahr es heide schlemer als gestern, es wahr ser schen wetter, also rieden Sie doch den gantzen Tag herum, die Kelder wurde anfangen aufgeschlagen, in dem Dörfle wurde gutirt.

Donerstag d. 11. Nach Tisch fur man gleich nacher Rohracker zur Wein leß, Ihro Durchleicht Kaufden da Wein, im ruckweg geng man zum Pfarrer dorden u. durch Seinen Wein berg, gantz henauf einen hohen berg, wo man oben alstan wieder Einsitzde u. nach haus fur, es wahr schon 7. uhr, wie man ankam u. ein Kamer Dener Wahr da vom Prentz Friederich, der Ihre ankunft in Hochberg meldede.

Freitag d. 12. Mit dem Aug von Ihro Durchleicht geng es etwas bessers, das Wetter wahr zemlich schen, es geng nichts sonderliches vor.

Hohenheim Samstag d. 13. Okt. 1781. Um 6. uhr geng es nacher Ober Ensingen u. von da gengen der herzog auf die Jagdt, ich blieb bey meiner mutter u. Schwestern, mitag fur ich in greider[236]) bil, um Beim essen von Ihro Durchleicht zu sein, nach gehens fur ich wieder nach Ensingen, bald Kamen der herzog auch u. es geng wieder hir her, im Dörfle stieg man ab, u. fur abends noch ein wenig spatzieren.

Sontag d. 14. Um halb 9. uhr geng es nacher Stuttgardt,

da in die Kirch u. zum essen von der academie, alwo die Grefin Lerchenfeld[237]) presendirdt wurde, nach diessem geng Es nacher Hochberg, u. um 9. uhr Kam man hir wieder an.

Montag d. 15. Um 9. uhr frie stuckde man im Dörfle, dan geng es auf Waldenbuch auf die Jagdt, beim land Jegermeister Röder[238]) tranken der herzog Kafe, Sie wahren nicht wohl, u. 19. hirsch schiesten der herzog, um 8. uhr Kam man wieder nacher haus, das Wetter wahr ser schen.

Dinstag d. 16. Es geng nichts sonderliches vor.

Hohenheim d. 17. Okt Mitwoch 1781. Um 10. uhr fur man der hochberger herschaft in gegen, u. um 12. uhr Kam man mit Ihnen hir an, es wahren die hoheid[52]), der Prentz Friederich[27]), Prentzes Elisabet[239]) u. 2. Prentzen Prentz Wilhelm[327]) u. Ferdinand[327]), mit Ihnen Kam frau von Oberkirch[172]), frau v. Borck u. Ihr Mann[240]), freilein v. Schack[241]) u. hE. v. Maucler[242]); von Stuttgardt Kam Grefin Lerchenfeld u. Ihr Mann[237]), frau v. Uxküll[243]) von Caßel, Geheimderad Uxküll u. Sie, Geheimderad Sternenfels u. Geheimderad v. Kniestedt. Im Dörfle im Wirtzhaus wurde zu mitag gespeist, u. nach der Tafel geng man aller orden herum u. um 7. uhr gengen Sie wieder Weck.

Donerstag d. 18. Ruhig brachde man den Tag zu, das Eremiden haus[312]) wurde auf geschlagen, u. der herzog liessen dorden auch den Garden anlegen u. einen wald setzen, ich geng auch bald in das Dörfle, u. die mereste Zeidt brachde man da zu.

Freitag d. 19. Es wahr vormitag u. Bis 2. uhr ser schlem wetter, es zeigde sich ein regen, auch hie u. da ein wenig schne, im Kolhitle wurde aber doch gefrie gestuckt, nach mitag wurde das wetter etwas besser, bey der Capell wurde gudirdt u. Ihro Durchleicht liessen da fiell setzen.

Hohenheim d. 20. Okt. Samstag 1781. Um 9. uhr geng Es von hir nacher Louisburg, da hen Kamen die hochberger herschaften u. der Herzog zeigden Ihnen das gantze Milidär Weissen haus, Es wurde auch da zu mitag gespeist, u. nach der Tafel geng man nacher Asberg, da Sahen der Herzog u. die 3. Prentzen das riegerische Badalion[244]), u. Ihro hoheiden, Prentzeß u. wir blieben so lang im Zemer, weilen das Wetter ser heslich wahr; Abends gengen die hochberger herschaft wieder nacher Hochberg u. der Herzog gengen nacher Stuttgardt, alwo Sie in der retret speisten u. übernacht bliben.

Sontag d. 21. Es geng in die Kirch, nach diesem zum Essen von der academie, daselbst wahr die Gräfin Degenfeld Ihr mann, Dochder u. Son, auch der Major Frankenberg, es geng nach diesem bald wieder hir her, u. hir geng man noch in das Dörfle.

Montag d. 22. Das Wetter wahr vor mitag ser schlem, nach mitag wurde es wieder etwas bessers, der Herzog liessen bey des Vilosofen seinem haus, das vor einen Eremiden gebaudt worden ist, aber zu gros worden ist, vielle beime setzen, u. es wurde ser starck daran gearbeidt, ich wahr nach mitag auch meistens da.

Hohenheim d. 23. Okt. Dinstag 1781. Der heidige Tag wahr schen u. es wurde in der Capell gefrie gestiegdt, der nachmitag geng hen wie gestern, u. ein anderes haus, des dem Eremiden[312]) gewidmed wird, wurde gestern schon aus gegraben, u. heide das fondamend gemachdt.

Mitwoch d. 24. Man wahr fast die gantze Zeid im Dörfle, u. es wurde über hals u. Kopf an dem Pfar heisle[245]) u. Eremiten Heisle Gearbeit, u. um 6. uhr geng es nacher Stuttgardt, die hochberger Herschaften wahren da, Es wurde bey Ihnen in dem fürsten[179]) haus gespeist an einer Dafel von 12 personen; in der frie um 11. uhr Kam auch die nachricht, daß es in der academie brenne, aber so gleich auch, daß Es gelescht wehre.

Donerstag d. 25. Heide wahr Grosse Galla wegen dem Geburtztag von der Grosfürstin[246]), mitags in roben, der Herzog u. ich fuhren nach die 1. uhr (zu vor wahren aber der Prentz Friederich mit Ihren 2. Prentzen hir hieben im schloß) zu der hoheiden in das fürsten haus, dan geng alles insgesamd ins schlos, bald geng es zur Tafel, nach der Tafel zog man Sich gleich aus in Dominos, dan wahr Consert u. nacht Tafel, u. zu lest redude, der Herzog u. ich fuhren von der redut aus bald weck hir her u. man Kam um halb 1. uhr hir an.

Hohenheim d. 26. Okt. Freitag 1781. Um halb 9. uhr gengen der Herzog gleich in das Dörfle, ich Blieb lange liegen, nach dem Essen wahr man die mereste Zeidt in dem Dörfle u. es wurte wieder ein neihes haus angefangen, des das fogel haus[247]) heissen wirt; die hochberger herschaften solden heide hir her Komen, weilen es aber die gantze nacht regnede, so wurde nichts daraus.

Samstag d. 27. Heide ausgenomen in der frie, regnede es zwahr nicht, doch wahr es immer drieb, im Dörfle wurde gefrie gestiegdt, u. die mereste Zeidt brachde man auch im Dörfle den Tag über u. zwahr bey dem Schnepfen haus[247]) mit beim setzen zu.

Sontag d. 28. Es geng nacher Stuttgardt, da in die Kirch u. zum Essen von der academie, alwo die General St. Andere[85]) sich Presendieren lis, nach diessem wolde ich zu der frau v. Oberkirch[172]), allein da Sie die blatern bekomen wirt, geng ich nicht zu Ihr henein, u. Bald darauf geng es hir her, grade in das Dörfle wo man an dem Storchen haus[247]) was machde.

Hohenheim d. 29. Okt. Montag 1781. Die hochberger herschaften solden heide Kommen, allein da es so ser übel Wetter wahr, schneide das erste mahl u. regnede auch, so wurde nichts daraus, das Erste mahl wurde heide auch hir ein Gebrand, u. nach mitag fierde mich der herzog in den leib Kor bau, man geng aber bald wieder nacher haus, der Herzog schrieben u. ich arbeidede.

Dinstag d. 30. Okt. Heide Wahr das aller schenste Wetter, u. die hochberger herschaften Kammen ins Gesamd, es wurde in die Grene Zemer Gespeist, u. nach der Tafel geng es in das Dörfle, u. aller orden herum; Sie blieben, Bis man lichder haben muste, auch ist heide im Dörfle gefrie gestiegdt worden; von Stuttgardt wahr da, herr u. frau v. Mosheim, herr u. frau v. Uxküll u. frau v. Uxküll von Caßel[243]), General Georgii u. Buwinghausen, Oberst Rieger[244]) u. Seeger u. v. Strahlemdorf u. Kamerherr v. Gemmingen.

Hohenheim d. 31. Okt. Mitwoch 1781. Um 11. uhr geng es nacher Stuttgardt, nach deme ich zu vor in der Kirch wahr u. im Dörfle wurte gefrie gestiegdt; in Stuttgardt zog man sich geschwend an u. alstan geng es nacher Hochberg, die herschaften wahren ins Gesamd ser Gnädig, u. man Kam erst bey nacht wieder nacher Stuttgardt, da zog man sich geschwend in meinem haus aus, u. Kam glicklich wieder hir an.

Donerstag d. 1. Nov. Das wetter wahr ser hibsch, abends Kam von Gemmingen, der bey der Abreisse der hochberger herschaft nacher Wien in Hochberg wahr; Ihro Durchleicht schenkden mir eine aller liebste Uhr.

Freitag d. 2. Um 1. uhr Kam meine Mutter u. schwester Juliana, gleich darauf auch meine schwestern Schertlin u. Pflugen u. Zwey Niesen, wir wahren recht vergniegdt bey samen, dan der Herzog wahren ser Gnädig, ich fierde Sie aller orden herum, auch wurde zu meiner freide der handel mit Geißingen[248]) aus gemacht; wie es schon fast nacht wahr, so gengen sie wieder weck.

Hohenheim d. 3. Nov. Samstag 1781. Um 10. uhr geng Es von hir auf die Jagdt Bey Louisburg, es wurden bey 4000. hassen geschossen, es wahr bey nahe der gantze hof von Herrns dar bey, auch ein Grosser Theill von der academie. nach die 7. uhr Kam man wieder hir an.

Sontag d. 4. An dem glicklichen Carlstag geng ich Zu Erst in die Kirch in Birgach, Ihro Durchleicht holden mich ab, man Stieg im pferds stall ab, u. geng in die remis zu sehen, ob Alles ferdig wahr, dan Kamen bald darauf die 300 Menschen 100 Weiber 100. Mener u. 100. Känder, die Ihro Durchleicht speissen liessen; mit einer jeden Gemeinde Kam Ihr Pfarrer, die auch Tracktirt wurden, Ihro Durchleicht u. ich sahen mit Vergniegen die arme zu zu speisen, nach dissem sahen der herzog u. ich auch die Pfarrers ins Gesamd zu zu speisen u. bald darauf geng der hanen Dantz[118]) mit 150 bahr an, es wurde Ihnen auch brot aus geworfen, die Pfarrers Kamen auch herauf in das Zemer, u. so wirde das einer der recht schenen Tage vor mich gewest sein, wan Ihro Durchleicht nicht starck Kopfwe gehabdt heten; die hochzeidt von der haus magdt hir mit einem stall Gnecht wahr auch heide.

Hohenheim d. 5. Nov. Montag 1781. Um halb 9. uhr geng es nacher Kirchheim, bey meiner Schwester Pflugen Stiegen der herzog ab, u. gengen dan auf den marckt um fich zu Kaufen, ich draf da meine mutter, 3. Schwestern, Schwager Schertel, 5 Niesen u. Zwey neves an, ich speiste in Ihrer Geselschaft zu mitag da, nach dissem Kamen Ihro Durchleicht wieder von dem marckt, gengen aber noch ein mahl, Ihre Pferde zu Sehen, u. nach dissem wie sie wieder Kamen, so geng es bald darauf wieder hen weck, im Dörfle stieg man ab, meiner Schwester Schertlin wird morgen wieder nacher Burtenbach zu rick Kören.

Dinstag d. 6. Es wahr ser gelend Wetter, Ihro Durchleicht klagden sich aber in die Glieder, nachmitag steckte ich Dulibahnen Budir[54a]), u. man wahr die mereste Zeit in dem Dörfle.

Mitwoch d. 7. Es solde im Dörfle gefrie gestiegdt werden, allein es feng stark an zu regnen, u. der Herzog Kamen wieder zurück u. da Sie nicht recht wohl wahren, doch besser als gestern, so fur man um 10. uhr nacher Stuttgardt, um die Dockders zu befragen, u. blieb da über mitag, der herzog gengen in die academie,

u. bald geng man wieder hir her, im Dörfle stieg man ab u. Ihro Durchleicht befendeden sich zemlich gut Gottlob.

Hohenheim d. 8. Nov. Donerstag 1781. Man wahr fiell im Dörfle, u. sonst geng nichts sonderliches vor.

Freitag d. 9. So wie der gestrige Tag so geng auch der heitige verbey.

Samstag d. 10. Auch heide geng nichts neihes vor, des sich vom gestrigen Tag underschieden hete.

Sontag d. 11. Nach die halb 9. uhr geng es nacher Stuttgardt, da in die Kirch, so lang der herzog in die academie gengen, so Besuchde ich die frau von Oberkirch, u. nach diesem geng es Bald wieder hir her, wo man noch in das Dörfle u. zwahr in den Leib Kor bau fur.

Montag d. 12. Um 12. uhr geng es nacher Stuttgardt, nach deme Sich der herzog angezogen hatten, so fuhren Sie dem Kurfürst von der Pfaltz[249]) bis zum neihen Wirtzhaus[250]) in gegen; zu mir Kam endessen die Post meister Lutzen u. fr. Franquemont, auch zigde ich mich an, u. nach die 6. uhr Kamen der herzog u. Kurfürst, Sie stiegen in der academie ab, alwo Consert wahr, nach dem Consert wahr Dafel in der academie, u. nach der Tafel geng der Kurfürst wieder weck, u. der herzog u. ich auch noch hir her.

Hohenheim d. 13. Nov. Dinstag 1781. Es wahr ein unangenehmer Tag, auch hatten Ihro Durchleicht Viell schmerzen in Ihrem Aug, doch wahren Sie die mereste Zeidt im Leib Kor Bau, u. lissen die Gewere rachiren, den nachmitag Brachde ich auch da zu, u. nach dem nacht essen nahmen der herzog ein fus Bad.

Mitwoch d. 14. Mit dem aug von Ihro Durchleicht geng es Gottlob wieder was Bessers u. sonst Brachde man den heitigen Tag zu wie den gestrigen.

Donerstag d. 15. Das Wetter wahr ser schlem, es geng um halb 12 uhr nacher Louisburg, u. erst am Essen sagde mir der herzog oder Viell mehr ich sa es, daß Sie das Bodagra verspierden, doch im fahren hatten Sie nicht Viell schmertzen; in Stuttgardt stig man in meinem haus ab, bis es um gespand wahr, in Louisburg stig man auch in meinem haus ab, da wahr der Garden Enspekder Walter[203]), der erst aus Engeland zu rick gekomen wahr; von da geng es in das schloß u. zwahr in die Gewer

Kammer, u. alstan in das Milidär Weissen haus, beim umspanen in Stuttgardt Stig man wieder in mein haus ab, daselbst Beurlaubden sich die Bede Junge Grafen Bernsdorf, die in der academie wahren, u. hir Kam man um 7. uhr an; es geng so zemlig mit dem Bodegra.

Hohenheim d. 16. Nov. Freitag 1781. In der frie hatte es das ansehen, daß es Besser mit dem Bodegra Ihro Durchleicht gehen werde, Sie blieben Liegen bis nach die 10. uhr, das Wetter wahr graussam stirmisch, doch fuhren Sie ein wenig in den leib Kor Bau, Kamen aber um 3. uhr wieder u. blieben da, mit dem Bodagra geng es nicht besser als heide frie, in der wahren sie mer incomodirdt, u. man speiste in dem mitags speis Zemer.

Samstag d. 17. Heide Wahr es dem bodagra erst recht ernst, Ihro Durchleicht wahren an dem lenken fus Geschwollen u. hatten auch den Gantzen Tag schmertzen, doch wahren Sie im Kopf heider, im Zemer musten Sie den Gantzen Tag bleiben u. im bet assen Sie zu mitag, Abends hat es sich gantz auf den reihen hin gesetzt, der leib medikus Jäger[186]) wurde berufen u. Kam noch vor mitag.

Sontag d. 18. Heide wahr es wie gestern mit dem Bodagra, doch stonden der Herzog auf in die Meß, das Wetter wahr ser schen, u. da wurde nach Tisch aus gefahren u. nach dissem schrieben der herzog viell, abends geng es in der Dadt Gott lob mit dem bodagra etwas Bessers, der Stallmeister von Buwinghausen[251]) Kam, um daß er von Ihro Durchleicht nacher Bruchsal verschickt wurde, nach die pferdt, die da von dem Pfahler, von dem die nachricht heide Kam, daß er gestorben wehre, sehen solle.

Hohenheim d. 19. Nov. Montag 1781. Der herzog Blieben vormitag im Bet liegen, das Wetter Wahr ser schlem, also wurde in dem zu Gemachden Wagen aus gefahren, im Gantzen geng es immer Besser mit dem Bodegra, Ihro Durchleicht Konden wieder zemlich gehen.

Dinstag d. 20. Vor mitag Blieben der herzog noch liegen, nachmitag fur man zemlich lang mit 3. Züg aus, dan schreibden Sie viell u. Gott lob, geng es recht Gut mit dem Bodagra, es Kamen auch heide die erste brif von der Mömbelgarder herschaft aus Wien.

Mitwoch d. 21. Heide stonden der herzog um 10 uhr auf u. befanden Sich Gott lob gantz ohne schmertzen, nachmitag riden Sie auch das Erste mahl wieder aus, nach gehens fur man auch aus, stig auch beim leib Kor bau ab, ich geng von da in das Treib haus, u. vor die 5. uhr Kam man wieder nacher haus u. blib da.

Hohenheim d. 22. Nov. Donerstag 1781. Mit dem Bodagra geng es Gott Lob immer Besser u. Seind der Herzog auch vormitag schon aus geritten, nach mitag auch gleich nach der Dafel, u. bald darauf holden Sie mich, weil es so gar schen wetter wahr, ab zum spatzieren fahren, man fur den Transpord pferde vom pfahler, Sie Kamen aber erst um 4. uhr, werend der Zwischen Zeidt geng man in das Dörfle, u. abends schriben der herzog; an der Sibila[252]) wurde angefangen zu mauren.

Freitag d. 23. Das Wetter Wahr wieder ser schen, den Oberstallmeister[22]) u. Strahlendorf[25]) lissen der herzog Komen, Ihnen die Pferde zu weissen; ich sahe Sie nicht, u. bald holden mich Ihro Durchleicht ab zum spatzieren fahren.

Samstag d. 24. Nachmitag lissen der herzog das Gewer vom leib Kor Saal wieder aus raumen u. hir her über den winder über transpordieren; ich geng bald auch in das Dörfle u. wasde da selbst, abends fur man auch noch spatzieren.

Hohenheim d. 25. Nov. Sontag 1781. Es geng nacher Stuttgart, da in die Kirch, zum Essen von der academie geng ich nicht, nach diessem hilden der herzog rewüe mit Ihren Trupen so lang geng ich zu der frau von Oberkirch, u. zu der Geheimderath Bühlerin, da hen der herzog nach Gehens auch Kamen, von da stieg man noch einen augenplick in meinem haus ab, u. Kam um halb 7. uhr hir an; der Geheimderath v. Sternenfels[8]) wurde heide Ser Granck; die sone sahe ich heide mit vieller empfendung auf gehen.

Montag d. 26. Der herzog blieben bis halb 9. uhr ligen, ritten aber doch vormitag noch aus, nach mitag geng ich auch in das Dörfle, u. nahm abschied von meinen schenen spatzier Gengen gantz Wemütig, man fur abends noch durch Birgach, u. heide wurde auch der herzog fertig mit Ihrer rede.

Dinstag d. 27. Das Wetter sahe heide mir gleich, es wahr so Traurig wie ich, daß ich heide mit der Abreis von hir mein einfaches, mein ruhiges leben, den Stillen Aufendhald verlasse, Gott Stehe uns Bey u. fiere uns auch in einer andern lebens ard auf

Seinen Wegen, o Gieb Vatter, daß Wir nur in dir unsere Wahre freide, unser Vergniegen Sehen, daß wir nur Dir zu Ehren leben.

Es geschahe mir ordentlich sauer von hir weck zu gehen; von den bletter lossen beimen, von der gantzen nadur nahm ich Traurig abschit, u. dachte ich sehe euch vileicht nicht mer grenen, wohl mir wan es get wie Gott will.

Stuttgardt d. 27. Nov. Dinstag 1781. Um 5. uhr geng es von Hohenheim hir her, Ihro Durchleicht speisten in der retret, u. ich bekam nachricht, daß es gar nicht gut mit dem Sternenfels stende.

Mitwoch d. 28. Gleich um 7. uhr geng es nacher Louisburg, daselbst hilten der Herzog revu mit der dordigen Garnison, ich lis so lang die frau v. Tondersfeld[229]) zu mir Kommen, so auch Zwey Kleine Beulwitz; wie Ihro Durchleicht wieder Kamen, as man geschwend u. geng bald auf den Asberg, wo auch wieder revu gehalden wurde u. hir Kam man erst wieder nach die 7. uhr an; es wurde wieder in der retret gespeist, es wahr mir gar nicht wohl, daß ich mich nach Tisch starck gebrochen habe, u. von dem Sternenfels Kamen immer üblere nachrichten.

Donerstag d. 29. Heide fengen die examena[134]) an, Ihro Durchleicht gengen gleich um 8. uhr hen zu, ich wahr den Gantzen Tag ser betribdt, weilen man nichts anders vor sich sahe, als daß der Geheimerath Sternenfels es nicht mehr lange machen werde; nach Tisch geng es in alle ställe u. um 3. uhr geng es zum examen; immer Kamen üblere nachrichten von der Krangheid des Sternenfels, in der academie wurde zu nacht gespeist, vor mitag Kam die gantze Ecoll zu mir.

Stuttgardt Freitag d. 30. Nov. 1781. Gleich in der frie um halb 8. uhr erfuhr ich von Ihro Durchleicht, daß der Gutte Geheimderath Sternenfels[8]) heide nacht um 4. uhr gestorben wehre, ich wahr ser betribdt darieber, der herzog gengen um 8. uhr zu dem examen, nach diesem geng es auf die Solitude, um da revu zu halden, so lang geng ich dorden zu der ritmeistern v. Naßo[253]), das monderde mich ein wenig auf, bey der Zurick Kunft aber so hatte ich nicht mut genug mit Ihro Durchleicht in das examen zu Gehen, also bliebe ich zu haus, Ihro Durchleicht schickden mir Junge leide von der academie, auch Kam um 6. uhr die Geheimderadt Bühlerin zu mir, u. Ihro Durchleicht wahren so gnädig u. speisten mir zu lib in der retret.

Samstag d. 1. Dez. Um 8. uhr gengen der herzog wieder zu dem examen, zu mir Kam die freilein Franquemont, ich wahr noch ser traurig, nach Tisch fur man ein wenig spatzieren u. stig in meinem haus ab, u. um 3. uhr geng es in das examen, abends wahr Dafel in der academie.

Stuttgardt d. 2. Dez. Sontag 1781. Es geng in die Kirch, zu vor mesten[131]) aber der Herzog die academie, u. auch zum essen von der academie gengen Ihro Durchleicht wie geweniglich, nach dissem hilden Sie wieder revu mit der zweiten u. dritten Combanie Gardt, u. wie das verbey wahr, geng es bald wieder zu dem examen in die academie, abends wahr auch Consert, u. es wahr Dafel in der academie.

Montag d. 3. Heide gengen vormitag Ihro Durchleicht nicht in die academie, sondern schriben, u. um 10. uhr geng es auf das gelibde Hohenheim, daselbst stig man im hof[34]) ab, u. geng nach Tisch in das Dörfle, von da geng es wieder hir her u. um 3. uhr geng es wieder in das examen.

Dinstag d. 4. Um 8. uhr geng der herzog wieder in das examen, um 10. uhr geng ich zu der frau v. Klinkowström[13]) u. Wehmar[254]), um 11. uhr wahr ich wieder hir, dan as man, Ihro Durchleicht gengen zum essen von der academie u. ich so lang zu der frau v. Suvill[77]), da erneirde sich wieder recht der schmertz über den Todt des Sternenfels u. ich Kam auch etwas weniges zu spadt zurik, daß, wie ich Kam, von Ihro Durchleicht aus gezangdt wurde, nach dissem fur man spatzieren, u. um 3. uhr geng es in das examen.

Stuttgardt d. 5. Dez. Mitwoch 1781. Wie geweniglich um 8. uhr gengen der herzog wieder zu dem examen, um 10. uhr Kam die freilein Franquemont zu mir, u. um 11. uhr so Kamen noch welche von der ecolle, nach dem essen fur man spatzieren, u. nach dissem arbeideden der Herzog Ihre rede follens aus, um 3. geng es wieder zum examen.

Donerstag d. 6. So wie der gestrige Tag so vergeng auch der heitige ohne was neihes.

Freitag d. 7. Um 8. uhr gengen der Herzog wieder in das examen, um 10 uhr Kamen Sie wieder zu rick, u. lissen zur ader, wo bey wir alle graussam erschraken, den Sie Bekamen eine solche starke onmacht als ich noch nie Keine Gesehen habe, ohne Ihr bewust Sein brachte man Sie auf Ihr bet, doch erholden Sie sich nach Gehens bald, blieben eine halbe stond liegen u. assen nach gehens zu mitag, nach dissem wurde es Ihnen wieder ein wenig übel u. legden sich wieder auf das bet, dem ongeacht aber allem geng es doch um 3. uhr in das examen, doch speisten Sie Abends in der retret.

Stuttgardt d. 8. Dez. Samstag 1781. Der Vormitag vergeng wieder wie sonsten, der herzog schonden aber Ihren Fuß ser u. Sahen ser ecofird aus, doch hatten sie wohl geschlafen, man fur ein wenig spatzieren u. um 3. uhr geng es in das examen, da presendirde sich der Gesande Wächter[182]) u. sonst geng nichts vor.

Sontag d. 9. In der frie Kam ein Stafet mit brife vom Grosfürsten[246]) aus Wien, dan geng es in die Kirch, her nach as man, u. nach gehens machden der herzog den Conduit Preis in der academie aus, man fur auch noch ein wenig spatzieren u. um 3. uhr geng es in das examen, noch imer dat der fuß Ihro Durchleicht ser Wehe.

Montag d. 10. Der Vormitag vergeng wieder wie sonst, u. nach mitag fur man spatzieren u. geng um 3. zum examen; der fuß dad Ihro Durchleicht noch imer ser wehe.

Stuttgardt d. 11. Dez. Dinstag 1781. Der vormitag geng verbey wie gestern, nur daß auch meine schwester Juliana, die heide frie von Ensingen aus zu der frau v. Senf[220]), zu mir Kam, das mich recht ser freite; nach mitag fur man ein wenig aus u. um 3. uhr geng es wieder in das examen, ich blib bey der Fysik; mit dem Fuß von Ihro Durchleicht geng es wieder besser.

Mitwoch d. 12. In der frie lis ich die Gantze Ecoll so wie sonsten nur einige Komen, nachmitag fur man ein wenig spatzieren, u. um 3. uhr geng es in das examen, u. da Sich durch Gottes hülfe die examena schlossen, so geng man wie geweniglich zum Essen von der academie, wie disses verbey wahr, so hilten Ihro Durchleicht Eine ser schene rede, nach dissem Supirde man in der academie, die Gesande v. Wächter, v. Madeweiß u. v. Mosheim speisten mit.

Stuttgardt d. 13. Dez. Donerstag 1781. Nach die 11 uhr (zu vor hat man ein wenig gegessen) so geng es nacher Hohenheim, es wahr ein herlicher Tag u. erst nach die halb 4 uhr geng man wieder hen weck, abends speisten der Herzog in der retret, u. zuvor schrieben sie in meinem Zemer.

Freitag am Jahrstag d. 14. Dez. Ihro Durchleicht gengen um 9. uhr in Ihre Kirch, ich um halb 10. uhr, der Baumann[332]) dat eine ser schene Predig, nach dissem geng es in die academie Kirch, alwo fast der gantze hof wahr, nach dissem geng es aller orden in die lehr u. schlaf Sähle in der academie herum, u. dan zum Essen von die Junge leide, wie Sie ferdig wahr, so speisten der Herzog auch in der academie mit 72. Couvers, bis dies aus wahr, wahr es nacht, Ihro Durchleicht reterierden sich einen augenplick, hernach geng es in den Weisen Sahl, alwo die Preisse aus gedeilt wurden, Profesor Schott[255]) hilt zu erst eine ser Schene rede, her nach über gaben der herzog einem jeden Seinen Preis, wie das verbey wahr, hilt von Mandelsloh[113]) eine schene red, u. wie niemand an nichts mer dachde, hilden auch Ihro Durchleicht noch eine so schene als rirende u. vor mich schmeichelhafte rede, dan marschirden die Junge leide ab, u. es war noch ein Consert, in der academie speisten der Herzog an einer Dafel von 90 Cuvers zu nacht in dem nemlichen Sahl, wo die gantze academie speist u. was über alles schen wahr, ein jeder Vatter bis auf einen gesetzden gradt speiste bey Seinem Sohn, Ihro Durchleicht Stonden von Ihrer Dafel auf, um alle die Dafeln zu sehen u. mit einem jeden Vatter zu sprechen, dan setzden Sie Sich wieder u. nach die 11. uhr wahr alles verbey.

Stuttgardt d. 15. Dez. 1781 Samstag. Zum Essen von der academie gengen der herzog mit viller incomodete wegen Ihrem fuß, der wieder von dem Aderlaß ney wehe dat, nach dissem fur man ein wenig spatzieren u. Stig einen augenplick in meinem haus ab, dan aber blib man gantz ruhig bey Samen Sitzen, der herzog Schriben in meinem Zemer bis nach die 7. uhr, dan Kam der Oberst Rieger[288]), da wurde eine Zeidt lang gesprochen, u. her nach Speisten der herzog in der retret.

Sontag d. 16. Ihro Durchleicht Konden wegen Ihrem bessen fuß nicht aus gehen, Sie herden also Meß in Ihrer Kleinen Capelle, ich geng in die academie Kirch, nach dem essen fur man nacher Hofen u. nach dissem Schriben der Herzog in meinem Zemer, ich las u. es wurde in der retret gespeist.

Stuttgardt d. 17. Dez. Montag 1781. Mit dem fuß von Ihro Durchleicht geng es noch nicht besser, es geng aber denoch nach die 11. uhr nacher Hohenheim, da erwardede man Gewechse, die aus Engeland Kamen, aber es wurde zu spad Sie ab zu warden,

u. man Kam vor die 6. uhr wieder hir an, es wurde in der retret gespeist.

Dinstag d. 18. Um 1. uhr geng der hof an, es wahr Galla in roben, die Dafel wahr 36. Starck, nach der Tafel reterirden sich der herzog bald u. man fur noch spatzieren, in der academie wurde zu nacht gespeist, der fuß wahr aber denoch nicht gantz noch geheilt.

Mitwoch d. 19. Um 9. uhr geng es nacher Hohenheim, nach dem Essen geng es in das Dörfle u. wurden die gewäckse, die aus engeland angekomen seind, mit viellem vergniegen aus gepackt, nach dissem geng es wieder hir her, u. in der academie wurde gespeist.

Stuttgardt d. 20. Dez. Donerstag 1781. Um 11. uhr geng es auf die fassanen Jagdt bey Echterdingen, General Oche[86]), General v. Gemmingen[87]), General v. Buwinghausen, Ober Jägermeister Boße[103]), Oberstleitnand v. Gemmingen[150]) u. v. Strahlendorf[25]), um 5. uhr Kam man wieder hir an, Ihro Durchleicht schriben in meinem Zemer, u. es wurde in der retret zu nacht gespeist, weilen der herzog nicht sonderlich auf gelegd wahren sich anzuziegen.

Freitag d. 21. Ihro Durchleicht u. ich gengen in die Kirch, ich muste etwas lange warden, weilen die Junge leide noch in die letzionen wahren, nach Tisch fur man spatzieren, nach gehens wahren der Herzog eine stonde abwesend, u. alstan wurde in meinem Zemer Geschrieben, bis es Zeidt in die academie wahr.

Samstag d. 22. Ihro Durchleicht schrieben wie geweniglich vor mitag, nach Tisch geng es nacher Hohenheim, im Hof stig man ab, ich holde nur geschwend was da, u. Ihro Durchleicht gengen gar nicht henaus, sondern man fur bald in das Dörfle, von dorden geng es nach die 4. uhr wieder hir her, u. in der academie wurde zu nacht gespeist.

Stuttgardt d. 23. Dez. Sontag 1781. Es geng in die Kirch, ich Kam belder wieder zu rick als Ihro Durchleicht, nach Tisch (zu vor aber wahren der herzog wie geweniglich beim Essen von der academie) fur man ein wenig spatzieren u. nach gehens hatten Ihro Durchleicht immer zu don mit der untersuchung einiger onordnungen, die einige nächde hir durch feier werke u. schlegereien vor gegangen sein, welche Oficirs schickden sie in arest, sie schrieben auch ein wenig u. ich las, u. wie es 7. uhr wahr, geng es in die academie zum essen.

Montag d. 24. Vor mitag schenkten mir Ihro Durchleicht ein schenes Kleid zum Weienachd presend, nach dem essen fur man spatziren, stieg auch im Marstall ab, her nach wurde in meinem Zemer geschrieben, auch lissen der herzog noch immer leide Komen, um wegen der unordnungen bey nacht vorgegangen sein heraus zu brengen u. um 7. geng es in die academie.

Stuttgardt d. 25. Dez. Dinstag 1781 Christag. Es geng in die Kirch Zu Erst, u. der Herzog gengen wie geweniglich zum essen von der academie, in der academie hatten Sie alle Komonitziert, man fur nach gehens gantz ein wenig aus, u. Ihro Durchleicht u. ich gengen im schloß um 3. in die Kirch, sie wurden belder fertig als ich, u. holden mich nach gehens ab, Abends schrieben Sie noch u. ich las.

Mitwoch d. 26. Es geng wieder zu erst in die Kirch, nach dem essen fur man ein wenig aus aber nur bis in mein haus, weil es ein so starker nebel wahr, von da geng es in die Biblioteg, u. dan schriben der herzog u. ich las bis zum Essen, der von Schaumberg, der Jüngere in der academie, wahr heide ser geferlich Kranck.

Donerstag d. 27. Ihro Durchleicht u. ich gengen in die Kirch, u. werend dem Essen von der academie starb von Schaumberg, das dade mir recht leid, man fur spatzieren u. Stig in meinem Garden ab, alstan schriben der herzog, ich auch ein wenig, u. nach las ich vollens bis zum Essen.

Stuttgardt d. 28. Dez. Freitag 1781. Werend dem Essen Lissen Sich der Herzog Mahlen vor mich in einen reng, nach dissem geng es nacher Hohenheim, daselbst Stig man im hof ab, u. nach deme Ihro Durchleicht ein wenig herum geriden Sein, geng man in den noch nicht gantz ferdigen Keller u. fur in der Kariol in das Dörfle, da gengen der Herzog u. ich Viell herum u. um 5. uhr Kam man wieder hir an, in der academie wurde es wie geweniglich zu nacht gespeist.

Samstag d. 29. In der nacht um halb 3. Kam ein feir reider von Waiblingen mit der nachricht, daß Es da Selbst brende, der Herzog u. ich Stonden gleich auf[218]), u. man Kam fast Bis an das Canstadter Zoll haus, so Kam auch die nachricht wieder, daß es Gottlob Gelöscht wehre, man Kerde also um u. legde Sich noch ein mahl nieder, beim zweiten aufstehen Kam ein

S. Stafet[256]) von Wien, die Ihro Durchleicht ser vergniegdt machde, in deme Sie das Diplom von der Erhöung der academie zu einer hohen Schule von dem Keisser über schickdt von der Grosfürstin[246]) u. hoheid mit brachde, es wahr also eine grosse freide bey Ihro Durchleicht u. mir, u. gleich machden Sie alle Veranstaldung, daß es heide abend mit der Ceremonie einer rede von Ihnen bekand gemacht wurde; Abends um 6. uhr Kam auch der gantze hof zu samen, u. alles wahr verwondert über diesse neihe begebenheid, wie sie der hertzog durch eine schene rede bekand machden, indem zuvor Kein mensch nichts dar von gewust hatte; es gescha in dem Weißen Sahl, nach diesem wahr Conserd u. in der academie wahr grosse Dafel; ich machde auch der Ecoll eine weienachds freide mit einem baum, das mich auch noch ser freithe. Ihro Durchleicht schenkden mir ser schene berlen praslet; meine niese Pflugen, die jüngst, Kam heide auch zu mir u. gestern Kam sie von Kirchheim zu der General Hollen[223]).

Stuttgardt Sontag d. 30. Dez. 1781. Es geng in die Kirch, nach dem Essen von der academie fur man gantz wenig spatzieren, dan gengen der herzog auf ein par stonden aus, ich schrib in dessen an Ihro hoheiden, um mich zu bedanken vor die Portrets vom Gros fürsten u. der Gros fürstin u. eine Ewandalin[256]), worauf auch das portret vom Keisser ist, des Sie mir durch den Stafeten geschickt haben, auch lis ich meine niese Pflugen zu mir Kommen; dan Kamen Ihro Durchleicht auch wieder, Sie schriben nach gehens auch nacher Wien u. ferdigden den v. Lützow[49]) ab, den Sie mit den brifen nacher Wien schickden, dan wahr es bald Zeit zum Essen in der academie, die Dafel wegen dem gestrigen Tag wahr ser gros, in dem fast alle professers mit speisen durfden.

Hohenheim Montag d. 31. Schon 3. Tage wurde in meinen Zemmern zu mitag gespeist; nach deme Ihro Durchleicht wieder von dem academie Essen zu rick Kamen, wo ich under dieser Zeid wieder meine niese zu mir Komen lies u. von Ihr Abschid nahm, so Schriben Sie u. ich machde auch meine sachen follens zu recht, dan gengen der Herzog wieder aus u. ich auch zu der Geheimeradt Bühlerin, dahen Kamen Ihro Durchleicht auch u. von da geng es her nach hir her u. hir Kam man um 7. uhr an, Ihro Durchleicht schriben noch an der rechnung, ich Schrib auch noch hir dis nieder, las nach gehens u. dan geng Es zur Tafel, u. mit diesem beschlist sich nunmehr wieder Ein gantzes Jahr voll Seegen u. Gnade von Gott; Gott Bereide Sich Selbst unsern Dank in unseren hertzen, dan vor uns Kennen wir nicht genug Danken, u. Er durchstreiche unsere Viele Senden mit dem teiren Blut Jesu Christi u. Gebe, daß Wir immer mehr u. mehr Wacksen u. zu nehmen in Allem Guten in wahrem Glauben, Gottseeligkeid u. liebe zu Ihm, Er stehe uns Bey mit Seinem heiligen Geiste u. Gebe uns Seinen Früden, der höer ist als alle Vernunft, Er leite u. regiere uns noch ferner mit Seiner un aus sprechlichen Gnade, durch Jesum Christum Amen.

Stuttgardt d. 1. Jan. 1782 Dinstag. Mit Gottes hülfe haben wir dis Jahr wieder Glicklich Erlebdt, Ihro Durchleicht u. ich Stonden Gott lob gesund auf; O Gott, Gib, daß uns dis Ein jahr des Wacksdums in allem Gutten Seihe, Gib, daß wir im glauben, in der liebe zu dir, in wahrer Erkendnis, Eifer u. mut in allem Guttem, in der Bestendig Keid, in deiner furcht u. Gehorsam immer Wacksen u. Zu nehmen, Sihe auf alle Menschen in Gnaden u. gib, daß Wir uns einander lieben u. in deinen Geboden Wandlen, Stehe uns in Gnaden Bey mit deinem Heiligen Geiste um Jesu Christi Willen, leite u. regiere uns nach deinem alerheiligsten Wohl gefallen, auf dem Wege der Tugend u. der Gottseeligkeidt, bewahre uns vor allem übel u. gib, daß Wir den Deifel, die Weld u. unser eigen fleisch u. blud überwenden. Erhöre mich um Jesu Christi Willen, schenke uns alles was uns heilsam u. Gut ist u. Gib, daß Wir Stedß deinen aller heiligsten Willen mit Danksagung u. Gehorsam erkennen u. erfüllen. Unsere Sinden Seind gros, Ach Gib, daß wir Sie recht bereihen u. verabscheihen, daß wir Wahre Busse don in Staub u. in der Asche, du hast ja mittel u. weege, u. du wild gewis nicht, daß jemand verderbe, u. du hast ja selbst gesagt, wan deine Sinden gleich blut rod sein, will ich sie schne Weis machen, ach so erbarme dich unser, hilf uns jetzo u. in der Stonde unsers Todes, las uns Gnade vor dir Suchen u. finden, schenke allen menschen diesse Gnade, ins Besondere Empfehle ich dir aber den Hertzog, schenke Ihm alles, was ich vor mich gebeten habe, lasse Ihn uns noch lange leben u. mache Ihn zu einem rechten Glaubenshelden, u. gib, daß dein name recht durch uns verherrlicht werde u. Glaube u. Tugend immer mehr durch uns wackse u. zu nehme, Gib, daß wir dich immer vor augen u. im hertzen haben u. in deiner Erkendnis und in aller ley geistlicher Weisheid immer Wacksen u. zu nehmen, durch Jesum Christum Amen.

In Birgach geng ich in die Kirch, in dem man in Hohenheim über nacht wahr, der herzog herden meß in Ihrer Kleinen Capell, nach dissem wurde bald gespeist, der herzog haben in der frie viell dem Schmidle[76]) dickdird u. auch an der hoheimer rechnung geschrieben, ich las noch in der zwischen Zeidt u. nach Tisch geng man Bald wieder hir her, hir schriben der Herzog noch u. um 6. uhr geng man in das conserd in die academie, wo sich der v. Sternenfels[257]) von Mainz presendieren lis, es wahr Tafel in der academie ohne Dames, aber doch wahr die Tafel 30 Couverd, u. so geng der Erste Tag diesses Jahr schon in die Ewigkeid, ich wahr nicht gantz mit mir zufrieden, Gott trage Gedult mit unsern schwachheiden u. verleihe uns Selbst, daß wir Starg werden in allem Guten, Schenke uns deinen frieden, der höer ist als alle Vernunft.

Stuttgardt d. 2. Jan. Mitwoch 1782. In meinen Zemern wurde zu mitag gespeist, nach dem Essen von der academie fur man ein wenig spatzieren, dan aber schrieben der herzog in meinem Zemer, ich machde meine neijars aus Gaben in richdig Keid, u. wahr fro dar bey, in der academie wurde zu nacht gespeist.

Donerstag d. 3. Nach dem academie essen geng es nacher der Solidude, alstan gengen der herzog aus u. ich schrib zu erst, dan aber lis ich die freilein Franquemont zu mir Komen, um halb 6. uhr Kamen Ihro Durchleicht wieder, man sas also noch bis nach die 6. uhr bey samen, u. wehrend dieser Zeit so Kam der Oberst Seeger mit der nachricht, daß der Kleine Mosheim[42]) gestorben wehre.

Stuttgardt d. 4. Jan. Freitag 1782. In meinem haus hir as man zu mitag, nach dissem geng es nacher Louisburg, daselbst Stig man bei den Gewecks heisser ab, fur her nach in das schloß u. geng zu Fuß in mein haus, in die sattel Kamer u. Milidär-Waissen haus, man blib bis nach die 4. uhr da, u. Kam erst um 6. uhr wieder hir an, der herzog gaben noch audientz u. um die gewenigliche Zeidt geng es in die academie.

Samstag d. 5. Gleich nach die 10. uhr geng es in mein haus, da wurde zu mitag gegessen, zufor um halb 9. uhr Kam ein Kurir vom Groß fürsten an Ihro Durchleicht, nach dem Essen geng es nacher Hohenheim, Ihro Durchleicht riten einen Augenplick in das Dörfle, her nach geng es nacher Riedenberg, um ein Gut zu besehen, mir gefiell es besser als ich geglaubdt habe, aber dar gegen Ihro Durchleicht nicht, u. das dad mir leid, um 4. uhr Kam man wieder hir an, der herzog gengen einen augenplick aus, ich hefdede meine Tag bicher, u. wie geweniglich geng es nach die halb 7. uhr in die academie.

Stuttgardt d. 6. Jan. Sontag 1782. Wie ich in die Kirche wolde, so wurde Es nicht Erlaubdt, um 1. uhr Kam man in grossen reifröken zu Samen wegen dem Geburtztag von dem Prentz[11]) Louis[175]) [327]), um halb 3. wahr schon wieder alles verbey, es wahr mir gar nicht recht wohl, so mid in allen meinen Gliedern, Ihro Durchleicht gengen zemlich lange aus, ich las in dessen, u. in der academie as man wie geweniglich zu nacht.

Montag d. 7. Ich Blib lange liegen, in meinem Zemer wurde zu Mitag gespeist, nach dem Essen von der academie so fur man spatzieren, dan gengen der herzog aus, ich schrib so lang bis Sie wieder Kammen, dan wurde gudiert, Sie gengen wieder aus, u. ich geng mit der freilein Franquemont zu der Oberhofmeistern v. Wallbronn[180]), u. von da zu der Geheimderädin v. Uxküll, blieb da, bis mich der herzog averdieren lissen u. in der academie wurde zu nacht gespeist.

Dinstag d. 8. In der frie Kam ein Stafet von Wien von dem v. Lützow[49]), in meinem Zemer wurte zu mitag gespeist, nach Tisch fur man ein wenig spatzieren, der herzog klackden ein wenig fuß wehe u. gengen daher nicht zum Essen von der academie, nach die 2. uhr geng ich zu der Geheimderäthin Bühler, die frau v. Souville[77]) Kam auch hir, nach die 3. Kamen auch der Herzog hen, Bliben un Gefer eine Stonde, dan gengen Sie Wieder, her nach lis ich auch die freilein v. Franquemont hen Komen, um halb 7. uhr geng ich wieder nach haus, u. im schloß wurde wie sonsten in der academie gespeist.

Stuttgardt d. 9. Jan. Mitwoch 1782. In meinen Zemern wurde wieder zu mitag gespeist, u. mit dem fuß von Ihro Durchleicht geng·es Gott lob wieder Besser, Sie gengen aber auch wieder nicht zum Essen von der academie u. nach Tisch fur man wieder einen augenplick spatzieren.

[258]) (10. Jan. ist nicht geschrieben, aber beinahe $^1/_2$ Seite leerer Raum dafür gelassen.)

Stuttgardt d. 11. Jan. Freitag 1782. Man Stond etwas Spades auf, Ihro Durchleicht gengen zum Essen von der academie,

u. so lang Kam meine Mutter, schwestern u. Niesen zu mir, nach dem Essen wurde spatzieren Gefahren, nach dissem schrieben der Herzog vill u. ich packde ein, in der academie wurde zu nacht gespeist.

Heidenheim Samstag d. 12. Um 10. uhr Geng Es von Stuttgardt hen weck[259]), u. man Kam Klicklich auf der ersten, zweiden u. dritten post in Schorndorf, Gmünd u. Aalen an, von Kochen aber so ried der Ober Amdmann von Königsbronn mit, u. diesen rierde der schlag, daß Er vom Pferdt viell, man dade Alles Ihm zu helfen, allein es blib immer eins, bis eine schesse vor Ihn Kam, mit der Er nacher haus fuhr, u. um die 8. uhr Kam man nach Gehens erst in Heidenheim an, man as da bald u. legde sich nach Tisch gleich zu bette.

Ingolstadt d. 13. Jan. Sontag 1782. Gleich in der frie Kam die nachricht, daß der Oberamdmann von Königsbronn nachts um 3. uhr gestorben wehre; es geng frie von Heidenheim hen weck, der Weg geng über Dillingen, wo man was zu Sich nahm, von da geng es nacher Donauwörth, Neuburg u. Ingolstadt, alwo man über nacht blib, u. nicht sonderlich Gut wahr, ich geng bald zu bet.

Regensburg Montag d. 14. Um 9. uhr geng es hen weck, 3. Stonden hatte man ser schlechden Weg, Neustadt wahr die erste Post, man nam da was zu Sich, das Wirtzhaus wahr aber ser schlechdt, die Zweide Post his Saal u. um 5. uhr Kam man in Regensburg an, um 7. uhr geng es nacher hof, es wahr Alles bey dem fürsten versameld, nemlich von fremde die Markgräfin von Bayreuth[260]), die Würtenberger herschaften, die hoheid, der Prentz Friederich, Prentzes Elisabet[239]) u. Prentz Ferdinand[327]), auch die fürstin u. der fürst ratzenwill[261]). Bald darauf geng man auf die redude, von da aber reterierden sich der Herzog, u. man speiste im Wirtzhaus.

Regensburg d. 15. Jan. Dinstag 1782. Um 11. uhr gengen der Herzog u. ich zu Ihro hoheiden, Sie wahren noch nicht angekleidt, Ihro Durchleicht u. Ihro hoheiden besprachen sich eine Zeid lang ser freundschaftig, dan Kamen auch der Prentz, die hoheiden zogen sich an, u. in dessen geng man zu der Marggräfin von Bayreuth, von da fur man her nach nacher hof zu den fürsten, es wurde bald gespeist, nach der Dafel sprach man, her nach reterierden Sich der herzog ein wenig, u. vom Wirtzhaus aus gengen sie u. ich her nach in die Comedie, da wurde es aber

Ihro Durchleicht Gantz übel, daß Sie nacher haus musten, Kamen aber wieder, u. glaubden bey Dafel bleiben zu Kennen, allein es wurde Ihnen wieder nicht wohl, u. Sie u. ich fuhren in Ihr Quadier, u. da speiste man gleich u. legde sich ohne die Elominacion zu sehen, die der fürst gab, zu bette.

Regensburg d. 16. Jan. Mitwoch 1782. Um 10. uhr Gaben der Herzog anfangen visiden u. nach dissem gengen Sie u. ich zu dem Superindendend Scheffer sein Naduralien Cabinet zu sehen, von da geng man zu Ihro hoheiden, da meistens alles versamelt wahr u. alstan zum fürsten, wo selbst bald gespeist wurde, nach der Dafel feng gleich das Conser an, wo Zu alle Gesanden u. Ihre frauhen Kamen, wie das bald zu End wahr, so beurlaubden Sich der herzog, speisten im Wirtzhaus zu nacht u. gengen bey Zeiden zu bet.

Landshut d. 17. Nach die 9. uhr geng es von Regensburg hen Weck, man Kam Glicklich auf allen posten Eglofsheim, Buchhausen, Ergoltsbach u. hir an, der herzog wolden in den Dragoner stall, allein der Stall wahr zu, weilen man nicht wuste, daß es der Herzog wahren, nach gehens gengen Sie u. ich aber in das Dominikaner Chloster, die Bibliodeg zu sehen, welche nicht gros u. zertremerd ist, alles übrige im Chloster sahe man auch noch u. bald wurde hernach gespeist u. zu bette gegangen.

Alt Oetting d. 18. Jan. Freitag 1782. Ihro Durchleicht gengen in der frie wieder in die Dragoners Ställe, u. Kaufden auch von dem Graf Breising einen falen mit schwarzen mehnen, um 9. uhr geng man hen weck, im verbey fahren geng man einen augenplick zu der Gräfin Niß[262]), die gantze reisse geng glicklich, man bassierde die posten Vilsbiburg, Neumarkt, Alt Oetting u. in Neumarkt besahe man das benedigdener Chloster St. Veit, des ser schmotzig u. übel eingericht ist u. wie es schon Gantz nacht wahr, Kam man in das nacht Quadir Alt Oetting an.

Salzburg d. 19. Samstag. In der frie um 7. uhr Sahe man die Maria Capell u. Dom benebst dem schloß, dan fur man weck, über Burghausen, Tittmoning u. Laufen, underwegs sahe man einen meier hof, der einem Chloster von benedigdinern geherd, u. Kam, wie es nacht wahr, erst in Salzburg an, daselbst speiste man bald zu nachdt.

Salzburg d. 20. Jan. Sontag 1782. Der Herzog seind in die Kirch, stall u. reid haus, so lang zog ich mich an, her nach

Kamen Sie wieder, u. es geng in ein benedigdener Chloster St. Peter, wo selbst der Prelad Beda alles wis, besonders die Biblioteg zahlreich, aber die rangirung nicht ohne Dadel, besonders wegen der Grösse der bicher; das Chloster groß, reinlich, die Padres dem schein nach in grosser ordnung u. Gehorsam; nach dissem geng es nacher hof zum Essen, der bischoff richteden sich nach allem begeren des herzogs, bey der Dafel wahren 3. dames, Gräfin Wallis, eine schwester des Fürsten, Gräfin Laitzow, Gräfin Kenburg, u. vielle Domherrn u. auch noch Zwey oder 3. bischeffe, nach der Dafel gengen der herzog in die Unifersidet, hörden 4. Professers lessen, u. ich geng so lang mit dem herrn v. Strahlendorf[25]) in den Dom, in das landhaus vom Erz bischoff Mirabell, auch den Stall u. reid haus, dan fur ich wieder nacher haus, der herzog Kamen auch bald u. dan geng es wieder nacher hof, da selbst spielde man, der herzog spielden nicht, u. die Dafel wahr nicht gantz so gros, wie mitags.

Salzburg d. 21. Jan. Montag 1782. Morgends machden der Herzog einige visiden u. um 9. uhr geng es in die Saltz Werker, in Hallein setzde man sich auf schlitten, u. fur bis wo man in das bergwerck ein fur, zu vor muste man sich umgleiden, ich zog mein habid mit grossem wiederwillen an, u. erhild zu genauer nod die Erlaubdtnis einen rock an zu behalden, so wie der herzog auch Ihren überrock u. hut auf behilden; dan fur man auf einem roll wagen bis an die rusche, wo alstan ein jedes von einem fierer von berg knappen die rusche henunder gerust wurde, das Gantze berg werck wahr nach allen Deilen schen u. merckwierdig zu sehen, mid grosser Zufrieden heid Kam man wieder daraus, besahe alsdan noch die Pfanne u. as in Hallein etwas weniges auf Verordnung des Erz bischoffes bey den dordigen pflegerinnen zu mitag, der Kamer herr Reling hatte befell alles zu weissen, u. der Ober Stallmeister wahr auch schon under wegs auf einen gestüts hof u. weiste dorden das Gestüt, auch wahr er beim mitag essen, man Kam erst gegen 6. uhr wieder zu rick, geng alstan wieder nacher hof; es wahr wieder spiel, auch weiste man Ihro Durchleicht Tabeden von Gobelin, u. nach der nacht Dafel beurlaubde man sich.

Waßerburg d. 22. Jan. Dinstag 1782. Morgends gegen 8. uhr von Salzburg henweck, über Waging, Stein, Frabertsham u. Kam abends vor die Sechse in Waßerburg an, man as bald zu nacht, u. legde sich bald zu bet.

Menen[263]) d. 23. Um 7. uhr geng Es vom nacht lager henweck, es geng über Steinhöring, Zornolding gegen Mönen[263]) alstan lenks nacher Nymphenburg, daselbst besahe man das schloß, an dem nicht viell zu sehen wahr, man fur nach gehens im garden herum, wurde nas, u. das schenste, was man sahe, wahr der Canal, u. die vorstellung vom wasser werg im Sommer, von da zurieg nach Mönchen, wo man vor die 5. uhr an Kam, u. im Wirtzhaus blib bis 9. uhr, alstan geng es auf die redude.

Augsburg d. 24. Jan. Donerstag 1782. In der frie Gaben der Herzog Ihre visiden zuriek, u. gengen in den Marstal, alstan Kamen Sie wieder, u. Sie u. ich gengen zu Erst in die neihe Bilder Galerie, alwo aber die Gemelder zwahr noch nicht auf gemacht, aber danoch zu Sehen sein, von da geng man in das schloß, besahe alles, vom schloß geng man in die Jesu Wider Kirch, u. bald darauf ford; die reisse geng glicklich, nur daß man immer schlechde pferde bekam, etwas spades Kam man in Augsburg an, man as bald darauf; die Posten, die man passierde, wahren Schwabhausen, Ebersburg[285]).

Ulm Freitag d. 25. Um 8. uhr wahr die Stonde gesetzt von Augsburg hen weck zu gehen, da man aber noch zu einem Silber arbeider Rentz u. Klaugner[414]) hengeng, so verzögerde es sich bis nach die 9. uhr, ein junger mensch wurde under wegs da hen zu gehen an geworben, der Weg geng über Samerhausen[285]) Günzburg u. Ulm, da blib man übernacht, besahe noch das Würtenbergische haus[290]) u. as bald darauf zu nacht.

Stuttgardt d. 26. Jan. Samstag 1782. Nach die 8. uhr geng Es von Ulm hen weck, die reisse geng glicklich über Westerstetten, Geislingen, Göppingen u. Plochingen hir her, hir Stig man bey der academie ab, u. as auch zur geweniglichen Stonde da zu nacht.

Sontag d. 27. Ihro Durchleicht u. ich gengen in die Kirch, wie der herzog aber aus der Kirch Kamen, beklagden Sie Sich über übelich Keid u. madig Keid, man geng aber doch zum Essen von der academie, da wahr der hof, u. nach gehens fur man ein wenig spatzieren, her nach aber legden Sich der Herzog zu bette u. bliben fast liegen, bis es Zeidt zum academie gehen wahr; mit der madig Keid hatte es sich nicht Viell gebesserd, Sie Zwangen sich aber u. speisten doch in der academie zu nacht.

Stuttgardt Montag d. 28. Jan. 1782. Nach dem academie

essen fur man spatzieren, Stig im Stall u. meinem haus ab, dan schrieben der herzog u. ich.

Dinstag d. 29. Nach die halb 9. uhr geng es nacher Leonberg auf den marckt. Der Herzog Kauften 10 pferde da Selbst, das wetter wahr ser schlem, vor die 4. uhr wahr man wieder zu haus, u. dan schriben der Herzog u. in der academie speiste man zu nacht.

Mitwoch d. 30. Um 11. uhr geng es über Louisburg nacher Asberg, in Louisburg hilde man sich einige Zeidt im Milidär Weisen haus auf, auf dem Asberg besahen der Herzog Ihre dordige Trupen u. lissen Sie aus ruken; beim pferds Weckseln stig man noch ein mahl im Waisen haus ab u. Kam erst um 3. Viertel auf 6. uhr wieder hir an. Der Herzog haben einen ser starken Cadar.

Stuttgardt d. 31. Jan. 1782. Donerstag. Um halb 1. uhr geng es nacher Hohenheim, daselbst Stig man im hof ab, der herzog rieden u. ich fur alstan in das Dörfle, nach die 4. uhr wahr man wider hir u. Ihro Durchleicht haben so viell zu don, daß Sie, Seid dem Sie wieder hir sein, nicht wissen, wo Sie als anfangen sollen, doch seind Sie heide mit Ihrem Cadar wieder Besser.

Freitag d. 1. Febr. Ihro Durchleicht hatten Ser viell zu don u. auch aus zu machen wegen der einweiung der academie auf den 11. Febr., u. da Sie morgen im Sin haben nacher Anspach auf einen Tag zu gehen, so gab es noch vielle bestellungen, ich hatte auch viell zu schreiben u. so Kam der Tag verbey, nur einen augenplick fur man in mein haus, u. in der academie as man wie geweniglich zu nacht.

Ellwangen d. 2. Nach die 9. uhr geng man von hir hen weck, in Schorndorf Stig man ab, u. der herzog schrieben 2 brife zu rick, dan Kam man gliecklich, ob wohl üble wege, über Aalen in Ellwangen an, da as man bald zu nacht, es wahr schon 7. uhr u. geng nach diessem gleich zu bette.

Anspach d. 3. febr. Sontag 1782. Um 7. uhr gengen der herzog in die Kirch u. herden Messe, der Stathalder Domdechand Graf Schönburg reichde Ihnen das weiwasser, nach dissem Kam herr v. Adelmann[263]), Vatter u. Sohn, u. dan geng man von Ellwangen hen weck, man Kam Glicklich nacher Dinkelsbühl, u. in Feuchtwangen Stig man ab, nahm was weniges zu Sich, u. Ihro Durchleicht Kauften daselbst einen braunen, her nach Kam man under schlemem weg, aber doch um 3. uhr in Anspach an, Ihro Durchleicht hatten den Oberstallmeister von Schenck[22])

u. Stallmeister v. Buwinghausen[251]) voraus geschickd, u. diese wahren dan zu gegen wie man Kam, Ihro Durchleicht schriben auch ein wenig an Ihrer rede, die Sie auf den einweiungs Tag der academie halden wollen, u. ich las ein wenig, dan aber zog man sich an, u. geng um 6. uhr nacher hof, wo selbst man auf das höflichste u. gnädigste empfangen wurde, es wurde bald gespield, der herzog spielden aber nicht, hen gegen ich spielde mit der frau Margräfin, die bede Prentzen von Coburg, der Generalin v. St. andere[85]) u. Oberstallmeister Schenk, werend dem spiell bludede ich aus der nassen u. Konde fast vor schnupen u. husten nicht schnaufen. Ihro Durchleicht sprachen ser viell mit die 3. Ministers, der hof wahr ser zalreich an Dames, nach dem spiell geng es zur Dafel, u. nach der Dafel beurlaubden Sich der herzog wieder von der frau Margräfin.

Ellwangen d. 4. febr. Montag 1782. Ihro Durchleicht Stonden bald auf, um bald auf den pfertz marckdt zu gehen, allein das verzögerde sich so lang, daß sie gantz verdrislich darieber wurden, endlich brachde man einige pferde, Sie Kaufden auch ein bar, u. dan gengen Sie u. ich zu der Generalin v. St. Andere um halb 11. uhr, es wahr da der Prentz von Coburg, einige Cavaliers von die erste von hof u. so auch Dames, man blib eine Zeidlang da, u. endlich beurlaubde man sich auch da; zu haus Kaufden der herzog noch ein par pferde u. dan geng man um 1. uhr henweck; in Feuchtwangen hatte ich das vergniegen meine Schwester, Schwager u. 2. Söhne, v. Seckendorf[587]) anzudrefen, der erste Gedanke, da ich Sie sahe, wahr, daß ich sie so Kurtz sehe u. dis lis mich die freide nicht recht empfenden, die ich sonst hette gehabdt Sie zu sehen, wir blieben da bey samen un gefer eine stonde u. dan geng es vollens über Dinkelsbühl, wo Ihro Durchleicht den hofrad Busch[264]) sprachen u. ein complemend von dem HE. v. Pfeil[265]) an nahmen, nacher Ellwangen, um halb 9. uhr Kam man an; mein cathar wahr noch ser starg, man eilde zum essen u. in das bet.

Stuttgardt d. 5. Febr. Dinstag 1782. Um 8. uhr geng es von Ellwangen henweck, man Kam bald nacher Aalen, in Gmünd nam man was weniges zu sich, es Kamen auch einige da aus der Stadt zu Ihro Durchleicht, von da geng es wieder vollens glicklich bis Schorndorf u. hir her, um 4. uhr Kam man hir an, Ihro Durchleicht gengen in die academie, speisten aber nach gehens in der retret, weilen ich noch einen ser stargen cadar hatte.

Mitwoch d. 6. Wie geweniglich gengen der herzog zum Essen von der academie, in der frie schrieben Sie aber an Ihrer rede, nach Tisch fuhren sie in die Stadt Kirch, um alles auf Ihren hohen geburtztag an zu ordnen, nach dissem blieben sie zu haus, schrieben u. gengen abends wieder in die academie, speisten aber wieder wegen meinem cadar in der retret.

Donerstag d. 7. So wie der gestrige Tag, so vergeng auch der heidige, nur daß der herzog einen augenplick in Ihre Ställe fuhren u. mit Ihrer rede ferdig wurden, u. zu nacht speiste man wieder im schloß, aber an einer Dafel wie sonst in der academie.

Stuttgardt d. 8. Febr. Freitag 1782. Es geng heide nichts neihes vor, Ihro Durchleicht hatten imer viell zu don, abends wurde wieder, wie sonsten in der academie, im schloß gespeist.

Stuttgardt d. 9. Der vormitag geng verbey wie gestern; bis auf den abend wahr Dafel wieder in der academie, der Dom dechand von Wambold von Bruchsal u. Geheimderad Durn[219]) wahren dar bey.

Sontag d. 10. Der herzog gengen in die Kirch, ich wardede meinen husten recht ab, Ihro Durchleicht gengen zum essen von der academie, u. da lissen sich ser vielle Dom herrn, die zum Deil abgeschickde von Ihren hoch Stifter wahren, zum Deil auch die vor sich Kamen, presendieren; nachmitag hatten Ihro Durchleicht auch noch viell zu bestellen auf morgen im alden schloß u. in der academie u. abends speisten Sie in der retret, ich blieb den gantzen Tag zu haus.

Stuttgardt d. 11. Febr. Montag 1782. Ihro Durchleicht Wachten Gott lob an Ihrem glicklich Erlebden Geburtztag gesond auf, um 6. uhr Stond man auf, dan zog man sich gleich an, u. um 9. uhr gengen der Herzog in Ihre Kirch, ich Kam in 3. Vierdel Stonden nach, der Baumann[332]) dat eine schene bredig, von da geng es im Grossen Ceremoniell in die Stadt Kirch, alwo eigendlich die Unifersidet ein weiungs bredig von dem Stifts brediger Schmitle[266]) gehalten wurde, nach dissem geng es in grossem Gebreng in das schloß; da wahr alles versameld, u. dan geng es zur Dafel, nach der Dafel geng es im Grossen Ceremoniel in die academie, alle die abgeordnede gengen nach Ihrem rang, zu erst die academie u. dan die abgeordnede, 11 Domherrn befanden sich under dissen abgeschickden u. viele von der ritterschaft u. so weiders. Ihro Durchleicht fuhren mit grossem Gebreng in die academie, daselbst geng es gleich in den hör Saall[267]), al wo Ihro Durchleicht eine ser schene rede unter dem dais[268]) hilden u. dan mit besonderm Anstand die Madriggels der academie aus deilden[269]). Canselarius le Bret[61]), proregdor Heid[270]), Dockdor Consprug[81]), Profeser Schott[255]), Profeser Reis[271]), hofrad Authenrieth[188]), haupdtmann Rösch[272]) u. Chevalier v. Mandelslohe[113]) hilden auch nach gehens reden, nach dissem Sahe man die Debudierde von die Stadt u. Ämder u. so auch die anwesende Geistlich Keid im rachir Sall speisen, u. geng von da in den Speissall von der academie, alwo auch Ihro Durchleicht mit dem hof u. allen fremden Debudirden speisten, u. so mit geng diesser glicklich Tag im Seegen verbey, Gott Seegne die Arbeid, die anstalden u. das Gantze Kostbare leben des besten herzogs immer dar u. Schenke Ihnen Seinen Götlichen frieden u. alles, Was Wahrhaft Glicklich macht.

Stuttgardt d. 12. Dinstag 1782. Man rude aus, ich stond erst um 12. uhr auf, um 2. geng es nacher hof, die Dafel wahr so gros wie gestern bei 70. Couver, nach der Dafel gengen der herzog in die academie u. alles, was hern wahren auch von hof, so lang Kam meine bede schwestern Pflug u. Julia, auch meine Niese u. freilein v. Holl[223]) zu mir, wir blieben beysamen bis der herzog wieder von der academie Kamen, alwo der Segredär Schmiedle[273]) dokterird hat; her nach fur man die Elominacion, die in der stadt hen u. wieder gegeben worden ist, zu sehen, u. von da geng es einen augenplick auf die redude, her nach zur Dafel u. nach der Dafel reterirden sich der herzog balden.

Stuttgardt Mitwoch d. 13. Febr. 1782. Um 9. uhr gengen der herzog wieder in die academie u. der hofmedicus Bleninger[274]) dokderirde, um 1. uhr geng es nacher hof u. gleich zur Dafel, nach der Dafel fuhren der herzog u. der hof von herns wieder in die academie, Duttenhofer[275]) magisterirde, meine bede Schwestern u. niese blieben wieder so lang bey mir, u. nach die 5. uhr Kamen der herzog wieder, es geng nach gehens in die Opera, wo aber der herzog u. ich nur einen augenblick blieben u. von da in mein haus fuhren nach zu sehen, daß morgen alles richtig ist; dan fur man wieder nacher haus, der herzog schrieben, ich auch, u. um 9. uhr Kam der hof wieder aus der Opera, u. dan wurde wie gestern an bondeie[276]) in der Galerie[276]) gespeist.

Stuttgardt d. 14. Febr. Donerstag 1782. Um 10. uhr gengen der Herzog u. ich in mein haus, um halb 11. uhr Kamen alle die fremde da hen, es as alles da zu mitag u. besahen das haus, nach dem essen fuhren der herzog, alle die fremde u. ich nacher Hohenheim, daselbst wurde Ihnen alles gewissen, es wurde auf lezt ein wenig Kaldt, um 5. uhr geng man wieder hen weck, her nach wahr hir Conserdt u. in der academie wurde an einer grossen Dafel zu nacht gespeist.

Freitag d. 15. Um 9. uhr gengen der herzog in die academie, so auch die fremde u. herden die Lecionen, nach dissem gengen die fremde auf die Solidude, assen aber zu vor in dem fürsten haus[179]) zu mitag, abends gengen Sie in die Opera, Ihro Durchleicht u. ich blieben allein, ein wenig wurde spatzieren gefahren, wegen der Kelde u. auch schneihen Konde man aber nicht lange fahren; abends wahr her nach wieder Dafel in der grossen Gallerie hir im schloß.

Samstag d. 16. Um 8. uhr geng man von hir nacher Louisburg, so auch alle die fremde u. besahe das Milidär Waisenhaus, des grossen bey fall fand, Ihro Durchleicht assen ein wenig zu mitag im waisen haus u. gengen nach gehens wieder hir her, schrieben bis um 6. uhr; die fremde aber assen in Louisburg im schloß u. gengen nach gehens auf die hasen u. fasanen Jagdt, wie Sie wieder hir her Kamen, so gengen zum Theill in die Opera, zum Deil aber zu einem examen von der religion der Jungen leide von der academie u. dan wurde wieder in der grossen Galerie[276]) zu nacht gespeist.

Stuttgardt d. 17. febr. Sontag 1782. Der Herzog u. ich gengen in die Kirch, nach dissem gengen der Herzog in die academie, dan wurde im schloß im Weisen Saall gespeist, nach der D. reterirden Sich der Herzog wieder u. Kamen um halb 7. uhr wieder heraus, es wahr Conser u. spiell, in bonden reihen[276]) wurde in der Galerie[276]) zu nacht gespeist u. nach der nacht Dafel beurlaubde Sich fast alles bis auf den Dombrobst v. Umgelter[277]) blib noch da.

Montag d. 18. Nach dem Essen gengen der Herzog wie geweniglich in die academie, so lang Kamen meine schwestern u. Niese zu mir, dan fur man spatzieren, alstan schrieben der Herzog u. abends as man wieder wie geweniglich in der academie, der stathalder von Dillingen v. Umgelter[277]) speiste auch noch mit.

Dinstag d. 19. Diessen Tag brachte man wieder zu just wie den gestrigen, nur daß heide der herr v. Umgelter nicht mehr hir wahr u. ich abends die frau v. Haller noch in der academie sprach.

Mitwoch d. 20. Heide geng es bald nach Tisch nacher Hohenheim u. außer diesem geng es nichts besonderes vor, meine schwestern gengen auch wieder von hir Weck.

Stuttgardt d. 21. febr. Donerstag 1782. Um halb 12. uhr geng es nacher Hohenheim, das Wetter wahr besonders schen, der Herzog reideden u. ich geng zu fus in das Dörfle, der pfarrer von Plieningen Kam zu mir, u. um halb 5. uhr Kam man wieder hir her, der Herzog u. ich schrieben u. in der academie wurde zu nacht gespeist.

Freitag d. 22. Der Herzog gaben Audientz, ich wolde den Vormitag Viell don, allein der hibschmann[278]) Kam mit meiner Schadill, dan muste ich meinem Geschmuck meine Stonden Widmen, der herzog Kamen auch übel aufgereimd aus der audientz, da wurde ich vollens übels homors. Nach deme der Herzog zum academie essen wahren, so Kam die Oberstin v. Mandelsloh[279]) zu mir, u. wie der Herzog wieder Kamen, so geng es nacher Büßnau[65]), um dorden die Pferde zu sehen; ich wahr den gantzen Tag recht verdrislich, in der academie wurde zu nacht gespeist.

Stuttgardt d. 23. febr. Samstag 1782. Um 9. uhr geng Es nacher Kirchheim, da Stiegen der Herzog Bey meiner Schwester ab, meine Mutter u. Schwester Julie draf ich auch da an, der herzog haben braune pferde zu samen Komen lassen, die Besahen Sie da, u. dan gengen Sie, nach deme Sie ein wenig was zu Sich genomen hatten, in den Stall, besahen Ihre Junge pferde u. So lang assen wir zu mitag, der herr v. Palm[26]) Kam auch, Ihro Durchleicht Blieben lange aus, wie Sie Kamen, so blieben Sie noch eine Zeidt lang u. dan geng es wieder hir her, um 3. vierdel auf 7. Kam man hir an, es wahr zu spadt in die academie zu gehen, man as also in der retret zu nacht, ich hatte einen rechten vergniegden Tag.

Sontag d. 24. Ihro Durchleicht u. ich gengen in die Kirch, beim Essen von der academie wahr der hof, nach dissem fur man aus, alstan Suchden der Herzog Ihre Bescheler aus u. ich fürde die bede v. Mosheim zu Ihren Eldern, Kam aber gleich wieder u. las, bis Ihro Durchleicht wieder Kamen, dan schrieben Sie

u. ich las wieder, in der academie speiste man zu nachdt, der Oberstallmeister v. Neustein speiste mit.

Stuttgardt d. 25. febr. Montag 1782. Es geng nacher Büßnau nach Tisch, das Wetter wahr ser schen, u. sonst geng nichts merckwürdiges vor.

Dinstag d. 26. Es geng um 12. uhr nacher Hohenheim, nach die 4. uhr wahr man wieder hir, der herzog musterden Ihre alde Pabiere, u. gengen wohl zum Essen von der academie, aber Selbst in der academie wurde nicht gespeist, sondern in der retret.

Mitwoch d. 27. Das Wetter wahr ser schen, man fuhr nach Tisch spatzieren, die nachricht Kam, daß das eis geng, allein es wahr nicht viell, nach dissem musterde wie Gestern der herzog Ihre alde Pabire u. in der academie wurde zu nacht gespeist.

Donerstag d. 28. Um 12. uhr geng es nacher Hohenheim, abends wieder hir her, es wurde in der retret gespeist, aber Ihro Durchleicht gengen doch zum rachiren.

Hohenheim d. 1. Mertz Freitag 1782. Ihro Durchleicht Gaben audientz, es wahren ser vielle leide da, um 12. uhr geng es her nach nacher Hohenheim, im Dörfle stig man ab, wie es Abend wahr, so fur man in hof, alstan schrieben Ihro Durchleicht an der rechnung bis nach die 8. uhr, dan as man u. geng nach Tisch noch in Stall u. dan ruhig zu bet.

Stuttgardt Samstag d. 2. Nach dem Zweiden frie Stuck rieden der Herzog gleich aus, um 11. uhr wurde zu mitag gespeist, nach Tisch rieden der herzog wieder aus, ich arbeidede an einem hut, um 3. uhr geng ich auch in das Dörfle u. dan geng es wieder nacher Stuttgardt, das wetter wahr ser schen, in der retret aber wurde zu nacht gespeist.

Sontag d. 3. Ihro Durchleicht u. ich gengen in die Kirch, dan zum Essen von der academie, der hof war auch da, alstan fur man spatzieren u. stig in dem Bodanischen Garden[280]) ab, dan schrieben der herzog u. ich las, in der academie wurde es zu nacht gespeist.

Hohenheim d. 4. Mertz Montag 1782. Das Wetter war ser regnerisch, nach Tisch geng es gleich nacher Hohenheim, im hof Stig man ab, Ihro Durchleicht ridden gleich aus u. alstan raumden Sie die hoheimer schriftliche sachen zu samen, u. erst nach die 8. uhr as man zu nacht, nach dissem geng man noch in Stall.

Einsiedel Dinstag d. 5. Um 9. uhr geng es über Tübingen nacher Ofderdingen, da Selbst wurde das beschel regiester gemacht, wie es vorbey wahr, geng es nacher Einsiedel[451]), da wurde das fiech u. die pferde besehen, alstan geng man noch in die baum schulen, u. um 7. uhr zur Dafel. Heide haben Ihro Durchleicht auch Ihren Tranck angefangen zu Trenken.

Marbach d. 6. Mitwoch. Um 7. uhr machten Ihro Durchleicht das beschel regiester, ich blib bis 9. uhr liegen, weil ich gestern nicht recht wohl wahr, um 10. uhr geng es her nach nacher Aurach, da machten Ihro Durchleicht auch das beschel regiester u. man sahe die dordige Junge pferde, her nach geng es nacher Offenhausen, besahe dorden auch wieder die Junge pferde, dan geng es nacher Marbach, man geng noch in stall, u. um 7. uhr wurde zu nacht gespeist.

Aurach d. 7. Mertz Donerstag 1782. Um 8. uhr Seind Ihro Durchleicht in Stall u. haben Ihr beschell regiester gemacht, gegen 1. uhr wurde zu mitag gespeist, nach dissem machden der Herzog das land gestüd regiester, da wahr ich auch dar bey, nach dissem geng es nacher Aurach, um 5. uhr Kam man da an, u. um 7. uhr as man zu nacht.

Hohenheim Freitag d. 8. Um 7. uhr geng es von Aurach henweck, es geng über Nürtingen nacher Kirchheim, um 10. uhr Kam man dorden an, daselbst Besahen Ihro Durchleicht Ihre junge pferde, u. machden das land beschell wesen. Meine Mutter Kam auch da hen, u. bey meiner schwester war man u. as da zu mitag, nach Tisch geng es wieder hir her, u. man Kam hir under regen u. wend nach die 4. uhr an, im Dörfle stig man ab, u. wie es nacht wurde, fur man herein, u. as um halb 8. uhr zu nacht u. nach dissem geng es noch in stall.

Stuttgardt Samstag d. 9. Es wahr ein starger wend u. regnede auch zu Zeiden, doch rieden nach Tisch Ihro Durchleicht aus, nach die 4. uhr geng es in einem zugemachden wagen nacher Stuttgardt, in der academie wurde zu nacht gespeist; ich erfur auch, daß heide des regierungs rath von Normann seine hochzeidt war.

Hohenheim d. 10. Mertz Sontag 1782. Ihro Durchleicht u. ich gengen in die Kirch, mit zum essen von der academie geng ich nicht, Ihro Durchleicht gengen in Ihren stall u. Setzden mich im alden schloß ab, wo ich in die Ecoll geng, bis Ihro Durchleicht wieder Kamen; dan besahe man das quadier, wo Ihro hoheiden u. die Mömbelgarder herschaften, wan sie den 15. Komen werden, wonen werden, dan geng es wieder in das neihe schloß, da schrieben Ihro Durchleicht noch u. ich las, alstan geng es um 4. uhr hir her, in meinem haus in Stuttgardt Stig man auch noch einen augenplick ab; Ihro Durchleicht musterden hir noch die rechnungen u. gegen 8. uhr wurde gespeist.

Montag d. 11. Ihro Durchleicht nach deme Sie Ihren Trank getrongen hatten, rieden Sie aus, ich blib lang liegen, u. geng heide überhaubdt gar nicht aus, sondern schrib viell, Ihro Durchleicht aber rieden nach Tisch auch wieder aus u. wahren heide besonders charmand; um 4. uhr Kamen sie u. machden die rechnungen wieder in ordnung, u. gegen 8. uhr wurde gespeist.

[281])

Hohenheim d. 13. April Samstag 1782. Ihro Durchleicht wahren viell Bey Leib Kor Bau, abends fierden Sie mich auch da hen, wo ich mich verwonderde, daß So viel u. hiebsch gemacht worden ist, außer dem arbeidede ich an einer garnierung von spietzen u. hatte immer etwas Zan wehe.

Sontag d. 14. Nach die halb 9. uhr geng es nacher Stuttgardt, da Selbst geng es in die Kirch, der herzog gengen wie geweniglich zum essen von der academie, ich dis mahl nicht, sondern las, nach dissem rieden der herzog im reidhaus[133]), um pferde zum Caroßell zu brobieren, ich wahr auch dar Bey u. vielle Junge leide von der academie, von da geng es her nach hir her, u. hir schrieben der herzog noch u. ich las.

Montag d. 15. Das Wetter wahr wieder ser unangenem, es geng nichts sonderliches vor, abends fierden mich der herzog spatzieren u. nach dissem klagden Sie sich, daß es Ihnen brecherisch wehre, es wurde aber doch Gott lob bald wieder besser.

Hohenheim d. 16. April Dinstag 1782. Heide geng es wie gestern, nur daß der herzog Gott Lob wohl blieben.

Mitwoch d. 17. Um 8. uhr geng Es nacher Stuttgardt, da Selbst hilde man Sich ein wenig im alden schloß auf, dan durch geng man das bau wesen im neihen schloß u. der Herzog regulierden das ameblemang mit dem haubdt man Fischer[39]) u. Galerie Direkder Giebal[38]), dan aber geng es nach Louisburg, in der portzelan farogig Stig man ab, Ihro Durchleicht Bestelden vor den Gros fürsten u. die Groß fürsten was, von da geng es in das schloß u. Besahe das gantze schloß wegen Aus weckslung von Möbels nacher Stuttgardt, her nach geng es nacher Asberg, da Selbst gaben der herzog wieder den festungs bau vor dis Jahr an u. besahen Ihre Truben, bey der Zurik reis stig man in Louisburg im Milider Waisenhaus ab u. um 8. uhr Kam man wieder hir an.

Hohenheim d. 18. April Donerstag 1782. Das Wetter wahr heide gut, ich säde auch zum ersten Mahl Salad u. schefen, im Dörfle ist gefrie gestiegdt worden u. Abends fierden mich der herzog zum Leib Cor bau.

Freitag d. 19. Es geng um 9. uhr nacher Stuttgardt, da gaben der herzog audientz u. gengen zum essen von der academie, nach dissem geng es bald wieder hir her, hir besahe ein russischer oficier mit dem Oberst Seeger die Anlagen, ich geng heide nicht mer wegen geschefden in das Dörfle.

Samstag d. 20. Das Wetter war nicht sonderlich schen, u. es geng auch nichts sonderliches vor.

Sontag d. 21. Um halb 9. uhr geng es nacher Stuttgardt, da in die Kirch, ich geng nicht mit in die academie, aber Ihro Durchleicht schickden mir junge leide von der academie, ich lis auch werend dem die Ecoll zu mir Komen; wie Ihro Durchleicht wieder Kamen, fierden Sie mich in das naduralien Cabinet in der biblioteg, u. rieden von da einen Augenschein vor den hofrad Tritschler[282]) zu nehmen, u. wie Sie wieder Kamen, geng man noch in die biblioteg u. dan über bruderhaus[283]) u. Büßnau hir her, es war bald Zeit zum essen.

Hohenheim Montag d. 22. April 1782. Um halb 2. uhr Kam meine Mutter, Schwester Pflugen, Seckendorfin u. Juliana u. mein Schwager Seckendorf[587]), ich wahr herlich vergniegt, bald darauf assen wir zu mitag, nach dissem wahren der Herzog so gnädig u. fierden uns in das Dörfle, wir gengen aller orden herum, abends um 8. uhr gengen sie alstan wieder hen weck u. ich wahr recht danckbar, daß Ihro Durchleicht so gnädig wahren; es Kamen auch Briefe aus Wien, daß Ihro Durchleicht eine reisse da hen zu machen bestemden.

Hohenheim d. 23. April Dinstag 1782. Ich hatte ser viell zu don wegen der vorhabende reisse, doch fierden mich Ihro Durchleicht abends in das Dörfle, ich steckde Sau bonen, u. dan fierden mich der herzog herum, wo Sie wollen die Grabmehler von allen hertzogen machen lassen; abends hatte ich noch viell ein zu pagen morgen mit nacher Stuttgardt zu nehmen.

Mitwoch d. 24. Um 10. uhr geng es nacher Stuttgardt, Ihro Durchleicht gengen zum essen von der academie, u. nach dissem rieden Sie auf die Solidude, ich hatte ser viell zu don, u. packde auch einen Cofer ein Ihn mit dem Kamerherr v. Gemmingen voraus zu schieken; wie Ihro Durchleicht wieder Kamen, machden Sie auch noch einige arangemangs auf die reis, u. sagden es auch dem General v. Buwinghausen, daß er mit solde; nach dissem geng es wieder hir her u. man as gleich darauf.

Hohenheim d. 25. April Donerstag 1782. Ich hatte Ser viell zu don, doch fierden mich Ihro Durchleicht abends in das Dörfle, sonst geng aber nichts vor.

Freitag d. 26. Um 9. uhr geng es nacher Stuttgardt, da gaben der Herzog Audientz, zu mir Kam die amtman riderin, ich hatte wieder viell zu don u. lis auch werend dem academie essen Einige von der Ecoll Komen, die mir helfden nehen; nach dem der Herzog von der academie Kamen, so geng es gleich wieder hir her, u. da schrieben der herzog noch u. ich arbeidede, es wahr ser regnerisch wetter.

Samstag d. 27. Beim auf weken sagde man, daß es schneide, es lag auch wirglich bey einem Zoll schneh; es gab wieder den Gantzen Tag durch Viell zu don; in der frie dikdierden der Herzog lang dem Schmiedle[76]).

Hohenheim d. 28. April Sontag 1782. Um 9. uhr geng es nacher Stuttgardt, da in die Kirch, nach dissem as man u. geng zum Essen von der academie, wo Selbst der hof wahr, alstan fur ich zu der Geheimde räthin v. Uxküll u. zu der frau v. Mosheim, dan packde ich ein u. Ihro Durchleicht rieden wieder einen augenschein wegen dem schloß platz[284]) zu nehmen; nach deme ich ein gepackt hatte u. die Ecoll bey mir wahr, geng ich zu der Geheimderath Bühlerin, da hen Kamen auch der Herzog, u. von da geng es wieder hir her, um 8. uhr Kam man an, also wahr es gleich essens Zeit.

D. 29. Montag. Es gab noch viell zu don, der herzog schrieben viell u. rieden auch noch in das Dörfle, ich geng auch noch henaus; um 1. uhr wierd es, Wan es Gottes wielle ist, von hir henweck gehen über Stuttgardt, u. in Göppingen übernachted; Gott gebe

Seinen seegen zu diese reisse u. begleide alle mit seinem almechdigen schutz.

Göppingen d. 29. April Montag 1782. Um 1. uhr geng es mit Gottes hielfe von Hohenheim hen weck, in Stuttgardt hielde man Sich ein bar stonden auf, u. drat dan in Gottes nahmen die reisse nacher Wien nach die 3. uhr an; es geng alles Glicklich bis Göppingen u. da blib man übernacht.

Augspurg d. 30. Dinstag. Um 6. uhr geng es von Göppingen hen weck, in Ulm u. Samerhausen[285]) trangen der herzog Cafe, ich as in Ulm eine Supe, u. die reisse geng wieder Gottlob glicklich besonders hir her nacher Augspurg, außer daß Ihro Durchleicht Kopf we klagden, man as bald.

Haag d. 1. Mey Mitwoch 1782. Von Augspurg geng es nacher Ebersburg[285]), Schwabhausen, in Schwabhausen nam man ein wenig was zu sich, der Curfirst von Trier[277]) wahr zu gleicher Zeit auch da, da gengen der herzog zu Ihm, Er Kam auch wieder herieber, dan geng es nacher Möngen[263]); der Herzog wolten zum babst, der Just da wahr, allein er schlif, ich geng zu der Gräfin La Roße[211]), der General Buwinghausen begleidede mich da hen, u. dan geng man um halb 6. uhr wieder von Menen[263]) hen weck, über Roßtorf u. Hegelenden[286]) nacher Haag, da muste man noch warden auf das Essen, weilen wegen mangel der Pferde niemand lang voraus Konde geschickt werden.

Braunau d. 2. Mey Donerstag 1782. Heide Stond man erst nach die 8. uhr auf u. geng gegen die 10. uhr vom nacht Quadir henweck, über Ampfingen, Alt Ötting u. Marktl hir her, wo man gegen die 7. uhr hir an Kam, es wurden einige Cofers vissedirt, u. der herzog gengen auch noch mit dem General v. Buwinghausen in die Kasernen, es Kam auch der Comandant u. platz meijor einen augenplick; in Ampfingen nam man was zu sich; der Stadt Comandant heist Graf Stugard.

Linz d. 3. Mey Freitag 1782. Von Braunau geng es über Altheim, Ried Unter haag, Lambach, Wels nach Linz, um 6. uhr Kam man glicklich an, Ihro Durchleicht gengen in die Bede Cassernen Langle u. Steim der Graf Fürstenberg Sengel heim begleiden Sie da hin, ich fur in das schloß, um die Gegend zu Sehen u. dan as man balt zu nacht.

St. Pölten d. 4. Um 7. uhr geng es von Linz über Enns, Strengberg, Amstetten, Kemelbach, Melk u. St. Pölten; in Melk nam man was zu sich, u. geng in das Closter, Besahe die Biblioteg u. das gantze Closter, der Pader Prior fierde herum, aber Ihro Durchleicht gaben sich erst auf die Letz zu erkennen, nach dissem Kam man in St. Pölten etwas spedes an, as also gleich zu nacht.

Sontag Wien d. 5. Mey 1782. Ihro Durchleicht gengen in die franciskaner Kirch, nach dissem besahe man das Englische Stift u. hilde Sich lange da auf, zu vor aber Kamen einige oficier, alsdan besahe man das Erziehungs Stift vor Junge Oficiers Döchder, dan gengen der Herzog zu einem alden bekanden, General Lazanderie, her nach nam man noch was zu Sich, u. geng hen weg Perschling, Sieghartskirchen, Purkersdorf nach Wien, u. Kam um 5. uhr Gott Lob Glicklich hir an, Speiste bald zu nacht, u. legde sich zu bet.

Wien d. 6. Der Herzog Lissen Sich beim Keisser melden, auf das Kam der Graf Rosenberg u. bald darauf fuhren der Herzog zum Keisser, u. gengen von da zum Erzhertzog Maximilian; auf diesses wurden visiden gemacht, under diesser Zeidt Kamen der Keisser auch wieder vor das haus, der Erzhertzog Kamen aber noch, befor der hertzog ausgefahren sein, auch noch andere von die ersten Kamen, u. Abends geng man zu dem Fürst Coloredo u. Caunitz in die geselschaft.

Wien d. 7. Mey Dinstag 1782. Zu Erst geng man in das Theresianum, daselbst hilde man sich lange auf, die übrige Zeidt hilde man sich mit visiden auf, u. abend geng man zu Coloredo.

Mitwoch d. 8. In das Waisenhaus vom pader Borhan . . . geng man zu erst u. hilde sich lange dar bey auf, dan zu den Barmhertzigen Brüdern, wo das reconvalescenten haus, alstan as man, u. der herzog gengen noch in die Keisserliche Ställe, u. Abends geng man eine halbe Stonde in die Comedie u. dan zum fürst Kaunitz.

D. 9. Donerstag hemelfart. Der herzog gengen in die Capuziner Kirch, Besahen auch da Selbst die Keisserliche Gruft, in der frie wahr auch der Graf Rosenberg da, ich lis zur Ader, u. um 12. uhr Kamen der Keisser u. blieben bey anderhalb stonden da, dan as man u. nach dissem geng man zu dem russischen ambasadeur fürst Galitzin, er fürde in sein Kleines land haus u. Garden u. von da in den Prader, dan begleidede er noch nach haus u. blib einige Zeidt mit seinem newe da.

Wien d. 10. Mey Freitag 1782. Um 10. uhr geng es in das

Salesianer Chloster u. besahe die Zemer von der Prentzes Elisabet, dan besahe man das Chloster selbst u. Ihre erziehungs Anstalden, von da geng es in das Belveder u. besahe die schene bilder Gallerie, u. dan geng es zum herrn Schageng seinen bodanischen Garten zu sehen; es wahr schon über 4. uhr, wie man nacher haus Kam, dan as man, u. nach dissem gengen der herzog noch in die Cavalerie Cassernen in der Leopold Stad, u. um 9. uhr geng man zum Graf Hatzfeld, wo selbst vielle Geselschaft wahr.

Samstag d. 11. Vor mitag geng es nacher Schönbrunn, besahe daselbst alles, auch zu gleich den so genanden hollendischen Garden, u. von da zu dem fürst Caunitz in sein reid haus, wo selbsten Er selbsten herum ried, dan zog man sich an u. as beim Caunitz zu mitag, u. abends geng man in die geselschaft vom fürst Coloredo.

Wien d. 12. Mey Sontag 1782. Der Herzog gengen in die St. Stefans Kirch, ich in die schwedische Gesanden Kirch, nach dissem machden der Herzog viside beim Erzhertzog Maximilian, Graf Hardegg u. Feld Marchal Leßie, dan geng es zum essen zum Coloredo, nach mitag fur man in den Au garden u. Kam verdrislich zu rick, auch in den Prader fur man noch, u. as dan bald zu nacht.

Montag d. 13. Um 7. uhr geng es nacher Neustadt, man Kam glicklich daselbst an u. wurde von dem Graf Kinsky u. Ihr ser gut auf genomen, Sie fürden in der gantzen Akademie herum u. zeigden alles, der Bischoff Kerentz Kam auch u. noch einige Officir dar zu, es dauerde lang bis man zum essen Kam, u. nach dem essen besahe man in der academie vollens, was vor mitag übrig geblieben wahr, u. geng zemlich spad hen weck, u. Kam erst nach die 10. uhr hir an, dan as man bald zu nacht.

Wien d. 14. Mey Dinstag 1782. Um 12. uhr geng es in die Burg u. sahe der Belenung der Abtei Berchtolskaten zu, dan in das mechanische u. naduralien Cabinet, u. her nach zum essen, nach dissem gengen der herzog in die Grosse Alser Casserne, milider invaliden haus u. Milider hospital, u. ich nach Erlau des fürsten v. Starhemberg seinen Garten zu sehen, alstan in die Comedi u. von da zum fürst Kaunitz. Ihro Durchleicht spierden schon einige Zeidt etwas vom Bodagra.

Mitwoch d. 15. Die Biblioteg sahe man zu erst, dan die Burg, vorziglich die Zemer, wo die russische herschafden gewond hatten, u. her nach die Staats Ecipachen, nach dem Essen sahen der herzog die ungarische u. polnische Garden Ställe, nach dissem die Invanderie Cassern auf dem getreid markt, alstan die Cavalerie Cassern in der Josephs stadt; ich geng in dessen in die portzelan faborik, von da in das reid haus u. in die St. Stefans Kirch, besahe da das mergwürdigste, u. geng die helfde von dem Durn henauf; wie ich nacher haus Kam, draf ich Ihro Durchleicht mit vielen schmertzen vom bodagra an, sie lissen sich gleich blut igel setzen u. spierden Gott lob auch lenderung dar von, man geng bald zu bet.

Wien Donerstag d. 16. Mey 1782. Um 11. uhr geng man zum fürst Galitzin zum frie Stuck, Ihro Durchleicht zwangen sich so gut sie Konden, u. ob sie wohl Keine grosse schmertzen haden, so Konden sie doch schwer Gehen; es wahr eine grosse geselschaft da, nach dissem fur man wieder nach haus u. geng um halb 3. uhr zum essen von Graf Hatzfeld, wo eine ser gutte Geselschaft war, nach Disch retirirden sich der herzog u. wir insgesamd wegen die schmertzen vom bodegra bald, u. der herzog lissen sich wieder blud igel setzen, u. spierden Gott lob eine grosse erleichderung dar von.

Freitag d. 17. Der herzog befanden sich mein lieber Herzog etwas bessers, man solde zu erst, um 11 uhr in Laxenburg sein, allein es wurde gesagdt, daß der Keisser erst um 2. uhr da hen Kommen werden, u. also Kam man dorden um die bestemde stonde an, der Keisser wahren Ser gnädig, man speiste bald zu mitag an einer Dafel von 18 Couver, nach der Dafel weisten mir der Keisser selbsten das schloß u. den Garden, alstan geng es auf die falgen Jagdt, der Keisser rieden u. der herzog wegen Ihrem fus fuhren.

Nach dissem fur man noch in dem Kleinen Wald herum, u. wie man wieder in Laxenburg ankam, so gengen der Herzog u. wir bald wieder henweck u. Kamen um halb 9. uhr wieder hir an; der Herzog u. ich speisten in der retret u. Legden sich bald zu bet.

Wien Samstag d. 18. Mey 1782. Der Herzog Stonden noch mit schmertzen auf u. gengen aber denoch in die Ecolle de Genie, welche under dem Comando des General Pelegrini Stedt, ich geng um 12 uhr zu der Gräfin Clarie, u. wir bede gengen alstan in das Pelegrini sein haus u. erwardeden Ihro Durchleicht

u. den General; wie Sie Kamen, frie Stuckde man u. Sahe das Gantze haus, das ser ardig ist, her nach fierde man die Grefin Glarie wieder nach haus, fur auch nach haus u. as zu mitag, nach Tisch gengen der hertzog u. wir in das Grosse Keisserliche arsenall, von da wieder nacher haus u. dan abends zum fürst Kaunitz, in der retret speisten der herzog u. ich.

Wien d. 19. Mey Pfengstag 1782. Der Herzog gengen in die Capiciner Kirch, u. ich in die schwedische, alstan gengen der Herzog in den Cercle u. alstan geng es zum mitag essen zum Keisser in den Au Garden, da weisten der Keisser das Gebeide u. weil es regnede, so Konde man nicht spatzieren gehen, der Keisser wahren ser gnädig, nach dissem geng man wieder nacher Haus u. abends geng man in die Geselschaft vom Coloredo u. Kaunitz u. as in der retret zu nacht.

Montag d. 20. Zu erst wieder der herzog u. ich in die Kirch wie gestern, alstan gengen der herzog zum Büler[232]) zum frie Stug, alstan geng es zum Galitzin zum essen, da anuirde ich mich braf, u. man geng auch nach Tisch bald wieder henweck u. nach dissem geng man in das orientalische Institut, von da in die Comedia, dan zum Coloredo u. dan nach haus zum essen.

Wien d. 21. Mey Dinstag 1782. Der Herzog gengen um 9. uhr in das Theresianum u. Kamen um 12. uhr wieder u. dan geng es zum fürst Adam Auersperg, da besahe man alles, dan nach haus u. ziegde mich an, u. her nach zum Graf Seilern, die Geselschaft wahr ser gut u. gros, nach Tisch blib man noch eine Zeidt lang, dan geng man nach haus, zu vor ehe man aus geng, Kam die nachricht, daß die hertzogin von Kebeneck[287]) u. der General v. Rieger[288]) gestorben sey, nach deme man von der Gräfin Seilerin Kam, so geng man zu der Gräfin Burghausen, von da geng man bald zum fürst Kaunitz, u. dan geng es um 9 uhr zu dem frantzösischen Gesanden zum nachtessen, da wahr ser grosse Geselschaft, es wurde vor der Dafel gespilt u. nach die 11 uhr geng es zur Dafel, wie diesse geendigdt wahr, so gengen der herzog u. ich bald nach haus, doch wahr es schon bald 1. uhr.

Wien d. 22. Mey Mitwoch 1782. Der Herzog u. ich gengen in das Unifersideds haus, der Profeser Sonnenfeld Las, u. dan sahe man alles u. hilde sich bis gegen die 4. uhr da auf, her nach geng man wieder nacher haus, zog sich an u. geng zum fürst Kaunitz auf Sein Land haus, da besahe man die gemelde u. geng gegen die 6 uhr zur mitags Tafel, nach dissem blib man noch eine Zeidt lang u. geng zu dem fürst Coloredo, u. as her nach in der retret zu nacht.

Donerstag d. 23. Um 11. uhr geng ich in das Instidut, wo die Daub u. Stomme underricht werden, dan in das fendelhaus, des dar neben ist, dan wieder nach haus, u. um halb 2. uhr fuhr man nacher Dornbach zu dem feld marchall Laßie zum mitag, nach Tisch fur man spatzieren u. besahe alle seine anlagen u. bald nach die 8. uhr Kam man nacher haus u. in der retret wurde gespeist.

Wien d. 24. Mey Freitag 1782. Um 7. uhr geng es nacher u. sahe da mit bewondrung das grosse Magatzin vor die Keisserliche arme, um die 2. uhr Kam man wieder zurick, as alstan zu mitag, nach mitag reideden der Herzog aus, um exersiren zu sehen, u. ich geng zu der frau v. Stockmeier[289]), da hen Kammen der Herzog alstan auch, u. Sie u. ich gengen zu dem hE. v. Ennenhusen, er machte Vielle schene experemende, dan geng es nacher haus, man zog sich an, u. geng noch zum fürst Kaunitz u. Graf Hatzfeld, blib aber bey beden nicht lang u. machde, daß man balde zu bette Kam.

Samstag d. 25. Nach dem ich auf gestanden wahr, zog ich mich gleich an, die frau von Kam zu mir, u. dan auch die frau v. Manerd, der herzog schrieben an Ihrer rechnung, dan Kam die Zeidt heran, daß man nacher Laxenburg geng, bald darauf geng es zur Dafel, nach der Dafel beurlaubde man sich bald beim Keisser, wie man zu rick Kam, packde man ein; der Erzherzog Maximilian Kam abends noch zu Ihro Durchleicht, u. dan geng man noch zu dem fürsten v. Kaunitz u. nam auch da Abschid, alstan as man zu nacht, zu 7. couver.

Melk d. 26. Mey Sontag 1782. Der Herzog gengen in die Capuciner Kirch, u. gengen auch noch zu dem Erz hertzog Maximilian, dan machde man sich ferdig zur reisse, die frau v. Honeck Kam noch u. übergab Ihren Son, auch wahr noch Buler[232]) u. Stockmeier[289]) da, u. dan geng man um halb 12. uhr von Wien hin weck, in Purkersdorf dankde der v. Honeck am wagen vor die Anname seines sones, u. man Kam bey Gutter Zeidt in Melk an u. as balden zu nacht, der herzog wahren zemlich auf gereimd am nacht essen.

Unterhaag d. 27. Um 5. uhr geng man von Melk henweck,

underwegs geng man in das Closter Florian, daselbst hilde man sich zemlich lang auf, man besahe das gantze Closter, Kirch u. biblioteg, der prelad weist es selbst, es wahr ser viell Staub, u. Ihro Durchleicht bekamen auch einen husten, wahren aber monder, man Kam Glicklich Gottlob in Unterhaag an, das Quadir u. essen war schlecht, u. in der nacht musten sich der herzog brechen u. ser husten, daß Sie ser mad dar von wurden.

Ampfingen d. 28. Mey Dinstag 1782. Um 6. uhr geng es weck von Unterhaag, der herzog wahren ser mad u. musten underwegs immer viell husten, u. der staub war ser Starck, ausser diesem geng die reis recht Glicklich u. Gut, man Kam beizeidt nach Ampfingen, der herzog, wie wohl sie zemlich mat wahren, u. wenig Speisten, assen doch haussen, doch geng es her nach bald zu bet.

Augspurg Mitwoch d. 29. Man geng wieder von Ampfingen um 5. uhr hen weck, der herzog hatten die nacht viell hitz u. fieber, u. muste in der nacht limunaden vor Sie gemacht werden, Sie wahren also ser mad, doch besserde es sich immer so gantz ein wenig, in München hielde man Sich vor der Stadt eine Stonde oder anderhalb auf, u. der herzog sprachen mit dem Abel[102]), u. man Kam Gott lob Glicklich in Auspurg an, as so bald wie meglich zu nacht, der herzog nahmen sich aber ser mit dem essen in acht, under wegs dranken sie viell milich, in Schwabhausen haben sie auch ein wenig was von einem hönle genommen.

Hohenheim d. 30. Mey Donerstag 1782. In Augspurg gengen der herzog als am fron leichnamsfest zu erst in die Mes, dan geng es um halb 6. uhr von da hen weck, in Ulm Stig man in dem Würtembergischen Gesandschafts haus[290]) ab, da hen Kamen Alle Gesande, u. man hilde sich bey anderhalb Stonden da auf; es geng her nach über Könken hir her, u. man Kam Gottlob um halb 8. uhr Glicklich hir an, man as bald u. legde Sich bald nieder.

Freitag d. 31. Der herzog musten wieder mer husten, ich wahr auch nicht recht wohl, im Dörfle frie Stickde man, nach mitag geng der herzog auch einen augenplick da hen, allein es Kam ein ser Starkes Wetter, daß Sie bald wieder zu rick Kamen, das Wetter Gab schlossen ein hener ey Gros, doch wahren es nicht so ser viell, u. es dade Gott lob nicht viell schaden, abends fur man noch ein wenig aus, u. as auch bald wieder zu nacht.

Samstag d. 1. Juni. Der Herzog u. ich wahren ser mat hertzig, u. es geng nichts sonderliches vor, das Wetter war bassabel, doch etwas Kiell, nach mitag wahr man im Dörfle u. fur spatzieren.

Hohenheim d. 2. Juni Sontag 1782. Um halb 9. uhr geng es nacher Stuttgardt, da gengen der herzog u. ich in die Kirch, meine mutter, schwester Seckendorfin, Juliana u. Schwager Seckendorf wahren da, u. gengen mit mir in die Kirch, zu vor lis ich auch die Ecoll zu mir Kommen, zum essen von der academie Kam auch meine schwester u. schwager u. der Gantze hof von herns; nach Tisch musterden der Herzog Ihren Marstall u. zu mir Kamen meine verwande, alstan wie Ihro Durchleicht wieder Kamen, so gengen Sie u. ich in das neihe schloß, das bau wesen zu sehen, von da in mein haus u. dan wieder hir her, es wahr schon bald 8. uhr, u. also wurde bald gespeist.

Montag d. 3. Der herzog gengen wie geweniglich um 7. uhr in das Dörfle, nach mitag liessen Sie das Gewer in dem leib Cor bau wieder rachiren, ich erwardede meine mutter u. schwester Juliana, sie Kamen erst nach die 5. uhr, dan gengen wir auch in den leib Cor bau, Sie gengen von dorden wieder nach Ensingen, u. der herzog u. ich fuhren noch ein gantz wenig spatzieren, es wahr den gantzen Tag über ser Kiell.

Hohenheim d. 4. Juni Dinstag 1782. Es wahr heide wieder ser frisch, daß der herzog den gantzen Tag Ihren überrock an haben musten, auch wahren sie heide wieder ser mat, u. husteden in der nacht viell; nach mitag geng ich bald in das Dörfle u. draf 2. Kie und 1 Geis im Dörfle an, die der herzog diessen Somer über da lassen wolden, ich pagde auch etwas von Lieung[286]) aus, des in das Kleine bad Komen solde, abends fur man ein wenig spatzieren u. geng auch noch in den Stall.

Mitwoch d. 5. Im Dörfle wurde frie gestickt, dan fierden mich der Herzog in die Kirch nach Birgach u. Sie schrieben ser viell an Ihren Geschäften, die Sie Sich seid vor gestern haben wieder geben lassen, nach mitag Kam der leibmedikus Jäger wegen dem Cadar von Ihro Durchleicht, dan fierden mich der herzog in das Dörfle, abends fur man ein wenig spatzieren u. geng noch in pfertsstall u. sahe zu bludigel eine stude, die bese Augen hatte, ansetzen.

Hohenheim d. 6. Juni Donerstag 1782. Im Dörfle wurde friegestückt, ich Säde auch hirsen u. hatte viell mit der einrichtung der Kie u. der Geis im Dörfle zu don, nach Tisch rieden der herzog wie geweniglich gleich aus, ich schrieb, dan holden mich der herzog ab in das Dörfle u. abends fur man die Grosse Tur spatzieren.

Freitag d. 7. Um 9. uhr geng es nacher Stuttgardt, der hertzog gaben audientz, so lang besuchde ich die Ecoll, da viele an der russische Grangheid lagen, wie in der academie auch bey zwey honderd. Nach dem Essen Kamen meine Schwester Seckendorfin u. Ihr mann zu mir, bald geng man her nach weck, wie der herzog von der academie Kamen, u. es geng über die Solidude hir her, bey der Treiberey stig man ab, geng auch her nach in den langen Stall[291]), wo die Studen von Büsnau stehen, u. Kam gegen 5. uhr hir an, meine schwester Kam auch noch in's Dörfle beim verbey fahren einen augenplick, u. dan schrieben abends der herzog noch.

Hohenheim d. 8. Juny Samstag 1782. Im Dörfle frie Stickde man, das Wetter wahr ser angenem, nachmitag war man auch viell im Dörfle u. abends fur man ein wenig spatzieren.

Sontag d. 9. Der Herzog fierden mich nacher Birgach in die Kirch, Sie schrieben den Gantzen Tag durch ser viell an Ihren Geschefden, u. wurden auch auf die lest gantz sad dafon, ich legde mich aufs Canabe im roden Zemer u. las, so lang rieden der herzog spatzieren, dan fierden Sie mich in das Dörfle, u. von da fur man in den Fassanen garden.

Montag d. 10. Im Dörfle wurde gefrie gestiegdt, ich brobirde das Kleine bad Zemer zu dabezieren, es Kamen auch pferde aus Holstein, die Ihro Durchleicht freiden, nach mitag fierden mich der Herzog auch wieder in das Dörfle u. abends fur man ein wenig spatzieren, es wahr ein ser warmer Tag.

Hohenheim d. 11. Juny Dinstag 1782. Im Dörfle wurde gefrie gestiegdt, es feng aber bald an zu regnen, dan geng man etwas belders wie sonsten nacher haus, nach Tisch war es wieder schen, u. man brachde die mereste Zeidt im Dörfle zu, es wurde das Erste mahl im Dörfle aus gerird, abends as man wie geweniglich um 8. uhr.

Mitwoch d. 12. Im Dörfle wurde wieder gefrie gestiegdt, dan las ich wie geweniglich, dan geng ich in meine Kleine meierey[552]), u. dan gengen der herzog im Dörfle herum zum leib Kor bau u. in das Krangen haus, des dar zu geherd, u. um 1. uhr fur man nacher Ober Ensingen, von da gengen der herzog auf die Jagdt,

u. ich Blieb so lang da, um halb 6. uhr Kamen der Herzog wieder, Sie blieben eine halbe stond, dan geng es wieder hir her, es wurde bald zu nacht gespeist, u. heide feng man auch an mit gantzer macht zu mehen.

Hohenheim d. 13. Juny Donerstag 1782. Im Dörfle wurde zwar gefrie gestiegdt, aber es regnede ser Starg, u. aus diessem Grond namen sich es der Herzog vor nacher Kirchheim zu gehen u. dorden Ihre Junge pferde zu sehen; es geng auch um 1. uhr von hir weck, u. man Stig bey meiner Schwester ab, der herzog besahen dan Ihre pferde, so lang blib ich Bey meiner Schwester; wie der herzog wieder zurick Kamen, so blieben Sie auch eine Zeidt lang u. um halb 8. uhr war man wieder hir, es wurde bald darauf zu nacht gespeist; ich feng auch heide an Geismilch zu drengen.

Freitag d. 14. Heide war es recht ser schen wetter, es mäden 150 mann, im Dörfle wurde gefrie gestiegdt, nach dem Gute firden mich der Herzog zum mehen in Carls hof, wo heide nachmitag zu mehen angefangen worden ist, dan geng es wieder in das Dörfle u. abends fur man wieder in den Carls hof zum mehen; wie man zu rick Kam, geng man noch in den pferds Stall, u. weil es so gar ser angenem war, so schrieben der Herzog noch im hof u. ich arbeidede.

Hohenheim Samstag d. 15. Juny 1782. Im Dörfle wurde frie gestigdt, es war so schen wetter, daß Viell hey herein Gefird wurde, wie man in die haugs wiese[292]) Kam, so hielde ich mich bey der Biramid[293]) auf, der herzog Kamen öfders u. drangen Siesse milch von meiner meierey[552]) im Dörfle u. im hof wurde gespeist.

Sontag d. 16. Der herzog gengen in Ihre Kapel hir u. hörden meß, fierden mich aber zu vor nacher Birgach in die Kirch, es war ser warm, nach Disch rieden Sie aus, ich legde mich auf das Canabe u. las, dan fur man spatzieren, u. ins Dörfle rieden der herzog noch herum, ich las so lang, auch wurde im Dörfle zu nacht gespeist.

Hohenheim d. 17. Junii Montag 1782. Im Dörfle wurde gefrie gestiegdt, alstan as man zu mitag u. gleich um 9. uhr wurde anfangen hey herein Gefird, es Kam auch heide vom Carlshof u. hir 250 Wegen herein gefird, der herzog wahren u. ich auch abends fiell beim heihen.

Dinstag d. 18. Um 10. uhr geng ich vom Dörfle aus nacher Plieningen zur pfarrerin, da Bliebe ich bis 11. uhr, dan holde ich Ihro Durchleicht auf der hohprugs wiesse[294]), die follens von hey abgereimd wurde, ab; nach dem Essen geng es nacher Klein Hohenheim, da war man dan beim mehen, ich geng weid hender der brunn halden herum u. man as nach gehens im Dörfle zu nacht, es Kamen mer wegen hey herein wie gestern.

Hohenheim d. 19. Junii Mitwoch 1782. Im Dörfle wurde frie gestiegdt, nach dem essen fur man in Carls hof u. die 3 Scheiern zum mehen u. hey herein zu don, u. im Dörfle wurde zu nacht beim Englischen Garden gespeist.

Donerstag d. 20. In der frie Kamen meine Kiehe u. Geis in das alde schweitzer haus, es wurde auch da frie gestigdt, um 1. uhr Kam meine Schwester Pflugen mit Ihren 3. Kändern, u. um 2. uhr meine mutter, schwester Seckendorfin, Ihr mann u. schwester Juliana, sie assen bald, dan gengen wir in das Dörfle, gudirden im feigen haus[106]), u. dan firden uns der Herzog in Carls hof zum heihen u. zurick in Keller u. guzenremiesen, dan beurlaubden Sich meine Verwande wieder u. der herzog u. ich speisten im hof zu nacht.

Hohenheim d. 21. Juny Freitag 1782. Im Dörfle wurde frie gestigdt u. gudirt, dan fur man zum heihen zu die 3. Scheiern, ich geng auf die Grosse höhe bei Kamled[92]) zu fus henauf u. im hof wurde zu nacht gespeist.

Samstag d. 22. Im Dörfle wurde frie gestigdt, u. nachmitag Kam mit Gottes Hülfe u. Gott lob alles hey follens herein, ich geng in die Baumschull u. lis die pfarrerin von Birgach mit Ihrem Kind zu mir da hin Komen, u. im hof wurde zu nacht gespeist.

Sontag d. 23. Um halb 9. uhr geng es nacher Stuttgardt, da in die Kirch u. Zum essen von der academie, alwo der hof war, nach dissem gengen der herzog in Ihren Stall u. ich zu der Uxküllen, alstan suchden der herzog sachen zum Carosell aus, u. dan geng man in die Ecoll, um eine undersuchung in Ihren Kesten anzu stellen; um 4. uhr geng es in das neihe schloß, das bauwesen zu sehen, u. machden der herzog follens alles aus, wie Sie es haben wolten; man fur auch noch zu der planie hender der academie[295]), von da in mein haus u. hir her, u. hir speiste man im hof.

Hohenheim d. 24. Juny Montag 1782. Im Dörfle beim schweitzer haus wurte gefrie gestiegdt, auf dem Nero las ich,

Kley wurde Viell herein gefird, nachmitag Kam die freilein v. Franquemont zu mir, wir gengen ins Dörfle, namen da Milich ab, u. abends furen uns der herzog zum Gley herein dun, nach dissem geng Sie wieder weck, u. dan Speiste man im hof.

Dinstag d. 25. Der formitag geng verbey wie der göstrige, im Dörfle wurde auch gutirt, u. nach die 6. uhr fierden mich der herzog um das Gantze Gut hir herum, des eine ser schene spatzirfart war, u. man erst um 8. uhr wieder zu rick Kam.

Mitwoch d. 26. Das frie Stuck u. Gute nam man im Dörfle, u. Abends fur man spatzieren; heide Kam auch follens Gott lob der Kle herein, es war auch von ferne ein wetter, das uns ein wenig aber gantz wenig unsere warme luft abkielde, der herzog waren nicht sonderlich gutten homors.

Hohenheim d. 27. Juny Donerstag 1782. Im Dörfle wurde frie gestigdt, nach mitag da gudirt u. abends spatzieren gefahren, wo bey mich Ihro Durchleicht in die neihe Casern bei der midleren miele das erste mahl fürde.

Freitag d. 28. Um 9. uhr geng es nacher Stuttgardt, da gaben der herzog Audientz, u. gengen zum essen in die academie, nach dissem geng es nacher Asberg, Sie besahen da Selbst alles u. ich blib so lang bey der General Riegerin[288]), es regnede meist die gantze Zeidt, im rug weg stig man bey der Geheimerad Bühleren u. da ferdigde der herzog den haubdt mannFischer[39]) follens nacher Bariß ab, welcher nach dissem auch gleich ab geng.

Hohenheim Samstag d. 29. Juny 1782. Im Dörfle wurde frie gestigdt u. gutirt u. abends fur man spatzieren, es Kamen auch die pferde heide frie von Wien.

Sontag d. 30. Um halb 9. uhr geng es nacher Stuttgardt, da in die Kirch, dan zum Essen von der academie, zu vor lis ich die Oberst Seegerin, nach deme ich mich auch schon gegen Ihren mann explicirt habe, zu mir Komen; in der academie wahren bloß die Vätters, u. ein ungarischer Bischoff von Schwartzer, nach dissem Kamen noch welche von der Ecoll zu mir, u. Ihro Durchleicht besahen die Ecibachen von dem Carosell, her nach geng es nacher Louisburg, in meinem haus stig man ab, der herzog liesen die Granadir a Schvall in schloß hof Komen, u. suchden die aus, wo hir her zu liegen Komen sollen; ich lis die verwittibde bauverwalderin Bolerin mit Ihrer Familie zu mir Komen, u. dan geng man in die Sattel Kamer u. von da in das Milider Waisen haus, u. von dorden wieder hir her, alwo man nach die 8. uhr ankam.

Hohenheim d. 1. Juli 1782 Montag. Im Dörfle wurde frie gestigdt, ich machde den Schogolad selbst, nach mitag wurde auch da gudirt, vor mitag schrieben der herzog auch im Dörfle, u. abends fur man in den Fassanen Garden bey Echterdingen[360]), u. as ruhig im hof zu nacht, es wahr ser warm.

Dinstag d. 2. Die mereste Zeidt Brachde man vor u. nachmitag im Dörfle zu, auch gengen der Herzog u. ich das Erste Mahl auf den so genanden Tempel der Zibile[252]), u. abends fur man spatzieren.

Mitwoch d. 3. Nachmitag geng es nacher Stuttgardt, man Stig im neihen schloß ab, besahe das bauwessen dorden, u. geng von da aus, die Jacht Schirme zu Sehen, u. wieder hir her.

Donerstag d. 4. Im Dörfle wurde frie Gestigdt, nach mitag wahr man auch viell da, u. abends fur man zu dem schliff u. in die mittlere mill[46]) (s. Einleitung S. 8 u. 9).

Hohenheim d. 5. Juli Freitag 1782. Man brachde wieder die mereste Zeidt vor u. nachmitag im Dörfle zu, u. abends fur man spatzieren.

Samstag d. 6. Der heitige vor mitag verging ungefer wie gestern, nach mitag geng man um 5. uhr auf den Bären See, um den platz zu Besehen, der zu dem Jagen, wan der Groß fürst Komt, soll genomen werden, um 8. uhr Kam man wieder hir an.

Sontag d. 7. Um halb 9. uhr geng es nacher Stuttgardt, da in die Kirch, nach der Kirch as man u. geng zum Essen von der academie, der Herzog lissen auch den hof Capelan Ridmüller zu Sich Komen, um Ihn wegen dem Baumann[332]) zu sprechen, so lang waren welche von der Ecoll bey mir, alstan geng es in das neihe schloß, das bauwesen zu Sehen, her nach in das fürsten haus, die liwere u. mondirungs gewelber zu Besehen, von da in des Ober Jägermeisters seinen[346]) haus, auch es zu besehen vor quadirs vor fremde herschaften, u. dan zu dem Geheimderadt Bühler, u. von da geng es hir her, u. hir Kam man noch vor die 7. uhr an.

Hohenheim d. 8. Juli Montag 1782. Im Dörfle wurde frie gestigdt u. Gutirt u. nach die 4. uhr Kamen von die Granadir à Schvall ein Leutnant u. 22 Mann, die in die neihe Cassern bey der mitleren mill ein quadirt werden; der herzog u. ich wahren dar bey, wie Sie einrugden, dan aber feng es an zu regnen, daß Sie u. ich nach haus fuhren u. den abend vollens durch schrieben.

Das erste mahl wurden im Dörfle bonen gebrochen.

Dinstag d. 9. Man frie Stugde u. Gutirde im Dörfle u. Abends fur man spatzieren.

Mitwoch d. 10. Im Dörfle wurde frie Gestigdt, um halb 10. uhr firden mich Ihro Durchleicht in die Kirch nacher Birgach, nach dissem as man, u. dan geng es nacher Tübingen; Ihro Durchleicht machden Zum reckder den Ephorus Schnurrer, ich Stig Gleich bey der frau v. Frangenberg[296]) ab, der herzog aber beim unifersideds haus, dan Kamen Sie aber auch zu der v. Frangenberg; um 7. uhr Kam man wieder hir an u. Stig im Dörfle ab.

Hohenheim d. 11. Juli Donerstag 1782. Im Dörfle wurde gefrie gestiegdt u. um 11. uhr geng es von da aus nacher Kirchheim, der herzog besahen da pferde zu Kaufen u. Stigen bey meiner Schwester ab, die Gräfin Degenfeld war auch da mit 2. Ihrer Döchder, ich as da zu mitag, nach dissem geng es nacher Nürtingen, auch wieder Pferde zum Kaufen zu besehen, u. under weg von Nürtingen hir her bekamen der Herzog Kopf wehe, u. um 7. uhr ser stargen frost mit grosser madigkeidt u. wenig apedit, die nacht über schlieffen Sie auch nicht viell, u. hatten immer fürchterliche hitze.

D. 12. Freitag. Mit innerlicher hietz, ser Starg Kopf wehe u. Grosser madigkeidt Standen der herzog auf u. es wurde doch im Dörfle frie gestigdt, gleich geng es aber wieder herein, u. Ihro Durchleicht legden Sich zu bet, der leib medikus Jäger[186]) Kam um halb 12. uhr, auf seine medicin haden der herzog um 5. uhr herum etwas schweis, die Kopfschmertzen, die fürchterliche hitz u. die matigkeit war aber emmer eins, um 7. uhr standen Sie auf, u. es bekam Ihnen Gottlob nicht übel, Keinen Apedit hatten sie aber gar nicht, nach Tisch spierden sie ein wenig sich besser, u. die nacht durch schliefen sie etwas.

Hohenheim d. 13. Juli Samstag 1782. Der Herzog hatten eine zemlich Gutte nacht, sie stonden auch gleich nach die halb 7. uhr auf, rieden gleich henaus, die helfde vom Leibkor Kam herauf, u. Ihro Durchleicht weisten Ihnen Ihr Quadir im Wirtzhaus an, nach dissem wurde im Dörfle frie gestigdt, nach mitag auch da goutirt u. Abends fur man ein wenig spatzieren, mit der

Gesondheit von Ihro Durchleicht geng es immer etwas bessers Gott Lob.

Sontag d. 14. Um halb 9. uhr geng es nacher Stuttgardt, da in die Kirch, dan in die academie zum essen, auch besahe man den senad saall, u. her nach besahen auch der herzog im schloß die Granadir Combanie v. Gawelentz ney mondirt, u. um 3. uhr fuhren sie im Gleinen staat in die academie u. machten einen neihen reckder[297]), das daurde etwas über eine Stond, u. nach dissem geng es einen augenplick in das neihe schloß das bauwesen zu schen, von da her nach hir her, es hatte mitag u. gleich nach mitag ein starges wetter, u. Ihro Durchleicht fürchdeden ser vor Hohenheim, es dadt aber daselbst Keinen schaden, hen gegen in Canstadt.

Hohenheim d. 15. Juli Montag 1782. In der frie Kamen follens die andere helfde vom leib Kor, denen Ihr quadir von Ihro Durchleicht auch im Wirtzhaus angewisen wurde; der Herzog befanden Sich Gott lob recht merglich wohl, im Dörfle wurde gefrie gestigdt u. goutirt, Abends ein wenig herum gegangen, u. auch spatzieren gefahren; auch fand ich von Ihro Durchleicht selbsten gesamelt im Dörfle Grombirn, bonen, Coloraben, Johannes u. him ber, auch feigen u. ein buget, es war gantz grausam warm.

Dinstag d. 16. Ihro Durchleicht hatten Gottlob wieder eine Gutte nacht, ich badede in der frie, u. Ihro Durchleicht mesten das Leib Cor, im Dörfle wurde frie gestigdt, u. Ihro Durchleicht liessen das leib Cor da hin zu pfert Komen, u. deilde Ihnen Ihre pferde zu, dan schrieben sie noch ein wenig, u. alstan fur man herein, es war wieder eben so heis oder noch heiser wie gestern, Ihro Durchleicht hatten wieder schmertzen am fersen, doch namen sie abends nicht zu, um halb 7. uhr fur man spatzieren durch Birgach, nach Tisch aber lissen Sich der herzog noch 9. blut ügels am fersen setzen, die sich ser foll sogen.

Hohenheim d. 17. Juli Mitwoch 1782. Im Dörfle wurde frie Gestigdt, Ihro Durchleicht wahren Gott lob wieder recht Gut an Ihrem Fuß, u. hatten Gut geschlafen, Sie firten mich in die Kirch nacher Birgach, nach Tisch um 4. uhr geng es nach der Solidute, da selbst lisen der herzog die hussaren zu pfert aus reiten, u. ich geng zu der frau rit meisterin v. Naßo[253]), erst um 9. uhr Kam man wieder hir an, es wurde also gleich zu nacht gespeist.

Donerstag d. 18. Im Dörfle wurde wieder frie gestigdt, nach dissem lissen Ihro Durchleicht das leib Cor aus ruken u. vor Ihnen reiden, es regnede anfangs ein wenig, war aber nach dissem ser angenem, nach Tisch wahr man wieder viell im Dörfle, der herzog lissen auch die neihe Jägers u. Granadir à Schwall zu pfert aus ruken u. vor Ihnen verbey reiden, u. dan geng man noch ein wenig im Dörfle herum, u. fur abends ein wenig spatzieren, u. geng in neihen Keller.

Hohenheim d. 19. Juli Freitag 1782. Es geng um 9. uhr nacher Stuttgardt, nach dem Essen von der academie geng es nacher Louisburg, da Stig man in meinem haus ab, u. geng in Marstal, wo selbst pferde vor Gerieten wurden, die der herzog haben zu Sammen Komen lassen, u. nach deme Sie welche zum Kaufen aus Gesucht hatten, so geng es in das Milidär waisen haus, u. von da gerade wieder hir her.

Samstag d. 20. Man brachte die mereste Zeit im Dörfle zu, u. Abends fur man spatzieren, beim frie Stuck gaben mir Ihro Durchleicht underschiedliche produgde aus dem Dörfle, ich hatte auch vor her gebat.

Sontag d. 21. Der herzog fierden mich um 10 uhr nacher Birgach in die Kirch, Sie herden Mes in der Capell, nach m. um 3. uhr geng es nacher Stuttgardt, da fur man zu erst in den bau hof[197]), die neihe würst[47]) zu sehen, dan zu dem Zeig haus[298]), um die Jachtschirme zu sehen, u. alstan in das neihe schloß, alwo man das bauwesen besahe u. von da geng es wieder hir her, in der frie habe ich auch gebat.

Hohenheim d. 22. Juli Montag 1782. Im Dörfle nam man das frie Stug u. war herlich dar bey, nachmitag fur man nacher Böblingen, um pferde zu Kaufen, u. wie man weck fahren wolde, so Kam der leib husar Rambler wieder von Wien, u. auch der haubtmann Fischer aus Baris, man Konde sich nicht mer lang auf halden, es war ser warm, man Kam aber gut in Böblingen an u. um 7. uhr wahr man wieder hir.

Dinstag d. 23. Ich badede u. im Dörfle wurde wie gewenig-lich frie Gestigdt, wie man um 11. uhr zu rick Kam, so Kam durch botten getragen ser schene Kleider Stug, die der haubtmann Fischer[299]) mit Gebracht hatte, ich feng gleich an aus zu paken, dan as man, nach Tisch pagde ich sie follens aus, Ihro Durchleicht; Ihro Durchleicht gaben dem leib Cor ein frei schiessen, auch den erst Kurtz zu samen berufenen Jägers; es solde auch nacher Ruith gefahren werden, allein es wurde zu spat.

Hohenheim d. 24. Juli Mitwoch 1782. Nachmitag Kam die freilein v. Franquemont zu mir, es Kam bald ein Wetter, das aber Gott lob Glicklich bey uns vorüber geng, man fur nach Gehens in das Dörfle; der Geheimderath Bühler u. regierungs rath Kaufmann Kamen berufener massen auch nach die 5. uhr, der herzog machten viell wegen der Ankunft der russische herschaften mit Ihnen aus, u. abends geng man bis fast halb 9. uhr in dem Dörfle herum.

Donerstag d. 25. Im Dörfle wurde gefrie gestiegdt, um 4. uhr erwiesen mir Ihro Durchleicht die höchste Gnadt, u. fürden mich nacher Ruith einen blatz zu besehen, um 6. uhr war man wieder hir, um halb 7. uhr, nach deme man sich zu for wieder in das Dörfle begeben hat, exercierten der herzog das Leib Cor, ich hild mich so lang auf dem nero auf, u. wie meistens as man im hof um die geweniglich stond zu nacht.

Hohenheim d. 26. Juli Freitag 1782. Im Dörfle wurde frie gestigdt, u. gleich nach Tisch wurde mit Gottes hülfe an gefangen Denkel zu schneiden mit 150 persohnen; Gott Sey es gedangdt, der uns wieder einen So ser schenen Ernd Seegen geschenget hat, u. Er Gebe auch, daß wir es in seiner furcht mit Danksagung u. Tugend geniessen megen. Der Tag war ser warm, um 4. uhr Kam ich zur hoch Stond, blib nach dissem noch eine Zeit lang, der herzog wahren meistens dar bey, nach dissem geng es auch in das Dörfle u. dan wieder zum schneiden, u. so geng der erste Tag der Ernde Glicklich verbey.

Samstag d. 27. Im Dörfle wurde frie gestigdt, man fur ford in der frie zu schneiden, um 1. uhr Kam meine Mutter, Schwester Pflugen, Seckendorfin u. Ihr mann u. Juliana, bald darauf gengen wir zu Tisch, dan weiste ich Ihnen meine neihigkeiden, dan fur ich zum abend brod von die schnitter, u. wie ich wieder zu rick Kam, so gudierden wir auch im schlesle[117]), dan furen uns der herzog auf der Wurst zum schneiden u. benden, u. um 8. uhr beurlaubden sich meine Verwanden, die Seckendorf beurlaubden sich gantz, weilen sie montag wieder gantz nach haus gengen, es fiell mir schwer; es zogen starge wetters abends an der Alb herum.

Hohenheim d. 28. Juli Sontag 1782. Es geng nacher

Stuttgardt um halb 9. uhr, ich war ser verdrislich wegen 8000 fl., die ich verschicken wolde, in Stuttgardt geng es in die Kirch, zum essen von der academie, alwo der Graf Fürstenberg u. Profeser Les[300]) von Göttingen wahr, dan wieder ins schloß, her nach ins reidhaus[133]), der herzog brobierden ein bar pferd das Carosell zu reiden, von da fur man ins neihe schloß, u. dan wieder in das alde, herde da die musig auf die Ankunft der russischen herschaften, geng noch nach dissem in mein haus, u. Kam um 7. uhr hir an.

Montag d. 29. Man feng wieder an zu schneiden, es gab aber einen Kleinen Still stand, weil es an feng zu regnen, doch Konde man bald wieder vord machen, im Dörfle frie Stigde man, nach mitag brachde man im Dörfle u. beim schneiden zu, abends wurde es noch recht angenem, u. es war bald 8. uhr, so gengen die schniter nacher haus.

Hohenheim Dinstag d. 30. Julii 1782. Im Dörfle wurde frie gestigdt, man feng auch im Carls hof mit Gottes hielfe an zu schneiden, der herzog firden mich gegen 11. uhr in der Cariol dar zu, nachmitag band man die hir geschnitne frucht follens, es war Kil den Vormitag u. sa immer regnerisch aus, es hild aber doch, nach mitag nam man das brot bey der frucht scheir, dan geng es wieder an das schneiden im Carls hof, u. da wahren der herzog u. ich viell dar bey bis fast 8. uhr, dan as man ruhig.

Mitwoch d. 31. Das frie Stuck wurde im Dörfle genomen, der herzog wahren wie geweniglich abwegslungs weis beim schneiden u. Dörfle, u. firden mich gegen die 10. uhr nacher Birgach in die Kirch, sie schrieben her nach 4. brife nacher Mömbelgardt, um heide abend den minister v. Üxküll da hen ab zu ferdigen, nach mitag war man die mereste Zeit beim schneiden.

Donerstag d. 1. August 1782. Im Dörfle wurde frie Gestigdt, nach die 10. uhr holde ich Ihro Durchleicht Beim schneiden ab, nach mitag war man auch viell beim schneiden, meine mutter fur hir verbey, ich Konde Sie aber nicht sprechen, man machde um halb 8 uhr hoch; der Minister v. Uxküll wurde auch um 8. uhr hir her berufen, um Ihn nacher Mömbelgart zu verschieken, er blib da beim nacht Essen.

Hohenheim d. 2. Aug. Freitag 1782. Es regnede in der frie, da beschlossen der herzog nach der Solidute u. Stuttgardt zu gehen, nach mitag um halb 1. uhr geng es auch da hin; Gleich Kam man in ein wetter, des ein wenig schlossen hatte, aber es war bald vorbey; auf der Solidide besahen der herzog den lorber Sall u. Stall, liessen auch die husaren aus ricken, ich geng auf die Kupel vom Schloß, auch zu der ritmeistern v. Naso[253]), Ihro Durchleicht gaben auch dem haubtmann Fischer die Elominacion auf die Groß fürstin auf der Solidite an, u. in Stuttgardt besahen der herzog auch einige von Ihren Trupen, u. nach dissem besahe man das bauwesen vom schloß, auch die Mebels, die von Baris gekomen sein, u. nach die halb 8. uhr Kam man wieder hir her.

Hohenheim Samstag d. 3. Aug. 1782. Im Dörfle wurde frie Gestigdt, u. den übrigen Tag durch wahr man viell beim Ernden, ins besondere war es mir ein herlicher abend, alles war monder, es wurde das birgiger feld follens nach haus gedan, zum Deil lissen der herzog die Garben in die scheier henein Tragen.

Sontag d. 4. Ihro Durchleicht firden mich in die birgige Kirch, u. Sie herden meß in Ihrer Capell, nach Tisch geng es nacher Stuttgardt, da hilde man Sich eine Stonde im Aldenschloß auf, dan geng es nacher Louisburg, in der Portzolan faborig stig man ab, u. besahe das portzelan, das vor die russische herschaften gemacht wurde, dan geng es in mein haus, u. von da in das milidär waisen haus, gegen 8. uhr Kam man wieder hir an, es Kam ein starges wetter am nacht essen, das aber Gott lob bald wieder glicklich vorbey zog.

Hohenheim d. 5. Aug. Montag 1782. Im Dörfle wurde frie gestigdt, u. nach mitag war man viell im Carls hof beim Schneiden, abends fur man aber mit einer escord vom leib Cor spatzieren.

Dinstag d. 6. heide wurde follens alles geschnieten u. herein gefird, ich hatte viell zu don, um die breise zu der Sichel hänget ein zu Kaufen, der General v. Buwinghausen wurde invidirt, u. nach die 4. uhr wurde der Grosse wagen mit 1002. Garben ferdig, es wurden 25. bar ogsen daran gespand, u. die Sichel hanget geng bald darauf an, die leide wahren alle vergnügt u. zufrieden, alle Schultzen von der nachbarschaft an der anzall 10. wahren auch dar bey, Gott sey es gedanckt, daß wir wieder einen so schenen Ernd Seegen aus Seiner hand herein gebracht haben, er Gebe noch, daß wir es auch zu seinem breiß in wahrem glauben u. Gottseelig Keidt, frieden, ruh u. zu seinem wohl gefallen geniesen.

Hohenheim d. 7. Aug. Mitwoch 1782. Es regnede ein wenig, doch wurde im Dörfle frie Gestigdt, nachmitag geng es nacher Stuttgardt, ich hatte aller hand im alden schloß zu don.

der haubdt grond vom henonder gehen war aber nach dem bauwesen im neihen schloß zu sehen, u. auch die Fedt nach dem carosell zu arachiren.

Donerstag d. 8. Es regnede als von Zeidt zu Zeidt, nachmitag ziegden die neihe Jägers in die neihe Casern bey der miell zu die Granadir à chvall.

Freitag d. 9. Nach mitag geng es bald auf den Bärenseh u. von da nacher Stuttgardt, daselbst sahe man nach dem bauwesen.

Samstag d. 10. Gleich nach mitag geng es nacher Stuttgardt u. von da nacher Louisburg. Ihro Durchleicht gaben wegen der blanie beim garden was an, dan aber geng es in das milider Waisenhaus, es Kam die frau v. Dondersfeld[229]) da hen zu mir u. man geng bald wieder hen weck, in Stuttgardt Stig man im neihen schloß ab, u. besahe die Möbels, die wieder von Baris gekomen sein, auch wurde in Stuttgardt das alde Dor anfangen abgerissen[167]), wo man nacher Louisburg fard; ich hatte ser viell zu don wegen der morgigen abreis nacher Mömpelgart.

Rastadt d. 11. Aug. Sontag 1782. Um halb 8. uhr geng ich in Birgach in die Kirch, u. der herzog herden Meß in Ihrer Capell hir, nach dissem geng es um 9. uhr von hir hen weck nacher Mömbelgart. Bey dem Geheimderat Bühler stig man in Stuttgardt ab, der herzog hatten noch aller hand da zu bestellen, dan geng es hen weck, in Enzberg besahen der herzog den platz von der Grentz, wo sie wollen was hen bauhen lassen, um die rusische herschaften daselbst mit den Würtenbergischen herschaften zu empfangen, Sie gaben da alles an, u. dan geng es follens über Pforzheim, Durlach u. Carlsruh nacher Rastadt, wo man um die 9. uhr ankam.

Colmar d. 12. Aug. Montag 1782. Von Rastadt geng es um 7. uhr henweck, in Straßburg Kam man bald u. Glicklich an, daselbst geng man in das pal. der Prentzes Christina v. Sachsen, u. zu einige Kaufleide, die mit Möbels handelden, man as auch etwas weniges, dan geng man auch zu dem satler Gendwat u. her nach weiders bis nacher Colmar, alwo man aber erst nach die 9. uhr ankam, der regierungs rath Santher[301]) war da, as auch mit zu nacht.

Mömbelgart Dinstag d. 13. Es geng nach die 7. uhr

von Colmar henweg u. man Kam in Mömbelgardt um 3. uhr an, da Stig man bey dem president v. Coll[302]) ab, zog sich geschwend an, u. fur nacher Edib[303]), alwo man denen rusische u. Würtenbergische herschaften zu erst im Speis sall aufwardede, von da geng es zum prentzen, die Sich nicht recht wohl befanden, u. dan in die Cabinede der Gros fürstin, da wurde Teh Getrongen, welche von die Junge herschaften gengen in die Comedie u. welche blieben in den Zemern der Groß fürstin, da sas man bis nach die 7. uhr, her nach wurde gespildt, zwar war nur 1. spiell disch mit qundizich[304]), u. in einem Grossen Sahll wurde nach gehens zu nacht gespeist mit ungefer 50 Couver, u. bald darauf Sich reterirt, die Groß fürstin klagden ein wenig Kopf weh, u. fieber, der herzog u. ich fuhren nach gehens wieder nacher Mömbelgart.

Colmar Mitwoch d. 14. Aug. 1782. Nach die 9. uhr wahren der herzog u. ich ferdig, ich machde der frau v. Goll[302]) viside, u. sie Kam auch mit Ihrer Dochder zu mir, dan Kamen alle die Junge prentzen, u. bald darauf auch der Groß fürst, die einige Zeidt da blieben, wie Sie wieder weck wahren, so gengen der herzog u. ich auch gleich, machden zu erst bei der Jungen prentzes v. Würtemberg viside, da bey der prentzes v. Holstein[305]), die aber nicht mer zu haus war, von da geng es nacher Edib[303]), der Groß fürst wahren Gleich da, auch der prentz, her nach geng es zu der prentzes Elisabet[239]) u. von da zum daioilet[306]) der Groß fürstin, die noch immer nicht recht wohl wahren, da blib man einige Zeidt, die prentzes v. Holstein Kam auch dar zu, her nach geng es in das Dafel Zemer, wo sich deils herschaften versamelden, her nach geng es wieder in der Gros fürstin Ihr apardemang u. dan zur Dafel, an der Dafel, weil die Groß fürstin nicht wohl wahren, speisten nur die Gros fürstin, der Gros fürst u. die Gantze fürstliche famille, eine hofdam der Gros fürstin u. ich, nach der Dafel Kamen die übrige Dames, es geng her nach in den Garden, nur die hoheidt, der herzog u. ich, die Gros fürstin setzde Sich auf die Teras, nach dissem war es 6. uhr, u. man beurlaubde sich, alle wahren ser gnädig u. Charmand; in Belfort zog man sich aus, u. Kam in das nacht quadir erst nachts um 3. uhr an, der regierungsradt Sander war da, u. as mit zu nacht.

Rastadt d. 15. Aug. Donerstag 1782. In Colmar Kam in der frie der Sander[301]) u. Seine Schwester die Madam Bruder, u. um 9. uhr geng es weck, in Straßburg hilde man sich im Geist ein wenig auf, u. Kam nach gehens Glicklich u. woll um 7. uhr in Rastadt an, wo man gleich zu nacht Speiste u. bald zu bet geng.

Hohenheim Freitag d. 16. Um 6. uhr geng es in Rastadt prezis weck, man hilde sich nirgends auf als in Pforzheim, wo man ein wenig was as, u. in Enzberg besahen der herzog die schon aufgerichde Erenpfort u. Gebey, Gaben Alles noch an, u. man hilde sich zemlich lang da auf, in Vaihingen Stig man auch aus, um ein absteigs quadir vor die fremde herschaften zu besehen, dan geng es nacher Asberg, der herzog lissen Ihre Trupen aus rugen u. besahen sie, ich blieb so lang bey der General Riegerin[288]), dan geng es nacher Stuttgardt, im neihen schloß Stig man aus, besahe das bauwesen, u. Kam nach die 7. uhr hir an, Gott lob Glicklich u. wohl.

Hohenheim d. 17. Aug. Samstag 1782. Man frie Stigde im Dörfle, u. sahe was als in dessen Gemacht worten ist, nach mitag geng es auch Zum schneiden u. abends wurde denen schnider was aus geworfen.

Sontag d. 18. Um halb 9. uhr geng ich in die Kirch nacher birgach, u. Ihro Durchleicht in Ihre Capelle, nach dissem geng es nacher Stuttgardt, da as man zu mitag, u. der herzog gengen in die academie, ich geng in die Ecoll u. sagde Ihnen, daß Sie auf die Ankunft der russische herschaften aus ziegen missen, nach mitag sah man her nach das bauwessen vom schloß, u. dan geng es wieder hir her.

Montag d. 19. Im Dörfle wurde frie Gestigdt, nach mitag geng es nacher Stuttgardt u. da in das neihe schloß.

Dinstag d. 20. Im Dörfle wurde wieder frie Gestigdt, nach mitag Kam der profeser Drück[307]), dem Ihro Durchleicht eine Fede vor die russische u. membelgarder herschaften im Dörfle angaben, dan geng es zu die schnieder, u. gab Ihnen most u. brot, der herzog gengen nach gehens ins Dörfle, ich geng noch einen augenplick in hof, dan Kam ich auch in das Dörfle.

Hohenheim d. 21. Aug. Mitwoch 1782. Der herzog hatten Viell zu don, besonders in der Sibila Tempel[252]), u. abends fur man Zum schneiden.

Donerstag d. 22. Nachmitag geng es nacher Stuttgardt, daselbst hatte ich aller hand mit dem bat Zemerle zu don, es geng in das neihe schloß, u. dan über den Berensee wieder hir her.

Freitag d. 23. Es geng nach mitag wieder nacher Stuttgardt, der herzog gaben alles im Stall zu dem Carosell, des bey der Anwesenheid der russische herschaften solle gehalden werden, an u. befahlen auch alles wegen die Egipagen; ich lis mich so lang von einem neihen frieser friesieren u. dan geng es wieder hir her.

Hohenheim Samstag d. 24. Aug. 1782. Ich geng als am bardolome in die Kirch nacher Birgach, nach mitag wahr man einige Zeidt beim schneiden, Ihro Durchleicht hatten grausam viell aller orden zu don.

Sontag d. 25. Der herzog gengen in Ihre Capelle, ich in die birgacher Kirch, nach dissem geng es nacher Stuttgardt, daselbst as man, nach dissem geng es in die academie, wo man auch den hof sahe, her nach mesten[131]) der Herzog die Junge leide, ich las son lang, auch Kam die Franquemont zu mir.

Wie der herzog wieder Kamen, musterden Sie die barade, u. machden alles follens mit Geheimderadt Bühler u. regierungs rath Kaufmann[59]) wegen der ankunft der herschaften aus, dan geng es in das neihe schloß u. in mein haus, u. von da hir her, under wegs war ein Wetter, welches viell wetter leichde, man as aber ruhig, nach dem essen geng man gleich zu bet, u. Kaum war man zu bet, so herde man einen lermen, daß man feier sehe, der herzog u. ich standen gleich auf, gengen in garden, u. sahen auch eine grosse helle, darauf fuhren der herzog u. ich gleich der helle nach[218]).

Hohenheim Montag 26. August 1782. Nach deme man bis Köngen gekomen war, Kam ein bericht, daß es in Göppingen brende u. das Wetter ein geschlagen hätte, bis Plochingen fur man dan follens mit eigenen pferden u. dan nam man post u. Kam bis halb 1. uhr bey dem schreklichen brand in Göppingen an, alles war fast schon in flamen, der herzog daden noch was Sie Konden, machden die beste anstalden, arbeideden Selbsten, alles wolde nichts helfen, ich blieb in einem burgers haus vor der Stadt, u. Sahe nur von Zeidt zu Zeidt wie es Ihro Durchleicht geng, alles war bestirzt u. ein jammer die Wiedende flamen alles verzehren zu Sehen, in Zeidt von 12. Stonden lag bis auf wenige heisser die Gantze Stadt in der Asche; Gott bewahre ein jedes ord vor der gleichen heim suchungen u. Seegne die arme abgebrande underdane wieder anderwertz, nach die 10 war Keine Gefar mer u. so, daß man sagen Kan, es ist gantz gelescht, bald nach die 11. uhr gengen der herzog wieder weck, u. es wurden dan hir noch die somer feld Sichelhenget gehalden, ich hatte also noch viell zu don, der General v. Buwinghausen u. v. Gemmingen wahr dar bey, alle die benachbarde schultzen mit Ihren frauhen wahren auch dar bey, die leide wahren alle vergniegdt u. zufrieden. Gott sey es gedanckt, daß menschen u. fie wieder auf ein gantzes Jahr seine narung aus seiner gnädigen hand so reichlich erhalden hat, er Gebe nur, daß Alles zu seiner Ehre u. zu seinem wohl gefallen genossen werde.

Hohenheim d. 27. Aug. Dinstag 1782. Vor mitag war man im Dörfle u. nachmitag nach die 3. uhr geng es nacher Stuttgardt, da Grad in das neihe schloß u. von da wieder hir her, meine bede Kamer frauhen seind auch seid Gestern hir, da hatte ich vormitag auch zu don ihnen arbeit zu geben.

Mitwoch d. 28. Man hatte wieder viell zu don im Dörfle u. also hilde man sich merendeils da auf, beim frie Stig Kam auch ein Kurir von Membelgart mit der nachricht, daß die herschaften erst den 13. Sepdember Komen werden, es wurde also alles weider henaus gesetzt.

Donerstag d. 29. Vor mitag war man wieder meistens so wie nachmitag im Dörfle, es feng Abends an ein wenig zu regnen.

Freitag d. 30. Un geacht es zemlig regnede, so frie Stugde man doch im Dörfle, nach die 3. uhr aber gengs nach Stuttgardt, da hatte ich zu don im neihen schloß mit ein Kaufen eines flors zum bat Zemer, u. aus zu raumen, dan geng es in das neihe schloß, von da fur man zu dem Louisburger neihen dor[167]) u. wieder hir her; meine Kamer frauhen[308]) gengen heide auch wieder, nach deme das bat Zemerle von Ihrer arbeit fertig war, weck.

Hohenheim Samstag d. 31. Aug. 1782. Man brachte wieder die mereste Zeidt im Dörfle vor u. nach mitag zu.

Sontag d. 1. Sep. Zu erst gengen der herzog hir in Ihre Capell u. ich nacher birgach in die Kirch, dan geng es nacher Stuttgardt, da in die academie, wo der hof u. einige fremde wahren, nach dissem geng man noch einen augenplick in das alde u. neihe schloß, Stig auch noch in meinem haus ab, u. Kam wieder hir her.

Montag d. 2. Im Dörfle frie Stigde man, es Kam auch wieder ein Staffet mit der nachricht, daß die Würtenberger u. russische herschaften erst bis auf den 17. Komen werden, nach mitag war man auch wieder Viell im Dörfle.

Dinstag d. 3. Um 7. uhr geng es von hir an die Krentz[309]), um nach dem Gebeide zu sehen, wo die herschaften darenen empfangen werden, nach die 5. uhr war man wieder hir.

Mitwoch d. 4. Es Geng nichts vor, als ein Kleines haus unden am wasser fall wurde auf gerichdet, deren morgen 4. aufgericht sein sollen, u. man war die mereste Zeidt im Dörfle.

Hohenheim d. 5. Sep. Donerstag 1782. Im Dörfle wurde frie Gestiegdt, um 10. uhr geng es nacher Stuttgardt, um den Elsten prentzen u. Seine Gemahlin[310]) zu empfangen, Sie Kamen um 3. uhr, nach deme Sie sich ein wenig reterirt hatten, so geng man in das neihe schloß u. von da um 6. uhr in die Comedie u. von der Comedie Gleich zur Dafel, u. man machde, daß Sie balt zu bet Kamen, der herzog u. ich fuhren aber noch hir her.

Freitag d. 6. Im Dörfle wurde frie Gestigdt, dan geng ich in die predig nacher birgach, u. um 12. uhr Kamen der Prentz, die Prentzes, die Gräfin Görtz[311]), freilein v. Lützow[311]), hofmarchall Geisberg[207]), General v. Buwinghausen u. Kamer her v. Gemmingen, man geng vormitag hir noch aller orden herum, dan Speiste man u. nach der Tafel geng es in das Dörfle, da geng man aller orden hin. Es gefiell Ihnen, man Kam erst um 8. uhr wieder nacher Stuttgardt, da war Kur, allein es war zu spadt zum Spielen, nach der Tafel fuhren der herzog u. ich wieder hir her.

Stuttgardt d. 7. Sep. Samstag 1782. Im Dörfle hilde man sich den meresten Deill auf, nach die 6. uhr geng es wieder nacher Stuttgardt, die Junge herschaften wahren den Tag über in Louisburg, wie sie Zurick Kamen, so gengen sie in die Comedie[324]), der herzog u. ich zogen sich an, u. wie die Comedie aus war, so war noch eine halbe stond Cour, dan geng es zur Tafel u. nach der Tafel bald zu bet, nach deme man an gekomen war, gengen der herzog u. ich auch noch zu dem Kleinen prentzen[234]), dieser schlif aber.

Sontag d. 8. Der herzog herden zu erst Meß, dan regulirden Sie mit dem Geheimderadt Bühler u. regierungsradt Kaufmann[59]) die quadir alle, dan gengen Sie u. ich zu der Prentzeß, u. Sie hernach mit dem prentzen in den Stall, drite Combanie Gardt, u. mein haus, ich in die Kirch in die academie, wo die frau v. Stein u. v. Wolzogen war, dan wieder zu der Prentzes u. zur Tafel, nur 6. Couver, her nach fur man in den bauhof, von da in mein haus, u. dan über den Berensee nach der Solidide, da selbst besahe man alles, u. Kam in Stuttgardt wieder nach die 5. uhr an, der prentz bekam under wegs ein wenig Kolig, nach die 6. uhr geng es in das Consert in die academie, nach dissem sahe man die Junge leide speisen, u. speiste selbst in der academie.

Hohenheim Montag d. 9. Sep. 1782. Um 7. uhr wolden die Junge herschaften weck, allein es wurde fast 9. uhr, ich war bey dem abschied ser bewegdt u. sahe mit grosser rierung den abschied der freilein v. Lützow von der Prentzeß, es geng mir den Gantz̃en Tag nach, der herzog u. ich gengen gleich auch hir her u. stiegen im Dörfle ab, nach mitag war man auch wieder die mereste Zeidt im Dörfle.

Dinstag d. 10. Vor u. nachmitag war man meistens im Dörfle, ich machte an meinem geschmuck u. viell im bat Zemerle an die Dabeden, weilen meine bede Kamer frauhen[308]) da wahren.

Mitwoch d. 11. Im Dörfle wurde frie Gestigdt, um 9. uhr geng es nacher Asberg, von da nacher Louisburg in das schloß, die quadirs aus zu machen, vom schloß in die portzelan faborig u. dan in das Weissen haus u. von da nach Stuttgardt, im neihen Schloß Stig man ab, regulirde follens die Zemer u. Kam erst um 9. uhr wieder hir an.

Hohenheim d. 12. Sep. Donerstag 1782. Im Dörfle wurde frie gestigdt u. es gab Ser viell zu don, ich hatte auch viell zu don mit die bade Zemerlen, nach mitag Kam meine mutter zu mir, wir fuhren nach gehens zu Samen heraus, u. Abends gengen wir mit Ihro Durchleicht in der Sibile[252]) bau, u. meine mutter geng dan wieder zu rick nach Ensingen.

Freitag d. 13. Nachmitag geng man auf den berensee u. Stuttgardt, u. hatte aller orden viell zu don, abends war man wieder hir.

Samstag d. 14. Es Gab den Gantzen Tag Viell zu don, neihes geng aber nicht vor.

Sontag d. 15. Der herzog herden Mes, u. ich geng nacher Plieningen in die Kirch, un geacht es sontag war, so wurde doch aller orden Gearbeit, nach mitag las ich u. legde mich aufs canabe, u. d. geng ich auch in das Dörfle.

Enzberg d. 16. Sep. Montag 1782. In der frie Geng es gleich in das Dörfle, alle menschen haden viell zu don, ich richdede auch des eremiten sein haus[312]) ein, u. machde follens das bat Zemer aus, nach mitag geng es hernach gleich nacher Stuttgardt, da machden der herzog visiden bey die Prentzen v. Hessen Cassel[313]) u. gaben dem Keisserlichen Gesanden[68]) Audientz; man richdede sich auch im neihen schloß ein wenig ein, u. dan geng es zemlich spadt schon nacher Enzberg, underwegs regulirden der herzog alles auf die ankunft der fremden herschaften, u. in Enzberg Kam man nach die 8. uhr an, es wurde noch alles besehen, u. dan Speiste u. schlif man in einer bredernen hitte, an der Dafel wahren der herzog auf gereimd, u. Sprachen viell mit die schreibers, die da aufwardeden.

Stuttgardt d. 17. Sep. Dinstag 1782. Der herzog Stonden bald auf, u. um 8. uhr wahren Sie schon Gantz fertig, abends wurde v. Lützow[49]) noch nacher Carlsruh an die hoheid[52])Geschigdt, um heide Gleich zu erfahren, wan die herschaften ein dreffen werden, der Minister v. Uxküll[12]) Kam aber noch ender u. brachde mit, daß Sie um 10. uhr von Carlsruh weck gehen werden, ich faste berlen, u. endlich nach die 1. uhr Kamen die russische[246]), die Würtenbergische u. holsteinische[305]) herschaften, der herzog geng Ihnen bis zur ehrenpfort zu pfert in gegen um die ankunft, man geng gleich ein wenig spatzieren in Garden u. as bald darauf Glicklich ab, nach der Dafel geng es gleich weck, der herzog wahren ser zufrieden; der herzog u. ich Kamen in Stuttgardt über eine stonde vor aus, man zog sich gleich an u. zeigde Sich denen vielen fremden[314]), die da wahren, sie wurten alle presendirt, u. dan Kamen die herschaften, der Gantze hof empfenge Sie an der Trebe, es wurden canonen gelest, Sie reterirden sich bald, wie sie wieder heraus Kamen, geng es in eine Opera[315]), die vor sie gemacht war, man hatte viell zu don, bis man alles ein quadirde[314]), heide solte Ihnen niemand presendirt werden, es wahr aber doch grosse Dafel, u. zemlich confus, u. nach dissem geng es zu bet.

Hohenheim Mitwoch d. 18. Sep. 1782. In der frie gab es schon dausend Zerstreihung, der Gros fürst Kam zu mir, ich machde visiden, u. bald schickde das bald jenes u. wolde was anderes; Ihro Durchleicht hatten viell zu don, u. Sie u. ich geng ein jedes einen anderen weg, endlich um halb 2. uhr Kam man zu samen, u. die herschaften versamelden sich auch alle, vielle Prentzen von Hessen Darmstadt[316]) u. Kassel[313]) wahren auch da, u. es wurde an grosser Dafel Zu mitag Gespeist, nach der Tafel eilde man in die Opera Carilia[317]), da war es so voll, wie gestern, daß man sich fast nicht rieren Konde, der herzog u. die hertzogen v. Zweibrücken[318]) wie auch zwey prentzesenen v. Darmstadt lissen sich auch melden, der herzog u. ich gengen gleich in Ihre loche, u. nach der Opera wolden die herschaften an Famille Speisen, u. damit wurde niemand Zur fürstlichen Dafel gezogen, als die russische hofdamen, frau v. Benkendorf[30]), Graf Romanzoff[319]) u. ich, der herzog wahren so so zu frieden mit dem heidigen Tag, nach der Dafel gengen Sie u. ich noch nacher Hohenheim.

Hohenheim d. 19. Sep. 1782. Das Wetter wahr ser stirmisch, im Dörfle wurde frie Gestigdt u. alles war auf das beste arangirt, der herzog u. ich fuhren Ihnen in Gegen bis wisawie vom Carlshof, es feng aber immer ein wenig an zu regnen, u. wie man lange genug gewart hatte, so Kam es so schwartz, daß man zu rick bis an das wirtzhaus fur, da Kam aber so ein Sturm u. regen, daß man sich nur geschwend in das wirtzhaus henein rediriren muste, u. in diesem Sturm Kamen endlich die fremden herschaften an; der herzog setzden sich in der Grosfürsten Ihren wagen u. ich zu die prentzesenen; Vormitag besahe man noch die Pfertz u. Kie Ställe.

Alles von der russischen u. würtenbergischen Suide, so auch von der holsteinischen wahren mit hir; der herzog v. Zweibrücken u. die hertzogin, die bede Prentzesenen v. Darmstadt u. viele prentzen von Darmstadt, Kassel, auch prentz Max von Zweibrücken u. prentz von Hessen rodenburg[320]), mit allem 32. alte fürsten u. fürstenen.

Nach deme das alles hir besehen war, geng es an die Dafel im Sall, nach der Dafel feng die Sonne ein wenig an zu scheinen, u. dan geng es in das Dörfle, der herzog fuhren mit einer ser schenen wurst, es wurden 16 geferder, alle mit 6. u. 1 mit 8. pferden ein gespand; in dem Dörfle geng man aller orden herum, bey einem jeden haus wahren leide, u. wegen dem verenderlichen Wetter so Konde man nur bis zum feigen Sall[106]) Komen, da wahren Junge leide von der academie u. Sagden ardig Gesetzde worde, um die herschaften, nemlich die russische u. Würtenbergische zu invidieren, einen Grund Stein zu legen vor das Monumend[321]), das Sie alle hir versamelt wahren; Sie gengen auch, nach deme Sie gudirt hatten, hin zu dem selbigen blatz, u. schlugen ein jedes auf den Grund stein, von da gengen Sie noch einen augenplick in das feigen haus, u. es wurde aus gemacht, daß Sie morgen wiederum hir her Komen wolten, u. dan geng es von hir weck, u. in Stuttgardt wurde wie Gestern an famill zu nacht gespeist, nur der underschied war, daß der herzog, die hertzogen u. bede prentzesen von Darmstadt auch von heide an am hof wahren u. nach der Dafel dansden die herschaften under sich, der herzog u. ich gengen noch wieder hir her.

Stuttgardt d. 20. Sep. Freitag 1782. Im Dörfle wurde frie gestigdt, dan zog man Sich an u. wardede bis nach die 12. uhr auf alle die herschaften; wie Sie Kamen, wurde bald gespeist, u. nach der Dafel geng es gleich in das Dörfle, man geng geschwend an diesen bardiehen verbey, die gestern schon gesehen worden sein, u. dan Kam man da hin, was Sie gestern nicht gesehen haben, in der mill im maruni sall[46]) ruden Sie ein wenig aus, die prentzes von Darmstadt war nicht recht wohl, u. alles hatte an Ihr zu drösten, dan geng es weider follens bis unden an dem wasserfall[54]), da wurde gudirt in einem von die gleine heiser, u. damit wurde es nacht; der herzog fierden den Groß fürsten auch noch in die bede Cassernen bey der miell u. leib Cor[209]).

Der Gantze spatzier Gang war nicht besonders monder, abends wurde wieder wie gestern zu nacht gespeist, u. war auch wieder ein ball under die fürstlichen, der Groß fürst reterirden sich bald beim ball, u. dan gengen der herzog u. ich auch bald, u. dangden Gott, daß der Tag verbey war.

Louisburg d. 21. Sep. Samstag 1782. Ihro Durchleicht fierden den Groß fürsten in Stall u. zu die equipag, dan Kamen der Groß fürst zu mir, nach gehens geng ich zur hoheid, der herzog Kamen auch, u. dan geng es in die Vorzemer von der Groß fürstin. Die russische herschaften Kamen gleich u. dan geng es in die academie, welche von die herschaften wurden ser mied, u. der herzog wahren von gestern an nicht sonderlich zufrieden, nach deme Sie durch die lersäle beim rangiren u. beim essen von der academie wahren, so geng es wieder in das schloß, ich hatte auch vor mitag viside bey der hertzogen v. Zweibrücken u. darmstädschen prentzesenen u. sonst noch einige gemacht, mitags war grosse Dafel, u. dan im eidlen Regen geng es nacher Louisburg, bis da alles einquadirt war, so gab es dausend confusionen; es wurde wieder wie sonsten in der retret zu nacht gespeist, vor der Tafel zog man sich noch auf die redut an, u. nach der Dafel geng es auf die redut im opern haus, die ser schen war, wie die herschaften aber zurick

Kamen, so war im schloß niemand, der sie erwardede, des zu vielem resonemang anlas gab.

Solidude Sontag d. 22. Sep. Der herzog gengen zu Erst in Ihre Kirch, dan firden Sie den Groß fürsten auf den Asberg, u. die morgenstonden verstrichen mir Gantz geschwend; nach deme der Groß fürst wieder Kam, wurde bald zu mitag gespeist, nach dissem so fuhren der herzog mit die fürstliche in die portzelan favorig u. Waissenhaus, die hoheid aber blib so lang im schloß, bis Sie im milidär waisen haus an Kamen, ich blieb bey Ihnen, es wurde in dessen Gantz nacht, u. man fur in einer Grossen Confusion auf die Solidude, die Solidit war Gantz manifig Elominirt, u. muste jedermann gefallen, es wahren aber grausam vielle fremde da, u. feng bald an zu regnen, die Prentzes Elisabet war einen augenplick verlohren, u. alles war wieder ser confus, die Prentzes Kammen aber balt auch an, u. es geng in eine Kleine Opera[322]), die auf die russische herschaften gemacht war, u. im lorber sall wurde gespeist in alle 3. Sääle, u. doch Konde nicht alles an die Dafel Komen, der Groß fürst retirirde sich bald nach der Ankunft u. geng weder in das specktagel noch sa die schene Elominacion am lorber sall; nach die 2. uhr war die Dafel aus, es regnede ser starg, alles reterirde sich nach gehens[323]).

Stuttgardt Montag d. 23. Sep. 1782. Es war ser regnerisch u. regnede auch anfangs meistens immer, so daß die Jagdt, die heide sein solde, abbesteldt wurde; der herzog gaben aller orden viside, u. wurden zu der Groß fürstin zum frie Stig invidirt, ich auch, geng aber nicht gleich mit Ihro Durchleicht dahen, sondern geng zu vor zu der hoheid, dan erst zu der Grosfürstin, da blib man eine Zeidt lang, her nach machde ich noch meine Cur an alle die Prentzesenen, u. bey der hoheidt Kamen der herzog u. ich wieder zusamen, u. es geng nach gehens, die Gros fürstin wahren auch da, zur Tafel, nach der Tafel geng man noch ein mahl in das schloß u. Besahe es, dan fur man in den Tir garden u. zu erst aber in Lorber Sall u. in den Stall, dan durch die orangerie Ale in Tir garden u. von da in das ginesische haus u. von da aus nacher Stuttgardt, in Stuttgardt reterirde man sich ein wenig, dan geng es in die Comedie[324]), der irwisch[325]) war, u. die nacht Tafel war wie sonsten; der Gros fürst reterirde sich aber gantz, u. die übrige fürstlichen hatten noch einen ball.

Stuttgardt d. 24. Sep. Dinstag 1782. Vormitag geng

man zur hoheid u. zur Groß fürstin, man as bald, so wie abends an Famill; der herzog u. ich Stonden belder von der Tafel auf als die andere u. gengen vor aus auf den Beren See zur Jagdt; alles draf man da schon gut eingericht an, u. vielle fremde wahren auch schon da, in einer halben Stond darauf Kamen dan die herschaften auch, man schiffte über den Beren See henieber, es war alles ser schen an zu sehen u. muste allen menschen gefallen, nur eins war schade, daß man ein wenig lang warden muste, bis das Wilt heraus Kam, wie es aber Kam, war es manifig an zu sehen u. es wahren sicher 5000. Stuck[326]), die Sich zu mahl presendirden; da es schon ein wenig spat war, so lis man das Wild bald henaus u. fur wieder nacher Stuttgardt; abends zeigden die Groß fürstin Ihren Geschmuck u. es Kam alles in Ihr anzieg Zemer; nach dem Sube, des wie sonst gehalden wurde, geng es bald zu bet.

Stuttgardt d. 25. Sep. Mitwoch 1782. Vormitag geng es in die academie, die lecionen an zu heren, der Groß fürst u. die Groß fürstin, der herzog prentz friederich ich, u. die frau v. Oberkirch Kam nach, nach dissem war grichische Kirch, da hen geng man auch, alstan zog man sich an u. war grosse Dafel; die Groß fürstin, Ihre frau muter u. geschwistrig wahren schon ser betribt wegen dem Abschied, nach der Dafel geng es bald in die opera didone[19]), die nacht Tafel war wieder wie sonst, u. nach der Tafel dansden die herschaften wieder, der herzog v. Zweybrücken wurde an der Tafel nicht recht wohl, meine, meine mutter, die heide an Kam, Kam vormitag auch zu mir, u. sahe die speisen in des hE. v. Gemmingens Zemer.

Stuttgardt d. 26. Sep. Donerstag 1782. Der Herzog lissen vor dem Groß fürsten Ihre Trupen exercieren, ich hatte aller hand anzubrengen u. Kam übel mit an, man geng vor der Dafel in der Gros fürstin ihr anzieg Zemer, alle wahren Sie wegen dem Abschied bedriebdt, es war grosse Dafel, u. nach der Tafel geng es in mein haus, nach deme es abend wurde, so geng man von da wieder hen weg, alles war aber draurig u. ich leidede Viell, vor meinem haus baradirde das leib Cor, um 7. uhr geng es hernach in die Fede, die, wan ein Carosell gewest wehre, gehalden worden wehre, so aber war nur blos ein Kurtzes Consert, u. die fremde speisten da, die herschaften besahen es aber mit Vielem bey fall, doch war alles draurig; zu nacht wurde gespeist wie sonsten, u. nach der nacht Tafel war eine draurige scene, mutter u. Döchder glaubden Sich nicht mer zu sehen, alles, alles weinde, der Groß fürst war zu vor schon reterirt, es war in der dat rierend anzusehen, alles geng nach gehens in das bet; nachts um 1. uhr Kam aber ein lermen, daß die russische herschaften um 2. uhr weg wolden, der herzog u. ich stonden auf, wie man aber henauf Kam, so wahren nur die Gros fürstin noch zu Ihrer frau mutter gegangen u. die ab reise war bis 6. uhr angesetzt.

Stuttgardt d. 27. Sep. Freitag. Der herzog blieben von nachts 1. uhr an angezogen, u. schliefen nur auf einem Sessel, ich aber geng wieder zu bet; um 5. uhr wurde wieder lermen, ich zog mich an, u. Ihro Durchleicht u. ich Gengen henauf in der Groß fürstin Ihr anzieg Zemer, sie wahren noch nicht angezogen, dan Sie wahren Kurtz zu vor noch bey Ihrer frau mutter, die hertzogin v. Zweybrücken u. bede prentzesenen v. Darmstad Kamen auch gleich, die Groß fürstin weinde Ser, u. so auch die prentzes Elisabet u. Kein mensch Konde un gerirt sein; wie die Groß fürstin angezogen wahren, so gengen Sie dan bald fort, der herzog u. ich fuhren Ihnen nach bis bis Plochingen, da wahren Sie schon ein wenig besser gefasst u. wahren gut u. gnädig. Wie der herzog wieder zurick Kamen, geng man gleich zur hoheid, die Prentzes v. Holstein wahren auch da u. der Prentz Friederich, die ser betribt auch wahren, u. also alle 3. wahren ser betribt; der Prentz v. holstein geng so gleich weg bis nach Ulm; ich hatte Ihro hoheiden aller hand von der Groß fürstin zu geben u. dan verlies man Sie bald, damit sie sich wieder ein wenig tranquilisirden.

Dan zog man Sich an u. geng wieder zur hoheid, die hertzogin v. Zweybrücken u. Prentzesenen v. Darmstadt u. alle die Prentzen Kamen gleich auch, die hoheid, der prentz und prentzes v. holstein speisten aber in der retret, u. sonsten war grosse Dafel, nach der Dafel geng man wieder zur hoheid u. blib da, bis es Zeidt war in die opera im Kleinen Teader[324]), von da geng alles wieder zur hoheid u. hir beurlaubden sich alle die Fürstliche bis auf die fremde Prentzen blieben noch bey der nacht Tafel, u. es war grosse nacht Tafel, nach der Tafel aber beurlaubden Sich alle die fremde Prentzen auch.

Hohenheim d. 28. Sep. Samstag 1782. Die Prentzen vom haus Kamen gleich in der frie zu Ihro Durchleicht u. in mein Zemer, zum Deil beurlaubden sie Sich von da, u. um 10. uhr wolden die hoheid weck nacher Cassel. Allein da man die Ankunft des prentzen v. Holstein abwardede, wurde es 11. uhr, man geng in Ihr Zemer, Sie sprachen noch lange mit Ihro Durchleicht dem herzog, u. wahren zemlich gefast, der Prentz wahren fast noch bedriebder, u. beder seits mit Ihrer Familie gengen Sie dan nach die 11. uhr von Stuttgardt ab u. noch bis Bruchsal, wo der Prentz mit die 3. Kleine prentzen nacher Membelgart zu rick Kerden u. die hoheid mit die 3. andere Prentzen[327]) nacher Cassel benebst dem Prentzen u. der Prentzes v. Holstein gengen. Der herzog gengen gleich in Stall, um Ihre pferde zum verkaufen aus zu mustern; zu mir Kam meine mutter u. schwestern, ich fierde Sie im schloß herum u. wie der herzog wieder Kamen, beurlaubden Sie sich u. der herzog u. ich gengen gleich darauf hir her, man fur noch in das Dörfle u. begegnede da den Stockmeier[43]) mit seiner frau, es war aber bald abend, u. damit fur man bald wieder herein, u. as in ru u. frieden Ihro Durchleicht u. ich alein, u. geng gleich dar nach zu bet.

Hohenheim Sontag d. 29. Sep. 1782. Der herzog gengen vor Ihrer Kirch noch in das Dörfle, um 10. uhr aber gegen Sie in die mes, u. ich nach Birgach in die Kirch, nach dissem wurde bald gespeist, u. um 1. uhr Kamen alle die fremde, die noch in Stuttgardt wahren bey 60.; man fierde Sie hir aller orden herum u. dan fur man auch in das Dörfle mit 15. 6. spennige wegen, 1. 8. spennig, da gengen Sie auch aller orden herum, im feigen Sall wurde gudirt, alle wahren monder u. vergniegdt, auch der herzog wahren Charmand u. wie es schon Gantz nacht war, gengen Sie weg, u. der herzog u. ich assen wieder allein in ruhe u. Zufriedenheid zu nacht.

Hohenheim Montag d. 30. Sep. 1782. Ich rude recht aus, u. es wurde vor meinem bet frie gestigdt, dan gengen der herzog zum fiech verkauf, ich Kam auch bald nach, es geng aber nicht sonderlich mit dem Verkaufen, nachmitag war man viell im Dörfle, u. dar mit vergeng dieser Tag.

Nürtingen d. 1. Okt. Dinstag 1782. Um 8. uhr geng es nacher Stuttgardt, der herzog gengen sogleich Zum pferts verkauf, den Sie da hilden, zu mir Kam meine Schwester u. frau v. Dondersfeld[229]); wie sie weg wahren, as ich, dan Kamen der herzog nach die 11. uhr u. assen auch u. nach dissem fur man weck, Ihro Durchleicht auf die jagdt, Sie Setzden mich bey meiner mutter in Nürdingen ab, abends fur ich nach gehens nach Nürdingen mit meiner mutter, der herzog Kamen bald auch von der Jagdt u. hatten 6. hirsche geschossen, der General Stein[329]) u. Buwinghausen, auch Oberst Leutn. v. Gemmingen wahren dar bey, meine mutter as da zu nacht u. nach dem nacht essen fur sie wieder nacher Ensingen, u. alles geng bald zu bet.

Hohenheim d. 2. Okt. Mitwoch 1782. Der herzog gengen um 6. uhr auf die birst, ich fur vor mitag nacher Ensingen u. draf sie zum Deill noch im bet an, wir sassen eine stonde gantz ruhig u. vergniegdt bey samen, dan fur ich wieder nacher Nürdingen, der herzog Kamen auch bald wieder von der Jagdt zu rick, hatten aber nur Zwey hirsche geschossen, u. weilen sie so wenig hirsche andrafen, so war es Ihnen endleid, daß Sie Sich endschlossen wieder nacher Hohenheim zu gehen; man as noch da zu mitag u. geng dan um 12. uhr wieder hir her, in Ensingen Stiegen Sie eine vierdelstonde bey meiner mutter ab, u. dan hir stig man im Dörfle ab; abends schrieben der herzog u. ich machde auch mein Tag buch in die ordnung.

Hohenheim d. 3. Okt. Donerstag 1782. Im Dörfle wurde frie Gestigdt, nachmitag firden mich Ihro Durchleicht nach dem Gute ins Dörfle, u. Sie u. ich Gengen viell im Dörfle herum.

Freitag d. 4. Ein Aus gezeichneder Tag von der Gnade Ihro Durchleicht. Um 6. uhr Stemden aus befehl Kender mit Ihrem schulmeister v. Birgach an im hof zu sengen; wie der herzog u. ich aufstonden, stiegen Viele rageden, im Dörfle wurde frie gestigdt, in einer neihen scheß fur man un geacht es regnede da hin, alle Gloken wurden Geliten u. eine gantz manifiege prilliandene rose schenckden mir der herzog, um 11. uhr Kamen aus 10. fielder ord die pfarrers u. Ihre frauhen, 300. arme weiber u. menner, die ser Gut Gespeist wurden, u. ein bar 100. Junge Leide zum Dantzen, 10. der fremsten u. besten braud bars Aus die 10. Orde wurden Aus Gesucht u. von Ihro Durchlaucht ein jedes mit 200. fl. aus Gesteird, das alles war rierend an zu sehen, u. schrieb sich dif in mein vor Ihro Durchlaucht dankbahres Hertz henein, wie alles dieses bald abgespeist hatte, so gengen die pfarrers mit Ihren frauhen auch zur Dafel, Ihro Durchlaucht u. ich besuchden sie mannigmahl, u. fierden sie auch nach gehens in den Stall, in dessen fengen die Junge leide an um den hanen zu Dantzen[118]), man sahe Ihnen eine Zeidt lang zu, u. ich wahr recht vergnügdt bey Allem diesem, nach die 4. Uhr geng es her nach nacher Stuttgardt. Da draf ich in meinem Zemmer meine mutter u. schwestern, die Gantze Ecoll u. einige Junge leide Aus der academie an, nach diesem geng es in das consert, Ihro Durchlaucht zogen sich ser schen mit Ihren priellianden an, nach dem Consert, geng es zur Tafel an anfideader in dem Kleinen Tempel Saall in der academie[328]) u. nach Gehens gengen der Hertzog u. ich noch nacher hohenheim; Gott Vergelde Ihro Durchlaucht alles Gutte in der Ewigkeidt, des Sie heide gedan haben,

Hohenheim d. 5. Oct: Samstag 1782. Im Dörfle wurde frie Gestigdt, nach die 10. uhr Kamen meine mutter u. schwestern, Sie drangen im Dörfle Cogelad, ich fierde sie nach gehens ein wenig herum, um 11. uhr fuhren der hertzog u. ich nach Gehens wieder henein in hof, u. nach mitag nach dem Gude wurde spatzieren gefahren u. im Dörfle herum gegangen.

Sontag d. 6. nach die 10. uhr fierden mich der hertzog nach Birgach in die Kirch, u. Sie gengen in Ihre Kirch in Ihre Kleine Cabel, bald nach Tisch Kam der regierungsrath Sander[301]) mit Seiner schwester Madam Bruder, es regnede ser starg u. war Kaldt Kaldt wetter, dem un Geacht fuhren uns doch der hertzog in das Dörfle bis zum rathhaus, u. wieder zurick zum undern Dor, wo sich Sander u. seine schwester beurlaubden u. Ihro Durchlaucht u. ich fuhren nach Gehens noch ein wenig spatzieren, u. dan schrieben der hertzog noch Viell, u. hatten Vor mitag schon ser Viell Von Ihren Gescheften gemacht, so daß sie fast alles ausmachden, was sich werend der Anwesenheid der russische herschaften gesamelt hat, u. ich las;

Marbach d. 7. Oct. Montag 1782. im Dörfle wurde wieder frie Gestigdt, nach die 10. uhr geng es von da weck nach Aurach, da besahe man die fohlen, u. as was weniges, dan geng es auf die birst, 9. hirsch schossen der hertzog; um halb 7. uhr Kam man hir in Marbach an, von Cavalier wahren mit hir General v. Stein[329]) u. v. Buwinghausen, Oberst Leutnant v. Gemmingen, Ober forst meister v. Marchall[330]) u. Kamer Junker v. Lützow[49]). Es wurde gleich nach die 7. uhr zu nacht gespeist, u. nach der nacht Tafel geng man noch in pferts stall.

Dinstag d. 8. Um halb 7. uhr gengen der herzog wieder auf die birst, Sie schossen 5. hirsch, vor die 11. uhr Kamen sie wieder, ich blieb liegen, bis halber 12. uhr, nach Tisch gengen der herzog vor die 2. uhr wieder auf die birst u. Kamen in Zwey Stonden wieder, dan gengen sie wieder auf die Jacht, ich auch mit, abends an der Tafel bekamen sie ein wenig die Kolig, man geng aber doch nach dissem in den Stall.

Urach d. 9. Okt. Mitwoch 1782. Um halb 7. uhr gengen der Herzog auf die Jagdt, ich blib wieder zemlig lange liegen, gleich nach die halb 12. uhr geng es von Marbach hen weck, zufor lis ich auch noch des pfarrers von Dapfen seine Känder zu mir Komen, in Offenhausen wurden die fohlen besehen, von da geng es auf den foles Stall, besahe da die fohlen auch, u. dan geng es auf die birst u. Ihro Durchleicht Schossen heide 17. hirsch, abends Kam man um 7. uhr in Aurach an, as nach gehens balt zu nacht.

Donerstag d. 10. Um 7. uhr gengen der Herzog wieder auf die Jagdt, ich Blieb lange liegen, nach Tisch gengen der herzog bald wieder auf die Jagdt, zu mir Kam die frau v. Wolzogen, um 3. uhr fur ich bis an die bleich, da hin der herzog auch Kamen, u. dan fur man zu samen, bey Metzingen einen 18ner Zu schiessen, der herzog schossen Ihn auch gleich, wie man nach haus Kam, wurde noch Duch gekauft u. bald zu nacht gespeist.

Nürtingen d. 11. Okt. Freitag 1782. Der herzog wolden recht frie auf die Jagdt, allein es regnede, doch helde es sich wieder auf, daß Sie doch gegen die 9. uhr noch henaus gengen u. 6. hirsch schossen; Zu mir Kam in dessen die verwiddibde frau v. Schilling, die frau v. Wolzogen u. frau v. Marchall[330]), wir gengen zu Samen in die Kirch, under wegs lernde ich auch des Stall meisters Weiß[331]) seine braud Kennen; nach der Kirch gengen die 3. dames wieder mit mir, dan Kamen der herzog bald, die dames gengen gleich darauf weck, es wurde gespeist u. noch mer Duch gekauft, dan geng es weck u. nach Nürtingen, von da geng es auf die Jagdt, erst um 7. uhr Kam man wieder zu rick, meine Mutter u. schwester Juli wahren Zur Dafel invidirt u. wahren schon bey der ankunft da, man as bald u. der herzog wahren Gutten homors.

Hohenheim d. 12. Okt. Samstag 1782. Um 6. uhr wolden der herzog schon auf die Jagdt gehen, allein es regnede u. hat die nacht durch Starck geregned, nach die 9. uhr alstan gengen Sie u. ich an Stadt auf die Jagdt, Sie um einen augenschein von einem platz, da ein hof solle angelegdt werden, ein zu nehmen u. ich zu meiner mutter nacher Ensingen, in un gefer anderhalb stonden Kamen der herzog auch da hin, drangen da Schogolad u. Sie

u. ich gengen dan über Necker Thailfingen wegen üblem weg wieder hir her, u. Kamen glicklich vor die 3. hir an; die brife von Stuttgardt wahren schon da, u. in diesen war die nachricht von der schenen Geschichd des gewesten hof Capelans Baumann[332]) mit seiner entfierung, man fur noch ein wenig ins Dörfle u. dan schrieben der herzog u. ich.

Sontag d. 13. Der herzog firden mich um 10. uhr in die Kirch nacher Birgach, Sie herden nach gehens in Ihrer Capell auch Meß, nach Tisch riden sie aus, ich legde mich auf das Canabe u. las, nach dem Gude fur man spatzieren, u. abends schrieben der herzog u. ich las.

Hohenheim d. 14. Okt. Montag 1782. Das Wetter war wieder Zemlich gut, um 3. uhr geng man nacher Stuttgardt wegen der baumennischen Geschichde, man besahe auch in dem schloß, ob nichts verdorben wehre, u. dan geng man zu dem Geheimderadt Bühler u. drang da Cafe u. fur von da wieder hir her; heide feng man auch an die feigen beime herein zu don.

Dinstag d. 15. Es wurde im Dörfle frie Gestugdt wie wohl es zemlich Kaldt war, es wurde auch beschlossen, heide die Wein lese vorzu nehmen, man feng auch um 12. uhr an, u. so feng es auch an zu regnen, so daß ich nicht dar zu Komen Konde, man wurde um 4. uhr ferdig, dan schrieben der herzog u. man blib zu haus, es feng gegen 6. uhr an zu schneihen.

Mitwoch d. 16. Das Wetter war wieder besser, doch Kald, der herzog fierden mich nach Birgach in die Kirch, u. nach dem Gude ein wenig spatzieren u. ins Dörfle, wo der Kleine Wein berg gelesen wurde. Der Leidnand von Schack[333]) Kam heide auch hir her, um in die Stelle des Stall meisters Weiß[331]) ein zu Treden.

Hohenheim d. 17. Okt. Donerstag 1782. Das Wetter war pasabel, doch frie stigde man hir henen, der herzog wahren Viell beim bauwesen vom reid haus[337]), um 3. uhr geng ich auch dar zu u. in meinen Garden, dan fierden mich der herzog spatzieren u. ins Dörfle, um 5. uhr fur man noch ein mahl spatzieren u. Stig beim Grenen Derle ab, u. verblieb beim mauren vom reid haus bis nach die 6. uhr, dan schrieben der herzog.

Freitag d. 18. Nach die 9. uhr geng es nacher Stuttgardt, der Herzog gaben audientz, ich lis die Oberst Seegerin zu mir Komen, dan as man zu mitag, u. geng auf den Asberg, der herzog besahen Ihre Trupen; zu mir, weil seid dem 8. die General Riegerin[288]) nicht mer da war, Kam die haubdt mann Frei her[334]); von Asberg geng es hernach Gerade wieder hir her, hir Stig man an dem Grenen Derle ab, der herzog blieben noch eine Zeidtlang beim bau wesen vom reid haus, u. ich setzde mich auf den Frucht boden u. sahe von oben herunder zu.

Samstag d. 19. Es geng heide nichts sonderliches vor, es war Zemlich Kald, der herzog wahren viell beim bauwesen u. abends fur man ein wenig spatzieren u. stig im Dörfle ab.

Hohenheim Sontag d. 20. Okt. 1782. Der Herzog fierden mich in die Kirch nacher Birgach u. Sie gengen in Ihre, nach Tisch rieden Sie gleich aus, ich legde mich aufs Canabe u. laß, es war wieder ser Kalt, abends fur man spatzieren.

Montag d. 21. Heide war es ser Kalt, u. seid gestern hat man ein gebrend, doch noch so, daß man verfrieren Könde, der herzog wahren dem un geacht füll beim bauhen, ich aber blib den Gantzen Tag zu haus u. arbeidede an einem warmen mandel.

Dinstag d. 22. Heide war es ein besonders angenehmer Tag, um halb 11. uhr as man, dan geng es nacher unter u. Ober Dirgenen Zur Wein les; in Ober Tirkheim geng man zum pfarrer Bühler, sein Bruder u. Schwegerin Geheimderadt u. Cansler Lebreten[61]) wahren auch da; um 5. uhr war man wieder da, u. dan blib man noch beim bauwesen bis fast nacht; der herzog glagden ein wenig Kopf We, Sie schrieben aber doch noch.

Mitwoch d. 23. Das Wetter war wieder recht gelend, um 10. uhr firden mich der herzog nacher Birgach in die Kirch, u. heide nacht ist ein vermeinder Geist dorden aus Genomen worden; nach mitag regnede es ein Klein wenig, der herzog firden mich nach dem Gude spatzieren, dan wahren sie viell beim bauhen, ich sas abends auch auf dem frucht boden, um dem bauhen zu zu sehen.

Wie das Tag buch schon geschrieben wahr, u. man zum Tisch Sitzen wolde, so bekam ich noch die nachricht, daß der oncle v. Bernerdin[335]) gestern gestorben wehre, da war ich nadirlich Sansiebel, der Herzog gengen aber besonders gnädig mit mir um.

Hohenheim Donerstag d. 24. Okt. 1782. Nach deme ich angezogen wahr, u. Ihro Durchleicht wieder vom ausreiden da wahren, Kam der Oberforst Meister v. Göllnitz[336]), den der herzog mir zu lieb haben Komen lassen, um daß ich ihn bide, daß er in meinem nahmen zur begrebnis nacher Sindlingen gehe;

nach dem Gude wurde aus gefahren, das wetter war bassabel, es wurde erstaunend am reid haus gearbeid, der herzog wahren viell dar bey u. firden mich nach dem spatzieren fahren auch dar zu.

Freitag d. 25. Der herzog reideden wie geweniglich gleich nach die 7. uhr aus, Kamen zum frie Stuck, u. wie Sie wieder weck wahren, so Kamen Sie Gleich wieder, sagden, daß es in Heumaden brende u. rieden gleich weck, ich fuhr auch bald nach, es wahr aber schon fast gantz gelescht wie der herzog Kamen u. wie ich Kam, war es gantz gelescht, man fur wieder nacher haus, nach dem Gude firden mich der herzog ins Dörfle, u. um 5. uhr wieder herein zum bauhen von dem reid haus, wo man blib bis es fast nacht war.

Hohenheim d. 26. Okt. Samstag 1782. Es wurde starck am reidhaus gearbeit, der herzog wahren viell dar bey, abends nach deme Sie mich ein wenig spatzieren gefahren haten, fierden Sie mich auch da hin, vor mitag Kam auch der Ober forstmeister v. Gölnitz[336]) wieder von Sindlingen zurick.

Sontag d. 27. Der herzog fierden mich um 10. uhr nach Birgach in die Kirch u. Sie gengen nach gehens in Ihre Kirch, nach Tisch rieden Sie aus u. machden Ihre speckulacion mit dem bauhen auf morgen, ich legde mich auf das Canabe u. las, abends fur man spatzieren u. auf das plieninger feld zum leren fangen, es war ein schener heller Tag.

Montag d. 28. Der herzog wahren viell beim bauhen, u. nach dem Gude fur man ein wenig ins Dörfle u. dan auch zum bauhen u blib da bis abends, vormitag fierden mich der herzog auch in die Kirch nacher Birgach, es war Gut weter.

Dinstag d. 29. Ihro Durchleicht wahren viell beim bauhen, ich hate zu don mit Drenen, um was an Jud Seeligmann weck zu geben; abends geng ich in der mägdt ihr Kammer, u. dan auch zum bauhen; der herzog wahren woll aufgeräumd.

Hohenheim d. 30. Okt. Mitwoch 1782. Ihro Durchleicht wahren die mereste Zeidt beim bauhen vom reidhaus, abends regnede es ein wenig, daß ich heide nicht dar zu Kam, vor mitag haben mich der herzog nach Birgach in die Kirch gefird.

Donerstag d. 31. Ihro Durchleicht wahren wieder meistens beim bauhen, ich Kam abends auch dar zu.

Freitag d. 1. Nov. Um 9. uhr geng man nacher Stuttgardt,

der herzog gaben Audientz, ich hatte vielerley bestelungen, das Wetter war ser regnerisch. Zum mitagessen Kam man wieder hir her, under wegs feng es an zu schneihen, es machde aber nicht den Gantzen Tag ford, daß man doch noch an dem bauhen ford machen Konde, wo sich der herzog noch Viell aufhielden.

Samstag d. 2. Ihro Durchleicht wahren Viell beim bauhen, abends regnede es, daß ich nicht dar zu Kam, ausser vom frucht boden aus sahe ich, daß viell gemacht worden ist; es Kam nachricht, daß die frau v. Borg[240]) u. hE. v. Maucler[242]) wieder von Wien zu rick durch Plochingen Kamen, sie fragden an, ob Ihro Durchleicht nicht befelden sie zu sehen.

Hohenheim d. 3. Nov. Sontag 1782. Der herzog firden mich nacher birgach in die Kirch u. Sie herden Mes in der Kleinen Capell; um halb 3. uhr Kam die frau v. Borg u. hE. v. Maucler, nach deme Sie eine Zeidt lang da wahren, so gengen Sie wieder, u. Ihro Durchleicht u. ich fuhren noch ein Gantz Klein wenig spatzieren, u. Schrieben Sie u. ich las, das wetter war heide ser schen.

Montag d. 4. an dem Glückliche Carls Tag. Ihro Durchleicht firden mich um 9. uhr wieder in die birgacher Kirch, da war bredig als an der Kirch wey; zwey par wurden durch die Gnad Ihro Durchleicht cobulird, um 11. uhr versamelden Sich in Hohenheim die 10. benachbarde pfarrers mit Ihren frauhen u. auch eben so viell schultzen mit Ihren frauhen, dan 10. bar ney verlobde, die Ihro Durchleicht ein jedes mit 200 fl. aus Steirden u. 400. arme menner u. weiber, diesse wurden alle gespeist, nach Tisch Kamen auch ein par hondert Junge leide, die dansden um einen hanen[118]), alles war herlich Vergnügdt, ich war recht in meiner herlich Keidt, die pfarrers mit Ihren frauhen fierde ich in Stall, Ihro Durchleicht wahren bald beim bauhen bald bey uns u. wahren auf geheidert, alles war Ihnen auch voll Danck, u. so vergeng dieser Tag, an welchem u. immer Gott alle die woldaden Ihro Durchleicht zum ewigen seegen anschreiben wolle.

Hohenheim d. 5. Nov. Dinstag 1782. Heide wurde Ser Viell an dem reithaus gebaud, der herzog wahren viell dar bey, abends Kam ich auch dar zu.

Mitwoch d. 6. Um 10. uhr firden mich Ihro Durchleicht in die Ort stond nacher Birgach, das Wetter war nach mitag unfreindlich, um 2. uhr Kam die freilein v. Franquemont zu mir,

u. es fiell ein Gerist beim bauhen mit einem grossen quader stein ein, dabey aber Gott sey lob u. Danck niemand nichts gescha; abends besahe ich mit der freilein v. Franquemont vom frucht boden aus das Gebey, Ihro Durchleicht firden uns hen, bald darauf geng sie u. dan wurde geschrieben u. gelessen.

Donerstag d. 7. Ihro Durchleicht Wahren Viell beim bauhen, u. ich war die gantze Zeidt zu haus, abends firden mich der herzog auf den frucht boden, um zu sehen, wie viell am reithaus[337]) gemacht worden ist.

Hohenheim d. 8. Nov. Freitag 1782. Vormitag schneide es immer ein wenig, nach mitag wurde Gottlob glicklich um 4. uhr das reithaus von maurer arbeit Gantz ferdig, Alle die leide bekamen brot u. wein, nach dissem fuhren der herzog u. ich noch ein wenig spatzieren, Sie glagden aber den gantzen Tag Kopf Wehe, abends schrieben Sie, u. ich schrieb u. arbeidede.

Samstag d. 9. Ihro Durchleicht wahren noch nicht recht Wohl, doch rieden Sie viell beim bauhen herum u. firden mich Gleich nach Tisch in das Dörfle, wo ich eine stonde blib u. Sie mich nach gehens wieder abholden, es feng an zu schneihen, wurde aber wieder besser u. heide wurde an dem Oranscherie[338]) haus beim Stall anfangen, aus zu graben u. die fondamenden zu legen, Abends schrieben der herzog u. ich las das Verher von der Ecoll u. schrieb auch.

Hohenheim d. 10. Nov. Sontag 1782. Ihro Durchleicht firden mich nacher Birgach in die Kirch, u. Sie herden Mes in Ihrer Kleinen Cabel, nach Tisch geng es gleich nacher Stuttgardt, da lissen der herzog von der academie die 3. u. 4. abdeilung Komen, um underschiedliches mit Ihnen ab zu machen, das Sich seid dem Sie wegen die rode flecken, die da grasird haben, nicht hin gekomen sein; ich hade auch viell zu digdieren, u. dan gengen Ihro Durchleicht u. ich zu der Oberhofmeistern v. Walbronn[180]), von da aus aber wieder hir her, wo der herzog schrieben u. ich las.

Montag d. 11. Ihro Durchleicht wahren viell bey dem ausgraben vom Orancherie haus[338]) u. dem planieren des reid haus, u. ich blib den gantzen Tag zu haus u. schrieb fast die mereste Zeidt.

Dinstag d. 12. Der vormitag vergeng wieder wie gestern; da es ser gelend wetter war, so firden mich der herzog nach die 3. uhr in das Dörfle, u. dan auch zum planieren in das reid haus.

Hohenheim d. 13. Nov. Mitwoch 1782. Das Wetter war heide ser gelend u. das Wetter Glaß stond ser hoch, ungeacht es doch ver Enderlich war, um halb 1. uhr Kam meine mutter u. schwester Juli, bald darauf Kam auch meine Schwester Pflugen mit Ihrer Kleinsten Dochder, wir blieben recht vergnügdt bey samen, Ihro Durchleicht besuchden uns mannigmal u. wir hatten viell zu samen zu sprechen bis abend, dan gengen sie, u. der Herzog schrieben, ich las u. arbeidede follens bis zum nacht essen.

Donerstag d. 14. Ihro Durchleicht gengen immer ab u. zu bald zum reid haus, bald zum orancherie Gebeyde, u. abends firden Sie mich auf den hey boden, um das neihe gebeide zu sehen, dan schrieben Sie u. ich arbeidede.

Freitag d. 15. Um 9. uhr geng es nacher Stuttgardt, da gaben der herzog Audientz, ich lis die Ecolle zu mir Komen, u. dan geng man zum mitagessen wieder hir her, u. hir brachde man den Andern Theill vom Tag zu wie gestern.

Hohenheim d. 16. Nov. Samstag 1782. Ihro Durchleicht wahren Viell beim bauhen u. sonst geng nichts vor, sie firden mich abends auf den hey boden, um zu zeigen, wie viell beim orancherie haus[338]) gemacht worten ist.

Suntag d. 17. Zu erst firden mich der herzog in die birgacher Kirch, nach deme Sie mes geherd hatten u. man gegessen hatte, so geng es nacher Stuttgardt, da liessen Sie wieder welche von der academie, die billiete[339]) auf zu weisen hatten, zu sich Komen, dan geng es zu der Geheimderath Bühlerin u. von da wieder hir her, hir schrieben der herzog u. ich las.

Montag d. 18. Es wurde wieder an dem orancherie[338]) haus gemaurd, was es sein Konde wegen dem wetter, dan es schneide die nacht durch; sonst geng nichts vor, als daß es nach Tisch recht hibsch wetter wurde.

Dinstag d. 19. So wie der Gestrige Tag, so vergeng auch der heidige, abends firden mich der herzog wieder auf den hey boden, um das Mauerwerk bey dem orancherie gebeide zu sehen.

Hohenheim d. 20. Nov. Mitwoch 1782. Vormitag firden mich der herzog in Birgach in die betstund, nach mitag ging ich gleich in das Dörfle auf eine Stund, u. Ihro Durchleicht wahren viell beim bauhen, abends firden Sie mich auch wieder auf den hey boden.

Donerstag d. 21. Es lag ein zemlicher Schne beim aufwachen u. es schneide immer noch ein wenig, doch aber wurde immer an dem orancherie haus ford gemaurd; heide hatte die Elef Huden[340]) in Stuttgardt auch hochzeidt, abends firden mich der Herzog wieder auf den hey boden u. dan schrieben Sie, u. ich las u. arbeidede.

Freitag d. 22. Um 9. uhr geng es nacher Stuttgardt, der Herzog gaben da Audientz, dan fur man wieder zum mitagessen hir her u. dan wurde der nachmitag Zu gebracht wie Gestern, es hatte heide nacht noch mehr geschniehen, so daß man recht gut Konde schlieden fahren.

Hohenheim d. 23. Nov. Samstag 1782. Das Wetter war heide recht schen u. Ihro Durchleicht firden mich auch ein wenig spatzieren, Sie wahren aber vor u. nach meistens beim bauhen u. firden mich Abends nach Gehens auf den hey boden, es wurde heide viell gemacht; Kurtz ehe man an die nacht Tafel geng, Kam ein Staffet von Ihro hoheid der Prentzes von Würtemberg[52]) mit der nachricht, daß Sie morgen aus Komen werden.

Stuttgardt Sontag d. 24. Ihro Durchleicht u. ich wolden in die Kirch, in dem Kam aber die nachricht, daß die hoheid um 12. uhr nacher Stuttgardt Kommen werden, dan fur man Gleich da hin, bald darauf Kam aber wieder eine andere nachricht, daß Sie erst um 6. uhr Kommen werden, da Kamen Sie auch benebst der frau v. Maucler[242]), freilein v. Schack[241]), freilein v. Domsdorf[341]) u. der bischof Schwartz[341]), Sie sprachen eine Zeidt lang, dan reterirden sie sich, u. bald darauf geng es zur Dafel, u. nach der Tafel, so reterirden Sie sich auch wieder bald.

Stuttgardt d. 25. Nov. Montag 1782. Um 11. uhr gengen der Herzog in die academie, gegen 2. uhr geng man in das alde Schloß zu Ihro hoheiden, dan as man bald, nach der Tafel reterierden Sich die herschaften, u. um halb 6. uhr geng man in die Comedie, nach dissem zur nacht Tafel u. dan zu bet.

Dinstag d. 26. Heide geng es gerade so wie gestern, die hoheid wahren immer monder u. Gnädig, auch Ihro Durchleicht wahren es, die Oberhofmeister Walbronnen[180]) as mit zu mitag u. in der academie wahren der herzog heide nicht, von Dames wahr die bede Tege meist alle bey hof, die hir oder wohl wahren.

Mitwoch d. 27. Um halb 11. uhr geng man zu Ihro hoheit, Sie wahren schon gantz reis ferdig, u. in einer halben stonde darauf, so gengen sie, Ihro Durchleicht u. ich assen geschwend zu mitag, dan geng es hir her, es schneide die merste Zeidt starg, denoch reideden der herzog imer herum u. sahen nach dem bauhen, abends firden Sie mich auf den hey boden, es war viell gearbeid worden, abend dan schrieben der herzog.

Hohenheim d. 28. Nov. Donerstag 1782. Der herzog wahren un geacht aller Kälde denoch viell beim bauhen u. sonst geng nichts vor.

Freitag d. 29. Um halb 11. uhr speiste man u. nach die 11. uhr geng es im Schlitten nacher Kirchheim, da Sahen der herzog Ihre pferd, u. ich wahr so lang bey meiner Schwester, dan Kamen der herzog wieder, drangen Kaffe, u. alstan geng es wieder hir her, man Kam nicht mer bey Tag an, dan schrieben der herzog u. ich noch.

Samstag d. 30. Ihro Durchleicht firden mich nach Birgach in die Kirch, es war das schenste wetter von der Weld u. daude auch noch mitag zemlich, der herzog firden mich um 2. uhr ein wenig spatzieren u. abends auf den hey u. frucht boden, sie hatten immer ein wenig husten.

Hohenheim d. 1. Dez. Sontag 1782. Ihro Durchleicht firden mich nacher Birgach in die Kirch, sie herden Meß in Ihrer Kleinen Capell, nach Tisch fierden Sie mich auch bald ein wenig spatzieren, da rieden u. gengen sie noch aus, u. ich legde mich in dem roten Zemer auf das canabe u. las, abends schrieben der herzog u. ich laß.

Montag d. 2. Heide wurde, ob es wohl neblich wetter wahr, doch viell an dem orancherie haus gemaurd, die Gantze seide gegen den Stall wurde auch ferdig, abends firden mich der Herzog auf den hey boden, daß ich es sahe.

Dinstag d. 3. Das Wetter war heide ser gelend, aber dufdig; nach die 2. uhr firden mich der Herzog in das Dörfle, u. sie gengen follens in die Kassern der mittleren mihl, dan firden Sie mich wieder herein, blieben noch beim bauhen bis Abends, dan schrieben sie u. ich arbeidede.

Hohenheim d. 3. Dez. Dinstag 1782. Ihro Durchleicht wahren viell beim bauhen, u. abends sas man ruhig bey samen, der herzog schrieben u. ich las u. arbeidede.

Mitwoch d. 4. Um 10. uhr firden mich der Herzog nacher Birgach in die Kirch, u. Sie wahren wieder viell beim bauhen, es geng auch recht gut beim bauhen.

Donerstag d. 5. Um 11. uhr lis ich zur ader, nach mitag firden mich der Herzog spatzieren u. in das oracherie haus, es wurde planirt u. wahren vielle arbeids leide da, ich blib lange da, dan geng ich in das schlesle[342]) u. holde Ihro Durchleicht auch dahin, um die aussicht von die bede neihe Gebeide[337]) [338]) zu sehen, dan gudierde man u. ich bekam beltze von Paris von Ihro Durchleicht Ihrer Gnad; der herzog ferdigden auch den Stallmeister v. Buwinghausen[251]) nacher Regensburg, um pferd zu Kaufen, ab, u. Abends sasse man wieder ruhig bey samen.

Stuttgardt d. 6. Dez. Freitag 1782. Ihro Durchleicht wahren wieder viell beim bauhen u. sie lissen noch arbeiden, was möglich wahr, u. wie sie mich abends in das oracherie haus firden, war ich verwondert, was gemacht worden ist u. dan um 6. uhr geng es hir her, wo man um 7. uhr Glicklich anlangde.

Samstag d. 7. Um 8. uhr gengen der Herzog in die academie, da heide die examena anfengen, ich raumde meine sachen zu samen, nach mitag fur man ein wenig spatzieren u. um 3. uhr gengen der Herzog u. ich in die academie zum examen. Es wurde in dem neihen her Sahle examinirt u. abends speiste man in der academie.

Sontag d. 8. Der herzog herden um 11. uhr mes, ich geng nicht in die Kirch, gleich nach Tisch fur man ein wenig spatzieren, u. um 3. uhr geng es in das examen, abends wurde in der academie gespeist.

Stuttgardt d. 9. Dez. Montag 1782. Um 8. uhr gengen der herzog in die academie u. um 9. uhr Kamen Sie wieder, dan geng es nacher Hohenheim, man Sahe da das reit haus u. orancherie haus, dan as man u. um halb 2. uhr geng man wieder weck, Zog Sich hir geschwend an u. Geng Zum examen in die academie, abends wurde auch da zu nacht gespeist.

Dinstag d. 10. Wieder um 8. uhr gengen der herzog in die academie, zu mir Kamen um 10. uhr welche von der Ecoll, nach deme der herzog um 11. uhr Kamen, so genge die Ecoll, man speiste gleich u. fur nach Tisch ein wenig spatzieren, um 3. geng es her nach wieder in die academie.

Stuttgardt d. 11. Dez. Mitwoch 1782. Der Herzog gengen wieder um 8. uhr in die academie, ich geng um 10. uhr zu der frau v. Klinkowstrem u. zu der frau v. Wechmar[254]) u. blib da bis fast 11. uhr, der herzog wahren schon von der academie Zu rick wie ich Kam, man as gleich u. fur nach Tisch nicht spatzieren, weilen der herzog zu schreiben hatten u. um 3. uhr geng es in die academie, u. der herzog speisten in der retret im schloß.

Donerstag d. 12. Wie geweniglich gengen der herzog um 8. uhr zum examen in die academie, um 9. uhr Kamen Sie wieder, dan geng es nacher Hohenheim, man sahe nach dem reid haus, as da, u. nach dem Essen rieden der herzog noch ein wenig herum u. dan geng es wieder hir her, dan zog man Sich an; ich lis mir bladern auf meine bede füse setzen, Kam also eine halbe Stond speder in die academie, man speiste in der academie zu nacht.

Stuttgardt d. 13. Dez. Freitag 1782. 8. uhr wahr wieder die Stond, wo der Herzog in die academie gengen, zu mir lis ich die freileins von der Ecoll Komen, der herzog Kamen bald um Audientz zu Geben, wie Sie wieder von der Audientz Kamen, wolden Sie Geschwend Essen, die Ecoll Konde nicht Geschwend genug ford Kommen, nach dem Essen wurde ein wenig spatzieren Gefahren, u. um 3. uhr geng es wieder in die academie, es Kam ein bolnischer Bischoff[343]), der Seinen Sohn in die academie brachte u. man as in der academie zu nacht.

Samstag d. 14. Es geng um 9. uhr nacher Hohenheim, zu vor aber wahren der herzog in der academie; vor die 3. war man wieder hir, ich geng in Hohenheim nicht viell herum mit meinen bladern; um 3. geng es in die academie.

Stuttgardt Sontag d. 15. Dez. 1782. Der herzog herden in Ihrem Zemer Mes, ich blib wegen meiner Plader, die mir ser wehe dat, lange liegen; vor die 11. uhr gengen der herzog in die academie u. machden die Conduit breis aus, dan as man erst, wie das vorbey war, zu mitag u. gleich darauf wurde spatzieren gefahren, u. um 3. uhr geng es in die academie, herr u. frau v. Krock[343]) wurden presendiert, der herzog aber speisten wegen Kopf Wehe in der retret.

Montag d. 16. Um 8. uhr gengen der herzog wieder in die academie, Zu mir Kam die frau v. Mandelsloh; gleich um 11. uhr wie der herzog Kamen, so wurde gespeist u. darauf ein wenig spatzieren gefahren, um 3. uhr geng es wieder in die academie, die frau v. Krock Kam auch wieder mit Ihrem mann u. der herzog speisten wieder in der academie zu nacht, womit auch die fremde speisten; der bischoff[343]) war alle Tag da u. war heide auf der Jagdt.

Stuttgardt d. 17. Dez. Dinstag 1782. Nach deme der

herzog zu vor bis 9. uhr in der academie wahren, so geng es her nach im schliden nacher Hohenheim, allein es geng Gantz auf, vor die 3. uhr war man wieder hir, dan zog man sich an u. geng in die academie, es wurde in der academie zu nacht gespeist, die frau v. Krock wahr nicht recht wohl, da her war Sie nicht da.

Mitwoch d. 18. Der herzog wahren wieder um die gewenig-lich stonde in der academie, zu mir Kam die Ecoll, nach dissem wurde um 11. uhr gespeist u. bald darauf spatzieren gefahren, u. um 3. uhr geng es in die academie, u. weil der herzog glagden, daß Sie Geschwolne füsse hetten, so wurde in der retret gespeist.

Stuttgardt d. 19. Dez. Donerstag 1782. Nach deme der Herzog wieder aus der academie Kamen, so geng es um 9. uhr nacher Hohenheim, das reid haus wurde heid so weid von Zemerleiden ferdig, daß alles Gerist Konde heraus genommen werden; Ihro Durchleicht lissen auch allen Zemerleiden fleisch, Wein u. brot geben, um 2. uhr war man wieder in Stuttgardt, man zog sich gleich an u. der Herzog gengen um 3. in die academie, zu mir Kam aber die frau v. Suvill[77]) mit der Kleinen Wöllwartin[587]), welche bis nach die 4. uhr bey mir blieben, nach dissem geng ich auch in die academie u. zu nacht wurde auch in der academie gespeist, der Bolnische Bischoff u. hE. v. Krock Speisten von fremde mit.

Stuttgardt d. 20. Dez. Freitag 1782. Der Herzog gengen wieder um 8. uhr in die academie, u. gleich nach 9. uhr Kam meine mutter u. Schwester Pflugen u. Juliana, auch die Kleinste Pflugen, wir wahren recht vergnügdt bey samen, um 11. uhr gengen Sie zum Essen, u. der herzog u. ich assen auch, der Herzog lissen die Katoligen, reformirden u. russen in der religion in Ihren Zemern exameniren, in dessen Kamen meine Verwande wieder, um 3. uhr gengen der herzog in die academie, ich wurde disbensirt gleich mit zu gehen, u. Setzden mir der herzog das Zill um 4. uhr zu Komen; um disse Stonde verlissen mich also meine mutter u. Schwestern, nach deme bald, da ich in der academie wahr, Kam auch die frau v. Mosheim u. Krock zum Examen, es war heide der lezte Tag von denen brifungen; auf die lezt hild der reckdor Conspruk eine rede, dan Ihro Durchleicht u. lasen, wie geweniglich alle Junge leide vor, dan wurde in der academie zu nacht gespeist, alle die fremde u. auch hE. u. frau v. Mosheim mit.

Stuttgardt d. 21. Dez. Samstag 1782. Es geng um 9. uhr nacher Hohenheim, um 3. uhr wieder von da hen weck, dan schrieben der herzog in Stuttgardt u. gengen einen augenplick in die academie, u. in der retret wurde zu nacht gespeist.

Sontag d. 22. am Jahrs Tag der academie. Der Herzog gengen um 9. uhr u. ich um 10. uhr in Ihre Kirch, man herde da das erste mahl den neihen hof Capelan Schluß[344]) predigen, Kam recht zufrieden zu rick, dan geng es in die academie Kirch, von da durch die ler Säle, dan zum speisen von der academie u. her nach selbsten zum speisen, her nach zum preis aus deilen im hörsahl u. dan in das Consert, u. zu lezt zum nacht essen, wo alle Vätter, die gegen werdig wahren, mit Ihren Söhnen in der academie speisten; es Kam heide auch ein russischer General v. Borosdin, der zwey söhne in die academie brachde.

Hohenheim Montag d. 23. Dez. 1782. Der Herzog gengen in die academie Zum essen, nach deme Sie Gespeist hatten, zu mir Kam die registerador Wagner[205]), die Franquemont, der Schneider[345]), die Mandelslohen, die Tonterfelden u. meine Kleine Nichte; wie der herzog wieder Kamen, so geng es gleich hir her, ich durmelde gleichsam aus Stuttgardt henan, den Abend aber brachde man hir recht ruhig zu.

Dinstag d. 24. Der Herzog wahren viell beim reidhaus, ich schrieb u. raumde auf u. abends war man wieder ruhig bey samen.

Mitwoch als am heiligen Christtag d. 25. Ihro Durchleicht fierden mich nacher Birgach in die Kirch, Sie herden Meß in der Kleinen Capell, nach dissem as man bald u. nach die 2. uhr firden mich der Herzog spatzieren, der Stallmeister v. Buwinghausen brachte auch ein par pferd von Regenspurg, der herzog schrieben viell u. ich laß.

Hohenheim d. 26. Dez. Donerstag 1782. Um 10. uhr firden mich der Herzog nacher Birgach, u. Sie wahren viell beim reidhaus, wor zu viell Kis Gefahren wurde, nach Tisch Kam der Oberstallmeister[22]) u. Ober Jeger Meister[103]), ich Kam auch, wie Sie da wahren, in das reidhaus[337]), abends Kam v. Lützow wieder von Straßburg zurik u. brachde die nachricht, daß der Erbprentz u. die Erbprentzes von Mecklenburg bis auf den Samstag Komen werden, abends schrieben der Herzog u. ich las.

Freitag d. 27. Vor mitag wahren der Herzog viell beim reidhaus, u. bald nach Tisch geng es nacher Stuttgardt, in des Ober Jegermeister seinem haus[346]) Stig man ab u. richdede alles, um die mecklenburger herschaften da zu Lochieren, ein, dan geng es auch in das schloß u. in den marstal u. von da hir her.

Stuttgardt d. 28. Dez. Samstag 1782. Nach dem mitag Essen geng es nacher Stuttgardt, nach deme man eine Zeid lang da wahr, so zog man Sich an u. geng hernach in das Jegerhaus[346]) u. erwardede den Erbprentzen u. die Erbprentzes v. Mecklenburg Schwerin[347]), Sie Kamen auch um 4. uhr, der herzog u. ich Empfangden Sie da u. gengen bald wieder hin weck, dan Kamen Sie um 6. uhr in das schloß, es war Gleich Consert u. dan Grosse Dafel in der Galerie u. das Consert war im weissen Saall, nach der Dafel machde man, daß Sie bald zur ruhe Kamen.

Sontag d. 29. Um 10. uhr furen der herzog u. ich in das alde Schloß, der prentz u. die prentzes Kamen bald auch da hin, dan geng es in die Kirch, nach dieser gengen der herzog u. prentz in den pferds stall u. bau hof, u. die prentzes u. Dames zogen Sich an; mit der mecklenburgischen herschaft Kamen gestern auch die frau v. Ransow, freilein v. Keisser, freilein v. Brandenstein; Obermarschall v. Lützow, Kamerherr v. Ransow u. Justitzrath v. Brandenstein. Nach deme die pferde gesehen wahren u. die prentzes angezogen wahren, fuhren der herzog in meiner begleidung mit 8. pferd zu den Mecklenburgischen herschaften, um Sie in die academie ab zu hohlen; Sie wurden in der Gantzen academie herum gefird u. dan Zum Essen; wie das essen von der academie verbey wahr, so geng es zur Dafel in dem neihen schloß, in dem Marmorsaall wurde gespeist, sowie man das Confegdt einsetzde, so bekamen der herzog die nachrichdt, daß es in der academie brende, Sie gengen gleich Gantz still da hin, u. Gott lob war es bald gelescht; nach der Dafel reterirden Sich die herschaften u. dan geng es in die academie in das Conserd, wie das verbey war, so wurde auch in der academie gespeist in dem Tempel[328]) beim Grossen es Sall, u. nach dissem gengen die mecklenburgische in Ihr quadir, u. der Herzog u. ich noch nacher Hohenheim.

Hohenheim Montag d. 30. Dez. 1782. Um 10. uhr Kamen der prentz u. die prentzes mit Ihrem gefolg, herr u. frau v. Mosheim, hE. v. Madeweis, prentz Coburg[348]), Minister v. Üxküll, v. Strahlendorf u. v. Gemmingen; das wetter war aber so Schlem u. die prentzes hatten Grosse Schmertzen vom bodegra, doch aber wahren Sie complesand genug, denoch mit in das reidhaus u. in Kustall zu gehen, im reidhaus wurden Alle Kutschen pferde vor gefird, nach der Dafel geng man wegen Ser üblem wetter bald henweck, der herzog u. ich fuhren mit der prentzes u. dem prentzen, Sie wurden in Ihre wonung gefird u. da um 6. uhr wieder in die opera Carolio[317]) gefird, nach dissem speiste man im Jegerhaus bey der prentzes zu nacht u. machde, daß die prentzes wegen Ihrem bessen fuß bald zu bet Kamen, u. schickde Ihnen den leib medikus Jäger u. Klein.

Stuttgardt d. 31. Dez. Dinstag 1782. Vormitags lis man die prentzes ruhen, der herzog u. prentz besahen die leichde Jegers[349]) u. parade, dan wurde bey der prentzes gespeist, u. nach dissem geng es nach der Solidit, alwo man wegen dem bessen fus von der prentzes u. manigmahl schneihendem Wetter herum geng u. fahren Konde, nach deme man von da Zu rick Kam, so lissen Sich die prentzes blud ügel ansetzen, der prentz geng in die opera, der herzog begleideden Ihn, Kamen aber bald wieder zu rick, dan schrieben Sie u. ich las, in einiger Zeidt geng man wieder zu der prentzes, dem un geacht sie erst mit die blud ügel ferdig worden sein, so gengen Sie doch zur Dafel, doch machde man, daß man sie bald zu bede brachde.

Und damit Beschloß Sich non mero wieder ein Jahr voll Gnade u. Seegen von Gott; Geschwend Geng es mir vorüber u. vieler ley habe ich darennen erfahren; Gott, regiere Alle meine erfahrung Selbsten, dan wird es mir Gut sein u. Er bereide Sich Auch Selbsten den Dank in meinem Hertzen, den ich Ihm schuldig bin, u. leide mich u. alle menschen Gantz nach Seinem willen u. wohl gefallen um Christi Willen, mit der Kraft Seines heiligen Geistes Stehe er uns Allen in Gnaden bey.

Stuttgardt d. 1. Jan. 1783 Mitwoch. Gottes Gnade u. Schutz Stehe allen Menschen bey, mit diessem Drost Stond ich auf, zog mich geschwend an u. geng in die academie Kirch, u. Ihro Durchleicht herden Meß in der Schloß Capell, dan geng es zu den Mecklenburgischen herschaften, alwo gespeist wurde, gleich nach dissem fur man nacher Hohenheim, der herzog, prentz, prentzes u. ich fuhren in einem wagen, im Dörfle Stig man ab, vor die prentzes wahr eine Pordsches barad, u. Sie wurden darennen aller orden herum gedragen, alle andere gengen zu fuß, u. man Kam in dem Gantzen Dörfle herum, es wahr schon fast nacht, wie man henweck geng, bey der prentzes war Kleines Consert u. Supe, nach Tisch lissen Sie Sich noch einmahl blud ügels ansetzen, aus dissem Grund eilde man mit dem nacht essen, u. also geng es bald zur ruhe; u. nun ist Schon ein Tag von dissen neihen Jahr vergangen. Gott Ziege uns alle immer mehr u. mehr zu Ihm u. mache uns reich an Glaube, liebe u. Allem Guden, er leide u. regiere u. führe uns auf Seinen wegen u. Stegen, er Stehe uns bey mit der Kraft Seines heiligen Geistes um Jesu Christi Willen.

Stuttgardt d. 2. Jan. 1783. Donerstag. Der Herzog u. prentz gengen um 8. uhr schon auf den Asberg, die prentzes aber u. wir gengen nach die 10. uhr nacher Louisburg, der herzog mit dem prentzen wahren schon da, wie wir Kamen, es wurde bald Gespeist, dan Geng es in die portzelan faworig, zu for geng man auch ein wenig im Schloß herum, dan geng es in das milider waisen haus, wo denen herschaften alles gewiesen wurde, u. her nach begleideden der herzog u. ich die Mecklenburger herschaften bis Canstadt, alwo Sie Ihren Abschied namen u. noch bis Gemend gengen; der Herzog u. ich fuhren nach Stuttgardt, in der academie Speiste man zu nacht, von fremde speiste mit der General Borosdin u. sein bruder.

Hohenheim Freitag d. 3. Vormitag gaben der Herzog

Audientz, nach Tisch Geng es gleich hir her, der herzog reideden aus, dan auch reideden Sie im reidhaus, ich Kam dar zu, Abends schrieben nach gehens Sie u. ich.

Hohenheim Samstag d. 4. Jan. 1783. Nach mitag geng es nacher Stuttgardt, um aller hand zu bestellen zu der vor habenden reisse u. dan Kam man wieder hir her, wo der herzog schrieben u. ich arbeidede.

Sontag d. 5. Der Herzog firden mich nacher Birgach in die Kirch, nach mitag rieden Sie aus, ich las u. abends schrieben der Herzog auch.

Montag d. 6. Es wurde von Ihro Durchleicht alles ein Gericht zur abreisse, ich hatte vühl zu don, nach mitag sahe ich Ihro Durchleicht auch zu reiden im reit haus.

Dinstag d. 7. Nachmitag geng es nacher Stuttgardt, es gab wegen der übermorgigen reisse vühl zu bestellen, abends war man wieder hir, ich hatte gar vühl zu don, der Herzog schrieben auch vühl.

Stuttgardt d. 8. Jan. Mitwoch 1783. Vormitag machten der herzog alle bestellung vor die abwesenheit; was übrig blib, gaben sie nach Tisch noch an, dan packden Sie u. ich ein auf die morgige an zu Tretende willens Segsische reisse; um 4. uhr geng es her nach nacher Stuttgardt, da packde ich auch noch vollens ein, u. der herzog liessen einige leide noch zu sich Komen, dan as man in der academie zu nacht u. nam da abschied.

Donerstag d. 9. Um halb 3. uhr geng es in Gottes nahmen von Stuttgardt hin weck u. Kam bald in Gemend an; die Geheimderath Bühlerin Kam vor der abreisse noch zu mir, auch geng man doch noch ein mahl in die academie u. damit werden auf diesser reisse das Tag buch zu führen der Hertzog über Sich nehmen[350]), wo vor die nach Weldt noch verbonden sein wirt zu danken.

Hohenheim d. 24. Febr. Montag 1783. Nach deme der Herzog das Tag Buch während der Secksischen reisse gestern nach der ankunft geschlossen haben, so Setze ich es non mero wieder vord. Der Herzog rieden gleich, so vühl es das Wetter zu lisse, des Ser Stirmisch wahr, herum u. Sahen nach, ich rude recht aus, u. wahr mis mudig, nach mitag sahen der Herzog auch wieder nach u. fengen an Ihren geheiften gescheften mit aller macht an zu arbeiden, ich schrib auch, u. damit Kam die Zeidt zum nacht essen.

Dinstag d. 25. Der Heidige Tag Glich fast dem Gestrigen.

Mitwoch d. 26. Nach die 9. uhr geng es nacher Kirchheim, bey meiner Schwester Pflugen Stig man ab, der herzog besahen Ihre pferde, u. ich blib so lang bey meiner Mutter, die auch da wahr, Schwestern u. Nichten wir assen zu samen zu mitag, dan Kamen der herzog wieder aus dem Stall, lissen mir auch einige pferd vor führen, u. dan geng es bald wieder hir her, wo wieder geschrieben wurde bis zum nachtessen.

Hohenheim d. 27. febr. Donerstag 1783. Wegen ser Schlemen wetter Konden der herzog nicht vühl aus reiden, nach dem essen liessen Sie die leichte gart zu pferd in das reithaus Komen, ich sahe auch zu, die übrige Zeidt brachden Sie meistens mit arbeiden zu u. arbeideden so, daß Sie bey nahe alle Ihre vühle pabiren ferdig brachten, ich schrib auch vühl.

Freitag d. 28. Nach die 9. uhr geng es nacher Stuttgardt, da gaben der Herzog audientz, ich hatte ein u. anderes so lang zu bestellen, nach dem essen geng es in die academie, ich lis zu vor den gerdner schreier u. Kerner zu mir Komen u. her nach gengen der herzog in Ihre pferds Stelle u. suchden pferde aus Zum beschelen; zu mir Kam die Franquemont, dan geng ich zu der Geheimderath Bühlerin, wo hin der herzog auch Kamen, von da aus geng es wieder hir her, wo alstan wieder bis zum nacht essen geschrieben wurde.

Hohenheim d. 1. Mertz Samstag 1783. Das Wetter Wahr ser Stirmisch, u. es fühl ein Schne bey 8. Zoll dif, u. abends verwandelde er sich in regen, der herzog Konden also wenig aus reiden, hin gegen reideden Sie im reidhaus u. schrieben vühl, so auch ich.

Sontag d. 2. Es wahr zemlich Kald, der herzog fürden mich nacher Birgach in die Kirch, u. Sie herden meß in der Kleinen Kapell, nach Tisch reideden Sie ein wenig aus, glagden Sich aber, daß es Ihnen im magen drugde, ich las u. bekam aber die nachricht, daß meiner muter nicht recht wohl währe u. so auch meine Schwester Schertel; das fichdede mich ser an, u. da auch der herzog nicht Guten homors wahren, so wahr ich Gantz betribdt.

Montag d. 3. Das Wetter wahr schen, aber Kald, u. der herzog reideden, nach deme Sie zu vor vühl digdirt hatten, im reid haus, nach deme der Herzog u. ich gespeist hatten, so Kam meine Tante von Uchderitz[522]) u. frau v. Mandelsloh, gleich darauf auch meine Mutter, schwester Pflugen u. Juliana, auch zwey meiner nichden[351]), meine mutter glagde sich immer noch ein wenig, wir speisten, nach Tisch firde ich die Tante ein wenig herum, u. wir wahren gantz Vergnügdt bey samen, Sie gengen aber doch auch bald wieder weck, u. der Herzog u. ich fuhren noch spatzieren.

Marbach d. 4. Martzi Dinstag 1783. Um 9. uhr geng es von hir hin weck, in Einsiedel wurde das landgestidt besehen, dan geng es von da über Aurach u. Offenhausen nacher Marbach, in Offenhausen besahe man auch die Junge pferd, u. in Marbach geng man vor u. nach dem essen noch in Stall; der General v. Buwinghausen muste in Aurach bleiben, weil er nicht wohl wahr. Heide fengen der herzog auch an Ihren Dranck zu drenken.

Mitwoch d. 5. Vormitag machden der herzog das beschell register von Ihren eignen pferden, ich blib zemlich lange liegen, nach die 11. uhr Kam der Pfarrer u. die Pfarreren von Dapfen zu mir, wie der herzog Kamen, gengen sie, dan as man u. nach dem essen wurde das landgestidt gesehen, nach gehens schrieben der herzog, glagden aber ser druken auf dem magen, nach dem nachtessen geng man auch noch in Stall.

Donerstag d. 6. Es lag ein zemlicher Schne beim auf wachen u. das wetter war ser Stirmisch, um 9. uhr geng es von Marbach hin weck, in Aurach besahe man das landgestidt u. die herschaftliche Fohlen, dan geng es wieder gerade in einem ser üblen wetter hir her, underwegs fühl ein Gutscher über den wagen herunder, das radt geng über Ihn, man hoffte aber, daß es Ihm nichts don werde; nach deme der herzog ein wenig nach Ihren pabieren gesehen hatten, so gengen Sie noch in Ihre pferds Stelle, u. alstan schrieben sie wieder; es regnede immer Sterger, daß die wasser ser bey die mühlen u. sehen anliefen.

Hohenheim d. 7. Martzi Freitag 1783. Das Wasser hatte hir u. da etwas schaden gedan, doch nicht betrechtlich, heide war das Wetter etwas bessers, die nachricht wurde heide auch noch mer bestedigdt, die der herzog schon den 3. aus Rom bekomen hatten, daß fast halb Sitzilien d. 5. febr. undergegangen sein Solle. Der Herzog rieden vor u. nach mitag ein wenig herum, u. abends schrieben Sie, ich blib zu haus u. schrib meistens.

Samstag d. 8. Das Wetter wahr wieder zemlich Schlem, der herzog rieden also meistens im reidhaus, um 12. uhr Kamen die 3. pferde, die der Herzog in Zerbst gekauft haben, nach dem essen geng man also gleich in Stall, dan rieden der herzog ein wenig, so lang Sie wegen dem regen Konden herum, nach dem gude besahen Sie die neihe pferde von der leichden Gard im reidhaus, ich geng auch henonder u. sahe sie, der herzog wahren aber im Gantzen gar nicht aufgelegdt, abends schrieben Sie u. ich fast den gantzen Tag.

Hohenhcim d. 9. Martzi Sontag 1783. Um 9. uhr geng es im zu gemachdem Wagen nacher Stuttgardt, da Selbst geng es in die Kirch, u. zum Essen von der academie, wo hin auch die vätter Kamen, nach dissem lissen der Herzog den hofrat Mögle[198]) Komen mit Ihm zu sprechen von Sindlingen u. alstan geng es bald wieder hir her, wo der herzog schrieben u. ich las, u. zu vor geng es auch noch in pferds stall.

Montag d. 10. Das Wetter war das erste Mahl schen, u. der herzog reideden da her vühl herum, nach Tisch fur man auch ein wenig aus; der herzog glagden seid gestern immer ein wenig Kopf we, ich hatte auch den schnupen, abends Kam nachricht, daß der v. Maucler in Stuttgardt währe, u. brüfe von Membelgard mit brechde.

Dinstag d. 11. Um 10. uhr Kam v. Maucler, der herzog sprachen mit ihm, ich Sahe ihn auch, er wurde an prentz Ferdinand[352]) nacher Klagenfurt über Wien geschickt; damit er in seiner reise nicht aufgehalden wurde, so ferdigde Ihn der herzog bald ab, nach Tisch fur man ein wenig spatzieren u. Stig seid der reis das erstemahl im Dörfle ab, nach dissem Kam der mejor Rieger[353]), den der herzog überrededen, daß es zum prentz Ferdinand get, dan schrieben der herzog u. ich.

Mitwoch d. 12. Ihro Durchleicht firden mich nach Birgach in die Kirch, ich hatte noch einen Stargen schnupen, nach mitag hatten der herzog Keine grosse freide aus zu reiden, weil es übel wetter wahr.

Hohenheim d. 13. Marty Donerstag 1783. Ihro Durchleicht rieden, so vühl sie wegen abweckseldem wetter Konden, herum u. fuhren zu meinem vergnügen nicht spatzieren, im Dörfle wurde bey dem Monamend von der herzoglichen Familie[321]) etwas beim gesetzt.

Freitag d. 14. Um 9. uhr geng es nacher Stuttgardt, da gaben der Herzog Audientz, zu mir Kam die freilein Franquemont, auch Kamen die Tische, die ich in Leibzig gekauft habe, es wurde nach der audientz, die ser starck wahr, gleich gespeist, u. dan geng es wieder hir her, der herzog wahren übel disbonirt, rieden hir zwar, so vühl sie wegen schneihen Konden, noch aus u. schrieben dan.

Samstag d. 15. Heite geng nichts sonderliches vor, der herzog wahren verdrüslich, abends freüde ich mich einiger brüfe, die ich auſs Halle bekam[354]).

Sontag d. 16. Um 9. uhr geng es nacher Stuttgardt im zu gemachten wagen, daselbst geng es in die Kirch u. nach dem Essen in die academie, nach gehens Kam die frau u. herr v. Mosheim benebst Ihren beden Söhnen aus der academie zu mir, um 3. uhr gengen nach gehens der Herzog zur reckders wahl u. ich geng zu der Geheimderath v. Üxküll, das daurde nicht lange, so wahren der herzog mit der reckders wahl ferdig u. es geng darauf bald hir her; ich erfur noch Kurtz beim weck gehen zufelliger weise, daß Ihro Durchlaucht so vühle Gnade vor meine mutter gehabdt haben, Ihr eine so ansenliche pension zu geben[355]), wor durch ich gantz durch drongen von Danck den Tag beschloß.

Hohenheim d. 17. Marty Montag 1783. Das Wetter wahr heide Ser schen, nachmitag fur man in das Dörfle u. dan nacher Klein Hohenheim, um einen platz vor die leichde Gardt zu einer Anlage zu besehen; abends schrieben der herzog u. ich arbeidede.

Dinstag d. 18. Heite wahr es wieder Ser schen wetter u. es wurde im Dörfle frie Gestickdt, der Herzog wahren aber verdrislich u. glagden, daß Sie alles doppelt sehen, nach mitag lissen Sie Tulpen beüme beim russischen Monamend[321]) versetzen, nach dem gude firden Sie mich auch in das Dörfle, ich blib aber meistens in meiner ruhigen Köler hütte, um 6. uhr fur man wieder zu rick; der Herzog schrieben dan, u. ich machde den abend wie den gantzen Tag über nicht vühl.

Mitwoch d. 19. Das Wetter war schen, u. doch blib ich den Gantzen Tag zu haus.

Donerstag d. 20. Nach dem Gude firden mich der Herzog in das Dörfle, ich blib aber meistens in meiner Köller hütte u. dan fur man nach Klein Hohenheim, um das Stuck vor die leichde Gardt zu besehen.

Freitag d. 21. Um 9. uhr geng es nacher Stuttgardt, da gaben der Herzog audientz, dan as man, u. geng nacher Asberg, der herzog brobirden aller hand neihes mit dem dordigen regiment, ich blib bey der Generalen Schelerin[356]), um 7. uhr wahr man wieder hir.

Samstag d. 22. Der herzog reideden wie geweniglich nach die 7. uhr herum, ich hatte was ein genomen, des mir ser übel machde; nach mitag wahren der herzog auch wieder vühl im Dörfle, nach dem gude firden Sie mich auch henaus, u. man blib da bis nach die 6. uhr.

Hohenheim d. 23. Marty Sontag 1783. Der Herzog fürden mich nacher Birgach in die Kirch, u. Sie herden mes in der Kleinen Capelle, nach mitag rieden Sie vühl herum, ich las, abends firden Sie mich in das Dörfle, es geng aber ein zemlicher wend, daß es nicht angenehm wahr, u. der Herzog wahren auch über haubdt nicht sonderlich auf gelegdt, wie schon ein par Tag her, u. hatten auch einen starken husten.

Montag d. 24. Das Wetter wahr ser schlem, es regnede fast den Gantzen Tag, es wahr mir leid vor meine Schwester Pflugen, die heide abend eine reisse nacher Burtenbach andradt; der herzog schrieben Zu zeiden, ich hatte was zum laxieren ein genomen.

Dinstag d. 25. Maria verkindigung. Heide wahr das Wetter wieder besser, Ihro Durchleicht fürden mich nacher Birgach, in die Kirch, u. Sie herden Mes in der Kleinen Capelle, nach Tisch reideden Sie aus, ich las, nach die 4. uhr firden Sie mich in das Dörfle, wo beim wasser fall Erlen bey die Kleine bergknappen heislein gesetzt wurden.

Mitwoch d. 26. Es wahr zemlich wendig, u. Ihro Durchleicht wahren wieder ser verdrüslich, nach mitag Kam meine mutter u. Schwester Juliana zu mir u. nahmen abschied, da Sie eine reisse nacher Ergenbrechdshausen machen; von hir gengen Sie auch nach Stuttgardt, um von da gleich Ihre reisse übermorgen an zu dreten, Sie blieben da bis gegen 6. uhr, abends schrieben Ihro Durchleicht u. helfden mir auch Citisus Saamen aus machen.

Hohenheim d. 27. Un geacht das Wetter Glas ser fühl, so wahr es doch passabel wetter, u. gleich nach dem gude firden mich Ihro Durchleicht in das Dörfle, man blieb die mereste Zeidt beim Erlen Setzen beym wasser fall, u. fur nach gehens noch nacher Klein Hohenheim, um das stuck zu sehen vor die leichde

Gard, den abend beschloß man nach gehens wieder wie Gestern, u. der herzog wahren auch etwas bessers disbonirt.

Freitag d. 28. Um 9. uhr gengen der herzog von hir hin weck, um in Stuttgardt audientz zu geben, Gleich nach dem Essen geng es aber, weill das Wetter ser verenderlich u. Stirmisch wahr, nacher Louisburg in das Waissen haus, nach die 5. uhr Kam man aber wieder hir her, u. der Herzog reideden noch in das Dörfle, u. dan brachde man den rest von dem heidigen Tag zu wie Gestern.

Samstag d. 29. Es wahr alles Weis beim aufwachen, u. zemlich Kald, der Herzog rieden aber denoch aus, nach mitag schneide es noch mer u. es war ein nicht sonderlich angenehmer Tag, weill auch der Herzog nicht sonderlich gut disbonird wahren.

Hohenheim Sontag d. 30. Marty 1783. Um halb 9. uhr geng es nacher Stuttgardt, daselbst gengen der herzog u. ich in die Catolische Kirch den hof Capelan Schluß[344]) bredigen zu heren, dan geng es nach dem essen zum essen in die academie, der hof war auch da, ich hatte ein besses aug u. war verdrislich, weilen der herzog immer übel disbonird wahren, nach der academie geng es gleich wieder hir her, das wetter war schen aber Kald.

Montag d. 31. Das Wetter war recht schen, gleich nach Tisch firden mich der Herzog in garden, dan reideden Sie herum u. ich geng wieder nacher haus, bis nach dem Gude firden mich der Herzog in das Dörfle, da gengen Sie u. ich vühl herum, es wurde heide auch wieder mit Gantzer macht angefangen an dem orancherie haus zu bauhen, u. Ihro Durchleicht hatten vühl zu don.

Dinstag d. 1. April. Der Herzog rieden wie geweniglich gleich nach die 7. uhr aus, Kamen gegen 11 uhr wieder, nach Tisch reideden Sie auch wieder aus, u. ich blib zu haus.

Mitwoch d. 2. Der heitige Tag wurde fast hin gebracht wie Gestern, ausser daß mich der herzog spatzieren firden in das Dörfle u. Sie wahren nicht sonderlich gut disbonirt.

Donerstag d. 3. Nachmitag wahr man viell im Dörfle, auch wurde schon da gefrie gestigdt u. nachmitag steckden der herzog u. ich Erbsen u. dan fur man spatzieren, der Tag wahr ser schen.

Hohenheim d. 4. April Freitag 1783. Um 9. uhr geng es nacher Stuttgardt, da gaben der herzog audientz u. dan as man geschwend u. geng gleich wieder hir her, u. wahr viell im Dörfle, der herzog u. ich steckden auch Erbsen in meinem garden.

Samstag d. 5. Im Dörfle frie Stickde man, nachmitag Kam ich aber nicht henaus, weilen ich ser Kopf we hatte.

Sontag d. 6. Um 10. uhr firden mich der herzog nacher Birgach in die Kirch, u. Sie gengen in Ihre, nach Tisch erhob Sich eine Kleine verdrislichkeidt, die mich den Gantzen Tag draurig machde, abends fur man spatzieren im Gantzen Thall herum.

Montag d. 7. Im Dörfle frie Stigde man, das Wetter wahr Ser schen, nach mitag wahr man auch viell im Dörfle, u. abends fur man wieder in das Tahl; ich bekam nachricht, daß gestern der pfarrer von Ruith gestorben wahr.

Dinstag d. 8. Im Dörfle wurde frie Gestickt, ich las wieder das Erstemahl auf dem Nero, nach mitag wahr man wieder bis nach die 3. uhr im Dörfle u. dan gengen der Herzog u. ich zu fus bis Klein Hohenheim u. wahren gar nicht müde dar von.

Mitwoch d. 9. Um 10. uhr geng ich nacher Birgach in die Kirch, der herzog holden mich ab, im Dörfle wurde gudirt u. abends fur man in den Fassanen Garden bey Echterdingen.

Hohenheim d. 10. Apr. Donerstag 1783. Im Dörfle wurde frie gestickt, der herzog schrieben auch nach die 10. uhr ein wenig da, nach die 3. uhr Kamen welche von der academie, ich geng eine Zeidt lang mit Ihnen herum, abends fuhren der herzog noch ein wenig spatzieren, Sie sein auch wieder viell zu fus gegangen.

Freitag d. 11. Um 9. uhr geng es nacher Stuttgardt, der Herzog Gaben audientz, ich hatte Zahn we, nam mich also in acht viell zu reden, Gleich nach dem Essen geng es wieder hir her, der herzog reideden noch aus, ich blib aber zu haus.

Samstag d. 12. Mein baken wahr ein wenig geschwollen, doch hatte ich Keine Schmertzen; es regnede beim aufweken ein wehnig, doch Konden der herzog immer dar bey ausreiden, ich bliebe den Gantzen Tag zu haus.

Sontag d. 13. Es geng in die Kirch nacher Stuttgardt, um 12. uhr geng es Zum Essen von der academie, nach dissem lissen der Herzog zur ader u. recht Glücklich u. Gut, nach dem Sie darauf ein wenig gerut hatten, so geng es wieder hir her, dan fur man hir noch ein wenig spatzieren.

Montag d. 14. Im Dörfle wurde frie Gestickt, nachmitag geng es auch wieder in das Dörfle, die Aderlas bekam Ihro Durchleicht gott lob recht wohl, u. sie gengen viell zu fus, abends fur man in den fassanen Garden.

Dinstag d. 15. Im Dörfle frie Stuckde man wieder, nachmitag geng es um 3. uhr nacher Stuttgardt, da Selbst gaben der herzog dem herrn v. Steden[357]) von Carlsruh audientz u. er brachde das nodificacions schreiben von dem Todt der Markgräfin[358]), die den 8. in Paris gestorben ist; dan geng es wieder hir her.

Hohenheim d. 16. April Mitwoch 1783. Um 10. uhr geng ich in die Kirch nacher Birgach, das wetter wahr nicht Gantz Gut, Abends geng es in den Fassanen Garden[360]).

Grünen Donerstag d. 17. Ihro Durchleicht firten mich in die Kirch u. Sie herden mes in Ihrer Capell hir; der herzog arbeideden u. rieden viell aus, ich las, abends fur man spatzieren u. geng auch im Dörfle zu fus, aus der Kirch holden Sie mich zu fus ab.

Car-Freitag d. 18. Der Herzog firten mich wieder in die Kirch u. Sie herten mes in der Kleinen Capell, nach Tisch firden Sie mich auch in die Kirch u. holden mich auch wieder ab, Sie reideden aus, auch wahr der Oberst Seeger in der frie da, mit dem Sie den Lecionen plan von der academie ausmachden; ich las die mereste Zeidt, abends geng es in das Dörfle u. wurde auch noch ein wenig spatzieren gefahren.

Samstag d. 19. Im Dörfle frie stigde man, nach dem Gude wahr man auch meistens da, abends fur man spatzieren, u. nach dissem geng man zu dem Gebey von der orancherie.

Hohenheim d. 20. April Sontag 1783 Oster Tag. Ihro Durchleicht firden mich in die Kirch, u. Sie herden mes, nach die zwey uhr geng es nacher Stuttgardt, da Selbst nahmen der Herzog das privad Examen der Conformanden[359]) aus der academie vor, u. nach dissem geng man gleich wieder hir her, es feng an zu regnen under wegens u. wahr ein starker wend, auch hat man donnern hören u. wetterleichden sehen, vor dis Jahr das Erste mahl.

Montag d. 21. Der vormitag wurde wieder hin gebracht wie gestern, auch aus der Kirch holden mich der Herzog wie gestern, nach die 2. uhr geng es auch wieder nacher Stuttgardt, Ihro Durchleicht zogen sich an, u. um 4. uhr geng es dan zum examen von die conformanden in die academie, der gantze hof von Dames u. Cavalirs wahren zu gegen, es daurde ein par stonden, her nach geng es wieder hir her.

Dinstag d. 22. Weill es imer abweckslend bald schnie, bald regnede oder Sonnen schen, so wurde im Dörfle nicht frie gestigdt, nach mitag firden mich Ihro Durchleicht nach dem Gude in meine Köller hitte, u. Sie berieden nach gehens einen neihen weg in den Fassanen Garden[360]), dan fuhr man um halber 7. uhr wieder herein.

Mitwoch d. 23. Es wahr Ser Kil u. es wurde hir hennen frie Gestigdt, um 10. uhr firden mich der Herzog in die Kirch, nachmitag geng ich auch nicht in das Dörfle, abends firden mich Ihro Durchleicht in den Fassanen Garden, wo selbst Gold Fassanen Gekopt wurden.

Donerstag d. 24. April Hohenheim 1783. Es wahr wieder etwas Kil, nachmitag wahr man viell im Dörfle u. abends besahe man einen neihen weg, den̄ der herzog erst gestern aus gestegdt haben in den Fassanen Garden.

Freitag d. 25. Es geng um 9. uhr nacher Stuttgardt, Ihro Durchleicht gaben audientz, u. wahren wieder Ser presirt hir, u. der homor wahr so wie er ist wan Sie presirt sein; Abends fur man Gantz schon den neihen weg bis zu dem so genanden rossen Garden.

Stuttgardt Samstag d. 26. Im Dörfle wurde frie Gestigdt, an der Dafel erfur ich, daß die Oberst Marschallen Gestorben währe, das geng mir nahe, hir hennen wurde gudirt, u. dan geng es in das Dörfle, der herzog hatten viell mit dem neihen weg zu don, Sie firden mich auch hin, u. um halb 7. uhr geng es nacher Stuttgardt, da Selbst wurde in der retret gespeist.

Hohenheim d. 27. Ihro Durchleicht herden um halb 9. uhr mes in Ihrem Zemmer u. um 9. uhr geng es in die Kirch von der academie, wo selbst Junge leide von der academie u. 3. von der Ecoll conformirt wurten, nach dissem speisten der herzog wie geweniglich in meinem Zemer, dan geng es Zum essen von der academie, daselbst wahr der hof von dames u. Cavalirs u. auch honoraciores beder lei Geschlechts, her nach lissen der herzog den Geheimderath Bühler zu sich Komen, bey mir wahr so lang die Ecoll, u. alstan geng es hir her, man fur gleich ins Dörfle, der herzog rieden ein wenig herum, ich las u. abends fur man wieder herein, nicht gut aufgereimd wahren der herzog.

Hohenheim d. 28. Apr. Montag 1783. Im Dörfle wurde frie Gestigdt, das wetter wahr Glar, aber wentig, nach dem Gude firden mich der herzog auch wieder ins Dörfle, u. abends den neihen weg bis zum rossen Garden, bey der Zurikkunft geng man noch zum Gebeide von der orancherie, u. heide wurden auch die americanische Geweckse[210]) heraus gedan.

Dinstag d. 29. Im Dörfle wurde frie Gestickt, nach dem Gude firden mich der herzog auch henaus, u. abends den neihen weg bis in den rossen Garden, die feigen beime Kamen heide auch heraus.

Mitwoch d. 30. Bey der Kol hitte wurde wie geweniglich frie gestigdt, um 10. uhr fur ich nach Birgach in die Kirch, u. nach dissem fur ich Ihro Durchleicht noch Engegen gegen den bey berg[624]); um halb 3. uhr Kamen von dames frau v. Mosheim, v. Wolzogen u. Ihre Dochder, v. Senfft u. v. Dirckheim[361]), von herrn Prentz Coburg[348]), v. Madeweiß, v. Mosheim, v. Üxküll, v. Senfft, v. Dürckheim, Oberstleit. v. Gemmingen u. Kammerherr von Gemmingen, auch haubdtmann Gaup[393]); man firde Sie aller orden herum u. gengen 8. uhr gegen Sie wieder hin weck.

Hohenheim d. 1. Mey Donerstag 1783. Im Dörfle wurde frie Gestigdt, um 10. uhr firden mich der herzog in die Kirch nacher Birgach, nach der Kirch lis ich gleich zur Ader, dan as man, nach dem Essen reideden der Herzog wie geweniglich aus, ich schrieb, nach dem Gude firden mich der herzog in das Dörfle, da schrieb ich wieder bis 6. uhr, her nach firden mich Ihro Durchleicht in den Fassanen Garden[360]).

Freitag d. 2. Um 9. uhr geng es nacher Stuttgardt, daselbst gaben der herzog audientz, es wurde bald gespeist u. vor die 1. uhr wahr man wieder hir, nach dem Gude fur man in das Dörfle. Es gengen einige Wetter verüber u. wir bekamen ein wenig regen, welches die Gantze Natur so Erfrüschte, daß ich mit wonne gefühl im Dörfle spatzieren geng, u. die schene düfte ein admede, Ihro Durchleicht gengen auf die lezt auch ein wenig mit mir herum, u. um 6. uhr firden Sie mich bis über den rossen Garden; ich rechnede dis vor einen ser angenehmen nachmitag.

Samstag d. 3. Im Dörfle wurde frie Gestigdt, Gleich nachmitag rieden der Herzog fast bis Scharnhausen (S. S. 9), um einen neihen weg da hin aus zu stecken, nach dem Gude feng es aber starck an zu regnen u. man Konde nicht mer aus gehen, auch fur man nicht mer aus.

Sontag d. 4. Nacher Stuttgardt fur man um 9. uhr, der

herzog gengen un gern henein u. ferdigden auch alles in Stuttgardt balt ab, so daß man nach der Kirch u. Essen von der academie gleich wieder hir her geng, nach dem Gude firden mich der herzog in das Dörfle, in meiner Kohl hite las ich, u. dan gengen der herzog noch ein wenig im Dörfle herum.

Hohenheim d. 5. Mey Montag 1783. Wie ich in meine liebe Köhler hitte Kam, wahren der herzog schon da u. schrieben; wie geweniglich rieden Sie nach dem frie stuck herum, u. ich laß, nach dem Gude firden Sie mich auch wieder in das Dörfle, u. Sie besahen den weg in den Fassanen Garden[360]); wie Sie wieder Kamen, so Steckden Sie u. ich bonen u. Seden Gle baum Samen beim Kleinen Schweitzer haus, um halb 7. uhr fur man nach gehens in Fassanen Garden, das Erste mahl auf dem Gantz ferdigen neihen weg.

Dinstag d. 6. Heide draf ich ein gar artiges billiet in meiner Köller hitte von Ihro Durchleicht an, Es wurde heide frie an dem Weg von Scharnhausen angefangen; nach dem Gude firden mich der herzog wieder in das Dörfle. Es wahren fremde da, die die Anlagen besahen, eine frau v. Lengenfeld[199]) mit Ihren beden Döchder u. Ein herr von Beilwitz aus Rudolstadt, der Kamer her v. Gemmingen firde Sie herum, ich Kam auch zu Ihnen; nach deme mich aber der herzog abrufen lissen, so wardede man den regen ein wenig ab, der durch ein verbey ziegendes wetter hir her Kam u. fur dan in die mitlere miel, um die neihe Caserne zu besehen, u. dan as man balt zu nacht, es feng wieder an zu regnen.

Hohenheim d. 7. Mey Mitwoch 1783. Im Dörfle wurte frie Gestigdt, um 10. uhr firden mich der herzog in die Kirch, um 2. uhr Kam der hofrath Mögle[198]), Mitags Kam auch ein wetter, des aber nicht lang stehen blieb, doch nachmitag wahr es Kill neblich u. zu lest regnede es auch, daß ich also den Mögle nirgends hin fieren Konde als in Stall, u. Ihro Durchleicht firden Ihn noch in Keller, dan geng Er weck, u. der herzog schrieben bis zum nacht Essen.

Donerstag d. 8. Es wahr heide zemlich Kill u. neblich, man frie Stuckde also hir, Ihro Durchleicht rieden aber denoch immer aus, u. spatzieren fur man erst nach die 5. uhr. Der herzog lissen mir Kleider von Straßburg Komen u. diesse Kamen unvermut, ich packde sie aus, u. geng auch um in der Meierey nach zu sehen.

Freitag d. 9. Um 9. uhr geng es nacher Stuttgardt, es wahr noch so Kill, daß ich in meinem Cabenet ein brennen lis; in Stuttgardt Gaben der Herzog audientz, nach Tisch Kam die frau v. Deber[362]) mit Ihren 3. Söhnen, die in der academie wahren, u. Ihrer Tochder auf mein Zemer, um Ihro Durchleicht vor die Söhne zu danken u. Sie zu beurlauben, dan geng es auf die Solitidt, bey der Dreiberey Stig man ab, u. geng dan durch die orancherie heisser zu fus follens bis in das schloß, da besahen der herzog die hussaren pferde[253]), her nach geng es wieder hir her; um 3. uhr Kam man hir an, um 5. uhr firden mich der herzog in das Dörfle, u. da wurden Erbsen gesteckt, u. um 7. uhr Kam man wieder herein. Heide fengen der herzog auch eine Kreider Kur an.

Hohenheim d. 10. Mey Samstag 1783. Im Dörfle wurde frie Gestigdt, nachmitag rieden der herzog wie geweniglich auch gleich wieder aus, nach dem Gude firden sie mich in das Dörfle, u. dan fast bis nach Scharnhausen auf Einem neihen weg, erst um drey viertel auf 8. uhr Kam man wieder zurik, heide geng auch das fich nacher Büsnau auf die Weide.

Sontag d. 11. Um 10. uhr geng es in die Kirch, um 3. uhr Kam von Stuttgardt die frau u. herr v. Mosheim, Gräfin u. Graf v. Pückler[68]), frau u. hE. v. Dauenheim[363]), hE. v. Madeweis, Prentz Coburg[348]), General Cawelitzig[364]), Cabelenz[365]), Georgii[64]), Stein[329]) u. Kamer herr v. Gemmingen, Sie wurden herum Gefird u. um 8. uhr gengen Sie wieder weck.

Montag d. 12. Im Dörfle wurde in Stoltzer ruhe u. frieden frie Gestuckt. Um halb 5. uhr fur man den neihen weg nacher Scharnhausen, stig im pfarhaus ab, von da gengen der herzog einen weg aus zu Stecken zu fus bis Denkendorf, ich blib so lang bey der pfarrerin u. dem pfarrer, nach die 8. uhr Kam man erst wieder nacher haus.

Dinstag d. 13. Eben wieder so ruhig wie gestern wurde bey meiner Köller hitte frie Gestigdt, um halb 5. uhr Steckden der herzog u. ich bonen bey der miell, dan fur man, um einen platz zu einem haus zu besehen, nacher Scharnhausen, von da geng es hernach in den Fassanen garden; heide feng man auch an die orancherie heraus zu don.

Hohenheim d. 14. Mey Mitwoch 1783. Im Dörfle wurde frie Gestiegdt, bald nach dem Gude fuhren der herzog u. ich nacher Scharnhausen, sie rieden auf dem neihen weg bis fast nacher

Denkendorf, u. ich fur so lang mit der pfarrerin nacher Nellingen, erst nach die 8. uhr Kam man wieder nacher haus bei einem ser angenehmen abend.

Donerstag d. 15. Heide dachden Ihro Durchleicht an meinen Geburtztag, dem Sie zu lieb, wie ich in das Dörfle Kam, alle Gloken leiden lissen, u. in einem neihen angelegden Gerdlein; beim feigenhaus wurde frie Gestigdt miten in blomen u. gemachte orancherie beime; wie ich mein brot essen wolde, so fand ich zwey ser manifige brillianden rossen darenen, auch fand ich in der Koller hitte ein ser artiges schreiben von Ihro Durchleicht, Sie Gaben mir auch sonst noch einen Zeig u. Gelt, ich erkände alles mit dem underdenigst gerierdestem u. Empfendlichstem Danck, froher wehre ich aber gewest, wan Ihro Durchleicht Gar nichts von allem dissem Gedan hätten; in einer neihen scheß wurde herein Gefahren; nach Mitag, auch vormitag schon regnede es ein wenig, nach dem Gude fur man in den fassanen Garden über die hohe Eich[174]), belder wie Gestern speiste man heide zu nacht, Ihro Durchleicht beschlossen Ihren Tag so gnädig u. monder, als Sie Ihn angefangen haben, u. damit ist die beschreibung von meiner Zufriedenheid, ruh u. Danck gantz gemacht.

Hohenheim d. 16. Mey Freitag 1783. Es geng um 9. uhr nacher Stuttgardt, da wahren der herzog gar ser übels homors, nach der audientz u. wie man gegessen hatte, geng Es gleich wieder hir her, abends fur man nacher Scharnhausen u. fast bis Denkendorf auf dem neihen weg.

Samstag d. 17. Im Dörfle frie stieckde man, ich wolde Ihro Durchleicht was vor dragen von meiner gestrigen underhaldung in Stuttgardt, Sie wurden aber ser übel darieber disbonird bis nach Tisch, um 3. uhr Kamen viele honoraciores von Stuttgardt, denen es Erlaubdt worden ist, Hohenheim zu besehen, der herzog u. ich begegneden Ihnen u. gengen selbsten eine Zeit lang mit Ihnen herum, dan fuhren der herzog u. ich aber noch bis nacher Denkendorf den neihen weg.

Sontag d. 18. Um 9. uhr geng es nacher Stuttgardt, da geng es in die Kirch, beim mitagessen von der academie wahr hE. u. frau v. Dum[366]) u. Eine frau von Firstenweder[367]) mit Ihrer Dochder, ausser dissen wahren noch einige Vätter, nach dissem geng es in marsch stall u. von da hir her, nach die 5. uhr fur man noch nach Scharnhausen u. besahe ein stick land zu fus, des ich

Kaufen wolde, der herzog u. ich gengen bis oben henauf, wo man es bey der burg heist.

Montag d. 19. Der herzog wahren übel disbonirt, bey der Köhler hitte wurde frie gestigdt, um 3. uhr Kam der fürst u. die fürstin v. Hechengen[368]) benebst einer nichte von der fürstin u. hE. v. Schilling, auch herr u. frau v. Thurn[219]), frau v. Fürstenwerd mit Ihrer Dochder, dan noch von hir Generalin v. Hole[223]), v. Tum[366]) u. frau v. Suwill[77]) benebst Ihre menner u. noch der Prentz Coburg[348]), Oberstallmeister v. Schenk[22]), Oberschenk v. Berd[221]) u. Camerherr v. Gemmingen u. General v. Harling[369]), sie wurden aller orden herum gefird, u. nach die 8. uhr gengen sie wieder weck.

Hohenheim d. 20. Mey Dinstag 1783. In der Koller hitte wurde frie Gestigdt, ich freide mich des schenen morgens, nach mitag wahr man auch viell im Dörfle u. abends fur man wieder nacher Scharnhausen u. das Stuck land bey Scharnhausen wahr Gekauft, man fur noch bis fast Denkendorf, u. geng bey dem erkauften Gut, des non retraitte (S. S. 9) heissen soll, herum.

Mitwoch d. 21. Der vormitag wahr ein wenig Zerstreid; wie ich in die Koller hitte Kam, so wahren schreiners da, die was zu machen hatten u. ich hatte dem haubdtmann Fischer da bey anzugeben; um 10. uhr fierden mich der herzog in die Kirch, in der Kirch wahren einige von der Pfarrerin Jhren Verwanden, abends fur man in den Fassanen Garden vom Dörfle aus.

Donerstag d. 22. Es wahr wieder Ein herliger morgen, nur Klagden der Herzog immer in der frie u. einige Tage her fast den Gantzen Tag Kopfwe, abends last es immer ein wenig nach, auch Glagen sie einige Zeidt her bestendig madigkeidt, u. reissen in die Glieder u. seind immer verdrisslich, auch werden sie mager; heide frie daden Sie aber was versprechen vor die Franquemont, des mich freide, Abends fur man auf mein neihes Gut, Ihro Durchleicht haben Es durch den hE. v. Benen[41]) ausstecken lassen, man stig da ab, u. nach dissem warfen der herzog u. ich alde bomerantzen under die Känder aus, heide as man etwas belders zu nacht.

Hohenheim d. 23. Mey Freitag 1783. Um halb 10. uhr geng Es nacher Stuttgardt, der herzog gaben audientz, dann as man, Ihro Durchleicht Gaben auch der freilein v. Franquemont Geld sich zu Equibieren zur heirad, des mich ser freide, dan geng es auf die mes[72]), eine stonde blib man da, dan geng es wieder hir her u. man fur noch über Scharnhausen nacher Denkendorf.

Samstag d. 24. Es regnete die Gantze nacht, auch noch bis 7 uhr, der herzog blieben was lengeres liegen wie sonsten, es wurde auch hir frie Gestigdt, um 12. geng es nacher Asberg, der herzog besahen Ihre Drupen dorden, ich blib so lang bey der General Schelerin[356]) u. um 7. uhr Kam man wieder hir.

Sontag d. 25. Um 9. uhr geng Es nacher Stuttgardt, da geng es in die Kirch u. Zum Essen von der academie, wo bey auch die vätter zu gegen wahren, nach dissem geng Es bald wieder hir her, der herzog reideden noch aus, ich las, u. abends fur man bis gegen Denkendorf; heide hatte man das erste mahl Kirschen auf der Tafel.

Montag d. 26. Bey der Koller hitte wurde frie Gestigdt, abends fur man nacher Scharnhausen, der herzog glagden noch Emer von morgends an Kopf we u. matigkeidt, das abends aber wieder was nach lis.

Dinstag d. 27. Der heitige Tag glich Gantz dem Gestrigen aus genommen, daß man nicht im Dörfle frie stuckde, weilen der herzog Ein laxir ein genomen haben; bald nach deme man in das bet wahr, Kam ein Wetter, des aber Glicklich verbey geng.

Hohenheim d. 28. Mey Mitwoch 1783. Im Dörfle wurde heide nicht frie Gestigdt, weilen das wetter nicht Gantz schen wahr, man erfur, daß der prelad Fols[370]) schnell gestorben were; der herzog firden mich in die Kirch, der Professer Hemer[371]) Kam, gleich nach Tisch lissen Ihn der herzog Komen, da Es aber morgen fest Tag ist, So geng er wieder nach Stuttgardt, u. besahe nur einst weilen die Gebeide wie Es zu machen were, die Wetter leider anzubrengen[372]), Abends furen der herzog u. ich in den Fassanen Garden.

Donerstag d. 29. am Hemelfarts Tag 1783. Ihro Durchleicht firden mich nach Birgach in die Kirch, Sie herden Mes hir, nachmitag firden Sie mich bald in das Dörfle, ich las in meiner Koller hitte, Abends lissen der herzog Allarm blassen, u. aus dissem Grond Geng ich auf die Sibille,[252]) um zu zu sehen, nach dissem fur man noch spatzieren.

Freitag d. 30. Um halb 10. uhr fuhr man nach Stuttgardt, daselbst gaben der herzog audientz u. um 12. uhr geng es auf den marckt,[72]) der herzog waren nicht sonderlich disbonird; die frau v. Dondersfeld Kam auch zu mir, vom marckt aus geng es hir her u. abends fur man nacher Scharnhausen; heide wurde auch an die Wetter leider zu machen angefangen[372]).

Hohenheim d. 31. Mey Samstag 1783. Es wahr fast den Gantzen Tag übel Wetter, meine Kamerfrauhen[308]) wahren hir, um ein blafong in dem bat zu machen; Abends firden mich der herzog Eben zu diessem bat, u. dan nach Haus, sonst geng nichts vor.

Sontag d. 1. Juny. Um halb 9. uhr geng Es nacher Stuttgardt, da Selbst geng ich mit Ihro Durchleicht in Ihre Kirch, der herzog gengen in die academie Zum Essen u. Zang den mit die professers, zu mir Kamen welche von die Junge leide der academie, dan musterde der herzog Ihre pferde; ich wolde visiden geben, draf aber die frau v. Klinkowstrem, zu der ich wolde, nicht an, nach deme der herzog ferdig waren, so geng es hir her, Sie rieden noch aus u. ich las.

Montag d. 2. Im Dörfle wurde frie gestigdt, nach mitag firden mich Ihro Durchleicht nach dem Gude auch da hin u. abends fur man nacher Scharnhausen.

Dinstag d. 3. Im Dörflc wurde auch wieder frie Gestigdt, u. nach dem Gude fur man auf mein neihes land gut bey Scharnhausen, da Steckden Ihro Durchleicht ein Haus aus, u. handelden die mill, die darbey ligdt, ich geng so lang auf den berg henauf, u. Suchde die schenste aussicht, setzde mich dan nieder u. las, dan besahe man die mill, u. Kam um halb 8. uhr hir wieder an; der herzog glagden Kopf we, u. wahren überhaubt nicht sonderlich disbonirt.

Hohenheim d. 4. Juny Mitwoch 1783. Im Dörfle wurde frie Gestigdt, in meiner Kollerhitte wurde was von schreiner gemacht, abends fur man in den Fassanen Garden. Es Kam aber ein Wetter, welches verursachde, daß man ser nach haus Eilde, u. man Kam auch zu rechter Zeit noch an, das wetter dat aber Gott lob Keinen schaden; den Professer Hemer lissen der herzog werend dem Wetter Komen, u. es wurde etwas speders Gespeist.

Donerstag d. 5. Im Dörfle wurde wieder frie Gestigdt, nach mitag raumte ich einen Kasten ein, der herzog Kauften ein barometer, dan fur man in das Dörfle u. nach Scharnhausen, underwegs lissen Ihro Durchleicht durch einige Jegers dreiben, Sie schossen aber nichts, ich wahr Ser verdrislich.

Freitag d. 6. Es geng um 8. uhr nach Stuttgardt, der herzog gaben zu Erst audientz, dan gengen Sie zum pferds verkauf; ich geng zu Erst in die Ecoll, dan Kam der Hofrath Mögle mit meinen beden Neves v. Schertel zu mir, ich firde Sie bede in die academie, nam Sie wieder mit mir zurück, auch noch andere von die Junge Kleine cavalirs, dan as ich u. erst nach die zwelf uhr Kamen der herzog wieder, ich presendirde Ihnen die bede Schertels, dan geng es bald wieder hir her. Heide frie haben mir der herzog eine aller liebste uhr geschenkt mit Ihrem portredt, wie man hir her Kam, so rieden der herzog gleich aus, ich geng auch in das Dörfle, u. abends fur man in Fassanen Garden u. Sahe die Gold fassanen, die Erst aus geschlupft sein; ich hatte immer ein wenig Zan we.

Hohenheim d. 7. Juny Samstag 1783. Das Wetter war regnerisch, der herzog glagden den Gantzen Tag Kopf We, rieden aber denoch immer aus. Ich hatte Zan we, u. blib den Gantzen Tag zu haus.

Sontag Pfengst Tag d. 8. Der herzog firden mich in die Kirch, Sie herden meß in Ihrer Capel. Es wurde mir ser übel in der Kirch, Ihro Durchleicht holden mich wieder ab, ich legde mich gleich ins bet, Ihro Durchleicht wahren So gnädig u. assen vor meinem bet, nach dissem rieden Sie aus, u. besuchde mich immer von Zeidt zu Zeidt, ich blib fast den Gantzen Tag liegen u. hatte zemlich Zan we, un vermudet Kam der leibmedicus Jäger, den Ihro Durchleicht hollen lissen. Ich machde, daß Er bald wieder weck geng, weil Ihm heide nacht ein Sohn gebohren ist; abends as man in Ihro Durchleicht Ihrem anzieg Zemer.

Montag d. 9. Es geng besser mit meinem Zan we Gott lob, der mond war zemlich geschwollen, ich blieb den Gantzen vormitag liegen, legde mich auch nachmitag, Ihro Durchleicht richdeden wieder alles Ein zur arbeid, musterden auch gestern u. heide alde hand babiere u. wahren Ser Gnädig gegen mir.

Hohenheim d. 10. Juny 1783 Dinstag. Ihro Durchleicht Seind wie geweniglich vor die 7. uhr ausgerieden, Kamen aber belder wieder zurik wie sonsten; ich blib im bet bis nach die 11. uhr, u. hatte einen starck Geschwolnen mond, nach Tisch legde ich mich wieder, u. Ihro Durchleicht Kamen auch wieder belder nach haus wie sonsten u. schrieben alstan vollens, in Ihrem angleid Zemer speiste man zu nacht.

Mitwoch d. 11. Der vormitag wahr wie gestern, doch war es mit meinem Geschwolnen mont besser, nach mitag geng ich wieder in das Dörfle, Ihro Durchleicht firden mich aber bald wieder herein, dan schrieben Sie u. speisten noch in Ihrem angleid Zemer zu nacht.

Donerstag d. 12. Im Dörfle frie Stugde man, Es geng der professer Hemmer mit mir henaus, nach gehens las ich wie sonsten, abends furen der herzog u. ich nach Scharnhausen u. Echterdinger fassanen Garden, u. dan besahe man noch den scheffers Karren, den der Professer Hemmer auch mit einem wetter leider versehen hat.

Freitag d. 13. Um halb 9. uhr geng es nacher Stuttgart, Ihro Durchleicht Gaben Audientz, zu mir Kam die freilen v. Franquemont, dan geng es wieder hir her; der Professer Hemmer hild Ihro Durchleicht ein wenig auf beim aus reiden, ich sprach vom Fenster aus mit Ihm, u. wurde darieber Gezangdt, nach dem Gude fierde ich den Hemmer u. Consprug in das Dörfle, wir gengen aller orden herum, dan Kamen auch der herzog zu uns u. firden follens in den leibkor bau, u. gengen so lang herum, daß eine vorgehabde spatzirfard nacher Scharnhausen darieber zu spadt wurde; abends beurlaubde sich noch der Hemmer.

Hohenheim Samstag 14. Juny 1783. Es wurde hir hennen frie Gestigdt, nach Tisch schrieb ich wie meistens um disse Zeidt, dan fierden mich der herzog in das Dörfle, u. von da nacher Scharnhausen oder viell mer auf den platz wo solle gebaut werden u. Ihro Durchleicht steckden den platz aus; Sie glagden fast den Gantzen Tag Kopf we.

Sontag d. 15. Um halb 9. uhr geng es nacher Stuttgardt, da in die Kirch u. Zum Essen in die academie, die vätter Kamen auch da hin; bald nach dissem geng es wieder hir her, der herzog rieden aus, ich las, vor die 6. uhr holden Sie mich ab, u. firden mich in die Kassern von die leichde Gard, welche nach dissem aufs neihe Ihre wohnong bezogen, von da firden Sie mich auch in die underste mil[78]) alwo auch Erst die Granadir à Schwall ein zogen, u. dan geng es noch in das Dörfle.

Montag d. 16. Es regnede die nacht Zemlich starck, also wurde nicht im Dörfle frie Gestigdt; bei Tisch bekam ich einen Stafet von der Gräfin Rombeck[373]) mit einem brif von dem Graf Kowenzel[374]). Heide wurde mit 140. Mäder angefangen zu mehen;

abends geng es nacher Scharnhausen, zu vor fur man aber in Carlshof spatzieren.

Hohenheim d. 17. Juny Dinstag 1783. Im Dörfle wurde frie gestigdt, nachmitag um 3. uhr Kam die Gräfin Rombeck, die Geheimderäthen v. Üxküll, Frau v. Mosheim u. ihr man, v. Senft u. ihr man u. v. Turgheim u. ihr man[361]), benebst dem v. Madeweis, General Pfuhl[375]) u. Buwinghausen, auch Kamer herr v. Gemmingen. Sie wurden aller orden herum gefird, der herzog waren nicht sonderlich gut disbonirt, u. ich war fro, wie der Tag durch gekempft war.

Mitwoch d. 18. Das Wetter war immer voll duft u. nebel, daß man nicht daraus Komen Konde, um 10. uhr firden mich der herzog nach Birgach in die Kirch, das Erste mahl mit einem Zug rappen; nach deme man nachmitag im Dörfle war, so fur man abends durch den Carlshof mehen zu sehen in den Fassanen garden.

Donerstag am fronleichnams Tag, d. 19. Um halb 8. uhr geng Es nacher Stuttgart, da gengen der herzog in die Kirch u. prozesion; zu mir Kam die Frau v. Mandelslo, dan machde ich viside bey der Gräfin Rombeck, draf sie aber nicht an, dan as ich; wie der herzog aus der Kirch Zurick Kamen, so geng es dan bald wieder hir her. Es regnede fast den gantzen Tag, daß der herzog auch nicht viell aus reiden Konden.

Hohenheim d. 20. Juny Freitag 1783. Im Dörfle wurde frie gestigdt Gantz Zufrieden. Ihro Durchleicht befanden Sich vorzüglich wohl gegen andere Tage, nachmitag rieden der herzog wie geweniglich gleich aus; nach dem Gude geng ich auch in das Dörfle u. abends fur man auf mein neihes Gut bey Scharnhausen. Hey Konde man noch Keines herein don, weilen es immer ohne zu regnen, doch Keine sonne schen u. immer dufdig war.

Samstag d. 21. Im Dörfle solde frie gestigdt werden, allein es feng an zu regnen, u. der herzog Kamen nas nacher Haus, Sie endschlossen Sich nacher Stuttgardt zu gehen, u. um 10. uhr geng man ab; da speiste man gleich, ich geng, nach deme der herzog zum Essen von der academie wahren, in die Ecoll, nach gehens Kamen Junge leide von der academie zu mir, dan furren der herzog u. ich in die biblioteg, von da gengen Sie in Ihren Stall, u. dann lissen Sie welche von Ihren Trupen Komen, ich geng zu der frau v. Klinkowström so lang u. um 6. uhr war man wieder hir; Ihro Durchleicht wolten noch aus reiden, allein Sie musten wegen regnen wieder um Kären, dan Schrieben Sie bis zum nacht essen.

Sontag d. 22. Ihro Durchleicht nahmen was Ein zum Laxieren, ich geng in die Kirch um 10. uhr, heide nacht hat es noch zemlich Geregned, doch den Tag über nicht; Ihro Durchleicht rieden nachmitag wieder aus, nach dem Gude firden Sie mich in das Dörfle, u. abends geng es in den fassanen Garten, die medicen bekam Ihro Durchleicht recht wohl.

Hohenheim d. 23. Juny Montag 1783. Im Dörfle wurde frie Gestigdt, es wahr ein besonders starker nebel; heide Konde man wieder in dem hey schaffen, doch dade man hir nichts herein, im Carlshof aber dat man Kley nach Haus, abends fur man da hen u. as dan balt zu nacht, Ihro Durchleicht fengen an heide zu husten, doch waren Sie sonsten Gott lob wohl dar bey.

Dinstag Johanni d. 24. Im Dörfle wurde frie gestigdt, um 10 fur ich in die Kirch, schon formittag feng man an hey herein zu don, Ihro Durchleicht wahren abweckselnd dar bey, nach mitag geng es aber follens recht an das heihen, abends Kam ich auch dar zu u. Es Kamen 332. wegen mit hey herein, es wahren aber bei 1000 menschen, die dar bey arbeideden.

Mitwoch d. 25. Im Dörfle wurde frie gestigdt, nachmitag gengen der Herzog gleich zu die arbeiden, nach dem Gude geng ich ins Dörfle, dan firden mich der herzog in Carlshof zum heihen, da bliebe man bis abend, über 100 wegen Kamen hey heide wieder herein.

Donerstag d. 26. Um halb 9. Uhr wurde bei der Koller hitte frie gestigdt, der herzog waren gar nicht monder, nachmitag feng es un vermut an zu donnern, man Konde Keine wolken sehen, weill es eine Tag so ser neblich ist; nach dem Gude farden der herzog zum heihen in den Carlshof u. da blib man bis abend, nach gehens geng man noch bey die neihe gebeide hir herom.

Hohenheim d. 27. Juny Freitag 1783. Um 9. uhr geng Es nacher Stuttgardt, da gaben der herzog audientz, zu mir Kam der holtzhey[376]) u. dan die freilein Franquemont, ich as u. bald nach deme der herzog mit der audientz fertig waren, so geng Es wieder hir her; hir geng man Zum heihen in den Carlshof u. zu die 3. Scheiren, der Tag wahr wieder Ser dufdig.

Samstag d. 28. Im Dörfle wurde frie gestigdt, nach dem

Gude fur man bald in Carlshof u. dan nach Klein hohenheim zum heihen, u. hir wurde man mit dem mehen heide fertig, in Klein hohenheim geng der herzog u. ich ein Stuck weg zu Fuß, wie man nacher haus Kam, wurde balt gespeist.

Sontag d. 29. Ihro Durchleicht firden mich in die Kirch, holden mich auch wieder in Einer Blauen Cariol ab, nach mitag rieden Sie aus, ich las, nach dem Gude geng Es in das Dörfle, da las ich noch u. alstan fur man auf mein Kleines land gut bey Scharnhausen, der pfarrer u. die pfarreren Kamen auch hin.

Montag d. 30. Im Dörfle frie stiegde man, nach dem Gude fur man in den Carlshof u. Klein hohenheim zum heihen, u. ausser Ein bar wegen wurde man heide Gottlob Glicklich mit dem heihen ferdig, abends geng man in die leichde Gard Cassern, der herzog lissen Sie speisen, u. Ihnen eine eigne wirdschaft einrichden, welche morgen Ihren anfang nehmen soll, u. heide schon in der neihen Kuch gekocht wurde.

Hohenheim d. 1. Juli Dinstag 1783. Heide war der nebel ein wenig was denners, um 11. uhr fur man wieder vom Dörfle herein, nach dem Gude fur man um 5. uhr nacher Scharnhausen, Ihro Durchleicht rieden vollens mit dem pfarrer fast bis Denkendorf, u. ich fur nacher Ruith zu der verwiddibden pfarreren dorden u. Kam dan wieder nacher Scharnhausen, wo Ihro Durchleicht auch bald Kamen.

Mitwoch d. 2. Vom Dörfle aus firden mich der herzog in die Kirch nacher Birgach, nach dem Gude geng es bald in das Dörfle u. von da fur man um 6 uhr in den fassanen Garden. Heide sahe man wieder das erste mahl die alb.

Donerstag d. 3. Im Dörfle friestiegde man. Es war ser warm, nach dem Gude wolde man bis Denkendorf spatzieren fahren, im Dörfle solde ein Gesessen werden, allein ich geng schon wie es anfeng zu regnen henaus, u. da Kamen der herzog bey der underen scheir mir schon engegen, man stelde sich in disser scheir under, wardede das wetter, bis der wagen Kam, da ab u. es wurde also aus disser Spatzirfard nichts. Heide Kamen auch pferde, die einer namens Frauher brachde.

Hohenheim d. 4. Juli Freitag 1783. Um 9. uhr geng es nach Stuttgardt, da gaben der herzog audientz, nach dem Essen geng es in die academie, wo hen der hof Kam, nach dissem Kam die freilein v. Franquemont u. hE. v. Lützow in mein Zemer, u.

Ihro Durchleicht lissen Ihnen die heirads pagden underschreiben, u. sagden Ihnen, daß sie Sich in 14 Tagen heiraden Könden; alstan geng es nacher Louisburg in das Milidär weissenhaus, beym zurick fahren Stiegen Ihro Durchleicht in Stuttgardt in meinem Haus ab, der hE. v. Mosheim war da, mit dissem sprachen der herzog, u. um 8. uhr Kam man wieder hir an.

Samstag d. 5. Im Dörfle wurde frie Gestigdt, abends fur man biß nach Denkendorf u. sonst geng nichts vor.

Sontag d. 6. Um 10. uhr firden mich der herzog nacher Birgach in die Kirch, Sie herden meß in der Kleinen Capell, nach dem Gude geng ich auch in das Dörfle, nach die 5. uhr fur man zu die leichte Jegers, denen Ihro Durchleicht ein frey Schissen gaben u. von da fur man noch bis zu meinem neihen Gut bey Scharnhausen.

Montag d. 7. Um 9. uhr Kam meine mutter wieder zurick von einer 4. monad langen reisse von Ergenbrechdshausen, Sie blieb mit meiner Schwester Juliana bey mir im Dörfle bis halb 11. uhr, dan geng Sie nacher Ensingen, nach Disch um zwey Uhr, so fuhren der herzog u. ich nacher Büssnau u. von da auf eiǹ labben Jagen[377]), worauf der herzog zwey hirsch u. einen rebock schisden; um halber 7. uhr war man wieder hir. Heite ist auch angefangen worden zu mauren an dem landhaus auf meinem neihen Gut.

Hohenheim d. 8. Juli Dinstag 1783. Ein schener morgen wahr es, um halb 11. uhr Kam man wie geweniglich wieder vom Dörfle herein, abends fur man auf mein Kleines neihes landgut, der pfarrer und die pfarrerin von Scharnhausen Kamen auch hin, man besahe auch die schriften der Känder. Ich bekam auch nachricht, daß meine schwester Pflugen wieder von Ihrer reisse Zurick gekomen ist.

Mitwoch d. 9. Im Dörfle wurde frie gestigdt, um 10. uhr firden mich der herzog nacher Birgach in die Kirch, nachmitag wahren Sie viell im reit haus[337]) Stieble u. lissen es aus mebeliren, ich geng auch in das Dörfle u. abends fur man in den fassanen Garden.

Donerstag d. 10. Im Dörfle wurde frie Gestigdt, der herzog waren viell im reid Stieble, u. abends fur man spatzieren.

Freitag d. 11. Um 9. uhr geng Es nacher Stuttgardt, der herzog gaben Audientz, ich geng zu meiner schwester v. Pflug in das Kohische haus[378]), Ihro Durchleicht gengen auch noch in Ihren

Stall u. in das Ober Jegermeister Sein haus[346]), um das quadir vor den Fürsten von Bruchsal zu bestellen, dan Kamen Sie u. ich wieder in das schloß u. von da hir her.

Samstag d. 12. Im Dörfle frie Stiegde man, nach mitag wahren der herzog meistens in dem reid stieble, ich Kam abends auch da hin, u. nur Gantz Kurtz fur man spatzieren.

Stuttgardt Sontag d. 13. Ihro Durchleicht firden mich in die Kirch, nach dem Essen geng ich auch gleich in das Dörfle, las da u. um 6. uhr geng es nacher Stuttgart, da geng man gleich in das Ober Jegermeisters sein haus, u. arangirde alles vollens, dan speisten der herzog in der retret, um 11. uhr Kam der Bischoff von Bruchsall[379]) in Stuttgardt an, er wurde abgereder massen von niemand Empfangen, u. geng Gleich zur ruhe.

Montag d. 14. Ihro Durchleicht der herzog Gengen um 11. Uhr Zum Fürsten, gegen 1. uhr Kamen Sie bede nacher hof, der hof wahr versameld u. man speiste im weissen Sall an einer Tafel von 50. Couver, u. in die neihe Zemer wurde der Bischof Empfangen, nach der Tafel gengen der herzog u. der fürst in den Marstall u. Biblioteg, zu mir Kam meine Schwester u. freilein v. Franquemont, benebst zwey nichten Scherdel u. Elste Pflugen; abend war Groses Conser im weissen Sall u. in der Gallerie wurde gespeist; der herzog u. ich furen noch nacher Hohenheim nach der nacht Tafel.

Dinstag d. 15. Um 10. uhr Kam der fürst u. Sein Cavalir Oberstallmeister v. Buenberg[380]) benebst die Gesande u. noch welche gavaliers vom hof, zu erst wurden Sie von Ihro Durchleicht in den pferds stall gefird, dan wurden die Ziege an der Zall 24. Ziege alle vor gefahren, das daurde über zwey Stonden, ich blib so lang in die obere Zemer, nach dissem wurde gespeist, nach der Tafel geng es in Viech stall, u. von da fur man in das Dörfle. Daselbst wurde auch alles gewissen u. Erst zemlich spadt fur man wieder nach Stuttgardt, der herzog u. ich firden den fürsten in Sein quadir, u. Sie speisten alstan in Ihrem quadir in der retret u. So auch Ihro Durchleicht der herzog im schloß.

Stuttgardt, Mitwoch d. 16. Juli 1783. Der herzog gengen zum fürsten u. lissen Ihm das leib Cor u. die drite Combanie Garde vor reiden, dan Kamen Sie in das schloß, es wurde bald gespeist, nach mitag firden Ihro Durchleicht den Bischoff auf die Solidide, erst nach 8. uhr Kamen Sie. Zu mir Kam meine Schwester u. nichten, dan gabe ich visiden in der Gantzen Stadt, stig bey der frau v. Mosheim aus u. geng alstan noch in die Ecoll, wo ich der freilen v. Franquemont Ihre Kleider aussteir Sahe u. mich bei Ihr verweilde, bis der herzog von der Solidide Kamen, dan geng ich in das schloß, u. weill der fürst in der retret speisten, so speisten auch der herzog in der retret.

Hohenheim d. 17. Juli Donerstag 1783. Vor die 10. uhr gengen der herzog zum fürsten, ich lies mich in mein haus dragen, es wurde aber ein heyduck granck, daß ich vollens zu fus geng, der herzog Kamen bald mit dem fürsten auch in mein haus, u. nach deme mein haus Gesehen war, so gengen Sie wieder u. Sahen die barade; ich geng auch gleich wieder nach haus. Es geng bald zur Tafel, u. nach der Tafel nahmen der fürst vom hof abschied. Ihro Durchleicht u. ich gengen aber mit bis Louisburg, da stig man im Schloß ab, besahe das Gantze schloß, gudirde auch da, den fur man in das milidär Weissenhaus, Sahe es auch mit viellem bey fall u. zu lest geng Es auch noch in die portzelan Faworig, u. dorden beurlaubden sich der Fürst u. geng wieder nacher Bruchsal zurück. Der herzog u. ich fuhren noch hir her, es wahr schon 9. uhr, man as bald u. geng auch bald in das bet.

Freitag d. 18. Im Dörfle ward frü gestigdt u. abends fur man auf mein neihes land gut bey Scharnhausen.

Samstag d. 19. So wie der gestrige Tag vergeng auch der heidige nur daß man an stadt Scharnhausen in den fassanen Garden geng.

Hohenheim d. 20. Juli Sontag 1783. Ausser meiner Gewonheid schrieb ich gleich nach deme ich aufgestanden wahr, u. zwar an die Braud freilein v. Franquemont, dan firden mich der herzog in die Kirch, nach Tisch schrieb ich auch noch, um 4. uhr geng es hernach zu der Cobulacion des hE. v. Lützow u. freilein Franquemont, im alden Schloß stig man ab, u. der herzog arangirden es, wie es bey der Cobulacion sein solde; die Braud wahr bewegdt, ich mit, dan gengen der herzog in das neihe schloß, ich besahe noch die braud Zemmer, her nach geng ich auch u. zog mich an, u. etwas vor die 7. uhr gengen der herzog u. ich zu Braud u. breidigam, dan firde man Sie herunder in das rondell, wo die, wo invidirt wahren, schon versameld waren. Die Cobulacion geng gleich an, wie diesse verbey wahr, geng es bald zur Tafel, u. nach der Tafel wurde das Braud bar gleich in Ihr Zemer begleid. Alles nam bald abschied von Ihnen, u. der herzog u. ich fuhren noch hir her, 11. uhr war es, wie man ankam; fro war ich u. in gewisser Art mit mir Selbst zufrieden.

Hohenheim d. 21. Juli Montag 1783. Gott Lob, hatte man Es wieder so weid gebracht, daß man die schene Wender früchte schneiden Konde; mechdig u. gnädig hat uns Gott wieder beschitzet u. Gesegned, Er gebe nur auch, daß wir Seine Gnade u. liebe so Erkennen, wie wir Ihm dar durch gefallen. Alles war dem nach von Schnitter um 8. uhr da, der herzog waren schon dar bey, ich Kam auch, allein es feng an zu donnern u. zu regnen, daß man nicht anfeng, in einer Stonde darauf war es wieder etwas schener wetter u. man feng mit Gottes hielfe an, es Kam aber wieder ein regen, man lis die leide warden, da es aber immer abwechslungs weis regnede u. Schen wardt, so schickde man die leide vor heide gar ford. Der herzog rieden viell beim bau wesen herum, nach dem Gude geng ich auch in das Dörfle, u. abends fur man spatzieren.

Dinstag d. 22. Um 8. uhr geng ich einen augenblick zum schneiden, der herzog waren schon dar bey, nach gehens wurde im Dörfle frie gestigdt, nach dem Gude fuhren der herzog u. ich auch zum Gude von die schnitter, dan auf die Jagdt im Koll hau, u. 5. hirsche schossen der herzog. Es war eine ser schene spatzier fart hin u. wieder nacher haus, bey der Zurickkunft draf ich zwey Schwanen von Burtenbach hir an.

Aurach 23. July Mitwoch 1783. Das Wetter sahe ser zwey deitig aus u. feng auch um 8. uhr an zu regnen, daß man hir frie Stiegde, um 10. uhr firden mich der herzog in die Kirch, zuvor wurde aus gemachdt, daß man heide Abend noch nacher Aurach wolde zum fohlen abstossen. Nachmitag Kam ein zemlich Starges wetter, es wurde aber vor her doch Etwas Garben herein gefird, u. gegen 5. uhr geng man von hir hin weck, Kam Glicklich in Aurach an u. as balt zu nacht.

Hohenheim d. 24. Um 7. uhr fur man von Aurach hinweck, u. Gerade nacher Marbach, in Marbach besahen Ihro Durchleicht die pferde u. fohlen, alstan geng es nacher Offenhausen, um da auch die pferd zu sehen, u. so auch geng es hernach nacher St. Johann; das wetter war ser schlem, es regnede den Gantzen Tag, vor die 7. uhr Kam man wieder hir an, es war ein Officir hir vom fürsten v. Kirchberg mit einem Gefaderbrif an Ihro Durchleicht, so Kam auch die nachricht, daß die prentzes von Holtzstein[381]) nieder gekomen wehre.

Freitag d. 25. Im Dörfle wurde frie gestigdt, der herzog firden mich um 10. uhr in die Kirch. Es wurde wieder geschnitten; nach deme man das Gude hir genomen hatte, fur ich auch henaus zu die schnitter Ihrem Gude, u. nach die halb 8. uhr furen der herzog u. ich wieder herein.

Hohenheim d. 26. Juli Samstag 1783. Im Dörfle wurde frie Gestigdt, um 1. uhr Kam eine frau v. Holtzhausen [382]) u. v. Lauterbach mit Ihrem mann v. Frankfurt; ich firde Sie einen Augenblick selbsten herum, die ritt meister v. Röder war auch mit, um 3. uhr Kam die Junge frau v. Lützow mit Ihrem mann, nach deme wir gudiert hatten, so firde ich Sie in das Dörfle, der herzog Kamen auch einen augenblick zu uns, wir waren gantz vergnügdt bey samen, nach die 7. uhr gengen Sie wieder, u. der herzog firden mich noch zum schneiden, mit Gottes hülfe brachde man alles von Denkel hir in Hohenheim herein, Gott sey dar vor gebrissen. Heide Kamen 11 000 Garben in die Scheir.

Sontag d. 27. Um 9. uhr geng es nacher Stuttgardt, da geng man in die Kirch, nach dem Essen gengen der herzog gleich zum Essen von der academie, ich geng zu vor in das schloß zu der frau v. Lützow, dan auch in die academie, u. nach dissem fur man gleich wieder hir her, gegen sechs uhr Sahe man der leichden Gard zu Scheiben Schissen u. fur noch nacher Scharnhausen.

Montag d. 28. Es wurde in aller frie angefangen zu schneiden im Carlshof, im Dörfle wurde frie gestigdt, nach dem Gude geng ich auch zum schneiden, nach dissem wieder in meine Kohler hitte, um zu schreiben, u. dan holde ich Ihro Durchleicht wieder auf dem acker ab.

Hohenheim d. 29. Juli Dinstag 1783. Im Dörfle wurde frie Gestigdt, Es zogen aber allerorden wetters auf, u. donnerde Starg, Ihro Durchleicht furen noch nach gehens gleich auf den Acker, u. Es wurde gebonden u. nach haus gefürd,was man Konde u. wuste. Es feng aber bald an zu regnen, daß man aufhören muste, doch Gott lob den nachmitag Konde man wieder ein firen, schneiden u. don, was man wolde, der herzog u. ich waren bey der schnitter Ihrem Gude, dan geng ich wieder in das Dörfle u. holde abends Ihro Durchleicht ab.

Mitwoch d. 30. Im Dörfle beim frie Stug wurde ausgemacht, daß die pfarrers in der nachbarschaft mit Ihren Frauhen auf den nachmitag solden invidirt werden, Ihro Durchleicht firden mich nach Birgach in die Kirch, die Geistliche mit Ihren frauhen an der Zahl 10. Kamen um 3. uhr, beim wirtzhaus waren Sie versameld, ich geng dan mit Ihnen zum Gude von die schnitter, wie das verbey war, firde ich Sie in das Dörfle, wis Ihnen da alles, der herzog Kamen Einige mahl u. Erfreiden uns alle, nach die 7. uhr gengen Sie wieder weck, u. der herzog firden mich nach haus.

Hohenheim d. 31. Juli Donerstag 1783. Wie geweniglich wurde im Dörfle frie Gestigdt, der herzog waren viell beim schneiden nachmitag und vormitag; nach dem Gude geng ich auch zu die schniter, u. dan in das Dörfle, um zu schreiben, der herzog waren ser Gnädig, ich holde sie abends auf dem acker ab. Es war heide ser warm.

Freitag d. 1. Aug. 1783. Nach deme im Dörfle frie Gestigdt ward, Kam ein Kaufman, von dem Kaufde ich zur Sichel hänget Ein, dan las ich wie geweniglich, um $^1/_3$ auf 11 uhr fur man herein, ich hatte viell zu don, u. mit Gottes hülfe wurde man heide mit der gantzen Sommer Ernde herein zu don ferdig. Nie Kennen wir Gott genug danken vor den schenen Seegen, den Er uns wieder Geschengdt hat, Er erhebe unsere hertzen Selbsten Ihm wohl gefellig zu danken, u. gebe, daß wir alle Seine Gnaden gaben in Seiner Furcht u. zu Seinen Ehren genissen, u. Erfülle uns dar bey mit Glaube u. liebe u. Allem, wodurch wir Ihm gefallen Können, Er mache es mit uns gantz wie Er wiell. Ihro Durchleicht lissen den grossen wagen laden mit 900. Garben, u. noch andere 15 wegen mit pferd bespand, der Grosse wagen aber mit ogsen gespand 24. bar an der Zall; wie das alles angerist war u. Sie auf dem acker rangirt waren, Kam ich auch dar zu, es waren auch die schultzen dar bey, dan firden die wegen in der ordnung herein, so auch die leide gengen in der ordnung bar u. bar weis. Es war ein ser heisser Tag, un aussprechlich schen zu sehen war Es aber bey Einem so hellen Tag, die schene Gegend, den grossen Seegen u. die frohe menschen; ich Empfand viell, — — nach dissem Gaben der herzog die schnitter brot wein fleisch u. Etwas warms zu Essen, die schultzen assen auch da u. alstan bekamen die schnitter alle Ein Loderie mit Kleider Stick u. haus rath sache; Es wurde zemlich spat, Sie gengen aber alle ser zufrieden nacher Haus.

Hohenheim d. 2. Aug. Samstag 1783. Heide frie feng ich an zu baaden, u. wie geweniglich frie stiegde mann im Dörfle, nachmitag hatte ich viell mit arbeids beidels nach Mecklenburg zu don, u. auch noch da hin zu schreiben. Abends fur man nacher Scharnhausen.

Sontag d. 3. Der herzog firden mich in die Kirch, Es war grausam warm, der herzog raumden Ihre babir, brif schaften in die neihe Kesten ein, es Kam ein wetter, wie man gegen 4. uhr aus fahren wolde, man Kerde also gleich wieder um, es geng aber bald vorüber u. dan fur man in das Dörfle; gegen 6. uhr Kam hE. u. Frau v. Lützow, um abschied zu nehmen; Sie u. ich waren bewegdt, wie wir uns drenden, u. heide nacht wollen Sie nacher Mecklenburg abreissen, Sie gengen also nach die 7. uhr wieder von hir weck, ich badede heide frie auch.

Hohenheim d. 4. Aug. Montag 1783. Es geng gleich in der frie mit macht an das haber schneiden, ich badede befor ich aus geng, dan wurde im Dörfle frie Gestigdt, der herzog sagden, daß Sie nicht aufgereimd weren, doch waren Sie gantz gnädig, den Tag über waren der herzog viell beim schneiden. Zum Gude von die schnitter Kam ich auch, u. abends fur man nacher Scharnhausen.

Dinstag d. 5. Der heitige Tag wurde zemlich hingebracht wie der Gestrige, nur daß man abends anstadt nacher Scharnhausen in den fassanen Garden fur.

Mitwoch d. 6. Wie mein bad verbey war, wurde im Dörfle frie gestigdt, um 10. uhr firden mich der herzog nacher Birgach in die Kirch, im henaus fahren wurde aus gemacht, daß heide der Geheimderath Buler mit seiner frau, der regierungs rath Rieger[383]), Fischer[82]), Kaufmann[59]) u. Weckerle[383]) nachmitag hir her Komen solden, Sie Kamen gegen halb 4. uhr, Sie wurden allerorden herum Gefird, der Herzog gengen ab u. zu, in die Grene Zemmer wurde gudirt, u. von dem Sibille bau gengen Sie dan um 8. uhr hen weck.

Donerstag d. 7. Heide nacht war Ein wetter, ich badede wieder, Kaum war ich aber aus dem bat heraus u. machde mich ferdig, um ins Dörfle zu gehen, so Kam Ein ser starkes wetter, der herzog Kamen zu meinem grossen vergnügen auch wieder zurück; so viell wetter Es auch wahren, so gengen Sie doch Gott lob Glücklich hir verüber, u. Ihro Durchleicht fürden mich um halb 10. uhr noch in das Dörfle, nach die 3. uhr fürthen mich der herzog auch zu dem Gude, von die schnitter beim bey berg[624]), mir war gar nicht recht wohl, abends fuhr man noch nacher Scharnhausen.

Hohenheim d. 8. August Freitag 1783. Um 9. uhr geng Es nacher Stuttgardt, mir wars noch gar nicht recht wohl, Ihro Durchleicht gaben audientz, ich hatte viell zu don, zu Erst Kam die hofmalerin Holtzhei[376]) zu mir, dan die Ecoll, auch der Dockder, her nach wurde gespeist, u. alstan Kammen ville Kaufleide. Zur Sichel henget wurde von Ihnen gekauft, auch brachden Ihro Durchleicht Einige Junge leide von der academie mit, man blib in Stuttgardt bis nach die zwey uhr, her nach fur man auf Ein lapen Jagen[377]) bey der hassen Saul[384]), Ihro Durchleicht schossen 10. hirsch, beim zurick fahren Stig man bey des Geheimehofraths Tritschlers Seinem neihen Garden haus[282]) aus, Er u. Sie waren da, nach deme man es gesehen hatte, so fur man durch Stuttgardt wieder hir her, Es war fast 7. uhr, wie man ankam.

Samstag d. 9. Ich nam was Ein, im Dörfle wurde friegestigdt, nach mitag rieden Ihro Durchleicht wie geweniglich gleich aus, gudirden hir u. erst um 5. uhr geng ich auch in das Dörfle, Ihro Durchleicht u. ich gengen im Dörfle herum, u. abends fur man in Carlshof spatzieren, eigendlich zum Gle herein firen.

Hohenheim d. 10. August Sontag 1783. Um 8. uhr fur man nacher Stuttgardt. Es predigde ein ex Jesuwit von Bruchsall[395]) in der Schloß Capel, Ihro Durchleicht u. ich gengen also da hin in die Kirch, dan zum Essen von der academie u. nach dissem bald wieder hir her, abends fur man noch nacher Scharnhausen.

Montag d. 11. Ich stond heide wieder nicht recht wohl auf, im Dörfle wurde frie Gestigdt, nach Tisch Kam meine Mutter u. Schwester Juliana, auch meine Schwester v. Pflug Ihre Elste Dochder u. nichte v. Schertel die Elste; wir waren Ser vergnügdt bey samen, abends firden uns Ihro Durchleicht in das Dörfle, Ihro Durchleicht hatten auch viell zu Tohn mit dem haber benden lassen, u. nach die 4. uhr feng es an ein wenig zu regnen, doch herde Es gleich wieder auf; Zwey fremde von Bruchsall wurden auch durch den hE. Kamerherr v. Gemmingen hir herum gefirt, gegen 8. uhr gengen meine verwande wieder weck, u. Ihro Durchleicht firden mich dan in der neihen scheß, die ich nicht wuste, daß Sie da wahr, nacher haus, ich wahr aber ser mat u. mit.

Dinstag d. 12. Im Dörfle wurde frie gestigdt; Es war mir Etwas besser, zum Gude firden mich der herzog zu die schnitter, der Weitzen Kam Gantz herein u. glaubde man, daß auch der Haber fellig solde auf gebonden werden, allein Es Konde nicht mehr sein, der grosse Wagen wurde anfangen geladen, nach dem Gude geng ich noch in das Dörfle, u. abends holde ich Ihro Durchleicht auf dem acker ab.

Mitwoch d. 13. Heide solde die Sichelhanget sein, allein Es regnede zu starg u. zu anhaldend, daß nichts daraus werden Konde, ich blib lange liegen u. Ihro Durchleicht Konden Kaum vormitag einen augenblick aus reiten, nachmitag musten Sie Gantz zu hausse bleiben, Sie schriben an der rechnung, u. der Tag geng gantz geschwend verbey.

Hohenheim d. 14. Aug. Donnerstag 1783. Im Dörfle frie Stigde man, nachmitag wurde wieder haber herein gefird, oder viell mehr nur die Wegen geladen, auch der Grosse Wagen wurde geladen, ich holde Ihro Durchleicht vom Dörfle aus ab, auf den Acker.

Freitag d. 15. Das Wetter war zemlich Zwey deitig, doch wurde alles veranstaldet zur Sichel hanget. Es helde sich auch wirglich so zemlich auf u. mit Gottes beystand feirde man dan die Sichel hanget[91]), es blieben wohl noch ein bar dausend Garben aussen liegen, der grosse Wagen wurde aber herein gefird, Er brach aber underwegs; alle Schnitter u. die Schultzen mit Ihren frauhen wurden drackdirt u. einige Ladoriehe (S. S. 230) gegeben; Sie waren alle herlig u. vergnügdt, es geng zemlich spadt aus. Der pfarrer v. Scharnhausen war auch dar bey.

Gott Sey Gelobdt u. Gebrissen vor Seinen Seegen, Er schenke uns auch Seinen Seegen im Geistliche, u. mache uns selbst fehig, Ihm würdig zu danken, u. Seine Gnaden Gaben nach Seinem wohl Gefallen zu genissen, Er behide uns nach Seiner Grossen Gnade u. mache es mit uns nach seinem allerheiligsten Wohl gefallen um Jesu Christi willen u. Stehe uns bey mit der Graft Seines heiligen Geistes.

Samstag d. 16. Der Tag feng Sich mit regnen an, u. regnede auch fast den Gantzen Tag, nach dem Gude Konden der herzog Kaum ein wenig aus reiten, zufor rachirten sie Ihre agden, nach dissem wurde es aber doch noch so, daß man ein wenig aus fahren Konde.

Hohenheim d. 17. Aug. Sontag 1783. Um 8. uhr geng Es nacher Stuttgardt, man herde in der Schloß Capel wieder Einen neihen brediger namens Propst; beim Essen von der academie war der hof, u. nach dissem Essen geng Es gleich wieder hir her; Es feng an bald zu regnen, doch Konde man abends noch spatzieren fahren.

d. 18. Nach dem frie Stuck firden mich Ihro Durchleicht in das Dörfle, um 11. uhr fur man wieder herein, alstan machden der herzog mit dem Oberst Leitnant Mylius[57]) vorleiffig Eine reiss in die Schweitz aus, dan sprachen Sie auch mit landschafts Secreder Abel[102]), um 4. uhr Kam der General Buwinghausen, Ihro Durchleicht lissen Ihn mit sich in die Jegers Cassern reiden; dan kamen sie ins Dörfle, wo hin ich in dessen auch geng, u. um 6. uhr fuhren der herzog u. ich in den fassannen Garden.

d. 19. Dinstag. Im Dörfle frie Stigde man, Sonsten geng nichts sonderliches vor, abends fur man nacher Scharnhausen.

Mitwoch d. 20. Um halber 7. uhr geng man von hir hin weck nacher Winnental zu Einem vie marckt, daselbst blib man über 4. Stonden, dan geng Es auf ein eingemachdes hirsch Jagen bey Lemberg, vor die 7. uhr wahr man wieder da.

Donerstag d. 21. Im Dörfle wurde frie Gestigdt, abends fur man in den fassanen Garden.

Freitag d. 22. Um 9. uhr geng es nacher Stuttgardt, da gaben der herzog audientz, u. nach dissem geng es gleich wieder hin weg, bei der hohen Eich[174]) Setzden Sich der herzog auf das pferd u. fengen an ein Jagen von Dam hirsche zu machen, ich fuhr vollens in der Cariol hir her, nach die 7. uhr Kamen der herzog wieder zurik, ich wahr viell im Dörfle.

Hohenheim Samstag d. 23. Aug. 1783. Gleich in der frie gengen Ihro Durchleicht zu dem Jagen, ich fur Zum Essen zu Ihro Durchleicht zu der lende von Heumaden, nach dem Essen wieder hir her, u. abends Kamen Ihro Durchleicht wieder vor die 7. uhr.

Sontag d. 24. Um 10. uhr firden mich Ihro Durchleicht in die Kirch, nach dem Essen geng ich bald in das Dörfle, Ihro Durchleicht rieten herum, abend um 5. uhr firden Sie mich in die Casern von die leichde Gard, u. dan nacher Scharnhausen, ich wahr in mir vergnügdt über einen brif, den ich bekomen habe.

Montag d. 25. Gleich in der frie gengen der herzog wieder zum Jagen, ich Kam wieder zu Sie Zum Essen bey dem Heinles berg[178]), nach dem Essen fur ich wieder zurik u. nach deme ich noch eine Zeitlang geschrieben habe, so fur ich nacher Echterdingen zu dem pfarrer hann[14]). Wolde Ihro Durchleicht nach gehens noch ab hohlen, wie ich aber bis Birgach Kam, so Kamen Sie schon.

Dinstag d. 26. Ihro Durchleicht gengen gleich vor die 7. uhr wieder zum Jagen, ich frie Stugde im Dörfle u. blib da, bis halb 12. uhr, dan fur ich eine Stond wegs zu Ihro Durchleicht zum Essen, nach dem Essen wieder hir her, Ihro Durchleicht Kamen Erst gantz spat wieder zurick.

Hohenheim d. 27. Aug. Mitwoch 1783. So wie der gestrige Tag, vergeng auch der heidige, nur daß ich nicht in der frie in das Dörfle geng, sondern in die Kirch u. zu der pfarrerin von Birgacn, bis ich zum Essen zu Ihro Durchleicht fur u. der herzog Kamen heide auch etwas friehers.

Donerstag d. 28. Ihro Durchleicht fuhren gleich vor die 7. uhr noch zum Jagen, ich las in meiner Kohler hitte u. um 11. uhr geng ich gantz gelassen wieder herein, bald Kamen dan der herzog, man aß, zog sich an, u. dan geng es die Jagdt ab zu Jagen, es wahr ser schen, u. wahren auch einige von hof u. von der academie dar bey, balt wahr es verbey, u. dan fuhr ein jedes wieder nacher Haus. In dem Zurig fahren entschlossen sich Ihro Durchleicht, Stat Samstag die reise in die Schweitz erst Sontag anzutreten.

Freitag d. 29. Es geng nacher Stuttgardt, da gaben der herzog audientz, dan geng es zum Essen in die academie, wo der hof wahr, u. Ihro Durchleicht sagden es, daß Sie eine reisse in die Schweitz machen werden, nach dissem geng es gleich wieder hir her, bald darauf Kam der Justitzrath Hirschfeld, den firde ich Selbst hir herom, auch Ihro Durchleicht Kamen mannigmahl zu uns, u. erst wie es schon gantz demer wahr, fuhren der herzog u. ich herein.

Hohenheim d. 30. Aug. Samstag 1783. Im Dörfle wurde frie gestigdt, ich las wie geweniglich in meiner Kohlerhitte, u. Ihro Durchleicht haten viell zu bestellen wegen der morgigden abreisse, nach Tisch packde ich ein, u. hatte viell zu don, auch firden mich der herzog noch einen augenblick in das Dörfle, u. mit genauer not wurde ich bis zum nachtessen mit allem fertig.

Sontag d. 31. Ich fuhr um 8. uhr in die Kirch, nach der Kirch nam man noch ein frie Stug, u. setzte sich so gleich in wagen, mit dem wunsch, daß uns Gott mit Seinem Schutz bekleiden mechde. Von da an übernehmen der herzog das Tag buch zu schreiben.

Hohenheim d. 16. Sep. Dinstag 1783. Bis heite haben der Herzog werend der reisse das Tagbuch geführet, Gott hat unsern wunsch Erfüllet, u. uns die reisse mit villem Guten beklickt, Gesont u. wohl Kamen wir Gottlob alle hir an; hir aber Stelden Sich gleich die haus sorgen ein, recht wolden Sie mir nicht in Kopf; im Dörfle stig man ab, dan firden mich Ihro Durchleicht herein, u. zu erst in ein Kleines artiges haus beim weinberg[385]), das seitin gemacht worden ist, ohne daß ich was dar von wuste, u. dan wurden auch einige brife gelessen, u. bald zu bete gegangen.

Mitwoch d. 17. Ihro Durchleicht rieden gleich wie sonsten vor die 7. uhr herum, frie gestugdt wurde aber hir, u. um 10. uhr firden mich der herzog in die Kirch, nach mitag rieden Ihro Durchleicht wieder herum, ich blieb zu Haus, bis Sie mich um 5. uhr nacher Scharnhausen firden; von der academie u. gantz Stuttgardt hatte man nicht die beste nachrichten wegen den Gallen fiebers[386]), die grassieren; der Tag wurde ausser dissem meistens mit schreiben zu gebracht.

Donerstag d. 18. Im Dörfle wurde frie Gestigdt, um 11. uhr fur man wieder herein; die nachrichten von die Granke in der academie wahren noch nicht besser, nach Tisch rieden der herzog wieder aus, u. ich geng nach dem Gude auch in das Dörfle u. abends fur man in den fassanen Garden.

Freitag d. 19. Der heitige Tag glich Gantz dem gestrigen, nur daß man nacher Scharnhausen stad fassanen Garden fur, u. daß einige ochsen die der herzog in der Schweitz gekauft hatten, an Kamen.

Hohenheim d. 20. Sept. Samstag 1783. Im Dörfle wurde frie gestigdt, Gleich nach Tisch Kam meine mutter u. Schwester

Juliana u. bald darauf meine Schwester Pflugen mit Ihrer Älsten Tochder u. Älste Schertlin, wir wahren gantz vergnügdt bey samen u. blieben immer im haus; bis nach die 4. uhr firden uns Ihro Durchleicht in der Wurst nach Denkendorf, wo Sich meine Verwande beurlaubden, u. Ihro Durchleicht u. ich wieder hir her gengen, dan schrieben der herzog u. ich noch.

Sontag d. 21. Ihro Durchleicht firten mich in die Kirch, Sie herden meß u. schrieben Ser viell, nach Tisch reideden Sie aus, ich las; mit dem academie rabord Kam die betribte nachricht, daß der Chevalier von der Lühe[114]) gestorben were, das geng mir den Gantzen Tag ser nahe; abends fur man spatzieren.

Montag d. 22. Im Dörfle wurde frie Gestigdt, den Obristen Seeger lissen Ihro Durchleicht Komen; der war da beim frie Stug, Ihro Durchleicht sprachen mit Ihm wegen der Krangen; nach dissem rieden der herzog wie geweniglich herum, ich las, nach mitag waren Sie viell beim wenerds[385]) heisle, dorden Sie blanieren lissen u. abends fur man nacher Scharnhausen.

Dinstag d. 23. Es regnede, also frie Stugde man hir, nach mitag wurde Es etwas bessers, u. also rieden der herzog aus, u. firden mich abends spatzieren.

Hohenheim d. 24. Sep. Mitwoch 1783. Es wurde wieder hier hennen frie Gestigdt, um 10. uhr firden mich Ihro Durchleicht in die Kirch nacher Birgach, nachmitag reideden Sie wie vormitag geweniglich herum, u. abends fur man in den fassanen Garden.

Donerstag d. 25. Im Dörfle wurde frie gestigdt, u. gleich um Ein uhr fur man von hir hin weck nach Ensingen, Ihro Durchleicht gengen von da auf die Jagdt, ich blieb so lang bey meiner mutter u. Schwestern, meine Schwester Pflugen Kam auch mit Ihrer Älsten Tochder u. der Älsten Schertlin, Ihro Durchleicht blieben Ser lange aus, u. schossen nur 1. hirsch u. erst um 9. uhr Kam man wieder hir her.

Freitag d. 26. Auch wieder im Dörfle frie Stugde man, u. nach Tisch geng Es gleich auf die Jagdt nacher Waldenbuch u. Ihro Durchleicht schossen 5. hirsch, u. man Kam zemlich bald nacher haus.

Samstag d. 27. Das frie Stug nam man bey der Kohlerhite, u. abends fur man nacher Scharnhausen; von die Kranke in der academie bekamen der herzog Gott lob heite etwas bessere nachrichten.

Sontag d. 28. Ihro Durchleicht firden mich in die Kirch nach Birgach, u. Sie herden mes in Ihrer Capel, u. rieden nach Tisch herum, ich las, u. Gudirt wurde im Dörfle, dan fur man einen augenblick zum Schissen zu die Jegers u. von da in den fassanen Garden, wo der herzog den schultz von Echterdingen hin Komen lissen, einen blatz zu weissen, den Sie geren, ein haus da hin zu bauhen, Kaufen wolden.

Hohenheim d. 29. Sep. Montag 1783. Im Dörfle wurde frie Gestigdt, nachmitag fur man gleich auf die Jagdt nacher Waldenbuch u. der herzog schossen 5. hirsch.

Dinstag d. 30. An stadt Waldenbuch, gengen der herzog heide in den Beblinger forst, u. sonst glichen Sich die bede Tage, 6. hirsch schossen Ihro Durchleicht.

Mitwoch d. 1. Okt. Im Dörfle frie Stugde man, u. nach mitag geng es gleich wieder auf die Jagdt in dem beblinger forst, u. Ihro Durchleicht schossen 17. hirsch.

Donerstag d. 2. Im Dörfle wurde frie gestugdt, nach Tisch rieden Ihro Durchleicht wie geweniglich herum; es Kamen auch remonde pferd vor die leichte gard, die Suchde der herzog aus, u. abends fur man nacher Scharnhausen.

Freitag d. 3. Bey der Kohlerhitte wurde frie gestigdt, u. um halb 12. uhr geng es in den Waldenbucher forst, u. Ihro Durchleicht schossen 14 hirsch; die Grosse ogsen von maria Einsiedel Kamen heide auch.

Hohenheim d. 4. Okt. Samstag 1783. Ich stont gantz ruhig auf, wie ich aber in das Dörfle Kam, so zeigden mir Ihro Durchleicht von augenblick zu augenblicke neihe überaschungen. Zu erst draf ich un vermut meine Mutter, zwey Schwestern u. Zwey Nichden da an, im feigen Saal wurde frie Gestügdt, Ihro Durchleicht wahren gegen alle ausserordentlich gnädig, beim frie Stug Kam einsmahls ein Courir, der mein neve Schertel wahr, der brachde mir einen brif u. ein baget von Ihro Durchleicht, voll der gnädigsten u. Erhabensten ausdruke war der brif, u. in dem baget wahren 3. gantz Süberbe prillianden, zwey zu reng u. 1. als nadel; in der Kohler hitte hilde ich mich nach gehens mit meinen verwanden auf, bis uns Ihro Durchleicht abholden, dan fur man herein, hir lissen Ihro Durchleicht 400 arme aus 11 der benachbarden ord speisen im reit haus, des ser schen mit Drauben girlanden aus gemacht wahr, den Kamen auch noch 400 ledige zum hanen Dantz[118]) u. 200 Känder, die alle auch brod wein u. fleisch bekomen haben. Ihro Durchleicht speisten in unser geselschaft im grossen Saal, nach dem essen geng man auch zu dem Essen von die pfarrers, die auch da wahren, disse beurlaubden sich nachgehens, u. Ihro Durchleicht firden uns in den fassanen Garden, von da in den bau von der leichden Gard, man sahe sie speisen, dan besahe man die Seel, u. un erwart Kam noch ein feir werg mit meinem nahmen, dan beurlaubden sich meine Verwande von da aus, Ihro Durchleicht u. ich fuhren auch nacher haus u. dan speiste man zu nacht. Ich wahr dorchdrongen von Dank u. Erfüld mit reinem hertzens grund aller der Gnade, die mir Ihro Durchleicht erwissen haben.

Hohenheim d. 5. Okt. Sontag 1783. Ihro Durchleicht firten mich in die Kirch, u. holten mich nach deme Sie in Ihrer Kirch wahren auch wiederum ab, nach dem Essen rieden Sie herum, ich las u. geng in das Dörfle, dorden wurde gudirt, u. um halb 6. uhr fur man wieder herein.

Montag d. 6. Heite feng man um 8. uhr mit aller feierligkeit an den Weinberg zu lesen, Ihro Durchleicht nahmen von der leichden Gard dar zu u. Stelden sie in grosser ordnung an, die officir dar von Kamen auch dar zu; ich blib den gantzen vormitag dar bey, hatte aber einen geschwolnen mund, nachmitag wurde es in der nemligen ordnung ford gesetzt, ich Kam aber wegen meiner vermerten geschwulst nicht mehr dar zu, es war so warm, wie im Juli, u. man wurde Gantz mit dem lesen fertig.

Dinstag d. 7. Heite solde es nacher Aurach gehen, allein wegen meinem geschwolnen mond hatten der herzog die adension u. blieben hir, es wurde auch hir hinnen frie gestugdt u. ich Kam den gantzen Tag nicht aus; Ihro Durchleicht rieden wie geweniglich herum, ich schrieb viell, abends schrieben Ihro Durchleicht auch, das wetter wahr heide aus nehmend schen.

Mitwoch d. 8. Um 10. uhr rieden Ihro Durchleicht Erst aus, weil es in der frie regnede, u. um halb 1. uhr geng es nacher Aurach auf die Jagdt, u. schossen Ihro Durchleicht noch einige hirsch; mit in Aurach wahr Prentz Coburg, General Stein, v. Buwinghausen, Oberstall meister v. Schenck, Oberst v. Gemmingen, Oberst Leitn. v. Strahlendorf; bald nach der ankunft as man zu nacht.

Urach d. 9. Okt. Donerstag 1783. Gleich um halb 7. uhr

gengen der herzog auf die Jagdt u. so auch wieder nachmitag um 2. uhr, wo hin ich auch mit geng, u. schossen der herzog heide 14. hirsch, es wahr zemlich Kald.

Freitag d. 10. Um 6. uhr gengen Ihro Durchleicht gleich wieder auf die Jagdt u. das nacher Grafeneck, u. Kamen nach die 5. uhr wieder zurig; ich blib zu haus, schrieb, u. lis die hofradt Weissen[331]) zu mir Komen, heide wahr es auch wieder zemlich Kald, Ihro Durchleicht Kaufden heide auch viell Duch.

Hohenheim Samstag d. 11. In die St. Johanner hut gengen der herzog auf die Jagdt, es geng aber ein ser starger wend, daß Sie nur 2. hirsch schossen; Sie Kaufden wieder viell leinwand, um halb 3. gengen der herzog wieder auf die Jagdt, u. um 4. uhr geng es hir her, wo man vor die 7. uhr ankam.

Sontag d. 12. Ihro Durchleicht schrieben heide frie ser viell, dan firden Sie mich in die Kirch, nach Disch rieden sie aus, ich geng in die meierey einen augenblick, dan in das Dörfle, dorden wurde gudirt u. abends nacher Scharnhausen gefahren.

Urach d. 13. Okt. Montag 1783. Um halb 1. uhr geng es wieder nacher Aurach auf die birst, im Dörfle hatte man zu vor frie gestugdt u. in hohenheim zu mitag gespeist, Ihro Durchleicht schossen über 3. hirsch nicht, abends Kaufden sie noch Tuch u. dan geng es zur Tafel.

Dinstag d. 14. Nach die 6. uhr gengen der herzog auf die Jagdt, Kamen aber bald wieder, nach mitag geng es in die St. Johanner hut, u. 9. hirsch schossen der herzog, ich las im Klopfstock, abends Kam ein Kamer herr von Menen[263]) namens u. ein hofrat[387]) eben auch daher, die speisten da u. nach der Tafel beurlaubden sie sich wieder.

Mitwoch d. 15. geng es um 7. uhr von Aurach hin weck nach dem Kloster Zwiefalten, man Kam um 11. uhr da an, wurde gut empfangen, prentz Coburg u. die übrige, die mit Ihro Durchleicht in Aurach wahren, wahren auch mit, man sahe vor Tisch noch das Kloster u. die Kirch, nach Tisch die biblioteg, dan geng man nach die 4. uhr wieder hin weck, u. Kam vor die 8. uhr wieder an, u. speiste dan gleich zu nacht.

Hohenheim d. 16. Okt. Donerstag 1783. Nach deme der herzog angezogen wahren, so besahen Sie Ihre Junge fohlen, dan geng es um 8. uhr von Aurach hir her, man Kam vor die 11. uhr hir an, speiste gleich zu mitag, um halb 3. uhr Kam General Buwinghausen, Oberstall meister Schenck u. v. Strahlendorf; Ihro Durchleicht weisten Ihnen die neihe Gebeide u. die leichde Gard, u. um 5. uhr fuhren uns der herzog nacher Scharnhausen.

Freitag d. 17. In der Kohler hitte wurde frie gestigdt, heide Kam auch wieder das fieg von Büssnau hir her, abends firden mich Ihro Durchleicht in den fassanen Garden, wo selbst Sie dem Gerdner Schreiher einen blatz zeigden, den er zu einem Garden anlegen soll, nach Tisch geng man noch in Stall.

Samstag d. 18. Im Dörfle frie Stugde u. hir gudirde man, um 4. uhr Kam pfarrer Hahn[14]), um eine uhr in die Kohler hitte zu machen zu sehen, u. um 5. uhr furen der herzog u. ich nach Scharnhausen.

Hohenheim Sontag d. 19. Okt. 1783. Vor der Kirch lis ich zur ader, dan firden mich Ihro Durchleicht in die Kirch, u. holden mich auch wieder ab, der herzog rieden nach Tisch aus, ich geng bald in die Kohler hitte u. abends fur man nach Glein hohenheim.

Montag d. 20. Im Dörfle frie Stiegde man, mitag speiste der land Jeger meister Röder[238]) mit, nach Tisch wurden Ihm die hissige waldungen gezeigt, nach die 4. uhr Kam er wieder in das Dörfle u. da gengen der herzog u. ich mit Ihm herum, u. um 5. uhr fuhren Ihro Durchleicht u. ich in den fassanen garden; heite frie gaben mir Ihro Durchleicht noch recht schene hember.

Dinstag d. 21. In der Kohler hitte frie Stugde man, es wahr heide ein pferds verkauf, Ihro Durchleicht rieden wie geweniglich herum, es wahr zemlich Kalt, nach die 5. uhr firden mich Ihro Durchleicht in den Carls hof.

Mitwoch d. 22. Heide wurde es wieder sehr schen wetter, wie geweniglich friestugde man bey der Kohlerhitte, um 10. uhr firden mich der herzog in die Kirch, Sie hatten viell zu Thun u. drengden sehr auf das bauhen, abends firden Sie mich an den ramsbach, den Sie anderst machen lassen.

Donerstag d. 23. Im Dörfle wurde frie gestugt, u. nachmitag geng der Tag verbey wie gestern, nur daß mich Ihro Durchleicht nach dem fassanen Garden firden.

Hohenheim d. 24. Okt. Freitag 1783. Der herzog hatten sehr viell zu Thun mit dem bauwesen u. aller orden wurde gesetzt u. gearbeid; im Dörfle wurde frie Gestigdt, abends firden mich Ihro Durchleicht auch zum beim setzen bey dem weg nach dem fassanen Garden, u. dan an bach, der verendert wird, dan schrieben sie u. ich.

Samstag d. 25. Es wahr heite Ein brechtiger morgen u. ich sahe die Sonne in Ihrer Gantzen majestedt auf gehen, in der Kohlerhitte wurde frie gestugdt, nachmitag schrieb ich im Dörfle im wirtzhaus, u. wardede auf den Kleinen Seckendorf, er Kam aber Erst, wie Ihro Durchleicht just nach Scharnhausen fahren wolden, u. damit sahe ich Ihn nur im wagen.

Sontag d. 26. Um 10. uhr firden mich Ihro Durchleicht in die Kirch, nach der Kirch holden Sie mich wieder ab; um halb 3. uhr Kam Geheimderath v. Üxküll, v. Mosheim u. Bühler mit Seinem Sohn in russische Dinsten, v. Madeweis u. v. Stockmayer in Wien [289]); Sie besahen die Gebeide, wo hen Sie der herzog selbsten firden, u. nach dem Gude firden Sie Ihro Durchleicht auch in den fassanen Garden.

Montag d. 27. Es wahr heite wieder der schenste Tag, den man sich nur denken Konde, so warm wie im Juli, ich sahe auch die Sonne mit viller Empfendung aufsteigen, in der Kohlerhitte wurde frie gestigdt, nach mitag geng ich auch bald da hin, u. lis was an meine bier Kästen [388]) verendern, u. abends fur man wieder in den fassanen garden, es wahren einige Junge leide von der academie da, die den englischen garden aus stegden.

Hohenheim d. 28. Dinstag 1783. Nach deme man im Dörfle frie gestigdt hat, so firden mich Ihro Durchleicht um 10. uhr in die Kirch, holten mich auch wiederum da ab, abends firden Sie mich an bach, um die neihe arbeit zu Sehen u. dan nacher Scharnhausen.

Heite gaben mir der Herzog noch hember, die im freihen gewagsen sein.

Mitwoch d. 29. Mit villem wonne gefühl Sahe ich die sonne aufsteigen, dan geng ich in das Dörfle, in der Kohlerhitte wurde frie Gestigdt, um 10. uhr firden mich Ihro Durchleicht in die Kirch, Sie rieden, so lang die Kirch werde, an den bach, u. firden mich dan wieder hir herein, Abends fur man in den fassanen Garden, wo Junge leide von der academie wahren, die den neihen Garden aus steckden.

Donerstag d. 30. Es wahr wieder Ein brechtiger morgen, die Sonne Erschen wieder in Ihrer Gantzen schenheit, im Dörfle wurde auch wieder frie gestigdt, abends fur man wieder in den fassanen garden u. nach dissem firden mich Ihro Durchleicht in die hissige neihe Gebeide herum, u. dan wurde geschrieben.

Freitag d. 31. Der heitige Tag glich von Sonnen aufgang an gantz dem gestrigen, nur daß man anstadt die gebeide zu sehen, noch gegen die baum schul fuhr, um was zu bestellen.

Hohenheim d. 1. Nov. Samstag 1783. Im Dörfle wurde frie Gestigdt, ich hatte zemlich zu Thun, abends fur man nacher Scharnhausen u. Es wurde fast richtig, daß mir Ihro Durchleicht mein Kleines land Gut da abkauften; ich packde auch ein auf übermorgen nacher Heidenheim.

Sontag d. 2. Ihro Durchleicht firden mich in die Kirch u. holden mich auch wiederum ab, in dem Dörfle wurde gudirt, dan fur man nach Scharnhausen u. stig beim neihen gebeide ab, wo ich dem pfarrer u. Schuldheis Erzehlde, daß ich mein Gut wieder verkaufen werde.

Heidenheim d. 3. Nov. Montag 1783. Um 8. uhr geng man von Hohenheim hin weck, gegen 11. uhr Kam man in Göppingen an, stig In des stadt schreibers Seinem haus ab, u. besahe die Gantze stadt alstan, der herzog ordenden viell an, wo anstende wahren, u. wahren zufrieden mit dem, was schon gebaut wahr, dan geng es über Geislingen u. Kam nach die 4. uhr hir an; hir wahr der prelad von Neresheim[96]) u. noch ein Geistlicher aus dem Kloster Medlingen, auch der Graf Gallern mit Seinem Sohn, um halb 8. uhr geng man zur Tafel.

Dinstag d. 4. Um halb 9. uhr gengen der herzog auf die Jagdt, man durfde nichts sagen u. don vor den Carls Tag, ich blib den gantzen Tag zu haus, nach die 5. uhr Kamen der herzog wieder von der Jagdt, es wurde von halb 7. uhr bis halb 8. uhr 15.[304]) gespilt, dan geng es zur Tafel u. So geng der Carls Tag verbey.

Mitwoch d. 5. Um 8. uhr gengen der herzog wieder auf die Jagdt, ich geng um halb 11 uhr in die Kirch u. nach Tisch nach Schneidheim, Kam um 4. uhr wieder, bald darauf Kamen der herzog wieder von der Jagdt, um halb 7. uhr feng man wieder an zu spielen bis der fürst u. Sein Bruder von Wallerstein Kam, wahr es 8. uhr, der herzog gengen zu Ihm, dan Kamen sie bald u. man as alstan bald.

Hohenheim d. 6. Nov. Donerstag 1783. Um halb 8. uhr holden der herzog den fürsten von Wallerstein Zum Jagen ab, nachmitag Kam die Junge frau v. Buwinghausen[251]) zu mir, nach die fir uhr Kamen der herzog wieder mit dem fürsten von der Jagdt, um halb 7. uhr geng man wieder heraus, der fürst Kam gleich, es wurde gespild, Stadthalter v. Umgelder Kam auch, u. ein Cavalir vom fürsten von Öttingen, v. Braun.

Freitag d. 7. Ihro Durchleicht gengen um 8. uhr Zum fürsten v. Wallerstein in Sein quadir, sie blib da bis gegen 10. uhr, so lang zog ich mich an, dan geng es nacher dem Closter Medlingen, daselbst besahe man die Kirch, dan as man, alstan geng man in das fremden haus u. in die biblioteg, in disser hilden sich der herzog zemlich lange auf, u. von da aus geng man wieder weck u. Kam um halb 7. uhr hir an; meine Schwester u. Schwager v. Schertel waren da, meine Schwester Kam gleich zu mir, u. dan wurde noch gespilt bis zur nacht Tafel.

Heidenheim d. 8. Nov. Samstag 1783. Um halb 9. uhr gengen der herzog auf die Jagdt, nach deme ich aufgestanden wahr, Kam meine Schwester zu mir, wir assen bey samen u. um halb 3. uhr gengen wir zu der frau v. Buwinghausen[251]) in den ogsen, so lang Kamen der herzog wieder Zurik u. ich geng gleich auch nacher haus; dan gaben der herzog im rath haus Audientz, so lang geng ich zu meiner Schwester; wie die Audientz verbey wahr, so lissen mich der herzog hollen, dan schrieben Sie, ich auch, um 6. uhr Kam meine schwester wieder zu mir, um halb 7. uhr gengen der herzog henaus, u. da wurde gespilt.

Sontag d. 9. Um 8. uhr geng Es von Heidenheim hin weck, der prentz v. Coburg u. die Cawalirs gengen schon vor aus u. man Kam glicklich in dem Closter Neresheim an; der herzog schickde voraus, sie wirden nicht Komen, u. damit wahr, wie man ankam, alles in der Kirch, Ihro Durchleicht u. ich gengen also gerade in die Kirch, der prelat[96]) lis den brediger[389]) wieder von fornen anfangen; nach der bredig name man etwas zu sich, dan geng es in die meß, die mit schener feirlich Keidt gehalden wurde, u. nach dissem besahe man die Kirch, welche beweist, daß der prelat geschmack hat; alstan as man, nach der Tafel wahren alle die paderes da, der herzog sprachen mit Ihnen, u. her nach geng man in die biblioteg, wol selbst man sich aufhild, bis man weck geng, Kafe wurde nach dem Tisch auch noch in einem andern Zemer genomen. Wie man weckgehen wolde, so presendirde der prelat auch noch die Jugend, die in der normal schulle sein, zwey dar von rededen Ihro Durchleicht recht artig an u. übergaben

Ihre schriften u. lerart, es schneide den Gantzen Tag ein wenig, daß es fast Gantz weis wahr, wie man ein stig, bey der Zurickkunft waren der fürst von Öttingen da, Ihro Durchleicht gengen nach deme Sie Ihre angekomene brifschaften aufgemacht hatten, zu Ihm, u. brachden Ihn herieber, dan wurde Driset[158]) gespilt, bis es an die Tafel geng; meine Schwester war in der frie auch noch bey mir, u. nam abschied beim einsteigen.

Heidenheim Montag d. 10. Nov. 1783. Ihro Durchleicht gengen um halb 9. uhr zum fürsten u. holden Ihn ab zur Jagdt, nach deme ich gegessen hatte, Kam um zwey uhr die verwittibde frau von Schilling u. die Oberforst meister Schillinge zu mir, Sie bliben bey mir, bis Ihro Durchleicht von der Jagdt Kamen, dan schriben der herzog, bis es Zeit wahr, heraus zu gehen, der fürst Kamen gleich nach dissem, es wurde wieder Drisset[158]) bis zur Taffel gespilt, mit dem fürsten wahren alle zu frieden; von mir nahm er heide abschied, weil er morgen nach der Jagdt wieder sich von Ihro Durchleicht beurlauben wird.

Heidenheim d. 11. Nov. Dinstag 1783. Um halb 9. uhr holden Ihro Durchleicht den fürsten v. Ödengen wieder zur Jagdt ab, nachmitag Kam der Spetziall u. helfer von hir zu mir, wie sie weck wahren, so Kamen der herzog bald wieder von der Jagdt, dan firden Sie mich noch in das Schloß. Sie besahen es gantz u. nahmen den Milius[57]) mit, weill Sie im Sin haben es zu recht zu machen[392]), nach dissem zogen Sie sich an, u. man geng wie geweniglich um halb 7. uhr heraus u. spilde quinzes[304]).

Mitwoch d. 13. Um 7. uhr gengen der herzog u. ich von Heidenheim hin weck nach Hohenaldheim zum Fürsten v. Wallerstein, der prentz Coburg, minister v. Üxküll, General v. Buwinghausen u. Oberstallmeister Schenck gengen vor aus, um 11. uhr Kam man an, bald darauf musten der herzog die pferde sehen, von fremde war under andern der regierende Graf Öttingen auch da, nach deme man gespeist hatte, Kam die Kleine prentzes, u. es wurden ein bar gemelde gezeigt, dan beurlaubde man sich bald, u. Kam um 7. uhr wieder in Heidenheim an; Ihro Durchleicht speisten aber in der retret.

Heidenheim d. 14. Nov. Donerstag 1783. Heite gengen der herzog nicht auf die Jagdt, sie speisten zu mitag in der retret, u. gleich nach Tisch geng es nacher Königsbronn, um die Eissen werger zu sehen u. zugleich auch mit einigen wegen Drukenlegen des dordigen Sees zu sprechen; beim Bletzinger Stig man ab, u. nam nach gehens einen Cafe, wie man wieder zurick Kam, so Gaben Ihro Durchleicht audientz wieder in dem rath haus; zu mir lis ich die pfarrer Reithsatzin Komen, wie Ihro Durchleicht wieder Kamen, so zogen sie sich an, u. man spilde noch bis zur Tafel, vormitag lissen Ihro Durchleicht auch den spetziall zu sich Komen, um sich ein u. anders bei Ihm zu erkundigen.

Freitag d. 15. Ihro Durchleicht wolden um 8. uhr von Heidenheim hin weck, Sie lissen auch den spetzial, oberamtmann u. bürgermeister noch zu sich Komen, wie das verbey wahr, so Kam der prelat von Neresheim[96]) u. wolde eine audientz haben, die Ihm der herzog auch gerne gaben, ich wahr ser vergnügdt darieber[392]), u. damit geng man erst um 9. uhr hin weck, man fuhr in der ofnen scheß, bis man den vor her schon weckgeschickden zugemachten wagen wieder begegnede, dan stig man in dissen; in Göppingen nam man bey dem stattschreiber was zu sich, u. Kam nach die 4. uhr bey sehr üblem wetter hir an, der herzog gengen noch herum u. sahen, was gemacht worden ist, u. dan schrieben sie noch, u. ich pagde Bücher aus.

Hohenheim d. 15. Nov. Samstag 1783. Ihro Durchleicht fengen Gleich Ihren vorigen lebenslauf wieder an, stonden um halb 7. uhr auf, u. rieden aus bis zum frie stig, des hir genomen wurde, nachmitag rieden Sie wieder aus wie es das wetter zu gab, ich pagde aus u. raumde aus, abends fur man in den fassanen Garden, u. dan schriebpn der herzog u. ich.

Sontag d. 16. Ihro Durchleicht firden mich in u. aus der Kirch, das wetter wahr ser abweckslend, doch nicht Kald, nach Tisch reideden der herzog aus, ich las, abends firden Sie mich in den Carlshof spatzieren, u. dan schrieben Sie.

Montag d. 17. Das wetter wahr bassabel, doch wurde hir hinnen frie Gestigdt, Ihro Durchleicht reideden wie geweniglich herum, wahren Sehr gnädig gegen mir, u. abends firden Sie mich in den fassanen Garden.

Dinstag d. 18. Im Dörfle wurde frie gestigdt u. der herzog fuhren in der Cariol in den fassanen Garden, abends firden Sie mich auch hin, Sie wahren aber nicht gantz wohl, wie man von dem fassanen Garden Kam, so geng man noch in meinen Garden hir.

Hohenheim d. 19. Nov. Mitwoch 1783. Der herzog blieben heite etwas lengers liegen wie sonsten, u. befanden Sich noch nicht gantz wohl, das wetter wahr sehr abweckslend, um halber zwey geng es das erste mahl seid 3. monade wieder nacher Stuttgardt, u. bey dem Geheimderath Bühler stig man ab, von da geng man in das weissenhaus, um ein naduralien Cabenet, das Ihro Durchleicht von dem Seeligen professor Kestlin[390]) gekauft hatten, zu sehen, von da geng es einen augenblick in das schloß, dan noch einmahl zu dem Geheimderath Bühler, u. vor die 6. uhr wahr man wieder hir, wo der herzog u. ich schrieb.

Donerstag d. 20. Ihro Durchleicht husteden zemlich, u. blieben etwas lengers liegen, das wetter war auch zemlich wendig, abends firden Sie mich in den fassanen Garden.

Freitag d. 21. Mit dem husten wahr es zemlich eins, vormitag geng ich in die meierey, um nach die megt zu sehen, u. davon Kam ich nicht vergnügt zurick, abends fuhr man wieder in den fassanen Garden.

Samstag d. 22. Es schneide fast den Gantzen vormitag, abends firden mich der herzog in die neue Gebeude herum, Sie husteden nicht mer Gantz so viell.

Hohenheim d. 23. Nov. Sontag 1783. Um 8. uhr geng es nacher Stuttgardt, Es wahr Ein schr schöner Tag u. ich erwardede lang der Sonnen Ihren Aufgang am fenster, in Stuttgardt hörden Ihro Durchleicht gleich mes, dan fengen Sie bey der Gard zu fus an rewie zu halden bis auf alle regiemende hinaus in Stuttgardt, u. wurden nach die 3. uhr, da Sie in der Zwischen Zeit noch speisten, ferdig. Ich geng in die academie, nach dem Essen Kam der hofmeister Erhart[391]) zu mir, dan geng ich in die Ecole, her nach Kam die frau v. Mandelsloh u. v. Tondersfeld zu mir, u. alstan geng ich in das naduralien Cabinet, des der herzog erst gekauft haben von dem professer Kestlin, ins weissen haus, nach die 3. lissen mir der herzog sagen, daß Sie ferdig währen; man fuhr noch in den bauhof, um einen neihen wagen zu sehen, u. von da geng es hir her, wo man noch eine stunde bey Samen Sitzen Konde, der herzog schrieben u. ich las.

Montag d. 24. Das wetter wahr zemlich gut, mit dem husten von Ihro Durchleicht geng es Gott lob auch gut, nach dem Gude fur man nacher Scharnhausen u. fassanen Garden. Heite fengen der herzog Ihre buliung an zu drengen.

Dinstag d. 25. Das wetter wahr den Gantzen Tag dufdig, u. abends regnede es starck; Ihro Durchleicht hilden mir zu lieb heide auf dem asberg nicht rewie, sie reideden aus, wan sie Konden vor dem nebliche wetter, u. abends schrieben Sie u. ich.

Hohenheim Mitwoch d. 26. Nov. Um 7. uhr geng Es nacher Louisburg, da hilden der herzog gleich nach der ankunft rewie, zu mir Kam so lang die frau v. Tondersfeld u. General Rieger[288]), ich lis auch underschiedliche sachen von der uhren faworig Komen, nach deme der herzog ferdig wahren, so geng es gleich auch auf den Asberg, wo selbst der herzog auch rewie hilden, das daurde bey 5. stunden u. gegen die 8. uhr Kam man wieder hir an. Das wetter wahr den gantzen Tag sehr schen.

Donerstag d. 27. Nach dem frie Stig rieden der herzog aus, auch nachmitag wie geweniglich, u. abends firden Sie mich in den fassanen Garden. Das wetter wahr Sehr schön.

Freitag d. 28. Um 9. uhr geng es nacher Stuttgardt, da gaben der Herzog gleich audientz, zu mir Kam die Ecoll, die freulein v. Reischach freude Sich Sehr über die Erlaubtnis, daß Sie auf 3. wochen urlaub zu Ihrer mutter nacher Durlach bekam; nach der audientz wurde gespeist, dan hilden der Herzog rewie mit dem Steinischen regiemend. Zu mir Kamen so lang die bede freulein v. Stockhorn, alstan geng es bald auf die Solitide, so lang Ihro Durchleicht rewie mit die Hussaren hilden, so geng ich zu der frau v. Nahso[253]) u. um 6. uhr Kam man wieder hir an.

Hohenheim d. 29. Nov. Samstag 1783. Ihro Durchleicht Gengen gleich vor die 8. uhr noch zu fus in die Jegers Cassern, hir friestiegde man, dan gengen der herzog wieder henunder u. Sahen die neihe Granadir Combanie von die Jegers Einruken, nach dissem speiste man wie geweniglich um 11. uhr, nach disch rieden der herzog Gleich wieder herum; um 1. uhr Kam meine muter, Schwester Pflug u. Juliana benebst meine 3. nichden v. Pflug, Eine v. Schertel u. zwey neves v. Schertel, wir waren Sehr vergnügdt bey samen, der herzog wahren sehr gnädig gegen uns; wie es schon nacht wahr, gengen sie erst, dan schrieben der herzog u. ich arbeidede.

Sontag d. 30. Ihro Durchleicht firden mich in die Kirch, Sie herden meß in Ihrer Capell, Abends firden Sie mich nacher Scharnhausen, da erfur ich, daß eine von die weiber gestorben wahr die ich wohl Kande.

Montag d. 1. Dec. Es war ein Sehr schöner Tag, ich sahe die Sonne in Ihrer gantzen schenheid aufgehen; Ihro Durchleicht hatten viell zu tun mit der neihen granadir Companie u. abends firden Sie mich in den fassanen Garden.

Dinstag d. 2. Der heitige Tag war noch schöner, nur daß man nach Scharnhausen u. dorden das neihe haus Sahe, so war der heitige Tag wie der Gestrige.

Mitwoch d. 3. Nicht Gantz so hell war der heitige Tag, im Dörfle wurde gudirt, ich raumde biecher in meine Kohlerhitte auf, die ich von der Gnad Ihro Durchleicht bekomen habe u. nach die 4. uhr fur man in den fassanen Garden.

Hohenheim d. 4. Dec. Donerstag 1783. Ich sahe die Sonne wieder schen auf gehen, u. hatte in meinem Sinn viell zu Thun, der herzog waren sehr Gnädig, abends firden Sie mich an weinberg[385]) u. an bach.

Freitag d. 5. Um 9. uhr geng es nacher Stuttgardt. Da gaben der herzog audientz, dan as man u. alstan geng es nacher Louisburg, woselbst Ihro Durchleicht mit dem Steinische regimend rewie hilden, zu mir Kam so lang die frau v. Tondersfeld u. freulein v. Benas[99]). Vor die 5. uhr war man wieder hir.

Samstag d. 6. Abends fur man spatzieren bis fast Denkendorf u. Kam zemlich spat nacher haus, der haubtman Gaup[393]) wahr da, mit dem sprach man eine Zeit lang, dan geng er nacher Stuttgardt, dan schrieben Ihro Durchleicht u. ich arbeidede.

Sontag d. 7. Das wetter war sehr neblich, Ihro Durchleicht firden mich in die Kirch, um zwey uhr geng es nach Stuttgardt zu dem Geheimderath Üxküll, wo auch der Geheimderath v. Mosheim war, man blib zemlich lang da u. geng zufrieden hin weck, um 7. uhr war man hir.

Montag d. 8. Beym mitag Essen war der haubtman Gaup, nach Tisch rieden der herzog Gleich mit Ihm nacher Scharnhausen, um Ihm den blatz zum weinberg zu weissen, abends schrieben der herzog, nach deme Sie noch eine Zeitlang mit dem haubtman gesprochen haben u. ich schrieb auch.

Hohenheim d. 9. Dez. Dinstag 1783. Beim Mitag Essen wahr noch der haubtmann, nach dissem Beurlaubde er sich, abends firden mich der herzog in den fassanen Garden.

Mitwoch d. 10. Ihro Durchleicht firden mich in die Kirch nacher Birgach u. abends spatzieren.

Donerstag d. 11. Um 12. uhr Geng es nacher Kirchheim, da selbst besahen der herzog Ihre pferde,. Stiegen bey meiner

Schwester ab, u. so lang Sie die pferde sahen, blieb ich bey meiner schwester u. mutter, die auch da war, benebst der freulein v. Benas[99]). Beim Zurick weg, so stig man bey Könken ab, u. besahe die Alderdemer, die da aus gegraben wurden, auf dem nemligen blatz, geng dan auch in das schloß, u. Kam um 7. uhr hir wieder an.

Freitag d. 12. Um 9. uhr geng es nacher Stuttgardt, da gaben der herzog audientz, zu mir Kam die frau Wagnerin[05]), u. ich hatte viell zu Tohon, auch wie man zurick Kam; abends fur man noch in den fassanen Garden.

Hohenheim d. 13. Dec. Samstag 1783. Um 12. uhr geng Es in den fassanen Garden, es waren einige Cavalirs da, u. es wurde fassanen geschossen, ich wahr nicht immer dar bey, sondern arbeidede nach gehens, bis Ihro Durchleicht ferdig waren. Um 3. uhr war man wieder hir.

Sontag d. 14. Ich hatte ein wenig einen geschwolnen mund u. geng also den Gantzen Tag nicht aus, damit es auf die morgigde reis nacher Bassel wieder besser werden solde. Der herzog reideden viell herum.

Montag d. 15. Um 7. uhr brach man hier auf, in Stuttgardt Stig man bey dem Geheimderath v. Mosheim ab, wo hin auch der Minister v. Üxküll Kam, man blieb über eine stonde da; dan Trat man mit Gottes hielfe die Kleine reisse nacher Bassel an u. von da an übernehmen der herzog die vorgenge auf zu zeichnen.

Hohenheim d. 22. Dec. Montag 1783. Gestern Kam man um 10. uhr nachts wiederum von der Basler reisse Glücklich hir an, Gott hat uns alle mit Seinem Gnädigen Schutz bekleidet; heide rude man ein wenig aus, u. abends fur man in den fassanen Garden.

Dinstag d. 23. Ihro Durchleicht machten gleich vormitag Ihr Durne u. abends firden Sie mich nacher Scharnhausen, ausser dissem schrieb ich meistens.

Mitwoch d. 24. So wie der Gestrige Tag, so vergeng bey nahe auch der heidige, nur daß man nach dem fassanen garden stadt nacher Scharnhausen fur.

Donerstag als am heiligen Christag d. 25. Dec. Ihro Durchleicht firden mich in die Kirch u. nach deme sie auch meß geherd hatten, so holden Sie mich auch wiederum ab, nachmitag Kam einiges von strasburg, das mich zu meiner schande ein wenig störde, u. Abends firden mich der herzog an den bach, Sie husteden ein wenig.

Freitag d. 26. Heite Kam ich gar nicht in die Kirch, um 10. uhr geng es nacher Stuttgardt, daselbst gengen der herzog zum essen in die academie u. nach dissem noch mahl, um einiges anderst einzurichten; so lang Kam meine Kleine Nichte Pflug zu mir u. dan geng ich zu der Geheimderäthin v. Üxküll, der herzog Kamen auch hin, von da geng es in die biblioteg, wo Ihro Durchleicht bücher übergaben u. dan bey einem zemlichen went wieder hier her.

Hohenheim Samstag d. 27. Dec. 1783. Ihro Durchleicht wahren heide sehr mit einem husten geplagt, u. waren so mit, daß Sie Sich in das bet liegen musten, abends wurde es etwas bessers, u. wie Sie schlaffen gengen, war es Gott lob noch mehr besser.

Sontag d. 28. Um 9. uhr geng ich nacher Birgach in die Kirch nach dissem geng es nacher Stuttgardt, da in die academie zum Essen, wo der hof war, u. nach dissem geng es gleich wieder hir her; mit der Gesundheit Ihro Durchleicht geng es Gott lob wieder recht gut; wie man hir her Kam, firden mich der herzog noch schlitten um das Wirtzhaus herum, es feng aber ein wenig an zu regnen, doch lag ein starger schne, der heide nacht gefallen wahr.

Montag d. 29. Ich stond belder auf als der herzog, weil sie wegen Ihrem Cadar noch aus ruhen wolden; ich hatte viell zu Thun, u. Kam doch nicht weit, nach dem Gude firden mich der herzog in dem schlitten in den fassanen Garden, der Tag war schen, aber Kalt u. es lag sehr viel schne.

Hohenheim d. 30. Dec. Dinstag 1783. Der Heitige Tag war fast wie der gestrige, nur daß man nacher Scharnhausen fur.

Mitwoch d. 31. Es daute Sehr, Ihro Durchleicht rieden wie geweniglich herum u. ich Kam heide ausser in die Kirch gar nicht aus dem haus, u. So beschloß Sich wieder Ein Jahr voll Gnade u. Seegen von Gott. O, Kende ich so ruhig in das buch, wo alle meine handlungen richtig von dem hertzens forscher ein Geschrieben Sein, hinein Sehen, du, o Jesu Sey der fürsprecher vor die Senden, die in dem Selbigen buch aufgezeichnet Sein, so hoffe ich mit aller meiner Schwacheit, Mangel u. fähler doch gnade; bereide dir, o Lieber Hemlischer vatter Selbsten den Danck, den wir dir vor alle deine Gnade u. barmhertzigkeidt Schuldig Sein, Selbsten in unsere Hertzen, deine Gnade hat uns u. die unsrige gesund Erhalden, du hast mir so viell ursachen Zur freude u. lobe geschenket, durch bekandschaften von menschen, die dich lieben u. fürchden; das Gute, das wir aus deiner Gnädigen hand Empfangen haben, ist nicht zu' zelen, auch brifungen von leiden Seind aus deiner Gnaden hand aus Weissen absichten zu unserm Seelen heill uns worden. Ewiger Danck, anbedung u. lobe Sey dir von uns allen gegeben, was haben wir dan anderst dir zu geben, u. dis Kennen wir nicht aus Eigner Kraft, wo du nicht Selbsten alles durch deinen Geist der Sterke in uns würkest. O, Stehe uns unaufhörlich bey mit dissem Geist der Gnade um Jesu Christi Willen, fiere uns auf dem wege des Glaubens u. der Tugend, bis zum Ewigen leben, amen, amen.

H o h e n h e i m d. 1..J a n. 1784 D i n s t a g. Durch die gnade Gottes, tratten der Herzog u. ich disses Jahr Gesund an, Gott Gebe Selbsten durch die Graft Seines Geistes, daß Wir Ihm Wohl zu gefallen wandlen, daß Wir Täglich besser werden u. in Seiner Erkentnis in Seiner liebe immer Wachsen u. Zunehmen. Er verleihe uns Seine Gnade um Jesu Christi Willen, Er Erhöhe u. Beföstige immer mehr u. mehr die liebe zum Guten u. den Eifer vor das Gute in uns. Immer Sey unser bestreben auf das Hemlische u. Ewige gerichtet. Got führe uns nach deinem rat, nach deinem wohl Gefallen, Stehe uns in Gnaden bey mit der Kraft deines Heiligen Geistes; Gieb, daß Wir deinen Willen mit Gehorsam u. Danckbahrkeit Erkennen u. erfüllen, Gieb, daß Wir dich u. den, den du gesant hast, Jesum Christum, immer mehr Erkennen, annehmen u. lieben. Erhalde uns Jede Gute Kraft, die du uns verliehen hast, Gieb Selbsten, daß Wir Zehen pfund damit gewennen, Erleichte unsern verstand u. unser Hertz. O Jesu Gieb, daß Wir in dem buche des lebens Geschrieben Sein u. Stelle uns Einstens zu deiner rechten, mach uns from, mach uns Tugendhaft, mach uns reich an guten handlungen; Gieb Selbsten, daß wir nur dir leben, daß Wir nur dir zu Gefallen Trachten, rette uns vor der Dorheit der Eidelkeit, mache uns Eifrich, muttig u. bestendig im Guten, du weist am besten, was uns gut ist, was wir bedörfen, schenke uns alles was uns heilsam ist, aus Gnade u. barmhertzig Keit, Stehe uns bey mit deinem heiligen Geiste, Ohne Ihn Kennen wir schwache menschen ja garnichts von uns selbst. Bereide dir Selbsten den Danck in unsere Hertzen, den wir dir Schuldig Sein, O Erhöre mich, Hemlischer vatter um Jesu Christi willen Amen. Mein leben Sey nur auf das Hemlische Gerichtet, immer Sey mir Gott u. der gedanke gegenwerdig, werde ich durch meine liebe, durch meinen Glauben, durch meinen Gehorsam Jene Seeligkeit zu genissen fehig werden, die mir Gott, wan ich Seinem worde glaube, um Jesu Christi willen schenken wird; wird meine

Seeligkeidt volkomner werden durch die übung im Guten, die ich mich befleisse, oder bin ich zu lau im Guten, in der liebe; bey allem, was mir begegnet, Sey das mein Trost oder mein leiter, daß disses leben so Kurtz ist, daß wir ja vor eine Ewigkeit leben, wo Erst unsre handlungen entschieden werden, wo wir Erst Ernden, wo Einem Jeden der lon gegeben wird, nach deme Er gehandelt hat, es Sey Gut oder bes. Mein hertze sey demitig vor Gott, Es erkenne stedts Seine Senden u. die Grosse überdretungen, die ich mich leider Schuldig gemacht habe, es liebe Alle menschen, meine handlungen Seihen immer so, daß ich Keine Gelegenheit verseime, wo ich Guttes Thun u. Gutes Stieften Kan, O Gott, u. derf ich mich, ungeacht meiner unwürdigkeit Erkenen, dich um eine Irdische wohlthat zu bitten, so las mich unter Guten menschen leben, die mit mir deinen nahmen verherlichen, deren Hertz mir Ergeben ist u. dich über alles lieben u. preissen, gieb mir solche freunde, wan es dir gefellig ist, gieb, daß wir einander Ermondern u. Erweken zu allem Guten Zum Glauben. Hielf allen menschen, nach deiner Grossen Gnade u. barmhertzig Keit u. nehme uns Einstens zu Gnaden auf u. an um Jesu Christi willen, bekere ein jedes zu dir, du bist in den Schwachen mechtig, du Kanst überschwenglich mehr Thun über alles, was wir bitten u. verstehen. Ich Empfehle dir Ensbesondre den Herzog, ach siehe in Gnaden auf uns, las uns Gnade u. barmhertzigkeidt vor dir suchen u. fünden, um Jesu Christi willen; O Jesu, du hast ja selbst gesagt, wan deine Sinden gleich blut roth sein, Sollen Sie doch schneweis werden, las disses dein wort an uns Erfüllet werden, Suche deine arme u. verirde Schäflein, brenge uns zu deiner herte. Schmike du Selbsten unsre lamppen mit dem öle des Glaubens, Gieb, daß wir under den Weissen Jungfrauen Erfunden werden. Aus Gnade u. barmhertzig Keit las uns Theil haben an deinem allerheiligsten verdinst.

Schengt mir Gott alles disse Gnade, schenkt er mir alles, was mir Gut ist, fro gebe mich mein Irdisches leben, um Ewig bei Ihm zu sein; Sein wille geschehe auch hirin, Gefalt es Ihm mich in dissen Jahr zu Sich zu rufen, o wie Glücklich, wan ich schon aus gerongen hätte.

Disses waren meine ware Gedanken beim anfang disses Jahr, ich Stonde gleich nach die 6. uhr auf, bald auch der Herzog, um 10. uhr fürden Sie mich in Birgach in die Kirch; nach disser so wurde hier von dem hofcabelan Schluß[344]) eine bredig gehalden, in die ich auch noch Kam, nach Tisch geng es in einer Stonde im Schlitten nacher Stuttgardt. Da hette ich meine Zeit besser Eintheilen Kennen; ich bekam brif u. machte eine viside, der Herzog gaben wie geweniglich an dem neijahr audientz allen Debudirden, dan geng es in das Consert in der academie, der prelat v. Neresheim[96]) wahr da, u. in der academie wurde auch zu nacht gespeist.

Hohenheim d. 2. Jan. 1784 Freitag. Der Herzog u. ich stonden fast zu Kleicher Zeit bald nach die 6. uhr auf, Sie gengen in die academie, um die Junge leide zu messen, ich las zu erst, dan hatte ich aller hand anzugeben. Um 11. uhr wurde gespeist, u. nach dissem geng es gleich hierher. Der Herzog hatten vor dem Essen eine lange underredung mit dem prelat v. Neresheim; hier rieden der herzog noch ein wenig aus, u. abends Sasse man in frieden bey Sammen u. schrib.

Hohenheim d. 3. Samstag. Ich Stond frie auf. Die Sonne Geng schen auf, Es war aber Kalt, Ihro Durchleicht Stonden was Speders auf, Sie u. ich hatten Emer viel wegen der vorhabenden reisse zu Thun.

D. 4. Sontag. Um halb 10. uhr geng Es nacher Stuttgardt, zu for war ich in der Kirche, in Stuttgardt wurde Gleich Gespeist, nach dissem Kam meine Schwester v. Seckendorf, Ihr Mann u. Ihre Kinder zu mir, die Erst Gestern angekomen Sein. Es freude mich Sehr, ich firde Sie einen Augenblick in die academie, wo hin der herzog vorhero schon gegangen Sein; Sie übergaben Ihre Söhne, die bey Ihnen in urlaub waren, der academie wieder, dan geng meine schwester wieder mit mir in mein Zemer, u. wie Ihro Durchleicht Kamen, so geng es dan bald wiederum hier her; ich bekam heide auch allerhand von der hoheiden in Mömbelgard geschigdt.

Hohenheim d. 5. Jan. Montag 1784. Ich Stonde wieder frie auf, nach Tisch Kam meine Mutter, 4. Schwestern u. 4. Niesen zu mir, Ihro Durchleicht ritten aus, Kamen auch zu uns, ich war recht vergnügdt, alle meine verwanden haben mir gearbeit u. Sie blieben da, bis es schon nacht war, mein Schwager Seckendorf war auch mit dar bey.

Drei Königs Tag Dinstag d. 6. Jan. Ihro Durchleicht firden mich in die Kirch, nachmitag Kam der Prelad v. Neresheim mit einem pader namens Benedikt Werkmeister[389]), u. der Kamerherr v. Gemmingen brachte Sie hier her, Ihro Durchleicht firden Sie aller orden hier herum, mit in das Dörfle fur ich auch, abends schrieben der herzog noch u. ich las.

Mitwoch d. 7. Ich stond wieder frie auf, Ihro Durchleicht u. ich hatten in Jedes in seiner art viel zu Thon, doch wurde abends in den fassanen Garden gefahren.

Donerstag d. 8. Heide hatte ich wieder So viel zu Thon, wie Gestern u. Konde nergends ferdig werden, ich feng gleich an ein zu paken, schrieb auch mit under, der Herzog hatten eben so viel zu Thun; nach Tisch u. bis mann in wagen sas, packde ich ein, der herzog hatten viell mit Ihre hissige ovicirs aus zu machen; man geng in Gottes Namen um 4. uhr von hier hinweg, in Stuttgardt as man in der academie zu nacht, wo mit Geheimderath v. Üxküll, v. Mosheim u. Bühler speisten.

Stuttgardt d. 9. Jan. 1784. Ihro Durchleicht u. ich Stonden frühe auf, Es Kam noch zu mir die Geheimderath Bühlerin, die frau v. Mandelsloh u. die Ecoll, u. um 10. uhr geng Es in Gottes Hernn Nahmen von Stuttgardt hin Weck, in Neustadt Blieb man übernacht, u. non werden Ihro Durchleicht der herzog das Tag buch zu schreiben auf disser Gantzen reisse über Sich nehmen, unser Ziel von der reisse Get bis Koppenhagen, Wan Gott Seinen Seegen dar zu Gibt.

Hohenheim d. 15. Mertz 1784 Montag. Gott hat unsre reisse Beglückt, wir Kamen alle von Ihro Durchleicht an bis auf alle, wo mit wahren, Gesund u. zufrieden in Stuttgardt an, u. waren alle durch Gottes beystand die Gantze Zeit Glücklich u. Wohl, wurden durch alles durch Seinen Schutz gut hindurch gefirt, nicht Genug danken Kennen wir Ihm auch vor disse Gnade, Er bereide Sich Selbsten den Danck in unsre hertzen vor So vielle Gnade, der Ihm wohl gefalle.

Um halb 12. uhr Kam man in Stuttgardt an, von Enzweihingen fuhr man aus, bey der ankunft wahr der magistrat u. oberamtman von Stuttgardt am Thor versameld in Einem nicht heideren wetter, u. Ihro Durchleicht wurden durch den Oberamtman angeret, u. Es freuden Sich die Enwoner, daß der herzog wieder Kamen, im neihen schloß Stig man ab, alles von hof war da versameld, man blieb Eine Zeitlang herausen u. Erzelde seine reis im Kurtzen, dan as der herzog u. ich in meinem Zimmer zumitag u. bald darauf geng es hier her, hier rieden der herzog noch aus, ich Konde nicht monder sein, bald as man zu nacht.

Hohenheim d. 16. Mertz Dinstag 1784. Es wurde aus Geruth, doch Standen der herzog frieher auf als ich, Sie Sahen nach allem was in dessen vor gegangen ist, um 11. uhr wurde Zu mitag Gespeist; mich druckde was auf meinem hertzen, des mich eisserst nieder geschlagen machte, u. an nichts Keine vergnügen finden lies; der herzog bekamen eine Gude nachricht, die mich sonsten über alles in der Welt Gefreiet hätte, allein ich Konde nicht anderst, ich muste Traurig bleiben. Man fuhr in den fassanen Garden u. in das Dörfle einen augenblick.

Mitwoch d. 17. Vor lauder Mis mut vergas ich bey nahe Zeitlich genug auf zu stehen, um in die Kirche zu gehen, der herzog firden mich da hin, nach dem Essen hatten der herzog eine unterredung mit dem hof Capelan Schluß, die Ser Gute nachrichten inhielde, aber ich blieb draurig, u. nichts Konde mich freihen, so geng ich zu bet, u. dachte vor u. nach unternacht.

Donerstag d. 18. Es wahr mir wieder wie Gestern, ich pagde nach Tisch meine sachen vollens aus, der Oberstall meister war beim mitag essen, weil heide die pferde gekomen wahren, die der herzog underwegens gekauft haben, vormitag war auch einen augenblick der Pfarrer Hahn[14]) da, nach dem Gude fur man nacher Scharnhausen, u. abends schrieben der herzog u. ich.

Hohenheim d. 19. Mertz Freitag 1784. Um halb 9. uhr geng es nacher Stuttgardt im zu gemachten wagen, weil es ser schlem wetter war, Kald u. schneide; der herzog gaben audientz, ich geng zu der frau v. Lützow u. Ecoll, dan wieder in mein Zemer, der Giebal[38]) Kam zu mir, dan as man, nach Tisch lissen der herzog die academie Komen, alstan fur man in die biblioteg; ich war immer Traurig, dan fur man zu der Geheimderathen v. Üxküll, der herzog gengen noch auch in Ihre Ställe, dan Kamen Sie wieder; im herauf fahren explicirte ich mich bei Ihro Durchleicht, immer wird aber eine un heilbahre wonde mein leben drüben. Es wurde etwas gesprechiger Zu nacht gespeist.

Samstag d. 20. Das wetter war Sehr schlem, es schneide die nacht u. den Tag über, der herzog firden mich in das Dörfle, wo pflantzen aus gepagdt wurden, die von Engeland gekomen sein, u. dan geng man noch in den pferd Stall. Ich hörde mich Selbsten nicht an, um munderer zu Sein. Heide fengen der herzog auch wieder Ihre buliung an zu drenken.

Hohenheim d. 21. Mertz Sontag 1784. Ihro Durchleicht firden mich nacher Birgach in die Kirch, u. Sie gengen in Ihre Kirch, nachmitag rieden Sie aus u. dan fur man auch bis in den Carlshof u. Plenengen spatzieren, das wedder war so zemlich, heide frie war es aber so Kald, daß die finster gefroren waren. Der herzog schrieben Sehr viell u. brachten auch fast Ihre babire, die sich seid der reis geheift haben, fast gantz ferdig.

Montag d. 22. Es war ein Pferds verkauf, zu diesem gengen der herzog, zu vor aber schrieben Sie u. Klagden sich auch, daß Sie Kopfwe hätten. Es war wieder Sehr Kald so daß die finster zemlich gefroren waren, um 12. uhr Kam meine mutter u. Schwester Pflugen mit Ihren 3. Döchter, wir assen Gleich zu mitag u. waren nachmitag noch bis abends gantz gesprechig bey Samen, dan gengen Sie u. dan schrieben der herzog u. ich noch bis zum nacht Essen.

Hohenheim d. 23. Mertz Dinstag 1784. Heide war es zemlich gut wetter, Ihro Durchleicht firden mich nach dem Gute ein wenig spatzieren, Sie aber rieden zu vor viel herum, an dem bach wurde viel gearbeit; wie man zum nacht Essen wolde, so lis Sich ein ovicir vom asberg melden, der dan die Traurige nachricht brachte, daß der General Scheler[356]) gestorben währe, des der herzog u. ich ungemein bedaurden.

Mitwoch d. 24. Ihro Durchleicht firden mich nacher Birgach in die Kirch; weil der Pfarrer Kranck war, so hield ein vicarius die bet stunde. Nach dem Gude firden mich der herzog wieder ein wenig spatzieren u. dan schrieben Sie u. ich las arbeiden u. schrieb auch bis zum nacht essen.

Donerstag d. 25. an Maria verkindigung. Ihro Durchleicht firden mich in die Kirch nacher Birgach u. Sie hörden mess in Ihrer Capel, nach Tisch leste ich u. Ihro Durchleicht ritten herum, dan fur man nach dem Gude nacher Klein Hohenheim, u. abends schriben der herzog u. ich. Nach deme man von Klein Hohenheim zurick Kam, gengen der herzog u. ich auch noch in meinen zerstörden Garden.

Hohenheim Freitag d. 26. Mertz 1784. Gegen 9. uhr fur man nacher Stuttgardt, daselbst gaben der Herzog Audientz, zu mir Kam die frau v. Lützow, nach dem die Audientz verbey war, so lissen Sie Zur ader recht glücklich u. gut, Sie ruthen eine Stonde u. so lang als ich Sie auch ein wenig, dan geng es hier her. Alles war mir heide so gleichgildig, daß es mir mihe Kostede, mich so zu verleignen, daß ich niemand dar durch verdrislich machte, abends Kam auch noch die nachricht darzu, daß der Ober Jeger Meister von Geisberg[394]) so geferlig Kranck währe, dan Erkande ich noch mehr, was unser dasein ist. Nach deme man hierher Kam, rieden der herzog aus, u. nach dem Gude fur man in den fassanen Garden, im hinaus fahren Sahe man das Erstemahl in dissem Jahr auf dem Carls hof haber Sehen, u. wie man Kaum in dem fassanen garden angekommen war, so feng es Sehr Starg an zu regnen, abends schrieben der Herzog und ich noch.

Hohenheim d. 27. Mertz Samstag 1784. Ihro Durchleicht Befanden Sich Gott lob auf Ihre Aderlesse recht wohl, Sie rieden viel herum, nachmitag firden Sie mich auch spatzieren, vor mitag war aber Ein fich verkauf in dem reithaus, wo Sie u. ich immer dar bey waren, abends wurde Te eingefild.

Sontag d. 28. Ihro Durchleicht firden mich in die Kirche nacher Birgach, wo ein vicarius namens Wagemann predigdte, nachmitag rietten der herzog eine Zeitlang aus, ich las, dan firden Sie mich in das Dörfle, wo ich in der Koller hitte laß, abends schrieben der herzog u. ich laß.

Montag d. 29. Das Wetter war vormitag Sehr angenehm, nach dem Gude firden mich der herzog in das Dörfle, wo ich in meiner Kohlerhitte bücher rangirte u. der herzog gengen u. rieten herum.

Hohenheim d. 30. Mertz Dinstag 1784. Um 9. uhr gengen der Herzog u. ich nacher Stuttgardt, weil das Wetter Sehr schlem war, bald nach der ankunft lissen der herzog Einige Geheimderäthe zu sich Komen, mit denen Sie Sich besprachen; ich geng in die Ecoll u. zu der frau v. Lützow in das alde schloß, mein hertz war aber Sehr beklemd wegen dem Kranck sein des Älsten v. Schertels, der in der academie ist, mein hertze war gantz von dissem gegenstand Eingenomen, nach Tisch lissen der herzog wieder Einige räthe zu Sich Komen, u. zu mir Kam die frau v. Mandelsloh u. der lermeister Erhart[391]), dan fur ich zu der frau v. Klinkowström, zu der frau v. Suvil, u. zu dem hernn und frau von Seckendorf, wie ich nach haus Kam, waren der herzog bald ferdig, der Oberst Seeger Kam noch u. brachte wieder nachricht vom Schertel, die aber Eben so wenig Gut war von seiner Gesondheit, als die am vormitag, dan Kam auch noch der hofrath Mögle[198]), mit dem Ihro Durchleicht u. ich wegen Sindlingen sprachen[335]), u. dan geng es hier her, wo der herzog noch schrieben u. ich auch. Das wetter war den Gantzen Tag über ser schlem u. es legde einen zemlich grossen schne.

Hohenheim d. 31. Mertz Mitwoch 1784. Es lag 3. Zoll difer schneh, Ihro Durchleicht firden mich in die Kirche nacher Birgach u. nachmitag fur man ein wenig spatzieren. Es war mir immer Sehr bange auf nachrichten wegen dem Kranken Schertel. Abends schrieben der herzog u. ich.

Donerstag d. 1. April. Man Stond wie geweniglich um 7. uhr auf, der herzog gaben mir Gleich nachricht von dem befinden des Schertels, die freilich noch zemlich geferlich lauden; heide fur man, weil es so Kald war, nicht aus, Ihro Durchleicht riten zwar denoch herum, es hatte aber heide nacht zemlich gefroren. Abends geng ich mit Ihro Durchleicht in den neihen pferds Stall etwas da zu sehen.

Freitag d. 2. Um 9. uhr geng es nacher Stuttgardt, der herzog hatten eine starke audientz, zu mir Kam So lang der Junge v. Gadow, zwey hE. v. Raven u. mein neven Christian Schertel, Gott lob hörde ich, daß mit dem Älsten Schertel ein Klein wenig besser ging; nach deme die audientz verbey war, as man u. geng gleich wieder hier her, wo der herzog ausrieden, aber weil es so Kald war, nicht spatzieren furen; im hinunder faren hat das Glas am wagen anfangen ein wenig zu gefrieren, so Kald war es, es hatte heide nacht auch wieder geschnien.

Hohenheim d. 3. Apr. Samstag 1784. Das Wetter war Kalt, Ihro Durchleicht ritten dennoch aus, aber aus gefahren ist man heide nicht, u. abends schriben der herzog u. ich ruhig bey Samen; von der academie hatte ich noch immer Keine gude nachrichten wegen dem Schertel u. des machde, daß ich nicht froh sein Konde.

Sontag d. 4. Ihro Durchleicht firden mich in die Kirch, von der academie Kam Etwas bessere nachricht, man fur abends aus in das Dörfle u. Carlshof, dan schrieben der herzog, ich laß.

Montag d. 5. Das wetter war noch immer Kald, doch heide frie war das Termomeder doch nur Zwey Grade under dem Gefrir pongden, wie es die vorige Täge immer 5. u. 4 wahr. Der herzog riten viel herum, abends fur man in den fassanen Garden; die nachrichten von dem Schertel waren wieder Gott lob was bessers, nach dem spatzieren fahren schriben der herzog u. ich.

Dinstag d. 6. Nachmitag Kam der General v. Buwinghausen, Ihro Durchleicht namen Ihn mit Sich herum u. zu die Jeger Zu reiten; ich schrib fast die meiste Zeit, u. weil das wetter auch nicht angenem war, so firden mich der herzog nicht spatzieren.

Hohenheim d. 7. April Mitwoch 1784. Vor mitag war das Wetter zemlich schönn, nach mitag aber wurde es wieder zemlich Kald, der herzog riden aus, u. Abends firden Sie mich spatzieren, dan schrieben Sie u. ich.

Grönen Donerstag d. 8. Ihro Durchleicht firden mich in u. aus der Kirch, mit der ordenantz Kam wieder Keine Gute nachricht von meinem neveu Schertel, das machte mich Sehr Traurig, Ihro Durchleicht reiteden nach Tisch aus, ich laß, u. abends firden Sie mich ein wenig spatzieren.

Carfreitag d. 9. So wie Gestern firden mich der herzog wieder in u. aus der Kirch, u. Sie hörden meß in Ihrer Capel wie geweniglich; die nachrichten von Schertel waren wieder Eben so schlem, das schlagde mich un beschreiblich nieder, nach Tisch firden mich der herzog wieder in die Kirch, u. abends fur man nur gantz wenig spatzieren.

Samstag d. 10. Mit Zidern wachte ich auf, was mir disser Tag vor eine nachricht von meinem lieben neveu brengen wird, u. o! Gott, ich muste abends, nach deme man von dem baum Seehen in der baum schul nach haus Kam, hören, daß Er Todt wäre; ich habe viell gelitten, ich glaubde nicht, mich so gar zu wenig fassen zu Können, mein hertz war gantz Ein genomen von Trauren u. leid u. der Gedanke an meiner schwester Ihren schmertz drückde mich fast gantz nieder, Gott stehe Ihr in Gnaden bey.

Hohenheim d. 11. april Ostertag 1784. Ihro Durchleicht firden mich in u. ausser der Kirch; da der pfarrer von Birgach noch imer nicht wohl war, so bredigde der ficarius, ich wahr Sehr bewegt den gantzen Tag über u. Konde an nichts Einen Theil nehmen; abends firden mich der herzog ein wenig spatzieren.

Oster Montag d. 12. So wie Gestern firden mich der herzog in die Kirch u. ausser der Kirch, nachmitag geng Es nacher Kirchheim, wo Ihro Durchleicht bey meiner Schwester Pflugen abstiegen, von da gengen Sie die fohlen zu Sehen u. ich bliebe so lang bey meiner schwester; meine mutter, Schwester Juliana u. eine freulein v. Seckendorf waren auch da, unsere Erste Empfendung, wie wir uns Sahen, war der verlust unsers Carls Schertels, wir weinden Ihm vereind die Threnen, die uns Sein Tod verursachte; der Christian Schertel war auch da, u. mit dissem nahme sich meine schwester Pflugen vor, heite nachts um 1. uhr zu der traurige mutter unserer schwester zu reissen. Nach deme der herzog wieder Kamen, so geng es bald wieder hier her; in etwas hat mich disser Tag wieder aufgericht, aber der Gedanke wie es meiner schwester Schertlin Sein wird, lis mich doch Keine freude recht fühlen.

Hohenheim Dinstag d. 13. April 1784. Heide geng nichts besonderes vor, der herzog ritten aus, u. abends fur man in den Fassanen Garden.

Mitwoch d. 14. Fast wie der gestrige Tag vergeng auch der heitige, um 10. uhr firden mich der herzog in die Kirch, das wetter war noch immer zemlich Kald u. unfreindlich, auf die berg hatte es auch schne.

Donerstag d. 15. Weill der Todt meines Carl Schertel zu tif im mein hertze Ein gegraben hatte, so war mir alles Gantz Gleich Gildig. Abends fur man ein wenig spatzieren.

Freitag d. 16. Um 8. uhr geng es nacher Stuttgardt, da gaben der herzog audientz, u. nach dissem wurden die Jenige Junge leide von der academie, die conformirt werden, Examenirdt. Das andenken an meinen Carl Erneiede sich bey disser Gelegenheit Sehr; nach dem disses verbey war, as man, dan gengen der herzog in den Stall u. ich in das schloß zu der frau v. Lützow, dan Kamen der herzog auch in das schloß, u. man besahe einige Zemer, die vor die hof Capelans sollen zurecht gericht werden, dan geng es in die academie, u. die Junge leide wurden offendlich vor dem hof examenirt; wie das verbey war, geng es wieder hir her; mir war es in der academie sehr schwer.

Hohenheim d. 17. April Samstag 1784. Heide fengen der herzog an um Eine halbe Stonde Sich früher wecken zu lassen, Zwar mitwoch schon, das ist um 6. uhr; das wetter war zemlich schön, abends firden Sie mich in das Dörfle in meine Kohlerhitte, wo ich etwas verendern lis.

Sontag d. 18. Um halb 7. uhr geng es nacher Stuttgardt, da hörden der herzog gleich meß, u. dan geng es um halb 9. uhr in die academie Kirch, alwo die Conformacion der Jungen leide von der academie war, hernach as man u. geng dan Zum Essen von der academie. Es war der hof von dames u. cavalirs auch da, nach dissem fur man in das alde schloß, der herzog suchden wieder andere Zemers vor die hof cabelans aus, u. gengen auch in den marstal, um die neihe pferde, die von dem pfahler erst heide gekomen Sein; ich geng so lang Zur frau v. Lützow u. in die academie, von da geng es wieder hier her, hir fur man auch noch aus spatzieren, dan schrieben der herzog u. ich laß.

Hohenheim d. 19. Apr. Montag 1784. Heite war das Wetter zemlich bassabel, der herzog ritten wie geweniglich aus, u. nach dem Gude fur man nacher Büssenau, die fohlen dorden zu sehen.

Dinstag d. 20. Um 11. uhr Kamen die pferde, die der herzog underwegens von Domsen gekauft haben, u. um halb 12. uhr Kam Ein herr v. Braun vom fürst von Öttingen mit der übertragung der Taufbaden Stelle zu Seinem ney gebohrnen printzen Geschigdt; der herzog gaben Ihm audientz, dan as Er mit die Cavalirs, die hir waren u. dem Kammerhern v. Gemmingen, der mit Ihm gekomen ist, nach Tisch wurde Er herum gefirt, der herzog ritten aus, ich schrib u. nach dem Gude fur man in das Dörfle, wo der herzog Ein wenig mit dem hernn v. Braun herum gengen u. ich so lang weil handwergs leide in meiner Kohlerhitte blieb, der hofrath Stoll blib auch eine Zeitlang bey mir, dan fur man herein, der herzog u. ich schrieben.

Urach d. 21. April Mitwoch 1784. Das Wetter war Sehr regnerisch, daß der herzog viel muste zu haus bleiben, Sie firden mich in die Kirch, u. um halb 5. uhr geng man nacher Aurach, da wurde bald zu nacht gespeist.

Marbach Donerstag d. 22. Ihro Durchleicht gengen gleich in den Stall Ihre follen zu sehen. Zu mir Kam die hofrath Weissen[331]) u. Keidlin, dan holden mich der herzog auch ab in den stall, alstan as man ein wenig u. besahe aus gebelgde fögels, nach dissem geng es nacher Offenhausen u. besahe die fohlen, u. d. nacher Marbach, wo man auch gleich in den Stall geng. Zu mir Kam nach gehens noch der pfarrer von Dapfen, u. nach dem nacht Essen geng man noch ein mahl in den Stall.

Hohenheim Freitag d. 23. Der herzog gengen wie Sie angezogen waren in den Stall u. um 9. uhr fur man gerade wieder hier her, wo Selbst man nach die zwey uhr ankam, bald darauf firden mich der herzog in das Dörfle, General v. Buwinghausen, der mit auf dem Gestit war, fur auch mit in das Dörfle, mit dissem ritten der herzog dan zu die Jegers, ich blieb so lang in meiner Kohlerhitte, wie sie wieder Kamen, fur man bald nacher haus, der herzog schrieben noch bis zur Tafel.

Hohenheim d. 24. April Samstag 1784. Ihro Durchleicht ritten wie geweniglich den Tag durch herum, u. Abends firden Sie mich spatzieren.

Sontag d. 25. Der Herzog firden mich in die Kirch, zuvor schon Kam der prelad von Neresheim[96]), mit dissem gengen Sie nach gehens in Ihre Kirch, wie die bredig in Birgach aus war, so Kam ich noch zu der bredig von dem neuen hof cabelan Baader[395]), Ihro Durchleicht waren so gnädig auf mich warden zu lassen, wir waren alle zufrieden mit dem, was wir hörden, nach diesser predig geng Es Gleich Zum Essen, Es war eine Dafel von 9. personen, nach Tisch firden der herzog den preladen in den pferds Stall, ich nam abschied von Ihm, nach deme Er den Stall gesehen hatte, so geng Er auch gleich weck, u. Ihro Durchleicht u. ich furen nacher Stuttgardt, daselbst gaben der herzog dem hernn v. Braun, weil die nachricht gekomen ist, daß die fürsten von Öttingen sehr Granck in Ihren wochen sein Soll, audientz u. ferdigden Ihn wiederum ab, dan gengen der herzog u. ich zu der Geheimerath Bühlerin, vo da zu der Geheimerathen von Üxküll, wo Ihro Durchleicht den Geheimerath mit Sich in den Stall namen u. wie Sie Kamen, geng es gleich wieder hier her, bald darauf wurde gespeist.

Hohenheim d. 26. April Montag 1784. Das Wetter war recht schön, doch Kiel, nachmitag firden mich nach dem Gude Ihro Durchleicht in das Dörfle, da rangirde ich biecher u. schrieb u. gegen Sechs uhr firden Sie mich in den Jeger bau, wo ich Ihre Seele, mundirungs Kamer u. Sie Essen u. auch Einige Ihrer pferde Sahe, auch die Granadir Combanie von der Jeger Garde, u. wie man nacher haus Kam, so war es bald Zeit zum Essen.

Dinstag d. 27. Heite wurde das aller Erstemahl vor disses Jahr im Dörfle frie gestigdt, man blieb bis 11. uhr da, dan fur man herein, nach Tisch ritten der herzog aus u. abends firden Sie mich in den fassanen Garden; die nachricht Kam heite auch, daß die fürstin v. Öttingen gestorben wäre.

Mitwoch d. 28. Nachmitag Kam der Prentz von Coburg, der hE. v. Madeweis, Geheimderath v. Üxküll, General Gabelentz[365]), General v. Buwinghausen u. Ober stall meister, man fur bald mit sie in das Dörfle, dan firden Sie der herzog Zu die Jegers, u. ich blieb in meiner Kohlerhitte, bis Sie wieder zurik Kamen.

Donerstag d. 29. Ich nam was zum laxiren ein, u. abends Steckde mann bonen in dem Dörfle. Ich bekam auch einen fogel von Würzburg geschickt.

Hohenheim d. 30. april Freitag 1784. Um 9. uhr geng es nacher Stuttgardt, da gaben der herzog audientz, ich geng in die Ecoll u. zu der frau v. Lützow. Dan as man u. gleich nach dissem geng Es auf den asberg, wo man bey der General Schelerin[356]) abstig, der herzog besahen das regemind u. übergaben Es gleichsam dem neihen General v. Hügel[396]), dan geng es wieder hir her; heide war das Erste wetter.

Samstag d. 1. Mey 1784. Ich lis um 9. uhr zur ader, Es geng aber nicht gut, Ein mahl wurde fel geschlagen u. nach dissem lief es nicht recht u. hörde von selbsten auf; das wetter war auch ser regnerisch u. regnede fast den gantzen Tag, um 10 uhr firden mich der Herzog in die Kirch, dan as man, um 1. uhr Kam meine Mutter u. Schwester Juliana, bald darauf meine Schwester Pflug mit Ihren 3. Döchtern u. der frantzel Schertel u. nach dissem Kamen noch meine beede nichten Wöllwarth aus der Ecoll, ich hätte so Ein reines, ein Sisses vergnügen genissen Kännen, aber weil das wetter nicht gut war, so waren der herzog wol gezwongen gnädig gegen meine verwanden, aber ich Kände Sie zu gut, um nicht zu bemerken, daß wir Ihnen zur last waren, es Kostede mir viel mich vor meinen verwanden So zu verleignen, daß Sie wenigstens an Ihrer Zufriedenheit hier zu sein, nicht gestördt wurden, wie Sie aber gegen 6. uhr weck waren, Ergos Sich mein beklemdes hertz in Threnen u. hofte fast auf Keine so härtzens freude, die der freihe Genus, mit verwanden, mit freunde u. Gute menschen un gezwongen um zu gehen gewähren Kan, ich wünschte mir zu sterben.

Hohenheim Sontag d. 2. Mey 1784. Um 10. uhr firden mich der Herzog in die Kirch, Sie hörden den hof Capelan Schluß[344]) in Ihrer Capelle bredigen, ich Kam auch noch dar zu, nach Tisch rieden Sie aus, ich laß, u. abends firden mich der herzog spatzieren, ich Thadt alles, was ich Konde, um wenigstens denen, die um mich waren, das Traurige meines hertzens nicht fühlen zu lassen.

Montag d. 3. Mey. Das Wetter war Kald, Ihro Durchleicht rieden wie geweniglich herum, u. ich Kam heite Gar nicht aus.

Dinstag d. 4. Es war schön wetter, nach dem Gude fur man in den fassanen Garden u. nach dissem gengen der herzog u. ich noch viel im Dörfle herum, u. Sahen mit vergnügen wie die blomen anfangen heraus Komen.

Mitwoch d. 5. Nach dem Gude fur man nacher Scharnhausen, dan Seden der herzog u. ich baum Samen in der baum schul u. vormitag firden mich der herzog in die Kirch.

Donerstag d. 6. Um 3. uhr Kam der Minister v. Üxküll, Geheimderath v. Mosheim, Geheimderath v. Bühler, General Buwinghausen, Oberst Seeger, ville von der academie, der profesor Blotner[397]) aus Leipzig, u. profesers Kunsprug[81]), Abel[398]), Scheidemantel[399]), Kleß[10]), Schwab[400]), Trück[307]), u. leibmedicus Jäger[186]), Sie wurden aller orden herum gefürd; es war heide der schönste Tag, den wir noch dis Jahr gehabt haben.

Hohenheim d. 7. Mey Freitag 1784. Um 9. uhr geng Es nacher Stuttgardt, der herzog gaben audientz, nach Tisch geng Es Gleich wieder hier her, abends geng man zu fus in den Weinberg u. die beede mühlen, ich bekam Sehr starck Kopfwehe dar von.

Samstag d. 8. Ich Stund wieder mit Kopfwe auf, abends fur man nacher Scharnhausen.

Sontag d. 9. Ihro Durchleicht firden mich in die Kirch, nachmitag fur man nacher Stuttgardt, da gaben der herzog zwey beirische Hernn[387]) audientz, dan geng man zu der Geheimderathen v. Üxküll u. von da aus hier her.

Montag d. 10. Ich hatte wegen Einer reisse nacher Mömbelgart zemlich viel zu Thun, nach mitag Kamen die beirische hernn u. Ein bischoff[401]) von Wien, Sie wurden aller orden herum gefirt u. nach dissem packe ich das wenige ein, was ich auf die morgigde reisse mit nehmen werde.

Dinstag d. 11. Um 7. uhr Gengen der herzog u. ich von hir hin weck, u. Traten die reisse auf 8. Tage nacher Mömbelgardt mit Gottes nahmen an u. nun werden der herzog das Tag buch auch auf disser Kurtzen reisse fieren.

Hohenheim d. 17. Mey Montag 1784. Gott hat unsre reisse wieder gantz beklükt. Um 6. uhr Kam man hir an, der herzog riten noch aus, ich brachte meine Sachen wieder in die ordnung, in Stuttgardt hilde man Sich nicht auf, es war, ich Konte ursach haben recht vergnügt zu sein, allein ich fülte nichts recht, u. war unzufrieden über disses, oder fühlte zu viel u. mein hertz Stockte sich.

Dinstag d. 18. Im Dörfle wurde frie Gestuckt. Es war wieder Sehr warm, abends fur man in den fassanen garden, u. Speiste dan das Erste mahl vor dis Jahr im Dörfle, ich Kochde Ein ragu. Heite feng man auch an die orangerie heraus zu Thun.

Mitwoch d. 19. Wie gestern wurde im Dörfle frie Gestigdt. Um 10. uhr firden mich der herzog in die Kirch, abends fur man nacher Scharnhausen u. speiste dan im hof zu nacht. Auch lissen der herzog heide die Jegers in den leibkor bau Einziegen. Ich Setzde mich gleich nach Tisch wie gestern schon in das angleid Zemer vom herzog, um Killer zu haben.

Hohenheim d. 20. Mey Donerstag 1784. Im Dörfle frie Stuckde man, um 3. uhr Kamen welche von Stuttgardt. Printz Coburg, v. Madeweiß u. noch Einige Generals, auch der Obermarschall Thurn [219]). Sie wurden im Dörfle herum gefirt; wie Sie weck waren, so Speiste man bald u. zwar im hof.

Freitag d. 21. Um 10. uhr geng es nacher Stuttgardt, der herzog gaben audientz, ich geng in die Ecoll u. zu der frau v. Lützow, dan geng Es zum Essen von der academie, u. alstan wieder hierher. In Stuttgardt geng man auch noch in den Stall u. bauhof u. hir fur man noch spatzieren u. as im Dörfle zu nacht. Ich Kochde wieder was, nach dem nacht essen furen der herzog u. ich in der Cariol herein.

Samstag d. 22. Im Dörfle wurde wieder frie Gestigdt, abends fur man in den fassanen garden, u. speiste im Dörfle zu nacht.

Hohenheim d. 23. Mey Sontag 1784. Der herzog firden mich in die Kirch, ich Kam noch zurick, ehe Ihre bredig aus war, nach mitag riten der herzog wie gew. herum u. ich las; abends gengen der herzog u. ich spatzieren im Dörfle u. geng von da zu die Jegers, Sie in Ihrem neuen quadir zu sehen, hernach as man im hof zu nacht.

Montag d. 24. Wie gew. frie Stükte man im Dörfle, den Tag

über war ich in dem angleit Zimer von Ihro Durchleicht, abends fur man spatzieren u. as im Dörfle zu nacht, ich Kochde auch wieder ein ragu. Die frau v. Tontersfeld Kam heite mit einem Sohn nieder.

Dinstag d. 25. Bis 11. uhr war man wie sonsten im Dörfle, nach mitag war ich wieder in Ihro Durchleicht Ihrem anzieg Zemer, u. bekam die nachricht, daß die frau v. Lützow mit einem Sohn nieder gekomen ist.

Hohenheim d. 26. Mey Mitwoch 1784. Im Dörfle wurde frie Gestigdt. Es war Ser warm, um 10. uhr firden mich Ihro Durchleicht in die Kirch nacher Birgach, abends fur man in den fassanen Garden u. im Dörfle wurde zu nacht gespeist, ich Kochde wieder ein ragu.

Donerstag d. 27. So wie gestern wurde der Tag angefangen; um 10. uhr fur man wie gew. vom Dörfle wiederum herein, es wurden zuvor Erbsen u. bonen gestegkt, abends fur man ein wenig spatzieren, u. heide hatte man das Erste Starke wetter.

Freitag d. 28. Um 9. uhr geng Es nacher Stuttgardt, da gaben der herzog audientz u. ich geng zu der frau v. Lützow. Um zwey uhr geng man auf den Marckt, da war der neuhe Kaisserliche gesande von Lerbach[402]). Der Herzog gaben dem Keisserlichen gesanden dan audientz u. dan geng es wieder hier her.

Stuttgardt d. 29. Im Dörfle frie Stigde mann, um 1. uhr Kam der Großschlag, prentz Coburg, Madeweiß u. noch eine geselschaft von ungefer 12. personen von hof zum mitag Essen, nach Tisch wurden Sie aller orden herum gefird u. abends vor acht uhr war alles weck.

Hohenheim d. 30. Mey Sontag 1784. Ihro Durchleicht firden mich in die Kirch, Sie hörden auch bredig in Ihrer Kleinen Cabel, nachmitag geng es in das Dörfle, der herzog rieden herum, ich laß, u. abends geng man zu fuß in die beede Casernen.

Montag d. 31. Um 10. uhr geng es nacher Stuttgardt, da musterden der herzog die pferde, ich geng zu der frau v. Lützow u. um Zwey uhr geng Es nacher Louisburg, der Herzog exercirten mit der artillerie u. ich geng zu der frau v. Tontersfeld, dan Kamen der herzog u. ich in das Weissenhaus u. von da Stig man beim weckfahren noch beim Walder[203]) im Garden ab, ich geng zu seiner frau, u. der herzog suchden beim aus, u. um 8. uhr war mann wieder hier.

D. 1. Juny Dinstag 1784. Im Dörfle wurde frie gestigdt,

nachmitag ritten der herzog wie gew. aus u. ich geschrieben u. gearbeit, abends fur man alstan nacher Scharnhausen.

Mitwoch d. 2. Der heitige Tag wurde hin gebracht wie der Gestrige, nur daß man in den fassanen garden fur.

Donerstag d. 3. Um 8. uhr geng Es nacher Stuttgardt, da waren der herzog beim pferds verkauf, nach dissem gengen Sie u. ich auf den marckt, nur gantz Kurtz, dan geng es auf die Solidute, wo beim aus gesucht wurden u. ich zu der frau v. Noso[253]) geng. Mein hertz war den gantzen Tag beglemd, ich war in gedanken viel in Kirchheim, weil heite die hochzeit von meiner Älsten nies mit dem von Bittenfeld[403]) war.

Hohenheim d. 4. Juny 1784. Um 11. uhr fur man wieder vom Dörfle zurick, u. abends fur man nacher Scharnhausen.

Samstag d. 5. Heite mitag Kam meine Mutter u. Schwester Juliana von Ober Ensingen, u. von Kirchheim meine Schwester v. Pflug, der General von Bittenfeld[404]), das Trey Tagige Ehebaar v. Bittenfeld u. noch Zwey nichten v. Pflug u. 1 v. Schertel; wir waren recht vergnügdt bey samen, nach Tisch firden uns der herzog in das Dörfle, da gengen wir aller orden herum, der herzog machten sich zu schaffen mit der Companie, die von der Stuttgarder Garnison Kamen, dan gengen Sie auch noch mit uns zu die Jegers u. weisten uns das haus, die leide u. pferd, u. beim weckgehen von meinen lieben verwanden machden Sie den Jungen Bittenfeld noch auf Eine ser Gnädige art zum Kammerhern. Es war schon über halb 8. uhr, wie man wieder herein fur u. um 8. uhr assen der herzog u. ich dan.

Sontag d. 6. Um 9. uhr geng es nacher Stuttgardt, da hörde mann den neuen hof Capelan pader Benedikt Werkmeister[389]) bredigen, nach Tisch machden der herzog einen neuen reckder[405]) in der academie, u. dan waren 3. reden, eine von dem abgekommenen proregdor Schott, eine von dem profesor Elsässer[406]) u. eine von dem profesor Scheidemantel[399]), bey die rede war der gantze hof von hern u. ich auch, nach dissem geng es gleich hier her.

Abends am nacht Essen Kam Ein Stafed vom margrafen von Carlsruh, daß Sie bis übermorgen hier her Komen wolden.

Hohenheim Montag d. 7. Juny 1784. Heide gab es viel bestellung auf die ankunft von dem hernn Margrafen; im Dörfle wurde frie Gestugt, abends Kam ein wetter, daß Es zemlich regnede, des man wegen grosser Düre ser fro war.

Dinstag d. 8. Um 10. uhr Kamen der Margraf[358]), Ihr Erbbrentz, Geheimderath v. Edelsheim u. Ober Stallmeister v. Üxküll[407]), zu vor waren schon die Erste vom hof von Stugard, der Printz Coburg u. frau v. Üxküll u. v. Mosheim hier; vormitag firden sie der herzog noch in die pferds Stelle herum, nachmitag geng es in das Dörfle u. wurde alles gewissen, abends fur man dan nacher Stuttgardt, der Gantze hof von dames u. Cavalirs waren versameld, im marmorsal wurde zu nacht gespeist, u. nach der Tafel firde der herzog den margrafen in Ihr Zemer, u. dan geng alles nach haus.

Stuttgardt d. 9. Juny Mitwoch 1784. Um 11. uhr besahen der herzog mit dem hernn Margraffen u. Erbrentzen die barade, dan gengen Sie in die academie, her nach war Grosse Dafel im Weissen Saal u. in Galla, nach Tisch gengen die herschaften in die biblioteg, ich hatte ser Kopf we, u. legde mich so lang auf den Sessel; wie Sie von der biblioteg Zurick Kamen, geng es dan in eine langweilige Opera, u. die nacht Tafel war wieder im marmorsall.

Donerstag d. 10. Um 7. uhr gengen der herr Margraf wieder von Stuttgardt hin weck, u. der herzog u. ich wieder hier her, hir rieden der herzog herum, u. abends fur man spatzieren.

Freitag d. 11. Um 9. uhr geng Es wieder nacher Stuttgardt, da gaben der herzog audientz, ich geng zu der frau v. Lützow. Nach Tisch geng es gleich wieder hierher u. abends fur man in den fassanen Garden.

Hohenheim Samstag d. 12. Juny 1784. Im Dörfle wurde frie gestugdt, nachmitags geng es auch da hin; ich Kochde was medicenisch in meiner Kleinen Kuch; der hofrat Stahl[408]) war auch da, u. Abends fur man in den fassanen Garden. Es wurde auch viel am Gebeide des Stals aufgericht.

Sontag d. 13. Ihro Durchleicht firden mich in die Kirch, u. Sie gengen in Ihre, nach Tisch firden Sie mich auch bald in das Dörfle, Sie gengen dan zu die granadir von der herzoglichen Legion[443]), um Sie zu rangiren, ich blib in der Kohlerhitte, das Gude solde da genomen werden, es Kam aber unversehens ein wetter, daß der herzog nicht mehr zurick konten, bis es verbey war, nach dissem fur man noch ein wenig spatzieren.

Hohenheim d. 14. Juny Montag 1784. Es geng um 11. uhr nacher Asberg, da Stig man bey dem General v. Hügel[396]) ab, der herzog besahen das dordige regemend u. ich blib bey der Generalin u. Ihrer Famille so lang, im ruck weg geng es über Louisburg, der herzog Stigen im arsenal ab, u. ich bey der frau v. Tontersfeld, dan Kamen Sie u. ich im Milider Weissenhaus wieder zu samen u. gegen 8. uhr war man dan wieder hier.

Dinstag d. 15. Das Wetter war regnerisch u. man Konde nicht im Dörfle frie stieken, u. nur abends ein wenig aus fahren.

Mitwoch d. 16. Der Herzog firden mich in die Kirch, das wetter war wieder schön, doch frie stugde man nicht im Dörfle, abends fur man in den fassanen Garden. Es wurde auch Seit montag gle Zum derren an fangen gemet.

Donerstag d. 17. Im Dörfle frie Stugde man u. abends fur man nacher Scharnhausen, alwo der haubtman Fischer u. Maler harber[409]) hin besteldt war, um wegen den Möbels was aus zu machen.

Hohenheim d. 18. Juny Freitag 1784. Um 9. uhr geng Es nacher Stuttgardt, da gaben der Herzog audientz, ich geng zu der frau v. Lützow. Dan wurde zu mitag gespeist, nach dissem gengen der herzog zum mitag Essen von der academie u. zu mir Kam meine Nichte mit Ihrem mann v. Bittenfeld[403]), ich freude mich Sie zu Sehen; wie der herzog Kamen, geng es dan bald hier her, u. abends fur man nur ein wenig spatzieren, weil es regnede.

Samstag d. 19. Im Dörfle frie Stigde mann; um 11. uhr geng es über Beblingen, Herrenberg nacher Sindlingen; in Böblingen besahen der Herzog pferde, auch in Sindlingen[335]); nach dissen aber besahe man da das hauß, den Garden, die Kirch u. fur auf Einige felder herum. Es gefül Ihro Durchleicht u. mir nicht übel, der hofrath Mögle[198]) war auch da hin berufen; um 8. uhr war man wieder hier. In Einer neuhen Cariol firden mich der herzog heide vom Dörfle herein. Es wurde auch anfangen gemet in der haugs wis[292]).

Hohenheim Sontag d. 20. Juny 1784. Ihro Durchleicht firden mich in die Kirch, nach dem Essen gengen Ihro Durchleicht u. ich ein wenig bey die gebeide herum, die Gestern mit dem aufrichten ferdig wurden, nömlich der Gantze pferds Stall beede fliegels, dan rieden Sie ein wenig aus, ich laß, u. nach dem Gude gengen der herzog u. ich Zu fus in das Dörfle, wo hin Sie die birgacher burger haben Komen lassen, um sie an zu hören, ob sie nichts Zu glagen hätten u. ob sie Ihren alden schultzen wieder lieber behalden wollen. Ich las so lang in meiner Kohlerhitte, u. abends fur man in den fassanen Garden.

Montag d. 21. Im Dörfle frie Stugde man, Ihro Durchleicht beschöngden mich mit sehr schöne berlen. Abends fur mann nacher Scharnhausen u. as im Dörfle zu nacht, wo ich was Kochde.

Hohenheim d. 22. Juni Dinstag 1784. Im Dörfle, ob es wohl in der frie anfing ein wenig zu regnen, wurde frie gestigdt; wie man um 11. uhr herein fur, So feng es an stärker zu regnen u. machte Einige Stonden zemlich so ford, daß man das hey machen gantz auf geben muste. Der Herzog u. ich gengen nach Tisch bey dem bauwesen herum; so wie es Ein wenig aufhörde zu regnen, so rieden der herzog aus, u. abends fur man noch in den fassanen garden, u. geng bey der Zurickkunft noch ein wenig in den pferds Stall.

Mitwoch d. 23. Weil es schmotzig war, so wurde nicht im Dörfle frie gestigdt, um 10. uhr firden mich der herzog in die Kirch u. abends fur man nacher Scharnhausen.

Donerstag Johanni d. 24. Im Dörfle wurde frie gestigdt, dan firden mich der Herzog in die Kirch, wie disse aus war, so Kam ich noch in einen Theil von der bredig des hof capelans Schluß[344]), u. nach dissem pakde ich Sachen, die von Paris Kamen u. welche ser schön waren, aus, dan as man bald, nach Tisch Kam ein sehr starkes Donner wetter, vormitag rugden auch etlich u. Zwantzig man in das lager ein. Abends fur man noch spatzieren.

Hohenheim d. 25. Juni Freitag 1784. Um 9. uhr geng es nacher Stuttgardt, da gaben der herzog audientz, sprachen den Geheimderath v. Mosheim u. regierungsrath Fischer[82]); ich geng in die Ecol u. frau v. Lützow, dan wurde gespeist u. alstan geng es hier her; hir riten der herzog aus, ich schrieb u. besahe meine gestrige Sachen; abends fur man in den fassanen Garden.

Samstag d. 26. Im Dörfle friestuckde man u. abends fur man nacher Scharnhausen.

Sontag d. 27. Ihro Durchleicht u. ich gengen in die brödig von dem hof cabelan Werkmeister, u. nachmitag Kam die Geheimderath Bühlerin, Geheimderath Bühler, Geheimderath Faber[410]), regierungsrath Fischer, u. regierungs rath Eisenbach[411]). Sie wurden über den See[412]) in das Dörfle gefird u. auch noch in dem Dörfle herum gefird; nach die Sieben gengen Sie wieder weck.

Montag d. 28. Im Dörfle frie Stigde mann u. abends fur man nacher Scharnhausen, es war zemlich Kil.

Dinstag d. 29. Es wurde wieder im Dörfle frie Gestugdt, dan geng ich, als heide petri u. pauli war, mit Ihro Durchleicht in die brödig von dem hofcabelan Bader[395]) u. abends fur man in den fassanen Garden.

Hohenheim Mitwoch d. 30. Juni 1784. Es war heide Kil u. regnerisch, doch wurde immer hey herein gefird, Ihro Durchleicht u. ich waren aber nicht darbey, abends fur man spatzieren, Ihro Durchleicht beschäftigden sich auch mit der einrichtung Ihres lagers.

Donerstag d. 1. Juli. Der heitige Tag war fast wie der gestrige hin gebracht, nur daß man nacher Scharnhausen fur.

Freitag d. 2. Es geng um 9. uhr nacher Stuttgardt, da gaben der herzog audientz, ich geng in das alde schloß, dan wurde gespeist u. nach dissem geng es zum Essen von der academie u. dan wieder hier her, hir firden mich der herzog in das lager, u. nacher Scharnhausen.

Samstag d. 3. Im Dörfle frie stugde man wieder, der herzog hatten vil zu Thun, weil heide von dem Asberge Truben in das lager Kamen, abends firden Sie mich auch da hin, auch das Erste mahl Zum heyen nacher Klein Hohenheim.

Sontag d. 4. Ihro Durchleicht firden mich in die Kirch u. Sie gengen in Ihre, nachmitag lissen der herzog von der mil die combanie von Stetten in das lager einruken; ich geng durch meine Garden, bey der Kohlerhitte wurde gudirt, dan firden mich abends der herzog durchs lager.

Hohenheim d. 5. Juli Montag 1784. Es war heude wieder ser schön wetter, im Dörfle wurde frie Gestugdt, nachmitag lissen der herzog die Granadir Combanie von Wertkann[413]) follens einruken in das lager, abends firden Sie mich in das lager spatzieren.

Dinstag d. 6. Im Dörfle wurde frie gestigdt, gleich nach dem Essen geng ich wie fast alle Tag mit Ihro Durchleicht in die Gebeide herum, dan Kam meine mutter u. schwester Juli von Ensingen u. meine schwester Pflugen mit Ihrer Tochder u. Tochder mann v. Bittenfeld[403]), Ihrer Tochter Janete u. der Kleinen Frantzel Zu mir, wir waren recht vergnügdt bey samen, ich weiste Ihnen aller hand, der herzog waren Ser Gnädig u. hatten aber mit Ihren Trupen viel zu Thun, im reithaus rachirden Sie sie, wir blieben bis nach die 7. uhr bey Samen, dan gengen meine verwande u. der herzog firden mich noch in das lager.

Hohenheim d. 7. Im Dörfle wurde frie gestigdt, um 10. uhr gengen der herzog auf die barade in das lager, ich fur in die Kirch, nachmitag Kam die nachricht, daß der Bischoff von Osnabrück morgen hir her Komen werden, abends firde mich der herzog in das lager, ich hatte ser Kopf we.

Stuttgardt d. 8. Julii Donerstag 1784. Um 12. uhr Kam der Bischoff von Osnabrück[149]) hir her nacher Hohenheim mit zwey Cavalirs, die Sie bey Sich haben u. noch Ein Lord, der in Stuttgardt zu Ihnen Kam; Eines war der General Grimbee[415]), das andere war Capiten Lefin[416]) u. der Lord hies [417]), auch Kam noch Ein fremder Graf Grandcour[418]), u. die Erste von dem hissigen hof, auch zwey Dames v. Mosheim u. v. Senfft. Vor Tisch firden der herzog den Bischoff noch in den pferds Stall, wir Dames blieben zurick, dan geng Es zur Tafel, nach der Taffel gengen der herzog, Bischoff u. alle Cavalirs in das Dörfle, u. wir blieben hir, weil es ser warm war, im Dörfle besahen Sie alles, dan gengen der Bischoff von da aus nacher Stuttgardt u. der herzog holden mich hir ab, die Dames, die bey mir waren, gengen Kurtz vorher auch weck; gengen 9. uhr Kam man nacher Stuttgardt, der herzog holden den Bischoff im Wirtzhaus ab, der Gantze hof war im neuen schloß versameld; bald nach deme der Bischoff u. Herzog nach hof Kamen, so wurde im marmor sall gespeist u. nach dissem gengen der Bischoff bald in Ihr quadir beim Rall[419]).

Freitag d. 9. Ihro Durchleicht gengen nach die 9. uhr Zum bischoff und holden Sie ab in die Biblioteg, barade u. a., ich geng in das alde schloß zur Lützowin u. Ecoll, nach deme die bede fürsten von der academie zurick in das neue schloß Kamen, so wurde bald gespeist im weissen Sall, nach der Tafel firden der herzog den bischoff auf die Solidite. Zu mir lis ich 3. Kinder Komen, die Trilling waren, dan Kam auch die Geheimderäthin v. Seckendorf[587]), Ihr Sohn u. Söhnerin zu mir, alstan geng ich um Sechs uhr in den Bodanische Garden[280]) u. von da in der Geheimderath Bühlerin Ihren Garden; von der Solidide Kamen Sie Erst nach die 8. uhr, dan geng es in die Comedie, u. nach disser speiste man bald zu nacht, nach der nacht Tafel beurlaubden sich der Bischoff.

Hohenheim Samstag d. 10. Julii 1784. Um 8. uhr

gengen der herzog u, ich von Stuttgardt hinweck u. Kamen bald in ruhigen frohen aufendhald hir an, der herzog u. ich schnaufden recht auf, der herzog waren Sehr mied, Sie rieden aber doch gleich ins lager aus, dan Speiste man, nach dissem so gengen der herzog u. ich zum bau wessen, u. abends fur man nacher Scharnhausen.

Sontag d. 11. Ihro Durchleicht firden mich in die Kirch, wie disse aus war, Kam ich auch noch in die bredig von dem hof cabelan Schluß, nach Tisch geng ich bald in das Dörfle, war meistens in der geselschaft des hertzogs, abends firden Sie mich in das lager.

Montag d. 12. Wie gew. stond man um 6. uhr auf, nam um 9. uhr das friestuck bey der Kohlerhitte. Der herzog gaben Sich ville mühe mit Ihren Truben, die im lager Sein, abends firden Sie mich auch in das lager.

Hohenheim d. 13. Julii Dinstag 1784. Ich nam in aller früh was Zum laxiren ein u. geng gleich nach die 7. uhr in das Dörfle, beim alden schweitzerhaus[50]) wurde frie gestugdt, ich Kochde Ein Wasser, der herzog beschäftigden Sich den Tag über viel im lager, abends firden Sie mich nacher Scharnhausen u. auch in das lager.

Mitwoch d. 14. Im Dörfle wurde frie gestigdt, nachmitag hatten alle die honoraciores in Stuttgardt die Erlaubtnis hir her zu Komen u. die hissige anlagen zu sehen; es Kamen fühle, um 4. uhr geng ich auch in das Dörfle, wo sie waren, der herzog Kamen auch ein parmahl dar Zu, u. um 8. uhr fuhren der herzog u. ich in das lager, wo selbst Subirt wurde, beim nacht essen Kam der herr v. [421]) aus der schweitz u. as auch noch mit.

Donerstag d. 15. Ich nahm wieder was Ein u. Es wurde hir hennen frie gestigdt, der herzog glagden sehr madigkeidt, abends fur man in das lager.

Freitag d. 16. Um 9. uhr geng Es nacher Stuttgardt, da gaben der herzog audientz, ich geng zu der frau v. Lützow in das alde schloß, dan as man geschwend u. geng gleich wieder hirher, abends fur man nacher Scharnhausen u. in das lager.

Hohenheim d. 17. Julii Samstag 1784. Im Dörfle wurde in frieden frie gestugdt bey der Kohlerhitte, der herzog machden sich viel zu schaffen mit Ihren Truben im lager, nach Tisch geng man wie fast alle Tage bey dem bauwessen herum, nachmitag Kam der hE. von Eb v. Rudenz[421]), um 5. uhr firden der herzog u. ich Ihn Selbsten herum u. um 6. uhr fur man in den fassanen Garden, wo disser schweitzer auch nachkam, u. im ruck weg fur man über das lager.

Sontag d. 18. Ihro Durchlaucht firden mich in die Kirch u. Sie wardeden mit Ihrer bredig, bis ich Sie auch noch hören Konte, nach Tisch um halb 4 uhr Kamen welche von Stugardt, von Dames die frau v. Thurn[219]) aus Bruchsal, die frau v. Leitze[420]), frau v. Türkheim[361]) u. frau v. Koneseg,[222]) ein Graf Grandcour,[418]) General Gavalintz,[365]) General Buwinghausen, hE. v. Thurn u. v. Türkheim. Sie wurden aller orden herum gefird u. nach deme Sie weck waren, so fuhren der herzog u. ich in das lager, wo selbst man speiste u. die bede Generals benebst noch einige ovicirs mit; ich lies heide vor der Kirch auch zur ader.

Hohenheim d. 19. Juli Montag 1784. Im Dörfle frie Stigde man, nach dissem exercirden der herzog im lager, abends fur man nacher Scharnhausen u. auch noch in das lager.

Dinstag d. 20. Bey der Kohlerhitte wurde frie gestigdt, der herzog machden Sich wieder viel mit Ihren Truben im lager zu Thun, abends fur man in den fassanen Garden u. in das lager.

Mitwoch d. 21. Nach deme man im Dörfle frie gestigdt hatte, so fur ich um 10. uhr in die Kirch. Nachmitag Kam die frau v. Lützow mit Ihrem mann Zu mir, wir Gudirden in dem mitags Es Zemer, dan gengen wir in die neuhe gebeide herum u. von da in das Dörfle, von wo aus Sie um 7. uhr weck gengen u. der herzog mich noch in das lager fürden.

Donerstag d. 22. Im Dörfle frie Stugde man, nach dem Essen geng man in die Gebeide herum, dan Kam ein pferd aus Dänemark vom König, der herzog rieden ein wenig aus, es feng aber an zu regnen, daß Sie bald wieder zurick Kamen, doch rieden Sie gleich wieder aus, so bald es aufhörde u. abends fur man spatzieren nacher Scharnhausen.

Hohenheim d. 23. Julii Freitag 1784. Um 9. uhr geng Es nacher Stuttgardt, der herzog gaben audientz, u. ich geng zu der Geheimderäthin von Seckendorf, dan as man u. geng gleich hir her, hir fur man abends in das lager.

Samstag d. 24. Im Dörfle wurde frie gestigdt, abends fur man in den fassanen Garden, nach Tisch ist auch der pfarrer u. die pfarrerin von Plieningen[67]) zu mir in meine Kohlerhitte gekommen, um abschied Zu nehmen, weil Sie bis Donnerstag als am 29. auf Ihr Specialat nacher Lustnau gehen. Nach dem fassanen Garden fur man auch noch in das lager, u. am nacht Essen Kam die nachricht, daß der General Oche[86]) abends um 6. uhr gestorben wäre.

Sontag d. 25. Der Herzog firden mich in die Kirch, u. ich Kam nach disser auch noch in Ihre predig vom hofcabelan Werkmeister; nach Tisch gengen der herzog herum u. ich geng auch bald in das Dörfle u. laß da; nach die 4. uhr Kam der hE. v. Rudenz, er wurde noch da von dem v. Böhnen an die orde herum gefird, die Er das Erste mahl nicht gesehen hat, dan Speiste Er mit Ihro Durchleicht in dem lager, worzu auch der General v. Buwinghausen Kam.

Hohenheim d. 26. Julii Montag 1784. Um 8. uhr geng Es von hir hinweck um nacher Eßlingen Zum schwertag Zu gehen, bey dem land Jegermeister von Palm[422]) Stig man ab u. nam Ein frie Stug, dan Sahe man die ceremonie u. geng gleich wieder hirher. Ehe man von hir hin weck fur, so gengen der herzog noch zu der oberen scheir, um die leide Zum schneiden an zu stellen u. mit Gottes hilfe feng man dan auch wieder an, den dis Jerigen frucht Seegen ab zu schneiden. Gott hat uns wieder vil gedeihen geschengdt, Er gebe auch, daß alles, was wir aus Seiner hand haben, Zu seinen Ehren, Zu Seinem wohlgefallen, Zu seinem lobe u. mit Dancksaagung genossen werde, Er schenke uns Seinen Seegen im Geistliche wie im leibliche, damit wir Jener Ernde der Seeligkeidt ingegen reifen u. Ewig bey Ihm Sein; abends firden mich der herzog Zum schneiden u. da blieb man bis zum hoch.

Hohenheim Dinstag d. 27. Julii 1784. Um 6. uhr badete ich, um halb 9. uhr wurde frie gestigdt im Dörfle u. um 11. uhr geng es nacher Stuttgardt, da as man, nach dissem Zogen Sich der herzog Ser acurad an u. ich geng geschwend in das schloß zur frau v. Lützow u. Ecoll; wie ich zurickkam, so gengen der herzog bald weck zu der leiche von dem General von Oche; es war mir gar nicht recht, ich laß, dan Kam die frau v. Lützow u. frau v. Tontersfeld, bald war die leicht alstan verbey, der herzog Kamen wieder, ich geng zu der frau von Mosheim. Ihre beede Schwestern waren auch da, der herzog Kamen u. holden mich da ab, man fur von da aus weck u. auf ein laben Jagen[377]) beim Kolhau, wo rauf der herzog 3. hirsche schossen, nach die 7. uhr war man wieder da, u. Ihro Durchleicht firden mich noch in das lager.

Mitwoch d. 28. Ich badede wieder u. im Dörfle frie Stugde

man, es war mir aber Sehr misserabel, doch fur ich um 10. uhr in die Kirch, Konde sie aber Kaum aushalden u, legde mich, so bald ich herein Kam, nieder, der herzog lissen den leibmedikus Jeger gleich Komen, bis Er aber Kam, war Es mir schon wieder besser, u. nach deme Er weck war, so geng ich noch zum schneiden u. der herzog u. ich blieben gantz, bis es hoch war, dar bey.

Hohenheim d. 29. Julii Donerstag 1784. Ich nam was Ein Zum laxiren, also wurde nicht im Dörfle frie gestigdt, abends fur man nacher Scharnhausen u. Zum schneiden.

Freitag d. 31. Im Dörfle frie Stigde man, nach Tisch gengen der Herzog u. ich beim bauhen herum wie fast alle Tage; vor die 5. uhr Kam meine nichte u. Ihr mann von Bittenfeld Zu mir, das freude mich, u. Ihr abschied, da Sie morgen von Stuttgardt aus Ihre reisse an den ort Ihrer bestemung nach Hornberg[403]) an Treten, u. Sich gestern von Ihrem mütterliche haus getrennet haben; wie Sie weck waren, so firden mich der herzog noch zum schneiden, bis es hoch war.

Samstag d. 31. Um 8. uhr geng ich wie gew. in das Dörfle, füderde underwegs die schwanen u. fisch, u. hatte das vergnügen den herzog bey die schwanen anzutreffen, im Dörfle frie Stigde man, abends fur man Zum schneiden u. dan in den fassanen garden, der herzog machen Sich alle Tage viel mit dem lager u. bau wessen zu schaffen. (S. Einleitung S. 9.)

Hohenheim d. 1. Aug. Sontag 1784. Ihro Durchleicht firden mich in die Kirch, wie disse aus war, Kam ich auch noch in die brödig von dem hofcabelan Schluß, in blönengen u. Scharnhausen bredigten die neuhe pfarrers Götz u. Wagemann das Erste mahl, nömlich dathen die Einstandsbredigden, nachmitag nach die 3. uhr Kam ein hannoverischer Kamerherr v. Schwigel, General v. Buwinghausen, Strahlendorf u. Kammer herr v. Gemmingen; Zum Theil firden Sie der herzog Selbsten herum, ich geng gantz allein in das Dörfle u. abends gengen der herzog follends mit Ihnen in dem Dörfle herum. Es wurde dan im lager zu nacht gespeist, wo bey der General v. Buwinghausen u. Gemingen auch waren.

Montag d. 2. Im Dörfle wurde frie gestugdt, der herzog glagden grosse mattig keidt, Sie rieden ab u. zu ins lager, zum schneiden u. beim bauhen herum, abends firden Sie mich auch zum schneiden.

Dinstag d. 3. Der morgen war fast wie gestern, nur daß der herzog lenger in der Kohlerhitte blieben u. Krüttelten. Nachmitag Kamen Geistliche von bruchsall u. schwartzach, der herzog u. ich sahen Sie hir u. im Dörfle einen augenblick, abends fur man zum schnit u. von da in das lager.

Hohenheim d. 4. Aug. Mitwoch 1784. In der Kohlerhitte wurde frie gestigdt, u. um 12. uhr fur man von hir hin weck nacher Ensingen, der Herzog Stigen bey meiner mutter ab, wo Selbst auch meine schwester Pflugen mit Ihren beeden Töchder war; der herzog lissen mich da, u. Sie gengen auf ein lapen Jagen bey Nürtingen. Sie waren Ser gnädig u. wie Sie wieder von der Jagdt zurick Kamen, sprachen Sie mit meiner schwester Juli wegen Ihren angelegenheiden, u. blieben noch ein wenig da, dan Körde man wieder zurick hir her, u. ich recht zufrieden.

Donnerstag d. 5. Weil ich was Eingenomen hatte, so frie Stugde man hir, Ihro Durchleicht rieden wie gew. abweckselnd ins lager, Zum bauhen u. schneiden, abends fur man nacher Scharnhausen u. Zum schneiden.

Freitag d. 6. Im Dörfle friestugde man, werend dem Essen Kaufde man ein Zur Sichelhanget, abends firden mich der herzog Zum schneiden in den Weinberg, weil heite angefangen worden ist mit Gottes hilfe auch die Gersten zu schneiden, u. dan geng es durch das Thal in das Dörfle, wo man zu nacht speiste, u. ich was Kochde.

Hohenheim d. 7. Aug. Samstag 1784. Im Dörfle wurde frie gestigdt, der herzog rieden wie gew., u. da Gestern durch Gottes beystand u. Seegen die Denkel Ernde abgeschnitten worden ist, so war um 3. uhr die Sichelhanget. Es waren lauder Soltaden u. Ihre Weiber, die geschnieten hatten. Sie waren Sehr vergnügdt u. zu früden, u. mir haben alle Gott zu danken, der uns So unverdient wieder einen so reichen Seegen geschenket hat. Nach deme die Sichelhanget verbey war, firden mich der herzog noch in das lager.

Sontag d. 8. Ihro Durchleicht firden mich in die Kirch nacher Birgach u. Sie gengen in die predig von dem hof cabelan Weissert[101]), nachmitag Kam der Prentz v. Coburg[348]), Gesander Madeweiß, General Gabelintz, Jorgie[64]) u. Buwinghausen, auch der Ober Klinkowstrem u. Seine Frau u. Oberstallmeister Schenck, Sie wurden in das Dörfle henaus gefürd; der herzog u. prentz rieden in das lager so lange wir Gudirden; ich firde die übrige nach gehens herum, bis Ihro Durchleicht wieder Kamen. Nach die halb 8. uhr gengen sie wieder.

Hohenheim d. 9. Aug. Montag 1784. Bey der Kohlerhitte früh Stugde man, nach die 3. uhr geng Es nacher Stuttgardt, da übergaben der herzog im alden schloß die hof cabelans Ihr neues quadir an, ich geng so lang zu der Frau v. Lützow, dan geng Es in die Garde Casern,[423]) welche der herzog besahen, um die obere Etage vor die Legion[443]) zu recht machen zu lassen u. dann geng Es in mein haus, u. von da aus geng es dann hier her.

D. 10. Dinstag. Im Dörfle frie Stugde man, abends firden mich der herzog Zum schneiden u. nach Scharnhausen.

Mitwoch d. 11. Fast wie der gestrige Tag, so vergeng auch der heitige ohne besondere verenderung.

Donerstag d. 12. Auch der heutige Tag glich zemlich dem gestrigen.

Freitag d. 13. Um 9. uhr geng Es nach Stuttgardt, der herzog gaben da audientz, ich geng so lang in die Ecoll u. brachte Ihnen Zitz zu Kleider, dan assen einige Junge leide von der academie mit mir Zu mitag u. der herzog waren beim Essen von der academie, nach dissem geng es gleich hier her, abends firden mich der herzog noch zum haber schneiden u. im Dörfle wurde dan zu nacht gespeist, wo der herzog u. ich Kochden.

Hohenheim d. 14. Aug. Samstag 1784. Es war Ser warm, im Dörfle frie Stugde man, abends firden mich der herzog zum haber schneiden in Carlshof u. nacher Scharnhausen.

Sontag d. 15. C. Ihro Durchleicht firden mich in die Kirch nach Birgach, wie disse aus war, Kam ich noch in Ihre brödig, nach Tisch gengen der herzog herum u. ich geng auch in das Dörfle, es wurde also da gudirt, ich setzde mich in den felsen bey der Stras[424]), der herzog Kamen auch da hin u. schrieben ein paar brife, dan fur mann in das Thal u. in das laager, wo mann zu nacht as.

Montag d. 16. Bey der Kohlerhitte frie Stugde mann, nach Tisch gengen der herzog u. ich bey dem bauhen herum, dan rieden Sie wie geweniglich herum, u. abends fur man nach Scharnhausen, wo viel planiert wurde.

Dinstag d. 17. Im Dörfle frie Stugde man, um 11. uhr geng es nach Kirchheim, da Stigen der herzog bey meiner schwester ab, besahen nach gehens Ihre pferde u. gengen auf die Jagdt, ich blieb bey meiner schwester u. mutter, die auch da war, bis 5. uhr dan fur ich Ihro Durchleicht entgegen, u. vor die 8. uhr war man dan wieder hier.

Hohenheim d. 18. Aug. Mitwoch 1784. Es regnede heide, also wurde hir hinnen frie gestigdt, nach Tisch firden mich der herzog aller orden beim bauhen herum. Es Kamen auch heide nachrichten von rusland, abends firden mich der herzog nacher Scharnhausen.

Donerstag d. 19. Im Dörfle wurde frie gestugdt, abends firden mich Ihro Durchleicht nacher Scharnhausen.

Freitag d. 20. Disser Tag geng bey nahe verbey wie der gestrige, nur daß heite zur Sichelhänget ein gekauft wurde.

Samstag d. 21. Im Dörfle wurde frie gestugdt, nach die 1. uhr Kam der General Buwinghausen, u. mit Gottes hilfe war heite alle die Somer frichten auch Ein geschnieten, so daß heite die Sichelhänget Sein Konde. Der herzog u. ich furen nach die 2. uhr henaus auf das Feld, wo der grosse mit Zwelf hondert habergarben geladene u. mit 30 baar ochsen bespande Wagen war, Er Kam Glücklich herein, u. die schnieder hilden vergnügdt Ihre Sichel hänget. Gott verleihe Selbsten, daß wir Seinen Seegen dankbahrlich u. zu Seinen Eren genissen, u. Gebe, daß Wir alle der Ewigen Seeligkeidt ingegen reifen, er lasse uns alles im Glauben u. liebe genissen. Heite schieckte ich auch eine Souvenir[354]) nacher Halle.

Hohenheim. Sontag d. 22. 1784. Ihro Durchleicht firden mich in die Kirch, es wurde der Jungen pfarrerin von Scharnhausen, die ich heite das Erste mahl Sa, in der Kirch übel. Wie die Kirch vorbey war, Kam ich noch in die predig von Ihro Durchleicht. Nach Tisch gengen der herzog herum, dan rieden Sie in das lager u. ich geng in das Dörfle, alwo gudirt wurde, um 6. uhr fur man in den Fassanen Garden, dan fur man auch noch in das lager.

Montag d. 23. Es regnede, daß man nicht im Dörfle frie Stugen Konde, gleich nach Tisch geng Es aber auf ein lappen Jagen beym Kräher gewand, der herzog schossen aber nichts, beim durch fahren durch Stuttgardt Stieg man in der Garde Cassern[423]) ab, u. sahe nach dem bauwessen dorden, der herzog lissen auch den v. Raven aus der academie zu mir Komen, um 7. uhr war man wieder hier.

Dinstag d. 24. In der Kohlerhitte wurde wieder frie gestugdt, nach die Zwey uhr geng es wieder auf die Jagdt in der Degerlocher hut, aber nur ein Thir u. 1 hirsch schossen der herzog, nach deme man nacher haus Kam, so fur man noch nacher Scharnhausen.

Hohenheim d. 25. Aug. Mitwoch 1784. Im Dörfle frie Stigde man, Ihro Durchleicht aber exercirden zu vor, nach Tisch geng man bey die gebeide herum, abends fur man nacher Scharnhausen, es waren ville arbeids leide da.

Donerstag d. 26. Fast gantz wie gestern vergeng der heidige Tag, nur daß der herzog nicht exerciren.

Freitag d. 27. Es geng nach Stuttgardt, da gaben der herzog audientz, ich geng in das alde schloß zu der frau v. Lützow u. Ecoll u. nach dissem as ich in meinem Zimmer mit 6. Junge leide zu mittag, dan geng Es wieder hierher u. abends fur man nach Scharnhausen.

Samstag d. 28. Im Dörfle friestiegde man, Ihro Durchleicht waren auch einige mahl im lager, abends fur man nacher Scharnhausen.

Sontag d. 29. Ihro Durchleicht firden mich in die Kirch, ich Kam noch in Ihre brädig zurick, nach Tisch gengen der herzog herum u. bald nach dissem firden Sie mich in das Dörfle, Sie rieden nach gehens noch herum, ich laß u. abends fur man in den fassanen Garden u. as im laager zu nacht.

Montag d. 30. Im Dörfle friestuckde man, der herzog rieden von da wie geweniglich in das laager, so auch nach dem Essen u. abends fur man nacher Scharnhausen, ich geng in das Dorf u. lies den neuen pfarrer u. seine frau zu mir Komen.

Dinstag d. 31. Der heitige Tag vergeng fast wie der gestrige, nur daß der herzog Sehr viel in dem laager zu Thun hatten, weil morgen die fahnen angeschlagen werden sollen, abends fur man nach Scharnhausen.

Mitwoch d. 1. Sep. Um halb 10. uhr Kamen alle Generals, Obersten u. Sonsten noch ville ovicirs von Stuttgardt u. Louisburg, auch Geheimderath v. Uxküll u. Seine frau, Geheimderäthin v. Seckendorf[587]) u. Ihr Sohn regierungsrath[425]), der Madeweis, meine schwester von Kirchheim u. hE. v. Palm[422]) mit Ihr. Bald nach die 10. uhr geng Es in das laager, der herzog u. die ovicirs rieden u. die Dames u. die vom Hof fuhren. Nach deme die fahnen anschlagung verbey ward, so schwerde die Legion, dan Sahe man Sie verbey marschieren u. geng Zur Taffel im Laager, nach dem Essen geng es in das Dörfle u. firde die anwesende allerorden herum, u. nach dem Sie weck waren, so speisten der herzog u. ich noch im laager, befor man die Soldaden hat Essen sehen, u. nach dem nachtessen war noch ein Kleines Feirwerk.

Hohenheim. Donerstag d. 2. Sep. Im Dörfle friestugde man u. abends fur man nacher Scharnhausen.

Freitag d. 3. Der heitige Tag glich gantz dem gestrigen, in Scharnhausen Sahe ich die Kinder zu spennen u. strieken.

Samstag d. 4. Auch der heutige Tag Kam mit dem Gestrigen Gantz gleich.

Hohenheim d. 5. Sep. 1784. Sontag. Ihro Durchleicht firden mich in die Kirch nach Birgach, ich geng nicht in Ihre, wie ich zurickkam; wie Sie aber aus der Kirch Kamen, so war ein bedender da von dem Printz Ferdinand[352]) von Würtemberg, der die nachricht brachde, daß Sie in Canstadt weren u. Ihro Durchleicht den herzog auf ein paar stonden zu sehen wünschten; Sie Kamen auch gegen die 4. uhr u. weil Sie in Mömbelgardt Surprenieren wolden, So hielden Sie sich nicht auf u. gengen, nach deme Sie im laager u. Dörfle wahren, wieder weck.

Montag d. 6. Es war Sehr warm wetter, im Dörfle friestiegde man, der herzog waren abweckselnd im lager u. beim bauhen, nach Disch firden Sie mich auch beim bauhen herum, u. abends fur man nach Scharnhausen; ich hielde mich da wieder viel mit die Kinder auf.

Dinstag d. 7. Der heitige Tag vergeng wie der gestrige.

Mitwoch d. 8. Auch der heitige Tag wurde zugebracht wie der gestrige.

Hohenheim d. 9. Sep. Donerstag 1784. Im Dörfle friestiegde man u. um 4. uhr geng es nacher Stuttgardt, alwo der herzog den bischoff von Constanz[426]) erwardeden, Sie Kamen auch um 8. uhr an, der herzog gengen gleich zu Ihnen in das Jegerhaus,[346]) wo Sie logierden u. dan gengen Ihro Durchleicht u. ich wieder hier her u, assen dan gleich zu nacht. Der herzog hatten zemlich starg die Diare.

Stuttgardt, Freitag d. 10. Im Dörfle friestugde man u. nach deme man sich eine stonde da aufgehalden hatte, so fur man herein, zog sich an u. erwardede den bischoff; um halb 12. uhr Kamen Sie, u. die, wo noch darzu herauf invidirt waren, Kamen was frühers, der herzog firden Sie hier in die gebeide herum u. lissen pferde vorreiden, dan as man, geng in das Dörfle, besahe da alles, fur nach Stuttgardt u. speiste im marmorsall zu nacht, der Gantz hof war versameld.

Stuttgardt, d. 11. Sep. Samstag 1784. Nach deme der herzog angezogen waren, gengen Sie Zum bischoff in das Jegerhaus u. friestugden daselbst zu samen, dan gengen sie auf ein Jagen auf der schlodwisse, ich geng zu der frau v. Rotberg, die beim leib medicus Jäger abgestiegen war, dan asse ich in der Geselschaft der frau v. Lützow u. Carolin Franquemont zu mitag, alstan lisse ich einen Jungen Studioses namens Beirle zu mir Komen; der herzog Kamen nach die 5. uhr wieder, aber sehr matt u. mit, u. waren Sehr mit der Diare geblagdt, um 6. uhr geng es in das Specdagel, wo es Ihro Durchleicht nach der Zurickkunft fast übel wurde u. da der bischoff auch nicht Gantz wohl war, so speiste alles in der retret.

Stuttgardt, d. 12. Sep. Sontag 1784. Ihro Durchleicht, der bischoff u. ich hörden den hof cabelan Bader brödigen, dan gengen der herzog matt u. mit von der wenigen ruhe heide nacht u. das ofte aufstehen mit dem bischof in die academie, ich las u. zog mich an, dan wurde im weissen Saal gespeist, nach der Tafel firden noch eben so mat der herzog den bischof in die biblioteg, zu mir Kam der lehrer Erhart[391]) u. regierungsrath Scheidemantel[399]) Abends war Conserd im weissen Saal, nach dissem beurlaubde sich der bischoff, ich sagde werend dem conserd auch der Seegerin, daß die meine Nichde Wöllwarth bis Dinstag aus der Ecoll solle u. nach Kirchheim Zu meiner schwester. Es wurde dan in der retret gespeist, der herzog waren gar nicht wohl u. waren fro, daß Sie bald Zu bette Konden.

Hohenheim d. 13. Sep. Montag 1784. Der bischoff geng um 6. uhr von Stuttgardt hin weg nach haus u. der herzog u. ich um halb 8. uhr hier her, der herzog waren Sehr mat u. mit, u. haben noch sehr starg die Diare, Sie rieden aus, allein sie Konden nicht lange aushalden, man as um halb 12. uhr, Sie rieden wieder aus, Konden aber fast eben so wenig aushalden, u. legten Sich eine Stonde in das bet, den rieden Sie wieder aus, u. man fur nach Scharnhausen, wo Sie aber auch aus lauder mattigkeidt nicht lange bleiben Konden, u. legden Sich bey der Zurick Kunft gleich in das bet, Sie assen auch im bet zu nacht u. fühlden sich Sehr matt, nach Tisch begaben Sie Sich balt gantz Zur ruhe, nach deme Sie noch den Klein[81]) gesprochen hatten.

Hohenheim d. 14. Sep. Dinstag 1784. Ihro Durchleicht hatten wenig geschlafen u. fühlten Sich Sehr mat, der Dockder Jäger Kam nach die 10 uhr, der herzog blieben liegen bis 4. uhr, dan gengen Sie ein wenig auf und ab u. blieben eine stonde auf, dan legden Sie Sich in Ihrem angleidzimer wieder nieder u. ruthen so bis nach dem nachtessen.

Mitwoch d. 15. Die nacht hatten der herzog nicht viel schlaff u. bekamen zemlich Starck das bodegra, so daß Sie Sich blut ügels auf Setzen lissen; der General v. Buwinghausen Kam auch in der frie u. blieb bis nach die 11. uhr, die blut ügel haben die schmertzen nicht gestild u. der herzog musten den gantzen Tag im bet bleiben, doch hörde Gott lob die Diare auf, nach Tisch legden Sie sich in Ihrem ankleid Zemmer in das bet.

Donerstag d. 16. Um 4. uhr nachts bekamen der herzog grausame schmertzen an Ihrem boden gra, so wie Sie sie noch nie gespirt haben, man setzte Ihnen noch ein mahl blut ügels, aber es half alles nicht, den Gantzen Tag durch daurden fast die heftige schmertzen, nach mitag lissen Sie sich wieder in Ihr ankleid Zemer dransbordiren, u. abends lissen die schmertzen etwas nach, u. der Fuß fing an zemlich zu schwellen, Sie blieben im bet in Ihrem ankleid Zemer liegen bis 11 uhr u. schwitzden zemlich vil.

Hohenheim d. 17. Sep. Freitag 1784. Die nacht war etwas besser als der vorrige Tag, u. der herzog nahmen zemlich viel Ein u. schwitzden braf, worzu die grosse hitz auch viel bey Trug, den vormitag brachden Sie im bet im schlaf Zimmer zu u. nach mitag brachden Sie im bet im ankleid Zimmer zu, doch geng es Gott lob zemlich Erträglich mit den schmertzen, ausser daß Sie auch an dem linken fus das bodegra bekamen.

Samstag d. 18. Der heitige Tag war gleichsam wie der gestrige, nur in so weit verendert, daß der herzog einige stonden nachmitag im ankleid Zemer im Sessel auf Sitzden. Es war wieder Sehr warm u. der herzog schwitzden ausser ordendlich viel. Ich geng einen augenblick in das Dörfle. b:

Sontag d. 19. Vormitag bekam ich die nachricht, daß der frau v. Lützow Ihr Kind gestorben were; mit den schmertzen des bodegras geng es so ertreglich u. nachmitag machden der herzog den versuch aus zu fahren, u. zwar in das lager u. nacher Scharnhausen, wo hin ich Sie bekleidede, nach der Zurickkunft begaben Sie Sich bald wieder in das bet u. blieben im ankleid Zimmer liegen bis gegen die 11 uhr.

Hohenheim d. 20. Sep. Montag 1784. Die nacht war Ertreglich, der herzog schwitzden viel, es war aber auch grausam warm, bald nach Tisch stonden der herzog auf u. nach deme Sie angezogen waren, Knabden Sie in die hinder Zimer, um nach dem bauwessen zu Sehen, es schlug Ihnen aber nicht zu. Nach dissem fur man gegen 3. uhr in das lager u. fassanen garden u. bald nach dissem legden Sie Sich wieder in Ihrem ankleid Zimer nieder, u. blieben liegen bis Zum schlafen gehen; mit dem fuß spierden Sie aber Keine grosse schritte der besserung.

Dinstag d. 21. Die nacht war zemlich gut u. so auch der Tag, der herzog assen auch das Erste mahl auf zu mitag, um 2. uhr fur man dan in das lager u. nacher Scharnhausen. Von Lützow Kam in der frie, ich sprach Ihn aber nur Gantz Kurtz, nach der spatzirfard Setzden Sich der herzog noch am Fenster bis abends, dan legden Sie Sich wieder in das bet bis 11. uhr u. dan erst schlafen.

Hohenheim d. 22. Sep. Mitwoch 1784. Der heitige Tag war mit der beserung des boodegras und mit dem homor des herzog mehr zu rieck als zu vor, vormitag stonden Sie zwar noch auf u. firden mich in die Kirch u. fuhren dan noch in das laager, nach Tisch fur man auch bald in das lager, dan nacher Scharnhausen u. in das Dörfle, dan Kam der Meijor von Stetten von Carlsruh, um die Abferdigung des Gefaders schreibens, das Er Ihro Durchleicht vom hernn Margrafen übergeben hatte, ab zu hohlen, der oberst Kamerher Graf Pückler[68]) Kam mit ihm u. nach dissem Kam auch noch der hofmarschal v. Geisberg[207]) u. regierungsrath Kaufmann[59]) um die befähle v. Ihro Durchleicht zu Empfangen auf die ankunft der mömbelgarder Herschaften.

Donerstag d. 23. Gegen 10. uhr stonden der herzog auf, waren aber übel disbonirt, daß Es mit Ihrem bode gra fuß nicht besser geng, es war ein wenig feicht wetter, doch wurde es nach Tisch gantz gut, nach Scharnhausen fur man gleich nach Tisch, nach dissem fuhren der herzog in Ihrem bodegra Sessel beim bau wesen herum u. ich packde ein nacher Stuttgardt auf die morgigde ankunft der mömbelgarder herschaften. Abends legden sich der herzog wieder zu bet u. Speisten auch noch in dem bet.

Stuttgardt d. 24. Sep. Freitag 1784. Gegen 10 uhr Stonden der herzog auf u. schriben ein wenig, nach Tisch fuhren Sie in das lager u. dan in Ihrem Sessel bey die Gebeide herum, dan fuhren Sie noch ein mahl in das lager u. ich geng so lang in das Dörfle b. biß der herzog auch da hin Kamen, von wo aus man alstan nacher Stuttgardt fur, um die mömbelgarder herschaften zu Empfangen; mit dem fus des hertzogs geng es gar nicht gut, doch Zogen Sie Sich so gut Sie Konden, an, dan Kam der printz von Semmaringen[427]) u. blieb einige Zeit bey Ihnen in Ihrem schreib Zemmer, alsdan gengen der herzog in das schlaf Zemmer von Ihro hoheiden,[52]) u. in einer halben stonde Kamen dan die herschaften von Mömbelgardt; Sie gengen Gleich Zu Ihro Durchleicht, da Setzde man Sich u. Sprach, dan rederirden Sich der herzog u. die mömbelgarder herschaften gengen heraus, die hoheiden bekamen einen Stafeden, der Ihne eine nachricht brachte, die Sie frabirde, Sie gengen gleich beede Zum herzog, die schon im bett lagen, um Sich darieber zu besprechen; man blieb lange vor dem bett bis 11. uhr Sietzen, dan gengen die mömbelgarder herschaften zur Tafel, ich as bey Ihro Durchleicht vor dem bet.

Stuttgardt Samstag d. 25. Der herzog blieben heide den Gantzen Tag in dem bet liegen, die mömbelgarder herschaften besuchden Sie alle augenblicke, abends war opera, nach disser besuchden die mömbelgarder herschaften Ihro Durchleicht noch ein mahl in dem bet, u. ich die ich Sie Zurick bekleidt hatte, blieb Ihro Durchleicht ein wenig zu lange aus, daß Sie mich, wie ich Kam Zangden.

Hohenheim d. 26. Sontag. Ich bekleidede die hoheid in die academie Kirch, zuvor waren Sie auch beim herzog, die bis 12. uhr noch im bette liegen blieben, da es aber mit dem fuß Gott Sey dank besser geng, so stonden Sie auf, u. um 2. uhr holden Sie Ihro hoheiden zur Daffel ab, u. Spirden Sich recht Gut, nach der Taffel beurlaubden Sie Sich, u. Sie gengen hier her, wo Sie noch in das lager rieden u. ich laß, nach deme Sie aber von dem lager zurick Kamen, so legden Sie Sich in das bet u. speisten auch in dem bet.

Hohenheim d. 27. Sep. Montag 1784. Der herzog stonden um 7. uhr auf, es geng gottlob mit Ihrem fuß besser, Sie rieden in das lager u. Sahen nach, um 12. uhr Kammen die Mömbelgarder herschaften, der herzog firden Sie noch in dem einen Theil von dem bauwesen herum, alstan speiste man; nach dissem sahe man nach dem andern Theil des bauwesens u. fur her nach in das lager, wo der herzog die Legion baradiren lissen, man gudirde auch da u. um 7. uhr gengen die Mömbelgarder herschaften wieder nach Stugardt benebst den andern, die mit hier waren, u. der herzog u. ich blieben hier, der herzog legden Sich in das bet u. speisten im bet.

Dinstag d. 28. Um 11. uhr fuhren der herzog u. ich nacher Stuttgardt, ich geng Gleich zu Ihro Hoheid, der printz waren auf die Jagdt, um 2. uhr gengen der herzog auch zur hoheid, dan geng es zur Taffel, nach der Tafel rederirden Sich die herschaften, abends gengen die mömbelgarder herschaften in die Comedie, der herzog aber legden Sich in das bet; wie der Printz Friederich von der Jagdt Kamen, gengen Sie gleich zu Ihro Durchleicht dem herzog, die hoheiden besuchden den herzog auch noch vor dem bet wie sie aus dem Specdagel Kamen, dan aber gengen Sie bald zur Tafel.

Mitwoch d. 29. Mit dem fuß von Ihro Durchleicht geng es gantz Gut, nach Zwey uhr geng es an die Dafel, nach der Dafel rederierden Sich die herschaften, vor der Tafel lissen Sie einen abgeschickden vom printz Louis Zu sich Komen, da sprachen dan die herschaften lang darieber, nach der Tafel beurlaubden Sich der herzog u. ich, um hier her zu gehen u. die mömbelgarder herschaften morgen hier zu sehen. Der herzog rieden noch aus, damit über morgen das laager aufbrechen Kan, um nacher Stuttgardt ein zu ruken. Die herschaften von Mömbelgard waren im Specdagel.

Stuttgardt Donerstag d. 30. Sep. 1784. Da das wetter sehr schlem war, so schickde man gleich nach Stuttgardt, daß die Mömbelgarder herschaften beide nicht herauf Komen, doch rieden der herzog in das lager u. um halb 12. uhr geng es nach Stuttgardt, nach die Zwey geng es Zur Dafel u. um 6. uhr so firden der herzog Ihre gäste in die Geselschaft in die Stadt, der herzog dantzden da einen menewet mit der hoheiden, dan blieben Sie u. ich noch einige minuden u. gengen nach haus, die mömbelgarder herschaften blieben aber in der aßamblee bis fast 10. uhr. Wie Ihro Durchleicht nacher Stuttgardt Kamen, Stiegen Sie u. ich in der Garde Caserne ab, um das bauwesen zu sehen.

Freitag d. 1. Okt. Ihro Durchleicht gaben audientz, dan gengen Sie in die Gardecasern,[423]) bald darauf rugden Zwey combaniehen von der Legion[443]) da hin ein, der herzog Kamen müde zurik, bey mir war in dessen die regierungsrat Scheidemantel u. Studioses Schwend, ich schriebe auch so lang, gegen 3. uhr geng es zur Tafel, nach der Dafel gengen der herzog hier her nacher Hohenheim, um morgen die mömbelgarder herschaften hier zu erwarden; das erste mahl Speisden Sie bey nacht auf, u. zwar in dem schreib Zemer.

Hohenheim Samstag d. 2. Okt. 1784. Da das wetter wieder nicht schön genug war, so schickden der herzog Gleich nacher Stuttgardt, damit die herschaften von Mömbelgardt nicht herauf Komen, u. Sie rieden in das lager, um der Legion zu befehlen, daß sie follens nacher Stuttgardt marschieren solle; dann fuhr Sie u. ich noch nacher Scharnhausen u. um halb 12. uhr geng es dan nacher Stuttgardt, nach die Zwey uhr geng es Zur Tafel, nach der Tafel gengen der herzog wieder in die Cassern u. so lang Sie da waren, so rugden die übrige von der Legion vollens ein. Abends gengen die mömbelgarder herschaften in das Specdagel u. der herzog Speisten, ehe Sie wieder Zurik Kamen, in der retret.

Sontag d. 3. Der herzog u. Printz gengen in Ihre Kirch u. die hoheid, Ihre Dames u. ich gengen nach die 11. uhr in die academie Kirch, nach zwey uhr geng es zur Dafel, nach Tisch wissen der herzog Ihrem hernn bruder die Pferde, ich geng zu Ihro hoheiden, dan Kamen der herzog u. Printz auch dar zu u. um 6. uhr war Conserd der herzog u. ich blieben eine stonde dabey, dan rederierden Sie sich.

Hohenheim d. 4. Okt. Montag 1784. Da heide mein namens Tag war, so schickden ville Zu mir, der herzog gengen auf die barade, werendem schieckden Sie mir einen sehr schönen brif u. Juwelen, wo von mich erster ungemein rührde u. letzte beschämden, dan Gengen Sie noch in die Garde Casern u. ich in die Ecoll u. Frau v. Lützow; nach die Zwey uhr wurde gespeist u. nach der Tafel gengen der herzog u, ich gleich hier her,, hir rieden der herzog noch aus u. ich schrieb. Der Printz waren heide wieder auf der Jagdt u. ich war nicht gantz wohl.

Dinstag d. 5. Ich nahm um 4. uhr was Zum laxiren ein u. stond also um 5. uhr auf, der herzog rieden gegen die halb 8. uhr aus, u. dan Zogen Sie sich auf die ankunft der mömbelgarder herschaften an, Sie Kamen um 12. uhr, es wurden nur Einige pferde vor gefierd, dan wurde Zu mitag gespeist u. nach der Tafel geng es gleich in das Dörfle, wo die herschaften aller orden herum gengen u. Kurtz vor die 11. uhr wieder nacher Stuttgardt Zurick Kerden; der herzog Zwar blieben hier, u. um halb 8. uhr wurde zu nacht gespeist.

Hohenheim d. 6. Okt. Mitwoch 1784. Ihro Durchleicht rieden gegen die 8. uhr aus, ich bliebe etwas lenger liegen wie sonst, weil ich mich nicht wohl befand, um 10. uhr geng ich nach Birgach in die Kirch, der herzog holden mich da ab u. firden mich in den Wein berg[385]), wo allerhand auf die morgigde weinlese aranchirt wurde, nach die 11. uhr geng es nach gehens nacher Stuttgardt, um halb Zwey uhr speiste man. Es waren von fremde noch ein paar russen u. französische ovicirs da, nach der Tafel fuhr der herzog u. ich bald wieder hier her, der herzog fuhr gleich in den Weinberg u. Kam bald nach, dan speiste man um halb 8. uhr Zu nacht; mit meiner Gesundheid geng es nicht sonderlich gut.

Donerstag d. 7. Ihro Durchleicht gengen gleich in den Weinberg, nach die 10. uhr Kam ich auch hin, es wurde alles da auf die ankunft der mömbelgarder herschaften aranchirt,, um 12. uhr Kamen Sie u. noch einige von hof, auch meine schwester von Kirchheim, es wurde gleich gespeist u. nach der Tafel geng es dan in den Wein berg, den die herschaften schön fanden u. selbsten zu läsen halfen; nach deme das, was Sie Gelesen hatten, ferdig war, so wurde gudirt und dan Spatzieren gefahren, nach dissem war ein Kleines feirwerck u. dan gengen Sie nach die 7. uhr wieder nacher Stuttgardt, u. der herzog u. ich assen um halb 8. uhr.

Stuttgardt d. 8. Okt. Freitag 1784. Ihro Durchleicht und ich fuhren nacher Scharnhausen, welches Ihnen u. mir vorzüglich gefil, da der morgen so schön war, nach die 11. uhr Kam man wieder nacher Hohenheim u. dan geng es gleich nacher Stuttgardt, ich geng gleich Zu Ihro hoheid, dan zogen Sich der herzog u. ich an u. um Zwey uhr geng es Zur Tafel, nach der Tafel gaben der herzog audientz u. gengen einen augenblick in die Garde Casern die Legion zu besehen, um 6. uhr geng es nach gehens in die geselschaft in der Stadt, wo Selbst der herzog aber nicht so lang blieben wie die mömbelgarder herschaften.

Samstag d. 9. Der Printz Friederich gengen heide wieder

auf die Jagdt, um 12. uhr gengen der herzog u. ich in die academie, nach dissem wurde gleich gespeist in die Zemer vom printz Friederich u. dan geng es auf die Solitide. Im schloß stig man ab, besahe es, geng ein wenig im garden herum, in den lorber Saal u. gudirte in dem mohren Saal, der printz Kamen Auch balden dar zu, zu for fur man auch noch auf der Wurst in den Dir Garden, da es aber zemlich Kald war, so hielde man sich nicht lang da auf, beim Zurickfahren Stieg man einen augenblick bey dem General Holl[223]) in seinem Garden ab, wo er wein lesse hielt u. seine gantze Famille hatte. Abend gengen die mömbelgarder herschaften in die Comedie, der herzog rederierden sich aber.

Hohenheim Sontag d. 10. Okt. 1784. Heide waren der herzog gleich anfangs besser disbonirt wie gestern den gantzen Tag nicht, doch haben Sie noch immer schmertzen in Ihrem fuß u. glagen über abnahme der Kräfte, Sie u. der Printz Friederich gengen in Ihre Kirch, wie Sie zurik Kamen, gengen Sie auf die barade, dan firden Sie die hoheid an wagen, welche mit Ihren Dames u. mir in die reformierde Kirche[428]) fuhren, nach der Kirch Zog man Sich an u. besser wie sonst, weil der Geburtztag von der frau land gräfin von Cassel war. Ein Graf Larose[211]) u. Seine frau waren von fremde da, nach die Zwey uhr speiste man, nach der Tafel gengen der herzog u. ich gleich hier her, wo es dan noch nacher Scharnhausen geng u. da die Mömbelgarder herschaften morgen da hin Komen solden, so richdede man noch aller hand da ein u. Kam erst Gantz in der nacht zurik; in Stuttgardt war Kur.

Montag d. 11. Um 10. uhr Kamen die Mömbelgarder herschaften u. Graf Romanzoff[319]) russische Gesander benebst noch einige von hof, Sie stigen hier ab, u. bald darauf firden Sie der herzog nacher Scharnhausen, es gefil denen herschaften ser wohl da u. es wurde da gespeist, nach der Tafel geng es nacher Könken, um die alderdemer dorden zu sehen, u. von da aus geng es follens bis Kirchheim, wo die herschaften geruthen, bei meiner schwester ab zu steigen. Der herzog firden den brentzen in den stall u. die hoheid erwardede sie wieder bey meiner schwester, wo selbst Sie das Gude nahmen, es war schon zemlich spät wie man wieder weck geng, um halder 8. uhr Kam man hir wieder an, die mömbelgarder herschaften gengen wieder nacher Stuttgardt u. der herzog u. ich blieben hier.

Dinstag d. 12. Im Dörfle wurde frie gestigdt, nach die

10. uhr Kam die pfarrerin u. der Pfarr zu mir in die Kohlerhütte, um halb 11. uhr fur man herein, der herzog rieden nach Tisch wie vor Tisch viel herum, ob sie wohl Ihren Fuß gleich Glagden, um halb 5. uhr firden Sie mich nach gehens in den fassanen garden, alwo Sie ein u. anderes auf die ankunft der mömbelgarder herschaften auf morgen angaben, abend schrieben nach gehens der herzog u. ich bis halb 8. uhr.

Mitwoch d. 13. In dem Dörfle wurde frie Gestugdt, um halb 11 uhr geng man herein u. zog Sich follens an, um 12. uhr Kamen die mömbelgarder herschaften, der Printz Coburg, Ein Graf Larose[211]) mit seiner frau u. noch einige von hof, man geng bald in das reithaus, nach dissem wurde gespeist, der Graf Romanzoff war auch hier, nach der Tafel fur man Gleich in das Dörfle, u. geng bis Zum wasser fall u. von da aus fur man in den fassanen Garden, alwo man ein wenig herum geng, die Diere sahe, die da Sein, dan gudirde man u. nach dissem fuhren die mömbelgarder herschaften nach Stuttgardt, u. der herzog hier her.

Stuttgardt d. 14. Okt. Donerstag 1784. Im Dörfle wurde frie Gestigdt, um halb 12 uhr geng es nacher Stuttgardt, ich geng gleich nach der ankunft zu Ihro hoheiden, dan Zogen Sich der herzog u. ich an, u. um Zwey uhr geng man zur Tafel, nach der Dafel gengen die herschaften in mein haus, blieben da bis 6. uhr, u. dan geng es in die Geselschaft von der Stadt, der herzog u. ich blieben aber nicht lange.

Freitag d. 15. Der herzog gaben vormitag audientz, u. nach dissem fuhren Sie u. ich in den weinberg vom verstorbenen Grüneisen, um Zwey uhr geng es Zur Tafel, nach der Tafel gengen der herzog u. ich gleich hierher, es lis Sich ein russischer printz mit Seiner Frau durch den Romanzoff melden, der herzog Kaufden den wein berg, wo Sie heide frie gesehen hatten. Die herschaften von Mömbelgardt solden morgen hierher Komen, allein abends noch lissen es der herzog absagen.

Samstag d. 16. b. Im Dörfle wurde frie Gestugdt, nach die 11 uhr geng es nacher Stuttgardt, der herzog u. ich gengen gleich zu Ihro hoheiden u. der herzog auch zu dem printzen. Um Zwey geng es Zur Tafel, der printz Gagarin u. Seine frau wurden presendirt, nach der Tafel rederierde Sich ein Jedes, der herzog u. printz Friederich gengen in die Garde Casern, ich zu die Lützowische u. abends bekleideden der herzog u. ich die hoheid an den wagen, um in die opera zu fahren u. der herzog u. ich speisten dan nach die 8. uhr.

Hohenheim d. 17. Sontag 1784. Ich bekleidede Ihro hoheiden in die reformirde Kirche, der herzog u. printz waren da schon von Ihrer Kirch zurik, gegen 4 uhr speiste man, der printz Gagarin u. Seine frau waren auch bey hof, nach der Tafel gengen der herzog u. ich gleich hierher; es war aber doch, da die Tafel, weilen der herzog dem russischen printzen zu vor Ihre pferde u. mein haus gewiesen haben, spat anfeng, schon gantz nacht wie man hier ankam, um halb 8. uhr speiste man.

Montag d. 18. In der Kohlerhitte friestugde man, der herzog gengen belder Zurick als ich, weil Sie Sich noch anziegen musten. Ich Sahe heide die Sonne ser schön auf Steigen; um 10. uhr Kamen der printz Friederich, printz Ferdinand, der russische printz u. noch einige hernn von hof, nach die 12. uhr Kamen erst die hoheid u. die übrige Dames, der herzog weisten Ihre pferde u. gebeide, die hoheid u. wir gengen auch vormitag noch hier herum, es wurde lang bis man Zur Tafel geng, halb 2. war es doch erst, nach der Tafel fur man in das Dörfle, da geng man aller orden herum, u. erst, wie es schon nacht war, gengen Sie wieder nacher Stuttgardt, der herzog u. ich blieben hier.

Hohenheim d. 19. Okt. b. Dinstag 1784. In der Kohlerhitte wurde friegestugdt, ich lies es mir da recht wohl sein, um halb 11. uhr rieden der herzog Zu der Grote beym wasser fall, u. ich geng zu fuß da hin, um halb 12. uhr as man zu mitag, nach dissem rieden der herzog aus u. gegen 3. uhr fur man nacher Scharnhausen, der herzog rieden auf den berg dorden u. steckden einen Dir Garden, den Sie da anlegen wolden, aus; ich schrieb so lang, der General Holl[223]) war auch da; abends firde ich Ihn nach gehens im Haus herum u. geng mit Ihm Ihro Durchleicht ingegen; an Ihrem fuß Glagen der herzog noch immer schmertzen, u. gehen auch noch sehr übel, um halb 8. uhr wurde zu nacht gespeist, u. der Tag geng mir sehr geschwend verbey.

Mitwoch d. 20. Im Dörfle bei der Kohlerhitte friestugde man, dan gengen der herzog gleich nacher Scharnhausen, um 10. uhr geng ich in die Kirch u. nach dissem farde ich auch nach Scharnhausen, da aber die pferde Sehr besse waren, die ich hatte, so Kam ich ein wenig zu spat, u. der herzog Kamen mir schon engegen, Sie fuhren dan auch zurik u. dan geng es nacher Stuttgardt, ich geng gleich zu Ihro hoheiden, um 2. uhr wurde gespeist, der fürst Gagarin u. Seine frau waren noch da, nach Tisch firden der herzog den printzFriederich in die biblioteg, ich blieb in meinem Zemer, um 6. uhr geng man nach gehens in der hoheid Ihr Zemer, um Sie zur geselschaft abzuhohlen, die russen draf man bey Ihnen an, die dan auch in die geselschaft fuhren; der herzog u. ich blieben nicht lang in der geselschaft.

Hohenheim d. 21. Okt. Donerstag 1784. Ihro Durchleicht gengen gleich um 8. uhr in die biblioteg, um ein Theil derer biblen, die Sie in Koppenhagen von dem bastor Lorch[429]) erkauft haben, Zu übergeben, ich Kam um 10. uhr nach u. wurde dan in der biblioteg friegestugdt, ich las da so lang der herzog da blieben, dan bekleidede ich Sie in die Garde Casern, wo ich aber nicht ausstig, sondern zurik in das schloß fur, ich geng gleich zu Ihro hoheiden, dan Kamen der herzog, man zog sich an, da Es der geburtztag von dem printz Ferdinand war, so zog man sich besser an, um Zwey uhr geng es zur Tafel, nach der Tafel beurlaubte sich der printz Gagarein u. Seine frau, u. der herzog u. ich gengen hier her, um morgen die Mömbelgarder herschaften hier zu Empfangen.

Freitag d. 22. Da es ein wenig regnede, so wurde nichts daraus, daß die herschaften hierher Kamen. Der herzog rieden aus, ich zog mich an u. laß, um halb 12. uhr as man zu mitag, nach Tisch riten der herzog aus, u. nach dem Gude firden mich der herzog nacher Scharnhausen, wo Sie auf den berg gengen, um nach dem Zaun zu sehen, wodurch der Dirgarden gemacht wurde. Abends speiste man nach die halb 8. uhr, der herzog Glagden noch immer Ihren Fuß.

Stuttgardt d. 23. Okt. Samstag 1784. In dem Dörfle wurde friegestugdt, um halb 11. uhr fur man wieder herein, ich geng aber gleich wieder henaus, um was in meine Kohlerhitte zu legen, was der herzog Ihro hoheid geben wolden. Um 12. uhr Kamen die Mömbelgarder herschaften, es wurde bald gespeist, nach der Tafel fur man nach Scharnhausen, alstan fur man in dem Thal wieder zurick u. Stig in dem Dörfle ab, der herzog u. die 3. printzen benebst den andern hernn gengen in die Jäger Casern u. hörden dorden einem examen von die Jägers zu, die hoheid, Graf Romanzoff u. wir Dames gengen in die Kohlerhütte u. dorden wurde vor der Kohlerhitte vor gelessen bis es abend war, dan geng man in das Wirtz haus, dan Kamen der herzog u. die übrige auch, u. es geng alles nachgehens bald nach Stuttgardt, wo der herzog die hoheid noch in das Zemer firden u. Sich dan rederirden.

Sontag d. 24. Um 11. uhr gengen alle die herschaften in die cadolische Kirch, um halb 3. wurde gespeist, nach der Tafel rederirde Sich ein Jedes, um 6. uhr war Kur, der herzog blieben ungefer eine stonde dabey, dan rederirden Sie Sich u. speisten vor 8. uhr.

Hohenheim d. 25. Okt. Montag 1784. Um 8. uhr gengen der herzog in die biblioteg u. über gaben wieder einen Theil der biblen von Kopenhagen, ich Kam um 10. uhr zu Ihnen, von da geng ich zu der General Schelerin, dan wieder in die biblioteg, wo ich, so lang der herzog da waren, las, um 1. uhr fuhren der herzog u. ich nach haus, zogen Sich an u. da heite der Geburtztag der Großfürstin war, so war Gala, um zwey geng es Zur Tafel, man speiste in dem weissen Saal, nach der Tafel gengen der herzog u. ich bald hier her, wo gegen 8. uhr gespeist wurde.

Dinstag d. 26. In der Kohlerhitte friestiegde man, der herzog gengen bald wieder herein, um halb 11. uhr geng ich auch wieder herein, um 12. uhr Kamen die mömbelgarder herschaften, Romanzoff, Ein fremder v. Emhof[430]) u. noch einige von hof, man speiste bald zu mitag, nach der Tafel spielde man, weil es regnede u. man nicht ausfahren Konde; um 5. uhr gengen Sie wieder, um weck in das specdagel nach Stuttgardt Zeitlich zu Komen u. der herzog u. ich schrieben u. speisten gegen 8. uhr Zu nacht, der herzog plagdten heide Sehr Ihren fuß, legden auch abends ein pflaster auf u. spierden bald darauf ein wenig beserung.

Stuttgardt d. 27. Okt. Mitwoch 1784. Um 11. uhr geng es wieder nacher Stuttgardt, der herzog gengen nach der ankunft gleich zu der hoheid, um zwey wurde gespeist, nach der Tafel geng es in die academie u. Sahe einem Carosel von die Junge leide in der academie Zu, dan geng man wieder in das schloß u. um 6. uhr wieder in die academie Zum Conserd, nach dissem geng ich Zum essen von der academie u. alstan speiste man Selbsten in der academie zu nacht.

Donerstag d. 28. Um 9. uhr Kamen die Mömbelgarder herschaften in mein Zimmer Zum herzog, Sie sprachen noch lange zu samen u. um 11. uhr geng man wieder in der hoheid Ihre Zimmer, wo Sich die herschaften von einander beurlaubden, ein Jedes schen das andere ungern zu verlassen u. mir war Ihre abreise Sehr leid, der Printz gengen nacher Mömbelgard u. die hoheid mit dem printz Ferdinand nacher Cassel, der herzog u. ich speisten geschwend u. dan geng es hierher, abend firden mich der herzog noch nacher Scharnhausen u. heide fingen der herzog auch Ihre buliung an zu Tringen.

Hohenheim d. 29. Okt. Freitag 1784. Nach Tisch fur man nacher Stuttgart in die biblioteg, woselbst der herzog wieder einen Theil der biblen von Copenhagen übergaben, ich las da u. wie es schon gantz demer war, so fur man wieder hierher.

Samstag d. 3. In der frie war pferds verkauf, der printz von Coburg u. Oberstallmeister assen zu mitag hier, um halb 3. uhr firden mich der herzog nacher Scharnhausen u. das erstemahl in den Dirgarden in das heisle u. man fur über Plieningen, weil der andere weg zu nas war u. Kam erst spat nacher haus.

Sontag d. 31. Ihro Durchleicht firden mich in die Kirch nacher Birgach, ich Kam nach gehens noch in die bredig von Ihrer Kirch, nach Tisch gengen der herzog herum, dan rieden Sie aus, u. ich geng aus über meinen Garden in das Dörfle, dan wurde gudird u. abends firden mich der herzog noch spatzieren.

Hohenheim d. 1. Nov. Montag 1784. Nachmitag geng es nacher Stuttgardt u. Ihro Durchleicht übergaben wieder einen Theil der büblen aus Copenhagen[429]) der Biblioteg über, ich Kaufte ein aller hand Silberwerg vor den Carlstag u. nach dissem las ich auch noch in der Biblioteg u. man Kam erst um 7. uhr wieder hierher.

Dinstag d. 2. Ihro Durchleicht gengen um halb 7. uhr auf eine Jagdt bey Neckarthailfingen, um hirsche in den Dirgarden einzufangen, ich blieb Zu haus u. hatte viel zu Thun auf den Carlstag, ausser daß ich vormitag in das Dörfle geng u. 12. uhr wieder hir her Kam, nach die 4. uhr Kamen der herzog wieder.

Mitwoch d. 3. F. B. Im Dörfle frie stigde man, um 10. uhr firden mich der herzog in die Kirch u. nachmitag geng es nacher Scharnhausen, der herzog rieden von da in den Dirgarden, ich hatte ein wenig zu Thun vor den Carlstag, dan geng ich auch zu fuß in den Dirgarden, man Kam zemlich spat wieder zurik u. ich hatte noch zemlich zu Thun.

Hohenheim d. 4. Nov. Donerstag 1784. Man Stond Zemlich frie auf u. Ihro Durchleicht gengen auf die Jagdt bey

Neckarthailfingen, bis da hin fur ich mit Ihnen u. dan rieden Sie u. ich fur nacher Ober Ensingen zu meiner mutter, die mich recht gerne auf nahme u. ich blieb bis halb 5. uhr bey Ihr; alstan wie ich Kaum vor Nürtingen drausen war, so Kamen der herzog mir Endgegen u. man fur gerade wieder nacher Hohenheim, Ihro Durchleicht hatten 7. Hirsche gefangen, woronder ein Zwantziger war. Ob heide schon der Carls Tag war, so durfde man doch nicht Eüsserliche machen u. Thun.

Freitag d. 5. Um 9. uhr geng Es nacher Stuttgardt, der herzog gaben audientz, Zu mir Kamen Junge leide von der academie Zum Essen, nach dissem gengen der herzog in die biblioteg, ich geng zu der frau v. Lützow u. Ecoll u. dan auch in die biblioteg, alstan aber geng ich zu der Geheimeräthin v. Bühler u. dorden holden mich der herzog alstan ab, um wieder hier her zu fahren, es war schon weit über sieben uhr wie man an Kam u. man as dan bald.

Hohenheim d. 6. Nov. Samstag 1784. Es geng in aller frie nacher Kirchheim, da Stiegen der herzog bey meiner Schwester ab, u. rieden auf die Jagdt u. ich blieb da bey meiner schwester, bis Sie wieder Kamen, nach Tisch Kam der herr v. Palm, Spetzial u. oberamtmann, der Herzog Kamen Zemlich spat, Sie haben heide 9. hirsche gefangen u. man Kam um 8. uhr in Hohenheim wieder an.

Sontag d. 7. Ihro Durchleicht firden mich in die Kirch u. von disser Kirch Kam ich nach in Ihre, nach Tisch ritten der herzog herum, ich las u. um 3. uhr firden mich der herzog in den neuen Thier Garden bey Scharnhausen, wo ich in dem Kleinen Jagdt haus las u. Ihro Durchleicht herum ritten.

Kirchheim d. 8. Nov. Montag 1784. Gleich beim Aufstehen um 7. uhr nahmen Sich der herzog vor auf ein paar Tage hir her nacher Kirchheim zu gehen, um 10. uhr geng es auch von Hohenheim hinweck, zuvor bekam man noch die nachricht, daß der General Gabelizgie[364]) heide nacht gestorben währe, bey meiner schwester Stigen der herzog ab u. Sie rieden gleich auf die Jagdt u. ich as bey meiner schwester zu mitag, blieb alstan noch bey Ihr bis nach die 4. uhr u. geng in das schloß, wo Ihro Durchleicht alstan bald Kamen u. mir erzählden, daß 2. hirsche gefangen worden Sein, Sie u. ich schrieben alstan u. dan geng es heraus, meine schwester war auch zur Tafel gebeten, man spielde u. as aber doch balt zu nacht. Ihro Durchleicht schenen heide recht zu frieden zu sein.

Kirchheim d. 9. Nov. Dinstag 1784. Ihro Durchleicht gengen gleich um 7. uhr auf die Jagdt, meine schwester u. ich fuhren nacher Ober Ensingen zu unserer mutter, wir blieben bis 3. uhr da, alstan gengen wir wieder hierher, Ihro Durchleicht Kamen mir endgegen bis Nürtingen, ich fur nach gehens mit Ihnen, nach der Ankunft Schrieben Sie u. vor Tisch spilde man noch 15[304]), der herr v. Palm Kam auch.

Mitwoch d. 10. Wie gestern rieden der herzog u. printz Coburg gleich wieder auf die Jagdt, zu mir Kam meiner schwester Ihre beede Töchder u. nichte Wöllwarth u. Schertel, nach dem Essen gengen wir zu der Fitze Jegermeisterin v. Geisberg[394]) u. der Abend wurde wieder hin gebracht wie gestern.

Kirchheim d. 11. Nov. Donerstag 1784. Ihro Durchleicht u. der Printz Coburg gengen wieder gleich in der frie auf die Jagdt, ich geng um 10. uhr zu meiner schwester, wo selbst der General Bittenfeld[404]) war u. der hE. v. Palm[422]) auch hin Kam, um 11. uhr geng ich wieder in das schloß, der herzog Kamen bald u. dan firden Sie mich noch spatzieren, abend schrieb man u. vor Tisch wurde wieder Gespild.

Freitag d. 12. F. B. F. B. Um 7. uhr gengen der herzog u. Printz Coburg wieder auf die Jagdt, ich verspedede mich mit allem, meine schwester u. 4. Niesen Kamen zu mir, wir gengen in die Kirch, meine verwande assen alle bey mir zu mitag, nach Tisch fur meine schwester u. ich nacher Auen Zu der General Bittenfeldin[404]), ich firde meine schwester wieder in Ihr haus, u. abends schrieben der herzog, ich arbeidede, u. vor Tisch spielde man.

Kirchheim d. 13. Nov. Samstag 1784. Ihro Durchleicht rieden wieder, wie alle Zeit, Gleich auf die Jagdt, u. da der herzog heide von hier Gantz weck gehen, so packde ich ein, es Kam die Marstallerin Zu mir, dan die Oberamtmännen u. alstan dieSpetzielin mit Ihren Kindern, um 11. uhr geng ich zu meiner schwester, alwo ich meine mutter u. schwester Juliana andraf, ich geng mit meiner nichde Janet[351]) zu der Fitze Jegermeisterin v. Geisberg[394]) einen Augenblick u. dan as ich bey meiner schwester zu mitag, wir hatten noch nicht gantz aus gegessen, so Kam der herr v. Böhnen mit der nachricht, daß Ihro Durchleicht mich erwardeden, ich nahm dan Gleich abschied u. begegnede Ihro Durchleicht bey der Kongkemer brieke, man fur gerade hier her, in Scharnhausen fur man einen augenblick in den neuhen Thier Garden, um halb 8. uhr as man alstan.

Hohenheim d. 14. Nov. Sontag 1784 F. B. Ich blieb lange liegen, Ihro Durchleicht firden mich in die Kirch u. erwardeden mich in Ihrer, nach Tisch rieden der herzog aus, ich geng zu fus in das Dörfle, da gudirde man u. ich las, dan fur man in den fassanen Garden.

Montag d. 15. Im Dörfle friestiegde man, es war der schönste Tag, den man sich wenschen Konde, um 3. uhr fur man in den Thiergarden, u. von da aus einen augenblick in das scharnhauser schlößle, im Dirgarden rieden der herzog herum, ich schrieb, abends schrieben der herzog, ich packde etwas ein auf morgen nacher Böblingen u. schrieb auch. Heide Kam auch wiederum das fich von Büssenau, u. man as wieder das erstemahl in die Gröne Zemer.

Böblingen d. 16. Nov. Dinstag 1784. Ihro Durchleicht gengen um 6. uhr schon von hier hinweck, um in dem böblinger forst hirsche zu fangen, ich geng um 10. uhr in das Dörfle, as um halb 1. u. beschäftigde nach Tisch mit einigen, u. um 3. uhr fur ich auch von hier hinweck nacher Böblingen, ich war ungefer anderhalb stonden da, so Kamen der herzog von der Jagdt, es wurde dan bald zu nacht gespeist, der Printz von Coburg war auch mit da.

Mitwoch d. 17. F. B. Ihro Durchleicht gengen wieder um 6. uhr auf die Jagdt mit dem Printzen von Coburg, ich blieb den gantzen vormitag in meinem Zemer, schrieb, las u. arbeidede vor u. nachmitag u. um 3. uhr geng ich zu der Oberforstmeistern von Truft[431]), der herzog Kamen zemlich spat, nach dissem schrieben Sie noch ein wenig u. dan wurde um halb 8. uhr zu nacht gespeist.

Donerstag d. 18. Wie gestern geng der heitige vormitag herum, doch brauchde ich lenger zu meiner frisur u. as etwas belder zu mitag, um 12. uhr fur ich zu Ihro Durchleicht auf die Jagdt, blieb eine Zeitlang darbey u. Stig alstan in dem ruck weg bei der frau v. Hiller in Gärtringen ab, Kam aber denoch bey zwey stonden früher nach haus als Ihro Durchleicht.

Böblingen d. 19. Nov. Freitag 1784. Fr. B. Heite gengen der herzog eine stonde speder auf die Jagdt, um 10. uhr lis ich mich frissiren, wo bey die Kleine freilen v. Truft[431]) war, um 11. uhr geng ich in die Kirch, nach dissem as ich, dan geng ich in dem schloß herum, schrieb ein wenig u. alstan Kam die Oberamtmännin zu mir, bis fast der herzog von der Jagdt Kamen, blieb Sie; der herzog Kamen heite früher nach haus als sonsten, Sie schrieben nach gehens noch u. um halb 8. uhr wurde gespeist.

Hohenheim Samstag d. 20. Fr. B. Um 6. uhr gengen der herzog auf die Jagdt, ich las u. zog mich an u. packde ein, as um halb 11. uhr, nach Tisch Kam die frau v. Hiller zu mir, u. bald darauf Kam der herr v. Bönen mit der nachricht, daß der herzog bald Komen werden, ich geng mit Ihr noch geschwend zu der frau v. Truft u. erwardede den herzog dan in meinem Zemer u. wie Sie Kamen, so geng es gleich von Böblingen hin weck u. gerade hier her; es schneide nach mitag, daß alles weis ward. Der herzog schrieben noch hier u. ich pagde meine Sachen wieder aus u. schrieb auch, um halb 8. uhr as man zu nacht in die Gröne Zemer.

Hohenheim d. 21. Nov. Sontag 1784. Ich blieb lange liegen u. geng nicht in die Kirch nacher Birgach, aber in die von Ihro Durchleicht, wo ich eine Sehr schöne predig von dem hofcabelan Werkmeister hörte, am mitag Essen entschlossen Sich der Herzog nacher Stuttgardt zu fahren, nach Tisch rieden Sie ein wenig herum u. um zwey uhr geng es dan nacher Stuttgardt, der herzog sprachen dorden einige in Ihrem Zemer, ich geng in das schloß zu die Litzowische u. dan zu der frau v. Mosheim, die ich mit Ihren schwestern noch Sehr betribt wegen dem Tod Ihres vatter andraf, der herzog holden mich dorden ab, u. um halb 8. uhr war man wieder hier.

Montag d. 22. Es war alles follens überzogen von schne, nach dem frie Stig fuhren der herzog u. ich zu dem bach bey der riedenberger brüke um bablen aus zu sehen[432]), dan schrieben Sie u. ich laß, nach Tisch rieden Sie wieder ein wenig aus, waren aber heide vol mis muth u. um 3. uhr fur man in den Thir Garden bey Scharnhausen, alstan schrieben der herzog u. ich den abend vollens durch.

Hohenheim d. 23. Nov. Dinstag 1784. Im Dörfle friestugde man, nach Tisch geng es nacher Stuttgardt, der herzog lissen einige leide zu sich Komen u. fuhren in die Cassern, zu mir Kam die frau v. Mandelsloh, um 5. uhr war man wieder hier.

Mitwoch d. 24. Im Dörfle wurde wieder frie gestugdt, um

10. uhr firden mich der herzog nach Birgach in die Kirch, um 3. uhr fur man in den fassanen Garden, dan schrieben der herzog u. ich arbeidede.

Donerstag d. 25. Im Dörfle frie Stugde man in der Kohlerhitte, nach Tisch waren der herzog viel beim aufschlagen des Durns, wo rein die uhr Komt u. gegen 4. uhr fur man nacher Scharnhausen.

Freitag d. 26. Um 9. uhr geng es nacher Stuttgardt, der herzog Gaben audientz, ich geng in die Ecoll u. zur frau v. Lützow. Dan assen 6. von die Junge leide aus der academie bey mir, der herzog gengen in die academie zum essen, so lang Kam eine Jungfer Georgie zu mir, dan fur man nach der Solidit, da stig man in der Dreiberei ab, besahe die husaren pferde u. fur in den Tier Garden, wo der herzog 3 Dire schossen u. um 5. uhr war man wieder hier.

Hohenheim d. 27. Nov. Samstag 1784. Der herzog rieden aus, um die Legion in der mitleren Cassern zu messen, ich Kam Zu Ihnen um 9. uhr, man frie stugde, dan mesden der herzog follens u. rachirden Sie, der Printz von Coburg Kamen auch, ich fur wieder zurick u. der herzog Kamen auch um 11. uhr wieder u. abends fur man nacher Scharnhausen.

Sontag d. 28. Der herzog firden mich in die Kirch u. wardeden mit Ihrer auf mich, nach Tisch geng es nacher Stuttgardt, in der academie wurde zu nacht gespeist.

Montag d. 29. Um 7. uhr furen der herzog in die Garde Casern[423]), um auch disse leide von der Legion Zu messen, um 9. uhr Kam ich auch da hin u. es wurde dorden frie Gestigdt, beim mitag essen waren einige von die Junge leide von der academie bey mir, zu vor war ich auch bey der frau v. Lützow u. in der Ecoll, die Junge leide waren bey mir bis man wieder von Stuttgardt hinweck geng, der herzog Kamen nach die 12. uhr mit Allem in der Cassern ferdig zurick u. lissen die Legion auch noch in den schloß hof Komen, um 4. uhr war man dan wieder hier.

Hohenheim d. 30. Nov. Dinstag 1784. Das Wetter war Sehr neblich u. der herzog nicht gut disbonird, nach die 3. uhr geng es Endlich nacher Scharnhausen.

Mitwoch d. 1. Gleich beim Aufstehen meldete man einen Curir von Wien, nach dem friestug geng ich in das Dörfle u. nach Tisch geng es in die biblioteg, wo der herzog die biblen[429]) follens übergaben, ich geng in das schloß, um Ihro Durchleicht da Zu erwarden, um 5. uhr Kam man wieder hier an u. der herzog ferdigden den Curir noch ab.

Donerstag d. 2. Um 1. uhr geng es nacher Louisburg, im Weissenhaus Stieg man ab, der herzog gengen in das Arsenal, ich blieb da, u. die frau v. Tontersfeld u. freulein v. Penas[99]) Kamen zu mir, hier Kam man erst gegen 7. uhr wieder an.

Freitag d. 3. Um 9. uhr geng es nacher Stuttgardt, der herzog gaben audientz, ich geng zu der frau v. Lützow u. es assen wieder Junge leide von der academie bey mir, der herzog lissen nach der audientz noch einige von der Canseley zu sich Komen, dan gengen Sie Zum essen von der academie, u. nach dissem gengen Sie in Ihre Ställe u. in die Cassern, u. Kaufden mir schöne Kleider; ich geng zu der Geheimderäthin v. Üxküll, wo hin der herzog auch Kamen u. um 4. uhr war man wieder hier.

Hohenheim d. 4. Dez. Samstag 1784. Man stand zemlich früh auf, u. um 6. uhr fuhren der herzog mit dem Printzen von Coburg auf die Jagdt bey Lustnau, ich laß u. arbeidede vormitag, nach Tisch geng ich gleich in meine Garderobe, dan arbeidede ich wieder an steierlin[433]) vor Ihro Durchleicht, dan schrieb u. las ich, u. der herzog Kamen Erst wieder ungefer um 8. uhr, dan wurde bald gespeist.

Sontag d. 5. Der herzog firden mich in die Kirch u. Erwardeden mich in Ihrer Kirch zur bredig, um 1. uhr geng es nacher Stuttgardt, da gengen der herzog in die Cassern u. stelle, ich geng zu der Geheimderath Bühlerin, wo mich der herzog abholden, um wieder nacher Hohenheim zu gehen.

Montag d. 6. Um 9. uhr geng es nacher Louisburg, daselbst stig man in dem Milider Weissen haus ab, der herzog haben pferde zu samen Komen lassen, die wurden besehen, die frau v. Tontersfeld Kam zu mir, ich sahe die Kinder speisen, nach dissem geng ich zu der Obristin v. Nicoleie[434]), da blieb ich bis der herzog Kamen, Sie Kamen aber erst gegen die 4. uhr u. dan geng es weck, in Stuttgardt Stig man im schloß einen augenblick ab u. Kam um halb 8. uhr wieder in S. an.

Dinstag d. 7. F. Der herzog rieden ein wenig aus, dan arbeideden Sie mit dem Secreder, ich packde meine sachen zu samen u. um 10. uhr geng es auf die Jagdt in dem auracher forst, in Metzingen nahmen der herzog schogolat u. fuhren dan mit dem Printzen v. Coburg auf die Jagdt u. ich hier her nacher Aurach;

der herzog Kamen bald nach, weil Sie nichts gefangen hatten, dan hielden Sie Sich in meinem Zimer mit schreiben u. lessen auf, bis es Zur Tafel ging.

Mitwoch d. 8. F. B. Um 7. uhr gengen der herzog mit dem Printzen auf die Jagdt, ich blieb lenger liegen wie sonsten, dan zog ich mich an, las u. Kam einige mahl die Keidlen Zu mir, um 3. uhr Kam die Oberforst Meistern v. Marschall[330]) u. die hofräthin Weis[331]) zu mir, der herzog Kamen gengen 6. uhr wieder vom Jagen Zurick, dan schrieben Sie, ich las.

Urach d. 9. Dez. Donerstag 1784. Um 9. uhr besahen der herzog pferde, ich Sahe sie auch u. sprach mit dem Special[435]) u. dem Dockder Seiberd[435]), dan fuhren der herzog u. Printz v. Coburg wieder auf die Jagdt, um halb 12. uhr as ich, um halb 2. uhr Kam die Oberamtmännin, Specialin, Dockder Seiberdin u. dan auch die frau v. Cosbot[436]) mit Ihren beeden Töchter, wie sie weck waren, geng ich wieder zu der frau v. Cosbot u. auch zu der frau v. Marschall u. dan wardede ich Ihro Durchleicht von der Jagdt ab. Sie Kamen nach die 5. uhr.

Hohenheim d. 10. Freitag. Der herzog gengen wieder auf die Jagdt, ich geng um 10. uhr in die Kirch, zu vor war der Special[435]) einen augenblick bey mir, nach der Kirch as ich bald u. um 1. uhr fur ich von Aurach weck u. begegnede Ihro Durchleicht noch bey der Jagdt, von da fur man grade hier her u. Kam um 5. uhr an, der herzog machden Ihre babire auf u. ich raumde wieder auf.

Hohenheim d. 11. Dec. Samstag 1784. Um halb 7. uhr Stond man auf, nach deme der herzog angezogen waren, unterschriben hatten u. Ihre buliong u. friestug genomen haben, rieden Sie in die Cassernen, der Printz v. Coburg war auch da u. um 10. uhr fuhren der herzog u. Printz auf ein Jagen bey Neckarthailfingen, ich blieb zu haus, schrieb, las u. arbeidede, nach die 12. uhr as ich u. wie ich es mir gar nicht versehe, so Kamen auf ein mahl der herzog wieder, Sie bekamen underwegs die nachricht, daß der starke hirsch nicht mehr auf dem platz wäre u. also nicht fangen Können. Der herzog assen dan ein wenig u. alstan geng es nacher Stuttgardt, wo Sie in die Cassernen gengen u. ich so lang zu der frau v. Üxküll, wo hin Ihro Durchleicht auch Kamen; auch ehe Sie aus dem schloß gengen, sprachen Sie einige nach die 6. uhr, gleich war man wieder hier, dan schrieben der herzog.

Sontag d. 12. Ihro Durchleicht firden mich in die Kirch, ich Kam nach gehens auch noch in Ihre bredig, nach Tisch geng es nacher Stuttgardt, der herzog gengen in die Cassern, ich zu der Geheimderath Bühlerin, wo hin der herzog auch Kamen u. von da aus fur man wieder hier her, der herzog glagden Sehr schmertzen in Ihren hifden, doch schrieben Sie u. ich laß.

Hohenheim d. 13. Dez. Montag 1784. Um 8. uhr geng es von hier nacher Lustnau, alwo der herzog pferde haben zu samen Komen lassen u. Sie in dem Oberamthaus besahen, ich fur follens nacher Tübingen zu der frau v. Frangenberg[296]), da as ich zu mitag u. suchte Zemer vor den profesor Storr[71]) vor Seine naduralien aus, des mir der herzog auf getragen haben, ich Stieg auch wie ich weck fur, bei Ihm u. Seiner frau ab, u. fur dan wieder nacher Lustnau zu Ihro Durchleicht, um halb 6. uhr war man nach gehens wieder hier; der herzog glagden den gantzen Tag hift u. Kopf We. Wie man hier ankam, Kam noch ein Keisserlicher haubtman Graf Koneseck[437]) u. brachte Ihro Durchleicht die liste von dem regimend, des die hissige lande bassird.

Dinstag d. 14. Heide geng es wieder um halb 9. uhr von hier weck, in Stuttgardt Stieg man ab, der herzog sprachen den Keisserlichen Obrist u. Oberst Leiten. von dem regiemend, des heide in Plochingen rastag hat; nach dissem geng es gerade nacher Asberg, wo Ihro Durchleicht leide aussuchden, ich blieb so lang bey der Famille von dem General Hügel[396]), der herzog waren belder ferdig, als ich glaubde u. man war gleich nach die 5. uhr wieder hir; der herzog glagden den gantzen Tag wieder Kopfwe, doch mit dem hift we war es besser.

Hohenheim d. 15. Dec. Mitwoch 1784. Um halb 9. uhr gengen der herzog von hier weck, um die Keisserliche Truppen bey Hedelfingen verbey marschiren zu sehen, ich fur um 10. uhr in die Kirch, dan in das Dörfle u. um 12. uhr geng ich zu fuß Zurick u. aß bald, nach Tisch geng ich in meine Garderobe u. um 3. uhr Kamen der herzog wieder, Sie rieden noch ein mahl aus u. abends schrieben Sie u. ich.

Donerstag d. 16. Der herzog blieben heide wegen Kopfwe u. mattigkeidt bis 9. uhr liegen, nach Tisch rieden Sie gleich aus in die Cassernen, ich schrieb die meiste Zeit, nach die 4. uhr geng es nacher Stuttgardt, der herzog speisten in der retret. Ich bekam heide Sehr schöne sachen von baris, gantz unvermuth Traf ich

Sie in Stuttgardt an. Heide fur man auch zum Ersten mahl im schlitten.

Stuttgardt d. 17. Dec. Freitag 1784. Um 9. uhr firden mich der herzog nacher Berg u. Sie rieden mit dem printzen von Coburg noch weider die Keisserlichen Truppen ingegen, wie Sie Kamen, so fur ich wieder vor u. Sahe die Truppen im wagen, wo Ihnen von Ihro Durchleicht wein u. brot ist gegeben worden, nach dissem fur ich wieder nacher Stuttgardt u. der herzog Kamen in einer stonde nach. Der Kleine Werneck Kam zu mir, nach deme der herzog wieder Kamen, so as man u. um 3 uhr geng es in das Examen in die academie, des daurde bis 7. uhr, dan gengen der herzog u. ich Zum rachiren u. zum Essen von der academie u. assen Selbsten dan in der academie Zu nacht.

Samstag d. 18. Der herzog gengen um 8. uhr gleich wieder Zum examen, ich geng um 10. uhr einen augenblick in das alde schloß, um 11 uhr Kamen der herzog wieder, um halb 1. uhr Zogen Sie u. ich Sich an, nach die 1. geng man dan henauf zum hof, es wurde in dem marmor Saal gespeist, nach der Tafel rederirden Sich dan der herzog u. bald darauf fur man im schlitten wieder hier her nacher Hohenheim.

Hohenheim d. 19. Dec. Sontag 1784. Ihro Durchleicht firden mich in die Kirch u. erwardeden mich in der Ihrigen, um 3. uhr firden Sie mich alstan nach Scharnhausen, um in den Dir Garden zu gehen, da disser aber zu war, so Körde man gleich um, dan schrieben der herzog u. ich laß.

Montag d. 20. Um 9. uhr furen der herzog mit dem printzen von Coburg auf ein hirsch Jagen bey Pfullingen, um halb 12. uhr as ich, dan geng ich in meine Garderobe, u. bald schrieb u. arbeidede ich, um 6. uhr Kamen der herzog wieder u. haben einen 20. gefangen.

Dinstag d. 21. Um 3. uhr geng es nacher Stuttgardt u. dorden Speisten der herzog in der retret.

Mitwoch d. 22. Um 8. uhr gengen der herzog in die academie Zum Examen, ich Kam um halb 10. uhr auch da hin, geng aber bald, um 11. uhr Kamen der herzog auch wieder zu rick, nach Tisch fur man ein wenig spatzieren u. nach die 3. uhr geng es wieder zum examen in die academie, das daurte bis 7. uhr, dan wurde in der academie gespeist.

Hohenheim d. 23. Dec. Donerstag 1784. Der herzog

gengen wieder wie Gestern in die academie, um halb 11. uhr Kamen Sie, es wurde ein wenig was genomen u. alstan geng es in den fassanen Garden, wo fassanen in einer Zemlich grossen geselschaft geschossen wurden, u. um halb 6. uhr waren der herzog u. ich wieder hier.

Freitag d. 24. Nach dem friestick rieden der herzog aus u. nach Tisch auch wiederum, doch niemals lange, weil es Etwas Kalt war, u. nach dem Gute firden Sie mich im schlitten durch das Dörfle in die Kohlerhitte, alstan schrieben Sie u. ich arbeidede, u. Kurtz vor dem Essen machten Sie mir einen ser schönen ring mit einem Gelben brillianden Zum presend, dan as man.

Samstag Christag d. 25. Ihro Durchleicht firten mich in die Kirch, ich Kam auch noch in Ihre bredig wieder zu rick, der herzog gengen ein wenig herum, ich laß, nach die 3. uhr fur man nacher Scharnhausen.

Sontag d. 26. Der heitige Tag hatte den gang, wie der gestrige, nur daß man auch von Scharnhausen aus in den Thier Garden fur u. auch wie gestern fur man im Thal Zurick.

Hohenheim d. 27. Dez. Montag 1784. Ihro Durchleicht firten mich wieder in die Kirch, Sie hörten mäß in Ihrer Cabel, nach Tisch fur man nacher Stuttgardt, Stig im schloß ab, der herzog gengen in die Garde Cassern u. ich zu der Ministern v. Üxküll, wo hin der herzog dan auch Kamen u. von da aus geng es wieder hier her.

Dinstag d. 28. Ob es schon Zemlich Kalt war, so rieden der herzog doch vormitag noch aus, nach mitag wieder u. um 4. uhr geng es nacher Stuttgardt, disse ressen machte man immer im schlitten, in Stuttgardt wurde in der retret gespeist.

Mitwoch d. 29. Um 8. uhr gengen der herzog in die academie Zum examen, um 9. uhr Kam ich auch zu Ihnen, nach deme es dorden frie gestigdt worten ist, so geng ich wieder u. zwar in das alte schloß zu der frau v. Lützow u. Sagde Ihr die erste nachricht, daß Ihro Durchleicht Ihren mann Zum Ober Forstmeister v. Urach [49]) machen wolten, dan geng ich Zum essen, es assen Junge leite von der academie bey mir, um 12. uhr Kamen Ihro Durchleicht auch wieder u. dan geng es bald wieder hier her u. von hier geng es noch in den fassanen Garden, wo Ihro Durchleicht Zwey Fassanen schossen.

Hohenheim d. 30. Dec. Donerstag 1784. Das Wetter

war schön, ich lies zu ader, der herzog bekam die nachricht, daß der handel mit binnigheim[438]) geschlossen währe, nach mitag geng es in den fassanen Garden, wo der herzog fassanen schossen, nach dissem schrieben Sie u. ich.

Freitag d. 31. Ein Jahr ist nun auch wieder weiter in die Ewigkeit hinieber, o möchte es lauter Gutes, lauter Gute Gesinnungen u. handlungen mit Sich genomen haben, aber mein hertz fühlt es mit wemuth, daß es nicht immer gedacht u. gehandelt hat, wie Es Seinem Schöpfer gefallen hätte Können. Vergieb, himlischer Barmhertziger Vatter um Christi willen, rechne uns alle unsre Sinden nicht zu, durchstreiche Sie mit dem theuren Blute Jesu, habe mitleiden mit deinen schwachen Geschöpfe u. pflantze du Selbsten die reuhe u. den vorsatz in unser hertz, wodurch wir dir Gefallen Können, bereithe dir auch Selbsten den Danck in unsre hertzen, den wir dir vor so vielle vielle wohlthaten Schultig sein, u. las uns im Glauben, in der liebe u. allen Tugenden immer mehr wacksen u. zu nehmen. Ein Jahr wieder mit so villen wohlthaten von dir gehet heite Zu Ende, wie viel Gutes hast du uns daran werden lassen, alles, alles, auch die Thrübe stunden gabst du uns Zum besten, Danck Sey dir vor alles.

Meine Begebenheiden waren in dissem Jahr abweckslender, wie in andere jahre, u. mein hertz hat Sie Sich nicht so zu nutz gemacht, daß es besser dar durch geworten wäre, der herzog Seind disses Jahr viel gräncklich gewest u. Es hat einfluß auf ihren homor gehabt; bey allem dissem gaben Sie mir aber immer mehr u. mehr broben Ihrer Gnade u. Gut meinen mit mir, Sie hatten in dissem Jahre auch ville Sorge, hätten aber auch freude haben Können. Gott lob beschlissen Sie es zemlich gesund; ich war durch die Gnade Gottes un unterbrochen gesund, durch dausend Gefehrliche u. unangenehme Gelegenheiten hat mich Gott glücklich durch u. oft gantz verbey gefürt, ich Kann nicht danken u. Erzählen genug von der Gnade u. der Threuhe, mit der ich geleidet worten bin, auch gute hertzen haben Sich zu mir geneigt, die Seelig Keit u. freude über mein leben bereiteten.

Mangel hatte ich gar Keinen u. mehr überflüß; vor wie villen bin ich mit Allem gesegnet. In meiner verwantschaft ereignete Sich uns zwar ein Trauriger fall durch den Tod des Carls v. Schertel, aber auch ein ser angenehmer durch die heirath der Louise v. Pflug. Uns alle hat Gott vorzüglich behütet u. bewahret, u. wo ich hin denke u. hin Sehe, auf Jeden augenblick sehe ich die gnädige führung meines himlischen Vatter, o, Kende ich dir doch nur recht danken. Erhebe du Selbsten mein hertz u. meine Gedanken zu dir u. las mich Gnade vor dir Suchen u. finden, dan beschlisse ich das Jahr Glücklich u. danke dir einstens zu der rechten, den du gesand hast, mit allen auserwelten u. heiligen; immer u. Ewiglich Stehe uns um Christiwillen in Gnaden bey mit deinem Geiste u. laß uns das Kinftige Jahr in deiner Gnade auch wieder anfangen, amen.

Hohenheim d. 1. Jan. Samstag 1785. Gott hat uns wieder Ein Jahr Erleben lassen, Er gebe auch Selbsten, daß wir Seine absichten Erfüllen, daß wir Seinen nahmen verherrlichen durch alle Tugenden u. handlungen u. Gesinnungen des Glaubens u. der Gott Seelig Keit; verdienen Thun wir Seine Gnade nicht, Er sehe uns aber in Christum Gnädig an u. Schänke uns um Christi willen alles, was uns heilsam und gut ist, von uns Selbst Können wir nichts, wo fern uns Gott nicht mit Seinem Geiste bey stehet. O so gieb dan himlischer almächtiger barmhertziger vatter uns deinen Geist um Christi willen, der alles in uns würket das wollen u. das volbringen, vermehre u. sterke immer mehr unsern Glauben u. liebe zu dir, Sey uns Ein Geist der Stärke, der Kraft u. aller Gott Seeligkeit u. Tugend, bewahre uns vor allem übel, vor allen Sinden, vor des besen feundes list, vor der verfiehrung unser Eigen fleisch u. blut. Ach Gott habe Erbarmus mit uns u. führe uns in dissem Jahre Selbsten auf deinen weegen, schänke uns alles, was uns Gut ist, Gieb, daß wir deinen Willen stets mit Gehorsam u. Danckbarkeit Erkännen u. Erfüllen.

2. Sontag. Ich geng mit Ihro Durchleicht in Ihre Kirch, nach der Kirch in die academie, dan in das bühlerische haus u. von da hir her.

3. Montag. Man fur Spatzieren, sonst geng nichts sonderliches heite vor.

4. Dinstag. Nach Tisch geng es nacher Stuttgardt, der herzog hilden ein examen in der academie vor die medizin, ich geng zu der frau v. Lützow u. i. d. Ecoll, dan wieder in mein Zimmer, die frau v. Mandelslo Kam zu mir.

5. Mitwoch. Ihro Durchleicht firden mich in die Kirch u. nach Tisch fur man Spatzieren.

6. Donerstag. Der herzog firden mich in die Kirch u. erwardeden mich in der Ihrigen, u. nachmitag firden Sie mich in das Dörfle, wo ich in der Kohlerhitte las.

7. Freitag. Um 8. uhr geng es nacher Kirchheim, der herzog

gengen auf ein Treibjagen u. ich blieb so lang bey meinen verwanden, um 5. uhr war man wieder hier.

8. Samstag. Der herzog hatten noch geschäften, rieden alstan aus, ich hatte auch allerhand noch zu Thun u. bald nach Tisch geng es nach Stuttgardt, da zog man sich an u. fur Ihro Durchleicht dem printzen[439]) in gegen u. Kam erst gegen 7. uhr wieder in Stuttgardt an, es wurde zemlich bald gespeist in des Printzen Zemer; Ein Dom Deand namens Wessenberg[440]) war auch da.

9. Sontag. Der herzog, printz Friederich u. ich hörden eine brödig von dem hof cabelan Schluß, dan as man balt, um 2. uhr fur man Ihro hoheid ingegen, u. Kam vor 6. uhr wieder in Stuttgardt ins Gesamd an, es war Kur u. wurde gespilt, der herzog u. ich gengen aber eine stonde in das Zemer, der Minister Bühler[232]) von Wien, Ihro Durchleicht rederierden Sich auch noch einen augenblick von der Kur u. lissen den Bühler Zu Sich Komen, er brachte die abgeschlosne Convintzion zwischen dem Keisser u. herzog wegen die druppen mit.

10. Montag. Man fur um 10. uhr ein wenig spatzieren u. Stig beim General Buwinghausen ab, um 2. uhr geng es zur Tafel, um 5. uhr gengen die herschaften von M. in die comedie u. der herzog u. ich assen in der retret.

11. Dinstag. Vormitag sprachen der herzog lang mit der hoheid[52]) u. dem printzen, nach Tisch sprachen die herschaften auch mit mir von dem nömlichen u. wie ich in mein Zemer Kam, sprachen mich der herzog allein von sachen, die mich erstaunden u. die meine gantze Seele erschiederden u. gleich darauf geng man noch ein mahl zu den m. herschaften, dan firden mich der herzog da hin, wo ich mein weltliches Glück befestigt Sahe[441]). Die m. h. gengen dan in das specdagel u. bald darauf assen der herzog u. ich; heide vormitag furen der herzog auch spatzieren.

12. Mitwoch. Der herzog zum pfertz verkauff, um 10. uhr ich auch, um 2. zur Tafel, nach der Tafel rederirt, dan in die assamble, nach dissem emberde sich meine gantze Seele über eine gegebene nachricht, auch sprach man noch den Geistlichen von Neresheim[444]), u. im grossen Dumuld meines hertzens legde ich mich zu bete.

D. 13. Donerstag. Der herzog in die academie, ich viel verdruß, Zur hoheid, um 2. uhr zur Tafel, nach der Tafel nach Hohenheim.

Freutag d. 14. Jan. Ich blieb Zimlich lang liegen, um 11. uhr as man, dan fur man in den scharnhauser Thier Garden, u. alstan wieder nacher Stuttgardt, um 6. uhr bekleideden der herzog die möm. her. in die obera, Sie u. ich blieben aber nicht lange da, u. assen dan balt zu nacht, der printz Kam nach der obera auch noch.

Samstag d. 15. Zu erst schriben der herzog, dan furen Sie um halb 10. uhr mit dem printzen auf den Asberg, zu erst war der printz bey mir u. Jemehr ich mit dem printzen sprach, Je mehr wacksde meine verEhrung gegen den herzog u. erkande in die beyden hernn Brüder das licht u. den schaden[442]).

Um 2. uhr geng ich zur hoheit, Sie sprachen mich lang, ich vergoß ville Thränen, erst nach die halb 4. uhr wurde zu mitag gespeist die hoheit, freulen v. Schack[241]) u. ich; bald nach dem mitag essen Kamen der herzog u. printz wieder, um 6. uhr geng man nachgehens in die geselschaft zu der frau v. Üxküll[540]), wo Selbst die mömbelgarder herschaften spielden u. Suppirten, u. der herzog u. ich furen, nach deme Sie eine Zeit da waren, wieder nach haus u. assen bald.

Sontag d. 16. Um 11. uhr Gengen alle die herschaften in die Cadolische Kirch, um den hof cabelan Baader prödigen zu hören, nach die 2. geng es Zur Tafel u. abends war Cur, wo bey Sich der herzog bald rederirten.

Montag d. 17. Zu Erst besahen der herzog mit dem printzen pferde Zur neuen Legion[443]) zu Kaufen, u. dan rachirten Sie die leide von der Legion, u. nach die 2. uhr geng alles in die academie Zum Carosel von die Junge leide, von da Zur Tafel u. um 6. uhr spielden die mömbelgarder herschaften u. bald rederierden Sich alstan der herzog, u. die mömbelgarder herschaften gengen nach Ihrer Dafel noch auf die redude.

Dinstag 18. Jan. Ihro Durchleicht schrieben fast den Gantzen vormitag, um 1. uhr besahen Sie die pferde von der neuen Legion u. um 2. uhr geng man Zur hoheit u. bald darauf Zur Tafel; ich war immer Traurig u. betribt, ich stond auch Sehr spat auf, nach der mitags Tafel geng es alstan hier her, wo mich der herzog mit einer grosmütigen handlung mit verEhrung Erfülthe; man as um halb 8. uhr Zu nacht u. geng dan noch in den fich stall u. dan Gleich zu bet, u. ich freude mich, daß ein Tag meines lebens wieder verbey war.

Mitwoch d. 19. Der herzog rieden hier herum, im schreib Zimmer as man, wo der herzog immer dar bey arbeideden, um 2. uhr Kamen die Mömbelgarder herschaften, man fierde Sie in die stelle u. gudirde alstan, nach dem Gude geng man nacher Stuttgardt wieder, dorden zog man sich geschwend an, um in die Geselschaft Zu Gehen, der herzog u. ich blieben nicht lange da, u. assen alstan balt zu nacht, ich freude mich wieder einen Tag meines lebens Zurick gelegt zu haben.

Stuttgardt d. 20. Jan. Donerstag 1785. Der herzog schrieben u. Exercirden Ihre neue Legion, ich blieb lange liegen, nach die 2. uhr geng es Zur hoheit u. Zur Tafel. Mein loß war immer ursach Zum schmertz u. Traurigkeidt; um 6. uhr bekleideden der herzog u. ich die mömbelgarder herschaften in die opera, der herzog blieben eine Zeit lang da, dan gengen Sie u. ich nach haus, wie das Spectagel aus war, Kam die hoheid u. beede printzen noch in mein Zimmer, wo der herzog schon Zu nacht assen. Ich war wieder fro einen Tag durch gerongen zu haben.

Freitag d. 21. Der printz Kamen bald Zum ausfahren mit Ihro Durchleicht dem herzog, Sie Kamen da der herzog nur mäne machte aus zu fahren zu rick, der herzog beschängden den printz mit portzelan, weil heide Ihr Geburtztag ist, man Zog sich gut an, um 2. geng es Zur Tafel im Grossen Saal, nach der Tafel zog man sich wieder anderst an, u. geng in die academie in das Consert, das daurde bis 8. uhr, dan geng es auf die redute im speis Saal von der academie, u. um 9. uhr geng es Zur Tafel in dem Kleinen ronden Saal von der academie[328]), nach der Tafel gengen der herzog u. ich bald nach haus. Mein Komer hat mein hertz Zu Tif verwund, als daß mich ein solcher Tag der freüde aufheidern Konde, wo fern minschen nicht Thun, was pflicht u. Edel ist.

Hohenheim d. 31. Jan. Montag 1785. Um halb 9. uhr geng es nacher Stuttgardt wegen ein Gefalenen regenwetter, da gengen der Herzog zu einem pfertz verkauf, um halb 11. uhr geng ich auch dar zu, dan as man u. geng nacher Louisburg, im waisen haus stig man ab, dan furen der herzog in das reithaus, wo hin Sie Trupen vom asberg haben Komen lassen, ich fur in das schloß, die frau v. Tontersfeld Kam zu mir, u. bald darauf geng es wieder hier her. Der herzog Glagden Kopf we; mein hertz war wieder sehr Traurig, abends schrieben der herzog u. ich.

Dinstag d. 1. feb. Da Ihro Durchleicht ein wenig Zanwe

spirden, So blieben Sie u. ich etwas lengers liegen, doch rieden Sie vor u. nachmitag aus, man fur auch nach dem Gude nach Scharnhausen, wie Sie aber zurik Kamen, so legden Sie Sich auf das bet, u. der baken fing an zu schwellen, man as dan in Ihrem anzieg Zimmer.

Mitwoch d. 2. Man wolde heide nacher Stuttgardt, um den pader Beda von Neresheim[444]) bredigen zu hören, allein da Ihro Durchleicht einen geschwolnen baken hatten, blieb man hier, ich fur um 10. uhr in die Kirch, der herzog hörden meß in Ihrer cabel, nach Tisch wolden Sie aus reiten, aber es war Kald u. Sie bekamen wieder schmertzen in Ihrem baken, daß Sie nach haus gengen u. sich abweckslend zu bette legden u. Ihre geschäfte machten; ich war Traurig wie bis her, las, arbeidede u. schrieb.

Hohenheim d. 3. feb. Donerstag 1785. Der herzog hatten Einen zemlich geschwolnen baken u. blieben auch etwas lenger liegen, doch rieden Sie nach Tisch einen augenblick aus, allein es geng ein zemlich starker luft, u. alstan fur man nach Scharnhausen u. in den Carlshof. In Scharnhausen arbeideden vielle an dem wein berg.

Freitag d. 4. Weil der herzog noch ein wenig einen geschwollenen baken hatten, so geng es nicht nacher Stuttgardt, vor u. nachmitag rieden der herzog aber aus, u. dan fur man nacher Scharnhausen u. sonst noch herom spatzieren.

Samstag d. 5. Der heitige Tag brachte man fast zu wie gestern, nur daß man von Scharnhausen zu rick nacher Klein Hohenheim fur.

Sontag d. 6. Ihro Durchleicht firden mich in die Kirch u. Erwardeden mich in der Ihrigen, nach Tisch geng Es nacher Stuttgardt, dorden gengen der herzog in die Casserne u. Stelle u. ich blieb zu haus.

Montag d. 7. Nachmitag geng es nacher Stuttgardt, weilen der Courir, den der herzog nacher Wien geschickt haben, zurick gekomen ist; Sie besahen die neue Legion in dem Grossen obbern haus[423]), u. Theilten Sie wieder unter die ander regieminder ein, nach dissem gengen Sie auch noch in die stelle u. ich zu der Geheimderäthin v. Bühler, wo hin der herzog auch Kamen, u. von da aus geng es weck; zu mir Kam, so lange der herzog mit der Legion sich zu Thun machten, die freülen v. Gemmingen u. von der Ecoll welche; und den gantzen vormitag weinde ich.

Dinstag d. 8. Heide geng es wieder nacher Stuttgardt, der herzog lissen in der academie examiniren, u. ich blib die Gantze Zeit allein auf meinem Zimer, u. weinthe heide wieder Sehr viel.

Mitwoch d. 9. Ihro Durchleicht gengen in die Gebeide herum, rieden auch aus, ich arbeidede fiel u. abends packe ich das wenige ein, was ich auf eine reisse in einige glöst[445]) mit nam, morgen so Gott wiell soll die reisse angetreten werden, u. da schreiben der herzog das Tag buch.

Hohenheim d. 19. feb. Samstag 1785. Beklückt hat uns Gott von der Kleinen reisse wieder hierher gefürt, um halb 6. uhr Kam man an, der herzog u. ich machten babiere auf u. um halb 8. uhr geng es zur Tafel.

Sontag d. 20. Ihro Durchleicht firden mich in die Kirch u. ich hörde nach gehens in Ihrer Kirch den paader Breda[444]) von Neresheim auch predigen, nach Tisch rieden der herzog aus, ich las, dan firden mich der herzog in die Kohlerhitte, u. alstan wieder herein, wo man gudirte u. hernach nacher Scharnhausen fur. Nach dem nachtessen geng man noch in den stall.

Montag d. 21. Ihro Durchleicht schrieben Zu erst u. nach dem friestug rieden Sie aus, ich laß u. schrieb, bald nach Tisch firden mich der herzog spatzieren u. um 3. uhr Kam der Statthalder von Dillingen von Umgelter[277]), er wurde in die stelle herum Gefird. Um 5. uhr geng er wieder weck. Dan schrieben der herzog, u. ich laß u. schrieb auch.

Hohenheim d. 22. feb. Dinstag 1785. Der herzog rieden vor u. nachmitag aus u. nach dem Gude fur man in den Thiergarden bey Scharnhausen, u. alstan in dem Thal wieder nach haus.

Mitwoch d. 23. Um 7. uhr fur man von hier auf den Winnenthaler marckt, u. bey durch fahren im ruckwek durch Stuttgardt stig man im schloß ab, um 7. uhr war man wieder hier.

Donerstag d. 24. Ihro Durchleicht rieden wieder vor u. nachmitag aus, nach dem Gude firden Sie mich in die undere Cassernen u. lissen mir die pferde von die Granadir à schwal, von die hussaren u. die Jeger sehen, dan fur man noch bis nacher Plieningen spatzieren.

Freitag d. 25. Um 9. uhr geng es nacher Stuttgardt, da gaben der herzog dem Falck[446]) Zu erst audientz, dan einem hanowerische Gesanden v. Knöbel[446]), alstan geng man in die academie zu Ihrem speisen, wo hin der hof auch Kam, her nach sprachen der herzog noch einige u. gengen mit dem hE. v. Umgelter[277]) in die biblioteg, ich Kam auch da hin u. von da aus geng es hier her, auch suchden der herzog pferde Zum beschälen im stall aus. Um halb 8. uhr Kam man hir an. Heide starb auch der hof cabelan Schluß[344]).

Hohenheim d. 26. feb. Samstag 1785. Der herzog reideden vormitag noch aus, ich hatte was eingenommen, nach Tisch rieden der herzog wieder aus u. nach dem Gude fur man spatzieren.

Sontag d. 27. Ihro Durchleicht firden mich in die Kirch u. erwardeden mich in der Ihrigen, um 3. uhr geng es nacher Stuttgardt, da beurlaubte Sich der herr v. Umgelter u. dan gengen der herzog in die Cassern, ich zu der Geheimderath Bühlerin, wo auch die Junge frau von Bühler war. Der herzog Kamen auch hin u. um 7. uhr war man wieder hier.

Montag d. 28. Ich geng um 8. uhr nacher Stuttgardt zu dem pfertz verkauf, der herzog waren bestendig dar bey, ich Kam auch Zwey mahl dar zu, u. geng einen augenblick in die Ecoll. Um 6. uhr war man wieder hir u. geng nach Tisch noch in den stall. Das Termomeder stond heide frie 14. Gerad under dem gefrier pongden.

Dinstag d. 1. Märtz. Der herzog gengen Zu erst aller orden in der meierey herum, dan rieden Sie aus. Das Termomeder war heide frie noch einen gerad diefer wie gestern, vor dem Gude firden mich der herzog noch spatzieren.

Hohenheim d. 2. Märtz Mitwoch 1785. Um halb 7. uhr geng es über Aurach nacher Marbach das beschel register zu machen, in Aurach besahen der herzog die fohlen u. ich geng so lang zu der frau v. Lützow[49]), dan geng es nach Marbach, dorden gengen der herzog Gleich in den stall u. machten Ihre Gescheften, u. ich Kochde vor Sie indessen ein ragu. Um 7. uhr war man wieder hier, die reisse machde man im schlitten. Ich hatte noch viel Zu Thun mit Ein paken auf die morgige reisse, u. der herzog ferdigden den Oberst Leitnant Mylius[57]) u. brofesor Klein[81]) auch auf die morgige reisse ab.

D. 3. Der herzog schrieben noch u. bestelden auch zu pferd alle Ihre Sachen hier, ich packde follens ein, u. nach die 10. uhr Gehet es mit Gottes hilfe auf die reisse nacher Franken, u. werden der herzog das Tag buch fortfieren. Gott schänke uns Seinen beystand, beklieke unsre reisse u. Stehe uns mit seinen Engeln bey, zu Ihm sey immer unser hertz u. unsre gedanken Gerichtet.

Hohenheim d. 17. Mertz Donerstag 1785. Gott Bekleidede uns wieder mit Seinem schutz auf unserer reisse, die ankunft war Gegen 11. uhr bekliekt u. wohl u. nun setze ich disses Tag buch wieder vord, das der herzog auf der reisse gefirt haben; nach deme man gegessen hatte, so rieden der herzog aus u. sahen nach, wonderden Sich, daß hier noch so viel schne liegt, nach dem Gude fur man nacher Scharnhausen u. dorden in den dir garden. Abends schrieben der herzog u. ich.

Maria verdigung Freitag d. 18. Ihro Durchleicht firden mich in die Kirch, u. Sie hörten meß in Ihrer Cabelle, nach Tisch riden sie aus, nach dem Gude fur man wieder nacher Scharnhausen u. der abend wurde fast hin gebracht wie der gestrige.

Samstag d. 19. Ungeacht der husten bey Ihro Durchleicht noch immer starg war, so rieden Sie doch immer aus, wan Sie vor stirmische wetter Konden, u. nach dem Gude fur man in den fassanen garden.

Sontag, Palmentag d. 20. Es firden mich der herzog in die Kirch u. Erwardenden mich in der Ihrigen mit Ihrer bredig. Nach mitag rieden Sie ein wenig, aber wegen üble wetter nicht viel, aus, u. noch vor dem Gude fur man nur in der obern straß[447]), um Zwey Züge zu brobiren, aus. Der herzog schrieben dan u. ich laß.

Montag d. 21. Der herzog rieden aus, nach dem Gude fur man nacher Scharnhausen; ich blieb, so lang der herzog auf den berg rieden, in die obre Zimer, abend schrieben dan der herzog u. ich arbeidete ein wenig.

Hohenheim d. 22. Mertz Dinstag 1785. Das wetter Stirmde sehr, u. es schnie anfenglich zemlich, der herzog furen auf die Braunhalde, um bablen[432]) aus zu suchen, u. nach Tisch rieden Sie, um den weg zu besehen, der gerade soll gemacht werden, u. um 2. uhr geng es nacher Stuttgardt, wo der herzog den Bühler von Wien abferdigden u. die neue hof Cabelans von Kaisersheim u. Salmansweil[448]) benebst die bede Bader u. Werkmeister zu sich Komen lissen, auch sprachen Sie noch den regierungsrath Fischer[82]); ich laß meistens u. um halb 8. uhr war man wieder hier.

Mitwoch d. 23. Der herzog firden mich in die Kirch u. abends geng man nacher Scharnhausen.

Grönen Donerstag d. 24. Ihro Durchleicht firden mich

in die Kirch u. erwardeden mich in Ihrer, nach dem Gude fur man nacher Scharnhausen spatzieren.

Carfreitag d. 25. Der Vormitag wurde wie der gestrige Zu gebracht, nachmitag rieden der herzog ein wenig aus, ich laß u. prebarierde mich auf den morgigen Tag; abends fur man ein wenig spatzieren.

Hohenheim d. 26. Mertz Samstag 1785. Der herzog rieden aus, firden mich aber um 10. uhr in die Kirch, wo ich erquigt aus der Beicht wieder vom herzog abgeholt wurde, nach dem Gude fur man nacher Scharnhausen, u. den neuen weg, gerade nacher Birgach.

Sontag d. 27. Mit dem Gedanken stonde ich natürlich auf, daß Gott dissen Tag dem herzog u. mir Zum Ewigen Seegen machen wolle, u. um 8. uhr gengen der herzog in Ihre Kirch, beichteden u. Empfengen das heilige Abendmahl, ich fur um 10 uhr nacher Birgach in die Kirch, u. Empfeng mit der gantzen Gemeinde, Wiels Gott Zu meiner begnadigung u. Ewigen Seeligkeidt, das heilige Abendmahl meines Erlöhsers[449]). Mein hertz war beklemt, erschittert u. Erquigt, es war ein Grosser Tag vor mich. Wie ich Zurickkam, hörde ich noch die brödig von Ihro Durchleicht, die ein neuer hof cabelan Namens ulirig Meier[448]) hielt. Nach dem Essen fierden mich der herzog wieder in die Kirch u. holten mich auch ab, Sie gengen nach dissem viel zu vuß, u. ich blieb zu haus.

Hohenheim d. 28. Mertz Montag 1785. Der herzog fengen heide wieder Ihre buliung an zu trengen, ungeacht es die gantze nacht fast geschniehen hat u. in der frie noch schneide, um 10. uhr firden Sie mich in die Kirch, u. nach gehens hörde ich auch noch die bredig von dem Zweiten neuen hof cabelan, Bleibamhaus[448]). Nach Tisch rieden der herzog aus u. um 2. uhr fur man nacher Stuttgardt, da Kam der hofrat Mögle zu mir u. die frau v. Lützow, der herzog gengen in die biblioteg, ich geng zu der Geheimderath Bühler, der Herzog Kamen auch hin u. von da geng es wieder hier her.

Dinstag d. 29. Es war heite nacht so Kalt, daß das Termomeder 10. gerat under dem gefrier pongden war, nach dem Gude fur man nacher Scharnhausen.

Mitwoch d. 30. Nach dem der herzog aus geriten waren u. ich angezogen, packde ich ein auf eine reisse nacher Frankfurt, die morgen angetreten werden solle. Nach dissem firden mich der herzog in die Kirch, nach Tisch rieden der herzog meistens herum, u. nach dem Gude fur man nacher Scharnhausen u. in den Thiergarden. Auf disser beforstehende reisse, die Gott beklieken wolle, werden der herzog disses Tag buch wieder fort firen.

Hohenheim d. 6. Apr. Mitwoch 1785. Auch disse gleine reisse hat Gott beklückt, um 4. uhr nach mitag Kam man glicklich u. wohl hier an, der herzog rieden noch aus, der weg wurde über Klein Hohenheim genomen. Wir draffen noch Sehr viel schne hier an, nach dem nacht essen geng man noch in den stall.

Donerstag d. 7. Es schneide meist die Gantze nacht u. war den Gantzen Tag Kalt u. unfreindlich wetter. Vormitag war Ein fich verkauf, wo aber nicht viel verkauft wurde, der herzog waren zu pfert dar bey. Ich raumde auf, las u. schrieb u. weil das wetter so schlem war, so blieben der herzog auch bald im Zemer, u. arbeideden viel.

Freitag d. 8. Es schneide wieder Sehr starg u. die fenster waren fast so viel gefroren wie gestern, nach Tisch geng Es nacher Stuttgardt, im schloß stig man ab, u. alstan furen der herzog in den stall u. ich zu der Geheimderath v. Üxküll, der herzog Kamen auch da hin u. vor die 7. uhr war man wieder hier.

Hohenheim d. 9. Apr. Samstag 1785. Heite war Es zemlich schön wetter, ich nam was Ein, der herzog rieden aus vor u. nach mitag, wie geweniglich u. nach die 5. uhr firden Sie mich nacher Scharnhausen.

Sontag d. 10. Ihro Durchleicht firden mich in die Kirche nacher Birgach u. Erwardeden mich in Ihrer bredig. Nach Tisch geng Es gleich nacher Hofen, um die ney angefangne normahl schul[444]) Zu sehen, v. Madeweis, Printz Coburg, v. Üxküll u. Mosheim wurden dar zu envidirt. Der herzog Körde mit ville Zufriedenheid zurik u. erst lang nach die 8. uhr Kam man wieder hir an.

Montag d. 11. Das wetter war heide schön, Es schmoltz sehr glücklich Gott Zum Preis viel schne, es wurde dar durch Sehr Tif; um 5. uhr firden mich der herzog nacher Scharnhausen u. über das heslich, um den andern weg nicht zu verderben, vor die 7. uhr war man wieder hir.

Hohenheim d. 12. Apr. Dinstag 1785. Das wetter war schön, man grabde Zum Ersten mahl fondamend zum bauen[450]), der herzog rieden viel aus, u. um 5. uhr fur man nacher Scharnhausen.

Mitwoch d. 13. Ihro Durchleicht firden mich in u. aus der Kirch, heide feng man an, das Erste Mahl zu mauren[450]) u. der übrige Tag vergeng wie der gestrige.

Donerstag d. 14. Das Wetter war schön, der herzog rieden viel aus, u. um 5. Uhr fur man nacher Scharnhausen, wo der herzog viel an dem Englischen Garden Setzen lissen.

Freitag d. 15. Um 9. uhr geng es nacher Stuttgardt, der herzog gaben audientz, u. um halb 2. uhr geng Es nacher Hofen, wo hin alles von der stadt u. vom land hin Kamen derfte, das Examen mit an zu hören[444]), welches mit den schul Kinder gehalden wurde. Um 8. uhr war man wieder hier.

Samstag d. 16. Der herzog rieden viel aus u. nach dem Gude geng es nacher Scharnhausen.

Sontag d. 17. Der herzog firden mich in die Kirch u. Erwardenden mich in Ihrer bredig, nach Tisch geng es nacher Stuttgardt, der herzog gaben mir Sachen von Ihrer Erbschaft aus zu suchen, um halb 3. uhr geng man in den cadolischen gottes Dinst, dan in die Biblioteg, wo der herzog bicher übergaben, u. um halb 8. uhr war man wieder hier.

Montag d. 18. Ihro Durchleicht rieden viel aus u. um 3. uhr geng es nacher Scharnhausen.

Dinstag d. 19. Heite friestugde man das Erste mahl in dem Dörfle, u. der nachmitag wurde hin gebracht wie gestern. Zum friestug gengen der herzog mit mir zu fus in das Dörfle, nach mitag Kam auch der haubtman Gaup[393]) nacher Scharnhausen, um den wein berg zu sehen.

Hohenheim d. 20. Apr. Mitwoch 1785. Der Herzog firden mich in die Kirch u. um halb 5. uhr fur man nacher Scharnhausen.

Donerstag d. 21. Der herzog rieden viel herum u. nach mitag geng es nacher Scharnhausen, wo viel gestzt wurde, besonders in meinem garden.

Freitag d. 22. Um 9. uhr geng es nacher Stuttgardt, wo der herzog audientz gaben. Zu mir Kam eine frau v. Meienfeld u. die frau v. Wolzogen, nach Tisch gengen der herzog in die academie u. alstan geng es gleich Wieder hierher u. bald nacher Scharnhausen.

Samstag d. 23. Nach dem frie stuck rieden der herzog Gleich

nacher Scharnhausen, u. nach mitag fur man auch bald da hin, ich bliebe meistens in die obre Zimer.

Sontag d. 24. Ihro Durchleicht firden mich in die Kirch u. Erwardeden mich in der Ihrigen wieder, nach Tisch geng es nacher Einsiedel, um die baum schulen zu Sehen[451]), nach die 6. uhr war man wieder hier.

Montag d. 25. Der Herzog rieden nach dem frie stuck gleich nacher Scharnhausen u. nach mitag fur man auch balden da hin, ich blieb wieder meistens im Zimmer.

Dinstag d. 26. Der heitige Tag vergeng fast wie der gestrige, nur daß ich in Scharnhausen in das Dorf geng, u. wie ich zurick Kame, die nachricht fand, daß meine Nichte v. Bittenfeld[403]) mit einer Tochder d. 20. dis nieder gekomen ist, des mich ser freude u. überhaubt war ich aufgereimt, in deme der herzog ser gnädig wahren.

Hohenheim d. 27. April Mitwoch 1785. Vormitag rieden der herzog nacher Scharnhausen u. nachmitag firden Sie mich auch da hin, wo ich dan in die obere Zimer arbetede.

Donerstag d. 28. Fast wie der gestrige Tag vergeng auch der heidige.

Freitag d. 29. Auch heide rieden der herzog vormitag nacher Scharnhausen u. nach mitag firden Sie mich auch da hien, Sie liessen mir eine brobe von einem bronnen[452]) machen, den ich erst sahe, wie er auf gesteldt ward.

Samstag d. 30. Der vor u. nachmitag vergeng fast wie der Gestrige; in Scharnhausen arbeidede ich was ich Konde auf Eine befor stehende reisse nacher Bonn zu der bischofs Weihung des Kurfirsten, die heide follens beschlossen wurde.

Sontag d. 1. Mey. Ihro Durchleicht firden mich in die Kirche, ich Kame auch in die bredig von Ihnen, nachmitag geng es nacher Stuttgardt, dorden geng man in den cadolischen nachmitags Gottes dinst u. nach dissem geng ich in die Ecoll u. der herzog sprachen so lang mit Ihren hof bredigers. Ich machte einige bestellungen auf die reisse u. dan geng man bald wiederum hier her.

Hohenheim d. 2. Mey Montag 1785. Der herzog rieden nacher Scharnhausen u. nachmitag firden Sie mich auch da hin, wo ich wieder in die obre Zemer arbeidede u. der herzog waren viel beim haubtman Gaup[393]) beim Wein berg anlegen.

Dinstag d. 3. In der frie rieden der herzog nacher Scharnhausen u. nachmitag gengen Sie u. ich Zu fus da hin; ich wurde Sehr miede, da ich schon vormitag Einpackde u. in meinem Sinn viel zu Thun hatte. Zurick fur man, der Oberst Seeger war da, ich packde meine sachen auf die morgidde reisse vollens Zu samen, der Seeger blieb beim nachtessen.

Mitwoch d. 4. Um 7. uhr Trade man in Gottes namen die reisse nacher Bonn, Cölln u. Zweybrück an, u. nun werden der herzog das Tagbuch bis zur Zurickkunft firen.

Hohenheim d. 18. Mey Mitwoch 1785. Um 5. uhr Kamen der Herzog u. wer mit Ihnen war Gottlob wieder Glücklich u. Wohl hier von einen aussen bleiben 14 Tagen hir an, der Herzog rieden noch aus, ich laß meine brife u. pretzis um halb 8. uhr Speiste man zu nacht, die gantze reisse nacher Bonn, Cölln u. Zweybrück war beglückt, verschieden zwar an Zufriedenheid, aber im Gantzen angenem, Gott stond uns immer bey.

Donerstag d. 19. Ihro Durchleicht rieden aus, um 4. uhr geng es in den fassanen Garden u. dan nacher Scharnhausen, da wurde nach allem gesehen, aber es wurde Ihro Durchleicht Gantz brecherig auf ein mahl; wie man nacher haus Kame, so speiste man bald.

Freitag d. 20. So wie gestern rieden der herzog vormitag nacher Scharnhausen u. um 5. uhr nach dem Gude fierden Sie mich auch henunder. Mit der Gesundheit war es noch immer nicht recht, doch fengen Sie heide Ihre Kreuder brüh mit Gottes hielfe an.

Samstag d. 21. Es regnede vormitag u. der herzog Konden nicht ausreiten; nachmitag fur man nacher Stuttgardt, ich war fro, damit ich den Dockder wegen den gesundheids umstende des herzogs fragen Konde, dan Sie hatten heide nacht viel hietze u. den Tag über mattigkeid. In Stuttgardt gengen der herzog in den stall u. dan geng es in die biblioteg, von wo man wieder hier her fur.

Hohenheim d. 22. Mey Sontag 1785. Der herzog hatten eine unruhige nacht u. viel hietz u. husteden viel, ich fur also allein in die Kirch, der herzog Erwardeden mich aber in Ihrer Kirch mit der Predig, nachmitag fur man in das Dörfle, aber der herzog waren so matt u. hatten schon vormitag so viel frost, daß Sie ziderden u. sich dan um 3. uhr Zu bette legden, um 4. uhr Kam der Dockder Jäger, u. Ihro Durchleicht blieben liegen, bis man fast anrichdede, es schen auch, daß das Kopfwe ein wenig nach lisse.

Montag d. 23. Der herzog schliffen nicht viel, doch rieden Sie vormitag noch aus, auch nachmitag rieden Sie aus, u. firden mich nacher Scharnhausen, wo hin der Dockder Jäger auch Kam, der herzog rieden da in den Dirgarden, u. waren zemlich zufrieden mit Ihrer Gesundheid, doch auf die lezt wurde es Ihnen wieder ein wenig schwach, man geng bald wieder hinweck u. da Sich heide frie das bodegra gezeigt hat, so lissen der herzog alstan Sich blut ügels Setzen, die recht gut zogen, aber der herzog bekamen bald darauf u. am Tisch viel hietz u. Kopfwe, legden Sich also weit nicht so wohl als Sie auf gestanden waren, u. machten mir nicht wenig Angst, dan man Sahe es Ihnen Zu deutlich an, wie übel es Ihnen war.

Hohenheim d. 24. Mey Dinstag 1785. Geschlafen hatten der herzog fast gar nichts, waren also in der frie Ser matt, auch der fus dade we u. Kopfwe hatten Sie auch, die Pultz geng auch immer weit schneller, wie gew., Sie speisten im bet, nach Tisch stonden Sie aber auf u. Setzden Sich in Ihr anzieg Zemmer, man bemergde den nachmitag durch Keine Grosse besserung ausser daß Sie sagden, daß Sie am fuß Keine so gar Zu grosse schmertzen tten, abends speisten Sie auch in Ihrem anzieg Zemer.

was Meine liebe und werthe frau an mir in meiner Krankheit thuet, kann Ihr nur der Himmell Vergelten.

Carl HzWtbg.[453]).

Mitwoch d. 25. Der Herzog Spierten Sich nicht viel besser, doch furen Sie in Ihrem Sessel in das Dörfle, ich Kame auch da hin, lange hielten Sich der herzog nicht da auf u. man fur in der Schäß nacher haus, Sie waren Ser mat u. hatten gar Keinen abbetit.

Donerstag d. 26. Den formitag brachten der herzog noch in dem bet Zu u. hatten heite nacht wenig geschlafen u. viel Gehust, nachmitag fur man nacher Scharnhausen, der herzog stiegen aber nicht ab, u. man fur balt wieder Zurick.

Hohenheim Freitag d. 27. Mey 1785. Die nacht hatten der herzog wieder wenig schlaf, u. blieben den vormitag liegen, nachmitag fur man in den fassanen garden, wo Silber fassanen von Zweibrück angekomen Sein, u. von da nacher Scharnhausen, der abedit stelde Sich bey Ihro Durchleicht immer noch nicht Ein.

Samstag d. 28. Etwas weniges besser hatten der herzog

geschlafen, Sie waren aber doch noch sehr mat, doch stonden Sie Zum mitag Essen das Erstemahl auf, u. nachmitag fur man nacher Scharnhausen, zu vor aber brobirten der herzog Ein wenig aus zu reiten, Sie Kamen aber balt wieder zurick.

Sontag d. 29. Diesse nacht hatten der herzog wieder Etwas bessers geschlafen, um 9. uhr lies ich Zur ader, bald stonden dan der herzog auf, ich fur in die Kirch, u. der herzog gengen auch in die Meß u. Erwartenden mich mit der Predig, nachmitag rieden der herzog wieder ein wenig aus, ich geng in das Dörfle, wo ich Ihro Durchleicht antraf, u. von da fur man nacher Scharnhausen; da der herzog Kaum noch schmertzen am fuß spierden, so geng man da ein wenig herum, wie man Zurik Kame, war der General v. Bouwinghausen, den der herzog haben Komen lassen, da. Er blieb fast bis zur Essens Zeit da.

Montag d. 30. Gottlob haben der Herzog heite besser geschlafen u. nicht so viel Gehust, Sie blieben fast bis 11 Uhr liegen, nach Tisch rieden Sie aus, da es aber nachgehens regnede u. ser feicht wurde, so versuchte man gleichsam nur aus zu fahren u. mit dem abedit u. der gantzen Gesundheit Ihro Durchleicht schenen es etwas bessers Gott lob im Gantzen zu gehen.

Hohenheim d. 31. Mey Dinstag 1785. Gottlob u. Danck haben der herzog Zemlich gut geschlafen u. wenig gehust, Sie stonten gegen 9. uhr auf, rieden vormitag noch aus, nachmitag gleich geng Es nacher Stuttgardt, wo der Herzog Ihre pferde musterden. Zu mir Kam so lang die frau v. Wolzogen u. frau v. Mandelsloh, dan geng ich in die Ecol u. wie der herzog zurick vom Stall Kamen, so geng es gleich wieder hierher, in Stuttgardt sahe man beim heraus fahren fremde Dierre[454]). Wie man hier ankam, regnede es noch fort alle augenblike, daß man nur noch ein wenig aus fur.

Mitwoch d. 1. Juni 1785. Der heitige Tag wurde zugebracht daß der herzog aus rieden u. abends fur man in den fassanen Garden.

Donerstag d. 2. Um 9. uhr geng Es nacher Stuttgardt, der herzog gengen in die academie u. nach dissem auf den marckt[72]), wo man Sich mit Einkaufen bey zwey stonden aufhielt, u. dan wieder hierhero geng.

Freitag d. 3. Ihro Durchleicht rieden aus u. abends fur man nacher Scharnhausen.

Hohenheim d. 4. Junii Samstag 1785. Der herzog rieden wie gew. vormitag aus, mit Ihrer Gesundheit geng Es Gott lob immer zemlich Gut, um 3. uhr fur man nacher Scharnhausen u. dan Geng Es um 5. uhr nacher Stuttgardt; da zog man Sich an, um auf die meß zu Gehen, wo Selbst Sich einige fremde presendieren lissen. Der herzog waren nicht gut disbonirt, um halb 9. uhr war man wieder hier.

Sontag d. 5. Ihro Durchleicht firden mich in die Kirch u. Erwardeden mich in der Ihrigen, es regnede fast den gantzen Tag, abends fur man nacher Scharnhausen.

Montag d. 6. Der herzog rieden aus, u. liessen heide auch mit Gottes hielfe an dem neuen schloß anfangen graben[450]), gleich nach Tisch fur man auf die Solitide.

Dinstag d. 7. Der morgen wurde wie Gestern hin Gebracht, u. um 3. uhr Kam die Gräfin v. Seibelsdorf benebst Ihrem mann u. schwager u. noch ein fremder[455]) mit noch einige von unserem hof, Sie wurden Aller Orden herum Gefird u. um halb 8. uhr war man wieder zu haus.

Hohenheim d. 8. Mitwoch 1785. Der herzog rieden wieder aus u. firden mich dan um 10. uhr in die Kirch, u. abends, Ehe man nacher Scharnhausen fur, wurde an dem fondomend beim neuen schloß der Erste Stein Gelegt[450]) [458]) u. Solches gleichsam mit Gottes hielfe angefangen; der herzog baue es Gesond aus u. lebe lange darennen, dis war mein wunsch u. mir deicht es Eine leisse steme Zu sagen, ich werde Es nicht bewohnen, ich werde in einer bessern hitte, die nicht mit henden gemacht ist, schon bewonen, u. Es war mir Ein unaussprechlicher süßer gedanke.

Donerstag d. 9. In dem Dörfle wurde wieder Ein mahl frie gestiegt, ich geng zu for Einen augenblick zu dem bauwessen, abends firden mich der herzog auch noch da hin u. von da geng Es nacher Scharnhausen, wo Selbst der herzog in den Thiergarden rieden, um einen hiersch schiessen Zu wollen, allein Sie Kamen ohne geschossen zu haben Zurik.

Freitag d. 10. In dem Dörfle friestiegde man wieder u. nach Tisch Kam der hofrath Mögle wegen dem Kauf von Sindlingen, welcher follens aus gemacht wurde[335]), u. dan fur man nacher Scharnhausen.

Samstag d. 11. In dem Dörfle friestiegde man, um 1. uhr Kam meine Mutter, Schwester Pflugen u. Juliana benebst Zwey nichten von Pflug, wir assen zu samen, dan blieben wir vergnügdt bey Samen, bis nach die 5. uhr, wo uns der herzog nacher Scharnhausen fierde, der herzog aber waren nicht aufgereimt u. das Triebde mein vergnügen, das ich hatte, meine verwanden nach langer Zeit wieder Gesehen zu haben u. ich fühlte, wie wenig unvermischte freude in der welt zu genissen Seie.

Sontag d. 13.[458]). In die Kirch fierden mich der herzog u. ich Kam alstan noch in Ihre bredig, nach Tisch rieden der herzog aus u. ich geng gleich in das Dörfle, man wolde nach gehens nacher Stuttgardt, aber Es Kam Ein Corir vom Printz Ferdinand v. Würtenberg[352]), daß Sie Komen werden, Sie Kamen gegen 8. uhr u. Speisten hier zu nacht u. Setzden alstan Ihre reisse nacher Brissel weiter fort.

Montag d. 14. Da der herzog in Stuttgardt zu Thon hatten, so fur man zu erst nacher Scharnhausen u. dann 5. uhr nachmittag nacher Stuttgardt, der herzog u. ich gengen da zu der Geheimderäthin Bühler u. von da aus wieder hier her.

Hohenheim d. 15. Juny 1785 Mitwoch. In dem Dörfle wurde frie Gestiegt, an dem neihen schloß wurde immer braf an die fondemenden gemaurt, in dem schlößle[342]) arbeitede ich, Es Kam aber Ein wetter, das ich nicht lange da bleiben Konde, abends fur man nacher Scharnhausen.

Mitwoch d. 16. Fast wie Gestern vergeng auch der heitige Tag, nur das mich der herzog vom Dörfle aus um 10 uhr nach Birgach in die Kirche firden.

Donerstag d. 17. Im Dörfle wurde wieder frie gestigdt, u. viel wurde an dem neihen schloß gemaurt, abends fur man nacher Scharnhausen.

Freitag d. 18. Wie gestern vergeng auch der heitige Tag.

Samstag d. 19. In dem Dörfle wurde zwar frie gestugt u. beim bauhen war man viel, aber sonst fur man nicht aus, dan es war Kalt u. regnerisch.

Sontag d. 20. Der herzog firden mich in die Kirch u. Erwardeden mich in Ihrer Kirch mit der Predig, um 3. uhr geng Es nacher Stuttgardt, dorden gaben der herzog dem neuen frantzösischen gesanden[456]) audientz u. alstan geng Es wieder hier her.

Hohenheim d. 21. Junii Montag 1785. Der herzog gengen gleich in aller frie Zum bauhen von dem neuen schloß u. in dem Dörfle friestiegde man, nach mitag waren der herzog auch wieder viel beim bauhen u. abends fur man nacher Scharnhausen u. geng nach gehens noch beim bauh wesen herum.

Dinstag d. 22. Gantz wie der gestrige Tag wurde auch der heitige hingebracht. Da der Graf Romanoff[457]) heide in Stuttgardt ankomen Solde, so schieckden der herzog nacher Stuttgardt, um Ihn u. noch einige andere auf morgen hier her Einladen zu lassen.

Mitwoch d. 23. In dem Dörfle friestiegde man, dan firden mich der herzog in die Kirch u. um 1. uhr Kam Graf Romanoff[457]), Geheimderäthin v. Üxküll u. Geheimderath Kniestett. Nach Tisch geng man zum bauhen, nach deme der herzog zufor lang mit dem Romanoff gesprochen hatten u. alstan fur man nacher Scharnhausen.

Donerstag d. 24. In dem Dörfle frie stiegde man, der herzog hatten viel beim bauhen zu Thun, weil morgen der Grundstein solle geleget werden. Abends fur man nach Scharnhausen u. dan geng man noch das bauwesen zu sehen.

Hohenheim d. 25. Freitag 1785. Im Dörfle wurde frie gestigdt, dan fur ich um halb 10. uhr von da in die Kirch, der herzog Zogen Sich so lange an u. Es wurde alles bereitet, um den Grundstein in dem neuen schloß zu legen[458]). Wie ich von der Kirche Zurik Kame, so Traf ich meine schwester v. Pflug hier an, die der herzog ohne daß ich Es wuste hier her inwiedirt haben, es freude mich sehr. Der herzog gengen dan in die meß, nach dissem Kamen Printz v. Coburg, Geheimderath v. Üxküll u. v. Kniestett. Es wurde dan der Grundstein mit einige Ceremonie geleget, der herzog schrieben eine schrift vor die nachwelt u. legden Es in den Stein, nach dissem hörde man eine schöne predig auf diessen bau abzweckend von dem hofbrediger Werkmeister. Gott Gebe Seinen Seegen zu dissem vornehmen u. lasse alles Gute in Seinem nahmen in dissem bau gelengen, Er lasse es von Tugendhaften bewohnen. Man geng nach der bredig bald zu essen, nach dissem beurlaubden Sich die hernn, meine schwester blieb bey mir bis nach die 6. uhr, wir gengen auch einen augenblick in das Dörfle, der herzog waren Sehr gnädig u. wir waren recht vergnügt bey samen; wie meine schwester weck war, so firden mich der herzog noch zu die arbeits leide, denen wein u. fleisch aus getheilt wurde.

Hohenheim d. 26. Junii Samstag 1785. In dem Dörfle wurde in Süßer ruhe frie gestigdt, den Tag über waren der herzog meistens beim bauhen, u. abends fur man nacher Scharnhausen u. geng alstan noch bey dem hissigen bauwesen herum.

Sontag d. 27. Um halb 9. uhr firden mich der herzog in die Kirch, ich Kam auch noch in Ihre bredig, u. hette vor dissen beeden Kirchen meine Zeit viel besser anwenden Können, aber ich zog mich lenger wie sonsten an, weil nach mitag der frantzösische gesande mit seiner frau u. mutter v. Mocko[456]) benebst noch ville Dames u. Cavaliers von Hof; um 3. uhr Kamen sie u. wurden, wie die hitz ein wenig abname, allerorden herum gefird u. um halb 8. uhr war man wieder alleine u. aß bald zu nacht.

Montag d. 28. In dem Dörfle frie stiegde man, der herzog hielten sich den Gantzen Tag meistens beim bauhen auf, u. abends fur man nach Scharnhausen.

Dinstag d. 29. Der heitige Tag war die wiederhohlung von dem gestrigen.

Mitwoch d. 30. Auch disser Tag glich gantz denen beden lestern, nur daß es Stadt nacher Scharnhausen in den fassanen garden geng.

Hohenheim d. 1. Juli Donerstag 1785. Es war Ein sanfter morgen, man Konte mit Süßer Stille in dem Dörfle friestieken, ich fand mich heide fast gantz ler von gescheften, nach Tisch wurde ich doch durch einen brif von dem frantzösische gesanden auf gehalden, ich schrieb ausser dem noch, u. der herzog waren viel beim bauwesen, in dem schlößle[342]) hielte ich mich nach mitag meistens auf u. abends fur man nacher Scharnhausen.

Hohenheim d. 2. In dem Dörfle wurde frie gestigt, der herzog waren viel beim bauhen u. abends fur man nacher Scharnhausen. Ich war zu vor wie einige Zeit her in dem schlößle.

Samstag d. 3. Heite lebde man fast wie gestern.

Sontag d. 4. Der herzog firden mich in die Kirch u. Erwardeden mich in Ihrer; um 3. uhr geng Es nacher Stuttgardt, dorden zog man Sich an, u. geng zu dem frantzösische gesanden, ich geng alstan noch einen augenblick zu der frau v. Mosheim, um 7. uhr war man wieder hier.

Montag d. 5. Es war mir nicht recht wohl, in dem Dörfle wurde frie gestugdt, der herzog waren viel beim bauen, nach dem Gude geng ich auch in das schlößle, mein Kopf date mir Sehr we, abends fur man nacher Scharnhausen.

Hohenheim d. 6. Dinstag 1785. In dem Dörfle frie Stiegde

man, mein Kopf That mir noch sehr wehe, abends fur man nacher Scharnhausen.

Mitwoch d. 7. Um 7. uhr geng Es auf die gestieder, in Urach stieg man bey dem Oberforst meister v. Lützow[49]) ab, u. geng dan nach Marbach, Offenhausen u. Sant Johan, um halb 9. uhr war man wieder hier.

Donerstag d. 8. In dem Dörfle wurde frie gestiegdt, der herzog waren viel beim bauhen, abends fur man nach Scharnhausen.

Freitag d. 9. Um 11. uhr geng es nacher Stuttgardt, man aß zu mitag, zog sich an, der herzog gengen einen augenblick in die biblioteg, um 3. uhr Kam der frantzösische gesante[456]) mit seiner mutter u. frau, u. hE. v. Grandeom[460]) benebst noch einige von hof in mein haus, wie Sie wieder weck waren, so geng es gleich wieder hier her.

Samstag d. 9. In dem Dörfle frie Stiegde man, nach dem Gute geng ich in das schlößle u. abends fur man in den fassanen Garden.

Sontag d. 10. Der herzog firden mich in die Kirch u. Erwardeden mich mit Ihrer predig, die der hofbrediger Baader von der Verleimdung hielt. Es regnede von Zeit zu Zeit, bald nach Tisch firden mich der herzog in die Kohlerhitte u. abends fur man ein wenig spatzieren u. geng lang nach gehens noch in die gebeite herum.

Hohenheim d. 11. Juli Montag 1785. In dem Dörfle wurde friegestigdt, wie gew. fur man um 11. uhr herein. Es Kamen fremde aus Wien Graf Zitzi (?) mit Seiner frau u. Graf Khevenhiller, Sie wurden v. Böhnen herum gefird, man aß wie geweniglich u. abends fur man nacher Scharnhausen.

Dinstag d. 12. Im Dörfle friestiegde man u. abends fur man nacher Scharnhausen.

Mitwoch d. 13. Um 8. uhr Geng es nacher Sindlingen[335]), wo hin der hofrath Mögle auch Kam, man besahe alles u. machde ein u. anderes aus, alstan fur man noch bis Nagold, um die neue schosse zu sehen u. um 7. uhr war man wieder hier.

Donerstag d. 14. In dem Dörfle wurde frie gestiegt u. Einige fremde aus München wurde von dem hE. v. Böhnen Hohenheim gewissen, abends fur man nacher Scharnhausen.

Freitag d. 15. In dem Dörfle friestiegde man u. um 10. uhr geng es nacher Stuttgardt, wo zu mitag gespeist wurde u. dan geng man zum Essen von der academie, wo auch der hof u. einige fremde, ein Printz aus rohm [459]), Graf Stadion [461]) u. Graf [462]); nach dissem geng man noch einen augenblick in die Biblioteg, dan hier her, wo der herzog immer beim bauen blieben.

Samstag d. 16. In der Kohlerhitte wurde friegestigdt u. Abends fur man nacher Scharnhausen.

Sontag d. 17. Der herzog firden mich in die Kirch u. Erwardeden mich mit Ihrer Predig; v. Böhnen wurde nacher Stuttgardt geschickt, um die fremde u. einige von hof zu invidiren, allein es wurde regnerisch u. der herzog bestelden es wieder ab, doch Kam nach Tisch der Printz Rezzonigo [459]), dem Hohenheim gewissen wurde; wie Er in das Dörfle Kam, begegneden Ihm der herzog Selbsten u. fierden Ihn herum, u. ich laß auf dem Nero u. geng dan herum, bis der herzog wieder Zu mir Kamen, dan fur man herein u. aß bald zu nacht. Die predig in der hissigen Cabel von dem hof Prediger Werkmeister handelte von der benutzung der Zeit.

Montag d. 18. Das friestug wurde im Dörfle genomen u. abends geng es nacher Scharnhausen.

Dinstag d. 19. Um 8. uhr Geng es nacher Stuttgardt, dorden gengen der herzog in den bauhof zu dem Pfertz verkauf, um 11. uhr geng ich auch da hin, blieb eine stonde da, fur dan nach haus, as mit einige Junge leide von der academie zu mitag; nach deme der herzog zurik Kamen, so Gaben Sie dem hE. v. Umgelter audientz, wo zu ich auch Kam. Kurtz vorhero Kam die nachricht, daß der Geheime Secreder Schmiedle heide schnell gestorben ist; um 3. uhr geng man wieder weck u. abends fur man noch nacher Scharnhausen.

Mitwoch d. 20. Heide nacht waren einige wetters; im Dörfle friestiegde man, der Gantze Tag war wetterig, abends fur man nacher Scharnhausen.

Hohenheim d. 21. Juli Donerstag 1785. Um halb 6. uhr Stond man wie gew. auf, da Es aber regnede, so frie stugde man hier u. ich nam ein laxir ein. Der herzog waren die mereste Zeit beim bauen u. gegen 7. uhr Kam ich auch dar Zu, wo mich der herzog darbey herum firden.

Freitag d. 22. Um halb 9. uhr friestiegde man beim See [412]), um 9. uhr geng Es nacher Stuttgardt, wo der Herzog audientz gaben u. um 1. uhr ward man wiederum hier, der herzog waren viel beim bauhen u. nach die 6. uhr fur man nacher Scharnhausen.

Samstag d. 23. Weil es regnede, so wurde nicht in dem Dörfle frie Gestigdt; das bau wesen geng aber denoch ford u. der herzog waren viel darbey, abends fur man in den fassanen garden.

Sontag d. 24. Ich fur alleine in die Kirch, weil die Kirch wegen der Comonion belder angeng, der herzog Erwardeden mich mit Ihrer Predig; nach Tisch geng es bald in das Dörfle zu fuß über den See[412]), um die fisch u. schwanen Zu futern; ich laß in der Kohlerhitte. — — Der herzog rieden herum u. abends fur man nacher Scharnhausen; ongeacht es Sontag war, so muste man doch wegen Gewisse umstende an dem schloß mauren.

Hohenheim d. 25. Juli Montag 1785. Im Dörfle friestiegde man, um 10. uhr fur ich in die Kirch u. abends fur man in den Stein bruch nach Eich.

Dinstag d. 26. Bey der Kohlerhitte wurde wieder friegestigdt u. abends fur man nacher Scharnhausen.

Mitwoch d. 27. Der heitige Tag wurde fast wie der gestrige hin gebracht, nur daß ich vom Dörfle aus heide in die Kirch fur u. beim nacht Essen Kam ein Starkes wetter.

Donerstag d. 28. Da Es heite nacht viel geregnet hatte u. abweckslungsweis in der frie noch regnede, so wurde nicht in dem Dörfle friegestugt, doch waren der herzog vor u. nach den Tisch viel beim bauhen; ich schrieb viel u. abends fur man in den fassanen Garden.

Freitag d. 29. Beim See wurde friegestigdt, um 9. uhr geng Es nacher Stuttgardt, da gaben der herzog audientz, ich aß zu mitag mit Sechs Junge leide von der academie u. die frau v. Mandelsloh Kam zu mir, der herzog gengen auch zum Essen von der academie, um halb 3. uhr war man wieder hier u. abends fur man nach Scharnhausen.

Samstag d. 30. Weil es regnede, so wurde hier friegestigdt, der herzog waren viel beim bauen u. abends fur man nach Scharnhausen.

Hohenheim d. 31. Juli 1785 Sontag. Ihro Durchleicht firden mich in die Kirch, ich hörde auch noch die predig von dem hof brediger Bleibimhaus, die beweiste, daß ohne religion Keine Ewigkeidt geglaubt werden Kan u. Keine beruhigung Stadt find. Nach dem Essen gegen 3. uhr Gengen der herzog u. ich über den

See, wo die schieffe gefuttert wurden u. ich las dan ein wenig in der Kohlerhitte, u. abends geng es nacher Scharnhausen; ehe man in das Dörfle geng, las ich in dem Zemer bey meinem Cabinet.

Montag d. 1. August m. Mit Gott wieder Ein neuer monat. In dem Dörfle wurde friegestigdt, um 1. uhr Kam meine mutter, Schwester Pflugen mit Zwey Töchter, einer nichte v. Wöllwart u. Schertel u. meine Schwester Juliana; wir blieben die gantze Zeit zu haus bis abends firden uns der herzog nacher Scharnhausen, wo Sie Sich beurlaubten u. wir wieder hier her furen.

Dinstag d. 2. In dem Dörfle friestugde man, nach mitag zog Ein Starkes wetter hier verbey, abends firden mich der herzog beim bauen herum u. firden mich auch noch nach Scharnhausen.

Mitwoch d. 3. Der heitige Tag Glich fast dem Gestrigen. Ehe man schlafen geng, Kam noch ein wetter, daß man es abzuwarten lenger auf blieb wie sonsten.

Donerstag d. 4. In dem Dörfle friestiegde man, um 5. uhr Kam der General v. Bouwinghausen u. man fur nach die 6. uhr nach Scharnhausen.

Hohenheim d. 5. Aug. 1785 Freitag m. n. Beim See friestiegde man, um 9. uhr geng es nacher Stuttgardt, der herzog gaben audientz, bey mir assen Junge leide u. nach dem Essen geng man gleich wieder hierher. Um 5. uhr Kam ein Sehr starkes wetter, welches Grausam viel schaden in der nachbarschaft anrichtede, der herzog u. ich furen nacher Bernhausen u. fanden mit eignen augen, wie in Einem augenblick die leide um Ihre gantze arbeit u. hoffnung gekomen Sein, es schen alles fast verschlagen zu haben u. Traurig muste man werden es an zu sehen, wofern der gedanke nicht wieder auf gericht hätte, daß Gott nichts ohne weise absichten Thuet u. aus allem was er Thuet, Gutes Entsprenget, daß alles gut u. harmonie ist, was er Thuet; um halb 9. uhr waren wir wieder hier.

Samstag d. 6. m. Ich feng heide an zu baaden, im Dörfle friestiegde man, der herzog war viel beim bauen, ich geng nach dem Gude in das schlößle, abends fur man nacher Scharnhausen.

Sontag d. 7. Zu Erst baadede ich, dan firden mich der herzog in die Kirch, nachmitag gengen der herzog u. ich in das Dörfle, underwegs wurden wie geweniglich die fisch u. Schwanen gefutterdt, u. abends fur man nach Scharnhausen. In Ihro Durchleicht Ihrer

Cabel hat gepredigt der hof prediger Baader von der pflicht die Gesundheid zu erhalten.

Montag d. 8. Lo. Im Dörfle friestuckte man, zu vor badede ich, der herzog waren viel beim bauen u. abends fur man nacher Scharnhausen.

Hohenheim d. 9. Aug. Dinstag 1785. Um halber 6. uhr geng ich in das baad, u. in dem Dörfle friestiegde man, der Herzog schickden v. Böhnen nach Deinach, um sich nach dem printzen von Durlach zu Erkundigen, abends fur man in den fassanen garden.

Mitwoch d. 10. Da Es ser nas war u. noch dan u. wann regnede, so wurde hier frie gestigdt, um 10 uhr fur ich in die Kirch u. abends fur man nacher Scharnhausen.

Donerstag d. 11. In dem Dörfle wurde frie gestigdt, beim Essen war der Major Rieger[353]), der Erst aus Rusland u. Wien Kam; um 1. uhr wurde mit Gottes hilfe angefangen zu schneiden u. wir haben ursach Gott gedoppelt vor Seine Gnade, vor Seinen Ernd Seegen zu danken, da in unsere nachbarschaft deas wetter so grossen schaden gethan haben. O Gott! lehre du uns selbsten danken, wie Es dir wohl gefalt, wie Es dir angenehm ist, lehre du uns danken u. deinen nahmen zu verherrlichen, dir gefellig zu leben u. deinen nahmen recht zu verherlichen.

Der herzog bauren leide Zum schneiden von die ort, wo das wetter Schaden gethan hat u. an der Zal 162. Abends gengen der herzog zu Ihrem abend brot u. wo sie schnieden.

Freitag d. 12. Das wetter war schön, Es wurde also gleich anfangen zu schneiden u. da der Denkel nicht aller so zeitig war als die Gersten, so wurde heide Gersten geschnieden, im Dörfle friestiegde man, nach die 4. uhr bekamen die schnitter brot u. wein, wo der herzog u. ich darbey war; von da aus geng ich in das schlößle u. abends fur man nacher Scharnhausen.

Hohenheim Samstag d. 13. Aug. 1785 L. T. Nach meinem baad friestiegde man in dem Dörfle u. so schön Es auch gestern war, so sahe Es heide doch regnerisch aus, daß man also gleich anfing Garben zu binden; der Herzog waren viel beim bauen u. bey dem erd geschäft, nach die 10. uhr Kam ich auch dar zu, den hof Prediger Bleibimhaus Traf ich auch da an. Nach Tisch feng es auch wirklich an zu regnen, abends fur man nacher Scharnhausen.

Sontag d. 14. Es solden heide von Stuttgardt welche invidirt werden, da aber das wetter wendig u. regnerisch war, so wurde nichts daraus. Um 10. uhr fur ich in die Kirch, u. der herzog Erwardeden mich mit der Predig in Ihrer Kirch, alwo der hof Prediger Menninger[463]) das Erste mahl Predigte u. Zwar von der liebe ser schön, nach Tisch gengen der herzog herum u. um halb 3. uhr Kam General Bouwinghausen u. Oberst Wolfskehl[24]), der Herzog Sprachen Sie u. dan geng man mit Ihnen Zum See, da beurlaubde Sie der herzog u. der herzog u. ich gengen ins Dörfle, ich las da u. Sie rieden noch herum, abends fur man nach Scharnhausen.

Montag d. 15. Es regnede, man muste hier friesticken, der Major Rieger Kam, das machte den herzog ein wenig übels homors, um 11. uhr ferdigten Sie Ihn wieder ab, das wetter wurde doch so, daß wieder geschnietten wurde, um 4. uhr bekamen die schnieder Ihr abend brod, der herzog u. ich waren da bey; ausser dissem geng ich aber heide nicht aus u. der herzog Kamen auch bald zu haus.

Hohenheim d. 16. Aug. Dinstag 1785 L. Es war heite Zwar zemlich schön, aber doch wurde hier hinnen frie Gestiegt, u. um 3. uhr geng Es nacher Stuttgardt, man Stig in der biblioteg ab u. der herzog über gaben Einige bücher u. besahen auch die neue Einrichtung wegen die fromminische büchers[464]), da Stieg man wieder Ein, ich sprach auch den Ober bau Enspektor Groß[35]) wegen dem Sindlinger bauen, um 8. uhr war man wieder hier.

Mitwoch d. 17. Das Wetter war den Gantzen Tag Sehr regnerisch, nach mitag Kam auch Ein wetter, ich baadede, hier wurde frie gestigdt u. abends fur man nacher Scharnhausen.

Donerstag d. 18. Es regnede heide nacht ser Starck, im Dörfle wurde also nicht frie Gestickt, ich geng den Gantzen Tag wegen üblen wetter nicht aus, doch wurde etwas weniges Garben herein gefirt.

Freitag d. 19. Mit genauer not Konde man heide Garben heim firen, friestucken Konde man aber wegen nesse nicht im Dörfle, nach dem Gude geng ich auch auf den acker u. abends fur man nacher Scharnhausen.

Samstag d. 20. In dem Dörfle friestiegde man, da Es mir aber nicht wohl war, so geng ich bald wieder zurick, der herzog bekleideden mich, ich legte mich zu bet, stond Zum essen wieder auf, nach Tisch legde ich mich aber doch wieder; abends fur man nacher Scharnhausen.

Sontag d. 21. Der Herzog firten mich in die Kirch, ich Kam auch noch in die Ihrige; um drey uhr Kamen die Gräfin Coronini u. Ihre Töchder u. bruder Graf Leining[465]), frau v. Uxküll, v. Wolfskehl[24]), v. Varnbühler[466]), v. Geisberg[467]) u. v. Mandelsloh[468]) u. freulen v. Üxküll, der denische Gesand Wächter[182]), General Holl, Georgii, Bouwinghausen, Oberstallmeister, regierungsrat Mandelsloh[468]), Varnbühler[466]) u. Oberst Seeger, auch ein hE. v. Echnie[469]). Man firte Sie aller orden herum, auch die frau v. Wolzogen war darbey u. gegen 8. uhr gengen sie wieder weck.

Hohenheim d. 22. Aug. Montag 1785. S. Es regnede heite nacht u. den gantzen Tag fast die meiste Zeit, abends fur man in den fassanen garden.

Dinstag d. 23. S. Da Es wieder regnete, so wurde wieder nicht in dem Dörfle frie gestieckt, Abends firden mich der herzog Zum Ersten binden.

Mitwoch d. 24. S. In dem Dörfle wurde friegestigt, u. um 10. uhr fur ich in die Kirch, wie ich Zurik Kam, so geng ich mit Ihro Durchleicht in das schlößle, Sie hörden da meß u. ich geng so lang henauf, abends fur man Zum schneiden u. blieb bis es fast hoch war.

Donerstag d. 25. S. Man friestiegde in dem Dörfle u. abends fur man Zum schneiden, das wetter war aber ser abweckslend, nach die 6. uhr fur man noch nacher Scharnhausen u. wie man Zurik Kam, packte ich noch Einen hut aus, den mir der herzog von Straßburg Komen lissen.

Freitag d. 26. S. Der heitige Tag war auch wieder in der widerung abweckselnd schön, abends fur man in den Carlshof, da es aber viel regnede, so waren Keine schnieder mehr da.

Samstag d. 27. In dem Dörfle friestiegde man, um 10. uhr fur man Zum schneiden, um halb 5. uhr wiederin u. abends dann nacher Scharnhausen, wo ich in das Dorf ging, da der herzog sich mit dem mebeliren in dem haus bescheftigden.

Sontag d. 28. Der herzog firden mich in die Kirch, u. nach dissem geng ich in die Ihrige, um 3. uhr Kam der frantzösische Gesande u. seine frau, die frau v. Röder, Printz Coburg, frau v. Üxküll u. noch einige Dames u. Cavalirs von hof, man geng zum See u. fuderde die fisch, dann gudirte man hier u. fur nacher

Scharnhausen, von wo aus sie wieder nach Stuttgardt u. der Herzog u. ich hier her gengen.

Hohenheim d. 29. Aug. Montag 1785. In dem Dörfle frie Stiegde man, nach Tisch geng ich bald in das schlößle, abends fur man zum schneiden u. nach Scharnhausen, beim schneiden stieg man ab u. hielte sich eine Zeitlang da auf.

Dinstag d. 30. In dem Dörfle friestiegde man wieder, ich ging eine Zeitlang in dem americanische garden[210]) herum, nach Tisch geng ich in das schlößle, u. abends fur man Zum schneiden, heite Kam auch das schiff[412]) in den See.

Mitwoch d. 31. In dem Dörfle friestiegde man, ich nam den hof Prediger Werkmeister mit henaus u. firde Ihn dan in dem Dörfle herum, dan fur ich um 10. uhr in die Kirch, nach die 1. uhr Kam die frau v. Lützow, hE. v. Franquemont[470]) u. v. Ostheim[471]) u. freulein v. Franquemont, ich 'fierde Sie zum See u. im haus herum. Kurtz ehe Sie gengen, Kam der hE. v. Lützow, den ich auch invitirt hatte, von Aurach, dan furen der herzog mit in den Carlshof, dorden beurlaubden Sie sich abends am nachtessen u. wie man schon Zu bette war, Kamen starke wetters.

Donerstag d. 1. Sep. Wieder Ein neuer Monat, o Gott Sterke mich im Guten! Es regnede, da ich aber was in Scharnhausen nach zu sehen hatte, so wurde nach dem frie stuck hin gefaren, abends wolde man auch wiederum da hin fahren, allein wie man schon underwegens war, so sa Es so wetterhaft aus u. regnede auch wieder, daß man umkörte u. den abend follens im Zimmer zubrachte.

Hohenheim d. 2. Sep. Freitag 1785. Um 9. uhr geng Es nacher Stuttgardt, der Herzog gaben audientz, ich hatte auch viel zu Thon, zum Essen Kam die frau v. Lützow zu mir, um halb 2. uhr war man wieder hier, abends fur man nacher Scharnhausen, heide frie schickten der Herzog den v. Böhnen in den Deinach, um nach dem printz Friederich von Durlach fragen zu lassen u. Er brachte die nachricht mit, daß der fürst von Dessau in Carlsru were.

Samstag d. 3. Da Es Ser rögnede, so fur man nach Tisch nach Stuttgardt, da in die biblioteg u. zu der frau v. Üxküll. Erst um halb 8. uhr war man wieder hier. In der frie baadete ich u. da anfenglich das wetter schön war, so wurde im Dörfle frie gestigdt.

Sontag d. 4. Der herzog firden mich in die Kirch u. Erwardeden mich mit der predig in Ihrer; nach mitag gengen Sie herum, ich laß u. dann firden Sie mich auch allerorden in die neue Gebeide herum, dan geng man in das Dörfle u. abends fur man in den fassanen Garden. Das weder war Ser schön, die predig hield Bleibimhaus[448]) u. handelde von der gefar der schadlichen bücher.

Montag d. 5. Im Dörfle friestiegde man, nach deme ich gebat hatte, abends fur man nach Scharnhausen.

Dinstag d. 6. Der Hertzog nahm medicin ein, abends Scharnhausen, schön wetter.[472])

Mitwoch d. 7. Im Dörfle friestiegde man, wie ich in die Kirch fahren wolde, so begegnede ich die Lützowische, Sie gengen mit mir in das Dörfle, um 11. uhr gengen Sie wieder weck, abends fur man in den Carlshof u. hielde Sich einen augenblick beim schneiden u. mehen auf, der Tag war wieder sehr schön u. warm.

Hohenheim d. 8. Sept. Donerstag 1785. Nach deme ich gebaadet hatte, so wurde in dem Dörfle friegestigdt, ich firde den hofprediger Meier[448]) alstan in dem Dörfle herum, um 10. uhr Kamen der Herzog wieder, sie schrieben, ieh laß, um 11. uhr gengen Sie in die meß, ich blieb so lang oben im schlesle, nach dissem machde ich einen Hut ferdig, abends geng Es nacher Scharnhausen.

Freitag d. 9. Nach meinem baad wurde in dem Dörfle wieder friegestigdt u. abends fur man nacher Scharnhausen.

Samstag d. 10. Der heitige Tag vergeng gleichsam wie der gestrige, nur daß ich statt in das schlößle auf das gerist beim bauen geng.

Sontag d. 11. Der herzog firden mich in die Kirch u. Erwardeden mich in der Ihrigen, wo der hof Prediger Bleibimhaus von der aufrichtigkeidt predigde. Um halb 4. uhr Kam die frau v. Riedelsel,[473]) die frau v. Oedengen[473]) aus Wetzlar mit Ihren menner u. von hier Kam die frau v. Mosheim, v. Pfuel Ober schloß haubtmännen[375]) mit Ihren menner, die General Schler[356]), die Geheimderat Bühlerin u. Er, der hochsteder[474]), welchen der herzog ZumGeheimderath machten u. auch der regierungs rath v. Seckendorf[425]) Kam mit, man firde Sie aller orden herum, es wurde besonders balt nacht u. Sie Gengen, wie es schon nacht war.

Hohenheim d. 12. Sep. Montag 1785. Nach deme ich gebaadet hatte, so friestiegde man in dem Dörfle, um 4. uhr Kam der Graf Romasoff,[457]) der Herzog sprachen lange allein mit Ihm, um 6. uhr geng Er wieder, es wurden einige bestellungen gemacht auf die ankunft des Printz Friederich v. Durlach,[474]) ich schrieb meistens.

Dinstag d. 13. Um 12. uhr Kam der Printz von Durlach u. mit Ihm der herr v. Palm, vom hof hier invitirde der Herzog von Dames dar zu meine Schwester v. Pflug, die frau v. Üxküll, v. Mosheim, v. Suvil u. v. Klinkowstrem, auch Generalin v. Holl; vor Tisch noch firden der herzog den printzen beim neuen Gebeite herum u. in den stall, dann as man, bald nach deme man sich zu Tisch gesetzt hatte, so Kam auch der Printz Wilhelm von Württemberg aus Coppenhagen[475]), nach Tisch fur man in das Dörfle, der Printz wurden allerorden herum gefirt u. nach die 6. uhr geng Er wieder nacher Stuttgardt.

Mitwoch d. 14. Sep. Um halb 8. uhr fur man nacher Stuttgardt, da gengen der herzog gleich zum Printzen, u. firden Ihn in den stall, in die academie u. in die biblioteg, u. dann zu mir in mein haus; der Printz fur von da aus nach der Solitude u. der herzog Kamen hier gegen 4 uhr wieder an, abends fur man noch nach Scharnhausen.

Hohenheim d. 15. Sept. Donerstag 1785. Um 8. uhr friestiegten der herzog u. ich wie gew. bey der Kohlerhitte, um 10. uhr geng ich wieder zu Fuß herein, zog mich an, bald nach dissem Kam die frau v. Üxküll mit Ihrer Tochder u. die hernn, die von hof Ein gelaten waren, um 12. uhr Kamen die 3. prentzen von Durlach, Württemberg u. Coburg, auch der hE. v. Palm, man geng bald Zur Tafel, nach dissem fur man nacher Scharnhausen u. gudirte nach gehens in der baum schul u. von da geng Es in den fassanen garden, dorden beurlaubden sich der Printz von Durlach u. der herzog assen wie gew. gegen 8. uhr hier zu nacht.

Freitag d. 16. Im Dörfle friestiegde man, der herzog beschäftigten sich viel mit Ihrem Bau wesen u. abends fur man nacher Scharnhausen.

Samstag d. 17. L. Im Dörfle friestiegde man, ich lis den hofprediger Bleibimhaus zu mir Kommen u. firde Ihn dan in dem Dörfle herum, nach Tisch geng ich bald in das schlößle u. abends fur man nacher Scharnhausen.

Sontag d. 18. Nach deme ich die Predig in Birgach gehörd hatte u. der herzog mich da hin gefirt, so hörde ich die Predig vom hof prediger Menninger, die von der unsterblichkeidt der Seele handelte. Nach Tisch gengen der herzog herum, u. um halb 4. uhr Kam der Printz Wilhelm[475]) von Württenberg, Printz Coburg, Gesande Macko[456]) u. Seine frau, Wächter u. Madeweis u. von Dames von unserem hof, die frau v. Senfft, v. Türkheim, v. Pful Oberstin u. v. Röder. Im Dörfle gudierte man u. von da fur man in den fassanen garden.

Hohenheim d. 19. Sep. Montag 1785. Im Dörfle friestiegde man, ich lis den hofprediger Menninger zu mir Kommen u. fierde Ihn im Dörfle herum, nach dem gude ging ich in das schlößle u. abends fur man nach Scharnhausen.

Dinstag d. 20. B. K. In der Kohlerhitte friestieckte man, um 10. uhr geng ich zu fuß wiederum herein. Um halb 1. uhr Kam der fürst v. Plassi[476]) benebst Seinem Deand, arfiarius[476]) u. noch ein paar andere, auch der Printz Wilhelm v. Württemberg u. v. Coburg, von Dames die frau v. Üxküll, frau v. Bode, v. Witzleben[512]), Oberstin v. Mandelsloh u. General v. Dom[366]) u. Ihre Sohns frau. Der herzog firden den fürsten u. die übrige herns nach Tisch beim bauen herum, dan fur man in das Dörfle, dorden wurden Sie auch aller orden herum gefirt u. es war schon zemlich donkel, wie sich alles beurlaubde.

Mitwoch d. 21. N. K. Im Dörfle friestieckde man wieder u. um 10. uhr geng ich zu fuß herein, um in die Kirch in Birgach zu gehen. Der Pfarrer von Scharnhausen predigde, nach Tisch geng es gleich nacher Stuttgart u. da firden der herzog den Fürst v. Plassi in die biblioteg, zu mir Kam meine nichte Charlotte Pflug, u. alstan geng ich in die academie u. da sahe ich einige experiminden von der Eleckderitzet, Sa das naturalien Cabinet, die Kupfer Stecherey, u. geng auch in Einige ler Seele u. in den schlaf Sall der Kleine cavalirs. Um 9. uhr Kam man wieder hier an.

Hohenheim d. 22. Sep. Donerstag 1785. n. n. A. Es regnede wie man in dem Dörfle friestiegen wolde, also blieb man hier, nach dem gude ging ich in das schlößle u. um 6. uhr fur man nach Scharnhausen; der probst von Krotzingen schieckde heide einen Tisch durch Seinen bedenden.

D. 23. Freitag .n. n. a. Im Dörfle friestiegde man u. um 12. uhr Kam der fürst v. Plassi benebst denen, wo Er bey sich hatte u. noch Einige Cavalirs von hof, man as bald zu mitag u. nach dissem fur man nacher Scharnhausen, von da aus fur der fürst nacher Könken, u. der herzog fuhren in der Wurst wieder Zurick den Printz v. Coburg u. ein Ritter v. Missani,[477]) welcher 3. Söhne in die academie brachte, der Minister v. Üxküll u. General Bouwinghausen. Wie man hier an Kam, beurlaubden sich alle gleich; der herzog geng zum bauen, ich in das schlößle, u. abends gengen der herzog u. ich noch zu fuß in die Krote (s. 19. Okt. 1784) im Dörfle, es war ein sehr schöner abend.

Samstag d. 24. Ich name was Ein, doch wurde im Dörfle friegestigt, um 10. uhr geng ich zu fuß zurik, der herzog waren viehl beim bauen u. abends fur man nacher Scharnhausen.

Sontag d. 25. W. A. G. G. Ich fur in die Kirch, um 10. uhr Kam der fürst benebst Seinem Gefolg, Es laß die meß, ich Kam Zur Predig, die von der niedrig Keit des menschen nach dem fall handelte u. hof Brediger Baader hielte sie; nach deme die Kirch aus ward, Kamen die übrige geladene von Stuttgardt auch, von Dames war es die frau v. Üxküll, v. Bode, v. Wolzogen, ritmeistern v. Gemmingen u. v. Grügsheim.[478]) Es regnede abweckslungs weis, nach Tisch geng man, um den grossen Ärnd wagen zu sehen, dann fur man in das Dörfle, wie man da war, Kam Ein wetter u. man retererte sich geschwend in den feigen Sall, es donnerde zemlich, nach dissem geng man noch bis in die catecomben[479]) u. von da aus fur man in den fassanen garden, underwegs hatten wir viel wend, dorden beurlaubten sich die fremde u. der herzog u. ich fuhren wieder hier her. Disses wetter hatte in dem Beblinger amt grosse schlossen gehabt.

Hohenheim Montag d. 26. Sep. 1785. Um halb 8. uhr fur man nacher Stuttgart, der Herzog zogen Sich an u. der fürst von Plassi[476]) Kam alstan, Sie zeigten Ihm das schloß, brachten Ihn dann in mein Zimmer u. firden ihn dann in die academie, dorden hörden Sie eine disputation u. Zeigten die gantze academie, Sie holten mich Zum Essen ab, bis Sie Kamen, war meine niese die Jüngst v. Pflug u. die Jungfer faberin bey mir, nach dem Essen von der academie Speiste man in dem ronden Saal[328]) gleich beim es Saal von der academie, nach der Tafel fur man in mein Haus, dann ins schloß u. der herzog u. der fürst gengen gleich wieder in die academie zu Einige vor lesungen, um 6. uhr geng dann das consert in der academie an, wo Zu der gantze hof von Dames u.

cavalirs Kamen, der herzog u. ich blieben aber nicht lange da, der fürst u. was bey Ihm war, hatte sich beurlaubd u. Abschied genomen, u. der herzog u. ich Kamen nach die 9. uhr hier an.

Dinstag d. 27. Der herzog Stonden wie gew. nach die halb 6. uhr auf, ich blieb heite gegen gewohnheid bis nach die 10. uhr liegen, nach Tisch geng ich bald in das schlößle u. um 6. uhr fur man nacher Scharnhausen.

Mitwoch d. 28. In dem Dörfle friestieckte man, nach die 9. uhr Kam der hof Prediger Baader zu mir, nach Tisch geng ich bald in das schlößle u. abends fur man nacher Scharnhausen.

Hohenheim d. 29. Sep. Donerstag 1785. Im Dörfle friestieckte man; so lang ich da blieb, Kam Ein Kaiserlicher officir von dem Jeger Kor, welches durchs Würtenbergische marschirt, zu Ihro Durchleicht, ich geng um 11. uhr Zu Fuß vom Dörfle herein, nach dem Gute geng ich in das schlößle, u. abends fur man nacher Scharnhausen.

Freitag d. 30. Um 9. uhr fur man nacher Stuttgart, da gaben der Herzog audientz u. dann geng Es gleich wiederum hier her. Es Kamen Kaufleide von Stuttgardt, von denen wurde Zu der Sichelhänget gekauft u. die daurde, bis Es nacht war.

Samstag d. 1. Okt. Im Dörfle friestieckte man, der herzog gengen bald darauf wieder Zum bauen, um 10. uhr geng ich auch herauf, um halb 11. uhr wurde gespeist, u. um halb 12. uhr furen der herzog auf die Jagdt, wo Sie in Ensingen bey meiner mutter abstiegen, mich da lissen, bis Sie wieder von der Jagdt, auf der Sie wegen üblen wetter nichts geschossen hatten. Ich war so lang bey meiner mutter u. schwester u. freude mich Ihrer Geselschaft, um halb 6. uhr war man wieder hier.

Sontag d. 2. L. Der herzog firden mich in die birgacher Kirch u. erwardeden mich mit der predig in Ihrer, welche der hofprediger Werkmeister vom falschen vertrauen gehalden hat; nach Tisch gengen der herzog bey die gebeide herum, dan fierden Sie auch mich herum u. wir gengen auch Zum See, die schwanen u. fisch zu fudern, nach die 5. uhr Kam der Minister v. Üxküll u. Geheimderath Bühler, der herzog sprachen mit Ihnen u. dann fur man nacher Scharnhausen, nach dissem beurlaubden sich bede u. der herzog speiste um 8. uhr.

Hohenheim d. 3. Okt. Montag 1785. Im Dörfle friestiegde man, um 10. uhr geng ich zu fus wieder zurik, um halb 11. uhr speiste man u. um 12. uhr fur man auf Ensingen, wo mich der herzog absetzten u. Sie von da auf die Jagd in den Tiefenbach gengen, ich blieb so lang bey meiner mutter, auch meine schwester von Kirchheim Kam mit einer Ihrer Töchder, der herzog Kamen um die 5. uhr ungefer wieder zurik u. hatten 4. hirsch geschossen, man geng dan bald hinweck u. Kam Gut hier an.

Dinstag d. 4. Um 7. uhr geng Es von hier hin weck, um die Kaiserliche Trupen bey Canstadt verbey marschiren zu sehen, der herzog rieden Ihnen vom Zoll aus ingegen, um 9. uhr Kamen Sie, wie Sie verbey waren, fur man nach Stuttgardt, stieg am schloß einen augenblick aus u. fur wieder hier her, um 2. uhr Kam der Oberst von die Warasdiener Kolnoki[480]) mit seiner Frau u. noch der Major   benebst einige Dames u. Generals u. Cavalirs von hof, man speiste bald, nach Disch wurden Sie aller orden herum gefird; wie es nacht war, Beurlaubden Sie sich, u. der herzog speiste dann um 8. uhr, Sie haben mich auch heide Superb mit einer Suldanen von Prillianden beschängdt.

Hohenheim d. 5. Okt. Mitwoch 1785. Es regnede u. das Friestuck wurde hier genommen, der herzog waren wie gew. viel beim bauen u. ich blieb den gantzen Tag zu haus, nur daß ich gegen die 5. uhr mit Ihro Durchleicht in das orancherie haus geng.

Donerstag d. 6. Im Dörfle friestieckte man, um 10. uhr geng ich wieder herein u. traf Ihro Durchleicht beim bauen an, das Gude wurde im schlößle genommen u. um halb 6. uhr fur man nacher Scharnhausen.

Freitag d. 7. Weil Es regnede, so wurde hier friegestückt, der herzog waren viel beim bauen. u. nach mitag um zwey uhr war die Sichel hanget, wo die hertzen der schnieder so fro wurden, daß sie freude dem Hertzen des hertzogs u. auch mir gewährden; Gott lob vor Seine Gnade, wieder eine reichliche ärnd aus Seiner hand Empfangen zu haben.

Samstag d. 8. Im Dörfle friestiegde man, der herzog waren viel beim bauen, nach die 10. uhr Kam meine schwester Seckendorf mit Ihrem mann u. Kinder u. noch einige Junge leide aus der academie beim Dörfle verbey, Sie stiegen ab, ich firde Sie durch das Dörfle durch, dan gengen Sie nacher Ensingen; ich geng zu fuß herein, es wurde bald gespeist u. nach Tisch geng es gleich auf die Jagdt, wo mich der herzog in Ensingen bey meiner mutter absetzten u. da war ich mitten under meine verwanden, bis der Herzog wieder von der Jagdt zurick Kamen; gegen halb 8. uhr war man wieder hier.

Hohenheim d. 9. Okt. Sonntag 1785 L. Es regnede Sehr Starck; ich bliebe heide lang liegen u. geng dan mit Ihro Durchleicht in Ihre predig, die der hof prediger Maier[448]) von dem beyspiel des regenden predigde, um 3. uhr geng es nacher Stuttgart u. Stieg bey der Geheimderath Bühlerin ab, um halb 8. uhr war man wieder hier.

Montag d. 10. L. Im Dörfle friestiegde man, nach deme der herzog weck waren, Kam der Pfarrer u. die Pfarrerin v. Plieningen zu mir, gegen 11. uhr geng ich wieder hier her, nach Tisch geng ich bald in das schlößle, weil die neie maur vom schloß just am fenster so war, daß der herzog auf dem gerist Zum Fenster herein mit mir Sprechen Konten, um 3. uhr geng es nacher Scharnhausen.

Dinstag d. 11. Es regnede heide frie u. man friestiegde hier, um 11. uhr Speiste man zu mitag u. alstan geng es auf die Jagdt, wo mich der Herzog wieder bey meiner mutter in Ensingen absetzte, die Kinder von meiner schwester Seckendorf machden mir viel freude, um 7. uhr war man wieder hier.

Mitwoch d. 12. Um 10. uhr fur man von hier nacher Böblingen, dorden as man was weniges, dann geng Es auf die Jagdt, wo der herzog 13. hirsch schossen; um 7. uhr war man wieder hier, es war ein vorzüglicher schöner Tag.

Hohenheim d. 13. Okt. Donerstag 1785. Im Dörfle friestieckte man, nach die 10. uhr geng ich zu fuß herein, um halb 12. uhr wurde zu mitag gespeist, u. um 1. uhr Kam meine Mutter, Schwester Pflug, Seckendorf u. Ihr mann u. Schwester Juliana, u. 4 Niesen, wir assen bald nach Ihrer ankunft u. dann firde ich Sie in die neie Zemer herum, auch Zum neien Gebeide, wo der Herzog so gnädig waren, mit uns herum zu gehen, dann wurde Gudirt u. wie es schon nacht war, so gengen sie wieder weck, der herzog schrieben u. ich schneide chogolat u. schrieb auch.

Freitag d. 14. Im Dörfle wurde friegestiegdt, nach die 10 uhr Kam der hofprediger Meyer[448]) Zu mir u. geng mit mir herein, bald nach Tisch geng ich an das schlößle u. geng mit Ihro Durchleicht auf das gerist u. oben Zum Fenster herein auf dem boden des alden schlössles[342]). Nach die 4. uhr geng es nacher Scharnhausen.

Samstag d. 15. Im Dörfle wurde friegestiegt, um 10. uhr geng ich wieder herein, um halb 11. uhr as man u. nach die 11. uhr geng Es auf die Solidite, wo man beim Treibhaus abstieg u. die oragerie auch sa, dann in schloß geng u. der herzog besahen die hussaren pferde, u. nach dissem geng Es auf die Jagdt, bald nach die 6. uhr war man wieder hier.

Hohenheim Sontag d. 16. Okt. 1785. l. Der Tag war Sehr schön, der herzog firden mich in die Kirch u. Erwardeden mich in Ihrer Predig, welche der hof prediger Bleibimhaus hielt, von der reinig Keit u. wahrheit der lehre Christi. Nach Tisch geng der herzog herum u. um 3. uhr gengen der herzog u. ich in das Dörfle, da hin Kam meine schwester Seckendorf mit Ihrem mann u. Zwey Söhne u. Jüngst Tochder Wöllwart u. meine schwester Juli, auch Kamen die beede officir Graf Zugado u. Grawitz[481]) mit die Junge leide, die Sie von der academie bey sich hatten, ich firde Sie herum, der herzog Kamen auch dar Zu u. gegen die 6. uhr gengen Sie wieder, u. der herzog u. ich gengen zu fuß herein.

Montag d. 17. Im Dörfle friestiegde man, ich hielt mich eine Zeitlang in dem Wirtz haus auf, gegen 10. uhr Kamen der herzog u. Sagden mir, daß Sie nacher Scharnhausen reiten wolden, um einen hirsch zu fangen, um 11. uhr Kam ich herein, as um halb 12. uhr u. der herzog Kamen wieder unvermuth, Sie assen auch wenig u. Sie u. ich furen nacher Scharnhausen, wo sie Zur Jagdt gengen u. den hirsch fangen lissen u. ich bliebe so lang im schlößle in Scharnhausen, bis der herzog nach die 4. uhr wieder Kamen, man fur dann wieder hier her, der herzog gengen noch Zum bauen u. abends schrieben Sie.

Dinstag d. 18. l. In dem oracherie haus friestiegde man, u. abends firden mich der herzog in den fassanen garden u. schänkde mir Zwei Stück Canigel, sonst geng heide nichts vor.

Hohenheim d. 19. Okt. Mitwoch 1785. Im Dörfle friestiegte man, um 10. uhr fur ich in die Kirch, nach die 4. uhr Kamen meine schwester Seckendorf u. Ihr mann, Ihre Tochter Wellwart u. meine Schwester Juli, der Herzog waren viel beim bauen u. Kamen auch mannigmahl Zu mir, erst wie es nacht war, beurlaubden sich meine verwanden wiederum, der herzog schrieben u. ich sitzte Ihnen vis a vis, nete u. schrieb auch.

Donerstag d. 20. Im Dörfle friestiegde man, so Kalt es auch war, nach die 10. uhr geng ich wieder zurik, der herzog waren viel beim bauen u. ich blieb den gantzen Tag zu haus.

Freitag d. 21. Im oragerie haus wurde frie gestigdt, um 9. uhr geng Es nacher Stuttgardt, dorden gaben der herzog audientz u. dann geng Es gleich wieder hierher. Abends fur man nacher Scharnhausen.

Samstag d. 22. Im Oragerie haus wurde wieder friegestiegt, heide lag der Erste schne beim Erwachen u. ich lis das Erste mahl einbrennen. Gestern hat es das Erste mahl gefroren u. heite war die Wein lesse hier; da es nas u. feicht war u. auch alle augenblieke regnede, so Kame ich nicht dar zu; der Herzog waren heide verdrislich u. die meiste Zeit beim bauen, abends firden Sie mich in den Carlshof.

Sontag d. 23. Um halb 10. uhr fur ich in die Kirch u. Kam noch in die Predig des hofprediger Baader[395]), der bewis, daß wir nicht zu viel auf unsere Tugenden, sondern auf Got vertrauen sollen; nach mitag gengen der herzog herum u. firden mich nach gehens auch aller orden bey die neue Gebeite herum, wir gengen auch in das Dörfle, wo ich, so lang der herzog in die Casernen gengen, in der Kohlerhitte laß.

Hohenheim d. 24. Okt. Montag 1785. Der herzog fangten heite wieder Ihre Kreider bri an zu nehmen, Gott gebe, daß Es Ihnen wohl bekome. Im Dörfle friestiegte man, das Wetter war sehr schön, um 10. uhr geng ich wieder herein, Zuvor besuchte mich der herzog nach mitag um 4. uhr Kam der Statthalder von Umgelter u. Minister von Üxküll, der Herzog firden uns nacher Scharnhausen u. dorden beurlaubden sich beede.

Dinstag d. 25. Das wetter war wieder recht schön, im Dörfle friestiegte man, ich Kam Kurtz vor 11. uhr Zurick, nachmitag geng ein zemlicher wend, ich besuchde Ihro Durchleicht beim bauen, hielde mich ein wenig im schlößle auf u. sonst geng heide nichts vor.

Mitwoch d. 26. In der oragerie wurde frie gestigt, um 10. uhr geng ich in die Kirch, nach die 1. uhr Kam meine mutter, schwester Pflugin mit Ihren Kendern, wir assen bald u. nach die 4. uhr, die bald heran Kamen, firden uns der Herzog nacher Scharnhausen, alwo sich meine verwanten beurlaubten. Der herzog schrieben u. ich laß nachgehens, bis man um halb 8. uhr Zum Essen geng.

Donerstag d. 27. l. In der oracherie wurde friegestigt, das wetter wurde sehr schön u. gleich nach dem Gude firden mich der herzog nacher Scharnhausen, man blieb aber nicht lange, u. der herzog gengen noch zum bauen u. ich schrieb.

Hohenheim d. 28. Okt. Freitag 1785. Um 9. uhr geng Es nacher Stuttgardt, ich geng in die Predig von dem hof prediger Werkmeister u. der Herzog hielten revie, beim mitag Essen waren welche von der academie bey mir, auch die frau v. Mandelsloh Kam zu mir, nach Tisch geng ich Zu der frau v. Wechmar[254]) u. wie ich Zurik Kam, liese ich die Ecol noch Komen, dann Kamen der Herzog auch bald, u. Es geng dann wieder hier her.

Samstag d. 29. Im Dörfle friestiegde man, u. bald nach dem Gude firden mich der herzog nacher Scharnhausen, abends geng ich noch mit Ihnen zum bauen, u. dann schrieben Sie Ihre geschäften u. auch nach Baris mir Kleider zu bestellen.

Sontag d. 30. Um halb 9. uhr fur ich in die Kirch nacher Birgach, diesse Kirch Thaurde etwas lengers wie sonst u. darieber waren der herzog bes, wie ich Kam, weil Sie mit Ihrer Predig auf mich wardeden, die der hof Prediger Werkmeister von der furchtsam Keit hielt; nach disser geng es gleich nacher Stuttgart, der herzog hielte revui von der Gard zu fus, Granadir à chval u. der Legion, mit mir assen Junge leide von der academie u. ich lies auch nach Tisch Zu mir Komen der hofmeister Erhard[391]), Kranken werderin, die M. Gaus[340]) u. Ihre Schwester Teichmann u. auch die Secreter Wagner[205]). Die revie geng zemlich spat aus, nach disser geng es gleich wieder hier her.

Montag d. 31. Im Dörfle frie stiegde man u. bald nach dem Gude firden mich der herzog nacher Scharnhausen, wie ich zurick Kam, war ein Camer Diener vom frantzösische Gesanden da, der mir einen brif von Seinem hern brachte u. den ich in dem schlößle beandwordede.

Hohenheim d. 1. No. Dinstag 1785. Um 8. uhr friestiegde man in dem oracherie haus, um 9. uhr geng Es nach Ensingen, von wo der herzog auf ein Treib Jagen gengen u. Zu Gleich linden, Sie hier her versetzen Zu lassen, aus suchten. Ich blieb bey meine verwanten so lang u. gegen 6. uhr war man wieder hier.

Mitwoch d. 2. Ich bliebe liegen bis 10. uhr, nachmitag um 4. uhr hielte der herzog revui mit die Jeger u. was von der Legion hier ist; es Kamen der Printz Coburg u. noch einige Generals u. Officir von Stuttgardt dar zu, nach die 5. uhr war alles wieder weck, u. ich war Sehr mis muthig.

Donerstag d. 3. n. In dem oracherie haus wurde frie Gestigdt u. abends fur man nacher Scharnhausen.

Freitag d. 4. Heite als am Theuren Carlstag stond man wie gew. auf, nam im oracherie haus das friestuck, u. geng um 10. uhr in die Kirch, wo der hof prediger Menninger von der vatter lands liebe ser schön predigde, dann Speiste man wie sonst, nach Tisch feng es im camen in der Kälter an zu brennen, wurde aber gleich wieder Gelescht, der herzog gengen Zum bauen u. um 1. uhr firden Sie mich Zu die Jegers, wo man Ihnen Zu sahe Zu schiessen u. um 5. uhr Sahe man alle die handwerksleide Essen, die der herzog speissen lissen, dann schrieben der Herzog u. vollendenden dissen Tag wie ein Guter, ein Weisser fürst.

Hohenheim d. 5. Nov. Samstag 1785. In der oracherie wurde frie gestigdt, ich arbeidede fast den gantzen Tag an einem Corset, nach dem Gude firden mich der Herzog nach Scharnhausen.

Sontag d. 6. Um halb 9. uhr hörden der herzog meß, u. um 9. uhr geng ich auch in Ihre Kirch, die predig vom Bleibimhaus zu hören, welche handelde von der freiheit des menschen. Nach dissem geng es gleich nacher Louisburg, wo man im militerische Weissen haus abstieg, dann in das schloß fur, dorden hilten der herzog revie mit dem Hügelischen regimint u. mit der ardilirie. Ich as so lang u. Es Kam Zu mir die frau v. Welling, v. Tontersfeld, General Rieger u. Holtzheim. Wie der herzog ferdig waren, so geng es gleich weck, bey der oracherie stieg man aber noch aus u. in Stuttgardt Stieg man bey dem Geheimderath Bühler ab, der herzog sprachen mit Ihm, ich war so lang bey Ihr, u. 3. von die Hochsteder Kender[110]) Kamen auch dar Zu, die ich dann dem herzog vorstelde, u. gegen 8. uhr war man dann wieder hier.

Montag d. 7. l. Im Dörfle friestiegde man,; weil es ein wenig regnede, so schickden mir der herzog die Cariol, der herzog waren viel beim bauen, ich blieb aber nach mitag die Gantze wegen schnupen Zu haus u. abends arbeideden der herzog viel.

Hohenheim d. 8. No. Dinstag 1785. Um 8. uhr geng es nacher Kirchheim, der herzog stiegen bey meiner Schwester Pflug ab, wo auch meine mutter, Schwester Seckendorf, Ihr mann u. Kinder u. Schwester Juliana war. Der herzog besahen Ihre pferde u. gengen dann auf ein Treib Jagen, ich blieb bey meiner schwester, gleich nach Tisch Kamen der herzog wieder, der hE. v. Palm

Kam auch u. es geng dann gleich wieder hier her, u. der herzog gengen hier noch zum bauen.

Mitwoch d. 9. Im oracherie haus friestiegde man; da ich einen Sehr starken Catar hatte, so geng ich sonsten heide nicht aus, der herzog waren aber viel beim bauen u. es regnede u. schneide fast den gantzen Tag.

Donerstag d. 10. Ich name was Ein, Es wurde also hier frie gestigdt, nach die Zwey uhr geng ich in das oracherie haus u. abends fur man nacher Scharnhausen.

Freitag d. 11. l. Um 9. uhr geng es nacher Stuttgardt, der herzog gaben audientz, zu mir Kam der hofrath Mögle, nach Tisch geng man zum Essen von der academie u. nach dissem geng es auf die Solitit, alwo der herzog mit die hussaren revue hielten. Zu mir Kam die ritmeister v. Nasso, von da Kam man um halb 5. uhr wieder hier an.

Samstag d. 12. Im oracherie haus wurde friegestigdt, u. da Es zemlich Kald war, u. ich noch einen schnuben hatte, so firden mich der herzog heide gar nicht aus u. Sie Kamen auch nicht weider als Zum bau wessen.

Hohenheim d. 13. Nov. Sontag 1785. l. Ich geng in die Birgacher Kirch u. der herzog Erwardeden mich mit der Predig des hofprediger Menningers in Ihrer Capel. Die predig handelde von der Aus breidung des Christliche Glaubens. Nach Tisch gengen der herzog aller orden in Ihren neuen Gebeiden herum u. um 4. uhr Kam der russische Gesande Graf Romansof, der Herzog sprachen lange mit Ihm allein, so lang war der Minister v. Üxküll bey mir u. nach dissem Kam Romansof auch herauf u. da es schon nacht war, so geng Er bald hin weck, er brachte mir Einen brief von der Großfürsten. Nach dissem schrieben der herzog u. ich laß.

Montag d. 14. l. Im Oracherie haus wurde frie Gestigt, um halb 3. uhr Kam Romansof[457]), Üxküll u. Bühler wieder hier her, u. man fur nach Scharnhausen, wo sich dann Romansof beurlaubde. Abends schrieben der herzog u. ich arbeidede.

Dinstag d. 15. Im Dörfle friestieckte man. Ich blieb da bis 11. uhr, um 3. uhr fur man nacher Scharnhausen u. nach dissem gengen der herzog noch Zum bauen u. ich schrieb. Das Wetter war heite sehr schön.

Mitwoch d. 16. Im Dörfle friestieckte man, ich wolde in die Kirch, aber ich verspetede mich, um 2. uhr Kam meine mutter

u. schwester Pflug, Seckendorf mit Ihrem mann u. Juliana. Sie blieben da, bis man schon lichter hatte, dann schrieben der Herzog u. ich.

Donerstag d. 17. Im Dörfle friestiegde man, ich blieb da bis fast 11. uhr, u. um 4. uhr fierden mich der herzog nach Scharnhausen, wo ich einen augenblick in das Dörfle geng.

Hohenheim d. 18. Nov. Freitag 1785. l. Der herzog gengen um 5. uhr auf Ein Jagen, woren Sie bey Herrenberg einen grossen hirsch Einfangen lissen u. ich geng nacher Kirchheim um 9. uhr. Sie wusten nicht darvon u. waren sehr verwonder, wie ich in Kirchheim, wo alle meine verwanden beysamen waren, an Kam. Um 2. uhr geng ich wieder hinweck, Kam um 4. uhr hier an, u. fur um 5. uhr wieder von hier ab u. Ihro Durchleicht ingegen. In Rohr warde ich auf Sie, Sie Kamen aber spat, u. es war schon 9. uhr, wie man hier ankam.

Samstag d. 19. Der herzog gengen um halb 9. uhr hinweck, wieder auf das Jagen, ich as um halb 11. uhr u. Geng um halb 12. uhr hinweck, stieg einen augenblick in Beblingen bey der Oberforst meistern ab, u. fur dann nacher Gärtringen zu der frau von Hiller, bis mir der herzog nachricht gaben, daß Sie Komen, wo ich dann gleich weck geng u. das vergnügen hatte, Ihro Durchleicht bald zu begegnen, um 8. uhr war man dann hier.

Sontag d. 20. l. Ich geng nach Birgach in die Kirch u. hörde auch hier die predig vom hofprediger Baader, der von dem zukünftig leben predigde, nach Tisch gengen der herzog in die neue gebeide herum u. holden mich auch ab, man gudirde im neuen leib Cor haus, u. dan schrieben der herzog u. ich laß.

Montag d. 21. Der herzog gengen um 7. uhr auf die Jagdt bey Herrenberg u. ich fur um halb 10. uhr nacher Kirchheim, wo ich nur meine schwester Pflug mit Ihren Kindern alleine antraf, ich blieb bis 2. uhr u. Kam um halb 5. uhr wieder hier an u. Erwardede den Herzog, Sie Kamen erst gegen 7. uhr, u. hatten den grossen hirsch heide gefangen.

Hohenheim d. 22. Nov. Dinstag 1785. Im oracherie haus wurde frie gestigdt, der herzog waren viel beim bauen, ich schrieb an die Groß fürstin u. gegen 4. uhr fur man nach Scharnhausen u. von da in den Dirgarden, um den nei gefangen Grossen 18 ner heraus gehen zu sehen. Der Tag war ser Trieb u. feicht.

Mitwoch d. 23. In der oracherie wurde friegestigt, um 10.

uhr fur ich in die Kirch, u. nach dissem blieb ich beim viech verkauf, der heide war, bis der Herzog mit mir gengen, der Gantze Tag war mir vertrislich u. ich blieb den Gantzen Tag zu haus.

Donerstag d. 24. In dem oracherie haus friestiegde man u. da es ser unangenehm wetter war, so firden mich der herzog nicht aus, ich war den gantzen Tag ser wemietig.

Freitag d. 25. Man geng um 9. uhr nach Stuttgardt, der herzog gaben audientz, ich geng in mein haus u. die frau v. Bode Ihr Bruder v. Wolf[482]) u. Schwager v. Marchal[330]) Kamen zu mir, der herzog Kamen nach der audientz auch zu uns, die frau v. Bode Sahe mein haus u. dann geng Es wieder hier her, wo ich bald nach dem Essen ser schöne sachen von Baris auspackte.

Samstag d. 26. G. In der oracherie wurde frie gestigdt, in der frie bekamen der herzog die nachricht, daß Ihr leib Vorreider gestern schnel gestorben were. Abends firden mich der herzog nach Scharnhausen. Heide Kam auch das fich Wieder hier her; ich Konte heide nicht munder sein.

Hohenheim d. 27. Nov. Sontag 1785. Der Herzog u. ich blieben heide lenger liegen wie sonst, ich geng mit Ihro Durchleicht in Ihre Predigt vom hofprediger Werkmeister, der von dem Eignen Selbst gericht sprach, nach Tisch gengen der herzog in die Gebeide herum u. firden mich nach gehens auch herum. Abends schrieben der herzog u. ich laß.

Montag d. 28. Im oracherie haus wurde friegestigdt, der herzog firden mich heide nicht weider aus als bis zu dem rondel, des gerade von der neuen strasse aus aus gesteckt wurde u. Sie waren viel beim bauen, ich war heide so mis muthig wie gestern.

Dinstag d. 29. Das wetter war Ser schlem, der herzog waren viel beim bauen im Ofissen bau, u. ich Kam den Gantzen Tag fast nicht aus meinem Kleinen Zemerle.[34])

Mitwoch d. 30. Heide war das Wetter noch schlemmer, u. nach mitag fur man nacher Stuttgart, da stiege man in der Biblioteg ab, fur dann in das schloß, wo der herzog einige von der landschaft sprachen u. von da geng man in das Uxkilische haus,[483]) von wo man wieder hier her fur, u. um 3. viertel auf siben uhr wieder hier war.

Hohenheim d. 1. Dec. Donerstag 1785. Es wurde im Zemer frie gestigdt u. abends fierden mich der herzog nacher Scharnhausen.

Freitag d. 2. Um 9. uhr geng Es nacher Stuttgardt, der herzog gaben audientz u. gengen dann in die academie, wie Sie zu rick Kamen, lissen Sie zur ader recht glücklich, Sie ruthen eine stonde aus u. dann geng Es hier her, wo Sie noch in die Gebeide herum gengen. Wie man Zum nachtessen geng, Kam die nachricht, daß die Printzes von Holstein gestorben were. Das wetter war heite recht schön.

Samstag d. 3. Es wurde wieder im Zemer frie gestigdt, u. gegen abend firden mich der herzog in dem bau wesen herum. Der Aderlas bekam Ihnen Gott lob recht gut.

Sontag d. 4. Nach deme ich aus der Kirch von Birgach Kam, so geng ich in die Predig von dem Bleibimhaus, welche handelte von dem wahren vertrauen auf die Zukunft, u. nach dissem Kam die nachricht, daß der Printz Ehen[484]) von Mömpelgardt, die man Zwar Gestern schon wuste u. der herzog durch den v. Böhnen die bestellung in Stuttgardt schon machen lasten, Komen werden u. Sie Kamen um 2. uhr, zu vor aber Kamen welche, die von Stuttgardt invitirt waren, u, wie sie da waren, so fierden Sie der herzog in die neue Gebeide u. aller orden herum u. rieden dann in die Jeger Casern; in dessen Kamen noch welche von Stuttgardt, die frau v. Üxküll u. Mosheim u. einige cavalirs, u. wie der Herzog u. Printz wieder zurik Kam, so wurde zu mitag gespeist, Es war aber schon 5. uhr. Nach der Tafel beurlaubde sich der Printz bald, weilen Sie die Gantze nacht durch fuhren, um bald in Straßburg zu sein, weil Ihnen der auftrag gemacht war, die nachricht von dem Tod der Printzes von Holstein der Hoheid zu sagen. Wie Sie sich beurlaubt hatten, geng alles u. der herzog u. ich speisten gleich wieder.

Hohenheim d. 5. Dec. Montag 1785. Um halb 9. uhr gengen der herzog wieder zum hirsch fangen bey Herrenberg, um 12. uhr Kam meine mutter u. Schwester Juliana u. um 1. uhr Kam meine Schwester Pflugen mit Ihren Zwey ledigen Töchder u. der frantzel Wöllwartin u. Schertlin. Sie gengen Erst gegen die 6. uhr wieder weck u. bald hernach Kamen der herzog wieder, welches mich Sehr freute, Sie schrieben dann bis halb 8. uhr u. dann wurde gespeist.

Dinstag d. 6. Im Dörfle friestieckte man u. nach dem Gude firden mich der herzog nacher Scharnhausen, man fur von da in den Thier Garden, um die Gestern gefangne hirsch Zu sehen.

Mitwoch d. 7. Um 10. uhr fur ich in die Kirch, u. nach dissem blieb ich ob es wohl schön war den Gantzen Tag zu haus.

Donerstag d. 8. Um 7. uhr fur man nacher Tübingen, da Setzten mich der herzog in dem Colegio ab, Sie nahmen einen chogolad in der Galerie, wo die naduralien vom profesor Stor[71]) Sein, u. gengen dann noch 3. stonden weider auf eine Jagt; ich blieb noch eine Zeitlang, um das naduralien Cabinet zu sehen u. dann as ich bey der Geheimderath Frankenbergin,[296]) gegen 5. uhr Kamen der herzog wieder, bald darauf geng man weck u. um halb 8. uhr war man wieder hier.

Hohenheim d. 9. Dec. Freitag 1785. Im Dörfle wurde friegestigt, ich geng gleich wieder mit Ihro Durchleicht herein, nach dem Gude geng Es nach Scharnhausen u. in den Thier Garden, wo man die gestern gefangne hirsch heraus lassen sahe. Heide Kam auch die nachricht, daß der Cantzler Sartorius[191]) Gestorben were heide frie.

Samstag d. 10. Im oracherie haus frie stückte man. u. um 2. uhr fur man nacher Stuttgardt, dorden sprachen der herzog Einige in Geschäfte u. ich blieb immer in meinem Zimer.

Sontag d. 11. Ich geng in beede Kirchen, der hof Prediger Menninger[463]) bredigte von dem hertzen wie wenig wir es Können. Gegen 3. uhr geng Es nacher Stuttgardt, da Stieg man bey der Geheimderath Bühlerin ab, weil der herzog mit Ihm zu sprechen hatten, ich lis mich einen augenblick in das schloß Tragen u. vor die halb 8. uhr war man wieder hier.

Montag d. 12. l. Um halb 4. uhr fur man nacher Stuttgardt, dorden zog man sich geschwend an u. geng in das Consert in die academie, von fremden war da der Oberst Wolkenstein[485]) mit Seiner frau; nach die 8. uhr war man wieder hier.

Dinstag d. 13. Das Wetter war sehr schön, doch wurde im Haus friegestigt; nach dem Gude Klagden Sich der herzog über Mattigkeidt u. übel Sein u. musten auch Etlich mahl husten, man fur gegen 4. uhr nacher Scharnhausen.

Mitwoch d. 14. Der herzog Klagden heide wieder u. waren gar nicht gut disponirt, Sie waren viel in dem Treib haus, des gemachd wird u. gegen 4 uhr fur man nach dem fassanen Garden.

Hohenheim d. 15. Dec. Donerstag 1785. Der Herzog waren viel im neuen Treibhaus u. lissen es rachiren u. ich bliebe den Gantzen Tag zu haus; heide frie war das Termomeder 4 grad über dem gefrier pongden, so warm war es.

D. 16. Freitag. In der nacht um 11 uhr Kam die nachricht, daß Es in Stuttgardt brenne,[486]) man stond gleich auf u. fur henein. Gott lob aber war Es schon gelest, wie man an Kam u. es war nur ein Dach stul von einem abgebrand u. an einen andern wenig schaden gethan. Der herzog gengen auf die brand stedte, u. nach dissem Kamen Sie in das schloß, wo man nach deme Sie einen chogolat getrunken haben, wieder hier her geng. Kaum war man hier, so Kam wieder eine andere nachricht vom brennen bey Goppengen, wo hin man aber nicht geng, um 10. uhr geng es wieder nacher Stuttgardt, dorden gaben der herzog audientz, dan fur man wieder hier her. Abends firden mich der herzog das Erste mahl in das Treib haus. Ich weinde heide sehr viel.

Samstag d. 17. Im Treibhaus friestiegde man, um 3. uhr Kam der Geheimderath Bühler u. Seine Frau hier her, der herzog firten Ihn in alle die neue Gebeide u. die Geheimderäthin u. ich blieben bey samen zu haus, um 6. uhr gengen Sie wieder weck, dann schrieben der herzog u. ich arbeidede u. laß.

Sontag d. 18. Ich ging in beede Kirchen, die Predig von dem hof Prediger Baader handelde, daß die baufellige hütte des Körpers die Seele under Trickt. Nach dieser Kirch geng es nacher Stuttgardt, dorden zog man Sich an u. da heide der Geburtztag von der Hoheid begangen wurde, so war Galla u. Tafel in dem marmor Sall, nach der Tafel zogen sich der herzog u. ich wieder aus u. dann geng es bald hier her.

Hohenheim d. 19. Dec. Montag 1785. Es wurde im haus friegestigt, vor die 11. uhr holden mich der herzog ab in das Treibhaus, Sie waren den Tag über viel da, nach Tisch sprachen Sie einen Keisserliche haubtman, der an Sie von dem regimind von Tillier geschickt wurde, welches durchs land marschirte; abend war ich auch wieder mit Ihro Durchleicht im Treibhaus, u. ich weinde heide wieder viele.

Dinstag d. 20. Stadt daß heide der haubtman nicht da war u. man nacher Scharnhausen fur, glich der heidige Tag zimlich dem gestrigen.

Mitwoch d. 21. Der herzog fuhren nacher Hedelfingen, um das regimint Tillier verbey marschieren zu sehen, ich geng in die Kirch zu Birgach u. sagde dem Pfarrer, daß ich mir bis Sontag vorgenomen habe, das heilige Abendmahl zu Empfangen. Um 12. uhr as ich, u. wie ich ferdig war, Kamen der herzog wieder, bald geng ich auch in das Treibhaus, da hin der herzog oft Kamen, auch war der hofrat Stahl[408]) da, abends schrieben der herzog u. ich laß.

Donerstag d. 22. Der herzog waren viel im Treibhaus. Es wurde auch da Gudirt u. sonst geng heide nichts vor, ich war viel in meinem Kleinen Zemerle.

Hohenheim d. 23. Dec. Freitag 1785. Um 10. uhr geng Es nacher Stuttgardt, dorden Gaben der herzog audientz u. Gengen zum Essen von der academie, nach dissen geng Es wieder hier her, bald darauf lis ich den Pfarrer von Birgach zu mir Komen u. nach dissem geng ich in das Treibhaus zu Ihro Durchleicht, alstan las ich meistens u. der herzog schrieben.

Samstag d. 24. Um 10. uhr geng ich in die Kirch, bekande in der beicht Gott meine Sinden u. hoffe Gnade Erlangt Zu haben, — O Gott, Siehe die arme Sinder in Gnaden an, ohne deinen beistand bin ich nicht im stand dir zu Gefallen, o Jesu verlas mich nicht, schönke auch mir von dem wasser des lebens u. laß mich dein heiliges Abendmahl recht Würdendlich Genissen Zum Ewigen leben Amen.

Der Tag wurde Gantz Stil Zu gebracht, Zum Gude geng ich in das Treibhaus, wo der herzog u. ich eine Zeitlang beim Auspacken einige pflantzen, die der Walter[203]) von Schwetzingen gebracht hat, dann las ich u. der herzog schrieben — O Gott, Seegne meinen morgigten Tag.

Sontag d. 25. Um halb 10. uhr geng ich in die Kirch, Genos das heilige Abend Mahl Gott Gebe Es zum Seegen u. Zur Ewigen Seeligkeit. Die predig von Ihro Durchleicht war noch nicht aus, wie ich Zurick Kam; ich hörde Sie auch noch, nach Tisch gengen der herzog herum, abends geng ich auch ein wenig in das Treibhaus, dann Schrieben der herzog u. ich laß.

Hohenheim d. 26. Dec. Montag 1785. Um halb 10. uhr geng ich in die Kirch, der herzog waren viel im Treibhaus. Zu dem Gude Kam ich auch da hin u. blieb da, bis der herzog auch ins Zemmer gengen.

Dinstag d. 27. So wie Gestern ging ich um 10. uhr in die Kirch, stieg beim Treibhaus ein u. ab, der herzog brachten Ihren Gantzen vormitag da Zu, u. um halb 2. uhr Kam der frantzösische

Gesande u. Seine frau, der hE. v. Madeweis, Ein Kaiserlicher General Stader[487]), Minister v. Üxküll u. Seine Frau, Geheimde Mosheim u. Seine frau, u. noch Einige Generals. Wie Sie Kamen, wurden bald die Pferde von die hissige Jegers u. hussaren gesehen, dann as man in dem Treibhaus zu mitag, u. da es nach Tisch Gantz nacht war, so beurlaubde sich alles bald u. ich war fro, der herzog u. ich assen dann wie gew. um halb 8. uhr zu nacht.

Mitwoch d. 28. Ich Konde nicht viel schlafen u. Traurige Gedanken beschäftigden meinen Geist so daß ich Gantz bewegt ward. Um 11. uhr assen der herzog u. ich wie gew. u. in dem Treibhaus wurde friegestigdt, um halb 1. uhr Kam meine Mutter, Schwester Pflugen u. Ihre Kender, Schwester Seckendorf u. Ihr mann u. Schwester Juli, bald nach Ihrer ankunft assen Sie, ich freude mich Sie fro zu sehen, nach Tisch Gengen wir auch in das Treibhaus, wo hin der herzog so gnädig wahren uns Selbst zu firen. Sie blieben da, bis es nacht ward, dann beurlaubden Sie sich.

Hohenheim d. 29. Dec. Donerstag 1785. Um halb 11. uhr as man, um 11. uhr fur man von hier in den fassanen Garden, um fassanen zu schissen, so lang der Herzog schossen, so fur ich nach Echterdingen zum Pfarrer Hann, wie das schissen verbey war, so gudirde der Herzog mit denen Cavalirs, die von Stuttgardt bey der Jagdt waren, u. dann Geng es wieder hier her.

Freitag d. 30. Es geng um halb 10. uhr nacher Stuttgardt, der herzog gaben audientz, bey mir assen meine Trey nevues[488]) aus der academie, der herzog gengen zum Essen von der academie u. alstan sprachen Sie einige u. Ehe man hier her geng, so geng man noch in die biblioteg.

Samstag d. 31. Der herzog gengen viel herum, nach mitag Kam ein Kaüsserlicher officir von der ardileri, so in Canstad heide über nacht ist. Im Treib haus gudirte man, u. abends schrieben der herzog u. ich laß meistens, u. mit dissem ändigt Sich wieder Ein folles Jahr, ein Jahr, das mir reich an Erfahrung war, wo es nicht viel fehlte, daß mich alle menschen verlissen, nur Gott nicht, wenig Sonne hat mir geschönen, wenig frohe Täge hatte ich u. doch wurde meine Zeitliche wohlfard so viel, was auf der Welt befestigt Kann werden, befestigt. Gott Sey vor alles Gedanck, Er hat unaussprechlich viel an mir gethann; bereide du dir Selbst, lieber hemlischer Vatter den Danck dar vor in meinem Hertzen, vergieb mir meine Schuld um Jesu willen u. las mich dich doch recht Erkännen u. lieben, stehe mir bey mit deinem heiligen Geist, durchstreiche alle meine Sinden, die ich in dissem Jahr, wie die Gantze Zeit meines lebens so sehr gehäufet habe, mit dem blude deines Sohnes Jesu Christi; du wielt ja gewis nicht, daß Jemand verlohren werde, o so Ergreife mich mit deiner Gnade u. las mich barmherzigkeit u. vergebung bey dir um Christi willen finden. —

Gott hat mich so Gnädig beschietzet, auch dem herzog schänckde Er unzehliche wohl Thaten, die meiste Zeit Genossen Sie u. ich un underbrochen gesundheid, Kein unglück betraf Sie, als in der herzogl. famille starb die Printzessin von Holstein. In meiner Verwandschaft Erhielt Gott alles gnädiglich. O, Kände ich dir doch genugsam danken, gnädiger Gott u. Vatter, von dir allein Komt alles Gute, dir Allein Gebühret Dank u. anbettung, Stehe uns ferner mit deiner barmhertzigkeit u. Gnade bey. Erhöre mich gnädiglich, du siehest das hertz an mehr als die worde, bereite es dir selbsten zu einem heiligen Tempel.

Hohenheim d. 1. Jan. Sontag 1786. Du o Gott hast uns wieder Ein Jahr Erleben lassen, Gieb auch Selbsten, daß Wir Es Dir Gefellig Erleben, daß Wir immer mehr Wacksen u. Zu nehmen im Guten, im Glauben u. in der liebe uns under Einander Zur Tugend u. frömmigkeit auf mondern, O las uns dich den, den du gesand hast, Jesum Christum recht Erkännen u. würdiglich denken u. lieben, las uns dich über alles lieben! Stehe uns in Gnaden bey mit deinem heiligen Geiste, der in uns Würket das Wollen u. das vollbringen nach deinem wohl gefallen. O Jesu sey du der rechte vorsprecher bey dem vatter vor uns schwache menschen, schänke uns deinen Gnaden blick, der uns zu allem Guten sterket u. vom bessen zurick haldet, mache du uns selbst ferdig zu allen Guten handlungen u. werken zu Thun deinen Wiellen u. Schaffe in uns, was vor dir gefellig ist, verlasse uns nicht mit deiner Gnade, da hast ia Selbst gesagt, der Gesunde bedarf des arzt nicht, aber der Kranke u. wann deine sinden Gleich blut roth sein, so sollen sie doch schne weis werden, o so reiche uns deine gnaden hand, verlas uns nicht mit deiner Gnade. Schönke uns in dissem Jahr was uns Gut ist; ist uns leiden nützlich, so Gieb es her u. hielf es uns auch Tragen; Kann freude unser hertze nicht verderben u. uns zu dir ziegen, so schönke uns frohe Dage, gieb nur, daß wir deinen Willen alle Zeit mit Dancksagung annehmen u. deinen Willen Gerne Erfüllen. Sterke uns in allem u. zu allem guten u. Stehe du uns Kräftig bey mit deinem heiligen Geiste, beschütze uns noch ferner so mächtig, Gieb uns deine Engel zu bekleidern, die uns fieren u. leiden u. bewahren. O las doch unser hertz Gantz dein Sein u. bleiben, Zu wem Kann ich mich anderst wenden, als zu dir Theurester Erlösser, sey du der rechte vorsprecher vor uns, gieb daß wir in dem buche des lebens geschrieben sein u. stelle uns Einst zu deiner rechten, wo wir dich mit allen andern heiligen immer u. Ewiglich loben u. preissen werden, amen; nehme mich bald zu dir, Theurester Erlesser, wann es mit deinem heiligen wiellen überein Komet, heiliger Geist, bleibe bey uns u. würke das wollen u. das vollbringen in uns, amen.

Ich geng nacher Birgach in die Kirch u. der herzog Erwardeden mich mit der Predig in der Ihrigen, der hofprediger Bleibimhaus bredigde.

Nach Tisch Geng Es gegen 3. uhr nacher Stuttgardt, man zog sich an u. geng, nach deme der herzog Ihre gewenigliche audientzen gegeben hatten, in das consert in die academie, wo man auch Zu nacht Speiste u. nach Tisch geng es wieder hier her.

Hohenheim d. 2. Jan. Montag 1786. Der herzog waren viel im Treibhaus, es lag zemlich schne, sonst geng nichts merckwürdige vor.

Dinstag d. 3. Nach Tisch Geng es nacher Stuttgardt u. dorden, nach deme der herzog Ihre bestellungen im schloß gemacht hatten, geng Es in die biblioteg u. von dorden zu dem Geheimderath Üxküll, vo wo aus man wieder hier her geng.

Mitwoch d. 4. Um halb 1. uhr Kame meine mutter, Schwester Pflugen u. Ihre Kender, schwester Seckendorfin Ihr mann u. Kinder u. schwester Juli, Zufor Kamen 3. meiner nevues aus der academie, des mir viel freude machde als Ihre äldern Sie un verhoft hier antrafen. Wir waren recht vergnügt beysamen u. wie es schon gantz nacht ward, gengen Sie erst wieder. Ich hatte nach gehens noch auf die morgigde vorhabende reis nacher Nürenberg zu Thun u. bis wir wieder zurick Komen, werden der herzog das Tag buch schreiben.

Hohenheim d. 12. Jan. Donerstag 1786. Gott hat uns disse reisse beklickt ändigen lassen, u. hat mir gezeigt, wie Er mich wonderlich, aber gnädiglich führet. O daß ich nur durch alles, was Er mir schieket, mich zu Ihme ziegen lasse u. Seinen wülle in allen stieken Erfülle. Um 8. uhr Kamen wir hier an, u. speisten dann balt u. legden uns zu bet.

Freitag d. 13. Der herzog sahen gleich nach allem. Nach Tisch sagden Sie mir, was Sie mir schon lange versprachen Zu sagen, wo rieber Sie nicht Zufrieden mit mir weren, recht gnädig, es Kostede mir Thränen, aber mein eigenes bewust sein Trognede Sie. Nach die 3. uhr Kamen meine Verwanden von Stuttgardt, die Seckendorfische beurlaubden sich, weil Sie morgen von Stuttgardt aus wieder nacher haus gengen. Der herzog waren sehr fleissig u. machten fast alle Ihre babiere, die Sie seit her bekomen haben, wieder ferdig.

Samstag d. 14. Heide war es so gelind u. schön wie Gestern, nach dem Gude fur man nach Scharnhausen u. dann schrieben der herzog u. ich.

Hohenheim d. 15. Jan. Sontag 1786. Ich fur nacher Birgach in die Kirch u. Kam wieder in die Predig von Ihro Durchleicht, die der hofprediger Menninger von dem Guden u. bessen hertzen hielt, um 3. uhr Kam von dames die frau v. Üxküll, Pückler[68]), Mosheim u. Taubenheim[363]), Ihre männer u. noch Einige andere cavalirs von Stuttgardt, man Erzölde viel von der Weiltinger Geschichte[489]), as in dem Treibhaus Zu mitag, nach dissem wurde Es der frau v. Üxküll Sehr übel u. alstan geng alles bald wieder weck. Es war schon fast 7. uhr, der herzog assen dann um halb 8. uhr zu nacht.

Montag d. 26. Um 10. uhr geng Es nacher Stuttgardt, der herzog gengen in die academie Zum Essen, zu vor lissen Sich welche von der landschaft bei Sie melden, bey mir assen Junge leide von der academie, nach dissem Kam die regierungsräthin Scheidemantel[399]) zu mir, der herzog gengen in die biblioteg, ich Kam auch da hin, von da fur man in das alde schloß u. besahe die capel, in der gebaut wurde, ich sahe die Ecoll u. der herzog besahen die Zemer von der Ecoll, um sie vor die hofpredigers zu recht machen zu lassen[490]), dann geng es zu der Geheimderath Bühler u. von da aus wieder hier her.

Dinstag d. 17. Wegen die büblen, die der herzog in Nürenberg gekauft haben[491]), geng es wieder nach Stuttgardt, im schloß stieg man ab, ich hatte einiges auf die mömbelgarder reisse zu bestellen, Kam dann auch in die biblioteg u. von da geng es wieder hier her.

Mitwoch d. 18. Der Herzog u. ich hatten wegen der morgen antredenden mömbelgarder reisse viel zu Thun u. auf disser reisse werden der herzog das Tag buch selbst firen.

Hohenheim d. 26. Jan. Donerstag 1786. Wir Kamen bey Guter Zeit von der nach Mömpelgardt gemachten reisse heide Gott lob Glücklich u. Gesund wieder hier an, der herzog rieden noch aus u. ich schrieb.

Freitag d. 27. Es geng nacher Stuttgardt, der herzog gaben audientz, zu mir Kam die frau v. Lützow von Urach u. nach dem Essen Gengen der Herzog u. ich in die Biblioteg.

Samstag d. 28. Es geng nach die 11. uhr nacher Kirchheim,

der Herzog besahen dorden Ihre pferde u. ich blieb so lang bey meiner schwester u. mutter u. Jüngste schwester, die von Ensingen auch Kamen, auch der herr v. Palm Kam Zu uns; wie der herzog wieder Zurik Kamen, so geng man bald wiederum hinweck.

Sontag d. 29. Der herzog u. ich Gengen wie gew. in die Kirch, wo in des hertzogs Kirche hof Prediger baader predigde, um Zwey uhr Kamen Einige von hof, die invitirt waren, auch der frantzösische u. Preisische Gesande, u. von Dames waren es frau v. Mosheim, v. Senfft, v. Türkheim u. v. Lützow. Ich war fro, wie Sie weck waren u. bald darauf as man zu nacht.

Hohenheim d. 30. Montag 1786. Der Herzog waren viel im Treibhaus u. rieden herum, ich blieb den gantzen Tag zu haus u. hatte in meinem sinn viel zu Thun.

Dinstag d. 31. Es geng nacher Stuttgardt um 10. uhr, nach Tisch gengen der herzog in die biblioteg, zu mir Kam die frau v. Lützow, bald darnach Kam auch die freulein Carlin u. Lorle[492]), wie ich alle Ihre Klagen angehört habe, so geng ich dann auc in die biblioteg, schrieb da u. von da aus geng es noch zur frau v. Üxküll u. dann wieder hier her.

Freitag d. 1. febr. Um 10. uhr geng es nacher Stuttgardt, der herzog gengen in die academie Zum essen, zu mir Kamen hE. u. frau v. Lützow[49]), freilein Franquemont Carlin u. Lorle[492]), meigor Franquemont[470]) u. noch 3 Franquemonts aus der academie, auch haubtmann v. Ostheim[471]) u. Sein bruder aus der academie, die bey mir assen, der herzog übergaben das lorle die lützowische in die Kost, nach dissem geng es wieder hier her u. ich hatte viell viel zu Thon.

Hohenheim d. 2. febr. Donerstag 1786. Um 7. uhr Geng Es nacher Stuttgardt u. der Herzog hatten in Ihrer Capel dorden Ihre andacht u. Empfingen das heilige Abendmal u. mir schön heide die Sonne in vollem Klantz, in deme Es der Groß mithige herzog Ihrem land bekand machten, daß Sie Sich schon über ein Jahr mit mir geheirat haben u. mich also als Ihre frau declarirten haben. Es war mir heide unerwart, in der Kirch herde ich vor mich betten u. wie ich in die academie Kam, wurde mir vom gantzen Hof cratulirt[493]); meine Empfindungen Zu beschreiben, vermag ich nicht, u. die grosse handlung wird dem herzog in dem hämel angeschrieben sein u. dorden belohnt werden, was braucht Es meine beschreibung in dem Tag buch. —

Nach der academie, wo Zu gleich der hof abschit nam wegen der morgiten abreise, hielt man sich noch im schloß einen augenblick auf, der herzog sprachen noch mit Einigen, ich hatte auch noch welches zu Thun, auch Kam die frau von Lützow zu mir u. dann geng Es hier her, wo ich sehr viel mit einpacken zu Thun hatte.

Freitag d. 3. Um 7. uhr geng Es von hier weck, beim weck gehen wurde mir noch von den hissigen officir cradulirt, u. in Gottes Nahmen Traten der herzog u. ich die vorgesetzte reis nacher Helmstedt u. Hamburg an, auf welcher der herzog das Tagbuch firen werden u. ich nach der Zurick Kunft es Erst wieder vort Setzen werde.

Reise nach Meklenburg-Schwerin[494]).

Hohenheim d. 9. Mertz 1786 Donerstag. Durch Gottes beistand seind wir wieder hier angekomen, wie wir unglücklich u. glücklich auf disser reisse waren, haben der Herzog beschrieben. Den Tag unserer ankunft rieden der Herzog noch ein wenig aus, ich laß meine brife u. man aß dann gegen halb 8. uhr. Gleich bey meiner ankunft aber packde ich ser schöne sachen, die mir der Herzog von Paris haben Komen lassen, aus.

Freitag d. 10. Der Herzog sahen hier nach allem, ich packte mein Sach wieder aus u. raumde wieder Ein, nach Tisch firden mich der herzog nacher Scharnhausen um einen Platz zu weisen, den Sie mir zu Einem haus geben wolten, es war noch Ein difer schnö, abends schrieben der herzog u. ich hatte aller hand zu Thun. Der Herzog arbeideden heide über haubt sehr viel.

Samstag d. 11. Den heidigen Tag brachten der Herzog meistens mit arbeiten zu u. ich schrieb auch.

Sontag d. 12. Nach Tisch geng es nacher Stuttgardt, im schloß stig man ab u. geng dann Zu dem Geheimderath Bühler u. von da aus wieder hier her. Vormitag gengen der Herzog u. ich in die Kirch, ich wurde, als ich nacher Birgach das Erstemahl als Hertzogin da hin Kam, mit ceremonie Empfangen u. hier erwardeden mich der herzog mit Ihrer Kirch. Von Stuttgardt hier her blieben wir mit dem schlitten steken, wo wir vorspan nehmen musten.

Montag d. 13. Der Herzog arbeideden wieder viel u. rieden

auch herum nach der arbeit zu sehen, ich schrieb fast den Gantzen Tag.

Dinstag d. 14. Nach die 9. uhr geng Es nacher Stuttgardt, der herzog u. ich gengen in die academie, dann in die biblioteg u. von dord aus zu der geheimderath v. Üxküllen u. dann wieder hierher.

Mitwoch d. 15. Der Herzog rieden viel herum, ich blieb den Gantzen Tag zu haus u. schrieb.

Enzweihingen d. 16. Mertz Donerstag 1786. Um 6. uhr fur man v. Hohenheim weck, um den fürsten von Bruchsal[379]) auf seinen Geburtztag zu surpreniren, es wuste auch hier niemand nicht dar von, durch den v. Böhnen lissen der Herzog die Pferte bestellen, glücklich Kam man auch ohne daß es der fürst Erfur an, man as da Zu mitag u. gegen 4. uhr war man wieder im wagen u. blieb in Enzweihingen über nacht.

Hohenheim Freitag d. 17. Um 8. uhr brach man wieder auf, um Zur audientz in Stuttgardt Zu Sein, man war schon um 10. uhr da, der Herzog gaben audientz u. dann geng es gleich hier her, wo der herzog noch aus rieden u. ich schrieb.

Samstag d. 18. Der vormitag wurde hin gebracht wie gew, der herzog rieden aus u. ich laß meistens, gegen 3. uhr fur man in den fassanen Garden, der schne war Gantz weck.

Sontag d. 19. Der herzog u. ich gengen in die Kirch, Sie erwardenden mich aber mit Ihrer Kirch, um halb 2. uhr geng Es nacher Kirchheim, ich sahe dorden meine mutter, schwestern u. übrige verwanten das Erstemal als Hertzogin, der auftrit rierte mich, wir hatten uns viel Zu Erzälen, der herzog gengen in Ihren stall u. nach deme wir ungefer ein par stonden da waren, so geng es wieder hier her, der weg war Sehr dief.

Hohenheim d. 20. Mertz Montag 1786. Der Herzog hatten viel an zu stellen bey der arbeit, ich blieb den Gantzen Tag Zu haus u. schrieb.

Dinstag d. 21. Der heitige Tag wurde fast wie der gestrige Zu gebracht.

Mitwoch d. 22. Der Herzog rieden wie gew. vormitag bis nach die 10. uhr herum, ich geng in die Kirch u. um 1. uhr Kam meine mutter, schwester Pflugen, Juli u. nichten, worunder auch die Bittenfeldin[403]) war, wir waren recht vergnügt bey samen. Der Herzog waren gnädig u. sie blieben da, bis nach die 5. uhr.

Donerstag d. 23. Nach die 10. uhr geng ich aus u. Erwardede den herzog im Garden u. nach dem Gude firden mich der herzog ein wenig spatzieren.

Freitag d. 24. Um 9. uhr geng Es nacher Stuttgardt, dorden Gaben der Herzog audientz, zu mir Kam der v. Bittenfeld, der die aufwardung als Cammerherr hatte, u. vor disch noch die holtzheien[376]); dann wurde gegessen und werend dissem sprachen der herzog mit Ihren Geheimden u. alstan geng man in die academie u. wie das essen von dorden verbey war, lissen der herzog noch den Professer u. hofrath Schot[255]) Zu sich Komen u. dann geng es wieder hier her, wo der herzog noch herum rieden u. ich schrieb.

Hohenheim d. 25. Mertz Samstag 1786. Um 1. uhr Geng Es nacher Louisburg, dorden stig man in dem militairische Weissen haus ab, u. besuchte die Kinter, von da geng man Zu dem Oberst Nicolie[434]), der herzog besahen seine biblioteg u. ich war bey der Obersten. Um 7. uhr war man wieder hier, ich hatte zämlich Kopfwe.

Sontag d. 26. Der herzog u. ich gengen in die Kirch, wie ich von Birgach zurück kam, so feng die Predig vom hof Prediger Menninger Erst an, die von der Erkäntnis Gottes durch die natur handelde. Nach Tisch gengen der herzog viel herum u. ich laß meistens u. schrieb nur abends einen Zettel, Zu was ich die 200. Carolin von der landschaft bestemd wissen wolte[495]).

Montag d. 27. Nach Tisch geng Es nacher Stuttgardt, man stig in der biblioteg ab u. blieb auch da, bis man wieder hier her geng.

Dinstag d. 28. Der herzog rieden viel herum, waren beim aufschlag des schlosses u. bey der Anlage, die Sie neu machen lassen[496]). Nach dem Gude firden Sie mich einen augenblick aus, ich schrieb meistens den Gantzen Tag.

Mitwoch d. 29. Ich geng in die Kirch, u. ohne das ich es wuste, so waren der herzog so gnädig meine verwante hier her ein zu laden. Da Kamen nach die 12. uhr meine mutter, schwester Pflugen u. Julia, u. meine nichte Bittenfeld u. Ihr mann, die Pflugen Janet u. Charlot, u. Franciska Wöllwart u. franciska Schertel. Es schneide fast den ganzen Tag, nach die 5. uhr beurlaubten Sie sich wieder u. der herzog u. ich schrieben alstan.

Hohenheim d. 30. Mertz Donerstag 1786. Heite Geng nichts besonderes vor, das wetter aber machte Sich besser.

Freitag d. 31. Um halb 9. uhr geng Es nacher Stuttgardt, der Herzog gaben audientz, u. nach dem Essen geng Es gleich hier her u. hier waren der herzog viel bey den arbeiden, haubtsechlich bey der neuen anlag, die Zum Dörfle u. schloß gehörd[496]).

Samstag d. 1. April. Das Wetter war schön, der herzog machten es sich auch Zu nutz u. abends firden mich der herzog in den fassanen Garden.

Sontag d. 2. Der herzog u. ich gengen in die Kirch, u. ich Kam auch noch in Ihre Predig, welche der hof Prediger Baader hielt, daß man den nägsten lieben soll u. Ihm nichts in den weeg legen soll, er mag von Einer religion Sein von was vor Einer Er wil; nach Tisch gengen der herzog u. ich bald in das Dörfle, ich vor disses Jahr Zum Ersten mahl, laß eine Zeitlang in meiner Kohlerhitte, auch wurden die fische wieder das Erstemahl gefuttert, u. im Dörfle geng ich dann auch bis zu der Sibilla, alwo ich auch noch laß, u. der herzog gengen so lang Zu die Jegers u. der undern Casern, nach dissem fur man noch Ein wenig spatzieren.

Hohenheim d. 3. april Montag 1786. Das wetter war Sehr schön, der herzog lissen wieder Stark anfangen Zu bauen, u. an die anlagen arbeiden. Nach dem Gude firden Sie mich ein wenig spatzieren.

Dinstag d. 4. Der heitige Tag vergeng fast wie der gestrige, nur daß ich gestern meistens schrieb u. heide arbeidede, auch wurde das Erstemahl heide im Dörfle friegestigdt.

Mitwoch d. 5. Um 10. uhr fur ich in die Kirch, u. bey der Zurick Kunft Erwardeden mich der Herzog bey die neue gebeide oben in der straß[447]), wo Sie mich herum firten u. auch zum bauen beim schloß. Bald nach dem Gude geng ich wieder mit Ihnen dahin u. auch firden Sie mich das Erste mahl die mitler alle[497]) vom schloß aus nacher Plieningen, dann Zum See.

Donerstag d. 6. Das friestug nam man hier, nach dem Gude firden mich der herzog nacher Scharnhausen.

Freitag d. 7. Es geng nacher Stuttgardt, der herzog gaben audientz u. nachmitag lissen Sie in der academie examen halden. Zu mir Kam die frau v. Wechmar[254]), Klinkowström, Mandelsloh u. Suvil, nach dissem auch Geheimderath Bühler, man Kam erst gegen 8. uhr wieder hier her.

Hohenheim d. 8. April Samstag 1786. Nach dem Gude

firden mich der herzog das Erste mahl in das dach im neihen schloß henauf, zu vor war der hofprediger Baader lang bey mir in meinem Zemer.

Sontag d. 9. Ich geng in Birgach in die Kirch, der herzog hatten Keine predig, nachmitag geng Es nacher Stuttgardt, der herzog hielden wieder examen u. Zu mir Kam auf Eine stond die frau v. Suvil mit der Kleinen Wölwartin, um halb 8. uhr war man wieder hier.

Montag d. 10. Da Es so starck regnede u. unfreundlich Kalt wetter war, so geng Es Gleich nach Tisch nacher Stuttgardt u. der herzog hilden examen, ich blieb allein in meinem Zimmer u. um 7. uhr war man wieder hier.

Dinstag d. 11. Es war Zemlich Kald u. Es hat heide auch gefroren, der herzog waren viel beim bauen, ich blieb meistens in meinem Zimer, bis abend weiste mir der herzog die ballusterat auf dem schloß, zur Prob.

Mitwoch d. 12. Nach mitag geng es nacher Stuttgardt, der herzog u. ich gengen in die Kirch in die metten, u. nach dissem Gleich wieder hier her.

Hohenheim d. 13. April Grönen Donnerstag. Der herzog gengen um 8. uhr nacher Stuttgardt, um dorden in die Kirch Zu gehen, ich geng hier in Birgach um halb 10. uhr in die Kirch, as um halb 1. uhr, der herzog Kamen wieder um 1. uhr. Sie fuhren ein wenig spatzieren u. ich blieb zu haus.

Car Freitag d. 14. Um 8. uhr gengen der Herzog wieder nacher Stuttgardt in die vor u. nach mitag Kirch u. Kamen Erst gegen 7. uhr, ich geng hier in Birgach in die Kirch u. blieb dann ruhig den Gantzen Tag in meinem stillen Cabinet.

Samstag d. 15. Um halb 10. fur ich in die Kirch, Gott u. vor den menschen meine Sinden zu bekännen. Der herzog furen um 4. uhr wieder nacher Stuttgardt in die Kirch u. Sie Kamen wieder nach die 6. uhr.

Ostertag d. 16. Ein heiliger Tag vor mich, auch vor den herzog, wir Empfengen das heilige Abendmahl, Sie in Stuttgardt u. ich in Birgach, ich fühlte mich innigst Erquigt, wünschte gleich bey meinem Jesu Zu sein u. die Welt Zu verlassen. Nach Tisch geng ich wieder in die Kirch, ausser dem blieb ich innerlich Zufrieden in meinem stillen Cabinet bis der herzog nach die 6. uhr Kamen.

Oster montag d. 17. Ich fur um halb 10. uhr in die Kirch, der herzog gengen um 10. uhr in die meß. Ausser dem waren Sie viel beim bauen, nach Tisch fur man bald nacher Scharnhausen, um aller hand versetzen zu lassen, u. die übrige Zeit waren der herzog beim bauen u. ich zu haus.

Hohenheim d. 18. April Dinstag 1786. Um 4. uhr geng Es nacher Stuttgardt u. der herzog firden mich den neihen weg von der hohenheimer Stras, zum Thor henaus[498]), in Stuttgardt sprachen der herzog dem Geheimderath v. Bühler u. dann geng Es zu dem Minister v. Üxküll, welcher benebst den übrige morgen auf den Chreis nach Ulm gehet. Nach die 8. uhr war man wieder hier.

Mitwoch d. 19. Nach die 5. uhr firden mich der herzog in den fassanen garden. Der Tag war ser wendig, vormitag fur ich um 10. in die Kirch u. den Tag durch schrieb ich meistens.

Donerstag d. 20. In dem Dörfle ungeacht es wieder sehr wendig war, friestigde man, nach Tisch bekam ich brife von Kirchheim mit der nachricht, daß die Bittenfeldin Gott lob glücklich wieder mit einer Tochter nieder gekomen ist, u. abends fur man nacher Scharnhausen.

Freitag d. 21. Es geng nacher Stuttgardt, der herzog gaben audientz u. gleich nach dem Essen geng Es wieder hier her, abends geng ich mit Ihro Durchleicht beim neuen schloß herum u. auch in die obere Casernen[447]).

Samstag d. 22. Abends firden mich der herzog nacher Scharnhausen, in der Kohlerhitte friestigde man, nach die halb 10. uhr Kam der hofprediger Werkmeister zu mir, ich schrieb heide meist.

Hohenheim d. 23. April Sontag 1786. Um halb 11. uhr holten mich der Herzog ab in Ihre Kirch, Werkmeister predigde vom frieden des gewissens. Um 4. uhr Kam herr u. frau von Suvil, der herzog gaben Ihnen Ihre abferdigung nach Regensburg, zu for gengen der herzog u. ich in die obere heisser herum, u. nach dem firden Sie mich mich noch in der alle am Gut gegen Birgach u. den geraden weg herein, herum.

Montag d. 24. Im Dörfle friestiegde man, der herzog waren viel beim bauen u. abends fur man nach Scharnhausen.

Dinstag d. 25. Der heitige Tag vergeng fast wie der gestrige, hofprediger Werkmeister Kam Zu mir in meine Kohlerhütte u.

abends fur man in den fassanen Garden. Es war auch ein starkes wetter mit zemlich grossen schlossen.

Mitwoch d. 26. Beim friestuck, des man in der oracherie nam, war der General Bouwinghausen, nach dem nahmen Ihn der herzog mit u. wisen ihm zerschiedenes, ich fur um 10. uhr in die Kirch, um 12. uhr fur man nach Urach, der herzog besahen Ihre Pferde u. ich blieb so lang bey der frau v. Lützow, wo mich der herzog wieder abholten u. um 7. uhr war man wieder hier.

Donerstag d. 27. Im Dörfle friestiegde man, 3. von die Junge leide aus der academie, die in urlaub waren, Kamen zu mir, der herzog waren viel beim bauen u. auch beim dabetziren in die obere heisser, u. abends fur man nach Scharnhausen.

Hohenheim d. 28. April Freitag 1786 S. Um 9. uhr geng es nacher Stuttgardt, der herzog gaben audientz, zu mir Kam die frau v. Mandelsloh einen augenblick, nach dem Essen gengen der herzog u. ich zu dem So genanden neuen Bau, wo man den grondstein, welchen hertzog Friederich anno 1597 gelegt hat[499]), u. von da aus geng Es hier her.

Samstag d. 29. Der herzog machten Sich viel mit dem Tabetziren in die Zemer von die officir[447]) Zu Thon, abends firden Sie mich herum in die obere häusser[447]).

Sontag d. 30. Um 8. uhr geng Es nacher Stuttgardt, dorden gengen der herzog u. ich in die catolische Kirch, um den patter Elogius Schneider[500]) Predigen zu hören u. um 1. uhr wahr Tafel bey hof, wo mich der herzog die Dames als Ihre frau vorstelden. Nach dissem vorgang geng man in die Biblioteg u. um 8. uhr war man wieder hier.

Montag d. 1. Mey. Wieder Einen neuen mohnat durch Gottes gnade Erlebt. Der Herzog rieden ungeacht es regnede doch viel aus, um halb 10. fur ich in die Kirch, u. abends firden mich der Herzog in die neue Zimer in die obere häuser.

Dinstag d. 2. Es war Zemlich Kalt, der Garden Entspektor Walter Kam wieder aus Holland, der Herzog hatten Sehr stark zan we, abends fur man nach Scharnhausen, wo selbston man den haubtmann Gaup[393]) antraf.

Hohenheim d. 3. Mey 1786 Mitwoch. Es wurde im Treibhaus friegestigt u. die neue pflantzen gesehen, die der Walter mit gebracht hat. Um 10. uhr fur ich in die Kirch, zum mitagessen

Kam der haubtmann Gaup, u. abends fur man in den fassanen Garden.

Donerstag d. 4. Im Dörfle friestiegte man, nach Tisch bekleidede ich den Herzog zum bauen, u. abends fur man nacher Scharnhausen.

Freitag d. 5. Im Treibhaus friestiegde man, nach die 9. uhr geng es nacher Stuttgardt, dorden gaben der herzog audientz u. nach dem Essen geng man Zum Essen von der academie, vor die 3. uhr war man wieder hier.

Samstag d. 6. Im Dörfle friestiegde man, der Herzog rieden heid einen neuen schämel; weil es abends so wetter haft aus sah, so fur man nicht Spatzieren; ich geng ein wenig zum bauen u. mit Ihro Durchleicht in die Zemer in die obere häuser.

Sontag d. 7. Ich geng in die Kirch, ich Kam auch in die Predig von dem franciscaner Schneider[500]), welche Sehr schön von der freundschaft handelte; nach Tisch gengen der herzog herum, dann nahmen Sie auch den hof auf, u. abends firden Sie mich in die Gebeite herum.

Montag d. 8. Es geng heite nichts vor, als abends fur man nach Scharnhausen u. die feigen beimme That man heraus.

Hohenheim Dinstag d. 9. Mey 1786. Der heitige Tag vergeng fast wie der Gestrige.

Mitwoch d. 10. Im Dörfle friestiegde man, abends Kam die nachricht, daß der fürst u. die firstin von Hohenloh Ingelfingen[500]) in Stuttgardt weren u. dem herzog auf warden solden.

Donerstag d. 11. Im Treibhaus friestiegde man, um 1. uhr Kamen dann der fürst u. die fürstin benebst einer schwester von Ihm u. Zwey cavalirs, v. Muzius[501]) u. [502]). Man aß bald, es waren noch einige von hof auch darbey, nach Tisch firde man Sie herum u. erst gegen 8. uhr gengen Sie wieder nacher Stuttgardt.

Freitag d. 12. Es geng nacher Stuttgardt, der herzog gaben audientz, dann fur man Zu dem fürsten u. der fürstin. Sie gengen mit in die academie, von da geng man in mein haus, aß da u. fur alstan auf die Solitide, wo man alles besahe u. über den beeren See alstan Sie wieder nach Stuttgardt u. wir hier her.

Samstag d. 13. Die fürstliche Kamen um 1. uhr wieder hier her, nach Tisch fur man nach Scharnhausen u. dann in den fassanen Garden, wo selbst Sie sich beurlaubden. Sie fuhren nach Stuttgardt u. wir wieder hier her.

Sontag d. 14. Der herzog u. ich gengen in die Kirch, ich Kam auch noch in des hofpredigers Seine Predig, abends firden mich der herzog herum.

Hohenheim d. 15. Mey Montag 1786. Im Dörfle friestiegde man, abends firden mich der herzog nach Scharnhausen.

Dinstag d. 16. Im Treibhaus friestiegde man u. sahe die Pflantzen, die Erst gekomen Sein, dan fuderde man die fisch u. ich geng noch in das Dörfle, um 11. uhr geng es dann nach Stuttgardt, u. dorden war mitags Tafel bey hof, nach dissem Kam der Camerherr Bittenfeld zu mir u. der herzog besahen die Legion u. alstan geng es wieder hier her.

Mitwoch d. 17. Im Dörfle friestiegde man, um 10. uhr fur ich in die Kirch, abends Kam die nachricht, daß der Printz de Lign[503]) morgen benebst was Er bey Sich hatte hier her Komen wirden.

Donerstag d. 18. Um halb 2. uhr Kam der Printz de Lign benebst einem Spanischen Edelmann u. Einem officir[504]), der frantzösische Gesande u. Seine frau, u. Einige dames u. cavalirs vom hof. Nach Tisch firden der herzog die hernn Gleich herum, wir dames gengen in die obere Zimmer u. bis der herzog ferdig war, dann fur man in das Dörfle u. besahe dorden alles, u. nach die 8. uhr Gengen Sie wieder u. ich ich war zu frieden mit meinem Tag.

Freitag d. 19. Man fur nach Stuttgardt, der herzog gaben audientz u. nach dem Essen geng es gleich wieder hier her.

Hohenheim d. 20. Mey Samstag 1786. Um 9. uhr Geng es nacher Kirchheim, der herzog Stiegen bey meiner schwester ab, wo ich meine mutter u. meine schwester Schertel mit Ihrem mann u. Kinder antraf, der herzog gengen auf die Jagdt, ich as in meiner famille Zu mitag, u. gegen 5. uhr Kammen der herzog wieder u. dann geng es bald hier her.

Sontag d. 21. Ich geng in die birgacher Kirch, der Pfarrer hielt eine strafpredig an Seine Gemeinde, nach dissem hörde ich noch die Predig vom Herzog, die der franciszaner Schneider von dem, daß die religion die Grundfeste der stadst glugheit Seihe, hielt; nach Tisch geng Es gleich auf den Asberg u. um 7. uhr war man wieder hier.

Montag d. 22. Weil es regnede, so geng ich nach dem Gude in das Treibhaus u. weil der herzog wolden, daß ich mit dem frantziscaner Schneider sprechen solde. Abends fur man nacher Scharnhausen.

Dinstag d. 23. Da das wetter wieder nicht Gantz schön war, so friestiegde man hier, nach dem friestig schiekte der herzog den franciscaner wieder zu mir; um 1. uhr Kam meine mutter, schwester Pflug u. schertel mit Ihren Kindern u. auch die frau v. Seckendorf; sie blieben bis gegen 8. uhr.

Mitwoch d. 24. Im Dörfle friestigde man, um 10. uhr schickden mir der herzog den franciscaner wieder, um 4. uhr geng es auf ein lapen Jagen[377]), worauf man nichts schoß, beim Catzenbacher hof; nach die 7. uhr war man wieder hier.

Hohenheim am hämmelfartstag d. 25. Mey 1786. Ich geng in die Kirch, u. glaubde bey meiner Zurickkunft den herzog in Ihrer Kirch an zu Trefen, wann ich Sie schon wegen halswe u. einer Diare auf dem bet verlassen hätte, allein Sie Konden Kaum die meß aus hören, u. musten Sich wieder ins bet legen, Sie lagen bis zum Essen u. befanden sich zemlich mat, doch nach mitag rieden Sie aus, bey der Kohlhütte gudirte man, da Kam der Dockter Jäger, nach dissem legden sich der herzog wieder, Stonden aber Zum nachtessen wieder auf.

Freitag d. 26. Der herzog waren noch gar nicht recht wohl u. den Gantzen Tag äusserst vertrislich, doch geng es nacher Stuttgardt u. dord gaben sie audientz, u. nach Tisch geng es gleich wieder hier her. Es geng abends nach Scharnhausen.

Samstag d. 27. Im Dörfle friestiegde man, um 4. uhr geng es nach Stuttgardt, weil der frantzösische Gesande v. Mako[456]) abschied nehmen wolde; wie Seine audientz verbey war, geng es auf den marckt[72]) u. dann wieder hier her.

Sontag d. 28. Zu erst geng ich in die Birgacher Kirch, dann in die Cadolische, wo hof prediger Menninger predigde von der dultsamkeid aller. Ich war Sehr mismuthig, weil Es der herzog war, um 3. uhr ward denen regirungs räthen u. dien professers von der academie die erlaubtnis gegeben, hier her zu Komen u. die hissige anlagen zu sehen, der herzog firden sie meist Selbst herum, sie die menner u. ich die frauen, u. erst nach die 8. uhr gengen wir von Ihnen.

Hohenheim d. 29. Mey Montag 1786. Ich Glaubte die sonne werde mir schön auf gehen, aber ich wart Traurig, abends fur man in den fassanen Garden u. in der Kohlerhütte wurde frie Gestigdt.

Dinstag d. 30. Nach dem Gute Kam meine schwester, Ihr mann von Schertel u. schwester Juliana, nach deme Sie ein wenig friegestugdt hatten, so Gengen Sie nacher Stuttgardt. Abends fur man nacher Scharnhausen, ich geng in das Dorf.

Mitwoch d. 31. Es Geng nach Stuttgardt um 8. uhr, im henein fahren explicirten Sich der herzog u. ich gegen einander, ich war den Gantzen Tag Traurig, der herzog musterden Ihre pferde u. machten Sich auch mit der Legion Zu schaffen. Zu Erst Kamen meine schwestern u. nichten, die in Stuttgardt waren, zu mir; nach dissen die frau v. Lützow u. Ihre schwestern, nach dem Essen Geng es auf den marckt u. von da wieder hier her. Es war mir gar nicht wohl.

Donerstag d. 1. Juni. Mit Gott wieder Einen monat Erreicht, im Dörfle wurde friegestigdt, Gleich nach Tisch Kamen Gleider von Baris, u. bald darauf meine schwestern u. nichten von Stuttgardt; da es mir nicht wohl war, nam ich an nichts einen rechten antheil. Nach die 7. uhr gengen Sie wieder.

Freitag d. 2. Es geng nach Stuttgardt, der herzog gaben audientz u. nach dem essen Geng es auf den marckt u. nach dissem wieder hier her, wo der herzog einen hirsch unterwegs schoß, um 4. uhr Kam der Professor Richter u. Seine frau von Göttingen, mit dem der herzog u. ich im Dörfle herum geng, gegen 8. uhr wurde gespeist, u. ich war es sehr fro.

Hohenheim d. 3. Juny Samstag 1786. Um 8. uhr Geng es von hier weck nacher Ober-Ensingen; nach deme der herzog dorden was genomen hatten, gengen sie nacher Neufen u. von da auf die Jagdt, ich blieb so lang bey meinen verwanten, der herzog Kamen so lange wir noch bey Tisch sassen u. dann geng es Gleich hier her.

Sontag d. 4. am Pfingsten. Es geng wie geweniglich am Sontag in die Kirch, der hofprediger Baader Predigde, wie der heillige Geist auf Jeden Eintzlen würckt. Der herzog Gengen nach Tisch herum u. abends gengen der herzog u. ich in das Dörfle.

Montag d. 5. Da Es mir Gar nicht wohl war, so blieb ich bis 11 uhr liegen, abends fur man nacher Scharnhausen.

Dinstag d. 6. Um 8. uhr geng Es nacher Stuttgardt, der herzog geng zu Einem pfertz verkauf, zu mir Kam werend dem

Essen die frau v. Lützow, Lorle[492]) u. Carline[73]), nach dem Essen Geng es wieder hier her.

Mitwoch d. 7. Um 8. uhr Kam die frau v. Lützow benebst Ihm u. Ihrer schwester lore; nach deme Sie friegestiegdt haten, so firde ich Sie hier herum u. bekleidede Sie bis in das Dörfle, von wo aus Sie nach die 11 uhr weck Gengen, u. nach mitag um 3. uhr Kamen meist alle die von der landschaft, welche der herzog u. ich herum firden bis gegen 8. uhr.

Donerstag d. 8. Im Dörfle friestigde man u. abends fur man in den fassanen Garden.

Freitag d. 9. Um 9. uhr geng Es nacher Stuttgardt, der herzog Gaben zu Erst Ihren unterthanen audientz, dann dem geheimderath v. Lilien[505]) u. dem hE. v. Kniestett[506]), der die nachricht von der Erbprintzes von Carlsruh Ihrer niederkunft überbrachte. Nach deme die Audientzn verbey waren, so geng Es wieder hier her.

Samstag d. 10. Im Dörfle friestiegde man, um halb 1. uhr Kam meine mutter, schwester Schertel, Pflug u. Juliana benebst Ihren Kender, auch die Bittenfeldin, meine nichte u. Schertel; nach deme wir gegessen u. einige Zeit bey samen waren, so firden uns der herzog nacher Scharnhausen, von wo aus Sie wieder nacher haus gengen.

Sontag d. 11. Es geng in die Kirch geweniglich am Sontag, der hofprediger Werkmeister predigde von denen Geheimnisse der Trey faltigkeidt; um 3. uhr Kamen die beede gesande Kniestet u. Lilien, Einige cavalirs von hof u. von Dames die frau v. Üxküll, Türkheim[361]), Röder von Waldenbuch[238]), Röder[507]) von Stuttgardt, Rau[508]) u. Jet[509]). Man firde Sie herum u. gegen 8. uhr Gengen Sie wieder, Zwey Mecklen Burgische Cavalirs, die hier die Jegerey Gelernd haben, waren auch mit da, ich war gar nicht wohl.

Montag d. 12. Im Dörfle friestiegde man. Abends wolte man nach Scharnhausen fahren, allein es war ein wetter, daß man sich vom regen abhalden ließ.

Hohenheim d. 13. Juni Dinstag 1786. Im Dörfle friestiegde man, ich blib zemlich lang da u. schrieb dem Eremiten was in Sein haus[312]), abends fur man nach Scharnhausen. Ich war immer noch nicht wohl.

Mitwoch d. 14. In dem Dörfle friestigde man, bald geng

ich nach dem der herzog Zurick waren auch weck, um 10. uhr fur ich in die Kirch, nach dem Essen geng ich gleich auch wieder in das Dörfle, wo meine verwande von Ensingen u. Kirchheim schon da waren, ich firde Sie herum, es Kam aber bald ein wetter, nach dissem gengen wir noch bis zum See. Der herzog waren Sehr gnädig gegen Sie u. um 7. uhr Gengen Sie wieder.

Donerstag am fronleichnams Tag d. 15. Um 8. uhr Geng es nacher Stuttgardt, der herzog hielden Gleich Ihren Gottes dinst, ich Kam, wie die protzesion verbey war, auch in die Kirch, nach dem essen geng es in die academie, dan machden Sich der herzog mit der Legion zu schaffen, Zu mir Kam die frau v. Stedin[510]) u. die Generalin v. Scheler, der herzog gengen auch in die biblioteg, wo hin ich auch Kam, aber Ihro Durchleicht mit fillen schmertzen an Ihrem fuß an Traf; es geng dann bald hier her u. der herzog lieden fiel an Ihrem fuß.

Hohenheim d. 16. Junii Freitag 1786. Gott Lob war Es mit dem fuß des hertzogs wieder besser u. man geng nach die 9. uhr nacher Stuttgardt, Zu for firden Ihro Durchleicht den Leibmedikus Jäger u. Glein in das Treibhaus; in Stuttgardt gaben der herzog audientz, dann geng Es Gleich wieder hier her, bald nach der Ankunft legde ich mich auf das bet, weil es mir gar nicht wohl war; es zogen vielle wetter rom her, abends fur man in den fassanen Garden.

Samstag d. 17. Im Dörfle friestigde man, nach die 10. uhr Kam der hof prediger Werkmeister zu mir, u. abends fur man in den fassanen Garden.

Sontag d. 18. Ich Geng in beede Kirchen, in der Cadolischen predigde der hof prediger Bleibimhaus von der blendheid, wie der mensch dar durch Kann verirt werden. Um 3. uhr Kam der General v. Hügel[396]), Seine frau u. Tochder, Wisenhitten[511]), Oberst Nigelani[434]) u. Seine frau, Kamerherr Witzleben[512]) u. Seine frau, Oberst Leitreite[513]) mit Seiner frau, Oberst Seeger, Seine frau u. die frau v. Milius[57]). Man firde Sie aller orden herum u. nach die 8. uhr Gengen Sie wieder.

Montag d. 19. Im Dörfle friestigde man, um 1. uhr Kam meine mutter, Schwester Pflugen, Schertlin mit Ihrem mann u. Bittenfeldin mit Ihrem mann, benebst 3. nichten. Sie blieben da bis nach die 7. uhr u. da Es regnede, so blieben wir meistens im Zimmer.

Hohenheim d. 20. Junii Dinstag 1786. Ausser daß man abends in den fassanen Garden fur, geng heide nichts besonderes vor.

Mitwoch d. 21. Der heitige Tag vergeng fast wie der gestrige. Der Herzog lissen alles arachiren auf die morgigde ankunft des Erprintzen von Braunschweig[514]). Morgen solde meine mutter u. schwestern vor Ihrer abreis noch ein mahl Komen, allein weil der Printz Kam, so schrieb ich Ihnen ab, u. Sie nahmen Sich vor bis d. 23. ab Zu reissen.

Donerstag d. 22. Das wetter war Sehr Zwey deittig. Um halb 1 uhr Kam der Printz von Braunschweig benebst Seinem hofmeister Oberst Bode[515]) u. dem Grafen Schulenburg; von unserm hof waren einige Dames u. Cavalirs auch hier, nach dem Essen firde man den Printzen aller orden herum u. gegen 8. uhr Geng Er wieder nacher Stuttgardt.

Freitag d. 23. Um halb 9. uhr gengen der herzog u. ich nach Stuttgardt, der herzog gengen, nach deme Sie angezogen waren, Zu dem Printzen, firden Ihn in die academie, um halb 2. uhr geng ich auch heraus in die andere Zemer, wo der hof versameld war, da wurde der herzog mit dem Printzen Erwart, es geng dann bald Zur Dafel im Weissen Saal; werend der Dafel war ein starges wetter, nach der Tafel firden der herzog den Printzen in die biblioteg, nach dem geng der herzog u. ich wieder hier her, u. der Printz speiste im Geselschafts haus[540]).

Hohenheim d. 24. Junii Samstag 1786. Um halb 12. uhr geng Es nach der Solitide, wo hin der Printz von Louisburg aus Kam. Es wurde Ihm alles Gewissen u. da gegessen; nach Tisch Sahe man das übrige follens u. dann geng Es nach Stuttgardt in mein haus, des dem Printzen Auch Gewissen wurde u. da beurlaubde Sich der Printz, weil er auf morgen vormitag Seine abreis fest gesagt hat, der herzog u. ich Gengen dann wieder hier her.

Sontag d. 25. Da der weeg so verrissen war, so geng ich nicht in die Kirch nach Birgach, sondern nur allein in die hissige, wo der hofprediger Menninger bredigde, wie man sich bey dem urtheil anderer zu verhalden hat u. nicht übel über andere urtheilen u. Ihr urtheil gelassen annehmen. Abends geng man Zum See, um die fische zu fiedern, dann schrieb der herzog noch, der hE. v. Böhnen Kam auch wieder werend der Zeit, welcher vom herzog dem Printzen in Laufen noch ein complimint Zu machen geschickt geworden.

Montag d. 26. Im Dörfle friestigde man, bald nach Tisch Kam Menninger zu mir, um eine Eleckteresir maschene aus Zu Paken, auch fur man heide gar nicht, sondern Geng abends in das Treib haus.

Hohenheim d. 27. Junii Dinstag 1786. Heide war Es den Gantzen Tag wieder Ein mahl schön u. man suchde von hey herein zu bringen, was man Konde; im Dörfle friestigde man u. abends firden mich der herzog in den Carlshof Zum heihen, um dann noch das bau wessen zu sehen.

Mitwoch d. 28. Im Dörfle friestigde man, das wetter war Sehr ver Enderlich, um 3. uhr Kam die Geheimderath Bühlerin u. Ihr mann, der Dereckder v. Hochstetter u. Seine frau u. von Tübingen der Cantzler Lepret[61]), Seine frau, professer Storr[71]) u. Seine frau, man firde Sie herom, so viel man wegen dem feichden wetter Konde u. nach 8. uhr gengen Sie wieder weck.

Donerstag d. 29. peteri u. pauli. Ich fur um halb 10. uhr in die Kirch, abends fur man in den fassanen Garden u. der herzog waren Charmand.

Freitag d. 30. Es Geng nacher Stuttgardt, der herzog Gaben audientz, Zu mir Kam der hofrath Mögle[198]), nach dem Essen Geng Es Gleich wieder hier her u. abends geng es nacher Scharnhausen.

Samstag d. 1. Juli 1786. Im Dörfle friestiegde man, ich geng auf die Sibille, um hey furaschier zu sehen, nach Tisch Geng es gegen 3. auf die Solitide, weil Es regnede, dorden geng man in das schloß u. suchte Oracherie heraus, gegen 8. uhr war man wieder hier.

Hohenheim d. 2. Juli l Sontag 1786. Ich geng nacher Birgach in die Kirch, u. Kam auch in die predig von dem hofprediger Schneider[499]), welche von der Gottheit des Heiligen Geistes handelde. Nach Tisch solden welche von die honoraciores von Stuttgardt Komen, allein es feng an zu regnen, daß man Es Ihnen absagen muste lassen. Nach Tisch geng ich mit Ihro Durchleicht in die Gebeide herum u. Abends gengen der herzog u. ich zum See die fische zu fudern.

Montag d. 3. An dem heidigen Tag Geschahe nichts merckwürdiges. Im Dörfle friestigde man u. von da geng ich hernach Korn bliede Zu Samlen.

Dinstag d. 4. Im Dörfle friestiegde man, ich setzde mich

nach Gehens in das sogenande Guckhäusle[200]), wo Selbst ich laß, abends fur man ein wenig spatzieren.

Mitwoch d. 5. Der heidige Tag vergeng auch wieder ohne einen merkwürdigen vorgang.

Donerstag d. 6. Es geng um 7. uhr nach Urach, dorden stieg man bey die Lützowische ab, von da geng es nacher Marbach u. im Zurick weg auf ein lappen Jagen[377]).

Freitag d. 7. Es geng nacher Stuttgardt, der herzog gaben audientz u. gengen zum Essen von der academie, Zu mir Kam die frau v. Wechmar[254]) u. Klenkowstrem u. nach dissem geng es wieder hier her.

Hohenheim d. 8. Juli Samstag 1786. Da man gestern die nachricht bekam, daß der bischof von Bruchsal[379]) unversehens Komen werde, schickden der Herzog den hE. v. Böhnen nacher Bruchsal, um sich zu erkundigen, u. sonst geng heide nichts vor.

Sontag d. 9. Nach vormitag Kam die nachricht von des Bischofs Seiner ankunft; man geng in die Kirch, der hofprediger Baader predigde von der Gelindigkeidt. Um 3. uhr ward es Einige Glassen von die honoratiores[516]) von Stuttgardt erlaubt, hier her zu Komen; sie besahen alles, der herzog u. ich gengen mit Ihnen herum, es regnede aber von Zeit Zu Zeit ein wenig. Der Herzog schickden aller wertz hin, um des first Seine ankunft auf morgen gewis Zu erfahren.

Montag d. 10. Um 11. uhr furen der herzog dem firsten bis Neihaus[517]) ingegen; um halb 12. uhr Kamen einige Dames u. cavalirs von hof, bey denen ich war, bis der herzog u. der Bischof von Bruchsal um 3. uhr Kamen, es wurde dann bald zu mitag gespeist u. nach deme der fürst das hiessige Gebeide gesehen, geng gegen 7. uhr alles wieder von hier hinweck, der bischoff geng nacher neihaus u. die übrige nach Stuttgardt.

Dinstag d. 11. Der Herzog furen nach Scharnhausen, wo hin der first auch Kam, werend der Zeit Kamen welche von unsere hof Dames u. hernn; nach dem der herzog u. der bischoff Kamen, besahen Sie einige pferde u. dann as man, nach Tisch wurden wieder andere pferde vor gerieden u. dann geng es nacher Stuttgardt in mein haus, wo Cour war, u. nach deme der herzog u. der fürst von da aus in stall gengen. So wie Sie wieder Kamen, nam der Bischoff abschied u. geng wieder zurick nacher Bruchsal, u. der herzog u. ich hier her.

Hohenheim d. 12. Juli Mitwoch 1786. Beim See wurde frie gestigt, dan las ich noch in meiner Kohlerhütte u. fur um 10. uhr in die Kirch, abends fur man in den fassanen garden.

Donerstag d. 13. Beim See wurde wieder friegestigdt u. ich blieb in meiner Kohlerhütte bis 11. uhr, wie ich Zurick Kam, so Traf ich einen verschlag mit butz sachen von Paris, die mir der herzog haben Kommen lassen, hier an, die packte ich aus u. abends fur man in die Sibille[252]).

Freitag d. 14. Nach die 9. uhr fur man nacher Stuttgardt, der Herzog gaben audientz, Zu mir Kam die Caroline[73]) u. Känter, es geng nach dem Essen gleich wieder hier her, es regnede fast den Gantzen Tag, u. heite ist es das Erstemahl in dissem Jahr, daß man nicht an dem schloß mauren Konde.

Samstag d. 15. Beim See friestigde man u. ich geng nachgehens noch in meine Kohlerhütte bis nach die 11. uhr, es regnede fast den gantzen Tag u. disses regnerische wetter Thauert schon bey 3. wochen. Abends firden mich der herzog in das neue Treibhaus[518]) u. in die Gebeide herum.

Sontag d. 16. Es regnede fast den Gantzen Tag, um halb 10. uhr fur ich in die Kirch nacher Birgach u. hörde auch hier die predig von dem Werkmeister, die von dem Guts Thun wann wir wolten handelte. Um 3. uhr geng es nacher Stuttgardt, in der biblioteg Stieg man ab, ich fur in das schloß u. lies die freulein v. Stockhorn u. Carline[73]) Zu mir Komen, dann geng ich Zu der Geheimderath Bühlerin, wo hin bald der Herzog auch Kamen u. man alstan bald hier her wieder fur.

Montag d. 17. Beim See friestigde man, ich las nachgehens in meiner Kohlerhüte bis 11. uhr, abends fur man spatzieren nach Scharnhausen u. der Herzog waren Charmand.

Dinstag d. 18. Da Es Sehr wendig u. Kald war, so friestigde man hier; nach die 10. uhr Kam der Werkmeister zu mir, u. nach die 4. uhr furen der Herzog auf die Jagdt einen Hirsch bey Nellingen Zu fangen; ich bekleidede sie bis in den Dier Garden, wo ich alstan nach Scharnhausen geng u. den hertzog dorden wieder Erwardede, der Herzog waren wieder Zum Kissen.

Hohenheim d. 19. Juli Mitwoch 1786. Beim See wurde friegestigdt, ich geng dann in meine Kohlerhitte, bis es Zeit in die Kirch war; beim Gude sagden mir der Herzog, daß Sie den hE. von Böhnen[41]) Zum Kamerhernn machen wolden, v. Reichach[519]) in die Geheime Canseley nehmen u. von Marschall[330]) hier her nehmen wolden. Bald nach dem Gude geng ich zum bauen, der Herzog fürden mich herum u. abends fur man dann Zum heihen in den Carlshof.

Donerstag d. 20. Beim See frie stiegde man, u. abends fur man in den fassanen Garden.

Freitag d. 21. Um 9. uhr Geng es nacher Stuttgardt, der herzog gaben audientz u. alstan geng Es bald wieder um hier her, abends um 4. uhr fuhren der herzog auf ein hirsch jagen bey Echterdingen u. ich blieb zu haus.

Samstag d. 22. Beim See friestigde man, da es aber regnede, so geng ich Gleich wieder nach dissem herein, abends firden mich der Herzog in die neie offisen herum, wo selbst schon einige möbels Kamen, um ein zu ziegen, u. dann fur man noch in den Carls hof.

Sontag d. 23. Ich Geng Zu Erst in die Birgacher Kirch, dann hörde ich die Predig von dem hofprediger Bleibimhaus von den Zweiflen in der religion; um 3. uhr Kamen wieder welche von den honoratiores von Stuttgardt, der herzog u. ich gengen ein wenig mit Ihnen herum, dann firden mich der herzog noch nach Scharnhausen.

Montag d. 24. Beim See wurde friegestigdt, General v. Bouwinghausen war auch dar bey, ich firde Ihn noch in meine Kohlerhüte, von da aus er auf die Gestieder geng. Um 6. uhr geng ich mit Ihro Durchleicht herum u. abends fur man auf den Carlshof. Auch im Garden beim oragerie haus wurde zu nacht gespeist.

Dinstag d. 25. Beim See friestigde man, der herzog gengen mit mir in das Dörfle, ich laß in dem Gugheisle[200]), u. nach die 2. uhr Kam meine schwester Pflugen mit zwey Töchder. Wir waren bis Sieben uhr bey samen, u. der Herzog waren charmand.

Mitwoch d. 26. Beim See friestigde man, ich laß in meiner Kohlerhüte, bis ich in die Kirch geng, u. nach die 5. uhr Kam meine schwester Pflugen mit Ihren Töchtern von Stuttgardt aus hier her, abends gengen wir mit Ihro Durchleicht herum.

Hohenheim d. 27. Juli Donerstag 1786. Im Dörfle friestigte man, das heist beim See, der Herzog waren viel beim bauen u. abends Kamen Einige beime von Bruchsal, wo der herzog u. ich beim auspacken blieben bis gegen 9. uhr. Ich feng heide an zu baaden.

Freitag d. 28. Nach die 9. uhr geng es nacher Stuttgardt,

der Herzog gaben audientz u. gengen dann Zum essen von der academie, u. nach dissem geng es wieder hier her, abends geng ich mit Ihro Durchleicht beim bauhen herum.

Samstag d. 29. Beim See friestigte man, ich las nach gehens noch in der Kohlerhüte, der herzog besuchten mich, abends fur man ein wenig spatzieren u. da es mit einigen wenigen angefangen wurde durch Gottes hülfe zu schneiden, so Sahe man Zu Zu schneiden.

Sontag d. 30. Ich baadede u. geng in die pretig von Ihro Durchleicht, die der hofprediger Schneider von der mildthätigkeidt hielt. Nach die 2. uhr geng es nacher Stuttgardt, der herzog mesten die academie, zu mir Kam die mahlerin Reienbach[520]) u. regierungsrath Scheidemantel[399]) mit Seiner frau, dann geng ich auch in die academie u. alstan geng es bald zu dem minister v. Kniestett, wo sich der herzog u. ich eine Zeitlang aufhielten u. dann wieder hier her gengen.

Montag d. 31. Beim See friestigde man, das wetter wahr sehr Kalt u. wentig, ich las in der Kohlerhüte, abends firden mich der herzog in die gebeite herum u. wie ich vom Dörfle Zurick Kam, so draf ich eine Ehren pforde auf meinem gang mit einer Kleinen schrift von Ihro Durchleicht an, des mich sehr freude.

Dinstag d. 1. Mit Gottes hielfe wieder ein monat, Gott schänke uns Seinen Seegen, Schutz u. Gnade. Da es so Kalt war, so friestigde man hier, der herzog lieden fiel an einem bessen aug, legten sich auch über 3. stonden nach Tisch zu bet. Abends geng ich noch mit Ihnen in die Gebeite herum.

Mitwoch d. 2. Das wetter war sehr regnerisch u. Kalt, abends fur man ein wenig spatzieren u. vormitag um 10. geng ich in die Kirch. Der herzog hatten noch etwas ein besses aug.

Donerstag d. 3. Beim See friestigde man, ich Geng noch in meine Kohlerhüte. Da Es regnede, so fur ich nach haus u. abends geng ich mit Ihro Durchleicht in die gebeide herum u. man fur noch ein wenig spatzieren, der herzog war charmand.

Freitag d. 4. Um 9. uhr geng es nacher Stuttgardt, der herzog gaben audientz u. bald nach dissem geng es hier her, abends fur man Zum schneiden auf den Carlshof u. auch in die Krote[521]), an der gemacht wurde. Das Termomeder stond auf 7. grad über eis, u. Kiel war es.

Hohenheim d. 5. Aug. 1786 Samstag. Ich baadede; nach

die 10. uhr Kam hofprediger Schneider Zu mir, abends geng ich mit Ihro Durchleicht in die gebeide herum u. dann fur man zum schneiden auf den Carlshof u. hier her.

Sontag d. 6. Ich geng in beede Kirchen, hofprediger Baader predigde von dem Trost, der aus der menschwerdung Christi allen leidenden Ensprenget. Um 3. uhr Kamen Einige Dames u. Cavalirs von hof, sie wurden herum gefird, allein der herzog glagten auf die letz sehr Zan we. Um halb 8. uhr gengen sie wieder weck.

Montag d. 7. Es regnede, daß man nicht in das Dörfle henaus Konde Zum friestick; nach Tisch aber geng ich gleich henaus, meine Schwester Pflug Kam, mit disser fur ich herein, der herzog glagten Sehr Ihren baken. Abends firde ich meine schwester u. Tochter Janet in den offissen bau, der herzog gengen auch mit u. dann firde ich sie in das Dörfle, wo hin der herzog auch Kamen; sie beurlaubde sich u. der herzog u. ich furen noch ein wenig Zum schneiden. Die schmertzen vom herzog nahmen immer zu.

Dinstag d. 8. Beim See friestigde man, der herzog hatten erstaunende schmertzen im baken u. or. In der Kohlerhüte las ich, um halb 4. uhr Kam der leib medicus Jäger u. Klein, der herzog legten sich gegen 5. uhr bis 7. uhr, assen aber wieder auf zu nacht.

Mitwoch d. 9. Mit dem Kopffluß von Ihro Durchleicht war Es heide so arg wie Gestern u. brachten Sie die meiste Zeit auf dem bette zu; besonders nahm es gegen abend sehr zu.

Donerstag d. 10. Der herzog hatten noch vielle schmertzen, doch nicht mehr so heftig wie gestern u. nach dem aus fahren besserde es Sich Gott lob sehr, doch war der baken noch zemlich geschwollen.

Freitag d. 11. Gott lob war Es heide fast gantz gut, doch da der herzog was Zum abfiren nahmen, so geng man nicht nach Stuttgardt, beim See friestigde man; gegen 11. uhr geng ich mit dem l. l. Klein u. hof Prediger Baader im Dörfle ein wenig herum, abends firden mich der herzog nach Scharnhausen.

Samstag d. 12. Zum friestig Kam der Preisische Gesande v. Madeweis, bey der Kohlerhüte wurde das friestig genomen, der herzog rieden wieder zum bauen u. wir blieben in der Kohlerhüte, bis der Herzog um Elf uhr wieder Kamen, dann geng v. Madeweis bald wieder weck. Abends firden mich der herzog in den fassanen garden, u. heite Kam mit Gottes hielfe die Gantze wenter ärnd herein, Gott Seis gedankt, u. zu seinen Ehren werde Es verzört.

Hohenheim Sontag d. 13. Aug. 1786. Ich geng in die predig von Ihro Durchleicht, die der hofprediger Werkmeister von den schenen u. wahren Tugenden hielt; dan wurde Es gleich Gespeist u. alstan geng Es gerade nacher Sindlingen, wo der herzog pferde aus suchten u. ich so lang nach sahe. Wie das verbey war, so hielde man Sich auch noch in Böblingen auf, um pferde Zu sehen u. Kam um halb 9. uhr wieder hier an.

Montag d. 14. Beim See friestigde man u. um 5. uhr nachmitag geng es nacher Stuttgardt, wo der herzog die Tritte companie Garde auf morgen herauf beorderden. Es geng dann in das Bühlerische haus, von wo man ein Sitzte u. 8. uhr wieder hier war.

Dinstag d. 15. Da Es regnede, so friestigde man hier, nach die 10. uhr Kam der hofprediger Werkmeister zu mir u. nachmitag um 3. uhr ruckten die leichte Jegers Ein; abends firden mich der herzog noch ein wenig spatzieren.

Mitwoch d. 16. Beim See friestigde man, um 10. uhr fur ich vom Dörfle aus in die Kirch u. abends firden mich der herzog nach Scharnhausen, wo Sie in Thier Garden gengen u. ich was mit dem Harber[409]) aus machten.

Donerstag d. 17. Da Es fast den Gantzen Tag regnede, so wurde nicht ausgefahren. Ich geng einige mahl in das Treibhaus Zum herzog, an dem die Canele angegeben wurden. Die Gräfin Wallis u. Ihr mann wolden auf morgen Komen, es Kam aber die nachricht, daß Er granck geworden were u. also fort weren.

Freitag d. 18. Um halb 10. uhr geng es nacher Stuttgardt, der herzog gaben audientz u. um 1. uhr war man wieder hier; bald nach dem geschahe das unglück, daß Ein Gerist Ein fiel, von welchem 5. personen herunder fielen, welche so sehr verwont sein, daß man bey einigen an Ihrem leben zweifelt, Gott stehe Ihnen bey u. schönke Ihnen Ihre leben und gesundheid u. mache Sie einstens alle Seelig, ersetze Ihnen alles mit Seeligkeidt, was hier leiden. Nach dem die arme unglückliche versorgt durch die anstalden des hertzogs waren, so fur man abends in die Grode[521]) u. Sibilla[252]).

Samstag d. 19. Beim See friestigde man, dan geng ich in das Dörfle, wo ich mich so mit Gemehlte auf zu machen in dem baad in dem lila Zemer bis 12. uhr. Abends firden mich der herzog nach Scharnhausen. Der herzog exercirten auch um 5. uhr ein wenig die Tritte Companie Gard.

Hohenheim d. 20. Aug. Sontag 1786. Ich geng in beede Kiren, hof prediger Bleibimhaus predigde von die Werke Gottes, um 2. uhr Kam die Holtzheien[376]) zu mir, dann Kam auch Kniestedt u. Nicolai, mit denen der herzog sprachen u. um 3. uhr Kamen noch Einige von hof dames u. cavalirs, auch bede gesanden Wächter u. Madeweis. Man geng bald in das Dörfle u. von der Grod[521]) aus beurlaubden Sie sich wieder.

Montag d. 21. Bey der Kohlerhüte friestigde man, bald nach Tisch zogen die offissen in Ihre neue wohnung, der herzog firden mich da hin, um es Zu sehen u. dann fur man in den fassanen Garden.

Dinstag d. 22. Da Es regnede, so friestigde man hier, um 2. uhr Kam meine schwester mit Ihren beeden Töchder, abends firden uns der Herzog nacher Scharnhausen u. dord beurlaubten sie sich.

Mitwoch d. 23. Um 10. uhr fur ich in die Kirch, nach der Kirch sagden mir der herzog so was bewegliches, daß ich fast den Gantzen Tag weinde u. abends wegen Kopf we u. brechen vom essen auf stehen muste.

Donerstag d. 24. Es regnede wieder, daß man hier friestigen muste; mitag Kam die nachricht, daß von Üchteritz[522]) einen schlag bekomen hat; um 2. uhr fur man nacher Stuttgardt, der herzog lissen die legion ausrieken; zu mir Kam die frau von Wechmar u. von Klinkowstrem; um 7. uhr war man wieder hier.

Freitag d. 25. Beim See friestigde man; wie ich zurick Kam vom Dörfle, so Erzölten mir der herzog, daß Sie nachricht bekomen haden, daß die Mecklenburger herschaften vielleicht hier her Kommen werden. Sie schickten auch Gleich den von Böhnen nach Schaffhausen, um disser nachricht gewisser zu werden. Um 6. uhr firden mich der herzog bey dem bauen herum u. dann fur man nacher Scharnhausen.

Stuttgardt d. 26. Aug. Samstag 1786. Um 6. uhr badede ich u. so wie ich aus dem bad Kam, so Kamen der herzog mit der nachricht, daß die Mecklenburger herschaften[523]) heide Komen werden; ich hatte also viel zu Thun. Um 12. uhr Kam von Ransan[524]) von dem herzog von Mecklenburg geschickt, die ankonft zu melden. Um 2. uhr fur man nacher Stuttgardt, wo man die herschaften Erwardede, die gegen 7. uhr Kamen. Sie u. der herzog u. ich Speisten in Ihrem quadir im Jegerhaus.

Sontag d. 27. Bey der hertzogin von Mecklenburg wurde Kirch gehalten, nach der Kirch gengen der herzog u. ich wieder nach haus. Um 1. uhr Kamen Sie in das schloß, wo der hof versameld war u. bald nach dem wurde gespeist. Nach der Tafel sahen die hertzoge den Stall u. die hertzogin u. ich fissicalische enperemenden in der academie. Abends war dann Consert u. Supe bey hof, nach der Tafel furen der herzog u. ich wieder nach Haus, wo wir nach die 1. uhr ankamen.

Montag d. 28. Im Dörfle friestigde man, um 12. uhr Kamen die herschaften, Sie wurden noch vormitag ein wenig hier herum gefird u. nach Tisch fur man auch in das Dörfle, wo alles, so viel es die Zeit u. das abweckslende regnen zu lies, gesehen wurde. Die hertzoge Sahen auch ein Kleines manöver von denen hissige Druppen. Um 7. uhr war man in Stuttgardt, wo man bald in ein Sehr langweiliges Spectagel bis nach die 11. uhr saß u. nach dem Spectagel gengen der herzog u. ich wieder hier her u. assen erst hier zu nacht.

Dinstag d. 29. Um 11. uhr Kamen die mecklenburger herschaften hier her u. wurden im Dörfle Empfangen; sie wurden so viel das wetter es Erlaubde, wieder im Dörfle herum gefirt, dann fur man herein, Speiste zu mitag u. fur nach gehens nach Scharnhausen u. von da wieder nach Stuttgardt, wo man in das Spectagel geng u. im marmor sall zu nacht Speiste.

Stuttgardt d. 30. Aug. Mitwoch 1786. Um 9. uhr gengen der herzog gleich zum herzog von Mecklenburg, dann Exerzirten Sie die Legion im schloßhof u. Comandirten Selbsten, alstan geng ich zur Hertzogin u. wir sahen die Legion verbey marschieren, die beede hertzoge Kamen dann u. bald wurde dann bey der hertzogen zu mitag gespeist, von wo man nach gehens auf ein eingerichtes Jagen fur, wo die frau v. Üchteritz u. Ihr mann aus Gotha presentirt wurde, im nach haus fahren geng man noch über den fassanen Garden u. im marmor Sal wurde zu nacht gespeist.

Hohenheim Donerstag d. 31. Um 5. uhr gengen die Mecklenburger herschaften schon weck; der herzog u. ich gengen noch zu Ihnen, gengen aber nach gehens noch ins bet, um 11. uhr as man u. dann fur man gleich hier her; abends fur man noch nach Scharnhausen.

Freitag d. 1. Nach die 9. uhr fur man nach Stuttgardt, der herzog gaben audientz u. dann geng es gleich wieder hier her. Um 5. uhr lissen der herzog die legion von Stuttgardt bis an den Wald Komen u. machten ein Kleines manöwer mit Ihnen, wo Sie dann wieder nach Stuttgardt geschickt wurden. Ich geng noch mit Ihro Durchleicht nach gehens herum.

Samstag d. 2. Es wurde alles veranstald, daß heide das Leibcor u. die Legion herauf Komen solden. Sie Kamen auch, Zu erst das leibcor u. dann die Legion, der herzog beschäftigten Sich den Gantzen Tag mit u. abends Speiste man in der oracherie mit allen officirs.

Sontag d. 3. Ich geng in beede Kirchen, nach Tisch geng ich in das Dörfle u. abends fur man in den fassanen Garden. Der herzog waren auch viel bey Ihrem militer.

Montag d. 4. Der herzog exerzirten um 7. uhr nur im hof Ihre companie, dann friestigde man beim See, abends fur man nach Scharnhausen u. zu nacht speiste der Oberst Wolfskehl[24]) mit uns.

Hohenheim d. 5. Sep. Dinstag 1786. Beim See friestigde man, um 10. uhr Kam der Pfarrer u. die Pfarrerin von Birgach zu mir, um 11. uhr gengen wir wieder herauf, der herzog exerzirten wieder um 7. uhr, auch einige Corporals gegen abend, u. nach dissem fur man ein wenig spatzieren.

Mitwoch d. 6. Der herzog exerzirten wieder, beim See friestigde man, um 10. uhr Kamen Semtliche officirs u. die Oberstin v. Wolfs Kel u. ritmeister von Tom[525]) zu mir ins Dörfle, wir friestigden u. Gengen an der Seitte des hertzogs dann um 11. uhr herein, wo die officirs mit Ihren frauen in Ihr quadir gengen u. der herzog u. ich nach haus. Nach Tisch Kamen die beede Dames wieder zu mir u. nach dissem assen Sie bey die officirs; abends vor dem aus fahren geng ich zu Ihnen, alstan furen der herzog u. ich nach Scharnhausen.

Donerstag d. 7. Im Dörfle friestigde man, der herzog exercirten zu vor, um halb 1. uhr Kam der Printz Friederich von Baden Durlach, einige Dames u. Cavalirs von hof, auch meine schwester v. Pflug, Oberst v. Geisau war beim printzen, vor u. nach Tisch sahe er die hissige anlagen u. im Dörfle abends beurlaubde er sich alstan, es war schon nacht wir wir zurick Kamen.

Freitag d. 8. Es geng nach deme der herzog exercirt hatten, nach die 9. uhr nach Stuttgardt, dorden gaben der herzog audientz u. gengen zum Essen von der academie, zu mir Kamen welche vom Teader, auch Zwey Professers vom Gemnasium, ein herr v. Schmit, u. eine frau u. freulen v. Poull[526]), auch Kam der Printz von Coburg mit 4. Keisserliche soldaden, von welchen der gröste Zur Legion angeworben wurde Zu mir in mein Zimmer, nach die 2. uhr war man wieder hier. Auch die obersten v. Mandelsloh Kam in Stuttgardt Zu mir u. hier fur man abends noch nach Scharnhausen.

Hohenheim d. 9. Sep. Samstag 1786.. Beim See friestigde man, Kein fisch Kam aber nicht mehr Zum futern Seit 8. Tag; nach dissem laß ich in meiner Kohler hüte Bis 11. uhr. In der frie exerzirten der herzog u. da es abends regnerisch wurde u. den Gantzen Tag ein Sehr starger Wend geng, fur man nicht aus. Abends geng ich noch auf das schloß henauf auf die Plat form.

Samstag d. 10. Ich geng in die beede Kirchen, nach dissem Kame die nachricht, daß der landgraf von Hessen Homburg u. der Printz von Darmstadt Komen wolden, Sie Kamen um halb 4. uhr, es wurde Ihnen in der geschwendigkeidt alles gewissen, was man Konte u. im Dörfle beurlaubten Sie Sich nach gehens wieder; zu mitag aß man bey die officirs.

Montag d. 11. Beim See nach deme der herzog exercirt hatten, friestigde man; dann laß ich ruhig bis 11. uhr in meiner Kohlerhüte, abends fur man alstan nach Scharnhausen u. der Herzog lissen heide schon Ihre oracherie herein Thon.

Dinstag d. 12. Nach dem friestick, welches hier genomen wurde, geng ich in das Dörfle, blib da bis 11. uhr, der herzog besuchten mich u. um halb 2. uhr Kam meine mutter, Schwester Pflug, Juli u. Zwey pflugische Niesen Zu mir. Meine mutter Kam erst vor ein par Tagen wieder von einer langen abwesenheid in Ensingen an; Sie blieben da bis gegen 7. uhr, dan geng meine mutter wieder nacher Ensingen u. schwester Pflugen nach Stuttgardt, um den Stalmeister v. Üchteritz[522]) Zu besuchen.

Mitwoch d. 13. Nach dem friestig geng ich in das Dörfle, um 1. uhr geng Es nacher Stuttgardt, es wurde sich gleich angezogen, meine schwester Pflug, die in Stuttgardt war, um den

Üchteritz ab zu hohlen Kam zu mir, dann geng Es in das Gemnasium Zu Ihrem Juweleum[527]), es war alles, was dar zu gehörde, schon da versameld, der Professer Haug hield alstan eine rede u. noch 6. andere Junge leide hielden auch Gleine reden, wie disses alles verbey war, so geng man noch Ihre fissicalische instremenden zu sehen u. nach dissem nach haus u. um 7. uhr war man wieder hier, Gott — lasse viel Seegen aus dissem Enstidut wacksen.

Hohenheim d. 14. Sep. Donerstag 1786. Das friestig wurde hier genommen, nach dissem geng ich in das Dörfle, der herzog besuchten mich da, nach dem Gude fur man in die Grot[521]), wo mir der herzog musig machen lissen, Sie glagden aber immer Zan we, abends fur man dann nach Scharnhausen.

Freitag d. 15. Es geng nach die 9. uhr nacher Stuttgardt, der herzog gaben audientz u. ich Kaufte vor die Sichelhänget ein, um 1. uhr war man wieder hier, u. da Es sehr regnerisch wetter war, so wurde die parade oben gehalden. Der herzog Klagten immer schmertzen in die Zän.

Samstag d. 16. Es regnede fast die Gantze nacht, abends wurde es wieder schön, der herzog nahmen etwas zum laxiren u. Ihre Zan schmertzen verwandelten Sich abends in ohren we, so daß man nicht aus fur u. Sie sich auf das bet legten, das wetter war abends recht schön.

Sontag d. 17. Ich hörde beede Predigen die Effangelische u. Katolische. Essen That man bey die officirs, nach dem Gude gengen der herzog u. ich in das Dörfle u. abends fur man ein wenig spatzieren.

Montag d. 18. Nach dem friestig geng ich in das Dörfle, um halb 11. uhr Kam die Oberstin v. Wolfskel u. ritmeisterin v. Tom[525]), wir gengen dann herein jedes zu seinem mann, der herzog hatten noch immer ein wenig geschwollenen baken u. Klagden sich überhaupt, waren auch sehr gritlich u. ich übels homors, nach dem Gude geng ich zu die beede Dames u. da der herzog viel im Treibhaus waren, so Kam ich auch hin u. abends fur man auf den Karlshof, um den grossen wagen laden Zu sehen.

Dinstag d. 19. Da es heide nacht starck regnede, so geng ich vormitag nur bloß oben henauf, um die ney ankomende schaf aus Spannien zu sehen, um 2. uhr aber wurde die Sichel hänget gehalden, die aber bis 4. uhr aus war u. alles von denen schnieter vergnügt zurik geng u. wir wieder ney ursach fanden, Gott zu danken, daß Er uns wieder einen so schönen Ärnd Seegen geschängt hat. Um 5. uhr exercirten der herzog auf dem Karlshof alles Ihr militer, das hier war, u. von dem aus geng es in den fassanen Garden.

Hohenheim d. 20. Sep. Mitwoch 1786. Nach dem friestig geng ich in das Dörfle, der herzog besuchten mich, gegen 10. uhr fur ich in die Kirch, um 2. uhr Kam meine mutter, schwester Julig u. Pflugen mit Ihren beeden Döchters, welche letztere ab schied nahmen, da sie vor haben, den 24. Ihre reisse nacher Lausanne an Zu Tretten, Sie blieben da bis gegen 7. uhr, wir gengen auch in das Treibhaus, wo der herzog gewegse rachiren lissen; der herzog aber hatten wieder immer schmertzen in Ihrem baken.

Donerstag d. 21. Da der herzog heide den Gantzen Tag sehr schmertzen im baken hatten, so exercirten Sie nicht, nach dem friestig geng ich in das Dörfle, um 11. uhr Kam der hofprediger Schneider mit Seinem freund, Jedes auf einen augenblick Zum herzog u. mir, vor dem Gude geng ich zu Ihro Durchleicht in das Treibhaus, gegen 5. uhr legten sich der herzog nieder, ich bekam auch pfersching vom oberforstmeister Graf Sponeg[124]).

Freitag d. 22. Der herzog stonden mit viel schmertzen u. Einem Sehr geschwolnen baken auf, es Taurte auch den Gantzen Tag, Sie Konden gar nicht aus reiden u. hielden Sich also nur im Treibhaus u. im haus auf.

Samstag d. 23. So wie gestern Erwachten der herzog, um 1. uhr Kam die Obersten v. Wolfskel mit Ihrer famille zu Ihrem mann u. nach dem Gude auch zu mir, auch leibmedicus Jäger u. Klein Kamen, vor schlafen gehen geng eins von die Zangeschwer auf.

Sontag d. 24. Es geng mit die schmertzen des herzog Gott lob was bessers, der back u. das Ken aber waren noch mehr geschwollen. Da es sehr stark regnede, so geng ich nicht nach Birgach in die Kirch, aber hörde den hofprediger Schneider von der Demuth predigen u. war auch gegenwerdig, wie das erste mahl das heilige Abendmahl mit einer deischen[528]) anrede in der Catolischen Kirch hir aus getheilt wurde. Der herzog befanden Sich heide von stond zu stond besser, Sie rachirten auch 3. combanien von der Legion im reithaus, dann gengen Sie u. ich in das Treibhaus u. alstan schrieben Sie u. ich laß.

Montag d. 25. Gott lob Glagden der herzog heide über Keine schmertzen mehr, der back war wieder geschwollen u. Sie rieden Seit 4 wieder Zum ersten mal aus, hilten auch selbst barade, abends fur man nach Scharnhausen.

Dinstag d. 26. Das wetter war wieder schlem, daß weder exercirt noch bestellung auf morgen zu der rewie Konte gemacht werden. Nach mittag entschlossen sich aber der herzog doch auf morgen die revie zu halden u. machten auch die brob da von, lissen auch auf morgen einladen.

Hohenheim d. 27. Sep. Mitwoch 1786. Um 10. uhr fur ich in die Kirch, Es muste aber alles wegen der revie wieder wegen üblen wetter abbestelt werden, abends fur man nach Scharnhausen.

Donerstag d. 28. Das wetter war wieder so schlem, daß weder an exerciren noch viel weniger an rewie zu halten, Konte gedacht werden, man fur also nach Stuttgardt, Stig bey der Biblioteg ab u. der herzog übergaben dorden eine grosse quandetet bücher, ich fur in das schloß u. es Kamen Zu mir die Comtessen Czabelitzky u. nach dem die Caroline Franquemont; nach dissem fur ich wieder in die Biblioteg, wo man bald darauf wieder hier her geng u. noch in das Treibhaus geng.

Freitag d. 29. Es regnede wieder Sehr, um 11. uhr furen der herzog auf die Jagdt, wo Sie in Ensingen abstiegen u. mich bey meiner mutter lissen, bis Sie wieder von der Jagdt Kamen, worauf sie nur Zwey hirsch geschossen haben. Es geng im nach haus fahren ein Grausamer wend u. wir waren wieder um 7. uhr hier; in Ensingen sahe ich auch den Granken Üchteritz[522]).

Samstag d. 30. Es regnede wieder Sehr beim erwachen u. ich hatte Kopfwe u. schnupen. Im Treibhaus friestigde man, der hofprediger Schneider Kam auch da hin u. um 1. uhr lissen der herzog die Legion wieder nacher Stuttgardt marschieren, weilen das wetter so unbestendig ist, daß man nicht darauf Zöllen Kann, daß die revie so bald Könde hier gehalten werden, der herzog bekleiden sie fast bis Degerloch, abends schrieben sie u. ich.

Sontag d. 1. Okt. 1786. Ich fur nach Birgach in die Kirch u. Kam noch in die bredig vom hofprediger Baader von der ursach, daß uns Gott nicht mehr offenbart habe, warum wir nicht mehr in die Zukunft sehen. Um 1. uhr geng es nacher Stuttgardt, es wurde dem Madeweis vom herzog audientz gegeben, dann gengen der herzog in die Kassernen, u. zu mir Kamen verschiedene, die ich rufen lies, professer Haug[527]), professer Kerner[529]), u. noch welche; um halb 7. uhr war man wieder hier.

Hohenheim d. 2. Okt. Montag 1786. Es wurde hier friegestigdt, gleich nach Tisch gengen der herzog auf die Jagdt in den Waldenbucher forst u. ich blib die Gantze Zeit in meinem Gleinen Zemmer. Um 7. uhr Kamen der herzog wieder.

Dinstag d. 3. Der herzog machten Sich viel Zu schaffen beim bauen, das wetter war Sehr schön u. ich blieb aber den gantzen Tag zu haus.

Mitwoch d. 4. Der heitige Tag Trugte sich mir durch die beweisse der Gnade des hertzogs Sehr ein. Gleich beim aufstehen gaben Sie mir einen herlichen brif u. eine schöne Huth schnall von prillianden, um halb 4. uhr Kam der Gantze hof, im Treibhaus Gudirte man u. wie es abend wurde, geng es durch lauder beleichtungen in das reithaus, des zu meiner grossen verwonterung sehr schön elominirt war, u. dorten Speiste man under musig an einer Tafel von 110 Couver, nach der Tafel geng man noch henauf in die straß[447]), die auch beleicht war u. zu letz noch ein feierwerk abbrande, von wo aus der hof wieder nacher Stuttgardt geng u. der herzog u. ich auch zur ruh, ich recht danckbahr u. Empfindlich aller Gnade.

Donerstag d. 5. Der Herzog gengen Gleich nach Tisch auf die Jagdt in den asbach in dem böblinger forst, es geng ein grausamer wend, ich blib den Gantzen Tag zu haus, der herzog Kamen auch bald wieder.

Freitag d. 6. Nach die 9. uhr geng es nacher Stuttgardt, der herzog gaben audientz u. nach dem Essen geng es in die academie, wo der Stadthalter v. Umgelter[277]), professer Weber[530]) u. auch der haubtmann Gaup[393]) waren, nach dissem geng es wieder hierher.

Samstag d. 7. Um 11. uhr gengen der herzog nacher Ensingen u. gengen von da auf die Jagt, ich blieb bey meiner mutter u. schwester, gegen 5. uhr Kamen der herzog wieder, Sie Sahen auch den Stallmeister Üchteritz u. bald nach dissem geng Es wieder hierher.

Sontag d. 8. Der herzog lissen nach die 9. uhr Zur ader, ich geng also nur in Ihre Kirch, wo Werkmeister predigde. Um 2. uhr Kam der herr v. Umgelter, Professer Weber u. noch ein par von hof, Er wurde aller orten herum gefirt.

Montag d. 9. Nach dem friestig geng ich in das Dörfle, noch vor 11. uhr geng es auf die Jagt nach Böblingen in den Esbach, wo der herzog 20. hirsch schossen u. der Aderlas von gestern bekam Ihnen Gott lob recht wohl u. heide war das wetter besonders schön.

Hohenheim d. 10. Okt. Dinstag 1786. Nach die 9. uhr geng ich in das Dörfle u. nach die 10. uhr Kam der Pfarrer u. die Pfarrerin mit 2 Kinder Zu mir, u. abends fur man nach Scharnhausen.

Mitwoch d. 11. Bald nach dem Essen geng Es in den uracher forst auf die Jagt, gegen 7. uhr Kam man nach urach, die Statt fanden wir Illuminirt.

Donerstag d. 12. Um 6. uhr gengen der herzog auf die Jagt u. ich um 10. uhr Zur Frau v. Lützow, wo ich bis 12. uhr blib u. der herzog Kamen wieder nach die 1. uhr, u. gengen wieder auf die Jagt gegen 4. uhr. Zu mir Kam Zu Erst die hofrath Weissin[331]), dann die Speciallin[435]) u. wie die fort waren, die frau v. Kospot[436]) u. frau v. Brockdorf, alstan geng ich wieder Zur frau v. Lützow, bis der herzog nach die 7. uhr mich abholten.

Freitag d. 13. Um 9. uhr geng Es von urach weck u. gleich nach 12. uhr waren wir hier; in der nacht Kam die nachricht, daß der Printz von meiland Groß hertzog Ferdinand Canstadt bassiren werde.

Samstag d. 14. Nach dem friestig geng man Zum fischen Zum See. Ich geng von da in meine Kohlerhüte u. dann wieder Zum fischen, abends fur man nach Scharnhausen.

Sontag d. 15. Ich geng in beede Kirchen, um halb 3. uhr geng es nach Stuttgardt, der herzog Sprachen einige u. gengen in Ihren stall, u. ich Geng in die Geselschaft von der frau v. Üxküll, um halb 8. uhr war man wieder hier.

Montag d. 16. Da der herzog Ihre bulliong Spat Trangen, wurde hier frie gestigdt; nach dissem geng ich in meine Kohlerhüte, u. um halb 1. uhr geng es auf die Jagdt beym Bruderhaus,[283]) worauf der herzog aber nur einen hirsch schossen u. balt wieder war man hier.

Hohenheim d. 17. Okt. Dinstag 1786. Nach dem friestug geng ich in das Dörfle, es war aber heite zemlich Kalt u. abends fur man in den fassanen Garden. Abends feng Es an das Erste mahl zu schneien.

Mitwoch d. 18. Es war zemlich Kalt, es wurde auch das Erste mahl in die neben Zemer beim schreib Zemer Ein Geheizt, um 10. uhr geng ich in die Kirch u. um 3. fur man nach Scharnhausen. Der herzog waren vil beim bauen u. ich laß fast den Gantzen Tag in des Lavaters Salomon.

Donerstag d. 19. Nach dem friestig geng ich in das Dörfle, um 2. uhr Kamen Einige Dames u. cavalirs von Stuttgardt, worunder ein printz Galitzin[60]) aus Rußland u. Graf Baar aus Wien[531]) war. Im Treibhaus gudirte man, der herzog firten die hernn in das Dörfle u. ich spielte Triset.[158]) Gegen 6. uhr Kamen der herzog u. dann beurlaubte sich die Gesellschaft.

Freitag d. 20. Um 9. uhr geng Es nacher Stuttgardt, der herzog gaben audientz, zu mir Kam eine frau v. Schmit u. um halb 2. uhr war man wieder hier.

Samstag d. 21. Da heide der Wein berg gelessen wurde, so firden mich der herzog nach dem friestig dahin u. von da geng ich in das Dörfle, u. um 2. fur man nach Scharnhausen.

Sontag d. 22. Ich geng in beede Kirchen u. nach dem Essen geng Es nach Louisburg, wo man im militer weissenhaus abstig u. dann in das schloß fuhr. Der herzog besahen Cassernen u. zu mir Kam die frau v. Tontersfeld. Um 7. uhr war man wieder hier; unterwegs stig man in dem Canstadter Weinberg[532]) ab, um zu sehen, ob bis Dinstag die weinleß sein Kann.

Hohenheim Montag d. 23. Okt. 1786. Nach dem friestig Geng ich in das Dörfle, u. abends fur man in den fassanen Garden.

Dinstag d. 24. Nach dem friestig blieb ich hier, um halb 11. uhr as man u. nach dissem Geng Es in den Canstadter weinberg, welcher von die academisten Gelessen wurde u. worzu die Gesänden u. hE. v. Flachsland[93]) u. einige Dames auch ein Geladen wurden. Der Tag war sehr schön, um halb 7. uhr war man wieder hier.

Mitwoch d. 25. Das fristig wurde hier genommen u. dann geng ich in das Dörfle u. von da nach Birgach in die Kirch. Abends blieb man Zu haus.

Donerstag d. 26. Ich geng in das Dörfle u. abends fur man in den fassanen Garden.

Freitag d. 27. Um 9. uhr geng Es nach Stutgardt, der herzog gaben audientz u. um 1. uhr war man wieder hier. Der hE. v. Schilling[533]) von Schneitheim Kam um 2. uhr, der herzog u. ich firden Ihn in das Treibhaus u. dann sahe er noch das Dörfle.

Samstag d. 28. Von 9. uhr bis 11. uhr war ich im Dörfle, der herzog besuchten mich; um halb 5. uhr fur man nach Scharnhausen u. bey der Zurickkunft firde ich den hE. v. Schilling noch in dem Treibhaus herum, welcher wieder hir her Kam.

Sontag d. 29. Es geng in die Kirch u. nach dem Essen, nach deme ich ein wenig gelessen, geng ich mit Ihro Durchleicht auf das schloß u. nach dissen geng Es nacher Stuttgart. Der herzog hatten einen grossen schreken, da der Oberst v. Wolfskel in Ihren armen eine omacht bekam; nach dissem gengen der herzog in Ihre Cassern u. ich in die geselschaft von der frau v. Üxküll u. um 7. uhr war man wieder hier.

Hohenheim d. 30. Oct. Montag 1786. Der herzog gengen um halb 8. uhr bey Bonlanden auf die Jagdt, ich geng nach dem friestig in das Dörfle, um 11. uhr Kam ich wieder Zurick u. nach die 12. uhr Kam meine mutter, schwester Juli u. herr u. frau v. Schilling von Schneitheim zu mir; wir assen bald Zu mitag u. nach dissem firde ich Sie aller orden herum, beim wasserfall stiegen Sie gegen 6. uhr Ein, um nach haus zu fahren u. ich geng zu fus wieder Zurick, der herzog Kamen gegen 8. uhr.

Dinstag d. 31. Nach dem friestig geng ich in meine friedliche Kohlerhüte, las u. weinte einige Tränen dem Gedanke, daß ich verkant werde, der herzog Kamen belder als sonsten abends nach haus, sie schrieben u. ich arbeidede.

Mitwoch d. 1. Nov. Gleich um 7. uhr fur man von hier weck in die schlotwies, wo mich der herzog absetzten u. Sie der dordigen Gegend mit einigen Cavalirs Jagden, um halb 12. uhr Kam die frau v. Mosheim u. freulein v. Pfuhl benebst Ihrem vatter u. der dänische u. preissische Gesande, bald darauf Kam der herzog von dem Jagen Zurick, man aß u. nach dem essen gengen der herzog gleich wieder auf die Jagdt, ich geng mit meiner Geselschaft ein wenig spatzieren u. nach gehens spilten wir, bis der herzog wieder Kamen, um 6. uhr war man wieder hier, der herzog einen zemlich starck geschwolnen baken.

Donerstag d. 2. Nach dem friestig geng ich in das Dörfle u. nach dem Gude firden mich der herzog in den fassanen Garden.

Freitag d. 3. Um 9. uhr fur man nach Stuttgardt, der herzog gaben audientz u. nach dem Essen fur man Zu einem hasen Jagen bey Cornwesten, um 6. uhr war man wieder hier.

Hohenheim d. 4. Nov. Samstag 1786. Da der herzog

Ihren nahmens Tag nur im hertzen Gefeiert haben wolden, so Geng also nichts vor, als Es geng in die Predig vom Werkmeister, der von den pflichten des fürsten u. des unterthanen redede, es schnie immer ein wenig u. also blieb ich Gantz zu haus, u. abends Packden der herzog u. ich auf die morgigde Kleine reisse nach Heidelberg ein.

D. 8. Mitwoch. Glücklich u. wohl haben wir diesse Kleine Tour Gott lob vollend, von Maulbronn aus, wo wir um 11. abgengen, waren wir gegen 3. uhr hier, der herzog sahen noch nach dem bauen.

Donerstag d. 9. Nach dem friestig geng ich in das Dörfle u. abends firden mich der herzog nach Scharnhausen.

Freitag d. 10. Um halb 10. uhr Geng es nacher Stuttgardt; nach der audientz u. mitag essen geng es in die academie u. dann wieder hierher.

Samstag d. 11. Um 1. uhr Kam eine Gantze Geselschaft Engelender[534]) benebst Einige Dames u. Cavalirs von hof, der herzog firden die hern in die Gebeide herum, nach dem aß man, nach Tisch Geng es noch in das Treib haus u. wie es an feng nacht zu werden, so beurlaubden sie sich.

Sontag d. 12. Ich geng in beede Kirchen u. um halb 3. fur man nacher Stuttgart, der herzog gengen in die Garde Cassern. Zu mir lis ich Professer Haug[527]) Komen u. geng dann Zu der Geheimderäthen v. Bühler, wo hin der herzog auch Kammen, Ihr Sohn in russischen Dinsten war Kurtz Zu vor angekomen.

Montag d. 13. Das friestig wurde im Treibhaus genommen, um 1. uhr Kam meine mutter u. schwester Juli, wir assen bald u. waren gantz vergnügd, bey samen bis abends, wo sie sich beurlaubden. der herzog waren Gnädig u. auf Gereimd.

Hohenheim Dinstag d. 14. Nov. 1786. Das friestig wurde hier genommen u. nach dissem geng ich in das Dörfle, blib bis 11. uhr, nach dem Gude fur man nach Scharnhausen.

Mitwoch d. 15. Nach dem friestig geng ich in das Treibhaus, hofprediger Bleibimhaus Kam auch da hin u. ich erwardede da Ihro Durchleicht, dann geng ich um 10. uhr in die Kirch, es war sehr Glad zum Gehen, um 12. uhr geng es nach Stuttgardt, der herzog hatten etwas in der academie ab zu machen wegen onorden, die bey der ersten Abtheilung vor gegangen sein, Zu mir Kamen beede Professer Schott[255]) u. Reis,[271]) die in Heidelberg waren, nach dem geng es nach Louisburg, beim militaire Weissen haus stig man ab, von da besahen der herzog Zelter, nach dem fur man in die Portze lan faworig u. dann in das schloß, wo der Herzog recruten besahen, um 7. uhr war man wieder hier.

Donerstag d. 16. Da es so schön Gelend wurde u. das wetter Gut aus sa, so wurde sich beim friestig entschlossen, heide die Engelender[534]) in das Dörfle zu invitiren, nach dissem geng ich in meine Kohlerhüte u. nach Tisch Kamen Sie benebst dem dänischen, preusischen gesande, v. Reedelse[473]) aus wetzler u. einige dames u. cavalirs von unserm hof, der herzog firden die hernn aller orden im Dörfle herum, ich geng mit die Dames nur in meine Kohlerhiede u. dann wurde in der Jeger Gard Cassern gudirt u. von da gengen Sie wieder weck.

Freitag. d. 17. Um 10. uhr geng es nacher Stuttgardt, der herzog gaben audientz u. gengen in die academie. Zu mir Kam die frau von Suvil[77]) u. um 3. uhr war man wieder hier.

Samstag d. 18. Ich blib heide bis 10. uhr liegen, der herzog waren viel beim bauen, u. ich blib gantz Zu haus. Es wurde heide die fordere maur gegen den hof gantz ferdig, daß man das gerist abbrach.

Sontag d. 19. Ich geng in beede Kirchen u. um halber 2. geng ich mit Ihro Durchleicht in die neue Zemmer des schloß, u. um 2. uhr geng es nach Stuttgardt, der herzog Sprachen einen augenblick mit dem abel[398]) u. ich mit dem Professer Haug[527]) u. dann wurden die Confirmanden[359]) durch Ihro Durchleicht u. den Professer Schmit[535]) examenirt, um 7. uhr war man wieder hier.

Montag d. 20. Das Wetter war ungeacht des diffen wetter Glaß schön, aber zemlich Gelend; im Treibhaus friestigde man u. nach dem Gude fur man in den fassanen Garden; der herzog wollen, daß ich schreiben Soll Sie hetten mich recht gern.

Hohenheim d. 21. Nov. Dinstag 1786. Da Sich der herzog Entschlossen haben, auf ein paar Tag nach Regensburg zu gehen, so schickten Sie den hernn v. Böhnen voraus da hin, um alles Ein zurichten. Im Treibhaus friestigde man u. nach dem Gude firden mich der herzog nacher Scharnhausen.

Mitwoch d. 22. Nachmitag geng Es nacher Stuttgardt u. nach die 6. uhr war man wieder hier.

Donerstag d. 23. Der herzog sahen viel nach dem bauen u. ich faßte nachmitag berlen.

Freitag d. 24. Noch im Bett Kamen Zwey Courir von dem v. Böhnen; es wurde die reisse nach Regensburg beschlossen, es geng nacher Stuttgart, der herzog gaben audientz, gegen 2. war man wieder hier, ich faste noch berlen u. hatte mit ein paken zu der morgigden reisse Zu Thun u. setze jetzo mein Tag buch so lang aus, bis wir wieder Zurick Kommen u. überlasse es dem herzog.

Samstag d. 2. Dec. Glücklich hat uns Gott wieder hier her gebracht, Danck Sey Ihm dar vor; um ungefer 7. uhr Kamen wir an.

Sontag d. 3. Ich geng in beede Kirchen u. nach die 2. uhr geng Es nach Stuttgart, der herzog sprachen mit einigen u. ich geng in die Geselschaft von der frau von Üxküll; heide starb der haubtmann Feine mann[536]). Um ungefer 7. uhr waren wir von Stuttgardt wieder hier.

Montag d. 4. Im Treibhaus friestigde man, dann firden mich der herzog in das schloß u. nach mitag blieb ich Gantz zu haus u. der herzog mußten auch bald wegen verenderlichem wetter Komen.

Dinstag d. 5. Um 10. uhr geng man nach Stuttgardt, der herzog gengen in die academie, zu mir Kammen welche von die Junge leide von der academie, dann auch die frau v. Suvil u. nach dissem geng es in die biblioteg u. von da zu der geheimderath Bühlerin, gegen 7. uhr war man wieder hier.

Hohenheim d. 6. Dec. Mitwoch 1786. Im Treibhaus friestigte man, um 10. uhr fur ich in die Kirch, mitags Kamen briefe aus Wien mit schifres, die der herzog abends nach deme wir von einer spatzierfart von Scharnhausen Zurick Kamen, deschiferirte, welches den herzog u. mich übels hommors machte.[537])

Donerstag d. 7. Im Treibhaus friestigte man wieder, u. um halb 1. uhr Kammen welche von hof von Stuttgardt, um 1. uhr as man, Hopfer[538]) u. ein hE. v. Gemmingen[539]) waren von fremde mit, nach Tisch Trang man Cafe im Treibhaus u. wie es abends wurde, gengen Sie wieder nach haus.

Freitag d. 8. Es geng nach die 9. uhr nacher Stuttgardt, der herzog gaben audientz u. nach dem Essen geng Es gleich wieder hier her.

Samstag d. 9. Im Treibhaus friestigte man, nach dem Gude fur man nach Scharnhausen, wo hin der Camerherr v. Gemmingen[150]) mit geng. Der herzog waren zemlich vertrislich u. hatten auch einen husten.

Sontag d. 10. Ich geng in beede Kiren, in die von Ihro Durchleicht predigde das Erste mahl der pader Carl nack, nach die 2. uhr geng man nacher Stuttgardt, der herzog gengen zu erst in die Cassern u. Stall u. ich in die Geselschaft der frau v. Üxküll,[540]) wo mich alstan der herzog abholten, u. mit Ihrer gegenwart alles erfreude, sie hatten aber einen sehr starken Catar; um halb 7. uhr war man wieder hier.

Montag d. 11. Im Treibhaus friestigde man, das wetter war Gantz Superb, so warm wie im mey, der herzog hatten noch einen starken catar, Sie waren viel bey der planie, um halb 1. uhr Kam meine mutter, schwester Juliana u. eine freulein von Hofer, wir assen dann bald, nach die 3. firde ich sie in das Treibhaus u. dord blieben wie eine Zeitlang u. von da beurlaubden Sie sich. Abends schrieben der herzog u. ich.

Hohenheim d. 12. Dec. Dinstag 1786. Im Treibhaus friestigte man u. abends fur man nach Scharnhausen, der herzog nahmen sich auch vor bis Samstag nach Ulm u. in der dordigen Gegend in Einige Klöster zu Gehen.

Mitwoch d. 13. Um 10. uhr fur ich bey sehr üblen wetter in die Kirch, nach Tisch fur man bald nach Stuttgardt, der herzog gengen in die Cassern, Zu mir Kam die frau v. Mandelsloh u. freilen Caroline, wie der herzog wieder Kamen, furen Sie u. ich zu die Üxküllische u. von da aus wieder hier her.

Donerstag d. 14. Das wetter war heide noch sehr wendig, doch war gestern der Sturm noch heftiger, im Treibhaus friestigde man, der herzog rieden viel bey der planie herum u. ich blieb Zu haus u. schrieb u. machte abends meinen Kleinen pack auf die ulmer reise zurecht.

Freitag d. 15. Um 10. uhr geng Es von hier hinweck, in Stuttgardt gaben der herzog audientz u. um halb 4. uhr Traten wir mit Gottes beystand die reisse naher ulm an, von wo an der herzog bis zur Zurickkunft das Tag buch firen werden.

Montag d. 18. Wir kamen Gott lob um 7. uhr wieder Glücklich hir an. Der herzog u. ich machten briefe, die wir bekamen u. Sie auch Ihre geschäften auf.

Dinstag d. 19. Im Treibhaus friestigde man, nach dem firden mich der herzog in den Kälber stall, wo sie heide einen fich verkauf hilten u. wo ich den General Bouwinghausen antraf; ich geng bald wieder hierher u. abends firden mich der herzog nach Scharnhausen, wo ich, so lang sie die miel besahen, in das Dorf geng.

Hohenheim d. 20. Dec. Mitwoch 1786. Im Treibhaus friestigde man heide nicht, um 10. uhr geng ich in die Kirch, nach der Kirch Stig ich beim oracherie haus ab u. Geng mit Ihro Durchleicht in das Treibhaus u. das schloß, um halb 1. uhr Kam von Stuttgardt frau v. Pfuhl, v. Holl, v. Suvil u. Ihre männer, der Printz Coburg, Wächter, Wolfskel u. noch Einige Generals, um 1. wurde zu mitag gegessen, nach mitag geng es in das Treibhaus, der herzog Sprachen lange mit dem Wächter u. dann beurlaubde sich alles.

Donerstag d. 21. Im Treibhaus friestigde man, um 10. uhr geng ich in die Kirch u. erfur, daß die Pfarrerin niedergekommen ist, abend firden mich der Herzog im schlitten in den fassanen Garden.

Freitag d. 22. Um 10. uhr geng Es nacher Stuttgardt, der herzog gaben audientz, ich Kaufte einiges u. nach dem Essen geng es wieder hier her, der herzog sahen nach u. ich brachte meine Zeit meistens mit lesen zu.

Samstag d. 23. Mit Gott brachte ich Es so weit, Ihm meine Senden in der Kirche zu bekennen u. zu beichten, mein hertz suchte Ihn u. Glaubde Gnade gefonden zu haben; den Tag über geng nichts sonderliches vor.

Sontag d. 24. Der herzog gengen um 7. uhr nacher Stuttgardt, dorden beichten u. comonicirten Sie u. ich nahte mich in der birgacher Kirch dem Tisch des herrn; Gott lasse mir u. dem herzog disse heilige handlung Zum Ewigen Seegen gereichen. Gegen 2. uhr Kamen der herzog wieder. Abends Gaben Sie mir auf eine huld volle art ein weienacht geschenk von 2. devatiere,[539]), 2. atlas u. strompfband.

Hohenheim d. 25. Dez. Montag an dem heiligen Christtag. Der herzog u. ich gengen jedes in Seine Kirch. ich hörde auch die Predig vom pader Carl nach Tisch fur man ein wenig aus, u. die übrige Zeit brachte ich mit lessen zu.

Dinstag d. 26. Um halb 10. Geng ich in die Kirch, wie ich wieder Kam, gengen der herzog in Ihre Kirch, nach dem essen *zu seiner Ehefrau gemacht, aber Leutrum lebte noch, und Carl Eugen war katholisch. Die katholische Kirche stimmte der legitimen Verehelichung eines Katholiken mit einer geschiedenen Protestantin nicht zu. Es bedurfte jahrelanger juristischer Bemühungen und politischen Antichambrierens, um einen Formfehler bei Franziskas erster Eheschließung zu konstruieren, der die Ehe mit Leutrum als ungültig erklärte.*

Franziska war glücklich; Carl, der Lebemann, hatte eine echte Empfindung erlebt und – sie war von Dauer. Franziska arbeitete an ihrer Bildung – auf seinen Wunsch: Sie las Young, Wieland, Gellert, sogar Shakespeare. Ihre Orthographie wurde freilich nicht besser dadurch, sie hatte bei einem Hauslehrer aus dem Dorf den ersten flüchtigen Unterricht erhalten und sprach ein ländliches Schwäbisch, wie sie es im väterlichen Schlößchen Adelmannsfelden bei Ellwangen gehört hatte – aber sie schrieb, wenn auch unkorrekt: »Die wahre Ehre ist das Zeugnis unseres Gewissens . . .«, und er, der Herzog, schrieb ihr: »Liebste Gehlfin! . . . die Überzeugung, dich über alles zu schätzen . . . sind Gegenstände, die mein vor Dich zärtliches Herz erfüllen, Gegenstände, die mit mir dauern werden und deren Ende nur mit dem meinigen in Verbindung stehen könnte«; so etwa – aber echter und ungekünstelter klingt es, wenn er auf einen Zettel kritzelt: »Wenn mich schon mein liebstes Franzele nicht mehr recht lieb hat, so liebe ich sie doch von ganzem Hertzen!!!« Franziskas gutes Herz spricht unverfälscht aus, was sie empfindet und es dürfte nicht leicht sein, eine »Nachfolgerin« in ihrer Lage zu finden, die beim Tod der legitimen Vorgängerin schreibt: »Es kam die Nachricht, daß die Herzogin sehr krank sei, es war mir empfindlich und ging mir den ganzen Tag nach . . . Ich war den ganzen Tag traurig über die Nachricht und Gott gebe nur, daß der Bühler (Abgesandter des Herzogs) die Herzogin noch bei Leben treffe.« Über Ihre Orthographie dürfen wir lachen: »Seine Durchleicht knabten in das hendere Zemer« . . . (knappen – humpeln!) und sie setzt mitfühlend hinzu:» . . . denn Sie« (die Durchlaucht ist gemeint!) »hatten sehr den Boden Kra.« (Podagra!)

Franziska starb am 1. 1. 1811 in Kirchheim Teck, dem Wittumssitz der württembergischen Herzoginnen, nachdem sie von Carls Nachfolgern allerlei Ungutes hatte erfahren müssen. Herzog Friedrich Eugen, Carls Bruder, hatte nur ein knappes Jahr regiert, der dritte Bruder Ludwig Eugen kaum ebensolange.

Dann folgte der spätere König Friedrich, den man »den Dicken« genannt hat, und der um seiner Härte und Menschenverachtung willen gefürchtet, ein glänzender Diplomat und guter Politiker war, von dem Napoleon sagte: »Il est le plus important des Princes . . .« (was nicht nur der imponierendste, sondern wohl auch »der bedeutendste« heißt).

Friedrich haßte Franziska und ließ sie als Witwe spüren, wie tief er die Liaison seines urbanen Onkels mißbilligt hatte. Die ihr im Testament zugesagten Lieferungen an Lebensmitteln unterblieben oder kamen verdorben an, und am Begräbnis durfte sie nicht teilnehmen; vor allem war das Testament weder vom Neffen, dem späteren König, noch juristisch gegengezeichnet und damit anerkannt worden . . . Ihr Andenken beim Volk ist bis heute ein dankbares und beinahe liebevolles geblieben.

Utta Keppler

Utta Keppler Autorin zahlreicher Bücher u.a.: »Franziska von Hohenheim«, Ein historischer Roman (Kohlhammer 1969); »Der staatsgefährliche Kuß«, Eine Erzählung um Franziska von Hohenheim (Salzer 1973); »Liebe Malerin«, Eine Erzählung aus der Schillerzeit (Wunderlich 1976); schreibt zum Erscheinen des »Tagbuchs der Franziska« (Verlag Karl Knödler, Reutlingen 1981):

Franziska von Hohenheim, Carl Eugens »Franzele«, ist eine der liebenswürdigsten Erscheinungen in der Württembergischen – oder, wie es damals hieß: »Wirtenbergischen« Geschichte. Zunächst und für die Geistlichkeit ihrer Zeit, war sie eine der zahllosen Mätressen eines Herzogs, wie sie im Rokoko zum »Image« der hohen Herren gehörte; in ihrer Menschlichkeit und Wirkung auf Herzog und Land war sie viel mehr: Eine Persönlichkeit, die nicht durch hohe Bildung oder besondere Fähigkeiten oder Beziehungen eine Wandlung bewirkte, sondern eben durch ihr Wesen, ihre anmutige Bescheidenheit, naive Frömmigkeit, natürliche Intelligenz und vor allem ihre Lauterkeit, mit der sie aus dem früh verwöhnten, verdorbenen, rücksichtslos genußsüchtigen Despoten einen besorgten Landesvater und bemühten Pädagogen machte.

Carl Eugen (er selbst schrieb seinen Namen mit »C«), dessen Zuname an den Paten aller drei Söhne Carl Alexanders, den Prinzen Eugen von Savoyen, erinnern sollte, ist am 11. Februar 1728 geboren und starb im Oktober 1793. Er war in erster Ehe mit Friederike von Ansbach-Bayreuth, einer Nichte Friedrichs des Großen von Preußen auf dessen Wunsch verheiratet worden, die ihn freilich nach achtjähriger Ehe verließ, um zu ihren Eltern zurückzukehren.

Die zahllosen Liebschaften des jungen Herzogs und die Gefangennahme ihrer Freundin, der Sängerin Marianne Pirker, waren die Gründe ihrer Flucht.

Franziska, am 10. Januar 1748 geboren, also zwanzig Jahre jünger als Carl Eugen, wurde am 1. Juli 1765, »gleichsam als ein Kind«, wie sie selbst schreibt, mit dem verwachsenen und auch charakterlich mißgebildeten Baron Reinhard von Leutrum verheiratet, dessen Vater ein Gläubiger ihres Vaters war. Die unglückliche Ehe blieb kinderlos.

Der Herzog lernte Franziska bei einem Kuraufenthalt in Wildbad kennen, machte ihren Gatten zum Kammerherrn und Reisemarschall und ließ sie 1772 durch zwei hohe Offiziere aus Leutrums Schlößchen Haidach entführen. Die Ehe mit Leutrum, die vor einem evangelischen Geistlichen geschlossen war, wurde 1772 gelöst. 1773 wurde sie mit kaiserlichem Erlaß, im Hinblick auf die »Reichsverdienste ihrer Ahnen« zur Reichsgräfin von Hohenheim erhoben und nach dem Tod der ersten Gemahlin Friederike, die 1782 starb, von Carl Eugen durch eine nicht ganz legitime Trauung unter dem Hofprediger Schluß geheiratet; die Anerkennung der Höfe und der Kurie erfolgte erst ein Jahr vor Carls Tod, Anfang 1793.

Der Herzog schrieb an Franziska: »Mein Herz ist Dir eigen und hier zum Pfand meiner bisherigen Rechtschaffenheit und redlichen Gesinnungsart gegen Dir, und hier, sage ich, ist meine Hand. Bande des Christentums der Religion, sollen uns vereinigen, und Du an meiner Seite leben.« Carl hätte gewiß seine Franzel, die unter dem illegitimen Verhältnis sehr litt, gern früher geng ich in das Dörfle, in der Kohlerhüte wurde Gudirt u. dann fur man durch das Tal nach Scharnhausen.

Mitwoch d. 27. Um 10. uhr geng es nacher Stuttgardt, wo zu mitag gespeist wurde u. dann geng Es nacher Louisburg, wo der herzog das regimend, des nach Cap komt, sahen. Beim militair weissen haus Stieg man ab, u. fur nach gehens zum General nigelanen,[434]) um 6. uhr war man wieder hier.

Donerstag d. 28. Heide geng nichts sonderliches vor, abends fur man in den fassanen garden.

Freitag d. 29. Es geng um halb 10. uhr nach Stuttgardt u. wir fanden den weeg sehr Klat, der herzog gaben audientz, dann as man, nach dissem gengen der herzog u ich in die academie, wo der herzog eine rede hielten u. nach die 3. uhr einen neuen proregtor[398]) wählten, wo zu der Gantze hof von herns Kamen u. Zu for furen der herzog auch noch in Ihren stall, bau hof u. opern haus.

Samstag d. 30. Im Treibhaus friestiegde man, dann gengen wir in das schloß, ü. die übrige Zeit wurde wie gew. Zu gebracht.

Hohenheim d. 31. Dec. Sontag 1786. Ich Geng in die birgacher Kirch u. Kam noch in die Predig vom herzog, nach mitag um halb 3. geng Es nach Stuttgardt, dorden um 4. uhr zu der frau v. Üxküll in die Geselschaft[540]); Zu vor Kam die Frau v. Suvil um abschied zu nehmen zu mir u. um 7. uhr war man wieder hier, der herzog schrieben u. ich laß dann noch, u. so beschloß sich wieder Ein Jahr, worin mich Gott so mechtig beschitzt, mir so viel u. lauder Gutes geschengt hat. Er hat meinen lieben herzog Gesont Erhalden u. mich in Seiner liebe Erhalden. Gott vatter bereide du dir Selbst den Dank in unsere hertzen, den wir dir vor deine vielle vielle Gnade schuldig Sein, u. vergieb uns um Christi willen Alle, Alle unsere Senden, deine mächtige hand Seye immer mit uns allen in Gnaden. Stehe uns bey mit deinem Geist. Amen.

Hohenheim d. 1. Jan. Montag 1787. Ist Gott vir uns, wer mag wieder uns Sein, mit dissem Gedanken Gehe ich Getrost in ein neues Jahr u. weis Gewis Gott wirt mich Gnädiglich führen, schützen u. Erhalden. Gieb nur o Jesu, daß wir in das buch des lebens Geschrieben sein, Stelle uns Einstens nur zu deiner rechten, wo wir Dich mit allen Engel u. Ausser welten immer u. Ewiglich preissen u. loben werden, sonst mach du Es wie du wild, bewahre unsere hertzen, Stehe uns bey mit deinem heilligen Geiste, Gieb, daß wir reich werden an Erkentnis, Glauben, liebe u. Allen Guten handlungen, gieb daß wir nur dir leben u. dein seihen u. bleiben Ewiglich. Sonst mache Du Es wie du wild u. Gieb, daß wir Stedts deinen willen mit Gehorsam u. danck erkennen, Erhebe unser hertz u. unsere Gedanken immer zu dir, Gieb, daß wir uns unter Einander lieben u. Zum Guten Ermondern, verEinige dich mit uns, las uns dich recht Erkennen u. lieben u. hast du in dissem Jahr mein Ziel Gesetzet, Gieb, daß ich Glauben halde u. die Grone des lebens Empfange amen.

Mit Gott meinem hämlischen vatter fangen wir also wieder einen neihen abschnit unsers lebens an. Der herzog u. ich versprachen uns am anfang neue Zärtlichkeit, neue eifer im guten dessen versprechen ich schon Gott zu danken hatte; schon eine Gnade erhalden standen mir auf; der herzog u. ich gengen in die Kirch, ich hörte die Predig in Birgach u. hier um 2. uhr geng Es nacher Stuttgardt, dorden waren Gegen 5. uhr Einige audientzen u. nach dissen geng es in das Concert, wo der hof war u. in der academie wurde Gespeist an einer zömlich Grossen Tafel von Dames, Cavalirs, Debudirde, officirs u. Profesers. Nach Tisch furen der herzog u. ich wieder hier her, vor 11. uhr waren wir hier. Mehr hätte ich Thun Können, ich war nicht Gantz zufrieden mit meinem heidigen Tag.

Hohenheim Dinstag d. 2. Jan. 1787. Um halb 8. uhr stond man heide Erst auf, ich nam was Ein, der herzog rieten herum, ich blieb den Gantzen Tag Zu haus, der herzog Klagden abends Sehr Ihr Aug, u. ich hätte wieder mehr Thun Können.

Mitwoch d. 3. Ich fur um 10. uhr in die Kirch, u. abends fur man in den Carlshof.

Donerstag d. 4. Um halb 1. uhr Kamen welche von hof, der herzog weiste welche da von Ihre rechnung u. die obere Zemer, ich Spielde mit die übrige die spiele an dem roten Tisch, in dem Kleinen es sall beim roten Zemer speiste man u. der Kafe wurde in dem Treibhaus genomen, wo wir auch mit einer Kleinen maschene Butter machen wolten, gegen 5. uhr beurlaubden Sich alle wieder.

Freitag d. 5. Um halb 10. uhr geng es nacher Stuttgardt, der herzog gaben audientz u. gegen 2. uhr war man wieder hier.

Hohenheim d. 6. Jan. Samstag am 3 Königstag 1787. Um halb 10. fur ich in die Kirch, gleich nach disser geng es nacher Stuttgardt den Geburtztag des Printzen Louis feirlich Zu begehen, es war grosse Dafel u. abends Consert, nach dem Consert assen der herzog u. ich in der retret u. furen nach dissem wieder hier her.

Sontag d. 7. Ich geng in beede Kiren, nachmitag packte ich meine Sachen Zu samen auf die morgigde reiß, die der herzog meinem Geburtztag zu lieb nach St. Gallen Thon.

Der herzog rieden u. gengen herum, lissen auch in den neuen stall bey der mitlern mill ein Ziehen u. suchten mir auch bücher in meiner Kohler hüte. Gott bekleide u. beschietze uns alle, auf disser reis, u. lasse uns unser heim wesen wieder Gesund erreichen.

Dinstag d. 16. Glücklich Kamen wir mit Gottes hilfe heide abends wieder an, der herzog u. ich fanden vielle brife, machten Sie noch auf u. erennerden uns einander an die Kurtze schweitzer reisse u. des booden Sees.

Mitwoch d. 17. Im Treibhaus friestigde man u. gegen 3. uhr Geng man nacher Stuttgardt, zog sich an u. geng zum denischen Gesanden v. Wächter in die Geselschaft u. Kam zemlich Spat wieder hier her.

Donerstag d. 18. Im Treibhaus friestigde man u. abends fur man in den fassanen Garden.

Hohenheim Freitag d. 19. Der herzog u. ich gengen nacher Stuttgardt, dorden gaben Sie audientz u. zu mir Kam die frau von Mandelsloh u. Stadtschreiberin von Göppengen. Der herzog gengen auch in die academie u. dann geng es gleich wieder hier her, wo ich noch zemlich zu Thun hatte auf die morgigde reisse nacher Donaueschingen u. Hornberg.

Donerstag d. 25. Mit Gottes hilfe Kamen wir auch heide gegen 7. uhr wieder Glüklich von disser reisse Zurik; der herzog u. ich lasen noch unsere erhaldene brife.

Freitag d. 26. Es geng nacher Stuttgart, der herzog gaben audientz u. Zu mir Kam wieder die stadt schreiberin von Göppengen, es geng nach dem bald wieder hier her, der herzog rieden ein wenig herum, ich schrieb.

Samstag d. 27. Um 1. uhr Kamen Einige von Stuttgardt, die zum mitag essen eingeladen waren, in die Grene Zemer as man, dann geng man in das Treibhaus u. abends beurlaubden Sie sich.

Sontag d. 28. Ich geng in beede Kirchen, der herzog spirten ein wenig bodagra, doch geng es nach die 2. uhr nach Stuttgardt; in Stuttgardt lissen Sie den Derdenger in mein Zemer Komen u. um 4. uhr geng Es in die Geselschaft von der frau v. Üxküll,[540]) nach die 7. uhr war man wieder hier.

Montag d. 29. Der herzog nahmen was Zum Laxiren ein, Sie spirden noch immer was am Fuß, doch rieden Sie nach Tisch herum u, firden mich nach dem Gute in das neue schloß.

Hohenheim d. 30. Jan. Dinstag 1787. Der herzog gengen um 7. uhr auf die Jagdt bey Tübingen, um 1. uhr Kam meine mutter zu mir benebst meiner schwester Juliana, wo ich letzterer eine heirat ab zu rathen hatte, das mir Sehr wehe That, Abends schickten der herzog von der Jagd aus den Camerhernn von Böhnen Zu mir u. Gaben Ihm auf Sich ferdig Zu machen, daß Er morgen nacher Paris abgehen Kann, meine mutter blieb zemlich lang da u. der herzog Kamen Erst um 7. uhr, Sie hatten einige hirsche Gefangen.

Mitwoch d. 1. Febr. Ich hatte sehr viel wegen der morgigten vor habenden reis nacher Paris Zu Thun, gegen 3. Geng es nacher Stuttgardt, dorden geng man in die Geselschaft in das Geselschafts haus[540]) u. Kam also Erst gegen 7. uhr wieder hier her, wo ich noch einpackte u. dann speiste man.

Donerstag d, 2. Die reisse war fest Gesetz bis nach Tisch gegen 3., der herzog u. ich brachten noch alles in ortnung, das bodegra Ziegte aber immer fort im herzog herum, doch gengen wir um die fest Gesetzte Zeit von hier weck u. Trathen eine reisse nacher Paris mit Gottes hielfe an, Zu der Sich der herzog schnel entschloß u. die wir nur gleich sam wie Eine Spatzir fart ansahen. Von jetzo an wird der herzog das Tag buch auf der reise firen u. ich setze hier aus u. fange mit Gottes hilfe, wann wir mit Gottes hilfe, glüklich in 3. wochen hier an gekomen Sein, wieder an.

Hohenheim d. 22. Febr. Donerstag 1787. Gott hat unsere reisse wieder beklickt, wir seind über Louisburg, wo der herzog wegen dem patallion, des nach Cap gehet, viel aus Zu machen hatten, um 5. uhr ungefer hier angekomen; Gott firt uns immer so gnädig, wir Kennen Ihm nicht genug danken. Nach unserer ankunft firden mich der herzog noch ins schloß, dann lassen Sie u. ich unsere brife.

Hohenheim d. 23. Febr. Freitag 1787. Der herzog u. ich ruhten ein wenig aus, ich blieb lenger als der herzog liegen, der herzog rieden hier aller orden herum, ich raumde meine sachen wieder auf u. schrieb.

Samstag d. 24. Nachmitag geng Es nacher Stuttgardt, vom schloß aus gengen wir zu die Bühlerischen u. dann wieder hier her.

Sontag d. 25. Ich geng in beede bredigten, gegen 3. geng es nacher Stuttgardt, u. dorden geng man in die Üxküllische Geselschaft,[540]) die sehr zahlreich war. Um 7. uhr war man wieder hier.

Montag d. 26. Es geng nach Tisch nacher Louisburg, da stig man im weisen haus ab u. der herzog machten sich zu schaffen mit die Caper Trupen, sie frugen sie noch Ein mahl, ob sie alle gerne gehen, ob Keiner Zurick mehr welle bleiben, u. die officir nahmen von Ihrem hernn u. von mir Abschied,[566]) ich wurde bewegt, da ich welche gerirt sahe. Gegen 6. uhr waren wir wieder hier.

Dinstag d. 27. Nach dem Gude firden mich der herzog nacher Scharnhausen, u. im Treibhaus friestigde man, u. von da gengen der herzog u. ich in das schloß u. heide geng das patallion von Louisburg ab, welches nach Cap gehet.

Mitwoch d. 28. Nach Tisch geng es nacher Stuttgardt, der herzog suchten pferde aus auf das gestit, ich blieb so lang im schloß u. nach dissem gengen wir wieder hier her.

Donerstag d. 1. Mertz. Nach dem Gude fur man in den fassann Gearden.

Freitag d. 2. Nach die nein uhr geng Es nacher Stuttgardt, der herzog gaben audientz u. gengen in die academie Zum Essen, dann furen wir wieder hier her.

Samstag d. 3. Im neien schloß friestigde man, der herzog Klagten Sich immer noch an Ihren Fis u. hatten auch an Ihren augen was besses; abends packte ich das wenige ein, was ich auf die Kleine vorhabende reisse nach Rastadt nötig hatte, u. morgen werden wir gegen 10. uhr da hin abgehen.

Sontag d. 4. Mertz Rastadt 1787. Der herzog hörden meß u. nach dissem herden sie u. ich die Predig vom Bleibimhaus u. nach dissem gengen wir von hier weck, assen in Enzweihingen ein wenig was zu mitag u. Kamen ohne weideres mehr aus zu steigen um halb 6. uhr in Rastadt an, wo wir den Minister von Üxküll u. Oberst von Wolfskel an trafen, die der herzog voraus geschickt hatten. Der herr von Böhnen ried mit uns. Es wurde bald zu nacht gespeist.

Montag Rastadt d. 5. Um 6. uhr Gengen der herzog mit dem Oberst von Wolfskel u. Camerhernn von Böhnen nacher forlouis, wo Sie mit Ihren Trupen, die nach Cap gehen, über den Rhein schiffden u. dann in der Geselschaft der frantzösischen officirs u. Ihre Stabs Officirs in forlouis Zu mitag speisten u. Erst gegen 7. uhr wieder nacher Rastadt Kamen u. ich aß mit dem minister v. Üxküll u. Leib Chirurgus Klein um 10. Zu mitag u. nach dissem geng ich mit dem von Üxküll die favorit u. das baadener Baad zu sehen, um halb 5. waren wir wieder in Rastadt, wo ich dan schrieb bis der herzog Kamen.

Dinstag Hohenheim d. 6. Um 7. uhr Gengen wir wieder von Rastadt weck, assen in Pfortzheim etwas weniges zu mitag u. Kamen dann um 5. uhr Gott lob wieder hier an. Der herzog brachten aber einen rauen hals mit, glagten sich auch im schluken u. auch das podegra am lenken Fuß, doch gengen Sie hier noch aus u. abends machten sie noch Ihre babire u. ich schrib.

Hohenheim d. 7. Mertz Mitwoch 1787. Der herzog wachten mit so vielen schmertzen des bodegras auf, daß Sie Sich entschlossen, blud ügels auf zu setzen; in der frie hatten Sie schon was zum Laxiren Ein genomen u. nach Tisch Kam leib medicus Jäger u. brofesser Klein, wo man dann die blud Igels an den fersen mit viller mie an Setzte, das bodegra war aber ser fagirend, daß es immer herum Zog u. der herzog blieben meistens im bet, nur assen Sie abends auf.

Donerstag d. 8. Der herzog Spierden heite neben dem hals we noch an einem anderen ord wie Gestern das bode gra, u. Es wurde nach mitag blutigels auf den grossen Zehen auf gesetzt, disse lissen Sie sich auch auf setzen u. blieb auch auf bis nach dem nachtessen.

Freitag d. 9. Es hatte sich noch gar nicht mit dem boden gra gebessert, doch versuchten der herzog einen augenblick aus zu reiten u. nach dissem fur man in den fassanen Garden, der hals aber wurde wieder etwas rauer u. das bodegra fagirde immer herum. Der herzog legten sich wieder bis zum nacht essen.

Samstag d. 10. Mit die Gesondheids umstande des hertzogs war es noch immer eins, u. der Tag wurde fast hin gebracht wie gestern, nur daß man nicht so weid spatziren fur.

Sontag d. 11. Der herzog hatten noch vielle schmertzen, doch gengen Sie in die meß u. hörden so wie ich die bredig von hofprediger schneider, nach Tisch fur man in den fassanen Garden. Der herzog legten sich bis Zum nacht essen wieder in das bet.

Hohenheim d. 12. Mertz Montag 1787. Der herzog Klagden heide noch mer schmertzen wie Gestern, doch furen Sie nach Tisch aus; um halb 1. uhr Kam meine Mutter u. schwester Juli, der herzog Sprachen mit Ersterer wegen einer angelegenheid, Sie geng dann von hir aus nacher Stuttgardt, u. abends wurde Es Gott lob wieder etwas bessers mit die schmertzen, doch legten Sie sich abends noch auf das bet.

Dinstag d. 13. Gott lob schön Es, daß Es mit dem bodengra etwas besseres gehen wolte, der herzog Stonden um 9. uhr auf u. blieben das Erste mahl den Gantzen Tag auf, Sie rieden nach Disch gleich aus u. man fur auch vor dem Gude Ein wenig aus, abends Kam die nachricht, daß der Oberhof Jegermeister Rieben[541]) gestorben were.

Mitwoch d. 14. Es besserde Sich immer langsam mit Ihro Durchleicht, nach mitag Kam meine mutter u. schwester von Stuttgart wieder, wir assen u. bald darauf Kam der Gesande v. Wächter u. Geheimderath Schmied von Bruchsal. Nach deme alles mit Ihnen Gesprochen war, gudirte man u. ich firde Sie dann ins Schloß u. ins Treibhaus, wo wir den herzog auch an Trafen u. von wo aus Sich hernach alles beurlaubde.

Donerstag d. 15. Heide stonden als Eine folge von der mercklichen besserung der herzog das Erste mahl um 7. uhr wieder auf u. rieden vor u. nach mitag aus, vor dem Gude fur man in den fassanen Garden.

Hohenheim d. 16. Mertz Freitag 1787. Um ein viertel auf 10. uhr geng Es nacher Stuttgardt, der herzog gaben audientz, u. dann geng man nach dem Essen gleich wieder hier her, der herzog rieden aus u. ich packte einiges, des von Paris Kam, aus; der Oberforstmeister von Seckendorf,[542]) von blaubeiren Kam zu mir; nach dem schriebe ich an die Karschin[543]) u. sonst noch Einiges.

Samstag d. 17. Nach dem Gude fur man in den fassanen Garden u. sonst geng nichts vor.

Sontag d. 18. Ich geng in beede Kiren, nach die 2. uhr geng Es nacher Stuttgardt, wo der herzog etwas von Ihrem Miliater musterden u. in die Cassernen gengen, u. nach dem Gengen Sie u. ich in die Gesellschaft der frau v. Üxküll.

Montag d. 19. Das wetter war wieder Sehr schön, doch wurde hier friegestigt u. abends firden mich der herzog Ein wenig spatzieren.

Dinstag d. 20. Im schloß friestigde man; ehe man Zum Essen geng, sahe man wahren von dem direnasie(?) u. nach dem Gude firden mich der herzog Ein wenig spatzieren.

Mitwoch d. 21. Im Treibhaus friestigde man, um 10. uhr geng ich in die Kirche, u. nach dem Gude fur man nach Scharnhausen, der herzog nahmen noch immer vor das bodegra u. husten ein.

Donerstag d. 22. Heide geng ich das Erste mahl in das Dörfle vor disses Jahr, in der Kohlerhüte friestigde man, u. nach dem Gude firden mich der herzog einen neuen weeg, den der herr v. Böhnen aus Steckde in dem mairenger Wald, u. firten mich auf den neien weeg, der auf die piramit firt.[544])

Hohenheim d. 23. Mertz Freitag 1787. Nach die 9. uhr Geng Es nach Stuttgardt, der herzog gaben audientz, zu mir Kam die frau v. Mandelsloh u. nach die 1. uhr Kam man wieder hier her, der herzog rieden aus, Es feng aber an zu regnen.

Samstag d. 24. Im schloß friestigte man u. ausser dissem blieb ich den gantzen Tag zu haus.

Sontag d. 25. Ich geng in beede Kiren u. nach die Zwey

geng Es nacher Stuttgardt, der herzog u. ich furen in die biblioteg, u. von da in die Üxküllische Geselschaft, um halb 8. uhr war man wieder hier.

Montag d. 26. Im Dörfle friestigde man, nach dem Gude fur man in den fassanen Garden, dann geng man in das neie schloß, wo man mit dem Erst von Paris angekomenen Stugador sprach, alstan geng ich nach haus, nach die 6. uhr Kamen der herzog auch.

Dinstag d. 27. Im Dörfle friestigde man, u. abends firden mich der herzog Ein wenig spatzieren.

Mitwoch d. 28. Im schloß friestigde man, der herzog rieden wie gew. herum u. ich blieb, außer daß ich um 10. in die Kirch fur, wegen verenderlichem wetter Zu haus.

Donerstag d. 29. Im Dörfle friestigde man u. dorden nagelde ich dem Eremiten[312]) zwey Kleine gemelde in sein haus.

Freitag d. 30. Um halb 10. uhr geng Es nacher Stuttgardt, der herzog gaben audientz u. gengen in die academie, zu mir Kam der Oberstleitnant v. Beulwitz[545]) u. einige Junge leide von der academie, um halb 3. uhr war man wieder hier. Der herzog legten sich abends auf das bet, weilen sie sehr starck husteden, zum nachtessen stonden Sie aber wieder auf.

Hohenheim d. 31. Mertz Samstag 1787. Im Dörfle friestigde man, u. gegen 3. uhr Kam meine schwester Pflugen mit Ihren beeden Töchder von Lausanne wieder zurick über hier, wir blieben beysammen bis nach die 6. uhr, dann geng Sie nacher Ensingen.

Sontag d. 1. Ich geng in die Kirch nacher Birgach, u. da heide Keine bredig in der cadolischen Capel war, so geng ich auch nicht henein; um 2. uhr geng Es nacher Stuttgardt, der herzog gengen in die Casern u. biblioteg u. ich blieb Zu haus, die frau v. Stedin[510]) u. die Kleine Wöllwartin u. Jungfer Georgii Kamen Zu mir, gegen 7. uhr war man wieder hier.

Montag d. 2. Im schloß friestigde man u. um 6. uhr geng Es nacher Stuttgardt, wo man übernacht blieb, u. in der retret Speiste.

Dinstag d. 3. Der herzog furen gleich um 7. uhr in die Cassern, massen u. rachirten die Legion, Zu mir Kam die Caroline Franquemont u. ich besahe auch mit dem haubtmann Fischer[39]) die neie Zemer im schloß, werend dem Essen Sprachen der herzog den Geheimderath Bühler in Ihrem Cabinet u. nach dem Essen

Gengen sie wieder in die Cassern u. Kamen Zu pferd mit der Legion in den schloß hof, um sie dan noch besser zu rachiren. Zu mir Kam die frau v. Mandelsloh, u. wie der herzog ferdig waren, geng es wieder hier her.

Mitwoch d. 4. Es regnete Sehr Starck, der herzog gengen in die Gebeide herum u. so wie es aufhörde Zu regnen, so rieden Sie herum, das wetter war aber den Gantzen Tag unbestendig u. also so wurde nicht aus gefahren.

Hohenheim d. 5. April Grenen Donerstag 1787. Der herzog furen um 8. uhr nacher Stuttgardt in die Kirch, ich Geng nach birgach um 10. uhr in die Kirch, laß nach gehens in meinem Cabinet, nach dem ich allein Gespeist habe, bis halb 2. uhr, dann fur ich noch ein mahl in die Kirch, wo mich wie Es aus war, der herzog im wagen Erwartede, der herzog gengen noch Ein wenig herum u. ich blieb Zu haus.

Carfreitag d. 6. Fast wie den gestrigen Tag brachten wir den heitigen auch zu, nur daß der herzog etwas Speters von Stuttgardt Kamen u. ich so lang nach die Kirchen in meinem Cabinet laß.

Samstag d. 7. In dem nahmen Gottes fur ich in die Kirch, um in der beicht meine senden Zu Erkennen u. vergebung Zu hören. Der herzog rieden meistens herum u. ich blieb, den Tag Zu haus.

Sontag Ostertag d. 8. Mir Ein feierlicher Tag, so auch meinem lieben herzog u. allen, die den Tag so betrachten, wie sie sollen, u. an dem durch das heilige Abendmahl denen, die vergebung Ihrer senden u. Gnade bey Gott durch Christum versichert Geworten Sein, wie dem herzog, mir u. wer mit uns das heilige mahl Zu Genissen so glücklich war; der herzog fur um 7. uhr nach Stuttgardt, um dorden die andacht zu halten, ich aber geng um 10. uhr in die Kirche von Birgach u. Empfang das heilige Abendmahl mit viellem Trost u. Erquickung dorden; von Böhnen u. Reischach[519]) machten sich das liebes mahl auch in Birgach Theilhaft. Ich fühlte mich besonder getrest, nach dem Essen geng ich wieder in die Kirch, u. nach dissem Kamen mein lieber hertzog wieder u. Gott hoffe ich wird uns dissen Tag allen in Christum Zur Ewigkeidt Seegnen.

Hohenheim Oster Montag d. 9. April 1787. Um halb 10. uhr fur ich in die Kirch, u. hörde nach gehens noch Eine Sehr

Gute Predig von dem pater Mairsie[546]) in der Cadolischen Capel mit Ihro Durchleicht, der herzog rieden nach Tisch herum u. ich blieb bis abends, wo Sie mich aus firten, Zu haus.

Dinstag d. 10. Gleich nach Tisch Geng es nacher Stuttgardt in das Examen von der academie, abends war da Consert u. nach dissem gengen mir wieder hier her.

Mitwoch d. 11. Um halb 1. uhr Kam meine mutter u. schwestern Pflugen mit Ihren beeden Töchter u. Juliana, wir blieben bey sammen bis abends, ich hatte aber sehr starck Kopfwe.

Donerstag d. 12. Der herzog waren Sehr Gnädig u. da ich aber noch nicht Gantz wohl war, so fur man heide nicht aus.

Freitag d. 13. Um halb 8. uhr Geng Es nacher Stuttgardt, der herzog Gengen Zum examen u. nach dissem gaben Sie audientz um halb 4. uhr war hof in meinem Zemmer, wo sich der Graf Molck, die frau von Molck u. Ihr mann[547]) aus Mecklenburg presendiren lissen, wir Spielten bis der herzog um 5. uhr aus dem examen Kamen, dan blieben Sie einige Zeit da u. alstan Körten wir wieder hier her.

Samstag d. 14. Nach mitag Kammen die Molkische[547]) benebst noch Einigen von hof hier her, wir firden Sie herum u. dann beurlaubten Sie sich.

Hohenheim d. 15. April Sontag 1787. Es Geng um 8. uhr nach Stuttgardt, wo man von dem pater Mersie[546]) eine schöne predig hörde, dann Zu mitag as, alstan in die academie geng, wo der herzog nach Disch die Preise aus Theilte u. eine räde bey disser Gelegenheid hielt, alstan gengen wir um 4. uhr in die Üxküllische Geselschaft u. von da wieder hier her.

Montag d. 16. Abends fur man in den fassanen Garden u. sonst geng nichts vor.

Dinstag d. 17. Der heitige Tag vergeng fast wie der Gestrige, nur daß Es auf das Gestrige erste wetter sehr regnerisch wieder wurde u. der herzog mich nicht aus fürde.

Mitwoch d. 18. Ich fur in die Kirch, nach Tisch geng es nacher Kirchheim, von wo aus der hertzog auf eine Jagdt Gengen. Es war sehr Kalt, weil Es heite nacht etwas gefroren hat.

Donerstag d. 19. Nachmitag geng Es nacher Stuttgardt, dorden gengen wir zum Geheimden Bühler u. von da wieder hier her.

Freitag 20. Es geng um halb 10. uhr nacher Stuttgardt, das

weter war Sehr Kald u. unangenehm, nach dem Essen fur man Gleich wieder hier her.

Samstag 21. Es hatte heide nacht zemlich Gefroren u. da es so rau wetter war, so firden mich der herzog nicht aus.

Sontag d. 22. Ich geng in beede Kiren, nach dissen fur man nacher Stuttgardt, as bey hof zu mitag, weil die fürstin v. Leining[465]) da war, nach dissem machten der herzog u. ich Ihr visite u. gengen bald wieder hier her.

Hohenheim d. 23. April Montag 1787. Um halb 1. uhr Kamen die Lützowischen von Urach, der Major v. Franquemont[470]) benebst noch 2. Seiner brüder,[548]) wir assen u. blieben bey samen bis nach die 6. uhr, dann gengen sie wieder weck.

Dinstag d. 24. Der nachmitag war So regnerisch als der vormitag.

Mitwoch d. 25. Um 10. uhr fur ich in die Kirch u. sonsten ging heide nichts vor.

Donerstag d. 26. Der herzog rieden viel herum, ich arbeidede meistens.

Freitag d. 27. Es geng nacher Stuttgardt, der herzog gaben audientz u. gengen in die academie Zum Essen, nach dissem geng Es hier her u. Es Kam, um Hohenheim Zu Sehen, ein appe, der den Printzen Salm [549]) in die academie brachte u. noch 2. Kaufleide, der herzog lissen Ihnen alles weissen u. gengen Zum Theil selbst mit Jhnen.

Samstag d. 28. Das wetter war sehr Stirmisch u. Es geng nichts besonderes vor.

Sontag d. 29. Ich geng in beede Kiren, u. um halb 3. uhr Geng Es nacher Stutgardt, wo wir in die Üxküllische Geselschaft furen u. dorden auch die Fürstin Leining sahen.

Hohenheim d. 30. April Montag 1787. Da Es Sehr regnerisch war, so blieb ich zu haus, der herzog rieden aus wie Sie Konden u. liessen auch die händest Zemmer Tabetziren, wo bey Sie mannigmahl waren.

Dinstag d. 1. Das wetter noch regnerisch wie Gestern, um halb 1. uhr Kam aber doch meine mutter, Schwester Schertel mit Ihrem mann u. 2. Töchter, schwester Pflugen u. 2. Töchter u. schwester Juli; wir blieben vergnügt bey samen bis 7. uhr, dann beurlaubten Sie sich wieder.

Mitwoch d. 2. Das weter war noch immer Stirmisch, um

halb 4. uhr geng Es nacher Stuttgardt, der herzog gengen in die biblioteg u. ich zu der Geheimderat v. Üxküll, um halb 7. uhr waren wir aber wieder hier.

Donerstag d. 3. Im schloß friestigde man u. das wetter war wieder ein mahl so schön, daß ich in das Dörfle Konde, ich laß in meiner Kohlerhüte u. nach die 5. uhr furen wir in den fassanen Garden.

Hohenheim d. 4. Mey Freitag 1787. Um 8. uhr Geng Es über Urach nacher Marbach u. Offenhausen. In Urach Stig man bey die Lützowische ab u. der herzog Sahen im Stall Ihre fohlen, nach dissem Geng Es wieder u. um halb 9. uhr war man wieder mit regenweder hier.

Samstag d. 5. Abends firden mich der herzog in den fassanen Garden u. sonst geng nichts vor.

Sontag d. 6. Ich geng in beede Kirchen u. nach mitag geng Es nacher Stuttgardt u. dorden um 4. uhr in die Üxküllische Geselschaft,[540]) um 7. uhr war man wieder hier.

Montag d. 7. Da das wetter Sehr schlem war, so Konden der herzog nicht viel ausreiten u. ich blieb Gantz Zu haus.

Dinstag d. 8. Den Vormitag regnede es wieder viel, gegen 6. uhr firden mich aber der herzog in den fassanen Garden.

Mitwoch d. 9. Ich war in der Kirch, u. nach dem Gude fur man die grosse Tour Spatzieren.

Donerstag d. 10. Nach dem friestig geng ich in das Dörfle u. abends fur man in den fassanen Garden.

Freitag d. 11. Um halb 10. uhr geng Es nacher Stuttgardt, der herzog gaben audientz u. nach dem mitag essen geng es auf den Asberg, wo der herzog sich mit dem dordigen regimend zu Thon machten u. mir das vergnügen Thaten, dem Schubart Seine los lassung ankändigen zu dörfen. Nach die 6. uhr waren wir wieder hier.

Hohenheim d. 12. Mey Samstag 1787. Beim See friestigde man, nach dissem geng ich in das Dörfle, um halb 1. uhr Kamen meine verwande, mutter, schwester Schertlin mit mann u. Zwei Kinder, u. Juliana von Ensingen u. von Kirchheim die Pflugisch famille, Sie blieb da bis nach die 6. uhr, der herzog firden uns abends in neue Zemmer, die Sie zurecht machen lissen hier im bau, u. in die häuser, die mit Militair[447]) an gefilt werden, welche ich zuvor nicht Gesehen habe, nach dissem gengen meine verwande wieder weck, u. da der herzog doch nicht Gantz Disponirt waren, so war ich vertrislich.

Sontag d. 13. Ich geng in beede Kirchen, Traf in Birgach ein brautbar des pfarrer Kohler seine schwester an, um halb 3. geng Es nacher Stuttgardt u. dorden um 4. uhr in die Geselschaft der frau v. Üxküll, gleich nach die 7. uhr waren wir wieder hier.

Montag d. 14. Beim See friestigde man u. fuderte die fische, wo bey Sie sich vor dis Jahr am ersten mahl Zeigten, abends fur man in den fassanen Garden.

Dinstag d. 15. Beim See friestigde man, abends wolte man nach Scharnhausen, es war aber Ein wetterregen wie man weck wolte, so fur man nach gehens die Grosse Tour.

Hohenheim d. 16. Mey Mitwoch 1787. Um 10. uhr geng ich in die Kirch, nach dem Essen Kam die Frau v. Wechmar, Ihre Tochter u. Tochtermann v. Klinkowstrem, die ritmeistern v. Nasso u. Ihr mann, meine mutter, schwester Schertlin u. Ihr mann u. eine Tochter, schwester Pflugin u. eine Ihrer Töchter u. schwester Juli. Da Es regnede, Kamen wir nicht in das Dörfle, blieben also Zu haus u. nach die 6. uhr gengen Sie ins gesamd.

Hemelfarts Tag Donerstag d. 17. Ich geng in beede Kiren, in der Catolischen predigde der hofprediger Werkmeister, nach dem essen um 3. uhr gengen wir ruhig in das Dörfle, furen dann nach Scharnhausen, ich geng dorden in das Dorf, u. waren mit unsern Tag Zufrieden.

Freitag d. 18. Es geng nacher Stuttgardt, der herzog Gaben audientz u. nach dem Essen geng Es gleich wieder hier her, wo wir abends noch in fassanen Garden furen.

Samstag d. 19. Beim See friestigde man, ich geng alstan in die Kohlerhüte, wo ich um halb 11. uhr ader lis, abends fur man die Grosse Tour Spatzieren.

Sontag d. 20. Ich geng in beede Kiren, um halb 4. uhr Kamen welche von Stuttgardt, u. ein Engelender v. Logar,[550]) man geng mit Ihnen in das Dörfle u. nach die 6. uhr beurlaubden Sie sich.

Montag d. 21. Beim See friestigde man, ich geng zu dem felsen häusle[551]) u. las dorten, um halb 1. uhr Kamen meine verwante von Ensingen u. Kirchheim, ich firde Sie abends auch in das Dörfle u. dorden beurlaubden Sie sich, der herzog waren sehr gnädig.

Dinstag d. 22. Beim See friestigde man, der herzog besuchten mich in der Kohlerhüte u. sagten mir, daß Sie einen Zug pferden von Ihrem bruder printz Louis bekommen haten, abends fur man in den fassanen Garden.

Mitwoch d. 23. Wie Gestern wurde der morgen zu gebracht, der nachmitag war aber wetter haft, daß aus dem spatzieren fahren nichts werden Konde, der herzog Kamen also belder um da Zu bleiben wie sonsten.

Hohenheim d. 24 Mey Donerstag 1787. Beim See friestigde man, dan geng ich in das Dörfle u. der herzog Zu Einer Kleinen Maierey[552]), die Sie den vorigen Samstag vor mich in der haugs wies am Zaun haben an fangen lassen zu bauen. Um 2. uhr fur man nacher Neckarthailfingen, um beim abstreig des bau holtzes hier her zum schloß zu fieren zu sein, nach die 6. uhr war man wieder hier.

Freitag d. 25. Es geng um halb 10. uhr nach Stuttgardt, der herzog gaben audientz u. gengen zum Essen von der academie, Zu mir Kam die frau v. Stetingk[510]); nach die 2. war man wieder hier, da aber das wetter nicht gantz Stil war, so wurde nicht mehr spatzieren gefahren.

Samstag d. 26. Beim See friestigde man, dann geng ich ins Dörfle u. weil heite Ein so starker went geng, so fur man nicht aus, der herzog Kamen bald nach haus abends u. waren wie schon lange recht gnädig gegen mir.

Sontag pfengsten d. 27. Ich geng in beede Kirchen u. um 3. uhr geng Es nacher Stuttgardt, dorden geng man um 4. uhr in die Üxküllische Geselschaft.

Montag d. 28. Ich ging in die Kirch, um 1. uhr Kam meine mutter u. schwester von Kirchheim, wir furen abends ins gesamd in den fassanen Garden, auch meine nichte v. Seckendorf war mit hier, im fassanen Garden beurlaubden sie sich.

Dinstag d. 29. Der herzog machten Sich viel mit meiner Kleinen maierey zu Thon, ich arbeidede in meinem Cabinet u. abends fur man die Grosse Tour spatzieren.

Mitwoch d. 30. Ich geng in die Kirch, der herzog waren viel bey der Kleinen maierey[552]) u. abends fur man in den fassanen Garden.

Donerstag d. 31. Es war heide so Kiel, daß ich Ein brennen lis, nach mitag fur man nacher Stuttgardt, der herzog musterden dorden pferde u. Exercirten auch.

Freitag d. 1. Juny. Der herzog war Sehr gnädig gegen mir, nach dem Essen fur man nacher Kirchheim, von da aus gengen der herzog auf Ein lapen Jagen,[377]) auf welchem Sie nichts schossen, ich blieb so lang bey meinen verwanten bis der herzog wieder Kamen.

Hohenheim Samstag d. 2. Juny 1787. Beim See friestigde man, abends fur man in den fassanen Garden.

Sontag d. 3. Ich geng in beede Kirchen, um 1. uhr Kam die fürstin v. Leining, die Gräfin Adems,[553]) Zwey hE. v. Gemmingen,[554]) der denische Gesande Wächter[182]) u. Madenweis[123]) u. noch Einige Dames u. hernn von Stuttgardt. Man as bald u. nach dissem fur man in das Dörfle, wo Sie aller orden herum gefirt wurden u. Sich gegen 8. uhr wieder beurlaubden.

Montag d. 4. Beim See friestigde man, dann las ich in der Kohlerhüte u. Abends fuhr man in den fassanen Garden, die Golt fassanen zu Sehen, die heraus Kamen.

Dinstag d. 5. Gleich beim Erwachen meldede man, daß ein Courir von Hornberg da were u. der inhald seiner nachricht war, daß die fürstin von Taxis[555]) schnel gestern gestorben were, der herzog ferdigde gleich einen ändern Courir nach Schaer an fürste von Taxis ab; beim See friestigde man, dann las ich im Guck heisle[200]) u. um 1. uhr Kamen meine verwante Mutter, Pflugen, Schertlin, Juli u. nichten von Kirchheim u. Ober Ensingen. Wir assen u. abends bekleidete der herzog u. ich sie bis Scharnhausen, von wo sie sich beurlaubten.

Mitwoch d. 6. Beim See friestigde man u. abends fur man nach Scharnhausen.

Fronleichnam Donerstag d. 7. Um 8. uhr geng es nacher Stuttgardt, der herzog zogen sich gleich an Zu Ihrer prozesion, wie das amd gehalden wurde, ging ich auch Zu Ihro Durchleicht in die Kirch, nach dissem as ich u. folgde auch wieder Ihro Durchleicht zum Essen von der academie, nach dem Essen lissen der herzog zur ader, werend dem bestelden Sie auch die leich der fürstin, wie es solle gehalden werden u. nach dissem geng Es hier her, wo man bald zu nacht aß.

Hohenheim d. 8. Juni Freitag 1787. Es geng um 9. uhr nacher Stuttgardt, nach dem Essen hier her u. um 2. uhr Kamen meine verwande von Ensingen u. Kirchheim, wir blieben vergnügdt bey samen, gengen in das Dörfle, wo der herzog mit uns gengen u. am See die fische fuderden u. vom Dörfle aus beuraubd e Sich meine schwester u. Ihr mann, des mir ein wenig nahe geng.

Samstag d. 9. Beim See friestigde man u. abends fur man nach dem fassanen Garden.

Sontag d. 10. Ich geng in beede Kirchen, nach die 3. uhr Kam die fürsten Leining u. noch mehrere Dames u. cavalirs von Stuttgardt, man firde Sie in das Dörfle u. von da aus beurlaubden sie Sich gleich nach 6. uhr wieder.

Montag d. 11. Beim See friestigde man u. abends fur man Spatzieren.

Dinstag d. 12. Beim See friestigde man wieder, ich laß nach gehens in der Kohlerhite, heide Abend wurde die fürstin von Taxis beärdiget, wir furen Spatzieren in den fassanen Garden, heide wurde angefangen zu heihen.

Hohenheim d. 13. Juni Mitwoch 1787. Beym See friestigde man u. fuderde die fisch, abends fur man in den fassanen Garden Spatzieren Um 10. uhr vormitag fur ich in die Kirch.

Donerstag d. 14. Der morgen vergeng wie Gestern nur daß Keine Kirch war, u. nach die 3. uhr Kamen die Cavalirs vom Taxischen Hof, welche wegen der beärdigung Ihrer Fürstin in Stuttgardt waren. Es war ein hE. v. Schack, v. Jet u. Graf Saveolie,[556]) ausser dissen wurden noch einige dames u. cavalirs von uns dar zu ein geladen, wo ronder auch v. Bittenfeld war. Der herzog firden Sie aller orden herum, nach dem geng es in das Dorf, wo Sie auch aller orden herum gefirt wurden u. sich dann beurlaubten.

Freitag d. 15. Es geng nach die 9. uhr nacher Stuttgardt, der herzog gaben audientz, Zu mir lis ich den post Secreter Knab u. auch den Göritz[557]) Komen, denen ich Ihre erhaldene versorgung von fürst von Taxis sagte, auch lis ich den Secretair Wagner[205]) Komen u. nach gehens seine Frau, alstan geng es hier her; ehe wir ausfuren, Kam Bleibimhaus Zu mir u. dann fur man noch in den fassanen garden.

Samstag d. 16. Beim See friestigde man, gegen 4. uhr Kamen die Lützowische, der herzog u. ich gengen mit Ihnen in das Dorf, von dorden gengen Sie nacher Stuttgardt u. der herzog u. ich furen nach Scharnhausen.

Hohenheim d. 17. Juni Sontag 1787. Zu Erst geng ich

in die birgacher Kirch, u. Kam noch zu der hälfde der Predig von Ihro Durchleicht, nach dem Gude gengen der herzog u. ich in das Dörfle, Es Kam aber Ein wetter, daß wir bey der beramit[293]) understonden u. wie das regnen an hielt, so gengen wir follens bis in die noch nicht ferdige Kleine maierey,[552]) wo hin der wagen Kam u. wir nach haus furen, der herzog schrieb u. ich laß.

Montag d. 18. Beim See friestigde man u. abends fur man Spatzieren.

Dinstag d. 19. Der morgen wurde wie Gestern zu gebracht, u. um 4. uhr abends geng es nach Stuttgardt, wo man auf den marckt[72]) geng u. um 9. uhr wieder hier war.

Mitwoch d. 20. Aus Vertrislich Keidt blieb ich liegen, geng aber um 10. uhr in die Kirch u. abends fur man in den fassanen garden.

Donerstag d. 21. Es regnede Ser Starg, um 10. uhr fur man nacher Stuttgart, geng dorden so ser es auch regnede, auf den marckt, um halb 5. uhr Kam man wieder nach haus, der herzog rieden noch aus u. um halb 7. uhr fur man ein wenig aus.

Freitag d. 22. Um halb 10. uhr geng es nacher Stuttgardt, der herzog gaben audientz, Zu mir Kamen die Lützowische u. Franquemont, so lang der herzog beim essen von der academie waren; nach dem geng es in die biblioteg u. von da wieder hier her, man fur noch in den fassanen Garden u. das wetter feng an wieder gut zu werden.

Samstag d. 23. Beim See wurde friegestigdt, u. abends fur man nach Scharnhausen u. beim rükweeg stig man noch in der Kleinen meierey ab.

Hohenheim d. 24. Juni Sontag 1787. Der herzog u. ich gengen in die Kirch, ich hörde nach der birgacher noch die predig von Ihro Durchleicht, um halber 2. Kam die fürstin Leining, gesanden Wächter u. Madenweis, beede vom firsten Taxis Jet u. Schack[556]) u. einige dames u. Cavalirs von hof, man Speiste bald u. nach dem essen fur man nach Scharnhausen, im ruckweeg stig man im officirs bau ab, u. dorden beurlaubten sich alle.

Montag d. 25. Beim See friestigde man, abends fur man in den fassanen garden u. Stig auch noch in der Kleinen mayerey ab.

Dinstag d. 26. Beim See friestigde man, um 3. Kamen die beede von Taxischen hof[556]) u. ein oberst Öffinger[558]) von Wildeck benebst einige Dames u. cavalirs von hof, der herzog firden die fremde in der schäß in die baumschul, Weinberg, u. Casernen, ich Geng mit die andere ins Dorf, im Wirtshaus Spilten wir, wie der herzog Kamen, wurde im Dörfle spatzieren gegangen u. gegen 8. uhr beurlaubde sich alles.

Mitwoch d. 27. Es wurde viel hey heide herein Gebracht, beim See friestigde man u. abends fur man Spatzieren.

Donerstga d. 28. Beim See friestigde man u. abends fur man Spatzieren, es war Sehr warm, das Termometter stond auf 25. Grad.

Freitag d. 29. Beim See friestigde man, um halb 10. geng ich in die Kirch u. heide nacht war ein wetter, der Tag war aber wieder schön.

Hohenheim d. 30. Juni Samstag 1787. Friestigen That man beim See, wie geweniglich geng ich nach dem in das Dörfle, von da fur man aber nach Stuttgardt um 10. uhr, geng dorden auf den marckt u. nach dissem bald wieder hier her, abends fur man in den fassanen garden.

Sontag d. 1. July. Ich Geng in beede Predigden, nach Tisch Gengen der herzog u. ich Zum See, von da gengen der herzog wieder herauf u. ich in die Kohlerhüte, wo ich laß bis der herzog Zum Gude Zu mir Kam, dann fur man nacher Denkendorf in das Kloster, wo der herzog die Junge leide examenieren, um halb 9. uhr war man wieder hier.

Montag d. 2. Beim See friestigde man, dann geng ich in das Dörfle, nach die 1. uhr Kam meine mutter, Schwester Juliana u. Pflugen mit Ihren beeden Töchter, wir waren vergnügt bey samen, abends gengen der herzog mit uns Zum See u. in die neue meierey, wo sich dann meine verwanden beurlaubden u. der herzog u. ich noch ein wenig spatzieren furen.

Dinstag d. 3. Der morgen vergeng wie gestern, um 4. uhr Kamen einige Officir von der Legion, die der herzog haben Komen lassen, um die neie quadirs Ihnen zu zeigen, die sie bekomen werden. Abends furen der herzog u. ich einen neien Spatzir weg, wo der ruck weeg durch Birgach geng.

Mitwoch d. 4. Das wetter war besonders angenem, beim See friestigde man, um 10. uhr fur ich in die Kirch u. abends fur man nach der Solitude, Kam um 8. uhr wieder hier an.

Donerstag d. 5. Beim See friestigde man, wie ordiner blib ich bis 11. uhr im Dörfle u. abends fur man in den fassanen Garden.

Freitag d. 6. Um 8. uhr geng es nacher Stuttgardt, der herzog gaben audientz u. Zogen sich an, um 10. uhr Geng man in die Kirch, wo die leichen Predig der fürstin von Taxis[555]) u. eine Seelen messe war, hof Prediger Baader Predigde, nach dissem gengen der herzog in die academie Zum essen; Zu mir Kamen Junge leide von der academie, nach dissem geng es wieder hier herr, der herzog rieden aus u. gengen dann mit mir Zum See u. ich follens in das Dörfle, von wo aus man nach gehens in Carlshof spatzieren fur.

Hohenheim d. 7. Julii Samstag 1787. Ich nam was ein, man friestigde also hier, nach dissem geng ich aber in das Dörfle u. laß im rathhaus[74]), abends fur man nach Scharnhausen.

Sontag d. 8. Um halb 10. uhr Geng ich in die Birgacher Kirch, Kam nach gehens noch in die Predig vom hof Prediger Werkmeister, um halb 3. geng es nacher Stuttgardt, dorden geng man in das alte schloß, um einige Zeichnungen zu sehen, die in der biblioteg sollen auf gemacht werden u. von da in das Geheimderath Bühlerische haus; um halb 8. uhr war man wieder hier.

Montag d. 9. Beim See friestigde man, wie gew. rieden der herzog dann herum u. besuchten mich auch in der Kohlerhüte, abends fur man in den Carlshof Zum heihen u. von da in den fassanen Garden.

Dinstag d. 10. Wie der gestrige vormitag, so vergeng auch der heitige, nach Tisch schrieb ich an Ihro Durchleicht, nach die 3. Kam ein Kaufmann mit seiner Frau aus Leipzig namens Mohl, ich Sprach sie einige augenblicke u. abends firden mich der herzog wieder zum heihen u. in die neie meierey.

Mitwoch d. 11. Da Es regnede, so friestigde man hier, um 10. uhr geng ich in die Kirch, um 3. uhr geng Es nacher Stuttgardt, wo der herzog wegen dem durch marsch einiger Keisserlich regimende nacher Niederlanden mit Ihren Geheimderäths Sprachen, um 7. uhr war man wieder hier.

Donerstag d. 12. Beim See friestigde man. Da es aber Starck anfeng regnen, so fur ich um 11. uhr, Stadt ich sonst geng, zurick, abends fur man in den fassanen Garden u. nach dissem firden mich der herzog noch in die neue meierey.

Freitag d. 13. Es geng nacher Stuttgardt, der herzog gaben audientz u. nach Tisch geng es Gleich wieder hier her u. abends fur man Spatzieren zum heihen.

Samstag d. 14. Es regnede, daß man im haus friestigen muste u. abends fur man Spatzieren; werend dem Tag wann es schön war bescheftigden sich der herzog mit weter ableider[372]) auf die neue maierey[552]) Zu machen.

Sontag d. 15. Ich geng in beede Kirchen, um 3. uhr Geng Es nacher Stuttgardt, der herzog gengen Zur legion, ich in die geselschaft in das geselschafts haus[540]), wo hin der herzog bald auch Kamen, wir blieben eine Zeitlang da u. Kamen erst nach die 8. uhr hier an, ein paar rusische officir namens Sternberg lissen Sich presendiren.

Montag d. 16. Beim See friestigde man u. abends fur man in den fassanen garden.

Hohenheim Dinstag d. 17. Juli 1787. Beim See friestigde man, abends fur man Spatzieren.

Mitwoch d. 18. Der morgen vergeng wie gestern u. abends fur man in den fassanen garden.

Donerstag d. 19. Der herzog gengen um 7. uhr auf ein hirsch Jagen bey Pfullingen, u. ich fur mit dem minister von Üxküll nacher Kirchheim, u. von da mit meiner Schwester Pflugen u. Ihrer Tochter Bittenfeld nacher Boll zu meiner mutter, im rick weg stig ich wieder in Kirchheim ab, u. um 7. uhr waren wir wieder hier, der minister v. Üxküll blieb beim nacht Essen, mir wurde es aber Gar nicht wohl u. ich eilde ins bet zu liegen.

Freitag d. 20. Es geng nacher Stuttgardt, der herzog gaben audientz u. gengen zum Essen von der academie, nach dissem Geng Es wieder hier her u. abends fur man noch in den fassanen garden.

Samstag d. 21. Nach 4. uhr geng es nacher Stuttgardt in die Biblioteg.

Sontag d. 22. Ich geng in beeden Kirchen, nach mitag um 4. uhr Kam eine Geselschaft von Stuttgardt, worunder die frau v. Tengen[559]) u. frau v. Buwinghausen war, im Dörfle Stieg man ab u. firde Sie da herum so viel es das wetter erlaubte.

Montag d. 23. Heide hatte ich einen grossen schreken, in dem ich beim friestig erfur, daß der herzog vom pferd werend dem auf sitzen gefallen[560]) sein, Gott lob geng es aber noch glücklich, daß Es nichts Tat, als daß der herzog im rucken schmertzen glagten.

Dinstag d. 24. Beim See friestigde man u. abends fuhr man

Spatzieren. Mit dem rucken von Ihro Durchleicht war es noch nicht viel besser.

Mitwoch d. 25. Beim See friestigte man, der herzog glagten noch immer Ihren ruken; meine schwester v. Pflug mit Ihrer Tochter u. Tochter mann v. Bittenfeld u. Tochter Janet u. Charlot Kam um 4. uhr, abends furen wir nacher Scharnhausen, wo sie sich beurlaubten.

Hohenheim d. 26. Juli Donerstag 1787. Beim See friestigde man, Gott lob geng Es fast Gantz Gut mit die schmertzen im ruken bey Ihro Durchleicht. Abends fur man Spatzieren u. in die Kleine meierey.

Freitag d. 27. Heite geng nichts sonderliches vor. Der Tag wurde fast Gantz hin gebracht wie Gestern.

Samstag d. 28. Um 8. uhr fur man nach Kirchheim, da Setzten mich der herzog bey meiner schwester ab u. Sie gengen auf ein Jagen bey Wiesensteig, um 6. uhr waren wir wieder hier.

Sontag d. 29. Ich geng nur in die Kirch von Ihro Durchleicht, wo Märsie[546]) das Erste mahl als hof prediger predigte, um halb 2. uhr Kamen welche von Stuttgardt, beede gesanden, der herr v. Flagsland, Graf Misaine[561]) u. welche von hof, von Kirchheim meine Schwester u. Ihre Tochter Bittenfeld u. der Graf Bissie[564]). Man as nach gehens bald zu mitag u. nach Tisch wurden Sie hier u. im Dörfle herum gefird. Gegen 8. uhr beurlaubden sie sich.

Montag d. 30. Beim See friestigde man u. abends fur man ein wenig spatzieren u. in die neie maierey.

Dinstag d. 31. Gleich nach dem friestig beim See fur ich nacher Scharnhausen, machte dorden anstalden, daß Es sauber wurde, der herzog Kamen gegen 11. uhr mich ab zu hohlen u. um 3. uhr Kam der hE. v. Flachsland benebst noch welche von Stuttgardt, die man alle nach Scharnhausen firde; nach deme wir zurick Kamen, gudirde man u. nach dissem beurlaubden sie sich.

Mitwoch d. 1. Aug. Beim See friestigde man, um 10. uhr geng ich in die Kirch, der herzog machten sich viel Zu schaffen mit der einrichtung der Casernen[447]), ich schrieb u. abends fur man Spatzieren.

Hohenheim d. 2. Aug. Donerstag 1787. Der heidige Tag brachte nichts merckwirdiges mit sich.

Freitag d. 3. Es geng um 9. uhr nach Stuttgardt, der herzog

gaben audientz u. nach dem fur man wieder hier her u. abends Spatzieren.

Samstag d. 4. Der herzog machten sich viel zu schaffen, um nach Zu Sehen u. sonst geng nichts sonderliches vor.

Sontag d. 5. Ich geng in beede Kiren, nach dem Gude gengen der herzog u. ich, nach deme man vor dem Gude in die Gebeide herum gegangen ist, in die Kleine maierey, wo ich las u. der herzog machten alle bestellungen Zum morgigden herauf marsch der Legion, dann schrieben Sie auch in der maierey u. abends fur man noch in den Carlshof Spatzieren.

Montag d. 6. In aller frie furen der herzog nacher Stuttgardt, um die Legion ab zu holen. Sie Kamen gegen 10. uhr, wie alles ein Gerukt war, Kamen die officirs u. der Printz Coburg, dann gengen der herzog u. ich mit Ihnen Zum Essen, es war ein Sehr warmer Tag, abends firden mich der herzog ein wenig Spatzieren.

Dinstag d. 7. Beim See friestigde man, zu for exercirten der herzog im hof u. abends fur man Spatzieren.

Mitwoch d. 8. Der heitige Tag vergeng Gleichsam wie der Gestrige.

Donerstag d. 9. Es wurde exercirt, beim See friegestigdt u. um halb 2. uhr Kamen meine verwante, wir assen u. sie halfen mir alstan was an meinem geschmuck machen, gegen 7. uhr beurlaubden sie sich.

Hohenheim d. 10. Aug. Freitag 1787. Es geng Zur audientz nacher Stuttgardt, wir Kamen bald wieder Zurick u. es wurde auch Exercirt.

Samstag d. 11. Der herzog machten einige bestellungen auf die morgige ankunft deren fürstlich Keiden von Hechingen, Sigmaringen u. Donau Eschingen; ich hatte auch einiges Zu Thun u. abends fur man in den fassanen garden.

Sontag d. 12. Ich geng in beede Kirchen, um 1. uhr Kamen die fürsten u. fürstenen von Hechingen, Donaueschingen, u. der fürst u. Seine schwester von Sigmaringen[562]), auch ein holendischer Atmiral mit frau u. 2. Töchter nahmens Kengsberg[563]), auch der Graf u. die Gräfin Bissing[564]), u. presitend Hornstein[565]), man as bald, nach dem Essen fur man u. geng herum u. abends gegen 8. uhr beurlaubten sich die fremde u. ein heimische aus dem feigensall, der herzog u. ich waren des über gangs disses Tags fro.

Montag d. 13. Der heitige Tag wurde fast wie Gestern Zu

gebracht, nur Stadt der Kirch friestigde man beim See u. weiste denen fremden andere gegenstende im Dörfle.

Dinstag d. 14. Nach dem die fremde da wahren, geng es balt zum essen u. nach Tisch fur man alstann nach Scharnhausen, wo im Thir Garden ein Jagen war u. nach der Zurickkunft Stig man in die obersten Zemer ab, von da Sich alles beurlaubde.

Mitwoch d. 15. Wie Gestern wurde wieder der vormitag hingebracht u. Kamen die fremde etwas frieher. Die Legion rugte aus, in dem sie die hern Zu pferd auf dem feld sahen, sahen wir sie in die officirs Zemmer, u. nach Tisch geng es auf ein Jagen bey Rohr, wo die fremde fürsten u. auch die fürsten von Donau Eschingen[563 Ziff. 2]) wie gestern allein schossen; wie das Jagen verbey war, gengen die fremde nach Stuttgardt u. der herzog u. ich hier her.

Hohenheim d. 16. Aug. Donerstag 1787. Der Herzog u. ich gengen nacher Stuttgardt, man zog sich an u. fur in mein haus, wo hin die fremde u. ein geladener zum friestig Kamen, von da fur man in die academie, die man gantz durch geng u. die Junge leide speisen sa, nach dissem alstan Zur Tafel in das schloß, wo man Zu Erst in meine Zemer geng, nach der Tafel war Consert, wie das verbey war, beurlaubten sich die fremde fürsten u. der herzog u. ich Gengen im frieden hier her.

Freitag d. 17. Beim See friestigde man u. um 4. uhr fur man nacher Echterdingen, wo man die fremde bey Ihrer durch reisse nacher Hechingen noch ein mahl sahe.

Samstag d. 18. Heide geng nichts besonderes vor.

Sontag d. 19. Ich geng in beede Kirchen, bey die officirs as man Zu mitag u. um Drey uhr fur man nacher Stuttgardt in die Üxküllische[540]) geselschaft.

Montag d. 20. Beim See friestigde man, um 2. uhr Kamen meine verwante, der herzog Exerzirten gegen 6. uhr u. waren zum Kissen wie Sie Zu rick Kamen.

Dinstag d. 21. Der morgen wurde wie gestern hin gebracht u. abends fur man Spatzieren.

Mitwoch d. 22. Vom Dörfle aus fur ich in die Kirch, abends Exercirten der herzog wieder u. man fur nach gehens noch ein wenig Spatzieren.

Donerstag d. 23. Der heitige Tag vergeng wie der Gestrige;

wir glaubden aber eine Kleine reisse nacher Hechingen Zu machen, aus der aber wegen der nachricht, die wir erhilten, nichts wurde.

Freitag d. 24. Beim See friestigde man u. abends fur man nacher Scharnhausen, bey der Zurick Kunft wurde aus gemacht morgen nach Einsiedel zu gehen.

Samstag d. 25. Beim See friestigde man u. um 1. uhr fur man vom Dörfle aus nach Einsiedel[451]), um 7. uhr war man wieder hier.

Sontag d. 26. Ich geng in beede Kirchen, mitags Speiste man bey die officirs u. der nachmitag wurde viel in der Kohlerhüte u. neuen maierey zu gebracht.

Hohenheim d. 27. Aug. Montag 1787. Beim See friestigde man, abends Exercirten der herzog.

Dinstag d. 28. Der heitige Tag glich dem Gestrigen.

Mitwoch d. 29. Beim See friestigde man, um 10. uhr Kamen die Lützowische zu mir in das Dorf, um halb 12. uhr geng ich herauf, as mit Ihro Durchleicht zu mitag u. um 1. uhr Kamen die Lützowische hier her, assen da Zu mitag, um 2. uhr aber Kam meine mutter, schwester Juli, dann auch die frau von Rechthof mit 3. Töchter, meine schwester Pflugen u. nichte Bittenfeldin mit Ihrem man u. Janet u. Charlot, nach auch noch die frau v. Suvil mit Ihrem mann, frau v. Wolfskehl mit Ihren Kinder u. frau v. Tom, ich firde Sie in das Dörfle u. von dorden gengen Sie um halb 7. uhr, ich geng einsam wieder hier her.

Donerstag d. 30. Beim See friestigde man, der herzog Exercirten abends u. nach dissem fur man in den fassanen Garden.

Freitag d. 31. Es geng um 9. uhr nacher Stuttgardt, der herzog gaben audientz u. nach dem essen Geng es nacher Louisburg, der herzog besahen das pattalion, welches nacher Cap Get[566]). Zu mir Kam die frau v. Welling u. Tontersfeld, wie der herzog ferdig waren, nahmen die officirs von mir abschied, der herzog u. ich furen noch zu der firstin Leining u. dann wieder hier her, wo wir um 7. uhr ankamen.

Samstag d. 1. Beim See friestigde man, der herzog Exercirten abends, ich schrieb viel u. abends fur man in den fassanen Garden.

Sontag d. 2. Ich geng in die beede Kirchen, nachmitag gengen der herzog herum u. ich in das Dörfle, wo hen der herzog auch Kammen u. schrieben, bey die officirs as man Zu mitag, u. abends fur man spatzieren.

Montag d. 3. Beim See friestigde man, der herzog Exercirten abends ein wenig u. dann fur man spatzieren nach Scharnhausen.

Hohenheim d. 4. Sep. Dinstag 1787. Um 7. uhr geng man von hier ab in das lager von die Caper Trupen bey Milager[566]; wie wir da ankamen, machten der herzog gleich Ihre Geschäften, u. nach deme Sie verbey wahren, so sahen wir noch einem ball denen leiden zu, u. Kamen dann wieder um halb 7. uhr hier an.

Mitwoch d. 5. Beim See friestigde man, um 10. uhr fur ich in die Kirch, meine verwante Kamen von Ensingen u. Kirchheim zu mir, die Bittenfeldische beurlaubden sich wieder, ich firde Sie in das Dörfle u. der herzog Exercirten.

Donerstag d. 6. Das friestig nam man beim See, um 7. uhr Kam der Graf Hermann von Zollern u. noch einige dames u. cavalirs von hof, es wurte gleich Gespeist, nach dissem firten der herzog den Grafen herum u. alstan fur man in das Dörfle, wo Er sich abends beurlaubte.

Freitag d. 7. Es Geng nach die 9. uhr nach Stuttgardt, der herzog gaben audientz u. ich Kaufte Zur Sichelhänget ein, dann geng Es gleich wieder hier her, abends exercirten der herzog u. man fur nur noch ein wenig spatzieren.

Samstag d. 8. Um halb 9. uhr friestigde man beim See, der herzog Exercirten, Zu vor fur man ein wenig spatzieren.

Sontag d. 9. Ich geng in beede Kirchen, bey die officirs as man Zu mitag, bald nach Tisch firten mich der herzog in das schloß, dann fur man Zum Grossen Ärndwagen, auf dem durch Gottes Seegen die letzte früchten von dissem Jahr geladen waren, man gab alstan den schnieters die Sichelhänget, u. Gott sey Gelobt u. Gepriesen, der uns wieder mit allem so reichlich Gesegnet hat, Er gebe, daß wir auch alles Zu seinen Ehren genissen u. schänke uns dabey noch ferner, was uns Gut ist.

Montag d. 10. Beim See friestigde man, der herzog Exercirten u. abends fur man in fassanen Garden.

Hohenheim d. 11. Sep. Dinstag 1787. Beim See wurde friegestigdt, um 3. uhr Kamen die Geistlichen von Stuttgardt u. in der nachbarschaft mit Ihren frauen, ich firde Sie im Dörfle herum, wo zu der herzog auch ein paar mahl Kamen u. gegen 7. uhr Gengen Sie wieder, der herzog Exercirten auch.

Mitwoch d. 12. Das friestig nam man beim See, nach die

5. uhr fur man Spatzieren auf den heinlesberg[178]), um den dordige anwags des waldes zu sehen. Nach dissem Exercirden der herzog.

Donerstag d. 13. Weil ich ein wenig leibwe hatte, so friestigde man bey der Kohlerhüte, nach die 5. uhr fur man nach Scharnhausen u. dann Exercirten der herzog.

Freitag d. 14. Nach die 9. uhr fur man nach Stuttgardt, der herzog Gab audientz, u. Gengen in die academie, zu mir Kammen welche von der academie, nach dissem geng ich wieder hier her u. um 3. uhr Kam der geheimderath Bühler u. Tereckter Hochsteter[110]) mit Ihren frauen; wir gengen in die neue maierey u. von dort aus beurlaubten Sie sich.

Samstag d. 15. Bey der Kohlerhüte friestigde man wieder, um 3. uhr Kamen fiele von der academie, Junge leide, Ihren vorgesetzden, officirs u. lährers, Sie wurden herum gefirt u. Sahen nach dissem auch einem Manewer Zu, des der herzog machten, von wo aus sie alstan wieder nach Stuttgardt gengen.

Sontag d. 16. Um 4. uhr wurde man durch die nachricht einer feirs brunst in Nürtingen auf geweckt, der herzog u. ich furen Gleich ab[218]). Mich setzten der herzog bey meiner mutter in Ensingen ab, wo ich so lang bey meinen verwanden verblieb, bis der herzog den Armen Einwoner Ihre häuser suchte Zu retten. Der Brand Tauerde bis es Gantz fellig gedempft war bis 4. uhr, dann Kamen der herzog u. ungefer etlich u. 20. gebeide sein abgebrand, aber was noch Trauriger ist, 3. Kinder u. 2. Erwagsne haben das Leben da bey eingebist. Bald nach deme der herzog zu uns Kamen, geng es wieder hier her, wo wir noch den major Kneckt[567]) sahen, der sich beurlaubte.

Hohenheim d. 17. Sep. Montag 1787. Das Wetter war wieder Sehr schön, bey der Kohlerhüte friestigde man, der herzog Klagden sehr über müdigkeidt von Gestern, um 5. uhr Exercirten Sie doch u. nach dissem fur man Spatzieren in den fassanen Garden.

Dinstag d. 18. Es geng heide nacht ein starker Sturm, regnede auch, doch Konte man bey der Kohlerhüte friestieken. Abends fur man Spatzieren, u. vor schlafengehen Kam noch die nachricht, daß die beede Printzen von Taxis in Stuttgardt ankomen weren.

Mitwoch d. 19. Beim See friestigde man, um 10. uhr fur ich in die Kirch, um 2. uhr Kamen die beede Printzen[568]) mit

Ihrem hofmeister v. Eberstein, noch welche von unserm hof, dames u. cavalirs, auch der hE. v. Honoldstein[569]); der herzog firden die hernn in das neie schloß u. hier herum u. wir dames Spielden, nach die 6. uhr beurlaubte Sich alles wieder.

Donerstag d. 20. Da ein Zemlicher wend geng, so friestigde man hier; um 2. uhr Kamen die Prentzen wieder benebst welche von unserm hof, nach Tisch firde man Sie in das Dörfle, wir dames blieben aber in der maierey u. dord Spielden wir, bis der herzog wieder Kam, von da beurlaubte sich dann alles nach die 7. uhr.

Freitag d. 21. Um 9. uhr fur man nach Stuttgardt, der herzog gengen zu die Prentzen in die biblioteg u. um 11. uhr Kamen Sie zu mir in mein haus u. friestigden, nach dissem beurlaubden Sie Sich gantz u. der herzog u. ich furen wieder hier her. Gegen 4. uhr marschirten der herzog mit einigen canonen gegen Stuttgardt u. machten ein Kleines manewer. Zu mir Kamen die Wolfskelische um 5. uhr u. um 6. uhr fur ich dem herzog ingegen.

Hohenheim d. 22. Sep. Samstag 1787. Bey der Kolerhüte friestigde man, Zum mitagessen Kam der Printz v. Coburg, der Herzog bestelden ein manewer u. gengen gleich nach Tisch mit allen Ihrem hiesigen Militair ab, um Stuttgardt auf einer Seite ein Zu nehmen, wo man Sie nicht vermuthete; ich blieb Gantz allein zu haus u. erst abends um 8. uhr Kamen der herzog u. welche von der legion erst nach die 10. uhr wieder hier an.

Sontag d. 23. Ich geng in beede Kirchen, bey die officirs Speiste man, nach dem Gude geng es in das Dörfle, Dorden schrieb der herzog u. ich laß, abends fur man dann in den fassanen Garden.

Montag d. 24. Bey der Kohlerhüte friestigde man, der herzog exercirten nach die 4. uhr Ein wenig u. nach dissem fur man nach Scharnhausen, wo ich v. Böhnen einen auftrag auf morgen gab.

Dinstag d. 25. Da der herzog die Legion messen u. rachiren wolten, so friestigde man im schloß, werend dem Gescha der Erste canonen schuß, des ich Gestern besteld hatte, es folgden mehre, der herzog lissen aus ruken, u. ich erhielt meinen entzweg mit 2. Eslinger canonen durch den v. Böhnen angefird, die hissige Garneson Ens Gewer u. ausruken zu machen; nach dissem rachirten der herzog, ich geng noch in das Dörfle, nach dem Gude fur ich mit Ihro Durchleicht nach Degerloch, wo sie dann mit welche officirs einen blatz besahen, um ein Manewer dorden zu machen, ich erwardede sie wieder im wald u. dann furen wir wieder hier her.

Hohenheim d. 26. Sep. Mitwoch 1787. Um 6. uhr geng Es von hier nach Rotenburg, wo wir beim Graf Bissing[564]) abstiegen, u. einige fremde dorten antrafen, dann gengen wir nacher Hechingen, woselbst uns der hE. v. Böhnen Gestern schon angemelt hatte; wir Speisten da, wurden in die neie Kirch gefird, Sahen eine anlage in einem Garden u. beurlaubden uns gegen 5. uhr, Kamen dann um 10. uhr wieder hier an.

Donerstag d. 27. Der herzog stonden mit Kopfwe auf, das friestig nam man hier, nach dissem machten der herzog die Geschäfden der revie, ich geng in das Dörfle, Abends fur man Spatzieren.

Freitag d. 28. Um 9. uhr geng Es nacher Stuttgardt, der herzog gaben audientz, nach dissem geng Es gleich wieder hier her, um halb 2. uhr Kamen meine verwante von Ensingen u. Kirchheim u. gegen 3. ruckten der herzog Zu Einem Manewer bey Degerloch mit der Gantzen Legion u. alles, was Militair hir ist, aus. Sie Kamen erst um 6. uhr wieder Zurick u. meine verwanden waren so lange bey mir.

Samstag d. 29. In der Kohlerhüte friestigde man, um 2. uhr geng Es auf die Jagt bey der Solitide u. Bruder haus[283]), der herzog schisten 7. hirsch u. 1. Dambock u. um halb 8. uhr Kamen wir erst wieder.

Sontag d. 30. Ich Geng in beede Kirchen, nachmitag Geng man nur einen augenblick nacher Stuttgardt, dann wurde die revie auf morgen Zu Erst bestelt, aber nach dissem wieder abbestelt. Die neie uniformen wurden nach deme wir zurick waren anbrobirt.

Montag d. 1. Octo. In der Kohlerhüte friestigde man, den Tag über wurde alles auf morgen Zur revie gericht, abends firden mich der herzog spatzieren.

Hohenheim d. 2. Oct. Dinstag 1787. Um 11. uhr Kam alles von Stuttgardt was zur revie invitirt war, man as bald u. hilden dann der herzog beim schönsten wetter im Carlshof revie, der anblick davon war sehr schön, besonders wegen der neien uniform, der herzog waren ferdig gegen 5. uhr u. nach deme man im Zelt gutirt hatte, so beurlaubten sich die von Stuttgardt, worunder von fremde der v. Hunolstein[569]) alleine war, abends as man mit die hisige officir im reithaus.

Mitwoch d. 3. Vom Dörfle aus fur ich in die Kirch, um 1. uhr precis marschirten der herzog mit Ihrer Legion nach Stuttgardt, u. dorden hilten Sie revie mit dem steinischen regiment, u. Kamen wieder hir her gegen 5. uhr.

Urach Donerstag d. 4. In der Kleinen Maierey[552]) wurde friegestigdt, wo mich der herzog das Erstemahl in das Kleine baad firden[570]) u. dorden als an meinem nahmenstag mit lauder Gnaden überheifden, sie schenkten mir 5. prilleantene schnallen u. ein Kleid mit allem, was dar zu Gehörte, von Paris, nach dissem fand ich noch einen sehr schönen mich sehr freuenden brif, man geng dann herein, as bald u. Gleich nach Tisch geng es nacher urach auf die Hischbrunsd, der herzog schossen noch 6. hirsch, abend as man in der gesellschaft mit denen, wo mit waren Printz v. Coburg, General Buwinghausen, Oberst v. Gemmingen, Camerherr v. Böhnen, Stall meister Schenk, die Lützowische, die in urach wohnen, auch noch eine aus der stadt.

Freitag d. 5. Der herzog gengen um 6. uhr auf die Jagdt, um 9. uhr Kam die frau v. Lützow Zu mir mit Ihrer schwester u. Kinder, wie der herzog Kam, geng sie bald wieder weck, dann as man u. nach die 2. uhr fur ich mit Ihro Durchleicht auf die Jagdt, abends Speiste man in der nämliche Geselschaft wie gestern.

Hohenheim Samstag d. 6. Bis gegen 5. uhr Glich der heidige Tag dem Gestrigen, dann fur man von der Jagdt aus hier her nacher Hohenheim, wir sahen underwegs einen grossen nortschein, nach der ankunft speisten wir bald.

Sontag d. 7. Ich geng nacher Birgach in die Kirch, nach Tisch gengen wir gegen 4. uhr in die Kleine Maierey, ich Zuvor in die Kohlerhüte, von da gengen wie wieder weck nacher Urach u. Speisten in der geweniglichen Geselschaft Zu nacht. Der herzog visitirte in Hohenheim nach Tisch auch alte gobelins.

Montag d. 8. Vor die 9. uhr Kam die frau von Lützow zu mir, dann um 9. uhr die frau v. Kosbot[436]) u. Ihre Tochter von Brockdorf, letztere blieben da bis der herzog von der Jagdt Kamen, nach mitag fur ich mit dem herzog auf die Jagt u. Geng auf das schloß, wo ich mich einige Zeit meinen betrachtungen überließ; abends speiste man in der gewenigliche geselschaft, zu der noch die frau v. Kosbot u. Brockdorf Kam.

Urach d. 9. Oct. Dinstag 1787. Der herzog gengen um halb 6. uhr schon auf die Jagdt, ich war noch nicht angezogen, Kam die frau v. Lützow Zu mir, um 9. uhr geng ich Zu dem Spetzial[435]) in den garden u. um halb 10. uhr zu der frau v. Lützow in Ihr haus, von da fur ich alstan weck, Ihro Durchleicht nach Marbach nach, wo ich Sie schon antraf, nach deme man gespeist hatte, geng es wieder auf die birst u. as abends in der ordeneren geselschaft.

Mitwoch d. 10. Der herzog gengen um halb 7. uhr auf die Jagdt, nach Ihrer Zurickkunft Kauften sie Tuch ein, um 9. uhr Kam die Lützowische Famille u. hofrat Weiser[331]) Zu mir, nach die 2. uhr Geng es auf die Jagdt u. abends as die frau v. Brockdorf auch mit.

Donerstag d. 11. Der heitige Tag glich Zemlich dem Gestrigen nur daß ich werend der birst das wasserwerck bey Güterstein sahe, wo vormahls ein Cartauser Gloster Gestanden soll haben.

Freitag d. 12. Der herzog gengen um 6. uhr auf die Jagdt, ich um 9. uhr in die Kirch, heide Kam der herr v. Umgelter[277]) von Dillingen, man as also herausen zu mitag, das weter war aber schlem, nachmitag fur man Zwar auf die Jagdt, aber bald wieder nach haus; Statthalder v. Umgelter fur in der geselschaft des Generals v. Bouwinghausen, Camerhern v. Böhnen u. v. Milius nacher Grafeneck, vor dem nachtessen wurde 15.[304]) gespilt.

Samstag d. 13. Der herzog gengen auf die Jagdt, Zu mir Kam Zu Erst der Spetzial, dann die Kosbotische Famille, nach dissem die Lützowische, bald nach dissem speiste man u. Es geng nach dissem Gantz von Urach mit sack u. pack weck. Um halb 4. uhr Kamen wir hier an, der herzog rieden noch aus.

Hohenheim d. 14. Oct. Sontag 1787. Ich geng in beede Kirchen, um 2. uhr Geng Es nacher Stuttgardt, dorden wurde revie von der Gardt zu fuß u. von Printz Coburg Gehalten. In meinen Zemer versammelde sich der hof, wir sahen die revien u. Spielden bis der herzog Kamen, Sie sprachen dann mit welchen u. dann rederirte man sich u. fur wieder hier her.

Montag d. 15. Im schloß friestigde man, nach dissem Geng ich in das Dörfle u. las bis 11. uhr, abends firden mich der herzog nacher Scharnhausen.

Dinstag d. 16. Um 9. uhr Geng Es von hier weck, in Stuttgardt in meinem haus as man u. dann geng Es nacher Asberg, wo der herzog so wie nachgehens auch auf der Solitude revie hielt, in Asberg war ich bey der Generalin v. Hügel u. auf der Solidite Kamen die beede frauen v. Nasso[571]) zu mir, um 7. uhr war man wieder hier.

Mitwoch d. 17. Ich blieb Zemlich lang liegen, um 10. uhr Geng ich in die Kirch, um 2. uhr Kam der Prelad von Neresheim u. von Elchingen benebst einige von unserm hof, der herzog firden Sie in die hisige Gebeide herum u. gegen 6. uhr beurlaubden sie Sich.

Donerstag d. 18. Das friestig wurde hier genommen, nach dissem geng ich in das Dörfle, heide fengen der herzog auch mit Gott die gewenigliche bullion an zu Trenken, Gott seegne es Ihnen so daß Sie lang nach meinem Tod noch gesond sein. Im Dörfle Kam der Pfarrer u. die Pfarrerin von Plieningen Zu mir, gegen 3. uhr feng es an Zu regnen, vor dem Gude firden mich der herzog in das schloß, um Thieren Zu sehen u. abends firden Sie mich nach dem fassanen garden.

Freitag d. 19. Das friestig nam man hier, nach dissem Geng ich in das Dörfle, um 1. uhr Kammen die beede Prelats von Elchlingen u. Neresheim benebst welche von unserm hof, nach dem Essen wurden Sie in das Dörfle gefird, der herzog gengen mit Ihnen herum u. ich fur nach gehens auch mit die dames henaus, wo wir im wirtzhaus spilten, bis der herzog Kamen, die fremde beurlaubten sich nach dissem.

Hohenheim d. 20. Oct. Samstag 1787. Der herzog rieten wie gew. aus, abends firden mich der herzog nacher Scharnhausen.

Sontag d. 21. Ich geng in beede Kirchen, nach dissem geng Es nacher Stuttgardt, dorden as man um 2. uhr bey hof, die beede Prelats waren u. ein Printz Rohan[572]) waren von fremde da, die Prelede beurlaubten sich aber nach der Tafel, um halb 8. uhr war man wieder hier.

Montag d. 22. Hier wurde friegestigdt, nach dissem geng ich in das Dörfle u. Kam erst um halb 12. uhr wieder herein, abends fur man nach Scharnhausen bis zu der neien Grotte.

Dinstag d. 23. Der vormitag wurde wie Gestern hin gebracht, um 3. uhr geng Es aber nacher Stuttgardt, wo man im schloß abstieg u. dann zur Geheimderäthin v. Bühler geng, um 6. war man wieder hier.

Mitwoch d. 24. Um 10. uhr Geng ich in die Kirch u. abends fur man in den Carlshof, die neie alle Zu sehen. Es war zemlich warm.

Donerstag d. 25. Um 12. uhr Kam der Printz Rohan mit noch einem frantzösischen officir[573]), einige dames u. cavalirs von unserm hof Kamen um 1. uhr, dem Printz wurde vor Tisch die hissige Gebeide Gewisen, nach dem Essen firden Ihn der herzog in das Dörfle, wir dames furen auch gegen 6. uhr henaus u. nach dissem beurlaubde sich bald alles; heide nacht musten der herzog sehr husten.

Freitag d. 26. Es solde heide wein leß in dem Canstader[532]) wengerd sein, allein der herzog musten heide nacht so husten u. Klagden beklemen auf der brust u. Kopfwe, daß Sie im bet liegen blieben bis nachmitag um 5. uhr, der leib medicus Jäger war da u. abends schrieben der herzog noch.

Samstag d. 27. Der herzog husteden Gottlob heide nacht nicht so viel, Sie blieben aber zu bet bis drey uhr, dann zogen Sie sich an u. wir gengen mit dem leibmedicus Jäger in das Treibhaus, abends schrieben Sie ein wenig u. nach dissem Zogen wir damen.

Hohenheim d. 28. Oct. Sontag 1787. Der herzog gengen um 10. uhr in die Meß u. befanden Sich Gott lob wieder fast gantz Gut, in die Predig Kam ich auch, die der hof Prediger Marsie[546]) von den Pflichten des fürsten u. des unterthanen hielt. Nach mitag gengen der herzog Ein wenig in die Gebeide herum, da Es aber immer Starck regnede, so Zogen sie sich aus u. wir blieben dann beysamen, der herzog schrieb u. ich laß, vor Tisch wurde noch most gemacht.

Montag d. 29. Der herzog blieben liegen bis nach die 10. uhr, doch Spierten Sie sich Gott seis gedanckt wohl, nach Tisch rieden Sie aus, da sich aber doch das wetter nicht gantz gefast hatte, so furen wir bald auf den Carlshof spatzieren u. dann rachirten der herzog babiere in die registeratur, u. ich schrieb auch.

Dinstag d. 30. Nach die 2. uhr Geng Es nacher Stuttgardt in die biblioteg, ich geng einen augenblick in das schloß u. beim weckfahren Stig man in der neuen oberambdey[574]), Sie zu Sehen ab.

Mitwoch d. 31. Um 3. uhr fur man nach Scharnhausen, von Böhnen u. hof Prediger Mersie furen henden auf dem wagen mit, von da furen der herzog u. ich noch in den fassanen Garden.

Donerstag d. 1. Nov. Der herzog furen um halb 7. uhr auf die Jagt bey Nürtingen, ich fur um 8. uhr nach Kirchheim u. von da mit meiner schwester nacher Ensingen, der herzog

Kamen gegen 2. uhr Zu uns u. dann furen Sie u. ich bald hier her.

Freitag d. 2. Um 9. uhr Geng Es nacher Stuttgardt, der herzog gaben audientz u. nach Tisch Kam die Geheimderäthin v. Seckendorf[587]) u. Ihr Sohn regierungs rath[425]) zu mir, der herzog waren beim Essen von der academie, nach dissem geng es in die weinlese in den canstader wein berg[532]), der von der academie gelesen wurde, es waren welche von hof darbey u. nach der leß geng es wieder hier her.

Laufen d. 3. Nov. Samstag 1787. Ich hatte viel Zu Thon u. um 3. uhr geng Es von hier nacher Laufen, wo man nach die 6. uhr ankam u. dann bald Speiste. Zufor Sprach man den Spetzial[575]) u. mit war Oberst v. Gemmingen[150]) u. Camerherr v. Böhnen.

Sontag d. 4. Der mir liebe Carlstag Erschön mir mit Kopfwe, um 11. uhr furen wir nacher Heilbrunn[576]), Stiegen bey dem hofrat Heigele ab, wo wir ville von der Stadt u. Officirs antrafen, der herzog besahen die Stadt biblioteg, das arif[577]) von der ritterschaft u. das von der Stadt, ich blieb in dem heigelischen haus u. wie der herzog Zurick Kam, so gengen wir bald u. furen noch in das Jegerhaus, wo eine ardige anlage Zu sehen war, vor 5. uhr waren wir wieder in Laufen, der herzog u. ich sprachen die dordige honoraciores mänlich u. weiblichen Geschlechts u. nach die 7. uhr assen wir.

Hohenheim Montag d. 5. Um halb 9. uhr Geng Es von Laufen ab, Gleich bey der Stadt berieden der herzog mit einige räthe den dordigen See[578]) u. nach dissem geng es gerade nacher Stuttgardt, wo wir was weniges assen u. dann gegen 4. uhr hier ankamen.

Dinstag d. 6. Nach dem friestig Geng ich in das Dörfle u. laß in meiner Kohlerhüte, nach die 3. uhr geng Es alstan nacher Scharnhausen Zu der neien Grot.

Mitwoch d. 7. Der herzog furen um 7. uhr auf Ein Treib Jagen bei der Solitite, um 10. uhr geng ich in die Kirch, um 1. uhr Kam meine mutter, schwester Pflugen, mit Ihrer Tochter u. Juliana, wie auch frau v. Tontersfeld u. hofrat Mögle. Wie wir Zu Tisch sasen, Kamen der herzog auch wieder von der Jagdt Zurick, weil es Zemlich regnede, nach Tisch firden Sie den hofrat hier in die Gebeide herum u. gegen 6. uhr beurlaubden sich alle.

Hohenheim d. 8. Das wetter war heite wieder schön, nach dem friestig geng ich in das Dörfle u. abends fur man die grosse Tour u. die neie gerade alle.

D. 9. Freitag. Gegen 10. uhr Geng es nacher Stuttgardt, der herzog gaben audientz u. Gengen in die academie, Zu mir Kam die frau v. Jet[509]) u. einige, die ich Zu mir rufen lies, gegen 3. war man wieder hier. Der herzog sagen, daß ich schreiben soll Sie hetten mich Sehr Sehr lieb.

Samstag d. 10. Der herzog Gengen um 7. uhr wieder auf ein Treib Jagen bey der Solitide, ich blieb den Gantzen Tag Zu haus ausser daß ich vormitag in das Dörfle geng, u. weil es zemlich anfeng regnen, gegen 1. uhr herein fur, der herzog Kamen nach die 5. uhr wieder.

Sontag d. 11. Ich Geng in beede Kirchen, um 3. uhr Geng Es nacher Stuttgardt; ehe man ein sitzte, firden mich der herzog in die Mondirungs Kammer von der legion, in Stuttgardt sprachen der herzog im schloß einige u. um 7. uhr war man wieder hier, das wetter war sehr angenehm u. Zemlich warm. Der herzog waren auch charmand.

Montag d. 12. Nach dem friestig geng ich in das Dörfle u. gegen 4. uhr Geng es nacher Scharnhausen, wo der herzog in den Tiergarden ried u. ich in das Dorf so lang geng.

Dinstag d. 13. Um 7. uhr Gengen der herzog u. ich von hier weck nacher Tübingen auf den Marckt, ich stieg bey dem naturalien Cabinet des Professers Stors[71]) ab u. besahe es bis der herzog vom marckt Kamen, die Gräfing Bissing[564]), Generalin v. Rotberg mit Ihrer Tochter u. schwester u. der Gräfin Bissing Ihre schwester benebst einem hernn v. Rasler[579]) Kamen Zu mir u. wie der herzog Kamen, so gengen wir Zu der frau v. Frankenberg[296]), um 4. uhr waren wir wieder hier, der herzog waren aufgereimd, 3 recruten, die sie bekamen, Trugen etwas dar zu bey, in Tübingen liß ich auch noch den Professer Stor zu mir Kommen.

Hohenheim d. 14. Nov. Mitwoch 1787. Um 10. uhr fur ich in die Kirch u. abends fur man in den fassanen Garden. Auch wollen der herzog haben soll ich hin Zu Setzen, daß ich die Gantze woch recht artig gewest were.

Donerstag d. 15. Der Herzog furen um 7. uhr auf die Jagdt, ich fur um 1. uhr nach dem Essen nacher Stuttgardt, vor 2. uhr Kam die frau v. Üxküll Zu mir u. um 2. uhr Kamen alle die Mütter, die nach hof gehen mit Ihren Kinder[580]), denen ich ein Gude u. Einen ball Gab. Wir blieben bey sammen, bis der herzog von der Jagdt Kammen, welche Sich einen augenblick bey uns aufhielten u. dann Geng Es wieder hier her, um 6. uhr waren wir wieder hier.

Freitag d. 16. Um halb 10. uhr Geng Es nacher Stuttgardt, der herzog Gaben audientz u. nach dem Essen geng Es wieder hier her, abends geng ich mit Ihro Durchleicht in das Treibhaus.

Samstag d. 17. Um 7. uhr furen der herzog wieder auf die Jagdt, ich geng um 10. uhr mit dem hof Prediger Bleibimhaus in das Dörfle, um 12. uhr as ich u. um halb 2. uhr fur ich nach Stuttgardt, stig in meinem haus ab, fur alstan mit der freulein von Pfuhl nach Canstatt in die Zitz faworig, da ich aber den haushern u. frau nicht antraf, so fur ich Zu Ihro Durchleicht auf die Jagdt, die Gantz nahe bey Canstatt war, das Jagen geng just aus u. der herzog furen alstan mit mir bis zu Ihrer schäß, wo ich dann mit Ihnen Gerade hier her fur u. jetzo sagen mir der herzog soll ich nieder schreiben, daß Sie mich recht sehr liebten.

Sontag d. 18. Ich geng in beede Kirchen, um halb 3. uhr geng Es nacher Stuttgardt u. dorden geng man in die Üxküllische Geselschaft, nach die 7. uhr war man wieder hier.

Hohenheim d. 19. Nov. Montag 1787. Nach die 1. uhr Kam meine Mutter schwestern u. nichten, nach dem Essen Spilten wir, der herzog waren charmand, Zu Ihnen Kamen auch Fladig[127]) u. Hartmann[581]), die sie auf die frucht beeden firden, gegen 6. uhr gengen meine verwande wieder.

Dinstag d. 20. Gegen 3. uhr Geng Es nacher Stuttgardt, wo die Jenige Examenirt wurden die disses Jahr Conformirt werden sollen[359]).

Mitwoch d. 21. Der herzog furen abends allein nach Scharnhausen, denn ich hatte viel Zu Thon, weilen der herzog morgen Eine Kleine reise nach Augspurg an Zu Treten gedenken u. schon den v. Böhnen voraus bis Heidenheim geschickt haben.

Donerstag d. 22. Um 8. uhr Setzten wir uns in den wagen u. ich überlasse nun das Tag buch S. Durchleicht dem Herzog ford Zu setzen, bis uns Gott wieder Glücklich nach haus bringt.

Freitag d. 30. Wir Kamen durch Gottes schutz u. beystand um 5. uhr Glücklich u. wohl von disser Kleinen reisse hier an, der herzog eröffneden noch die babiere u. auch ich las meine briefe.

Samstag d. 1. Dec. Der herzog standen um 7. uhr auf, ich blieb lange ligen, weil ich einen catar hatte, u. blieb auch den Gantzen Tag zu haus, der herzog Kamen auch bald abends u. schrieben.

Sontag d. 2. Da der Capucener Gergorius[582]) frey das Erste mahl Predigde u. ich wegen meinem catar lenger liegen blieb, so geng ich nur in disse seine Predig, um halb 3. geng es nacher Stuttgardt u. dorden in die Geselschaft der frau v. Üxküll, nach die halb 8. uhr wahr man wieder hier.

Montag d. 3. Ich blieb wieder lange liegen u. fur auch den Gantzen Tag nicht aus, der herzog aber furen ein wenig spatzieren; es war heide ser Glat in der frie Zum Gehen.

Hohenheim d. 4. Dec. Dinstag 1781. Um halb 1. Uhr Kam meine Mutter, frau v. Tontersfeld u. Schwester Juli von Ensingen u. von Kirchheim meine Schwester Pflugen mit Ihren beeden Töchter, der herzog gengen bald darauf auf ein hassen Jagen bey Bernhausen, Kamen aber bald wieder Zufrieden mit Ihrer Jagdt, Sie gengen noch nach dem fassanen Garden u. nach deme Sie wieder zu uns Kamen, beurlaubten sich meine verwanten bald.

Mitwoch d. 5. Um 1. uhr Geng es nacher Stuttgardt, der herzog gengen dorden in die Legion casern u. Stall, u. Sprachen mit Einigen in Ihrem Cabinet, ich blib Zu haus u. schrieb u. man Kam Erst um 7. uhr wieder hierher.

Donerstag d. 6. Der herzog gengen um 7. uhr auf die Jagdt, ich blieb Gantz allein Zu haus u. der herzog Kamen Erst nach die 6. uhr ungeacht das wetter sehr Stirmisch war.

Freitag d. 7. Nach die 9. uhr geng Es nacher Stuttgardt, der herzog Gaben audientz, Zu mir Kam die Ecoll, der herzog gengen Zum Essen in die academie, ich geng so lang Zu der Geheimderäthin von Seckendorf, nach dissem Kam hofprediger Werkmeister noch Zu mir u. dann geng Es bald wieder hierher, der herzog rieden noch aus u. alstan schrieben Sie.

Samstag d. 8. Heide geng nicht merckwirtiges vor, der herzog rieden wie geweniglich herum u. ich blieb den Gantzen Tag zu haus, der herzog waren auch eine Zeitlang vormitag mit dem v. Böhnen im Treibhaus.

Hohenheim d. 9. Dec. Sontag 1787. Ich geng in beede Kirchen, um 3. uhr Geng es nacher Stuttgardt, der herzog stiegen bey der Legion cassern ab, u. sprachen nach gehens im schloß mit dem v. Kniestädt u. Camerschreiber, Zu mir Kam die frau v. Wechmar u. Klinkowstrem.

Montag d. 10. Das wetter war heite besonders schön u. das Termometer war beim Erweken 8. gerad über dem gefrier pongten. Gegen 11. uhr Kam die nachricht, daß der Garten Inspector Walter[203]), der samstag hier noch wohl u. monder war, gestorben ist, nach mitag firden mich der herzog nach Scharnhausen u. fassanen Garden u. es war so warm wie im somer, der herzog wollen, daß ich schreiben soll, Sie hetten mich recht lieb.

Dinstag d. 11. Das wetter war wieder Sehr schön u. nach dem Gude fur man nacher Scharnhausen.

Mitwoch d. 12. Der herzog gengen um 7. uhr auf die Jagdt bey Neckarthailfingen u. ich um 10. uhr nacher Ensingen, wo ich in der geselschaft meiner verwanden zumitag as u. war, bis der herzog von der Jagdt Kamen mich ab Zu hohlen. Der Tag war sehr schön, wir waren nach die 4. uhr wieder hier.

Donerstag d. 13. Da der herzog eine Kleine reisse vor hatten einige reichs Stede u. Clöster in schwaben zu sehen, so machte ich mir bald in meiner Garderob, bald herieben vormitag Zu Thun u. nachmitag geng Es nacher Stuttgardt, dord wurde hof Gehalden, wo sich alles beurlaubte, es daurte bis nach die 6. uhr u. erst gegen 8. uhr Kam man wieder hir an.

Freitag d. 14. Mit Gott Traten wir die Kleine reisse nachmitag nach die 1. uhr an u. gengen über Urach nach Marbach, wo wir über nacht blieben u. in Urach einen augenblick bey die Lützowische abstiegen. Disse reise durch werden der herzog das Tag buch firen.

Hohenheim d. 21. Dec. Freitag 1787. Mit Gotes hilfe Kamen wir gegen 8. uhr von der Kleinen schwebischen reisse bey regen u. wend wieder hier an.

Samstag d. 22. Vormitag ruhte man ein wenig aus u. nachmitag Geng Es nacher Stuttgardt, der herzog gengen in Ihre Cassernen u. Zu mir Kam die frau von Mosheim Klagte mir Ihren schmertz über den d. 17. erfolgten schnellen Todes fall Ihres mannes[42]), nach dissem Geng ich Zur Geheimderath Bühlerin, wo hin der herzog auch Kamen u. von da aus geng es alstan hier her.

Sontag d. 23. Ich geng in beede Kirchen u. sagde dem Geistlichen in Birgach, daß ich mir vorgenomen bis auf den Christtag das heilige Abendmahl Zu genissen; der herzog gengen nach Tisch herum u. ich blieb Zu haus.

Montag d. 24. Um 10. uhr Geng ich in die Kirch u. bekände offendlich in der Beicht Gott meine Sinden u. mein verlangen Gnade Zu Erhalden, der herzog rieden herum so viel es das wetter erlaubte, ich bekam auch die nachricht, daß die frau von Röder[507]) heide nacht gestorben ist, des mir sehr nahe geng, nach dem Gude firden mich der herzog ein wenig spatzieren u. die übrige Zeit brachten wir Stielle Zu.

Dinstag heilige Cristtag d. 25. Der herzog gengen um halb 8. uhr nach Stuttgardt dorden Zu beichten u. Zu Comoniciren, u. ich Empfeng das heilige abendmahl in der birgirgiger Kircht wie ich Zuforsichtlich mich Tröste Zu meinem heil u. seegen. Ich speiste in meinem Kleinen Cabinet gegen 1. uhr u. geng nach dissem in die nachmitag Kirch, um 5. uhr Kamen der herzog auch wieder, ich freude mich sie wieder Zu sehen, sie sagten mir, daß sie in Ihrem schreibzemer gebeicht u. in der Catolische Cabel mit der Gantzen Gemeinde bald nach dissem das heilige Abendmahl Empfangen hätten, daß sie Zum essen in die academie weren u. nach dissem noch in die nachmitags Kirche gegangen weren. Den abend brachten wir nach gehens Gantz stille Zu.

Mitwoch d. 26. Um halb 10. uhr fur ich in die Kirch, der herzog hörden auch meß, nach dem Gude fur man in den fassanen garden.

Dinstag d. 27. Im Treibhaus wurde frie gestigdt, auch geng ich in den Ku stall u. dann in die Kirch u. nach mitag fur man nach Scharnhausen ohne aus zu steigen.

Freitag d. 28. Um 9. uhr geng Es nacher Stuttgardt, der herzog gaben audientz, zu mir Kam die Senger Ausen[340]), nach der audientz Sprachen der herzog welche, man aß u. der herzog gengen in die academie u. zu mir Kamen welche von der academie, nach dissem furen der herzog in die biblioteg, ich Kam etwas speder auch da hin u. von da aus geng man wieder hier her, es wurde abends noch most gemacht.

Samstag d. 29. Im Treibhaus wurde friegestigdt u. nach mitag fur man nach Klein Hohenheim. Der herzog sagen Sie hetten mich recht lieb.

Hohenheim d. 30. Dec. Sontag 1787. Ich geng in beede Kirchen, bald nach Tisch geng Es nacher Stuttgardt, der herzog furen in den Bau hof u. ich in die Üxküllische Geselschaft, wo selbst ich nicht lang blieb u. dann Geng Es wieder hier her.

Montag d. 31. Mit Gott haben wir Auch den heitigen Tag Erlebt, er ist uns allen feirlich, weil wir wieder Ein Jahr damit beschlissen, des voll von Güte u. barmhertzig Keidt Gottes war. Das friestig wurde im Treibhaus Genommen, um halb 1. uhr Kam meine mutter, schwestern, frau, v. Tontersfeld u. Nichten von Kirchheim Zu mir, nach dem Essen firde uns der herzog in das Treibhaus, u. gegen 6. uhr beurlaubten Sie sich, mit Danken Gegen Gott, der uns so mechtig beschitzt, Erhalten u. Gesegnet hat. Gott sey gedanckt vor alles, vor Jedes leid, vor Jede freude, vor Jede Seiner Gnade, liebe u. barmhertzigkeidt. O Kände ich Jede Stonde Ihm Gelebt zu haben Zölen, vergib Almechtiger barmhertziger vatter, vergib uns allen, u. las uns Känftig, so wie bis her der welt, nur dir Zu leben, schänke uns, was uns nach deinen weisen absichten nötig ist. Erhalde uns dir u. nem uns alle Einsten Zu Gnaden um Christi willen an, amen.

Hohenheim d. 1. Jan. Dinstag 1788. Gott Vatter! mit dir fangen wir dissen neien Abschnit unsers Leben an. Schänke uns Graft u. Sterke Zum Guten, Las uns dich u. den, den du Gesand, immer besser Erkennen u. feiriger lieben, las uns dein Sein u. Bleiben, Beschietze u. Behüte uns auf allen unsern weegen u. Stegen, schänke uns deinen Seegen, u. Gieb daß wir Täglich besser, fremmer, Tugenhafter, dir Gefelliger werden, schänke uns deinen frieden u. Gieb nur Theurester Erleser, daß wir in dem Buche des Lebens Geschrieben Sein, Stelle uns nur Einstens zu deiner rechten, wo wir dich immer u. Ewiglich Loben u. Preisen werden, sonst mache es mit uns nach deinem wohl gefallen auf disser Erde; was ist aller Erden Glück gegen die hoffnung Ewig bey dir in deinem reiche zu sein, mache mich, mache uns nur da Zu dem birger Ewgen Seeligkeidt. Alles Stet in deiner hand, ich Empfehle mich dir mit allen meinen lieben u. Zittere also vor nichts, du wirst uns schietzen u. behieden, ist Gott für uns, wer mag wieder uns sein, Gieb, daß ich dich immer vor augen u. im hertzen habe, daß wir uns Einander aufmundern u. sterken im Guten u. nur darin unsere Ehre u. vorzug u. vergnügen suchen, deinen nahmen Zu verherlichen, dich über alles Zu lieben u. Zu breisen amen. hielf heiland, reiche uns deine Gnaden hand, Stehe uns bey mit der Graft deines heiligen Geistes u. beschietze uns durch deiner Engel schutz vor des deifels Trug u. list, Gieb, daß wir uns Einander lieben u. in deiner liebe unsere Pflichten Erfüllen, mache unser hertz Empfindlich vors Gute u. fühlbahr vor Alles schöne, des dir Gefallen Kann, hielf allen menschen nach deiner Grossen barmhertzigkeidt, Erfülle uns gantz mit dir, nehme mich bald zu dir, wann Es mit deinem Aller heiligsten wiellen u. wohlgefallen über Ein Kome, las mich alles, was du mir schänkest, nach deinem wohlgefallen anwenden u. Gieb, daß ich da mit wuchere u. 10 pfund gewinne, mache uns reich an guten handlungen. Du weist, was wir bedürfen, du Giebst Es uns ohne unser bitten, du Kanst überschwenglich mehr Thun über als wir bitten u. verstehen, ergreife uns mit deiner Grossen Gnade, bleibe du bey uns u. las uns bey dir bleiben, mache uns selbst würdig deinen nahmen zu verherrligen, amen. Leide uns in dissem Jahr u. immer dar Stedts auf deinen weegen u. nach deinem aller heiligsten wohl gefallen, sey doch der rechte vorsprecher bey dem Vatter, in dem Tröstlichen bewußtsein, daß du wielt, daß allen Geholfen, daß alle Gnade Erlangen mechten, fange ich an Jeden Tag disses Jahr auf Zu Zeichnen u. da mit an zu fangen: daß der herzog die um uns sein u. ich dissen Tag Gott lob Gesund angefangen haben; ich geng in beede Kirchen, der brediger in Birgach Predigte, daß wir Zur Ewigkeidt Geschaffen Sein u. der hissige hof Prediger Werkmeister von der rechten anwendung seiner Zeit. Nach Tisch ferdigden der herzog den v. Böhnen ab, um Ihn voraus alles zu bestellen, nach Engeland schickten, wo hin der herzog mich mit Zu nehmen bald nach Zu folgen Gedenken. Bald nach dissem gengen wir nach Stuttgardt, Gott bekleide uns auf allen unsern weegen, mach uns from, fiere uns nicht in die versuchung, fiere uns Stedt auf den Wegen der Tugend u. der rechtschaffenheid. In Stuttgardt waren die gewenigliche audientzen von ney Jahrs Tag, nach dissem war Consert in der academie u. nacht Tafel, wo bey von fremde ausser denen gesanden die frau von Riethof[583]) war. Nach Tisch Gengen der herzog u. ich wieder hier her, u. so beschloß sich der Erste Tag dieses Jahr.

Hohenheim d. 2. Jan. Mitwoch 1788. Um 10. uhr fur ich nacher Birgach in die Kirch, der herzog rieden ein wenig herum, so viel Es das wetter Zu lies, sie Klagden aber Kopfwe, wes wegen auch nicht aus gefahren wurde.

Donerstag d. 3. Der herzog waren Gott lob wieder wohl, rieden aber wenig wegen schlemen wetter, furen nach dem Gude Zur Jeger Gard u. ich blieb Zu haus.

Freitag d. 4. Nach die 9. uhr Geng Es nacher Stuttgardt, Zu Erst gaben der herzog audientz, dann gengen sie zum Essen von der academie u. nach dissem liessen Sie Zur ader recht Glücklich u. Gut, sie ruten einige stonden u. alstan fur man wieder hir her u. schrieb noch.

Hohenheim d. 5. Jan. Samstag 1788. Der herzog furen wegen Ihrem aderlaß fus Zur Jeger Gardt, u. um 12. uhr fur man nacher Kirchheim, wo ich meine mutter u. verwanden sahe u.

von Ihnen abschied nahm, um 5. uhr waren wir wieder hier.

Hohenheim d. 9. Mertz Sontag 1788. Gott hat uns wieder Glücklich Eine reisse vollenden lassen, in der Er uns triebe u. frohe Tage Erleben lies, wir Kamen also um 5. uhr hier Gesund an u. waren wenig Genug von Einer reisse aus Engeland u. franggreich fadigirt, daß wir Gleich unsern Geweniglichen lebenslauf hier an fengen.

Montag d. 10. Um 1. uhr Geng Es nacher Stuttgardt, dorden wurde hof gehalden u. man blieb bis 6. uhr da u. Kam gegen 8. uhr wieder hier an.

Dinstag d. 11. Der herzog gengen wie Gestern bald aus, ich packte aus u. nach dem Gude fur man in den fassanen Garden. Das wetter war Kald u. Trieb.

Mitwoch d. 12. Wie Gestern war das wetter u. der herzog rieden aus, nach Tisch Geng Es nacher Stuttgardt, der herzog gengen in die biblioteg u. Cassern, Zu mir Kam die frau v. Mandelsloh u. um 4. uhr geng es in die Geselschaft der Stugarder Nobeles[540]), um 8. uhr war man wieder hier.

Donerstag d. 13. Der herzog fengen heite eine Kur an, Gott gebe, daß sie Ihnen so Gut bekome, wie es zu dausende wenschen. Nach dem Gude geng es nacher Scharnhausen.

Hohenheim d. 14. Mertz Freitag 1788. Um 12. uhr Geng Es nacher Stuttgardt, da der Printz Ferdinand von Württemberg heide nacht ankam, so wurde bey hof gespeist, nach der Tafel beurlaubde Er sich, um Zur arme u. Zum Keisser zu gehen, der herzog firden Ihn noch in die Legion Cassern u. nach dissem geng Es wieder hier her.

Samstag d. 15. Das wetter war so unfreindlich, daß heide gar nicht aus gefahren wurde, doch der herzog rieden herum.

Pallem Sontag d. 16. Ich geng in beede Kirchen, nach die 2. uhr Geng Es nacher Stuttgardt, der herzog besahen die verlasne biblioteg des verstorben hE. v. Mosheim, ich Geng Zu der Geheimderäthin v. Seckendorf u. lies die freilen v. Penas[99]) zu mir Komen, die Abschied nam, um nacher Flösling[584]) Zu gehen, dann geng ich in.

Montag d. 17. Heide war Es Zum Ersten mahl schön, der herzog rieden wie gew. aus u. um halb 1. uhr Kam meine mutter u. schwester Juli, wir assen bald u. Sie blieben bey mir bis gegen 6. uhr.

Dinstag d. 18. Nach dem friestig geng ich disses Jahr das Erste Mahl in das Dörfle, das wetter war schön u. nach dem Gude fur man in die neue Maierey.

Hohenheim d. 19. Mitwoch 1788. Das wetter war wieder regnerisch, um 12. uhr geng Es nacher Asberg, wo der herzog die Caper regruden sahen, damit Sie Könftigen Samstag abgehen Können[566]) u. um Siebenuhr waren wir wieder hier; ich geng Ehe wir von hier weck Gengen, Zu vor auch noch in Birgach in die beicht Predig.

Grönen Donerstag d. 20. Um halb 10. uhr geng ich in die Kirche, der herzog furen aber schon um 8. uhr in Ihre Kirch nacher Stuttgardt u. Kamen wieder um halb 3; ich geng nach mitag wieder in die Predig, von der mich der herzog abholten.

Carfreitag d. 21. Der herzog furen wie gestern gegen 8. uhr nacher Stuttgardt in Ihre Kirch u. ich geng um halb 10. uhr u. nachmitag in die Birgacher Kirche, nach dissem Blieb ich in meinem Cabinet bis der herzog um halb 4. uhr Zurick Kamen.

Samstag d. 22. Um 10. uhr fur ich in die Kirch, um Gott meine Senden offendlich zu Bekennen, mein hertz fielde Sich misselig u. Beladen, der herzog rieden vor u. nachmitag aus.

Ostertag d. 23. Der herzog furen nacher Stuttgardt, um dorden das heilige Abendmahl Zu Empfangen u. ich genos disses Trost u. heils mahl in Birgach, Gott gebe, daß Es uns allen Zur Ewigen Seeligkeidt Gereiche. Nach Tisch geng ich wieder in die Kirch u. Gegen 5. uhr Kamen der herzog wieder u. so beschloß sich bald der Tag, der uns so heilig war.

Hohenheim d. 24. Mertz Montag 1788. Ich geng in die Kirch u. blieb dann den gantzen Tag zu haus. Der herzog rieden aber wie geweniglich aus.

Dinstag d. 25. Nach dem Gude fur man nach Scharnhausen.

Mitwoch d. 26. Da das wetter nicht gut war, so fur ich nur in die Kirch u. blieb dann zu haus u. der herzog rieden herum.

Donerstag d. 27. Nach dem Gude fur man Spatzieren.

Freitag d. 28. Es geng um 9. uhr nach Stuttgardt, der herzog gaben audientz u. Gengen auf die Barade, gegen 4. uhr geng Es zu dem Gesanden v. Wächter u. um 8. uhr war man wieder hier.

Samstag d. 29. Man friestigde in dem Oraschenhaus u. besahe die gewechse, die von Engeland Gestern angekommen sein, nach dissem packte ich auch sachen aus, die von Paris Kamen u. abends fur man nacher Scharnhausen.

Sontag d. 30. Der herzog u. ich gengen in die Kirch u. Es predigde der hof prediger Maersie,[546]) nach die 2, uhr geng Es nacher Stuttgardt, dorden geng man in die geselschaft der frau v. Üxküll. Ich bekam heide auch noch sachen von Paris.

Montag d. 31. Der herzog rieden wie gew. aus u. sonst geng nichts vor.

Dinstag d. 1. April. In dem oraschen haus friestigde man, sonst geng nichts vor.

Mitwoch d. 2. Es geng nacher Stuttgardt, der herzog sahen Ihre Beurlaubte u. man wolte nach gehens in die geselschaft faren, wie aber niemand da war, so fur man wieder hier her.

Donerstag d. 3. Der herzog furen mit dem von Böhnen nacher Asberg, weil sie die von der ardilerie heide da hin geschickt hatten u. waren um 7. uhr wieder da.

Freitag d. 4. Es geng um 6. uhr nacher Stuttgardt, der herzog mesten die Legion, zu mir Kam die frau v. Stetten, die sich erst Gestern geheirath hat u. noch einige; der herzog gengen auch auf die Barade u. in die academie u. nach dissem noch ein mahl zur Legion u. um 5. uhr war man wieder hier.

Hohenheim d. 5. April Samstag 1788. Der herzog rieden wie geweniglich herum u. sonst geng nichts sonderliches vor.

Sontag d. 6. Ich Geng in Beede Kirch u. nach die 2. uhr Geng Es nacher Stuttgardt, dorden Gengen der herzog die Bücher des verstorbenen Geheimderath von Mosheims Zu Sehen u. ich geng in die Geselschaft der frau v. Üxküll, um 7. uhr war man wieder hier.

Montag d. 7. Der herzog rieden herum, im Treibhaus friestigde man u. abends fur man Spatzieren.

Dinstag d. 8. Man blieb meistens zu haus.

Mitwoch d. 9. Im Treibhaus friestigde man u. ich geng um 10. in die Kirch. Um 3. uhr Kamen Welche von Stuttgardt, 16 dames u. 8. Cavalirs mit dem Printz Coburg u. den beeden gesanden. Der herzog firden die hernn Zum Theil Ein wenig herum u. ich Gab denen Dames auf einem Tisch ein freischiessen von putz sachen; nach dissem Gudirte man im Saulen Saal, geng in das Treibhaus, von wo sich die fremde beurlaubden.

Donerstag d. 10. Ich fur um 10. uhr in die Kirch, einen hofgerdner namens Winter von Schwetzingen Traf ich bey der Zurickkunft an, dem der herzog das Treibhaus Selbsten Gewissen haben u. abends fur man spatzieren.

Freitag d. 11. Es geng nacher Stuttgardt, der herzog Gaben audientz, um 2. uhr war man wieder hier u. abends fur man spatzieren.

Hohenheim d. 12. April Samstag 1788. Der herzog rieden herum, abends fur man nach Scharnhausen.

Sontag d. 13. Ich geng in beede Kirchen, nach die 2. uhr Geng Es nacher Stuttgardt, u. dorden in die Gesellschaft der frau v. Üxküll, nach die 7. uhr war man wieder hier.

Montag d. 14. Der herzog furen um 7. uhr in bekleidung des v. Böhnen nacher Stuttgardt, wonden dorden dem Anfang des Examen der academie bey. Kamen um 12. uhr wieder u. um 1. Kam meine Mutter, Schwester Pflug, die Erst vorgestern wieder von Burthenbach nach 3. monadlichen abwesenheid Zurick Kam, schwester Juli u. Nichte charlot Pflug hier her. Wir blieben beysamen bis 6. uhr, dann fur man nach Scharnhausen, wo Sich meine verwande beurlaubden u. der herzog u. ich wieder Zurick fuhren.

Dinstag d. 15. Der herzog rieden herum u. ich blieb den Gantzen Tag Zu haus.

Mitwoch d. 16. Es geng um 7. uhr nacher Stuttgardt, der herzog gengen gleich Zum examen, ich blib vor mitag in meinen Zemer u. nach Tisch geng ich auch mit Zum examen, es dauerde bis nach die 6. uhr, dann Geng Es gleich wieder hier her.

Hohenheim d. 17. April Donerstag 1788. Im Dörfle friestigde man in der Kleinen maierey u. abends fur man in den fassanen Garden.

Freitag d. 18. Es geng um 7. uhr nacher Stuttgardt, der herzog gengen vor u. nach mitag in das Examen von der academie, ich aber nur nach mitag, es dauerde bis nach die 6. uhr u. nach dissem geng Es wieder hier her. Bey dem vorigen Examen am Mitwoch lis sich auch der v. Seckendorf,[587]) vormaliger Camerpresident von Anspach Presendieren u. war heide auch wieder da.

Samstag d. 19. In dem Treibhaus friestigde man, dar zu Kam der hof Prediger Werkmeister, abends fur man nacher Scharnhausen.

Sontag d. 20. Ich geng um 9. uhr in die Kirch, nach dissem geng es gleich nacher Stuttgardt, dorden zog man sich an u. geng Zum Essen in die academie, wo die Preise vor gelesen wurden u. der Gantze hof war, alstan furen der herzog einen augenblick in Ihre Cassern nach dem bauwessen zu sehen, ich schnied mich sehr in den fenger, um halb 4. uhr geng Es wieder in die academie, wo der hof versamelt war, der Prorektor Abel[398]) hielt eine rede u. dann wurden vom herzog die Preise aus Gedeilt; nach endigung dessen sprach man noch Eine Zeit lang u. gegen 8. uhr war man wieder hier.

Hohenheim d. 21. April Montag 1788. In der Kleinen Maierey friestigde man, um 10. uhr lies ich mich friesieren u. um 3. uhr Kamen welche von Stuttgardt, woronder auch der fremde Seckendorf, den der herzog aber heite als Comitial Gesanden[587]) nach Regenspurg in Ihre Dienste nahmen. Der herzog firden die hernn Zum Theil herum, ich Gab denen wenigen dames ein Gleines schissen, dann geng es in das Dörfle, von wo aus sich die Stugarder beurlaubden u. der herzog u. ich wieder herein fuhren.

Dinstag d. 23. [586]) Beim See friestigde man, dann geng ich noch in die Kohler hüte, um halb 3. uhr geng es nacher Kirchheim, der herzog Stiegen bey meiner schwester ab, u. besahen nach dem Ihre fohlen. Meine schwester sagte mir auch, daß Ihre Tochter Janet[351]) nomero[585]) fast wie versprochen mit dem hE. v. Honolstein[569]) were. Nach deme der herzog vom Stall Zurick Kam, so Geng es wieder hier her u. man Kam vor die 7. uhr hier an.

Mitwoch d. 24. Das wetter war zemlich verenderlich, ich fur um 10. uhr in die Kirch, u. da Es abends so rau war, so blieb ich Zu haus.

Donerstag d. 25. Im Treibhaus wurde friegestigd, der herzog lissen den hofprediger Schneider dar Zu Komen u. da Es Kald u. wendig war, so geng ich von da wieder in mein Zemer u. der herzog rieden wie geweniglich herum bis 11. uhr.

Hohenheim d. 26. April Freitag 1788. Es geng nach die 9. uhr nacher Stuttgardt, der herzog Gaben audientz, im ruckweg fur man über Klein Hohenheim, wo sich der herzog vor nahmen, in der Selbigen Gegend den Thier Garden, der jetzo bey Scharnhausen ist, da hin zu machen. Der herzog rieden auch mit dem v. Böhnen noch da hin.

Samstag d. 27. Das wetter wahr Zemlich Stirmisch, doch fuhren der herzog nach Tisch mit dem v. Böhnen den neien Tiergarden Zu sehen. Ich blieb Zu haus.

Sontag d. 28. Ich geng in beede Kirchen, um 2. uhr geng Es nacher Stuttgardt, dorden wurde hof gehalden wegen der frau v. Rantzow, die aus Mecklenburg hier her Kam. Um 8. uhr waren wir wieder hier. Meine schwester v. Pflug schrieb mir auch heide, daß sich Ihre Tochter gestern mit dem v. Honolstein verheirath hat.

Montag d. 29. Der herzog Gengen wieder um den Thiergarden zu bereiten, u. abends fur man in den fassanen garden.

Dinstag d. 30. Der herzog furen mit dem v. Bönen um 6. uhr nacher Stuttgardt, dorden gengen sie in die academie u. hielten, da die Lecionen wieder auf das neue angengen, an die Junge leide Eine rede. Ich fur nacher Kirchheim, Kam da um 8. uhr an u. ging in eine stonde wieder weck, ich besuchte das Junge Eebaar von Honolstein u. war vor die 11. uhr wieder hier; abends fur man nacher Scharnhausen, ich geng in das Dorf, Kam aber mit so stargem Kopfwe Zurick, daß ich mich vor dem nachtessen noch in das bet legen muste, u. der herzog waren so gnädig vor meinem bet Zu essen.

Hohenheim [586]) d. 31. April Mitwoch 1788. Um 10. uhr Geng ich in die Kirch, hatte aber fast den Gantzen Tag Kopfwe, abends fur man in den fassanen Garden.

Hämelfard Donerstag d. 1. Mey. Gott Lob, ich war wieder wohl, fur nach Birgach in die Kirch u. Kam noch in die von Ihro Durchleicht, um 3. uhr Kam der Geheimderath Bühler, Sein schwieger Sohn Hochstetter[110]) u. Sein Sohn, [232]) der in Wien ist, hier her, sie wurden herum gefird u. um 7. uhr furen der herzog u. ich wieder vom Dörfle herein.

Freitag d. 2. Es geng nacher Stuttgardt, der herzog gaben dorden audientz u. gengen zum Essen in die academie, um 2. uhr waren wir wieder hier, der herzog furen aber bald wieder mit dem v. Böhnen in den neien Thier Garden u. wahren Charmand.

Samstag d. 3. Beim See friestigde man u. bald nachmitag gengen der herzog mit dem v. Böhnen nacher Scharnhausen, um anstalden im Diergarden zu machen, daß die dordige hirsche bald in den andern Thiergarden Kennen Transporttirt werden, u. abends fur man noch in den fassanen Garden.

Sontag d. 4. Ich geng in beede Kirchen u. nach die 2. uhr geng es nacher Stuttgardt, alwo man in die Üxküllische Geselschaft geng, gegen 7. uhr war man wieder hier.

Hohenheim d. 5. Mey Montag 1788. Das friestig nam man beim See u. abends fur man Spatzieren.

Dinstag d. 6. Der heitige Tag vergeng fast wie der Gestrige.

Mitwoch d. 7. Heide Geng auch nichts sonderliches vor, der herzog waren aber wie schon lange Gantz Charmand.

Donerstag d. 8. Der herzog furen um 7. uhr schon mit dem v. Böhnen auf die Jagdt. Ich nam was Ein, gegen 12. uhr Kamen der herzog wieder u. nach Tisch Gengen Sie wieder Zur Jagdt. Ich blieb den Gantzen Tag Zu haus, bis der herzog um 6. uhr Kamen u. Es alstan noch ein wenig Spatzieren gefahren wurde.

Freitag d. 9. Es geng nacher Stuttgardt, bey der retour Stiegen der herzog bey Klein Hohenheim ab, um Zur Jagdt zu gehen, ich fur nach haus u. Abends fur ich auch in den neuen Thiergarten, um die hirsche ein marschieren zu Sehen, wir Kamen Erst nach die 9. uhr Zurick u. zwar in einem zemlich starken wetter.

Samstag d. 10. Beim See friestigde man, um 3. uhr Kam v. Bittenfeld[403]) mit Einem regruten[588]) von Hornberg. Er blieb einige stonden hir u. nach dissem firten mich der herzog in den fassanen Garden.

Hohenheim d. 11. Mey Sontag 1788. Ich geng in beede Kirchen, nach die 2. uhr geng Es nacher Stuttgardt, dorden besuchte man die Üxküllische Geselschaft u. war um 8. uhr wieder hir.

Montag d. 12. Beim See friestigde man, der herzog u. ich assen um 12. uhr, nach dissem Kam meine mutter u. schwester von Ensingen, meine schwester Pflugen, Ihre Tochter u. Tochter mann von Bittenfeld u. v. Honolstein, die das Erste mahl als frau hir her Kam. Der herzog waren so gnädig, die hernn mit sich in den Tirgarden zu nehmen u. waren über haubt sehr genedig, um 6. uhr gengen Sie wieder u. der herzog u. ich Sahen Sie noch in Scharnhausen.

Dinstag d. 13. Beim See friestigde man u. abends fur man Spatzieren.

Mitwoch d. 14. Ich geng in die Kirch u. es geng nichts sonderliches vor.

Dinstag d. 15. Der heitige Tag feng an wie der gestrige, ich hatte Sehr Kopfwe u. wurde also abends nicht aus gefahren; nach deme wir im bet waren, so schiste man in Neufen u. sa so gleich feir, der herzog u. ich furen darauf Zu u. wir Kamen bis Silmingen, wo wir sahen, daß Es gelest war u. hörden, daß Es in Grafenberg Gebrand hatte. Um 1. uhr war man wieder hier u. legte sich Zu bet.

Hohenheim d. 16. Mey. Freitag 1788. Beim See friestigde man, abends fur man Spatzieren.

Samstag d. 17. Beim See wurde frie Gestigdt, um 4. uhr Kam herr u. frau v. Lützow u. freilen Lohre v. Franquemont. Um 6. furen der herzog nacher Scharnhausen u. Sie auch u. dann gengen Sie von hier nacher Stuttgardt.

Sontag d. 18. Ich geng in beede Kirchen, um halb 3. geng Es nacher Stuttgardt, die frau v. Lützow u. v. Tonterfeld Kamen Zu mir, der herzog gengen in Ihre Casernen u. ich in die Üxküllische Geselschaft, von da mit alle die Dames, die da waren, in das schreiner Schweickles neue haus[589]) Es zu besehen. Gegen 7. uhr war man wieder hier.

Montag d. 19. Beim See friestigde man, um 3. uhr Kamen Semdliche von der Landschaft, der herzog Kamen hier schon zu Sie, ich aber Erwardede sie in der Kleinen meierey, Sie wurden bis in das feigen haus herum gefird, dorden Gudirte man u. da es so Starck Zu regnen anfang, so beurlaubde man Sie da.

Dinstag d. 20. Es wurde in dem Treibhaus friegestiegt u. abends fur man Spatzieren.

Hohenheim d. 21. Mey Mitwoch 1788. Beim See friestigde man, um 1. uhr Kam meine mutter u. schwester Juliana von Ensingen, von Kirchheim meine schwester Pflugen mit 3. Töchter, frau v. Honolstein mit Ihrem mann u. von Bittenfeld mit Ihrem mann u. Charlot v. Pflug. Wir assen, der herzog nahmen die hernn mit in den Tirgarden u. nach die 6. uhr Kerden Sie wieder zurik.

Donerstag d. 22. Fronleichnam. Um 6. uhr Geng Es von hir ab, der herzog wonten in Stuttgardt Ihrem Gottes dienst bey, ich Kam auf die letz auch dar zu, nach dissem Gengen der herzog in die academie, Zu mir Kam herr u. frau v. Lützow, u. vormitag Kam auch meine nichte v. Honolstein so lang ich mich frissiren lis Zu mir, der herzog Gengen noch Ein mahl in die Kirch, u, dann Geng Es in die biblioteg u, um 6. uhr war man wieder hier u. furen noch gegen Neuhausen Spatzieren.

Freitag d. 23. Es geng nacher Stuttgardt, der herzog Gaben audientz u. vor 8. Tagen wurde der Professor Kausler Segreder[590]) bey mir, um halb 2. uhr war man wieder hier.

Samstag d. 24. Heide ging nichts besonderes vor, abends fur man Spatzieren nach Scharnhausen u. vormitag lis ich den hofprediger Frey[582]) in meine Kohlerhüte Komen, von wo ich Ihm nach gehens etwas vom Dörfle weiste u. meine Economische bücher in die Kleine Maierey auf raumde.

Hohenheim Sontag d. 25. Mey 1788. Der herzog u. ich gengen in die Kirch, nach die 2. geng Es nacher Stuttgardt, wo der herzog die Bücher anfangten in der biblioteg aus zu packen, die sie in London Erkauft haben. Zu mir Kam meine schwester v. Pflug, Ihre Töchter v. Bittenfeld, Honolstein u. Charlot u. die frau v. Lützow. Wir gengen dann in die Üxküllische Geselschaft u. gegen 8. uhr war man wieder hier, ich holte Ihro Durchleicht in der biblioteg ab.

Montag d. 26. Beim See wurde friegestigdt, nach die 4. uhr Geng Es nacher Stuttgardt, dorden geng man um 6. uhr das Erste mahl auf die meß,[72]) u. Kamen nach die 9. uhr wieder hier her.

Dinstag d. 27. Beim See friestigde man, der herzog rieden wie gew. herum, abends Kam der Prelad Sprener[202]) u. hofrath Stockmeier,[43]) es geng nach Scharnhausen, um Ihnen den weinberg Sehen zu lassen, um 8. uhr war man wieder hir.

Mitwoch d. 28. Beim See friestigde man, man hatte eine Kleine Jagdt dorden mit dem schwanen, um 9. uhr Kam hE. u. frau v. Lützow u. freilen v. Franquemont zu mir in die Meierey, es war sehr warm, wir gengen herein, der herzog furen mit dem v. Böhnen nacher Stuttgardt, u. die Lützowische blieben bey mir bis der herzog Kamen, dann gengen Sie bald wieder nach Urach u. der herzog u. ich furen noch in den fassanen Garden.

Hohenheim d. 29. Mey Donerstag 1788. Das friestig wurde beim See genommen, dann las ich in meiner Kohlerhüte, abends fur man in den fassanen Garden.

Freitag d. 30. Es geng gegen 10. uhr nacher Stuttgardt,

der herzog gaben audientz u. waren nicht so Gut disbonirt u. so Gnädig wie schon lange her, es geng um 12. uhr auf die meß, u. von da in die biblioteg, wo der herzog die Englische bücher follens aus packte, ich war auch gar nicht monder.

Samstag d. 31. Der heidige Tag war in betref des homors beim herzog u. mir fast wie Gestern, beim See friestigde man u. abends fur man in den neuen Tirgarden.

Sontag d. 1. Juni. Der herzog Gengen in Ihre Kirch, ich nacher Birgach, u. Kam noch in die hissige predig, nach die 2. uhr Geng Es nacher Stuttgardt. Der herzog musterden Ihren Stall u. ich geng in die Üxküllische Geselschaft, gegen 8. uhr war man wider hir.

Montag d. 2. Beim See friestigde man, der herzog gengen um 3. uhr u. den v. Böhnen mit auf die Solitide u. ich bald her nach nacher Kirchheim, wo ich einige Stonden blib u. Gegen halb 8. uhr nach Scharnhausen wieder Kam, wo mich der herzog Erwartet hatten u. mich dann hir her firden.

Hohenheim d. 3. Junii Dinstag 1788. Beim See friestigde man, es zogen aber immer wetter rum her, wo von Eines auch in den herrenberger Turn Gott lob aber ohne schaden Einschlug, Abends fur man Spatzieren in den fassanen Garden. Der fürst von Se merengen[562]) Kam heide nach Stuttgardt, Zu dem der herzog den v. Böhnen schickten.

Mitwoch d. 4. Gleich in der frie schigte der first von Semerengen einen von Seiner Sute[141]) mit einem Compliment, der herzog sprachen Ihn, beim See friestigde man u. abends fur man in den Tirgarten.

Donerstag d. 5. Das friestig nam man beim See, die nachricht Kam, daß der Keisserliche Gesande v, Lerbach[402]) in Stuttgardt angekomen were, der herzog schickten henein, um Ihn u. welche von hof auf morgen hierher ein zu laden; aus gefahren wurde heide nicht. In der frie badede ich.

Freitag d. 6. Der herzog rieden aus, ich badede, beim See friestigde man, um 1. uhr Kam der Keisserliche Gesande benebst denen andern von Stuttgardt, auch meine nichte u. Ihr mann von Honolstein, nach dem die audienz verbey war, as man bald u. nach dissem fur man in das Dörfle u. der herzog firden den Lerbach allerorden herum; um 8. uhr beurlaubten Sie Sich vom Dörfle aus.

Hohenheim d. 7. Juny Samstag 1788. Vor dem friestig, das man bey dem See nahm, badede ich u. las nach dissem wie gew. in meiner Kohlerhüte, um 11. uhr geng Es nacher Stuttgardt, man zog Sich an u. geng um 2. uhr nach hof, wo im weisen Saal gespeist wurde, u. nach Tisch beurlaubde sich der Graf Lehrbach, der herzog gengen noch in die biblioteg, wo Sie den Gesanden noch antrafen. Zu mir Kam die frau v. Tontersfeld u. Gültlingen,[591]) die bis den 9. eine reisse Zu Ihrem mann nacher Adelmansfelden antretten wiel, um 8. uhr war man wieder hier.

Montag d. 9. Beim See friestigde man u. Abends fur man in den fassanen Garden.

Hohenheim d. 10. Junii Dinstag 1788. Das friestig nam man beim See u. abends fur man in den Thir Garden.

Mitwoch d. 11. Wie Gew. laß ich nach dem friestig beim See in meiner Kohlerhüte u. geng um 10. uhr nach Birgach in die Kirch; da immer wetter herum Zogen, so fur man abends nicht aus.

Donerstag d. 12. Beim See friestigde man, Zu vor badede ich u. Abends fur man in den Thirgarden.

Freitag d. 13. Der vormitag vergeng wie Gestern, um 3. uhr aber Geng Es nacher Stuttgardt, wo der herzog audientz Gaben, in Ihre Cassernen furen u. Cour hilten, disses Thaurde bis gegen 7. uhr, der dänische Gesande Wächter[182]) beurlaubte sich auf einige wochen u. nach die 8. uhr war man wieder hier.

Samstag d. 14. Beim friestig am See wurden wie gew. die fische Gefutert, Zu vor badede ich u. abends fur man nacher Scharnhausen.

Sontag d. 15. Der herzog u. ich gengen in die Kirch, um halb 7. uhr badede ich aber vorhero, nach Tisch Gengen der herzog in die Gebeide[447]) herum, nahmen mich alstan auch mit u. zeigten mir Ihre Cassernen u. Montirungs Kamern, dann gengen wir Zum See[412]), dorden gutirte man u. von da geng es in die Kleine maierey[552]), der herzog rieden zu die Jeger, ich las bis der herzog wieder Kamen, dann schrieben Sie auch da u. nach die 6. uhr fur man in den Thirgarden.

Hohenheim d. 16. Junii Montag 1788. Um 6. uhr badede ich, halb 9. uhr nahm man das friestig beim See u. spatzieren fur man nach die 6. uhr in den fassanen Garden.

Dinstag d. 17. Der formitag vergeng wie Gestern, nur daß ich Stadt in der Kohlerhüte in der Kleinen maierey bis 11 uhr laß. Abends fur man in den fassanen Garden u. der herzog waren zemlich auf gelegt.

Mitwoch d. 18. Nach meinem baad friestigde man beim See u. ich laß wieder in der Kleinen maierey bis 10. uhr, dann fur ich in die Kirch nacher Birgach u. abends geng Es nach Scharnhausen. Es war heide Sehr warm.

Donerstag d. 19. Ich badede, beim See friestigde man u. in der Kleinen maierey laß ich, der herzog besuchte mich da wie gew. u. ich fur, da Es so warm war, um 11. uhr herein, abends fur man in den fassanen Garden.

Freitag d. 20. Nach meinem baad Zog ich mich geschwend an, dann Geng Es nacher Stuttgardt um halb 9. uhr, der herzog Gaben audientz u. um 11. uhr war man wieder hier, abends fur man in den Thiergarden, wo hin der herzog den Ober Jegermeister auch Komen lissen.

Samstag d. 21. Der herzog rieden wie gew. um 7. uhr aus, ich badede, beim See friestigde man u. in der Kleinen maierey laß ich, der nachmitag war immer wetereich, Abends fur man die alte Grosse Tour Spatzieren.

Wildbaad d. 22. Juny Sontag 1788. Der herzog u. ich Gengen in die Kirch, u. um 2. uhr Gengen wir von hier ab in das Wiltbaad, wo Selbst wir um 8. uhr ankamen, bald darauf in der Geselschaft des forstmeister v. Geisberg[394]), des hE. v. Böhnen, leib medicus Jeger, expititionsrath Seibert[592]) u. Speciall von Wildbaad[593]) zu nacht assen u. dann zu bette gengen.

Hohenheim d. 23. Gleich nach deme der herzog angezogen waren, besahen Sie die neue Einrichtungen u. das neue baad, ich Kam auch bald nach, man besahe alles, u. der herzog ordeden noch einiges an, dann besahe man auch den Spatzir Gang u. Geng dann um 10. uhr wieder weck, in den Deinach, woselbst man auch alles u. besonders die quellen von dem Saur wasser Sahe, dann zu mitag as , u. gegen 2. uhr wieder Abgeng, um halb 6. uhr war man wieder hier. Der herzog rieden noch bis nach die 7. uhr aus.

Dinstag d. 24. Beim See friestigde man u. abends fur man in den Thir Garden.

Mitwoch d. 25. Wie gestern friestigde man, in der maierey laß ich, um 5. uhr Geng Es nacher Stuttgardt u. um 8. uhr war man wieder hier.

Hohenheim d. 26. 1788 Donerstag. Nach meinem Baad

friestigde man beim See, dann laß ich in der Maierey, der herzog rieden wie Gew. herum. Um halb 2. uhr Kam meine Schwester v. Pflug mit Ihrer Tochter u. Tochter Mann v. Bittenfeld u. Charlot. Nach dem Essen Gengen wir in das Dörfle, der herzog Kamen auch mannigmal Zu uns u. abends fur man nacher Scharnhausen.

Freitag d. 27. Der herzog furen um halb 7. uhr Zu Einer Jagdt in Bekleidung des v. Böhnen, wo man Einige Thir in den Thir Garden Jagen wolte. Um halb 10. uhr Geng ich in die Maierey u. Kam um halb 12. uhr wieder Zurick, wo alstan meine schwester Pflugen mit Ihrer Gestrigen Geselschaft Kam, wir assen bald u. nach dissem furen wir nacher Stuttgardt, Stiegen bey der frau v. Üxküll ab u. in Bekleidung disser, Ihres mans u. hofmarschal Geisberg u. freulen v. Pfuhl[526]) furen wir zu dem hernn v. Palm nach Milhausen, woselbst Er uns Seine anlagen weiste; in seinem haus ruthen wir ein wenig aus u. dann furen wir wieder nach Stuttgardt Zurick, im schloß Stiegen wir ab, dorden beurlaubde Sich die frau v. Üxküll, da sie morgen in das Zeisenhauser baad[594]) zu reisen Gedengt, meine schwester sa mit Ihrer famille noch den Geschickten reider[595]) u. ich fur Ihro Durchleicht Zu, die ich bald auf dem weeg nach Klein Hohenheim begegende, ich fur alstan mit Ihnen in der schäß nach haus u. der v. Böhnen fur in meinem waagen uns nach.

Hohenheim d. 28. Junii Samstag 1788. Der herzog furen gegen 7. uhr wieder Zu der Gestrigen Jagdt mit Ihrer Gestrigen Begleidung, ich baadede u. laß in der Maierey. Zum Essen Kamen der herzog nach haus u. furen gerade Zu mir in die Maierey, nach dem Essen gengen der herzog aber Gleich wieder auf die Jagdt u. holden mich dann nach die 4. uhr auch da Zu ab, die Hirsch u. Thier wurden in den Thier Garden herein gelassen. Es regnede aber, was Es Kont u. wuste.

Sontag d. 29. Heide baadede ich nicht u. Geng auch nicht nach Birgach, sondern allein hir in die Predig des hof Prediger Bleibimhaus, in die Kirch, nach Tisch Gengen der Herzog herum, ich Geng in die maierey u. von da aus fur man nach die 2. uhr nacher Stuttgardt, der herzog gengen in die Biblioteg u. Zu mir Kam zu Erst die freulen v. Penas u. dann die frau v. Wechmar[254]) u. Klinkofstrem mit Ihren Kinder, nach die 7. uhr war man wieder hier.

Montag d. 30. Da Es regnede, so wurde hir friegestigdt, doch badede ich zum 18. mahl; der fürst von Sigmaringen[562]), Kam die nachricht, wirde morgen Komen; Spatzieren fur man in den fassanen Garden.

Dinstag d. 1. Es geng nach meinem baad in die maierey, da friestigde man u. ich lis mich da frissiren u. blieb da Zu lessen bis nach die 11. uhr, der fürst Kam um halb 2. uhr, auch einige dames u. cavalirs von unserm hof, nach der Tafel furen der herzog u. der fürst in den Thir Garden u. die die bey mir waren u. ich gengen in das Dörfle, dorden blieben wir bis der herzog und fürst wieder Kamen, u. bald nach dissem beurlaubde sich alles.

Hohenheim d. 2. Juli Mitwoch 1786. Wie gestern baadede ich nach die 6. uhr, das friestig wurde beim See genomen, ich laß alstan bis 10. uhr in der maierey u. dann fur ich nach Birgach in die Kirch. Es wurde invitirt hir her zu Komen der General v. Bouwinghausen mit Seinen sohn u. schöneren[596]), herr u. frau v. Leitreiter[513]) u. v. Milius mit Seiner frau. Sie Kamen um halb 4. uhr, ich firde Sie in das Dörfle, um 7. uhr gengen Sie wieder weck u. der herzog u. ich furen noch ein wenig Spatzieren, auch gestern furen der herzog u. ich, nach deme der fürst weck war, noch in den Thir Garden, um Einen hirsch herein Sprengen zu sehen.

Donerstag d. 3. Wie gestern wurde der vormitag ausser daß Keine Kirch war hin gebracht, abends fur man in den Thir Garden. Es war heide Sehr warm u. ich hatte Zemlich Kopfwe.

Freitag d. 4. Beim See friestigde man, in der maierey laß ich, u. fur um 11. uhr wieder Zurick, der herzog schickten mir zu lieb den Stallmeister Bühler nach Stuttgardt, um den Geschickte reitter[595]) so wie von Böhnen gestern reiten zu sehen, des ich mich freude u. der herzog waren überhaubt Zömlich Gnädig, abends Kam Ein wetter, daß man nur wenig aus faren Konde.

Hohenheim d. 5. Juli Samstag 1788. Es geng heide nichts sonderliches vor, abends fur man in den fassanen Garden.

Sontag d. 6. Der herzog u. ich Gengen in die Kirch, ich in beede, nach die 2. uhr Geng Es nacher Stuttgardt, der herzog Gengen in die Cassern u. Zu mir Kam die haubtmann Stompe[597]) u. Ihre Tochter, gegen 8. uhr war man wieder hier.

Montag d. 7. Beim See friestigde man, abends fur man nach Scharnhausen u. nach dissem firden mich der herzog noch in die obere Gebeide.

Dienstag d. 8. Der heilige Tag glich dem Gestrigen nur daß man in den Thir Garden fuhr.

Mitwoch d. 9. Auch disser Tag war beeden vorhergehende Gleich.

Donerstag d. 10. Der herzog furen Gleich nach Tisch, um der anstald einen hirsch Ein Zu richten, bey zu wohnen, von hier weck, nahmen mich mit bis Könken, da Stiegen Sie aus u. rieden follens bis zur Jagdt u. ich fur nach Kirchheim, von wo aus ich alstan um 5. uhr mit meiner schwester Pflugen auch Zur Jagdt fur, u. Ihre angehörige auch in einem andern wagen mit nam.

Hohenheim d. 11. Juli Freitag 1788. Um 8. uhr furen der herzog u. nahmen v. Böhnen mit, wieder auf die Jagt u. ich fur gegen 2. uhr nacher Kirchheim, wo ich bis 6. uhr blib u. auch Zur Jagdt fur; als ich Kam, war der hirsch just Gefangen u. der herzog u. ich furen alstan gerade hir her. Es war erstaunend warm.

Samstag d. 12. Beim See friestigde man u. abends fur man in den Thir Garden.

Sontag d. 13. Der herzog gengen in Ihre u. ich in unsre Kirch, ich Kam noch wie gew. in die Predig von Ihro Durchleicht, bald nach Tisch geng ich in die maierey, der herzog Kamen auch da hin, abends fur man Spatzieren.

Montag d. 14. Das friestig wurde beim See genomen, u. Gegen 4. uhr Geng Es nacher Stuttgardt, wo der herzog in die Legions Cassern Gengen, um 8. uhr war man wieder hir. Der herzog verschickten den von Böhnen noch Zu Einem Jagen von dem Courfirsten von der Pfaltz.

Dinstag d. 15. Nach dem friestig beim See laß ich ruhig in der Maierey, wo hin der herzog Zum Zweiten mahl Kamen u. mir Sagten, daß ein Courir vom printz Wilhelm von Württemberg[598]) gekomen mit der nachricht, daß Er dem herzog auf warden wolle. Abends fur man in den Thir Garden.

Hohenheim d. 16. Juli Mitwoch 1788. Nach dem friestig Geng ich in das Dorf u. von da fur ich um 10. uhr in die Kirch; nach die 1. uhr Kam der printz Wilhelm u. noch Einige von hof dames u. cavalirs, man aß bald, der herzog zeigde dem Printzen alles u. man fur dann in das Dörfle, von wo Sich Gegen 8. uhr der Printz, um nacher Kopenhagen Zu gehen, beurlaubte u. alles wieder nacher Stuttgardt Zurick Körte.

Donerstag d. 17. Beim See friestigde man u. gegen 4. uhr Geng Es nacher Stuttgardt u. gegen 8. uhr war man wieder hier.

Freitag d. 18. Wie Gestern wurde der vormitag hingebracht u. um halb 2. uhr Kam meine schwester Pflug mit Ihrer Tochter

u. Tochter mann von Bittenfeld u. Tochter Charlot, wir waren recht vergnügt bey sammen u. der herzog firden uns abends in die Cassernen u. dann geng Es nacher Scharnhausen, wo sich meine verwande beurlauten.

Samstag d. 19. Um 3. uhr fuhren der herzog nacher Stuttgardt u. Kamen um 7. uhr mit Ihrer Legion wieder hier her, vor dem schloß marschirden Sie auf, der herzog lissen es mir durch den von Böhnen sagen, daß ich es von dem schloß aus Sehen Konde, nach dissem Zogen sie in Ihre somer wohnung u. der herzog u. ich assen Zu mitag bey die officirs, u. Abends fur man in den Thir Garden spatzieren.

Hohenheim Sontag d. 20. Juli 1788. Ich geng in die Kirch nacher Birgach u. Kam Zurick in die Kirch von Ihro Durchleicht, die in dem reithaus wegen der Legion Gehalden wurde. Bei die officirs Speiste man Zu mitag, u. nach Tisch geng ich bald in die maierey, wo hin der herzog auch Kamen u. abends fur man in den fassanen Garden.

Montag d. 21. Beim See friestigde man u. der Gantze Tag war vertrislich, abends fur man in den Thirgarden.

Dinstag d. 22. Wie gestern friestigde man beim See, um 3. uhr Kam die Schriftstelerin Ehrmann u. Ihr mann[599]) u. Einige profesors aus der academie u. die hofpredigers; sie wurden aller orden herum gefird u. ich bassirde einen rechten angenehmen Tag, gegen 8. uhr beurlaubden Sie sich.

Mitwoch d. 23. Vom friestig beim See geng ich in die Maierey, fur von da aus um 10. uhr in die Kirch u. um halb 2. uhr Kamen die Lützowische von Urach u. dann auch die Oberstin von Wolfskehl mit 2. Töchter u. Maigor Steden mit Ihrem mann[510]), wir assen Zu mitag u. ich Glaubde, daß das mitag essen 10 stond Thaurde, der Gantze Tag Kam mir so erschreglich lang vor; mit die Lützowische geng ich abends in das Dörfle u. da Kam ein Sehr starkes wetter. Der herzog Kamen auch zu uns u. endlich hörde es ein wenig auf u. wir furen herein u. die andere nach haus.

Hohenheim d. 24. Juli Donerstag 1788. Der herzog Erlaubden mir meine verwande von Kirchheim Ein Zu laden, so wie auch meine nichte von Seckendorf, u. Sie Kamen nach die 3. uhr. Da Es die Gantze nacht wetters hatte, so regnede Es von Zeit zu Zeit, daß wir gar nicht aus gengen als in das Treibhaus u. um halb 7. uhr beurlaubden Sie sich.

Freitag d. 25. Das wetter war heide bassabel u. man Konte wieder frucht herein fieren, der herzog u. ich furen abends Zum schneiden u. der vormitag vergeng wie Gestern, ich war aber im Gantzen nicht auf Geheidert.

Samstag d. 26. Beim See friestigde man u. ich Geng dann wie meistens in die maierey u. laß. Abends fur man Zum schneiden, ich war wieder nicht sonderlich auf Geheidert.

Sontag d. 27. Ich fur in die Birgacher Kirch u. Kam noch in die Predig von Ihro Durchleicht, mitags as man bey die officirs u. nach mitag brachte ich meistens in der maierey Zu u. abends fur man über Plieningen henaus Spatzieren.

Montag d. 28. Nach dem friestig beim See geng ich wie gew. in die maierey, gegen 10. uhr Kam die Pfarren u. der Pfar benebst Seinen schwigeralden[600]) Zu mir u. blieben bey mir, bis ich herein geng. Abends fur man Zum schneiden.

Dinstag d. 29. Beim See friestigde man, der herzog rieden nach dem zum schneiden u. gengen wie alle Zeit auf die Barade.

Mitwoch d. 30. Den heitige Tag bestemden der herzog, um die Einrichtung in Grafeneck Zur hirschbrunst zu machen u. gengen um 9. uhr von hier über Ihre Gestieder ab, den von Böhnen nahmen Sie mit u. ich geng nach dem friestig in die Maierey, um 10. in die Kirch u. nach der Kirch Kochte ich mir mein Essen Selbst, u. geng um 2. uhr herein; der herzog Kamen wieder um 6. uhr. Es wurde noch ein wenig Spatzieren Gefahren.

Donerstag 1788 Hohenheim d. 31. Juli. Der heitige vergeng wie der vor gestrige.

Freitag d. 1. Aug. Der herzog furen um halb 7. uhr auf ein hirsch Jagen bey Böblingen u. nahmen den v. Böhnen mit Sich, ich blieb Zu haus ungeacht die pferde nach Kirchheim Zu fahren besteld waren, geng nach dem friestig in die Maierey u. Kochte mir mein Essen wieder Selbst, nach die 5. uhr geng ich Zu fuß nach Scharnhausen, der herzog Kamen vor mir wieder hir her u. furen mir indgegen.

Samstag d. 2. Beim See friestigde man, um 2. uhr Kamen meine verwante von Kirchheim u. um 3. uhr frau v. Wächter mit Ihrer Tochter u. die frau v. Wolfskehl u. Stetten[510]), wir gengen aller orden herum Spatzieren, der herzog gengen auch zu Zeiten mit u. gegen 8. uhr beurlaubten sie Sich.

Sontag d. 3. Der herzog Gengen in Ihre Kirch u. ich in beede, nach mitag Geng Es nacher Stuttgardt, alwo ich Zur Gräfin Pückler[68]) geng u. von da geng Es wieder hier her.

Montag d. 4. Beim See friestigde man u. nach Tisch geng Es nach Asberg, gegen 7. uhr war man wieder hir.

Hohenheim d. 5. Aug. Dinstag 1788. In der maierey wurde nach meinem Baad frie gestigdt, nach Tisch Geng Es nacher Stuttgardt, der herzog hatten mit der Gard Zu Thun u. Zu mir Kam die madam Ermann[599]).

Mitwoch d. 6. Das friestig war beim See, um 10. uhr fur ich in die Kirch, wie ich aus der Kirch Kam, draf ich einen regruten[588]) an, der von Erkenbrechtshausen Kam, abends fur man nach dem fassanen Garden.

Donerstag d. 7. Der herzog gengen um 7. uhr schon auf die Jagdt im Leonberger forst. Ich geng aber nach Tisch nacher Stuttgardt, stieg im schloß ab u. fur dann mit Einigen dames u. cavalirs Zu dem oberschenck vom Ber[221]) in seinen Garden, mit dem herzog war der hE. v. Böhnen u. gegen 8. uhr Trafen der herzog u. ich Zu gleicher Zeit hir Ein.

Freitag d. 8. So wie gestern furen der herzog mit dem v. Böhnen zur Jagdt, ich fur um 11. uhr nacher Kirchheim u. Kam um 7. uhr wieder hir her, geng noch im Dörfle Spatzieren bis 8. uhr u. Erst um 9. uhr Kamen der herzog wieder.

Samstag d. 9. Beim See friestigde man, nach Tisch Kam die frau von Rasler[579]) v. Richthof[583]) u. Ihre Töchter, frau v. Wolfskehl u. Stetten u. Kanesek[437]) u. Kniestet, u. meine schwester Pflug mit Ihren Töchter u. Tochtermann Bittenfeld, wir gengen aller orden herom, auch ruckte die Gard Zu fuß ins lager ein, ich war mit dem heidigen Tag zufrieden.

Hohenheim d. 10. Aug. Sontag 1788. Ich geng in Beede Kirchen u. bey die officirs wurde Gespeist, nach Tisch Geng ich bald in das Dörfle u. abends fur man Ein wenig Spatzieren.

Montag d. 11. Man as mit die officir von der Gard u. das friestig wurde beim See genomen u. abends fur man in den fassanen Garden, auch exercirte der herzog.

Dinstag d. 12. Beim See friestigde man u. nach Tisch Geng es nacher Stuttgardt, es wurde da hof gehalden, weil Ein Engelender[601]) u. noch ein Baar andere fremde[602]) u. [603]) da waren. Nach die 7. uhr war man wieder hir.

Mitwoch d. 13. Der herzog fuhren um 6. uhr schon Zu Einem

Jagen bei Neufen u. nahmen den v. Böhnen mit; Zu mir Kam meine schwester Pflug, Ihre Töchter Bittenfeld u. mann u. Kind u. Charlot, ich Erwardede Sie in der maierey u. nach dissem fuhren wir herein, assen u. waren ruhig bey samen bis gegen 6. uhr, dann bekleidede ich sie bis Scharnhausen, fur nach gehens wieder in das Dörfle u. wardede den herzog ab, u. Sie Kamen erst um 9. uhr.

Donerstag d. 14. Beim See friestigde man, der herzog Exercirten ein wenig u. abends fur man in fassanen Garden.

Freitag d. 15. Der heitige Tag vergeng fast wie der Gestrige.

Samstag d. 16. Beim See friestigde man, heide ruckte auch das Leibkor Ein, auch Exercirten der herzog u. abends fur man Spatzieren.

Hohenheim d. 17. Aug. Sontag 1788. Ich geng in Beede Kirchen, um 1. uhr Kamen welche von hof, der Milord Camilford[601]), hE. v. Milkau[602]) u. v. Gogenmos[603]), Sie wurden nach Disch in das Dörfle Gefird u. beurlaubden sich dorden auch abends u. der herzog gengen nach gehens Zur Legion.

Montag d. 18. Um halb 1. uhr Kam meine schwester v. Pflug mit Ihren angehörigen u. der herzog u. ich gengen abends mit Ihnen bis Scharnhausen.

Dinstag d. 19. Beim See friestigde man, da fiel Es Ihro Durchleicht Erst ein, das regimend von Hügel v. Coburg u. Stein hir her marschiren Zu lassen, um Einige Tag hir zu Campieren u. gengen dann gleich mit dem v. Böhnen nach Asperg, Solidite, Loudwigsburg u. Stuttgardt, Zu mir Kam nach Disch die Witzlebische[512]) famille u. alle die officirs frauen, deren Ihre Männer hir sein, nebst der Gräfin Wittgenstein[604]), ich war übel disponirt, ich firde Sie in das Dörfle u. bald Kamen der herzog dann wieder zurick; die dames blieben bey mir bis abends, dann geng ich zu fuß Gantz allein Zurick u. indessen ruckten welche von die regimender ins lager.

Hohenheim d. 20. Aug. Mitwoch 1788. Um 10. uhr fur ich in die Kirch, u. Spirde noch Etwas Kopfwe von Gestern, man Speiste mit die Stabs officirs in dem assamble Saal von der Legion[447]), nach Tisch war ein Manöwer, wo durch die bey Kämlet[92]) campirten Zu denen versetzt wurden, die bey Plieningen lagen; abends furen mich der herzog auch da hin.

Donerstag d. 21. Wie Gestern Speiste man mit die Officirs, nach Tisch war Manöwer bey Plieningen, ich sahe zu auf der

Siewillen[252]), der herzog schickten mir den von Böhnen, daß Er mir Explicirte u. nach dissem firden mich der herzog noch in das Lager.

Freitag d. 22. Beim See friestigde man, um 1. uhr Kam der Bischoff von Lentz[605]) u. welche von hof, nach Tisch fur man Bald in das Dörfle u. abends Beurlaubte sich der Bischoff auch da Selbst, u. der herzog gengen noch Zu Ihrer Legion.

Samstag d. 23. Das friestig war am Gestrigen platz u. Zu mitag as man wieder mit die officirs, nach Tisch war manöwer, wor durch die regimender Coburg u. Stein wieder nach Stuttgardt ein ruckten u. Hügel aber wieder hier her Kam.

Hohenheim d. 24. Aug. Sontag 1788. Ich geng mit Ihro Durchleicht in die Kirch u. um halb 2. uhr Kam der General Graf Stein[606]) benebst Einige dames u. cavalirs von hof, der herzog lissen Ihm die Legion in der neien Mondirung[607]) aus rieken u. firden Ihn in der cariol Zu die Jegers, wir dames Spielden so lang bis der herzog wieder Kamen u. Sich nach Gehens alles beurlaubte.

Montag d. 25. Beim See friestigde man, nach Tisch geng es um 3. uhr nach Stuttgardt, der herzog gengen in die Biblioteg, wo der General Stein auch hin Kam. Zu mir Kam die Madam Ehrmann[599]) u. um 7. uhr war man wieder hir.

Dinstag d. 26. Das friestig wurde in der Maierey genomen, nach dissem lies ich mich Erst frissiren u. um halb 2. uhr Kam der General Graf Stein wieder benebst einige von Stuttgardt, auch meine schwester Pflug mit die Bittenfeldische. Nach Tisch geng es in das Dörfle u. nach deme dem General v. Stein alles Gewissen geworden, beurlaubte er sich, u. der herzog gengen noch Zur Legion.

Mitwoch d. 27. Beim See friestigde man, der herzog Glaubden das Bodegra Zu bekomen u. hatten immer ein wenig schmertzen, doch Exercirten Sie u. abends fur man in den Thiergarden.

Hohenheim d. 28. Donerstag 1788. Das friestig wurde hier genommen, nach dissem aber geng ich noch in die Maierey u. wie ich Zurick Kam, so Geng ich das Erstemahl auf die Cubol auf dem schloß; mit dem Bodegra geng Es Gott lob etwas bessers, abends fur man ein wenig Spatzieren.

Freitag d. 29. 1788. Nachmitag um 3. uhr Kam die regierungsrath frülein[608]) mit Ihrer Gantzen famille Zu mir u. nach dissem auch die officirs frauen von Stetten[510]), Beke[609]) u. Pfuhl[610]).

Ich firde sie in das Dorf u. dann firden mich der herzog noch Spatzieren.

Samstag d. 30. Abends fur man Spatzieren u. Sa einer hanswursterey im lager Zu, Zu vor war man in Waldenbuch, um die quadir Zur hirschbrunst Zu reguliren.

Sontag d. 31. Ich geng in beede Kirchen, man aß bey die officirs u. nach dissem geng ich mit dem herzog in das schloß auf die Kupol u. dann in das Dörfle, abends fur man in den fassanen garden.

Montag d. 1. Sep. Nach Tisch Kam meine schwester Pflug mit die Bittenfeldische u. Ihrer Tochter scharsolt[351]), abends gengen der herzog mit uns nacher Scharnhausen.

Dinstag d. 2. Abends Kamen die regimender von Coburg u. Stein follens hir her zu campiren, das friestig wurde in der maierey genomen. Ich sahe Zu auf der Kupol.

Hohenheim d. 3. Sep. Mitwoch 1788. Gegen 3. uhr Kam der Landgraf von Hessen-Homburg u. Einige officirs frauen benebst der Holtzschuerischen familie[611]) aus Nürnberg. Der Herzog lissen die Legion in Ihrer neien uniform dem Landgrafen aus ruken, u. ich sahe mit die Dames auf der Kupol vom schloß Zu. Nach dissem beurlaubte Sich der landgraf wieder u. alle andere gengen nach haus.

Donerstag d. 4. Beim See friestigde man, nach mitag Kam der President von Gemmingen, Röder von Waldenbuch mit Seiner famille, oberforstmeister von Göllnitz[336]) u. Camerher von Gemmingen, sie wurden hir u. im Dörfle herum gefird u. beurlaubden Sich nach die 7. uhr.

Freitag d. 5. Der herzog gaben in Stuttgardt wieder ein mahl audientz, u. Gengen in die academie u. abends fur man in das lager.

Samstag d. 6. Gegen 2. uhr Kam meine Mutter, schwester Pflug mit Ihrer Tochter Louis, Charlot u. Tochter mann Bittenfeld, der herzog manewerirten u. wir gengen auf die Küpol, nach dem Sie weck waren, firden mich der herzog noch in das lager.

Sontag d. 7. Ich geng in beede Kirchen, nachmitag war die Sichelhänget u. abends fur man noch nach dem fassanen Garden. Gott hatte die Ernde wieder mit Seinem Seegen Glücklich vollenden lassen, Em sey vor alles lob u. danck gesagt.

Hohenheim d. 8. Sep. Montag 1788. Beim See friestigde

man, um 3. uhr Kam Eine frau vom Emhof[612]) u. Einige officirs frauen, ich firde Sie in dem Dörfle herum u. dorden beurlaubten Sie sich auch.

D. 9. Dinstag. Der morgen vergeng wie der Gestrige u. nachmitag gescha nichts besonderes, der herzog exercirten u. abends fur man Spatzieren.

Mitwoch d. 10. In aller frie furen der herzog in Bekleitung des v. Böhnen auf Ein Jagen nacher Murrhard. Ich geng nach dem friestig in die Maierey u. da hin Kam Zu mir der Special u. Seine frau von Lustnau[67]) u. die Pfarrerin von Birgach, Sie gengen mit mir herein, u. vor die Ein Uhr Kamen Einige Dames u. Cavalirs von hof Zu mir, mit denen ich dann nacher Kirchheim Zu meiner schwester fur; im rickweg besahen wir auch die alderdemer bey Könken, u. Trafen den herzog wardent auf uns schon bey Scharnhausen an.

Donerstag d. 11. Beim See friestigde man u. abends Exercirten der herzog. Auch fur man in den Thir Garden.

Freitag d. 12. Nach dem friestig rieden der herzog gegen Wangen, um einen Platz Zum maneweriren aus zu suchen u. Kamen um 12. uhr Erst wieder Zurick, ich war im Dörfle u. um 2. uhr gengen der herzog mit allem Militaer, des hir war, um auf dem Platz bey Wangen, den Sie besehen, Zu maneweriren; da es regnede, so fur ich abends intgegen u. Es wurde Erst gegen 8. uhr wieder Ein Geruckt.

Hohenheim d. 13. Sep. Samstag 1788. Beim See friestigde man, Mitags speiste man bey die officirs u. nachmitag geng Es nacher Stuttgardt, wo der herzog einen Platz bey Canstadt Zum Maneweriren besahen, um 7. uhr war man wieder hir.

Sontag d. 14. Ich geng in beede Kirchen, die Mitags Tafel war bey die officir, u. das 30. Jerige Dinst Jahr des haubtmann Halwig[613]) wurde celeverirt, dar durch daß Sie Ihn Zum haubtmann machten u. Ihm noch andere Gnaden Erwissen.

Nach mitag rieden mit dem v. Böhnen gegen Mairengen[614]), um wieder Einen Platz Zum Maneweriren Zu Besehen, ich geng in das Dörfle u. abends fur man in den Thir garden.

Montag d. 15. Das friestig nam man Beim See, nachmitag Kam meine Mutter, Schwester v. Pflug mit Ihren Töchter Bittenfeld u. Charlot, schwester Juli u. Bittenfeld, nach dissem Kamen auch noch die General hollische famille[223]), ranische[615]) famille,

Pfuhlische[616]), u. Gämische famille[617]), wie auch die freilen von Reischach aus der Ecol[490]). Es wurde Ihnen Zemlich alles gewisen u. nach deme sie ferdig waren, so beurlaubte sich alles in der Maierey, Dockder Jäger[186]) u. 2. Brieder reis[271])[618]) waren auch hir.

Dinstag d. 16. Das friestig nam man hir, dann rieden der herzog gegen Märingen[614]), um alles Zu Einem Manöwer zu arrachiren, ich geng ins Dörfle, gespeist wurde bey die officir, wo bey der Printz von Coburg auch war, u. bald nach Tisch wurde zu dem manöver aus geruckt, von da gengen die regimender v. Coburg u. Stein wieder nach Stuttgardt, u. der herzog Kamen mit die andere Trupen gegen abend wieder hir her.

Hohenheim d. 17. Sep. Mitwoch 1788. Das friestig war beim See, nach Tisch geng Es nacher Ensingen, von wo aus der herzog auf die Jagdt gengen u. nichts schossen, um 6. uhr war man wieder hir u. ich war verdrislich.

Donerstag d. 18. In der Maierey friestigde man, abends fur man in den fassanen Garden u. bekam die nachricht, daß der Printz von Taxis morgen Komen wolte.

Freitag d. 19. In der Maierey friestigde man, um 1. uhr Kam der Printz[619]) Bruder des fürsten, Ein Geheimderath von Gemmingen[620]) u. Einige dames u. cavalirs von hof, der herzog firden den Prentzen hier aller orden herum u. ich spilte so lang, gegen 7. uhr Beurlaubte sich Alles wieder.

Samstag d. 20. Das friestig nam man wieder bei der Maierey u. um 1. uhr Kam wieder der Printz von Taxis, es geng nach Tisch in das Dorf, der herzog firden den Prentzen aller orden herum, wir dames gengen nur bis an das Feigenhaus u. bey der Maierey beurlaubte sich dann alles.

Sontag d. 21. Ich geng in Beede Kirchen, nach Tisch hilten der herzog Special revie, es Kam ein Zemliches Wetter u. nach dissem Kam die General Hügelische famille mit Ihrem Tochter mann v. Wissenhüter[511]), ich firde Sie in das Dorf u. gegen abend Kamen auch der herzog wie gleich nach dem Sie Kamen Zu uns, u. bey der Maierey Beurlaubte Sie sich; der herzog u. ich furen noch in das lager, wo die von Hügel noch eines Spaß mit reiten machten.

Hohenheim d. 22. Sep. Montag 1788. Es wurde hier friegestigdt, der herzog propirden nach dissem mit Ihrem Militaer die revie, u. ich geng in das Dörfle, abends fur man in den Thirgarden u. es war alles besteld, daß morgen revie sein soll.

Dinstag d. 23. Das friestig war hir, u. da Es regnede, so wurde die revie abbestelt, nach Tisch Geng es nacher Stuttgardt, wo der herzog dem Prentzen von Taxis visite machten, um 7. uhr war man wieder hier.

Mitwoch d. 24. Es wurde hier frie gestigdt, der herzog hatten viel wegen der revie zu Thun, das wetter war sehr Gänstig u. um 11. uhr Kam der Printz von Taxis u. alles, was Zur revie eingeladen war, um 12. uhr wurde gespeist u. nach dissem geng bald die revie auf dem Birgacher feld an, um 6. uhr war Es schon vorbey u. abends Speiste man in dem reithaus mit allen officir.

Donerstag d. 25. Das friestig wurde hir genomen, Zu mitag Speiste man bey die officir u. abends fur man in den Thir Garden.

Freitag d. 26. In der Maierey friestigde man, der herzog hatten viel Zu Thun, weil heite die Legion von hir abmarschirte u. in Stuttgardt Einruckte. Bald nach dem Essen firden Sie der herzog selbsten nach Stuttgardt u. ich fur auch da hin u. sahe sie in die neie Zemer auf der planie auf marschiren u. um halb 7. uhr waren der herzog u. ich wieder hir.

Hohenheim d. 27. Sep. Samstag 1788. In der Maierey friestigde man, nach Tisch Kamen meine verwante von Kirchheim u. Ensingen, bey welcher Gelegen heid sich die Bittenfeldische wieder Beurlaubten, um nacher Hornberg zu gehen. Es geng nacher Scharnhausen abends, wo heide so wie hier Wein Gelesen wurde u. in dem Kleinen haus[385]) von dem hisigen wein berg gaben uns der herzog ein Gude.

Sontag d. 28. Ich geng in Beede Kirchen, um 3. uhr geng Es nacher Stuttgardt, der herzog gengen dorden in Ihre Legion Cassern u. Zu mir baat sich die frau v. Taubenheim[363]) Zu Komen aus, ich Empfangde sie auch in die neue Zemer, u. um 7. uhr waren wir wieder hir.

Grafeneck d. 29. Sep. Montag 1788. In der Maierey friestigde man, u. nach mitag um 3. uhr geng Es von hier ab nacher Grafeneck, wo man gegen 8. uhr ankam u. in dem alten schloß Logirte.

Dinstag d. 30. Der herzog Besahen alle quadir u. Theilten Sie follens ein, dann Zog man von dem alten schloß in das neihe u. der herzog u. ich Speisten gleich da zu mitag. Nach dissem zog ich mich an u. raumte meine sachen follens ein u. der herzog schrieben, vor Tisch Kam auch die frau v. Lützow Zu mir, ich hörde auch bald, daß Alles, was berufen war, von Stuttgardt angekomen were, u. Gegen 5. uhr Kam dann die fürstliche von Hechingen u. Firstenberg[562]), es war abend Consert u. nach der Tafel reterirte sich bald ein Jedes.

Mitwoch d. 1. Okt. Der herzog gengen um 6. uhr mit dem fürsten von Hechingen auf die birst, auch geng die fürsten von firstenberg fast um die nemliche Zeit auf die Jagdt. Nach deme Sie wieder Kamen, war Tafel u. nach mitag geng der herzog mit dem firsten von firstenberg u. der first von Hechingen so wie die firsten von firstenberg gengen eben messig auf die Jagdt, die firsten von Hechingen, meine schwester v. Pflug, frau v. Üxküll, v. Lützow u. ich Kamen Zusamen u. arbeiteden u. Gegen 5. uhr Kam der first von Sigmaringen[562]); bald nach dissem Spielten wir u. wie sie von der Jagdt wieder Zurick Kamen, zogen sie sich an u. bald wurde noch zu nacht gespeist.

Grafeneck d. 2. Okt. Donerstag 1788. Die fremde gengen alle in der frie auf die Jagdt, aus genomen die firsten von Hechingen nie, der herzog firden mich nacher Marbach u. nach Tisch gengen Sie auch mit der firstin von firstenberg auf die Jagdt, die übrige fremde gengen auch nach Tisch wieder fast alle Zu Gleicher Zeit auf die birst. Die firsten von Hechingen u. ich gengen in das alde schloß zu meiner schwester, wo wir bis gegen Abend blieben, Abends Spilten wir u. Es war nach dissem Consert, Zu welchem alle, die auf der Jagdt waren, Kamen.

Freitag d. 3. Der herzog gengen vor dem friestig aus, um Einen 18. ein richten zu lassen, ich fur Zu sie henaus Zum friestig, die fremde gengen meist auf die Jagdt gegen Urach u. Keines Kam Zur mitags Tafel nach haus. Gegen 4. uhr furen wir Zum eingerichten Jagen, allein, wie man fangen wolte, war der hirsch henaus, nach dissem gengen der herzog noch mit dem firsten von firstenberg auf die birst, u. die firstin, die dames u. ich furen nacher Marbach, wo wir die pferde Sahen, Abends spilten wir.

Grafeneck d. 4. Oct. Samstag 1788. Der herzog firden mich Spatzieren gegen Dapfen u. beschänckte mich mit einer schnur prillianten zu praslet, waren Zum Kissen gnädig, die fremte gengen auf die Jagdt, Kamen aber auf den mitag wieder u. rieden nach Tisch wieder auf die birst, der herzog gengen mit dem firsten von Sigmaringen auf die birst, u. die firsten von Hechingen, meine schwester, frau v. Üxküll u. ich furen nacher Offenhausen, abends war Consert.

Sontag d. 5. Man geng um 11. uhr in die Kirch, u. hörde den hofprediger Frey mit villem Beyfall predigen. Nach dissem Kam die Generalin v. Rasler Ihr Mann[579]) u. Älste Tochter, bald wurde dann gespeist. Nach Tisch geng die Jeger Partie bald auf die Jagdt, dir fürstin, frau v. Rasler, meine schwester u. ich furen Spatzieren, u. abends war Consert.

Montag d. 6. first von Hechingen u. von Sigmaringen blieben in Urach übernacht, der herzog gengen mit dem firsten von Hechingen bis an den ferenberg u. Kamen abends wieder allein Zurick.

Der Herzog furen, u. nahmen den v. Böhnen mit Sich, um 9. uhr von Grafeneck weck nacher Urach, die fürstin von firstenberg u. der fürst gengen zu vor schon auf die birst auch da hin Zu, u. ich fur mit der firsten von Hechingen, meiner schwester u. frau v. Üxküll eine halbe stonde dar nach auch weck, Zu vor beurlaubte sich die Raslische famille[579]), u. wir Kamen Zemlich bald in urach an, dorden wurde Gespeist, dann gengen die fremde wieder auf die birst, der herzog u. ich furen gerade nacher Waldenbuch, u. wir Kamen an, daß der herzog noch alles besehen u. durch gehen Konten, dann Kam die firsten von Hechingen, mit welcher der Printz von Coburg, meine schwester u. frau v. Üxküll gefahren waren u. nach dissem erst nach Tisch die fürstliche u. andere von der Suite Kamen sie auch alle bald nach uns. Abends Spilte man, der herzog Spilten auch mit uns Triset[158]), u. wir gengen Zu bet, ohne alle noch ab zu warten.

Waldenbuch d. 7. Oct. Dinstag. Der herzog fuhren in der frie um 7. uhr u. ich nacher Hohenheim, da besahen der herzog alles u. wir Kamen wieder vor die 11. uhr nacher Waldenbuch, nach mitag Konte Keines auf die birst wegen schlemen wetter, es wurde also meistens gespilt u. abends war consert.

Mitwoch d. 8. Der herzog gengen mit der fürstin von firstenberg auf die birst, ich geng um 10. uhr in die Kirch; nach der Tafel geng wieder wie vormitag alles auf die Jagdt u. der herzog wieder mit der firstin, wir zu haus gebliebene Spilten u. abends war Conser, bey welchem sich die fürstin von Hechingen reterirte wegen starkem catar.

Waldenbuch d. 9. Oct. Donerstag 1788. Der Herzog Blieben vormitag Zu haus, aber die fremde bis auf den firsten von firstenberg gengen auf die Jagdt, u. nach mitag gengen der herzog mit dem firsten von Hechingen auch auf die birst, wir Spilten abends in die Zemer von der fürstin von Hechingen, wo der herzog nach gehens auch mit Spilten.

Freitag d. 10. Der herzog firden mich spatzieren in der frie u. die fremde gengen auf die birst, nach mitag geng auch alles auf die birst, die firstin aber, meine schwester, frau v. Üxküll u. ich furen nacher Einsidel, nach dissem geng ich Zu der Land Jegermeisterin von Röder u. lies den Pfarrer zu mir Komen, packte auch ein wenig ein, u. abends war Consert. Der herzog waren mit dem firsten von Sigmaringen nachmitag auf der birst, ehe das consert angeng, wurde auch gespilt.

Hohenheim Samstag d. 11. Um 8. uhr Beurlaubte sich alles, der herzog gengen auf ein hirschfangen im Böblinger forst u. ich fure gerade hir her, stig in der maierey ab u. raumde dann meine sachen wieder Ein; der herzog, die den von Böhnen bey sich hatten, Kamen Erst nachts um 9. uhr hir an.

Hohenheim d. 12. Oct. Sontag 1788. Ich geng in die Kirch nacher Birgach u. Kam noch in die von Ihro Durchleicht; der herzog gengen nach Tisch herum u. dann gengen sie u. ich in das Dörfle bis Zur maierey, wo unterwegs alles besehen wurde, was indesen gemacht geworden ist, u. von da fur man in den Thirgarden.

Montag d. 13. Das friestig wurde hir genommen, um 3. uhr geng Es nacher Stuttgardt, der herzog hilten eine rede in der academie denen ney angekommenen aus urlaub, Zu mir Kam die frau v. Taubenheim, der herzog Kamen auch dar Zu, u. dann fur man wieder hir her.

Dinstag d. 14. Es wurde wieder hier friegestigdt, um 1. uhr Kam meine mutter u. schwester Juli u. Pflugen mit Ihrer Tochter Charlot. Wir blieben beysamen bis gegen abend u. dann Beurlaubten sie sich, der herzog schickten den v. Böhnen nach Tübingen, um uns morgen in Hechingen an zu sagen.

Mitwoch d. 15. Der herzog u. ich gengen um 7. uhr von hier henweck, um nacher Hechingen Zu gehen, wir Kamen aber nur bis Duslingen, wo der von Böhnen die nachricht brachte, daß in Hechingen niemand Zu haus were, wir Körten also gleich wieder um u. fuhren nacher Stuttgardt, wo der herzog in Ihre Legion cassern gengen, u. dann geng es wieder hier her.

Hohenheim d. 16. Oct. Donerstag 1788. In aller frie Kam die nachricht, daß der älste Printz von Wirttemberg hier her Komen wolten. Der herzog Schickten den v. Böhnen also nacher Stuttgardt, um auf disse ankunft alles Zu bestellen; es wurde hier frie Gestigdt, der herzog rieden wie gew. herum u. ich blieb den Gantzen Tag Zu haus.

Freitag d. 17. Um 11. uhr geng Es nacher Stuttgardt, um den gestern angekomenen Printzen[310]) Zu Empfangen. Es war Tafel bey hof, wo bey auch der Milord u. seine frau Bogang[621]) waren. Der Prentz geng in die comedie u. der herzog u. ich wieder hier her.

Samstag d. 18. Um 1. uhr Kam der Printz, Gesander Wächter, milord Bofang u. Einige Dames u. Cavalirs von hof, man Speiste bald u. nach dissem firden der herzog die fremde herum. Ich gab so lang denen Dames Eine haube heraus Zu Spielen u. nach die 6. uhr beurlaubte sich dann alles.

Sontag d. 19. Ich geng in die Kirch von Ihro Durchleicht u. um 11. uhr geng Es nacher Stuttgardt, wo Tafel bey hof war, nach der Tafel firden der herzog den Printzen in die Legions Cassern u. dann Geng Es wieder hier her, Zu mir Kam auch eine freulein von

Hohenheim Montag d. 20. Oct. 1788. Das friestig wurde hier genomen, nach dissem geng ich in die Maierey u. nach Tisch Kam der herr von Honolstein[569]) mit Einem regruten[588]), der dem herzog freite machte, bald nach dissem gengen wir um was in der Gärdnerey Zu sehen nach der Solitude u. von da aus nach Stuttgardt; um 6. uhr waren wir wieder hir, der Printz war heide auf der Jagdt.

Dinstag d. 21. Vor dem friestig geng ich in das Dörfle, hier aber wurde frie Gestigdt u. um 1. uhr Kam der Printz u. Einige Dames u. Cavalirs von hof; nach Tisch weisten der herzog Ihre canonen, ich spilte Tarock, es regnede immer Ein wenig u. nach dissem ongeacht des regens geng Es nacher Scharnhausen, von wo sich alles beurlaubte.

Mitwoch d. 22. Um 11. uhr geng Es nacher Stuttgardt; Es war mitags Tafel bey hof, nach Tisch liß sich auch die Gesanden Mago[456]) wieder presentiren, der Printz beurlaubte sich, um wieder auf sein Landgut Zu gehen u. der herzog u. ich Trafen um halb 8. uhr wieder hier Ein, nach der Tafel in Stuttgardt Kam auch v. Honolstein u. v. Üchderitz[522]) Zu mir.

Donerstag d. 23. In der Maierey friestigde man, gegen 3. uhr Kam der Milord Bogang[621]) in der Maierey Zum herzog u. Abends fur man in den fassanen Garden.

Freitag d. 24. Vor dem friestig geng ich Spatzieren, hir wurde friegestigdt u. gegen 3. uhr furen der herzog, u. nahmen den v. Böhnen mit, nacher Stuttgardt, ich Blieb den gantzen nachmitag Zu haus u. gegen 6. uhr Kamen der herzog wieder.

Hohenheim d. 25. Oct. Samstag 1788. Der herzog sagen, ich solle schreiben: Sie hätten mich recht Gern, Ein Beweis, daß Sie charmand Sein. In der frie geng ich vor dem friestig Spatzieren u. hier wurde das friestig genomen, abends fur man in den Thirgarden.

Sontag d. 26. Ich fur in die Kirch nach Birgach u. Kam nur noch Zum gebet in die Kirch, die der hofprediger Schneider gehalten hatte, nach die 2. uhr geng Es nacher Stuttgardt, wo hof gehalten wurde, um die frau v. Ransow[524]) u. Ihre Junge schwegerin die frau v. Lützow[622]) zu sehen. Es wurde da Gespilt, der herzog gengen auch in Ihre Cassern u. um halb 8. uhr war man wieder hir.

Montag d. 27. Ich geng vor dem friestig Spatzieren, der herzog Lissen ville Baime Beim Boudoir[623]) Setzen u. abends fur man über Plieningen henaus, um Hohenheim Zu Sehen.

Dinstag d. 28. Ich solle heide wieder schreiben, daß mich der herzog Gerne hätten, das friestig wurde in der Maierey genomen, ich geng dann in die Kohlerhüte, u. abends fur man in den fassanen garden, im Gantzen genommen war ich aber heide nicht mit mir Zufrieden.

Mitwoch d. 29. Ungeacht es regnede, geng ich doch vor dem friestig aus, u. um 10. uhr fur ich in die Kirch, um halb 2. uhr geng Es hernach nacher Kirchheim, wo der herzog die fohlen sahen u. ich so lang Bey meiner schwester war, mit der ich mich zangte, u. so Ernstlich wie lange nicht.

Hohenheim d. 30. Oct. Donerstag 1788. Bey der Maierey friestigde man, dann geng ich in meine Kohlerhüte, u. abends fur man die grosse Tour Spatzieren.

Freitag d. 31. Bey der Maierey friestigde man wieder u. nach dissem gengen der herzog mit mir Bis an die Kohlerhüte.

Beim nachhaus Gehen Setzte ich auch Zwey Beime bey dem Boudoir. Um Ein uhr Kam meine mutter u. schwester Juli von Ensingen, der herzog waren sehr gnädig u. wir waren recht vergnügdt Beysamen.

Samstag d. 1. Nov. Der herzog gengen um 7. uhr auf Ein Treib Jagen Bey Leonberg u. nahmen mit sich den von Böhnen, ich geng vor sonnen aufgang in den Carlshof u. friestigde dann hier hännen, um halb 1. uhr Kam meine schwester Pflugen mit Ihrer Tochter Charlot, Camerher von Gemmengen u. freulein von Pfuhl, wir furen nach Tisch nacher Waldenbuch, um die frau v. Ransow dorten noch so wie Ihre Junge schwegerin Zu sehen; wie wir Zurick Kamen, waren der herzog schon da, u. meine geselschaft beurlaubte sich alstan.

Sontag d. 2. Ich Geng in Beede Kirchen, u. um 2. uhr geng es nacher Stuttgardt, der herzog gengen in die academie u. Zu mir Kam v. Seckendorf u. noch einige andere, um halb 7. uhr war man wieder hir.

Montag d. 3. In der Maierey friestigde man, dann Laß ich in der Kohlerhüte, das wetter war sehr schön, abends fur man nacher Scharnhausen u. ich geng dorten in das Dorf.

Hohenheim d. 4. Nov. Carls Tag Dinstag 1788. Der herzog wolten Ihren Tag Ganz ohne alles Gebreng Zu Brengen, Sie rieden in der frie wie gew. aus, ich sahe die sonne Sehr schön in dem Carlshof aufstehen, gegen mitag hörte ich mit Ihro Durchleicht die Predig vom hofprediger Werkmeister u. nach mitag firten mich der herzog Zum schissen zu die Jegers, nach dissem gengen der herzog u. ich Bey dem Bauhen u. die anlahgen herum, u. abends sas man ruhig Beysamen.

Mitwoch d. 5. Der herzog gengen auf die Jagdt Bey Könken u. nahmen den von Böhnen mit, ich geng vor sonnen aufgang auf die miel im Dörfle, u. um 10. uhr in die Kirch, der herzog Kamen nach die 4. uhr schon u. dann fur man noch Spatzieren.

Donerstag d. 6. Das Wetter war wieder sehr schön, ich sahe die Sonne im Carlshof aufgehen, in der Kleinen Maierey wurde friegestigdt u. in der Kohlerhüte Laß ich, abends fur man Spatzieren.

Freitag d. 7. Es geng um halb 10. uhr nach Stuttgardt, der herzog gaben audientz u. gengen Zum Essen von der academie, nach dissem geng Es wieder hir her.

Samstag d. 8. Der herzog gengen auf die Jagdt Bey Leonberg, ich sahe die Sonne auf der Sibille auf gehen u. fur um 11. uhr nacher Ensingen, Zu meiner mutter u. Blieb da Bis nach die 4. uhr, der herzog Kamen anderhalb stonden nach mir hir an.

Hohenheim Sontag d. 9. Nov. 1788. Ich geng in Beede Kirchen, nach mitag gengen der herzog Ein wenig herum, u. dann geng Es nacher Stuttgardt, wo hof gehalden wurde um des stadthalders von Umgelder zwillen. Um halb 8. uhr war man wieder hir, das wetter war Besonders schön.

Montag d. 10. Ich sahe die Sonne auf dem Carlshof auf gehen, in der maierey friestigde man u. abends fur man in den Thirgarden Spatzieren.

Dinstag d. 11. Der heitige Tag vergeng wie der Gestrige nur daß man in den fassanen Garden fur.

Mitwoch d. 12. Der herzog gengen um 6. uhr auf die Jagdt in dem Leonberger forst bey Ditzingen u. nahmen den von Böhnen mit, ich sahe die sonne beim Beyberg[624]) aufgehen u. geng um 10. uhr in die Kirch, um 1. uhr Kam der Minister[12]) u. Seine frau Benebst der freilen von Pfuhl[526]) Zu mir, wir assen Bald, u. furen nach Disch nacher Boihingen Zu die von Domische[366]), wo auch meine Mutter u. schwester Juli waren, wir Blieben ein baar stonden da u. Körden dann Zufrieden Zurick, der herzog Kamen eine halbe stonde nach mir.

Donerstag d. 13. Ich sahe die sonne wieder Beim beyberg auf gehen, in der maierey friestigde man, dann las ich in der Kohlerhüte, abends fur man spatzieren, der herzog waren wie schon lang charmand.

Freitag d. 14. Der heitige Tag vergeng fast gantz wie der Gestrige, ausser daß heite die nachricht Kam, daß die Printzes von Württemberg[625]) in Lifland gestorben ist, die eine gebohrene Printzes von Braunschweig war.

Hohenheim d. 15. Nov. Samstag 1788. Der herzog gengen um 7. uhr auf Ein Jagen Bey Kirchheim, ich geng in den Carlshof gleich nach dissem Spatzieren, um halb 1. uhr as ich u. um halb 2. uhr fur ich nacher Kirchheim, wo ich auch meine mutter u. schwester Juli antraf; der herzog Kamen Bald von der Jagdt, u. dann Geng Es wieder hier her.

Sontag d. 16. Ich geng in Beede Kirchen, um 2. uhr fur man 2 frantzösischen officir Zu wegen nacher Stuttgardt, die presentirt

Sein wolten, man hielt also hof, es wurde gespilt u. um halb 8. uhr war man wieder hir.

Montag d. 17. Ich geng vor dem friestig in den Carlshof, das friestig nam man in der Maierey, nach dem Laß ich in der Kohlerhüte, um 10. uhr Kam der Pfarrer von Birgach Zu mir, ich firde Ihn in meine Kohlerhüt, um daß Er Bücher holde u. abends geng es nach Scharnhausen.

Dinstag d. 18. Ich geng Zwar Bis Zum Beyberg[624]), allein es feng an Zu schneien, daß nach dissem das friestig hir Genomen wurde, u. abends fur man im schneihen in den Thiergarden.

Hohenheim d. 19. Nov. Mitwoch 1788. Der Herzog Gengen um 6. uhr auf die Jagdt Bey Bleidelse[626]), ich Geng vor sonnen aufgang in Carlshof, um 10. uhr in die Kirch u. blib den Tag über Zu haus, der herzog Kamen nach die 6. uhr.

Donerstag d. 20. Da das wetter nicht Gut war, so geng ich zwar vor dem friestig aus, aber das friestig nam man hier, um 2. uhr geng Es nacher Stuttgardt, Es wurden die Junge Leide von der academie, die Conformirt sollen werden, Examenirt[359]), ich Blieb eine Zeitlang da Bey, fur aber nach gehens Zum Presitenden von Gemmingen, wo hin der herzog nach dem examen auch Kamen, gegen 8. uhr war man wieder hir. Ehe man nacher Stuttgardt Geng, Kam ein Cavalir von Aufenberg von Hechingen geschickt, der disse Herschaften ins Gesamt bis auf den Sontag anmelte.

Freitag d. 21. Vor dem Gude geng ich in den Carlshof, das friestig nam man in der Maierey, abends fur man in den fassanen Garden.

Samstag d. 22. Der herzog gengen auf die Jagdt Bey Waiblingen, vor dem friestig geng ich Zum Beyberg[624]), u. um 1. uhr Kam meine mutter, schwester Pflugen, Juliana u. nichte C. Pflug, wie auch die frau v. Stetten, wir Blieben bey samen bis ungefer 5. uhr, dann gengen sie u. der herzog Kamen gegen 7. uhr.

Hohenheim d. 23. Nov. Sontag 1788. Der herzog gengen in die mes, u. nach dissem geng ich mit Ihnen in die Predig, um 1. uhr Kamen welche vom hof, u. nach dissem die fürstliche von Hechingen, firstenberg u. Sigmaringen[562]), man aß bald zu mitag, nach mitag geng man durch den stall in das Treibhaus u. dorden Blieb man Bis Sie Sich um 5. uhr wieder Beurlaubten.

Montag d. 24. Der herzog sagen, daß ich soll schreiben,

daß Sie Sehr mit mir Zufrieden weren; vor dem friestig Geng ich Zum Beyberg, im rickweg Begegnede ich den herzog u. wir gengen dann Zum friestig in die maierey, nach dissem Laß ich in der Kohlerhüte, u. nach Tisch geng ich noch mit in das Boudoir[623]), um die Stück an zu geben. Nach dem Gude geng es nacher Scharnhausen, wo hin der haubtmann fischer Kam, um ihm was an zu geben.

Dinstag d. 25. Der herzog gengen um 6. uhr schon auf die Jagdt im forst bey Bietigheim u. nahmen den v. Böhnen mit, ich Geng vor dem friestig Zum Beyberg u. as Zu mitag allein in meinem Cabinet, gegen 7. uhr abends Kamen der herzog wieder.

Hohenheim d. 26. Nov. Mitwoch 1788. Wieder wie Gestern fuhren der herzog nach 6. uhr auf die Jagdt bey Louisburg, ich geng vor dem friestig Spatzieren, um 10. uhr in die Kirch u. um halb 3. uhr fur ich nacher Stuttgardt, wo um 4. uhr hof u. Consert war. Der herzog Kamen gegen 6. uhr Zurick, lissen sich nur Einen augenblick Beim Consert sehen, sprachen alstan auf Ihrem Zemer mit dem Gesanden Wächter, u. nach dissem fuhren wir wieder hier her, es war heide sehr Kalt.

Donerstag d. 27. Vor dem friestig Geng ich Zum Beyberg Spatzieren, das friestig wurde in der Maierey genommen, der herzog schieckten den von Böhnen nacher Hechingen, um uns auf den Samstag an Zu melten. Abends fur man Spatzieren u. Stieg bey dem Boudoir ab; von Böhnen kam wieder, wie man vom Disch aufstond.

Freitag d. 28. Der herzog gengen in Bekleitung des v. Böhnen wieder um halb 7. uhr auf eine Jagdt Bey osweil, ich as in meinem Cabinet zu mitag u. geng um 2. uhr nacher Stuttgardt, dorden Kam die frau v. Beulwitz[545]) Zu mir u. um 3. uhr geng ich Zu der frau v. Üxküll, wo selbst ich eine Kleine geselschaft von hof antraf, wir arbeidenten u. spilten nach dissem, u. gegen 6. uhr Kamen der herzog, Blieben einige augenblieke u. dann geng Es hier her.

Hohenheim d. 29. Nov. Samstag 1788. Um halb 8. uhr fuhren der herzog u. ich von hier nacher Hechingen, u. machten da unsere visite der fürstin u. dem fürsten, der fürstin u. dem fürsten u. Jungen Printzen von firstenberg u. dem fürsten von Sigmaringen,[562]) vor 12. uhr Kam man in Hechingen, Speiste um 1. uhr u. Geng ungefer um 4. uhr wieder hier her, hielte sich wie im hin weg ein wenig in Offerdingen auf, u. Kam nach 8. uhr wieder hier an, es war sehr Kalt heide.

Sontag d. 30. Ich geng nacher Birgach in die Kirch u. hörte alstan noch die Predig von dem Pader Jakob Bernhard von ochsenhausen,[627]) der las das Erste mahl Predigde, nach Tisch Geng Es nacher Stuttgardt, wo der herzog mit dem geheimderath Bühler wegen die schillingfirstische Printzen Sprachen u. Zu mir Kam die Ehrmann[599]) u. um halb 6. uhr war man wieder hir.

Montag d. 1. Dec. Ich Geng Bis Zum See[628]) der Maierey, es schneide immer ein wenig, in dem Treibhaus friestigde man u. abends fur man in den fassanen Garden.

Dinstag d. 2. Der herzog Gengen wieder in aller frie auf die Jagdt, ich geng um halb 4. uhr nacher Stuttgardt, dorden lies ich einige zu mir Komen, frau v. Stetten,[510]) v. Beulwitz[545]), Gansen[340]) Profesor Hübner,[629]) Studiosus Stoll, dentzer Hütten,[630]) Pfarrer Schramen u. Expetitionsrath Elsässer.[128]) Der herzog Kamen erst nach die 7. uhr von der Jagdt, dann Geng Es gleich hier her.

Hohenheim d. 3. Dec. Mitwoch 1788. In der Maierey wurde friegestigdt, um 10. uhr Geng ich in die Kirch, u. gleich nacher Tisch geng Es nacher Ensingen, wo der herzog Bey meiner mutter abstiegen u. dann in Bekleidung des von Böhnen in den Wald rieden, um ein baar Lenden aus zu suchen, ich blieb so lange bey meiner mutter, alwo auch der v. Üchderitz[522]) war, u. nach deme der herzog wieder Kamen, so geng es bald wieder hier her.

Donerstag d. 4. Der herzog gengen wieder um 7. uhr auf die Jagdt u. nahmen wie gew. den von Böhnen mit, ich geng im Eidlen schne in meine Kohlerhüte, gegen 4. uhr Kamen der herzog schon wieder un vermuth so Bald, wegen schlemen wetter.

Freitag d. 5. Es geng um halb 10. uhr nacher Stuttgardt, der herzog gaben audientz u. nach Tisch Geng es dann bald wieder hier her.

Samstag d. 6. Der herzog gengen wieder um 7. uhr auf die Jagdt, um 10. uhr geng ich nacher Birgach in die Kirch, Gott meine Sinden offendlich zu Bekennen. Den Gantzen Tag blieb ich dann ruhig in meinem Cabinet allein, u. der herzog Kamen Erst gegen 8. uhr. Es war ein sehr Groser schne.

Hohenheim d. 7. Dec. Sontag 1788. Um halb 10. uhr Geng ich in die Kirch, um das heilige Abendmahl Zu Empfangen mit Grosem vergnügen, wie ich Zurickkam, war die Kirch von Ihro Durchleicht schon verbey, der herzog Gengen ein wenig herum im Treibhaus u. ich fur um halb 2. uhr in die Kirch, nach disser firden mich der herzog auch ein wenig bis Zum Beyberg Spatzieren, u. abends saß man ruhig Beysamen.

Montag d. 8. Nach dem friestig Brobirten es der herzog mich schlitten Zu fahren u. nach Tisch fur man auch im schlitten nacher Stuttgardt, der herzog gengen Einen augenblick in die Biblioteck u. um 6. uhr war man wieder da.

Dinstag d. 9. Der herzog gengen nach dem friestig in den Stall u. das Treibhaus, es war Sehr Kalt, nach mitag Geng Es nacher Stuttgardt, wo der herzog in den Bauhof Gengen, um Einen schlitten Zu recht machen Zu lassen Zu einer Kleinen reisse, die Sie vor hatten, ich lis die Professer Kauslerin[590]) Zu mir Komen, um 5. uhr war man wieder hier.

Mitwoch d. 10. Der herzog gengen wie gestern herum, ich geng ungeacht des grossen schnes in meine Kohlerhüte, es war heide nacht Zemlich Kald, das Termometer stond auf 14. Gerad under dem Gefrir pongden, nachmitag geng es in den Thier Garden u. fassanen Garden.

Donerstag d. 11. Vormitag geng ich in das Dörfle, nachmitag Geng es nacher Stuttgardt, der herzog gengen in die Cassern, Zu mir Kam der leibmedicus Jäger, Mesmer Didemann[631]) u. hE. v. Gemmingen. Gegen 7. uhr war man wieder hir.

Hohenheim Freitag d. 12. Dec. 1788. Gegen 10. uhr Geng Es nacher Stuttgardt, der herzog Gaben audientz u. nach dem Essen Lissen Sie Zur ader, um 4. uhr wurde Cour gehalten, ich erschen Zu Erst, es war auch Consert u. erst in einiger Zeit Kamen der herzog auch, gegen 8. uhr war man wieder hir.

Samstag d. 13. Ich Geng vor dem friestig in das Dörfle, der herzog ferdigden den von Böhnen ab, um in Ulm alles Zu bestellen, wo hin Sie morgen Zu Gehen Gedenken, nach dem Gude fur man in einem neuen schlitten Spatzieren, u. dann richteden Sich der herzog u. ich zu der Kleinen reisse, die morgen nacher ober schwaben solle angetretten werden.

Sontag d. 14. Um 8. uhr Gengen wir im nahmen Gottes von hier weck u. von da an werden der herzog das Tagbuch Selbsten fieren Bis Sie wieder Zurick Komen.

Hohenheim d. 19. Dec. Freitag 1788. Mit Gottes hilfe

Kamen wir wieder gegen 5. uhr Glücklich hier an, u. Erfuhren Bey unserer ankunft, daß Es heide nahe beim schreibzemer hat anfangen Zu brennen,[632]) der herzog machten Ihre Briefe auf, auch ich laß, was ich bekomen u. es Geng dann Zum nachtessen.

Samstag d. 20. Heide nacht war ich Sehr mit einer diare incomodirt, nach Tisch geng Es nacher Stuttgardt, der herzog lissen welche Zu sich Kommen u. auch Zu mir Kam die schloßhaubtmännen v. Pfuhl,[375]) gegen 6. uhr war man wieder hir.

Sontag d. 21. Da ich noch nicht wohl war, geng ich in Keine Kirch, der herzog hörden Meß wie gew. am sontag u. den pader Jacob Bernhard predigen, nach Tisch geng es nacher Stuttgardt, der herzog lissen wieder einige Zu sich Komen u. Zu mir Kamen die frau v. Rau,[508]), nach die 5. uhr war man wieder hir.

Montag d. 22. Ich Blieb, da ich noch nicht wohl war, wieder lange liegen, um 2. uhr Kamen meine verwande von Ensingen u. Kirchheim, wir assen bald u. gegen 4. uhr Gengen Sie weck, nach deme uns der herzog Zu vor das neue fiech Gewissen haben, des vor ein paar stonden Erst angekommen ist. Es war heide nacht sehr stirmisch wetter u. schneide Zu dem Grossen schne, der schon ligt, noch mer.

Hohenheim d. 23. Dec. Dinstag 1788. Nach Disch Geng Es nacher Stuttgardt, das wetter Taude Gantz auf, so daß Es immer ein wenig regnede, nach die 6. uhr war man wieder hier.

Mitwoch d. 24. Der herzog firden mich Selbsten in die Kirch nacher Birgach, Es stirmde aber u. schneide Gantz Erstaunend, nach Tisch geng Es aber doch nacher Stuttgardt, u. gegen 6. uhr war man wieder hier.

Donerstag heiliger Christtag d. 25. Um 8. uhr Geng Es nacher Stuttgardt, der herzog Beichteden Gleich dem hofprediger Werkmeister, dann gengen Sie u. ich in Ihre Kirch, ich blieb aber nur, bis die Predig vom hofprediger Mercie aus war, dann geng ich in unsere Kirch u. hörde die Predig vom hofprediger Flat,[633]) u. der Herzog Empfengen das heilige Abendmahl mit Filler Erbauhung. Nach dissem u. dem mitag essen gengen der herzog in die academie, Zu mir Kam v. Uchteritz, freilen v. Reischach u. einige von der academie, u. nach die 2. uhr Geng Es wieder in die Kirch, wo der hofprediger Frey[582]), predigden, von wo aus Es dann hirher Geng; es lag ein sehr Groser schne, u. feng an recht Kald Zu werden.

Hohenheim d. 26. Dec. Freitag 1788. Ich geng nacher Birgach in die Kirch, u. nach Tisch Geng Es nacher Stuttgardt u. dorden in die Geselschaft der frau v. Macko,[456]) nach die 7. uhr war man wieder hir, u. Es wurde sehr Kalt.

Samstag d. 27. Der heitige Vormitag vergeng wie der Gestrige u. nach Tisch Geng Es wieder nacher Stuttgardt, es war sehr Kalt.

Sontag d. 28. Ich geng in Beede Kirchen u. Es war wieder sehr Kald. nach Tisch Geng Es nacher Stuttgardt, dorden geng Es in die Üxküllische Geselschaft, wo äuch der Üxküll von Cassel[634]) u. seine Frau waren, nach die 7. uhr war man wieder hir.

Montag d. 29. Da Es sehr Kald war, so Blieben der herzog u. ich meistens Zu haus, nach Tisch wurde ein wenig spatzieren gefahren u. abends raumden der herzog in Ihrer registratur u. ich arbeidede bey Ihnen in villem frieden.

Dinstag d. 30. Nach Tisch Gengen der herzog in Bekleidung des v. Böhnen nacher Stuttgardt, ich blieb Zu haus, nach die 4. uhr Kamen der herzog wieder.

Hohenheim d. 31. Dec. Mitwoch 1788. Mit Gottes hilf erreichten wir gesund den Letzten Tag disses Jahrs, nach Tisch geng Es nacher Stuttgardt u. um 4. uhr war man wieder hir. 12 monade wieder Glücklich durch Gottes schutz u. Beystand durchlebt, Sie haben mir Keine besondere Begebenheid gebracht, Lauder Seegen aber spirde ich von Gott; doch Gott Lob, daß Sie verüber sein, ich hohle Sie nicht anderst wieder, als wann ich meine vehler verbessern Kände; disses ist nicht möglich, so Gieb nur Gott, daß ich mit dissem Jahre auch meine überthretungen u. Sinden Zurick lege, u. mit dem neuen Jahr auch Ein Gantzer neuer Mensch werde, der nur Dir Lebt, dich u. deinen Sohn immer Besser Erkännet u. Liebet.

Bereite du dir Selbst den dank in unsre hertzen, den wir dir vor deinen Gnädigen schutz, Gütte, Barmhertzigkeidt, Langmuth u. alles Gute, vor allen Seegen u. schutz schuldig sein. Mache uns selbst dichtig u. würdig etwas Zu deinem Lobe Zu sein. Gott von Dir haben wir alles, auch vor den besitz meines lieben hertzogs u. vor seine Gesundheid u. vor alles danke ich dir in Christo amen.

Hohenheim d. 1. Jan. Donnerstag 1789. Gott Seegne uns mit Allem Geistlichen Seegen u. Er Bewürke Alles Selbsten in uns wordurch Wir Ihm Gefallen Können, Er Leite u. schietze uns. so werden wir durch Seine Gnade mit muth Trost u. ruhe Jeden Tag antreten Kännen den Er uns in dissem neuen Jahr schänken wird. Es wird uns alles Zum Besten dienen. Gieb nur Theurester Erleser das dir unser Gantzes Leben Geheiliget Sei, das wir dir Alleine Leben, Bewahre unser hertz, unsern Geist u. unsere Seele; mit dissem Trost feng ich disses neue Jahr an, Geng nacher Birgach in die Kirch u. Kam auch noch in die Predig vom hofprediger Mersie. mein Lieber herzog Empfeng mich da, mit dem hertzen des wohlwollens des Er mir Gleich in der frie versichert hat; Gottes Geist Sey immer mit u. Bey uns u. Gebe das wir in allem Guten wacksen u. Zu nehmen. nach dem Essen Geng Es nacher Stuttgardt, mann Zog sich an, dann wurden die Gewenigliche Audientzen gegeben u. ins Consert in der academie, wo der hof unten u. die von der stadt oben[635]) waren u. nach dissem geng Es Zur Tafel in der academie, wo viele mit speisten u. nach der Tafel Geng Es wieder hir. laß mich Gott vatter, Sohn u. Geist immer vor alles recht danckbar Sein, u. Erhebe mein hertz u. Geist immer mer zu dir, Erfülle du uns gantz mit dir. amen.

Hohenheim d. 7. Juli Sontag 1789. Der herzog Stonten mir hold u. Gnädig auf, ich baadede Geng in die Kirch nacher Birgach u. dann in die Kirch von Ihro Durchleicht, wo hofprediger Werkmeister von Beurtheilung u. riegung anderer fehler, nach Tisch Gengen der herzog herum, ich laß Eine Zeitlang im neuen schloß, dann Gengen der herzog u. ich in das Dörfle, Sie schrieben ich laß u. Bede besahen wir dann was die verganne woche Gemacht Geworden ist, abends fur man Spatzieren u. Legte sich bald Zu bet, weil der herzog morgen eine Kleine reisse nacher Bruchsal frie zu machen gedenken.

Hohenheim d. 1. Jan. Samstag 1791. Auch den anfang disses Jahrs hast du mich Gütige Vatter Erleben Lassen; Gieb das ich Jeden Zeit raum den du mir schänkest Gantz dir Zu Ehren anwende, Gieb du selbsten, daß ich Gantz dir Lebe, mache mich reich in dir; du weist was ich bedarf u. ich hoffe auf deine barmhertzigkeit auf disse fange ich nun in dem drey Einigen nahmen die vorgenge meines Lebens in dissem Tagbuch auf zu schreiben an.

Der herzog u. ich versicherten uns aufs neie unseren Eifer uns in allem Guten Zu befleißigen, aber mein bester herzog musten den Gantzen Tag fast Zu bette Bleiben, ich war also bestendig bey Ihnen, abends Zeigte sich noch neben dem husten das Bodenkra, der leib medikus Jäger u. professer Klein waren hir, mittags waren der herzog auf u. nach Tisch Kam der hE. v. Seblin[636]) Sich in dem nahmen des printzen Wilhelm Friedrich sich nach dem befenden des hertzogs erkundigen zu lassen, u. so war der Erste Tag.

Hohenheim d. 2. Jan. Sontag 1791. Der Beste herzog Befanden Sich heite wie gestern, ich Genos Gott Lob der besten Gesundheit, ich geng auch in die Predig des hofprediger Frey. Der herzog speisten u. waren nachmitag lange auf, ich laß u. setzte auch Kupfer in Kleinen stieken Zu samen, war nicht mit meinem Tagwerk Zufrieden, auch geng ich Einen augenblick in das Dörfle meine schaffe zu sehen u. habe wie gestern die sonn auf dem Balkon auf dem schloß auf gehen sehen. Abends bekamen der herzog viel schmertzen an Ihrem Fuß doch speisten sie auf.

Montag d. 3. Der herzog schlaffen sehr wenig, blieben den Gantzen vormitag Zu bet, assen auch Zu bet u. ich sahe die sonne aufgehen u. blieb den gantzen Tag ruhig bey meinem lieben herzog, da der herzog den Leibmedikus Jäger wegen dem übelsein des hofmarschals v. Geisberg[207]) nacher Stuttgardt schickten u. der professer Klein Gestern schon um dessen willen dahin ist, so Kam der leibmedikus Reis[618]), auch schickten der herzog den hernn v.

Böhnen nacher Stuttgardt mit Comissionen, welcher bey der rickker erzölte, daß ein Printz von Darmstadt beim pferds verkauf gewesen seie.

Hohenheim d. 4. Jan. Dinstag 1791. Der Herzog haben Sehr viel Gehust u. wenig geschlafen, hatten auch noch zemlich schmertzen an die Füß u. auch an der hand Zeigen sich das Podengra, Sie blieben bis nachmitag 3. uhr Zu bet, der leibmedicus Consprug[81]) leste den Reis ab, gegen abend Glaubten sich der herzog Ein wenig besser u. abend um halb 8. uhr wurde Mariasch gespilt. ver mitag geng ich mit dem leib medikus Reuß in Winter garden.[637])

Mitwoch d. 5. Die heidige nacht war fast wie die gestrige, ich firde den Konsprunk ein wenig in das schloß, nach die 3. uhr stonden der herzog auf, der Leib medikus Jäger Kam wieder, u. auch der abend war wie der Gestrige. Ich sahe auch meine mutter eine stonde, die wieder von Hornberg[403]) Zurik Kam.

Drey Königs Tag d. 6. Die heitige nacht war Gott Lob besser, ich liß mich vor mitag meine haar schneiden, der leib medikus Reuß u. Professer Klein Kamen den Jäger ab zu lesen u. brachten nicht die beste nachrichten vom hofmarschall Geisberg mit.

Freitag d. 7. Vor die 3. stonden der herzog auf u. ich geng einen augenblick in das Treibhauß, der herzog schrieben viel u. der Tag wurde beschlossen wie gestern, nur das sich der beste herzog noch etwas Gott lob besser befanden.

Es geng Gott Lob mit der Gesundheid des hertzogs Besser u. sonsten Geng nichts besonderes vor.

Hohenheim d. 8. Samstag 1791. Der herzog hatten Eine Gute nacht u. auch der Tag war Gottlob Gut, sie brobirten ein wenig zú Gehen.

Sontag d. 9. Ich geng nacher Birgach in die Kirch, weilen der herzog sich zemlich Gut befanden, um 12. uhr stonden sie auf u. wirden in das schloß gegangen sein, wenn das wetter nicht so feicht Gewesen were.

Montag d. 10. Ich Erwachte mit musig u. Trette nun mit Gott mein 44. Jahr an. Fiere mich immer mehr zu dir Vatter der Barmherzigkeit. Der herzog hatten eine Gute nacht u. Gengen mit mir in die Kirch die Sie vor mich halten lissen, wo der hofprediger Werkmeister predigte von nach dissem Beschänkten mich der herzog mit Gelt u. einem Kleid, Zu vor Gaben Sie mir schon einen herlichen Brif,[638]) u. Ehe ich in die Kirch geng, cratulirte mir alles von hier, nach Tisch furen der herzog im Sessel in das schloß, dann im Zugemachten Waagen spatzieren u. endlich Zu meiner Grossen Verwunderung nacher Stuttgardt in die Obera, dorden Erfur ich das der herr v. Suvil[77]) solle gestorben sein, wie mir heraus gengen, cratulirte mir der hof u. vor die 8. uhr waren wir wieder hir u. speisten in frieden. Gott Vatter, mache mich doch fremer u. Besser u. mache mich nur reich in dir.

Hohenheim d. 11. Dinstag 1791. Der herzog Befanden sich zemlich Gut auf die Gestrige ausfard, nachmitag furen sie in Ihrem Sessel in das schloß u. dann furen wir in den fassanen Garden, ich hatte Kopfwe, vor Disch wurde eine vierdelstond Mariach gespilt.

Mitwoch d. 12. Der heitige Tag war zemlich wie der gestrige, vormitag Blieben der herzog liegen, nach tisch furen der herzog in Ihrem sessel in das schloß, u. nach dissem furen wir da das weter nach mitag Gud war spatzieren nach Scharnhausen, etwas vor Tisch wurde gespilt.

Donerstag d. 13. Der herzog haben zemlich Geschlaffen, nach Tisch furen sie wieder im Sessel in das schloß, u. nach die 2. uhr nacher Stuttgardt, der herzog stiegen in der Biblioteg ab, u. ich im schloß, machte da meine Geschäften, sahe auch das Gemälde vor Lavader[639]), u. dann geng ich Zu der frau v. Üxküll, wo hin der herzog auch Kamen u. von da furen wir wieder hier her, nach deme ich auch wegen Bechingen[640]) mit dem regierungs rath Seckendorf,[425]) ritmeister Miller[641]) u. Geheimderath Tritschler[642]) Gesprochen hatte. Das wetter war Erstaunend schlem, um halb 7. uhr Kamen wir wieder hir her.

Hohenheim d. 14. Jan. Freitag 1791. Der herzog blieben bis halb 12. uhr liegen u. nach die 2. uhr geng Es nacher Stuttgardt, Der herzog sprachen mit dem Geheimderath Rieger[383]) u. ich lis den Bau Enspector Groß[35]) wegen einem Maierey haus zu Sindlingen zu bauen[643]) zu mir Komen. Nach gehens Brachten der herzog den Rieger auch zu mir, u. wir gengen dann wieder hier her.

Samstag d. 15. Nachmitag Geng Es nacher Stuttgardt, der herzog sprachen mit Einigen, zu mir Kam die frau v. Tontersfeld u. Obermarschal Üxküll u. beim End unsers Stugarters aufendhald Kam noch die Geistlichkeidt u. vom Kirchenrath um zum neuen Jahr zu craduliren.

Sontag d. 16. Der herzog Glagten Zemlich Ziehen in Ihre füß, doch stonden Sie bälder wie seit Ihrer Krankheit nicht auf, um in Ihre Kirch Zu Gehen, ich fur nacher Birgach, u. nach die Eins Kam Eine zemliche Geselschaft von Stuttgardt benebst Einige von der Landschaft u. von Eßlingen das neue Jahr Zu wenschen, man aß in dem neuen schloß u. Trang den Cafe in dem Wintergarden,[637]), nach deme sie wieder weckwahren, schrieben der herzog, machten auch mit einige officirs was aus u. ich laß.

Hohenheim d. 17. Jan. Montag 1791. Der herzog hatten Zimlich Geschlafen u. nach Tisch Geng es nacher Stuttgardt. Der herzog sprachen mit Einige u. Zu mir Kam die frau v. Stedin.[510])

Dinstag d. 18. Der herzog blieben bis 10. uhr liegen, ich geng in die maierey, nach dissem liß ich Zur ader, Gleich nach Tisch firden mich der herzog ein wenig spatzieren u. dis war das Erste mahl wieder, daß der herzog in der schäß furen. Um 1. uhr Kam meine Mutter u. nichte frantzel Wölwart, schwester Pflug u. Ihre Tochter Charlot, u. schwester Trufft[431]) mit Ihrem mann, der herzog furen nacher Stuttgardt mit dem hE. v. Böhnen, gegen abend gengen meine verwande wieder, u. der herzog Kamen Gleich balden auch, vor Tisch wurde noch Mariasch gespielt.

Mitwoch d. 19. Der morgen war daß der herzog bis 10. uhr ligten u. ich ein wenig in die Maierey Geng. Nach Tisch geng Es nacher Stuttgardt, da Erfuren wir, daß der President von Gemmingen[88]) sehr Kranck wäre, wir gengen zu der frau v. Üxküll u. dorten bekamen wir die nachricht daß Er schon gestorben wäre.

Hohenheim Donerstag d. 20. Jan. 1791. Um 1. uhr Kamen welche von Stuttgardt, auch der Gesande Wächter, der Erst Zuriek von Paris Kam, man speiste im neuen schloß, geng nach dissem in den Wender garden u. vor nacht gengen sie wieder ins gesamd weg.

Freitag d. 21. Nach Tisch gengen der herzog u. ich nacher Kirchheim, Sie besahen die fohlen u. stiegen nachgehens bey meiner schwester Pflug ab.

Samstag d. 22. Nachmitag geng Es nacher Stuttgardt, der herzog Bekleideden die leiche des Presitend v. Gemmingen bis zum Thor henaus, Zu mir Kam die frau v. Wechmar[254]) u. Klinkofström.

Sontag d. 23. Es geng formitag in die Kirch, u. nachmitag nach Stuttgardt, dorden geng man in die Geselschaft der frau v. Üxküll.

Montag d. 24. Nachmitag geng Es nacher Stuttgardt, Zu vor Kam nur auf eine stonde meine mutter, schwester Pflug u. Ihre Tochter u. Tochtermann v. Bittenfeld.

Dinstag d. 25. Es geng nach Tisch wieder nacher Stuttgardt u. es wurde hof gehalten.

Mitwoch d. 26. Es geng wieder nach Stuttgardt u. man geng zu dem oberstalmeister[22]) in die Geselschaft.

Sindlingen[643]) d. 1. Jan. 1795. In Gottes nahmen fange ich nun wieder Ein neues Jahr an, o daß es das Letzte nach seinem Weisen wille sein möchte. Ihm über Gebe ich mich gantz mit Allem, was ich habe u. halte Ihm in allen seinen figungen stille.

Heute Erwachte ich frie, sahe die sonne in Ihrer gantzen bracht in meiner Kleinen wohnung auf Stehen, geng um halb 11. uhr in die Kirch, nach der Kirch Kam der herr v. Böhnen[644]) von Kirchheim wieder, wo hin Er um mein Wittum hauß[643]) zu übernehmen gegangen ward, auch der herr v. Honolstein[569]) Kam von Altensteig, meine Dafel Bestand also aus dissen beeden, der frau v. Böhnen,[644]) freulein v. Geislitzheim, herr v. Hiller[645]) u. des Pfarrers von Jettingen[646]). Den Abend wurde nach deme ich um 7. uhr heraus Kam, Gespilt.

Freitag d. 2. Vormitag Geng ich nur Einen Augenblick aus, unversehens Kam der Geheimderath Roentgen von Neuwied, wir assen in meinem Könftigen wohn Zemer, Abend arbeidenten wir in der Geselschaft des Geheimeraths u. des Pfarrers von Unter Jettingen.[647])

Samstag d. 3. Der Geheimderath Roentgen Geng um 9. uhr weck, um 5. uhr Kam die Junge frau von Becke u. Ihr mann, wir freuten uns sie zu sehen, abends wurde Gespilt.

Sontag d. 4. Zu Erst Kamen die honolsteinische,[569]) dann die seckendorfische von Tübingen[587]) Benebst dem Hernn von Wölwart von Bolsengen(?) u. Einem Jungen Seckendorf u. Rieben[541]). An der Tafel ward man also Zu 15, Abends gengen Sie alle wieder weck u. die Bekische u. wir spilten muß.[648])

Sindlingen Montag d. 5. Jan. Die Bekische reisten um halb 9. uhr ab, Es That uns allen recht Leit sie zu verlassen, nach dissem wurden bestellungen auf unsere hisige abreise gemacht, u. Bey unserer Tafel war der Doktor Brecht von Nagold[649]) u. Pfarrer Köbel von Ober Jettingen; Abends wurde vor gelesen u. gearbeit.

Dinstag d. 6. Um halb 11. uhr Gengen wir in die Kirch, Zu vor Erzälte mir von Böhnen, daß es heute nacht an der Bedienden Klock Einige mahl starck geschelt hätte, des seine Gute frau in forcht Setze, des mich unruhig machte; Zum mitag Essen Kam als an dem geburztag des Jetzigen herzogs der Special Pfeilsticker von Wildberg, der Stadt pfarrer von Nagold[650]), ober amtmann von Wildberg[651]), von Nagold[652]) u. Herrenberg[653]) u. Pfarrer von ober Jettingen, der hier gebretigt hatte, nach Tisch haben sie sich Balt Beurlaubt, u. abend wurde vorgelesen.

Mitwoch d. 7. Die Frau von Hiller Kam um Ihren Sohn ab zu hohlen, auch Kam Ein abgeschickter von dem Geheimderath Roentgen mir Eine uhr noch Ein mahl Zu Empfehlen; da morgen die Abreise der Böhnischen famille u. freulein v. Geisbitzheim nach Kirchheim Bestimd ist, so gab es noch verschiedenes Zu Thun, abends Kam ich also früher wie geweniglich heraus.

Sindlingen d. 8. Jan. Donerstag 1795. Um 8. uhr reisten ab herr u. frau v. Böhnen benebst der freulein von Geisbitzheim, u. Ein Gantzer Trasbort meiner Leite nacher Kirchheim, der abschid war sehr schwer, wir weinten alle den ruhigen aufendhalt verlassen Zu müssen, ich gab nach dissem meine befehle u. schrieb nachgehens den abend durch. Der Tag war so schön, daß ich auch den gantzen vor mitag herum geng.

Freitag d. 9. Mein Erster ausgang war in das schloß, lang im Garten zu verbleiben, veränderte sich das wetter, nach Tisch Kam der Pfarrer u. die Pfarrerin von Ober Jettingen zu mir, wie sie weck wahren verweilte ich mich mit Einem Kamel u. 2. affen die hier her Kamen, dann schrib u. Las ich, u. mit dissem Beschlisse ich wieder durch Gottes hielfe Ein Jahr, voll Trauriger Begebenheiten u. auch voll Seegen u. Gnade Gottes. Wie viel habe ich Gelitten Erfahren u. Gutes genossen, der Geber alles Guten sey Ewig darvor gebrissen.

Samstag d. 10. Wieder ein neues Jahr meines Lebens ist angefangen, wie verschieden von den vorhergehenden u. doch in der genauen untersuchung Lauter Beweise der Gnade Gottes. Werde ich disses Jahr Gantz Erleben, oder werden meine wünsche Erfült, Balt aufgelest, Bey Christo zu sein u. wieder mit meinem Theuren Herzog verEint zu Leben. Alles überlasse ich dir Groser almächtiger Gott, Gieb nur, daß ich die Zeit die du mir zu gemessen, daß ich sie Gantz dir Weihe, Gantz zu deinem wohlgefallen anwende u. nur in dir mein Glück u. meine Gantze Zufriedenheit finde.

Um 11. uhr geng ich heute in die hisige Kirch, die der Pfarrer von Jettingen[646]) mir Zu Lieb gehalten hat, ich as wie geweniglich um 2. uhr mit Ihm Zu mitag, nachtisch blieb Er noch Eine Zeitlang, dann Beschäftigte ich mich Eine Zeitlang mit Beantwortung Eines Cratulateons schreiben des printzen Friederich Wilhelm,[310]) u. abend Las ich u. schrieb noch Einige briefe u. so Endigte sich der stille Tag, der mich besonders an die glückliche fortriekung der Zeit Errennert.

Sindlingen Sontag d. 11. Jan. 1795. Ich fur mit meiner Gerlach[644]) in die Kirch nacher Jettingen, nach Tisch Kam der schultz von Jettingen zu mir, nach dissem die ober amtmännen von Herrenberg u. hE. Kloker[654]) von Stuttgardt, der vormals in der academie u. dann beim Grafen Neiberg u. Bei Einer hollendischen famille als hofmeister stond. Abend Laß ich u. Legte mich dann ruhig Zu Bet.

Montag d. 12. Erst um 3. uhr Geng ich zu Tisch, weil ich viele briefe bekam u. den Gantzen nachmitag bracht ich fast mit dem Jud Kaulla zu.

Dinstag d. 13. Den Kaulla sahe ich heute noch Ein mahl, geng dann ein wenig spatzieren u. in das schloß, ferdigte den Botten ab; mit mir Zu mitag speiste der Pfarrer von Ober Jettingen u. sein vicar bey mir; Abends schrieb ich.

Mitwoch d. 14. Nachmitag Kam der Pfarrer von Unter Jettingen Zu mir, Abends schrieb ich u. sprach auch Eine Zeitlang mit meiner meieren auf meinem Zemer.

Donerstag d. 15. Ich schrieb sehr viel, sprach abends mit dem Hann u. der Meyerin auf meinem Zemer. Es war sehr Kalt, u. in disser Kälte schieckte von Böhnen den Bedienden Wolf mit brife, die ich noch Beantwortete.

Freitag d. 16. Ich machte mir mit angeben wie geweniglich im schloß, besonders in meiner Biblioteg Zu Thun, sahe Beime versetzen u. schrieb sehr viel.

Samstag d. 17. Sindlingen. Der heutigė Tag glich Zemlich dem Gestrige.

Sontag d. 18. Jan. 1795. Vor Tisch Geng ich Spatzieren Zu dem alden acker, das wetter war brechtig schön, ich hatte rechte angenehme Empfindungen, nach Tisch besuchte ich die Walterin, dann laß u. schrieb ich.

Montag d. 19. Der Tag war wieder sehr schön, doch hatte Es die nacht Etwas geschniehen, ich rachirte meine Bücher u. schrieb auch sehr viel.

Dinstag d. 20. Ich feng an Ein Zu packen, daß ich bis übermorgen meine abreise von hier nacher Kirchheim bestimd habe, schrieb auch viel.

Mitwoch d. 21. Ich machte Bestellungen u. packte, sprach noch handwergsleute, u. fand mich immer schwer, wo ich hen Geng, nahm ich mit besonderer Empfindung abschied.

Kirchheim Donerstag d. 22. Um 6. uhr reiste ich von meinem Lieben Sindlingen ab, mein hertz wahr durch den abschit der Einwohner da äusserst Gerührt, Balt war ich Zu Böblingen, da stig ich im Oberforsthaus bey der frau v. Reischach[655]) ab, bis meine pferde Gevutter wahren, um 12. uhr wahr ich zu Waldenbuch, da aß ich Bey meinen Guten Truftischen[431]) Zu mitag, u. Kam dann nach die 6. uhr Glücklich hier in meiner neuen wohnung an, meine Schwester Pflug u. Beede Dames Bittenfeld u. Böhnen Seind mir Entgegen Gefahren u. haben mich vervelt, Sie Kamen Erst wie ich schon mein hauß Gesehen hatte, meine Schwester Pflug, Ihre Tochter Charlot u. Charlot Woelwart assen Benebst was an meinen Tisch gehört bey mir zu nacht, ich wuste selbst nicht recht wie mir wahr.

Kirchheim d. 23. Jan. Freitag 1795. Vormitag noch durch geng ich mein hauß, zu mitag aß meine schwester Pflug, die Stettische,[510]) frau Giltling[591]), frau Kosbott[436]) u. noch welche hier aus der Stadt, ich hatte Kopfwe, abends spilte ich Obston[656]) mit meiner schwester, v. Schamberg war auch zu mitag da.

Samstag d. 24. Alle nacht habe ich hier noch mein Laager verändert, also schliff ich heite in dem Garten Zemer, den Tag durch geng nichts merkwürtiges vor.

Sontag d. 25. Ich geng in die Kirch, Bey mitag Essen wahren welche von hier bey mir.

Montag d. 26. Es geng heute nichts besonderes vor, ich hatte immer Zu raumen.

Dinstag d. 27. Der heutige Tag Glich Zemlich dem Gestrigen, abends wann meine Schwester da ist, wird gespilt, u. wann wir allein sein, gearbeit.

Mitwoch d. 28. Ich raumte wieder viel.

Donerstag d. 29. Der heutige Tag glich Auch dem Gestrigen.

Freitag d. 30. So wahr auch der heutige Tag.

Samstag d. 31. Den gestrigen Gang Geng Es auch heute.

Kirchheim d. 1. Febr. 1795. Sontag. Ich geng in die Kirch, welche von der Stadt Kamen nach dissem Zu mir, u. abends gab ich Ein Consert.

Montag d. 2. Nichts besonderes viel heute vor.

Dinstag d. 3. Ich schrieb viel u. raumde u. ranierte auch viel.

Mitwoch d. 4. Abends Spilte ich bey meiner schwester Pflug u. aß auch da zu nacht. Sie hatten in der Stadt Einen Ball·wo zu die Pflugische zu vor Gengen, auch wahr v. Beilwitz Lieutenant,[657]) u. v. Rieben[541]) u. Seckendorf hier.

Donerstag d. 5. Den geweniglichen Gang geng Es heute, wieder meine schwester u. Rieben wahren Beim Spiel u. nacht Essen.

Freitag d. 6. So wie gestern wahr Es auch heute, nur daß die Lotte Wöllwart nicht beim Essen blieb, weil sie Ohren we hatte.

Samstag d. 7. Der heutige Tag Glich wieder dem Gestrigen.

Sontag d. 8. Ich fuhr in die Kirch u. abends wahr wieder Spiel.

Montag d. 9. Abends wurde Gespilt, vormittag hilte ich mich mit Einem Kauffmann auf.

Dinstag d. 10. Ich schrieb u. raumte viel, meine Dames u. Gavalirs fuhren wegen dem angenehmen Wetter spatzieren.

Mitwoch d. 11. Es geng heute nichts besonderes vor, meine Dames fuhren wieder spatzieren u. ich verkaufte was an einen Juden. Abends wurde wie schon 8. Tage her in Geselschaft mit dem hE. v. Rieben gespilt.

Anmerkungen.

[1]) Diese Seite ist von Herzog Karl selbst geschrieben.

[2]) Prinz Christian von Hessen-Rheinfels-Rothenburg, Bruder des Landgrafen von Hessen-Rheinfels-Rothenburg.

[3]) Der Rangiersaal (jetzt Pferdestall) befand sich im Erdgeschoß des nordöstlichen äußeren Flügelbaus der Akademie, zunächst am Eingangsvestibül (jetzt Geschirrkammern). In ihm versammelten sich die Akademisten vor dem Speisen, stellten sich in ihre Ordnung (rangierten sich) und marschierten von hier in zwei Gliedern unter dem Kommando ihrer Offiziere mit gleichen Schritten in den darüber im 1. Stock befindlichen Speisesaal. Ferner diente der Rangiersaal zum Fechten, Tanzen und Voltigieren, gelegentlich auch zu Ball- und Kegelspiel.

[4]) Die katholische Kapelle befand sich bis 1775 im Rittersaal des alten Schlosses, dann in dem großen Saal gegenüber der sogenannten Kanzlei, von April 1780 ab im neuen Residenzschloß (s. 16. April 1780).

[5]) In dem Saal des 1. Stockes des Mittelgebäudes der Akademie, seit 11. Februar 1782 zugleich für die Festakte derselben (s. Anmerk. 267). Jetzt Arbeitssaal für Theatermalerei.

[6]) S. Einleitung Seite 6.

[7]) Damit werden von Franziska stets die Schüler der Akademie bezeichnet.

[8]) Ludwig Bernhard Freiherr von Sternenfels, Geheimer Rat. Starb den 30. November 1781 (s. da).

[9]) Ihre zweitälteste Schwester Luise, Gattin des verstorbenen württembergischen Etats- und Kabinettsministers, Regierungsratspräsidenten und Geheimenrats Freiherrn von Pflug, welche seit 1772 als Witwe mit ihren Kindern (s. Anm. 351) in Stuttgart lebte. Sie sah und besuchte die Franziska häufig. 30. Mai 1781 zog sie nach Kirchheim u. T. (s. Anm. 192).

[10]) M. Heinrich David Cleß, von der Landschaft bestellter Hofmeister der Söhne des Prinzen Friedrich Eugen, Bruders des Herzogs Karl, Professor Logicae et Metaphysicae am Gymnasium, zugleich 1777—1794 „Professor in der Religion" an der Hohen Karls-Schule.

[11]) Wegen des Geburtstages des Prinzen Ludwig Eugen, des Bruders des Herzogs, geboren den 6. Januar 1731.

[12]) Friedrich Emich Johann Baron von Uxküll, Etats-Minister, Kreisdirektorial Gesandter, Geheimerat. Verheiratet mit der Freiin Susanne Elisabeth von Palm. 1725—1810. Sein Grab im älteren Hoppenlaufriedhof in Stuttgart, rechts vom Eingang an der Hoppenlaustraße.

[13]) Georg August von Klinkowström, Obrist und Generaladjutant, 1762 Obristwachtmeister und Flügeladjutant, 1770 Obrist-Lieutenant. 1746—1820.

[14]) M. Philipp Matthäus Hahn, Pfarrer in Kornwestheim, seit 1781 in Echterdingen; geboren 1739 zu Scharnhausen, gestorben 1790. Vortrefflicher Theologe, auch berühmter Mathematiker und mechanisches Genie, weswegen er später auch den Titel Hofmechanikus erhielt. Franziska verkehrte viel mit ihm. Sein Hauptwerk, eine große astronomische Uhr mit Angabe des Planetenlaufs, kam 1769 um 8000 Gulden in Herzog Karls Besitz, welcher sie in der späteren Bibliothek der Akademie aufstellte. Am 23. August 1880 (s. da) wurde sie von Hahn in der Köhlerhütte im Englischen Garten aufgestellt (s. Anm. 122). Jetzt befindet sie sich in der K. Staatssammlung vaterländischer Altertümer. Sein Bild im Herzog Karl Werk (Herzog Karl Eugen von Württemberg und seine Zeit, herausgegeben vom Württembergischen Geschichts- und Altertumsverein) I. Band Seite 366; ein Reliefmedaillon von ihm ist außen am Landesgewerbemuseum — Ecke der Hospital- und Lindenstraße angebracht.

[15]) Ecole des demoiselles, vom Volk „Institut“ genannt, unter dem Protektorat der Franziska; sie war seit 1775 im alten Schloß untergebracht. Näheres s. Herzog Karl Werk, II. Band, Seite 115 (s. Anm. 490 und 618).

[16]) Dieser „Fete“ lag ein Festspiel zugrund, das von dem Vestibül des südwestlichen Flügels der Akademie durch die Bibliothek, den alten Speisesaal und die übrigen Sääle bis in das Kleine Theater (s. Anm. 324) führte, wo die 200 Armen und die 15 Neuvermählten und die 4 Jubelpaare gespeist wurden.

[17]) Das Thema zur Rede Schillers hatte der Herzog selbst gewählt: „Die Tugend in ihren Folgen betrachtet“. Die ganze Rede ist enthalten in E. Vely, „Herzog Karl von Württemberg und Franziska von Hohenheim“, Anlage IV. (s. Anm. 135). Der Saal unter der Akademiekirche (s. Anm. 5) im Erdgeschoß des Mittelgebäudes. Jetzt sind die Räume für die Schloßwache darin eingebaut.

[18]) Verbindungsgang von der Akademie ins neue Schloß.

[19]) Didone abbandonata von Niccolo Jommelli, Text von Pietro Metastasio.

[20]) Es war dies ein allegorisches Singspiel, „Das Geschenk der Götter“, das sich an die Oper anschloß; Musik von Gauß (s. Anm. 340) und Eleven der Akademie; ein Huldigungshymnus auf Franziska, deren Bild unter dem Charakter der Tugend erscheint, während ihr Namenszug zum Schluß im Feuerwerk erscheint.

Eine eingehende Beschreibung der Feier findet sich in E. Vely, VI. Abschnitt.

[21]) Das damals sogenannte „Hohenheimische Palais“. Im Jahre 1775 schenkte der Herzog der Franziska ein Haus am großen Graben (jetzt Königsstraße), das früher dem Oberhofmarschall Grafen von Grävenitz und dem Minister Montmartin gehört hatte, später aber die Wohnung des Kronprinzen Wilhelm („Wegweiser in Stuttgart“ vom Jahre 1800: „Das Herzogl. Erbprinzische Hauß, in der Gymnasien Gaß.“) war und heute, allerdings bedeutend erweitert, das Ministerium des Innern enthält. Näheres s. Max Bach und Carl Lotter, Bilder aus Alt-Stuttgart, Seite 39, wo auch eine Abbildung davon ist. — Das gewöhnliche Absteigquartier beider befand sich im Stadtflügel des neuen Residenzschlosses. Hier mußte Fischer (s. Anm. 39) 1779 einige Räume, die späteren Oldenburger Zimmer, wo man noch einen Teil der alten Einrichtung, namentlich reichgeschnitzte und vergoldete Konsoltische und große Ludwigsburger Prachtvasen, sieht, instand setzen.

[22]) Oberstallmeister Alexander Ernst Baron Schenk von Geyern, Kammerherr. 1736—1822.

[23]) Frau Hauptmann von Hofen.

[24]) Johann Karl Albrecht Baron von Wolfskehl, Obrist vom Gabelenzischen Infanterie-Regiment, Geheimer Kriegsrat und Kammerherr.

[25]) Johann Christian von Strahlendorf, Obrist-Wachtmeister (d. i. Major) im Generalstab und General-Adjutant (s. 24. Septbr. 1780, wo Obrist-Lieutenant).

[26]) Ober-Ensingen bei Nürtingen.

[27]) Geburtstag des Prinzen Friedrich Eugen, des Bruders des Herzogs, geboren den 21. Januar 1732 (s. Anm. 303).

[28]) Der Herzog hatte 1779 das sogenannte Schlößchen in Hofen bei Cannstatt für 3000 Gulden erkauft und darin das katholische Militärwaisenhaus errichtet, welches er aber schon im Jahr 1783 nach Ludwigsburg verlegte.

[29]) Arnhem in Holland.

[30]) Fräulein von Schilling, Staatsdame der Großfürstin Maria Feodorowna, der ältesten Tochter des Prinzen Friedrich Eugen und der Herzogin Dorothea von Württemberg (s. Anm. 52), heiratete den Kaiserl. russischen Oberstleutnant Baron von Benkendorf, Sohn des russischen Generals von Benkendorf.

[31]) Albrecht Jakob von Bühler, geb. 1722 zu Dornstetten. 1761 Regierungs- und Hofrath, später geheimer Legationsrath, zugleich „Commissaire général" an der Akademie. In dieser Stellung war er Leiter aller Feste und Vergnügungen bei Hof, besonders der Theatergeschäfte. 1773 wirklicher geheimer Rath, zugleich geheimer Referendarius, Krais-Direktorial-Gesandter, Präses vieler Deputationen, Sekretarius des Herzogl. grosen Ordens. Exzellenz. War eine der wichtigsten und geschäftstüchtigsten Persönlichkeiten am Hofe Karls. Starb 3. Juni 1794.

[32]) Christian David Zeller, Hofrath, hatte 1772 das Schloßgut Hohen Entringen gekauft. 1785 verkaufte er es an den Herzog für 20 000 Gulden.

[33]) Das „römische Wirtshaus" (s. Einleitung Seite 7) mit Aushängeschild: „Zur Stadt Rom" im Dörfle; das einzige noch erhaltene Gebäude des englischen Gartens. Es war an die Bogen „vor dem goldenen Haus des Nero", einer künstlichen hohen Ruine, angebaut, auf welche vom obersten Teil des Wirtshauses eine Treppe führte. Oben fand man einen bequemen Aufenthalt und schöne Aussicht. Franziska ging daher oft hinauf. Auf dem freien Platze ringsherum, dem Marktplatz der Kolonie, fanden allerlei ländliche Feste statt. Es liegt ziemlich in der Mitte des exotischen Gartens unweit des mittleren Eingangs vom alten Sträßchen nach Plieningen.

[34]) Das Schloß Hohenheim stand noch nicht (s. Anm. 458), nur die von 1772 an errichteten Nebengebäude; daher der Name Hof. In dieser „Meierei", welche den Haupthof nördlich begrenzt, westlich von der nach Norden führenden Durchfahrt wohnte der Herzog und Franziska stets; ersterer im Dachstock, wo er auch starb, letztere im Erdgeschoß, wo jetzt die Wirtschaftszimmer sind, 4 mit Flügelthüren versehene schmuckreiche Zimmer, wo man noch die Initialen F. v. H. in Stuck und Malerei sieht. Im geräumigen Eckzimmer feine Stuckverzierung; die Wände schmückten Bildnisse hoher Persönlichkeiten. Dieses jetzt sogenannte Franziskazimmer ziert ein neueres Brustbild der einstigen Bewohnerin. Beide wohnten nie im Schlosse selbst.

[35]) Johann Adam Groß, geb. in Winnenden 1728. 1758 Rentkammer- und

Landbaumeister, 1768 Land- Oberbauinspektor, Professor an der Académie des arts in Ludwigsburg 1768—1773. Den 24. Febr. 1794 erhielt er zugleich mit Fischer (s. Anm. 39) den Majors-Charakter und Rang. Starb am 24. Juni 1794.

[36]) Die herzogliche öffentliche Bibliothek, von Karl gegründet, befand sich in dem auf dem Marktplatz gelegenen Herrenhaus von 1776 bis 1820. Jetzt Königl. Landesbibliothek.

[37]) Gmelin, Breyer. Markgräfin von Brandenburg-Bayreuth Sophie Karoline Marie, Markgrafs Friedrich Wittib.

[38]) Nicolas Guibal, geb. in Lunéville den 29. Novbr. 1725. Der berühmteste Maler des herzoglichen Hofes. Erhielt seine Ausbildung hauptsächlich in Paris. 1749 kam er nach Stuttgart. 1750 reiste er mit Unterstützung des Herzogs nach Rom zu weiterer Ausbildung. 1755 „Premier Peintre", 1760 Direktor der Gemäldegalerie, 1761 Professor an der Académie des arts, sodann der Karlsschule. Starb auf der Höhe seine Wirkens am 3. Novbr. 1784 in Stuttgart, beerdigt in dem Kirchhof in Hofen bei Cannstatt. (Pfarrkirche mit dem ausschließlichen Recht für Taufen, Trauungen und Beerdigungen war für die Stuttgarter und Ludwigsburger Katholiken die Kirche in Hofen.)

[39]) Reinhard Ferdinand Heinrich Fischer, Hauptmann und „Architecte", geb. den 18. Juni 1746 in Stuttgart, berühmtester Baumeister unter Herzog Karl. Lernte bei Hofbildhauer Beyer und bei Guibal (s. Anm. 38) und besuchte die Académie des arts; bildete sich besonders beim Bau des herzoglichen Residenzschlosses. 1764 herzoglicher Baudessinateur, vom 20. Juli 1767 ab wirkte er beim Bau der Solitude mit. 1768 baute er das Jagsdschlößchen am Bärensee. 1771 Lehrer der Baukunst an der Akademie, 1773 Premier-Lieutenant bei der Artillerie. Nach seinen Entwürfen wurde Hohenheim, die Kirche in Birkach, das Schloß in Scharnhausen gebaut. Er hatte nächst Guibal die Hoffestlichkeiten zu besorgen. Auch in und außerhalb des Herzogtums hatte er viele und vielerlei Aufträge. Erst von Herzog Ludwig Eugen erhielt er den 24. Febr. 1794, zugleich mit Land-Ober-Bauinspektor Groß (s. Anm. 35), den Majors-Karakter und Rang". Herzog Friedrich Eugen ernannte ihn 1797 zum Oberbaudirektor. 1802 im Ruhestand. Starb am 25. Juni 1813 nach einem arbeits- und mühevollen Leben. Sein Grab befindet sich im Hoppenlau-Friedhof in Stuttgart ca. 50 m nördlich vom Eingang an der Hoppenlaustraße.

[40]) Der Concert-Saal oder der Cybeletempel im Englischen Garten, südöstlich von den 3 Säulen des donnernden Jupiters. Es war der üppigste Raum im „Dörfle", dessen mittleres Gewölbe von 12 Säulen getragen wurde, alles „mit weißem glänzendem Kunst-Marmor bedeckt"; sonst mit Gemälden, Gold, Ampeln etc. ausgeschmückt. An ihn schloß sich eine beträchtliche Bauernwohnung mit Wirtschaftsgebäuden an, „um auch hier die fortgehende Anspielung zu unterhalten und anschaulich zu machen".

[41]) Karl Axel Ludwig von Böhnen aus Stockholm, Lieutenant beim Grenadier-Regiment von Augée, später bei der Garde du Corps (Noble Corps) und herzoglicher Reisemarschall, 1786 Kammerherr (s. 19. Juli 1786 und Anm. 644). Er stand Franziska so nahe, daß „sich mißliebige Gerüchte über die Beziehungen beider zueinander bildeten" (s. H. K. W. I. Seite 89).

[42]) Gottlieb Christian von Mosheim, Chur-Hannoverischer Legationsrath; Mai 1768 accreditirter Minister am herzoglichen Hof; 29. Aug. 1783 adelicher

Geheimer Rath, 30. Dezbr. 1783 Konsistorial-Präsident. Starb den 17. Dezbr. 1787 (s. 22. Dezbr. 1787). Wohnte mit seiner Frau in Hohenheim in einem Garten. Hatte zwei Söhne in der Akademie: Ludwig Ferdinand Alexander und Franz Heinrich Christian.

[43]) Hofrath und Landschafts-Advokat Friedrich Amandus Stockmayer der Ältere.

[44]) Alexander Maximilian Friedrich Freiherr von Buwinghausen-Walmerode, geb. den 6. Febr. 1728 in Belgrad. Trat 1744 als Fahnenjunker bei der neu errichteten Garde zu Fuß ein. 11. Febr. 1769 Generalmajor und Chef des Herzoglichen Husaren-Regiments, Generaladjutant, 11. Febr. 1792 General-Lieutenant. Starb 1796 in Stuttgart. Eine der wenigen echten Soldatennaturen jener Zeit, allgemein verehrt wegen seiner Charaktergröße und wahren Gottesfurcht. Liebling des Herzogs „ohne zum Sklaven zu werden". Näheres s. Zwei Württembergische Soldatenbilder aus alter Zeit. Von Freiherr von Ziegesar, wo auch zwei Abbildungen von ihm. Sein Bild in Öl im Landes-Armeemuseum.

[45]) Prinz Friedrich Eugen hatte im Jahre 1779 die in von Gemmingen'schem Besitz befindliche Herrschaft Hochberg und Hochdorf für 40 000 Gulden gekauft, worauf er den oberen Teil des Schlosses Hochberg neu einrichtete. Schon am 7. Novbr. 1781 verkaufte er den ganzen Besitz an seinen Bruder, Herzog Karl, worauf jener dem Herzogl. Hofkammergut einverleibt wurde.

[46]) Diese Mühle lag am Ostrand des Dörfles, etwa 90 m nördlich der Stelle, wo der Plieninger Fußweg in das Akazienwäldchen einbiegt. Sie bestand aus 3 Gebäuden: Mahlwerk, Wohnung des Müllers; das 3. größte hatte eine „Plattform mit „Orangerien", sein Inneres enthielt einen prächtigen Saal mit Mahagonyholz (maruni sall) getäfelt.

[47]) Ein langsitziger Gesellschaftswagen damaliger Zeit für 10—12 Personen. „Eine Staatswurst mit 8 Pferden bespannt" (Hof-Diarium).

[48]) Kammerknab von Gemmingen.

[49]) Hof-Junker Julius Friedrich Freiherr von Lützow, Lieutenant und Garde Noble. Später (s. S. 306) Oberforstmeister zu Urach und zu Zwiefalten, Kammerherr. Heirathete d. 20. Juli 1783 das Fräulein Charlotte von Franquemont (s. S. 227 und Anm. 73).

[50]) Im „großen Schweizerhaus". Dieses war etwas südlich vom römischen Wirtshaus (s. Anm. 33), nahe den 3 Säulen des donnernden Jupiters und enthielt unter anderen Wohnräumen eine „Milchkammer", bestehend aus einem geräumigen Saal, worin der Herzog eine mehr als 800 Stück umfassende Sammlung kostbarer Majoliken anlegte.

[51]) D. h. in der Zurückgezogenheit, für sich allein. Öfters auch „in der Retirade" oder „en retraite" (s. Anm. 329).

[51a]) Das „Cannstatter Thor" war das untere Thor des Lustgartens; es wurde 1782 geschlossen.

[52]) Die Gemahlin des Prinzen Friedrich Eugen, Prinzessin Friederike Dorothee Sophie, geborene Königliche Prinzessin in Preußen, Königliche Hoheit, wird gewöhnlich nur „die Hoheit" genannt.

[53]) Kaiserlicher Generallieutenant und Kammerherr Graf von Wurmser.

[53a]) Persianer Pelz.

[54]) In dem nordöstlichen Teil des „Englischen Gartens“ befanden sich Wassersammelbecken, 3 südlich und 3 nördlich (diese noch vorhanden) der alten Stuttgarter Straße, welche von der Körsch aus mit Wasser gefüllt und bei vorkommenden Gelegenheiten zur Füllung des Bachbetts (s. S. 8), für das römische Bad, die Mühle, den „großen Wasserfall“ etc., sowie für einige Weiher abgelassen werden konnten.

[54a]) Platanus Budire = Platanen-Stämmchen; vergl. 6. Novemb. 1781: Tulpen Budir = Tulpenbaum-Stämmchen. Wahrscheinlich dialektisch abgeleitet von James Booth, Besitzer der Flottbecker Baumschulen bei Hamburg, welcher nach allen Teilen der Erde seine Stämmchen versandte.

[55]) Christoph Dionysius von Seeger, geb. 1740 als Pfarrerssohn in Schöckingen. Hatte die Seminare in Blaubeuren und Bebenhausen durchlaufen, trat 1759 als Kornett in das Phullsche Kürassier-Regiment ein, worin er zwei Feldzüge gegen Preußen mitmachte. 1761 Lieutenant, 1768 Hauptmann, seit 1765 mit der Aufsicht über die Bauten und Gärten auf der Solitude betraut. Er war unter der Leitung des Herzogs, des „Stator et rector magnificentissimus“, Vorsteher der Akademie unter dem Titel: Intendant während ihres ganzen Bestehens seit 1770. 1772 Obristwachtmeister, 1777 Obrist-Lieutenant, 1778 Obrist und General-Adjutant. Nach der Aufhebung der Hohen Karls-Schule am 18. April 1794 hatte er verschiedene hohe militärische Stellungen und starb allgemein verehrt 1808. Er war die rechte Hand des Herzogs, mit diesem eng und unmittelbar zusammen arbeitend. Großzügig, taktfest und ehrenhaft. Sein Bild und nähere Beschreibung s. H. K. W. II. Seite 14.

[56]) Elisabethe Friederike Sophie, Herzogin zu Wirtemberg und Teck p.p. Geborene Markgräfin von Brandenburg-Bayreuth. Eltern: Markgraf Friedrich und Markgräfin Wilhelmine von Brandenburg-Bayreuth. Verheiratet den 26. Septbr. 1748 mit Herzog Karl. Am 26. Septbr. 1756 kehrte sie in das elterliche Haus zurück, wo sie getrennt von Karl lebte. Sie starb am „Brustfieber“. Bild und Näheres s. H. K. W. I. Zweiter Abschnitt.

[57]) Obrist-Wachtmeister und Flügeladjutant von Mylius.

[58]) Die Gebäude, 2½ Kilometer nordwestlich vom Schloß Hohenheim wurden erst 1781 erbaut (s. 24. März 1781).

[59]) Und Regierungsrath Kaufmann, mit einem sehr kühl gehaltenen französischen Brief, ohne die Herzogin noch lebend anzutreffen.

[60]) Prinz Gallizin aus Petersburg.

[61]) Johann Friedrich Lebret, geb. 1732 in Untertürkheim, 1763 Professor am Gymnasium in Stuttgart, 1779 Lehrer der Staatskunde an der Akademie, gleichzeitig Konsistorialrath, 1782 Kanzler der nunmehrigen „Karls-Universität“, 1786 an der Universität Tübingen. Starb in Tübingen 1807. Sein Bild im H. K. W. II. Seite 219.

[62]) Prinz Friederich August von Nassau-Usingen, K. K. Generalfeldmarschall-Lieutenant, Bruder des regierenden Fürsten.

[63]) Eberhard Baron von Kniestedt, Etats-Ministre. 1766 Geheimer Rath. 1777 Kammerpräsident. Den 1. Aug. 1792 legte er seine Ämter nieder, wurde aber den 14. Jan. 1794 in alle wieder eingesetzt. Starb den 14. Novbr. 1794. Sein Bild im H. K. W. I. Seite 160.

[64]) General-Major von Georgii, Commandant der Stadt Stuttgart.

[65]) Im Jahre 1778 hatte der Herzog Franziska den Molkereihof Büsnau nordwestlich von Vaihingen a. d. F. geschenkt. Daher wird sie von ihm nebst anderem auch Dame de Bisnau genannt. Die Meiereigebäude wurden 1837 abgebrochen, das jetzt noch stehende Haus, früher Wohnung eines Feldschützen, ist seit vielen Jahren unbewohnt.

[66]) Dr. Albert Reichard Reuß, Rath und Leib Medicus mit Regierungs-Raths Rang, Professor in den Arzneiwissenschaften an der Akademie. Starb den 11. Septbr. 1780.

[67]) M. Georg Ludwig Weber. Später Spezial-Superintendent und Pfarrer in Lustnau (s. 24. Juli 1784). Starb 1801.

[68]) Graf Adam Franz von Hartig, Kaiserl. Gesandter. Graf von Czernin, Kaiserl. Kammerherr. Kaiserl. Obristlieutenant von Petermann. Obrist-Kammerherr Graf Friedrich Philipp von Pückler. Kammerherr von Gemmingen war nicht dabei, sondern Obrist von Klinkowström (s. Anm. 13).

[69]) Eigentlich „das Seeschloß", begonnen von Herzog Karl 1760, bald vergessen, von König Friedrich als „Monrepos" wieder erweckt.

[70]) Russischer Generallieutenant.

[71]) Dr. Gottlieb Christian Konrad Storr, medicinae Professor und Hof-Medikus.

[72]) Auf dem Marktplatz in Stuttgart wurde jährlich im Mai seit 1775 nach venezianischer Art eine 14tägige Messe abgehalten. Unter den Buden, in Form eines Halbmondes aufgestellt, fanden dann täglich zweimal — Mittags von 12 bis 2 Uhr und Abends von 6—8 Uhr — öffentliche Promenaden statt, bei denen man nach Belieben mit oder ohne Maske erscheinen, Niemand einen Degen tragen und vor Niemand, selbst vor dem Herzog nicht, den Hut abnehmen durfte.

[73]) Frohnleichnamsfest. Charlotte Freiin von Franquemont, Elevin der Ecole, spätere Gemahlin des Oberjägermeisters Geheimerat Freiherr v. Lützow (Urach) (s. Anm. 49). Starb 1811. Ihr Grab im Hoppenlaufriedhof in Stuttgart an der nordöstlichen Mauer nördlich vom Eingang bei der Hoppenlaustraße. Beste Freundin der Franziska. Es waren noch zwei Fräulein, Caroline und Eleonore von Franquemont in der Ecole (s. S. 359).

[74]) Dieses, ziemlich in der Mitte des Dörfles, war das Rathaus einer „römischen Stadt, welche auf diesem Platz ehemals gestanden haben soll." Auf dem Gibel über dem Portikus glänzte in großen metallenen Buchstaben:

S. P. Q. R.
Legum custodia
Patriae fulcrum.

Darüber stand eine Justitia. Die Wände des Vorsaals waren mit modernen Bildern von jungen Mädchen behängt, die übrigen Zimmer waren „Badegemache von dem weichsten Geschmak." Es war das solideste Gebäude, ganz aus Haustein und von großem Umfang.

Die gothische Kapelle beim „großen Wasserfall" stand über den künstlich geschaffenen Felsen ganz im Süden des Dörfle. Innen und außen gothisch ausgeschmückt. Die Stelle ist noch erkennbar in dem jetzigen Gestrüpp.

[75]) Marie, die älteste Schwester der Franziska, war die Gattin des Freiherrn Karl Christian Adam Schertel von Burtenbach auf Geisingen (s. Anm. 248).

[76]) Philipp Friedrich Schmidlin, Regierungsrath mit dem Charakter und

Rang eines gelehrten geheimen Raths, Geheimer Kabinets-Secretarius. Starb den 19. Juli 1785 (s. da).

77) August Friedrich von Souville, wirklicher Kammerherr. Starb den 10. Jan. 1791 (s. da).

78) Beide Mühlen an der Körsch stehen noch: Obere und Untere See Mühle. Sie wurden im Jahre 1773 von Herzog Karl gekauft. — Das Baumgut nordwestlich an Hohenheim angrenzend. — Die Hochbruckswiese südlich vom späteren Schloß Hohenheim. — Bienenhäuser. — Zu Seite 221. Unter dieser Mühle ist die Obere See-Mühle am Südrand des Dörfles zu verstehen.

79) Marquis de Vibraye, Königl. französischer Gesandter am herzoglichen Hof.

80) Decoct d. i. Absud, Arzneithee.

81) Dr. Johann Friedrich Consbruch und Chirurgien-Major Christian Klein, Professores in den Arzneywissenschaften an der Akademie.

82) Ludwig Eberhard Fischer, Regierungsrath, Kammer-Prokurator.

83) Dieser Brief, welcher der Gesinnung und dem Herzen Karls Ehre macht, findet sich wortgetreu in E. Vely, VI. Abschnitt.

84) Prinz Peter Friederich Ludwig von Holstein-Gottorp (s. Anm. 305).

85) Gemahlin des Kaiserl. Generals von St. André.

86) General-Feld-Zeugmeister von Augée, Chef des Herzogl. General-Feld-Zeugmeister von Augéeischen Grenadier-Regiments. Starb den 24. Juli 1784 (s. da).

87) Karl August von Gemmingen, General-Major, Commandeur des Herzogl. Leib-Korps, Kammerherr.

88) Eberhard Friedrich Freiherr von Gemmingen, Geheimer Rath und Regierungsraths-Präsident, geb. den 5. Novbr. 1726 zu Heilbronn. Jurist, von hoher literarischer und poetischer Begabung, der allseitige Achtung genoß. Bild und Näheres s. H. K. W. I. Seite 416.

89) Königl. französischer Oberst Graf de Defourt. (Hof-Diarium).

90) Der Herzog hatte zu Beginn des Jahres 1772 ihr das früher der Grävenitz gehörige Haus in Ludwigsburg (jetzt Marstallstraße No. 5) geschenkt.

91) Das Sichelhängen ist ein ländlicher Gebrauch aus ältester Zeit. Wenn die Garben geladen sind, so ladet der Hofbauer seine Schnitter zur „Sichelhenket" ein. Dazu erscheinen sie im Sonntagsstaat, die Sicheln werden reihenweise in die Dielen gesteckt und der Schmaus beginnt: Suppe mit Schwarzbrot, Rindfleisch, Sauerkraut mit Schweinefleisch, Salat etc. und Backwerk aller Art. Nach dem Essen giebt es Spiel, Lustbarkeiten und Tanz; zuletzt erfolgt die Abrechnung. Ein Bild des Festes in der K. Staatssammlung vaterländischer Altertümer.

92) Kemnater.

93) Johann Baptist Anton von Flaxlanden, Komtur des Johanniterordens von Rohrdorf.

94) Christian Karl von Weitershausen, Ober-Forstmeister zu Freudenstadt und Schiltach, Kammerherr.

95) Königl. französischer General von Wittinghoff.

96) Reichsprälat Benedikt Maria Angehrn, Abt von Neresheim, dessen Rath von Karl, namentlich in seinen Heiratsangelegenheiten mit Franziska, sehr gesucht war.

97) Auditor bei der Herzogl. Infanterie und beim von Augéeischen Grenadier-Regiment.

98) Franz Karl von Bock, Ober-Hofmarschall und Geheimer Rath.

99) Fräulein von Penasse II, Stumpe.

100) M. Heinrich Friedrich Olnhausen, Garnisonsprediger in Ludwigsburg.

101) Katholischer Hof-Caplan Franz Joseph Weisser.

102) Landschafts-Secretarius Konradin Abel, bekannt durch seine Bemühungen um die Hebung von Handel und Verkehr, besonders mit Bayern. Später Legationsrath. Näheres s. H. K. W. I. Seite 293.

103) Karl Dietrich von Bose, Hof-Oberjägermeister und Ober-Forstmeister auf dem Engelberg bei Schorndorf, Kammerherr.

104) Der 4. Oktober ist der Namenstag der Franziska. Dieses Fest — typisch für den jetzigen Geschmack des Herzogs — ist eingehend beschrieben im „Taschenkalender für 1797 für Natur- und Gartenfreunde" Seite 137 u. ff.

105) Der „Zirkelbau in den Ruinen des Tempels der Vesta" war ganz nahe südlich beim noch bestehenden „See mit einer Insel" (s. Seite 8). Von dem „Tempel der Vesta" stand nur noch eine Säule.

106) Der „Feigensaal" oder „Überbleibsel der bedeckten Gänge des Ämilius Lepidus" war nördlich von der „Mühle" (s. Anm. 46) im sogenannten Feigengarten. Er diente für größere Gesellschaften, im Winter zur Aufbewahrung der Feigenbäume.

107) Dr. Johann Georg Hopfengärtner, Leib-Medicus. — Väter.

108) Johannes Christian Commerell, Geheimer Rath und Präsident bey Herzogl. Consistorio.

109) Adam Heinrich Weickersreuter, Geheimer Rath.

110) Johannes Amandus Andreas von Hochstetter, Kirchenraths-Direktor, Schwiegersohn des Geheimen Raths von Bühler (s. 1. Mai 1788).

111) Rent-Cammer Assessor von Breitschwerdt.

112) Ruoff vom Consistorium.

113) Der Grand-Chevalier (Zögling der Akademie) von Mandelsloh.

114) Die Chevaliers (Zöglinge der Akademie) von der Lühe (starb den 21 Septbr. 1783, s. da) und Pfeifflen.

115) M. Johann Friedrich Schmidlin, Special-Superintendent und Hospital Prediger. (Spezial d. i. Dekan).

116) Johann Christoph Schmidlin, Prälat zu Alpirsbach, Landschaft Engern Ausschuß-Assessor.

117) Damals stand noch das alte „Schlößle" Hohenheim, ein viereckiger Bau mit Wassergräben umgeben an der Stelle, wo jetzt der Mittelbau des Schlosses steht (s. Anm. 34 und 458).

118) Der Hahnentanz war eine ländliche Volksbelustigung. An der Spitze eines 3 m hohen Balkens befand sich in einem hölzernen Gitter ein Hahn; darunter gieng ein hölzerner Arm heraus mit einem Brettchen an Schnüren. Auf letzteres wird ein volles Wasserglas gestellt. Welcher Tänzer unterstützt von seiner Tänzerin das Glas mit dem Kopf 3mal herunterwirft, erhält den Hahnen. Ein Bild davon in der K. Staatssammlung vaterländischer Altertümer.

119) Diese evangelische Kirche, einen ansprechenden schlichten Bau des Hauptmanns Fischer (s. Anm. 39), stiftete der Herzog der Franziska zuliebe. Im Innern befindet sich noch der Stand derselben. Über dem Portal die Inschrift „Templum a Carolo structum, die Caroli consecratum MDCCLXXX."

[120]) Ihre Mutter, Johanne Dorothee Charlotte Freifrau von Bernerdin, eine geborene von Vohenstein, war seit Januar 1774 Witwe auf Adelmannsfelden[193]). Sie siedelte nach dem Gute in Ober Ensingen über, welches Franziska am 17. Jan. 1780 gekauft hatte, ihr aber der Herzog wieder abgekauft und ihrer Mutter zu Wohnung und Genuß überlassen hatte. — Die jüngste und einzige noch ledige Schwester der Franziska Juliana war seit Herbst 1774 als „Cavalierstochter" in der Ecole mit Auszeichnung.

[121]) Komtur der Balley Nieder-Sachsen Freiherr von Hartenberg.

[122]) Die „Köhlerhütte" (Abbildung betr. s. Seite 8) befand sich ziemlich in der Mitte des „Dörfles" etwas südlich vom Rathhaus (s. Anm. 74) und war der Lieblingsaufenthalt der Franziska. Äußerlich war sie einer Köhlerhütte nachgeahmt mit gegeneinander gelegten rohen Planken von Tannenholz, vorne und hinten mit solchen geschlossen. Ein abgestorbener, hohler Eichenstamm diente als Rauchfang; ein Kohlenhaufen lag seitlich davon. Im behaglichen Innern enthielt sie eine reichhaltige Bibliothek, Bilder und die astronomische Uhr des Pfarrers Hahn (s. Anm. 14).

[123]) Johann Georg von Madeweis, preußischer Gesandter beim Schwäbischen Kreis, zugleich auch in Baden accreditirt, überreichte sein „Creditiv". Er wohnte in einem der schönsten Häuser auf dem „Großen Graben", Ecke der Neuen Brücke, später von Herrn Kaulla erworben, seit 1833 bis 1857 Hotel Marquardt, jetzt Rominger'sches Haus.

[124]) Friedrich Ludwig Graf von Sponeck, Ober-Forstmeister zu Blaubeuren, Kammerherr, später auf dem Engelberg.

[125]) Hof-Ober-Forstmeister von Molk, Kammerjunker.

[126]) Herzog Karl hatte 25./28. Okt. 1780 den Sachsen-Gotha-Rodaschen Anteil der Herrschaft Limpurg durch Kauf erworben; am 9. und 10. Novbr. 1780 waren die geistlichen und weltlichen Diener auf Württemberg verpflichtet worden.

[127]) Christian Wilhelm Flattich, Expeditionsrath, Kastkeller, auch Oberhof-Marschallenamts-Hof-Ökonomie- und Accis-Deputatus.

[128]) Gottlieb Friedrich Elsässer, Expeditionsrath.

[129]) Pfarrer Kausler von Oberroth (Limpurgisch) (nicht von Gaildorf) hatte als der älteste der anwesenden Geistlichen den Herzog mit einer Rede begrüßt.

[130]) Hofrath Walther zu Gaildorf.

[131]) Der Herzog maß eigenhändig zweimal jährlich jeden Zögling, um ihm seinen Platz in der Reihe seiner Abteilung anzuweisen.

[132]) Maria Theresia.

[133]) Zu gleicher Stunde war Prüfung im Reiten. Als Reithaus für die Akademisten diente das frühere Futterhaus, welches 1775 hiezu umgebaut wurde. (Späterer Redoutensaal, wo heute der Königsbau steht.) Vielleicht Reitbahn = Treib.

[134]) Der Gang dieser 14tägigen Jahresprüfungen ist geschildert im H. K. W. II. Seite 22. Das Hof-Diarium bemerkt zu dieser Rede: „Die allgemeine Stille, welche durch den ganzen Saal herrschte, und die Zähren, welche Carl den Wangen der gerührten Vätter und Anverwandten entlockte, waren hinlängliche Beweise von dem tiefen Eindruck, den die Nachdrucksvolle Rede des Durchl. Stifters in den Herzen aller Anwesenden gemacht hatte."

[135]) Es war heute der 10. Stiftungs Gedächtnißtag der Akademie, welcher

sehr feierlich begangen wurde. Schiller tritt heute aus der Akademie aus und wird im General-Feldzeugmeister von Augéeischen Grenadier-Regiment als Regiments-Medicus angestellt.

[136]) Dieser Plan vom Jahre 1780 war von Stadtgeometer J. L. Roth aufgenommen und in der Akademie von dem Eleven M. Balleis in Kupfer gestochen.

[137]) Plochingen.

[138]) Auch dieser Geburtstag der Gräfin wurde mit einem unglaublichen Pompe gefeiert. Es spricht für ihren bescheidenen Sinn, wenn sie die festlichen Veranstaltungen, deren Beschreibung im Hofdiarium 11 Halbseiten Kanzleiformat einnimmt, gar nicht erwähnt (s. Anm. 258).

[139]) Von Schaumberg aus Würzburg; ein von Groß aus Würzburg, der andere aus Bamberg; von Korff aus Osnabrück.

[140]) Landvogt von Blank von Rothenburg.

[141]) Suite.

[142]) Professor Johann Stephan Pütter, Hannoverischer Geheimer Justizrath, berühmter Staatsrechtslehrer, Verfasser vieler juristischer Lehrbücher. Starb 1807. Göttingen war damals am meisten von Württembergischen Juristen besucht. Geb. zu Iserlohn 1725, gest. zu Göttingen 1807.

[143]) Ludwig Timotheus Spittler, geb. 1752, gestorben 1810, Geschichtsschreiber und Staatsmann. Hofrath und Professor der Staatsgeschichte an der dortigen (s. Anm. 142) Universität. 1797 Württemb. Geheimer Rath, zuletzt Staatsminister unter Herzog Friedrich und in den Freiherrnstand erhoben.

[144]) Johann Friedrich Gmelin, ältester Sohn des Philipp Friedrich Gmelin. Geb. 1748. Von 1772—1780 a. o. Professor der Medizin und Naturwissenschaften in Tübingen, dann berühmter ordentl. Professor in Göttingen, wo er 1804 starb.

[145]) Georg Ludwig Böhmer, geb. in Halle 1715. 1740 a. o., 1742 ordentl. Professor der Rechte in Göttingen, 1770 geheimer Justizrath, 1774 Primarius und Ordinarius der dortigen Juristenfakultät. Starb 1797 in Göttingen.

[146]) Carl Ludwig von Brandenstein, geb. 1760 auf dem Engelberg bei Schorndorf. Sohn des Ober Jägermeisters v. B. Studierte in Tübingen und Göttingen 1779—1781. Später in Oldenburgischen Diensten, 1821—42 Geheimer Rath und Staatsminister. Zu seinem 50jährigen Amtsjubiläum wurde eine Münze geschlagen. Wohlthätig und schlicht, verehrt von den Oldenburgern.

[147]) Wilhelm Gottlieb Tafinger, 1786 bis 1788 Lehrer an der Akademie für Naturrecht und Enzyklopädie, dann Prof. Iuris in Tübingen.

[148]) Gottlieb Jakob Planck, geb. 1751, studierte im theologischen Seminar in Tübingen, 1781 bis 1784 Vicarius und Repetent, dann Prediger und Professor an der Akademie, 1784—1833 an der Universität Göttingen, wo er starb. Einer der ersten Kirchenhistoriker seiner Zeit.

[149]) Prinz Friederich von Großbritannien, Sohn des Königs Georg III., Kurfürsten und Herrn zu Braunschweig und Lüneburg. Erwählt den 27. März 1764 zum Bischof von Osnabrück. Reiste unter dem Namen eines Grafen von Hoya.

[150]) Kammerherr von Gemmingen, Obristlieutenant und General-Adjutant, war beim Herzogl. Gefolge.

[151]) Spinnhaus.

[152]) Charlotte Sophie Gräfin von Bentinck, geb. Gräfin von Aldenburg, geb. 1715, eine geistvolle abenteurliche Frau, die ihre Besitzungen wegen Streits

mit ihrem Manne verließ. Bekannt durch ihre Broncen- und Münzsammlung, worüber 1787 ein besonderes Werk in Amsterdam erschien. Starb in Hamburg 1806.

153) Joachim Heinrich Campe, geb. 1746 in Deensen in Braunschweig. Studierte Theologie und Philosophie. Erzieher im Humboldt'schen Haus in Tegel. Bekannter Pädagoge, Buchhändler und Verleger, besonders des „Robinson der Jüngere". Der Hamburger Großkaufmann Böhl veranlaßte ihn, eine Familienerziehungsanstalt mit beschränkter Zöglingszahl zu gründen. Starb 1818.

154) Elmshorn, Neuenbrook; Stadt Preetz, wo ein adeliges Fräuleinstift im ehemaligen Benediktinerkloster sich befindet.

155) Ein Georg Conrad von Wedderkopf aus Eutin war um diese Zeit Akademist in Stuttgart. — „Parade", ein öffentlicher Platz in der Stadt Lübeck.

156) Joachim Otto Adolf Reichsgraf von Bassewitz, dänischer Geheimer Rath und Domdechant zu Lübeck. — Rehna.

157) Herzogin Luise Friederike, eine geborene Prinzessin von Württemberg. Herzog Friederich von Mecklenburg-Schwerin.

158) Trisett- oder eigentlich Tresettspiel, ein aus Italien stammendes Kartenspiel zu Vieren. Sein Namen kommt von tre sette (drei sieben), weil man mit diesen, in einer Hand, die Parthie gewinnt.

159) Soll heißen „en bunterie" (s. Anm. 276).

160) Soll wohl Parchim heißen. — Güstrow. — Lüneburg. — v. Bassewitz (s. Anm. 184).

161) Paar.

162) Northeim.

163) Akademist Cavalier Karl Wilhelm Graf von Ysenburg aus Philipps-Eich. Sein Bruder Heinrich Ferdinand war noch in der Akademie.

164) Johann Andreas Murray, Arzt. Geb. 1740 in Stockholm. 1756 auf der Universität Upsala, ein Schüler Linné's. 1760 in Göttingen, 1764 Professor da, 1769 Leiter des dortigen botanischen Gartens. Von Schweden durch Ernennung zum Ritter des Wasa Ordens ausgezeichnet. Starb 1791.

165) Münden.

166) Friedberg.

167) Ludwigsburger Thor. Es stand bis 1782 (s. 10. Aug. 1782) an der Ecke des heutigen Hotels Marquardt. In letzterem Jahre wurde die damalige Ludwigsburger Straße etwa bis zur heutigen Kronenstraße verlängert und auch das Thor an diese Stelle versetzt. Es war ein Staketenthor und stand bis 1807, wo der Bau des Königsthors etwas weiter auswärts begonnen wurde.

168) Wahrscheinlich der Hannoveraner, s. 25. und 26. Jan. 1781.

169) S. 29. Okt. 1780.

170) Eglosheimer.

171) Johann Friedrich Hirschmann, Hofrath und Hofgerichts-Assessor.

172) Baron von Oberkirch und Frau. Letztere Jugendgespielin und Hofdame der Prinzessin Dorothee Sophie, Tochter des Prinzen Friedrich Eugen und der „Hoheit" (s. Anm. 52 u. 246). Die „Mémoires de la Baronne d'Oberkirch" (Paris 1853) enthalten manches Interessante aus dem Leben des damaligen Mömpelgarter Hofes; die darin enthaltenen Urtheile über Franziska sind voll des Lobs über diese. Das meiste davon enthalten in E. Vely.

173) Spezial-Superintendent und Stadtpfarrer M. Karl Friedrich Jäger, Rath und designierter Prälat zu St. Georgen.

174) Steht noch zwischen Degerloch und Landhaus, unweit östlich der Straße nach Echterdingen.

175) Er war u. A. Preuß. General-Major und Chef eines Preuß. Kürassier-Regiments.

176) S. 14. Febr. 1781.

177) S. 27. Febr. 1781.

178) Der „Heinlesberg“ Anhöhe nordöstlich von Klein-Hohenheim jenseits des Baches.

179) An der späteren Fürstenstraße, welche daher ihren Namen hat, da, wo das Kronprinzenpalais und dessen Nebengebäude sind.

180) Ferdinand Reinhard Wolfgang Freiherr von Wallbrunn, Herzogl. Geheimer Etats- und Kabinettsminister, Oberhofmarschall.

181) Der Akademiegarten schloß sich an den nordöstlichen Flügelbau der Akademie an da, wo jetzt das Königliche Reithaus und Umgegend ist. In ihm waren drei Bassins mit Springbrunnen zum Baden und Rudern. Jeder Akademist hatte darin ein Stückchen Land nebst Gartenhäuschen zu beliebiger Verwendung.

182) Königl. Dänischer Gesandter von Wächter.

183) Herzogl. Mecklenburgischer Land- und Erbmarschall Graf von Malzan.

184) Geheimer Legationsrath Graf von Bassewitz.

185) Die Kaserne für das Leibkorps befand sich gegenüber dem jetzigen Königsbau „mit langer schöner Front“, 1803 Kriegsministerium; daran schloß sich abwärts das Jägerhaus, 1803 Ministerium des Auswärtigen. Beide Häuser 1818 abgerissen. Abbildung davon in „Unser Stuttgart“ von Wilhelm Seytter, S. 541 (s. Anm. 346).

186) Dr. Christian Friedrich Jäger, geb. 1739 in Stuttgart. Professor in Tübingen bis 1780, dann Rath und Leib-Medicus, 1784—1794 Lehrer der Arzneikunde an der Akademie. Sein Bild s. H. K. W. II. S. 87. Starb 1808.

187) Dieser Thiergarten befand sich südlich vom Kirbachhof auf der Höhe westlich des Baiselsbergs. Sein Namen ist auf der topographischen Karte von Württemberg, sowie auf der Karte zum „Königreich Württemberg“, herausgegeben vom statistischen Landesamt, enthalten. Er gehörte zum Hof Kirbach, jetziger Königl. Hofdomäne, ½ Stunde westlich vom Mutterort Ochsenbach und wurde im Jahre 1664 von Herzog Eberhard III. angelegt, welcher den Hof von Johann Valentin Andreä kaufte. Der Thiergarten umfasste über 2000 Morgen; es wurden in ihm viele hundert Stück Hirsche, auch Fasanen und anderes Geflügel gehalten. Im Hof selbst baute Herzog Eberhard 1 Jagdschloß, 1 Wasserwerk und „andere Lustbarkeiten“. Das Schloß brannte um 1750 ab, worauf der Thiergarten 1752 von Herzog Karl aufgehoben wurde. 1814 kam das Gut an die Hofdomänenkammer. Jetzt ist nur noch eine Dianastatue, „das Kibannele“ in einem Teich stehend, übrig. Näheres über die Geschichte des Kirbachhofes s. Beschreibung des Oberamts Brackenheim.

188) Jakob Friedrich Authenrieth, Hofrath und Rentkammer-Expeditionsrath, Professor der Kameral-Wissenschaft und Kanzleipraxis, 11. Febr. 1782 Decanus der ökonomischen Fakultät der „Karls-Universität“.

[189]) Franziska konnte erst am 27. März 1785 (s. da) nach geschlossener Ehe zum Abendmahl zugelassen werden (s. 28. April 1781).

[190]) Der Stuttgarter Special, M. Johann Ernst Friedrich Bernhard hatte eine ansehnliche Privatbibliothek mit vielen Seltenheiten, darunter den ersten datierten Stuttgarter Druck.

[191]) Professor Christoph Friedrich Sartorius, Dr. theolog., Rath und Kanzler der Universität Tübingen, Abt zu Lorch etc. Starb den 9. Dezbr. 1785 (s. da). Franziska schrieb an ihn wegen Eingehung ihrer Ehe mit Karl.

[192]) Dieser Kauf in Kirchheim u. T. (s. 6. April 1781) geschah wohl in Folge des Schreibens Karls an Franziska vom 10. Juli 1780, worin es heißt: „Da es weder schicklich, noch Ich jemahlen Zugeben werde noch kann, daß eine meiner künftigen Schwägerinnen, den nemblichen ort des aufenthalts habe alß Wir, etc.“ Näheres s. E. Vely, Abschnitt 6. Gemeint ist hier ihre Schwester Luise von Pflug (s. Anm. 9) und 26. Mai 1781.

[193]) Geburtsort der Franziska im Oberamt Aalen, Schloßgut und Sitz ihrer Eltern (s. Anm. 120). Ihr Vater war der Freiherr Ludwig Wilhelm von Bernerdin zum Pernthurn auf Pregrat. Ein Ölbild von ihm ist in Besitz des Herrn Oberstleutnants Freiherr von Kechler-Schwandorf in Stuttgart. (Siehe Anm. 335.)

[194]) Karl unterhielt mehrere Jahrzehnte hindurch geistliche Herrn als ständige Agenten oder Residenten in Rom für künstlerische Zwecke. Der erste war 1749—1769 Abbate Miloni. Sein Nachfolger wurde Abbate Giordani, 1775—1782 Resident mit 1500 Gulden.

[195]) Johann Konrad Schleehauf, 1739 in Häslach geb., seit 1771 Lehrer im Zeichnen und Malen an der Akademie, sowie an der Ecole des demoiselles von 1771 bis 1783.

[196]) Gesandter des Markgrafen von Baden von Gailing, Geheimer Rath und Kammerpräsident.

[197]) Ecke der Hospital- und Lindenstraße, wo jetzt ein Teil des Landesgewerbemuseums ist. Damals befanden sich darin Stallungen und Remisen für die Hofwagen, die Hof-Sattlerei und -Wagnerei. Spätere Kaserne, dann Gardekaserne; 1867 war während des Neubaus des Postgebäudes die Post darin untergebracht.

[198]) Johann Heinrich Mögling, Hofrath beim Hofgericht zu Tübingen.

[199]) Prinzessin Friederike von Würtemberg-Neustadt, geb. den 27. Juli 1699. Canonissin zu Gandersheim. — Kammerherr von Lingenfeld. — Testament.

[200]) D. i. das „Wachthäuschen“ im Dörfle, am Westrand beim Knie desselben, südlich unten.

[201]) Der Weißenhof (jetzt Staats-Irrenanstalt) bei Weinsberg gehörte der verstorbenen Prinzessin von Neustadt (s. Anm. 199).

[202]) M. Balthasar Sprenger, Kloster-Professor und Prediger zu Maulbronn. Geb. 1724, gest. 1791 als Prälat zu Adelberg und Mitglied des „Großen Ausschusses einer löblichen Landschaft in Wirtemberg“. Hat sich durch Hebung des Ackerbaus und der Landwirtschaft einen Namen gemacht.

[203]) Garten-Inspektor Walter, erster Hofgärtner in Ludwigsburg. Starb den 10. Dezbr. 1787 (s. da).

[204]) S. 4. Mai 1781.

205) Johann Jakob Wagner, Sekretär bei der Kirchenraths-Registratur. Seine Frau kam öfters zu Franziska.

206) Prinz Eugen, 3. Sohn des Prinzen Friedrich Eugen, (s. Anm. 327) war Preußischer Obrist, auf der Reise von Berlin nach Mömpelgart.

207) Eberhard Ludwig Freiherr v. Gaisberg, Hof-Marschall und Geheimer Rath.

208) Bereiter Berenz aus Mecklenburg und Büchsenspanner Reutter von der Hof-Jägerey giengen mit zahlreichen Geschenken an den Mecklenburg-Schwerinischen Hof.

209) Die Kaserne für das Leibkorps war im äußersten Südosten des Dörfle. Daran schloß sich östlich und südlich bis zur Körsch ein kleiner Wald. Das Leibkorps oder Leibhusarenkorps war im Jahr 1763 errichtet worden und gieng später in die Leibgarde zu Pferd auf. Auch hatte das Leibkorps noch einen eigenen Wald, nördlich vom Karlshof, der heute noch Leibkorpswald heißt.

210) Der amerikanische Garten war ziemlich im Südwesten des Dörfles. 1780 erschien ein Verzeichniß, 253 Seiten stark, derjenigen ausländischen, größtenteils nordamerikanischen Bäume und Gesträucher, welche in diesem Garten sich befinden.

211) Graf von Larosée, churpfälzisch-bayrischer General der Cavallerie und Kriegsrathspräsident aus München.

212) De Clapsadel, Commandant von Belfort.

213) Hofzinngießer Christian Ludwig Pelargus baute in der Lastings Gaß (benannt nach dem „Traiteur" und Weinhändler Lasting, jetzt Enge Strasse) No. 538 dieses Haus. 1800 befand sich darin die Ebnersche Kupferdruckerei.

214) Johann Gottlieb Breyer, gestorben 1796 als Geheimer Rath.

215) Wiesen nördlich von der „Garbe".

216) Dr. Georg Heinrich Müller, geb. 1750. 1776—1779 Professor der Religion an der Akademie und Ecole, bis 1793 Hofkaplan, bis 1812 Professor in Tübingen, bis 1820 Prälat von Maulbronn und Heilbronn, wo er starb. 7 Briefe von ihm an Franziska enthalten in: „Besondere Beilage des Staats-Anzeigers für Württ." vom 15. Jan. 1910.

217) In den Aspen, Flur östlich Schloß Hohenheim bis zum Ramsbach.

218) In Hohenheim waren stets einige Züge angeschirrter Pferde für den Fall eines Brandes im Herzogthum bereit und die Wachen waren angewiesen, jeden verdächtigen Schein am Himmel sogleich zu melden. Die Schultheißen des Landes mußten jeden Brand sofort dem Oberamtmann melden, der die Nachricht auf bereit gehaltenem Formular einzusenden hatte. Der Herzog flößte durch seine Anordnungen und sein Beispiel den Leuten solchen Mut ein, daß oft dem Feuer Einhalt geschah. Dadurch galt Karl als Feuerbanner. Auch Franziska, welche stets mitfuhr, beteiligte sich öfters an den Löscharbeiten, wie sie bei einem Brand in Tübingen Wasser herbeitrug (s. 24. Aug. 1782).

219) Oberst Kammerherr von Wambold aus Mainz. Geheimer Rath Baron von Thurn aus Bruchsal. Baron v. Koch, Herzogl. Oldenburg. Minister in Regensburg.

220) Johann Wilhelm Friedrich Baron Senft von Sulburg, Herzogl. Hausmarschall, Kammerherr.

221) Christian Friedrich Freiherr von Behr, Ober-Schenk. Hatte die Ober-Aufsicht über die Herzogl. Gärtnerey.

222) Wittwe des Kammerherrn von Königsegg, Obristen und Generaladjutanten. — von Hobe, Königl. Dänischer Gesandter beim Schwäbischen Kreis.

[223]) Karl Ludwig Friedrich Baron von Holle, General-Major und Kriegsraths-Präsident, Kammerherr.

[224]) Da Württemberg in Hamburg nicht durch eine Gesandtschaft vertreten war, so ist wahrscheinlich, daß Legationsrath Bühler in Wien in außerordentlicher Sendung nach Hamburg kam (s. Anm. 232).

[225]) Morelli aus Görz.

[226]) Es war eine Gräfin von Zacconini.

[227]) Dänischer Kammerherr von Gadow.

[228]) Von der Lühe aus Mecklenburg (s. 9. Febr. 1781).

[229]) Frau von Donnersfeld in Ludwigsburg.

[230]) Herzogl. General-Major von Gabelenzisches Infanterie-Regiment.

[231]) Waschte ich perlen in einer melone (?).

[232]) Legations Secretarius in Wien Albrecht Christoph Bühler, 1778 Legations-Rath, zum „Ministre Resident" ernannt an Stelle des dort fehlenden Gesandten. Ein Sohn des Geheimeraths v. Bühler (Anm. 31).

[233]) Graf von Iraczewsky aus Frauenstadt in Polen, welcher einen Sohn in der Akademie hatte.

[234]) Friedrich Wilhelm Karl, der spätere König Wilhelm I., geboren zu Lüben in Schlesien. Seine Eltern waren Prinz Friedrich (der nachmalige König), welcher 1781 als Generalmajor in Lüben stand und Prinzessin Auguste, Tochter des Herzogs Karl Wilhelm Ferdinand von Braunschweig-Lüneburg (s. Anm. 310).

[235]) Erbprinz Ludwig und Erbprinzessin Luise Karoline Henriette von Hessen-Darmstadt; deren Bruder Prinz Georg von Hessen-Darmstadt und eine ihrer 4 Schwestern.

[236]) Kräuterbühl mit Jagdhütte, Flur zwischen Nürtingen und Kirchheim.

[237]) Graf von Lerchenfeld, churpfälzisch-bayrischer Gesandter in Regensburg.

[238]) Eberhard Ludwig Reinhard von Röder, Vice-Land-Jäger- und Oberforstmeister zu Waldenbuch, Kammerherr.

[239]) Prinzessin Elisabethe Wilhelmine Luise, 3. Tochter des Prinzen Friedrich Eugen.

[240]) Friedrich Otto von Borck, „Cavalier bey des Prinzen Fridrich Hochfürstl. Durchl. zu Mömpelgart". Kammerherr.

[241]) Hofdame.

[242]) Obrist-Lieutenant Baron von Maucler, Gouverneur der jungen Prinzen in Mömpelgart.

[243]) Karl Gustav Friedrich Baron von Uxküll, vormaliger Gouverneur, dann Oberhofmeister bei der verwittibten Frau Landgräfin von Hessen-Cassel.

[244]) Herzogl. Obrist von Riegerisches Infanterie-Bataillon, dessen Chef Obrist von Rieger, Commandant der Festung Hohen-Asperg war (s. Anm. 288).

[245]) Das Pfarrhaus, kleines Gebäude, westlich vom Eremitenhaus, im Dörfle.

[246]) Die Tochter des Prinzen Friedrich Eugen und der „Hoheit", Sophie Dorothee, geb. den 25. Okt. 1759, war mit dem Großfürsten Paul von Rußland als Maria Feodorowna, seit 7. Okt. 1776 vermählt. (s Anm. 172).

[247]) Dieser Ausdruck erscheint später nicht mehr.

[248]) Herzog Karl erwarb für das Kammerschreibereigut mehrere Orte, darunter Geisingen, 5 Kilom. nördlich von Ludwigsburg, von dem Freiherrn Karl Christian Adam Schertel von Burtenbach um 92 500 Gulden (s. Anm. 75).

249) Kurfürst Karl Philipp Theodor, geb. den 11. Dezbr. 1724.

250) Das neue Wirtshaus an der Elbenstraße, Straße von Stuttgart nach Schwieberdingen, südwestlich von Stammheim, wird schon 1621 in den Kirchenbüchern von Stammheim erwähnt. Über die Zeit seiner Erbauung ist nichts bekannt.

251) Franz Maximilian Friedrich Freiherr von Buwinghausen-Walmerode, ein Sohn des Husaren-Generals (s. Anm. 44), Herzogl. adelicher Stallmeister und Kammer-Junker. Nahm im August 1783 seinen Abschied aus dem Wirtembergischen Dienste. 1784 Oberstallmeister beim Fürsten von Wallerstein. Seine Selbstbiographie in „Zwei Württ. Soldatenbilder aus alter Zeit" von Frhr. von Ziegesar, Seite 116. Den 30. Septbr. 1783 verheiratet mit Elisabethe Christiane von Tröltsch in Nördlingen.

252) Der „Sibyllentempel" ganz im Südwesten des Dörfles. Er war das höchste und größte Gebäude, das weit über die andern emporragte, daher man von seinem flachen Dache eine weite Umschau hatte, und enthielt einen großen Saal, 3 große und 3 kleine schön ausgeschmückte Zimmer (s. Einleitung S. 9)

253) Baron von Naso, Rittmeister im von Buwinghausischen Husaren-Regiment in Garnison auf der Solitude, Kammerherr.

254) Philipp Adam von Wechmar, Land-Ober-Jägermeister, Kammerherr.

255) Johann Gottlieb Schott, Professor der Geschichte an der Akademie. Seit 11. Febr. 1782 Dekanus der philosophischen Fakultät. Ein vortrefflicher Redner. Geb. 1751 zu Nürtingen. Sein Bild s. H. K. W. II. Seite 67.

256) Estafette; éventail.

257) Kammerherr.

258) Der 10. Januar ist nicht beschrieben; es ist der Geburtstag der Gräfin. Eine eingehende Darstellung enthalten in E. Vely, VII. Abschnitt, wo auch der sehr hingebend gehaltene Geburtstagsbrief des Herzogs. Die Anmerkung 138) trifft auch hier zu.

259) Diese Reise gieng nach Regensburg, um den von Wien heimkehrenden Mömpelgarter Herrschaften entgegenzureisen.

260) Markgräfin Sophie Karoline Marie, seit 26. Febr. 1763 Markgraf Fridrichs Wittib.

261) Radziwill.

262) Es waren 1781 2 Grafen Nys auf der Akademie.

263) München. — Domherr von Ellwangen.

264) Herzogl. Württ. Hofrath Busch, Consulent zu Dinkelsbühl.

265) Christoph Albrecht von Pfeil, früher Württ. Legations-Sekretär zu Regensburg, dann Brandenburgischer Gesandter beim Schwäbischen und Fränkischen Kreis.

266) Johann Friedrich Schmidlin, Consistorialrath und Stiftsprediger.

267) Von diesem Einweihungsfest der „Hohen Karlsschule" im neuen Festsaal (s. Anm. 5) ist ein schöner Stich von Heideloff vorhanden, abgebildet im H. K. W. II. Seite 6.

268) Dais, französ. = Thronhimmel.

269) Siehe hierüber H. K. W. II. Seite 7.

270) Johann Georg Friedrich Heyd, Regierungsrath und Professor jur., I. U. Dr., seit heute Prorektor der „Karls-Universität" (s. Anm. 297).

[271]) Johann August Reuß, I. U. Dr., Professor jur., seit heute Decanus der juridischen Fakultät der „Karls-Universität“.

[272]) Jakob Friedrich Rösch, Hauptmann, Professor der Kriegswissenschaften und der Wasserbaukunst, seit heute Decanus der militärischen Fakultät. Sein Bild H. K. W. II. Seite 91.

[273]) Johann Friedrich Schmidlin, jun., Regierungs-Raths-Sekretär. 1793 Regierungs-Rath. Starb d. 19. Juli 1785 (s. da).

[274]) Dr. med. Theodor Plieninger, 1773—1780 Zögling der Akademie, Hofmedicus, erhielt das erste Doktor-Diplom, welches die Karlsschule erteilte. 1785 bis 1794 Professor der medicinischen Fakultät, 1788 Decanus. 1756—1840.

[275]) Dr. Karl Friedrich Duttenhofer, 1773—1779 Zögling der Akademie, 1779—1794 Professor der Mathematik.

[276]) en bunterie, wie es öfters auch in Hofberichten heißt, so viel als in bunten Reihen, d. h. mit regelmäßiger Abwechslung von Herrn und Damen, im Gegensatz zu en cérémonie, en collation mit genauer Berücksichtigung von Rang und Würde. — Die Gallerie im südwestlichen Flügel des neuen Schlosses.

[277]) Baron von Umgelter, Statthalter des Kurfürsten von Trier zu Dillingen und Großmeister des Augsburger Kapitels.

[278]) Johann Erdmann Hübschmann, seit 1756 Hofgoldarbeiter in Stuttgart.

[279]) Baron von Mandelsloh, Obrist à la suite des General-Stabs in Stuttgart.

[280]) Der botanische Garten befand sich zwischen der Reitschule (s. Anm. 133) an der Ludwigsburger Straße (später Redoutensaal, jetzt Königsbau), der Seegasse (jetzt Friedrichsstraße), dem Fürstenhaus (s. Anm. 179) und der jetzigen Schloßstraße. 1810 wurde darauf eine Kaserne für die Garde du Corps erbaut; später Feldjägerkaserne, 1851 Post.

[281]) 12. März bis 12. April 1782 fehlt.

[282]) D. h. von dem Garten des Hofraths T.

[283]) 400 m westlich vom Schattenwirtshaus am Glemsbach. Es hat seinen Namen von seiner ursprünglichen Bestimmung als Franziskanerkloster.

[284]) Der Schloßplatz vor dem neuen Schlosse wurde zum Besuch des Großfürsten Paul von Rußland neu angelegt.

[285]) Zusmarshausen. Eurasburg.

[286]) Parsdorf und Hohenlinden. — Lyon.

[287]) Henriette Marie, Herzogin zu Würtemberg und Teck etc., geborene Prinzessin in Preußen, seit 23. Novbr. 1731 Wittwe des Erbprinzen Friedrich Ludwig von Würtemberg-Stuttgart. Geb. den 2. März 1702. Sie wohnte in Köpenik bei Berlin.

[288]) Philipp Friedrich von Rieger, General-Major, Chef des Herzoglich General-Major von Riegerischen Infanterie- Bataillons, Kommandant der Festung Hohen-Asperg. Geb. 1. Oktober 1722 in Stuttgart, gest. 15. Mai 1782 an einem Schlaganfall, den er sich durch Ärger über die unartige Antwort eines Soldaten zugezogen hatte. Bekannt durch seine harte Behandlung Schubarts. Näheres s. H. K. W. I. Seite 136. Schiller hat das wechselvolle Loos des Generals, seines Taufpaten, in „Spiel des Schicksals“ novellistisch bearbeitet.

[289]) Dr. Jakob Friedrich Stockmayer, Landschaftsagent, damals ständiger Vertreter des Herzogs in Wien, zugleich badischer Ministerresident in Wien.

[290]) Genannt „der Württemberger Hof“ ist das Haus Sammlungsgasse No. 2.

Es wurde 1743 vom Herzogthum Wirtemberg als Wohnung für seine Gesandtschaft bei den Versammlungen des Schwäbischen Kreises angekauft. Das Anwesen ist jetzt getheilt.

[291]) Der lange Stall, auf dem Plan des Hauptmanns Fischer (s. H. K. W. I. Seite 654) genannt „der große Marstall", befand sich etwa 200 m westlich von dem letzten Häuschen der Solitude an der Straße nach Leonberg. Im Innern schön ausgestattet, wurde er 1805 in vereinfachter Gestalt an die Königstraße nach Stuttgart versetzt.

[292]) Die Haugswiese nördlich (die obere) und südlich (die untere) der Straße vom Schloß zur „Garbe". Letztere Wiese grenzte an das Nordende des Dörfle.

[293]) Pyramide des Cajus Cestius, Nachbildung der in Rom befindlichen, aber wie mehrere Denkmäler im Dörfle, in 4fach kleinerem Maßstab! Urteile Goethe's und Schiller's über die Bauten im Englischen Garten s. H. K. W. I. Seite 668. Sie befand sich etwa 70 m südwestlich des Spielhauses.

[294]) Die Hochbruckswiese war südlich vom eigentlichen Schloß Hohenheim bis zur Körsch.

[295]) Eine doppelte Reihe von Kastanienbäumen war hinter der Akademie in einem Bogen ausholend, da wo jetzt die K. Landesbibliothek und das K. Archiv ist.

[296]) Wittwe des Oberhofmeisters des Collegii Illustris zu Tübingen und Geheimeraths Sylvius Karl von Frankenberg, gest. 1775, in dessen Familie der Herzog bei seinen Aufenthalten in Tübingen einzukehren pflegte.

[297]) Nach Verlauf von 6 Monaten wurde das Prorektoratsamt, welches bisher Regierungsrath Heyd (s. Anm. 270) innehatte, dem Leibmedicus und Decanus Dr. Consbruch (s. Anm. 81) übertragen.

[298]) Das Zeughaus oder der Zeughof, 1546 erbaut, befand sich zwischen der Landschaftsgasse (Kronprinzstr.), Canzleygasse und dem großen Graben (Königstraße). 1834 abgebrochen, kam an seine Stelle der große Bazar mit Säulengang. 1880 erhielt er seine jetzige Gestalt.

[299]) S. 28. Juni 1782.

[300]) Gottfried Les, bekannter evang. Theologe, 1763 bis 1791 Professor in Göttingen.

[301]) Andreas von Sandherr, Regierungsrath der Grafschaft Horburg und der Herrschaft Reichenweiher im Elsaß, mit Sitz in Colmar.

[302]) Johann Jakob Baron von Goll, Vice-Präsident des Regierungsraths in Mömpelgart.

[303]) Dicht westlich beim Dorfe Etupes, 5 Kilom. östlich von der Stadt Mömpelgart, hatte sich der Prinz Friedrich Eugen, Statthalter der gefürsteten Grafschaft Mömpelgart, vom Jahre 1770 an ein Schloß mit prächtigen Gärten und Nebengebäuden in der Art von Hohenheim erbaut. Eine eingehende Beschreibung dieses Schlosses etc. ist enthalten in: „Notes sur Montbéliard" par M. Léon Sahler, Montbéliard-Paris 1905. Das Ganze wurde auf Veranlassung der Revolutionsregierung um 25 000 Livres verkauft mit der Bedingung der Zerstörung, welche 1801 begann. Jetzt besteht nur noch eine Gartenmauer davon.

[304]) Quindici, sonst stets Quinze, ein Hasardspiel mit Karten, ähnlich wie Trente-un.

[305]) Die zweite Tochter des Prinzen Friedrich Eugen, Friederike Elisabet

Amalie Auguste, seit 26. Juni 1781 vermählt mit Prinz Peter Friedrich Ludwig von Holstein-Gottorp, Coadjutor des Bisthums Lübeck (s. Anm. 84).

[306]) Toilette.

[307]) Friedrich Ferdinand Drück, geb. 1754 zu Marbach, 1779—1794 Professor der klassischen Philologie und älteren Geschichte an der Akademie; allgemein beliebt. Sein Bild im H. K. W. II. Seite 69.

[308]) In Hohenheim hatte Franziska keine weibliche Bedienung, auch keine Gesellschaftsdame.

[309]) S. 11. und 16. August, 16. und 17. Septbr. 1782.

[310]) Ältester Sohn des Prinzen Friedrich Eugen, Prinz Friedrich (der nachmalige Churfürst und König) und Prinzessin Auguste, geb. Prinzessin zu Braunschweig-Lüneburg. Sie waren auf der Reise nach St. Petersburg, wohin sie am 9. Septbr. 1782 abreisten (s. Anm. 625).

[311]) Oberhofmeisterin Gräfin von Görz; Hofdame Fräulein von Lützow aus Mömpelgart.

[312]) Die Einsiedelei (s. 18. Oktbr. 1781) war ganz unten am östlichen Rand des Dörfles; ein dürftiges Blockhaus mit rohgezimmerter Waldkapelle. Dicht neben dieser eine Steinplatte mit bekannter, vom Herzog verfaßter Inschrift. Letztere in E. Vely, Abschnitt V, Schluß und H. K. W. I. S. 50.

[313]) Prinz Karl von Hessen-Cassel, Königl. Dänischer General-Feldmarschall und Gouverneur von Schleswig-Holstein; Prinz Friedrich von Hessen-Cassel, Holländischer Generallieutenant.

[314]) Es waren in diesen Tagen nicht weniger als 287 fürstliche und andere Standespersonen aus aller Herren Länder in Stuttgart anwesend. Sie waren in den Schlössern, Staatsgebäuden, angesehenen Familien und Gasthöfen untergebracht.

[315]) „Le feste della Tessaglia". Näheres hierüber s. H. K. W. I. Seite 579.

[316]) Erbprinz Ludwig und Erbprinzessin Luise, sowie noch 6 Prinzen bezw. Prinzessinen von Hessen-Darmstadt.

[317]) „Calliroe". Näheres s. H. K. W. I. Seite 575.

[318]) „Der regierende Herr Herzog von Zweybrücken (Pfalzgraf Karl II.) und dero Frau Gemahlin."

[319]) Russischer Gesandter.

[320]) Landgraf Karl von Hessen-Rheinfels-Rothenburg.

[321]) Dieses „Denkmal auf den Besuch der Großfürstlichen Hoheiten" befand sich genau in der Mitte des Dörfles, etwas südlich von der Köhlerhütte.

[322]) „Ippolito e Aricia" oder „Le delizie campestre" von Zumsteeg mit dem berühmten Sänger Dal Prato als Gast. Näheres s. H. K. W. I. Seite 607.

[323]) Das Fest ist eingehend beschrieben im „Taschenkalender 1797 für Natur- und Gartenfreunde", auch in „Stuttgardische privilegirte Zeitung" vom 26. Sept., 1. und. 3. Okt. 1782. S. auch E. Vely, VII. Abschnitt.

Die Nacht vom 22. zum 23. Septbr. benützte Schiller zu seiner Flucht nach Mannheim mit seinem Freunde Streicher. Er sah die glänzende Beleuchtung der Solitude und des breiten Zugangs im Norden zu ihr mit mehr als 90 000 Lampen von seinem Wege aus.

[324]) Das kleine Theater stand zwischen dem Waisenhaus und der Akademie da, wo jetzt die Büsten von Bismarck und Moltke sind, mit seiner südöstlichen Linie in der Verlängerung der Akademie. Es wurde im Jahre 1779 von Teinach,

wo es seit 1770 als „Komödienhaus“ stand, nach Stuttgart versetzt. Abgebrannt in der Nacht vom 17. zum 18. Septbr. 1802. Abbildung und Beschreibung in „Bilder aus Alt-Stuttgart“ von Bach und Lotter, Seite 58. Brand beschrieben und abgebildet in „Unser Stuttgart“ von Wilhelm Seytter, Seite 527.

325) „Der Irrwisch“ oder „Endlich fand er sie“. Singspiel von Dieter, Text von Bretzner.

326) Beschreibung dieses großen „Festinjagens“ und Abbildung in „Unser Stuttgart“ von Wilhelm Seytter, Seite 474. Eingehende Beschreibung in: „Stuttgardische privilegirte Zeitung“ vom 1. Oktob. 1782.

327) Prinz Friedrich Eugen hatte 8 Söhne und 3 Töchter, welche alle mit Ausnahme des ältesten Prinz Friedrich, welcher am 9. Septbr. nach St. Petersburg abgereist war (s. Anm. 310), damals in Stuttgart waren und zwar: die Prinzen Louis, Eugen, Wilhelm (s. Anm. 475), Ferdinand (s. Anm. 352), Karl, Alexander, Heinrich, die Großfürstin von Rußland, Prinzessin von Holstein-Gottorp (s. Anm. 305) und Prinzessin Elisabeth (s. Anm. 239).

328) Dieser Saal, das sogenannte Tempelchen, befindet sich im 1. Stockwerk anstoßend an den Speisesaal der Akademie, am Ende des nordöstlichen äußeren Flügelbaus gegen das neue Schloß, ganz in seiner ursprünglichen Gestalt mit Tisch und Stühlen aus Herzog Karls Zeit. Hier pflegte er bei seinen Besuchen in der Akademie mit Franziska „en retraite“ zu tafeln (s. Anm. 51). Abbildung s. H. K. W. I. Seite 658. Die Tafel war für heute amphitheaterartig durch ringsum gemachte Erhöhungen erweitert.

329) Baron von Stain, General-Lieutenant, Chef des Herzogl. General-Lieuten. von Stainischen Infanterie-Regiments.

330) Dietrich Christian Ernst Marschalk von Ostheim, Oberforstmeister in Urach und Zwiefalten, Kammerherr.

331) Johann Georg Weiß, Herzogl. Stallmeister in Stuttgart bis Mitte Oktober 1782, sodann Hofrath, Keller-, Pulver- und Salpeter-Verwalter in Urach.

332) Der katholische Hofkaplan Baumann war mit der Sängerin an der Herzogl. Oper Augusta Sandmaier, einer Elevin der Ecole durchgegangen, aber auf Befehl des Herzogs zu Ettlingen in Baden eingeholt worden. Baumann wurde seines Amtes entsetzt und einige Zeit auf dem Hohentwiel eingesperrt. Später verlieh ihm der Bischof von Constanz die Pfarrei Offingen am Bussen. Die Sandmaier wird im Herzogl. Wirtemb. Adreßbuch von 1793 noch geführt, soll aber nicht mehr in Stuttgart aufgetreten sein.

333) Bei der Herzogl. Leib-Garde zu Pferd.

334) Hauptmann Frey, Regiments-Quartiermeister auf dem Asperg.

335) Freiherr Siegfried Ehrenreich von Bernerdin zum Pernthurn auf Pregrat, Besitzer des Gutes Sindlingen im Oberamt Herrenberg, geb. den 5. Novbr. 1720. Mit ihm erlosch der männliche Stamm der uralten von Bernerdinschen Familie (s. Anm. 193). Sein Grab ist auf dem kleinen Friedhof in Sindlingen. Das Gut gieng den 10. Juni 1785 durch Kauf in den Besitz der Franziska über. (S. da und Anm. 643 und 13. Aug. 1781 und 19. Juni 1784.)

336) Friedrich Albrecht Philipp von Göllnitz, Oberförster in Leonberg, Kammerherr.

337) Das Reithaus, westlich ans (spätere) Hauptschloßgebäude stoßend und etwas zurücktretend, war eine mächtige, 200 Fuß lange, 60 Fuß breite und

36 Fuß hohe Halle ohne Pfeiler. Die an der Hohlkehle angebrachten reichen Stukkaturen sind meist noch vorhanden. Jetzt Heumagazin.

[338]) Die Orangerie war im der Lage des Reithauses entsprechenden, östlichen Anbau ans Schloß (s. Anm. 337 und 637).

[339]) Der Lehrer oder Aufseher, der einen Zögling zur Bestrafung bringen wollte, schrieb dessen Vergehen auf ein Quartblatt; dieses mußte der Zögling zusammengefaltet als sogenanntes „Billett' bis zum Vollzug der Strafe an der Brust zwischen der Weste tragen und es dem Herzog bei passender Gelegenheit übergeben, welcher unter Umständen nach kurzer Untersuchung die Strafe aussprach. Auch in der Ecole bestand diese Einrichtung.

[340]) Karoline Huth, Elevin der Ecole, eine der besten deutschen Opernsängerinnen zu dieser Zeit. Vermählte sich mit dem Tenoristen Gauß, der schon 1791 starb. Ihre Stimme ließ bald nach, wodurch sie in Nahrungssorgen gerieth.

[341]) Von Domsdorff, Hofdame; Baron von Schwartzer, österreichischer Bischoff.

[342]) Das „Schlössle" war das alte Wasserschloß Hohenheim, welches da stand, wo jetzt der Mittelbau des Hauptschlosses (s. Anm. 34) steht. Es war ein viereckiger Bau, ringsum mit Wassergräben umgeben. Auf einem Plan von 1782 ist es noch ganz eingezeichnet und machte erst dem Neubau (s. Anm. 458) Platz.

[343]) Polnischer Vicekoadjutor Graf Dembowsky aus Warschau. — Russischer Etats-Rath von Kroock aus St. Petersburg.

[344]) Seit der Entführungsgeschichte des Hofkaplan Baumann (s. Anm. 332) hatten die Hofkaplane, meistens Weltgeistliche, an Ansehen beim Herzog verloren. Er beschloß daher Klostergeistliche, welche sich mehr den höheren Wissenschaften widmen könnten, hiezu zu berufen, deren erster der Dominikanermönch Martin Schluß aus Landshut war, ein Mann von Talent und großer Belesenheit. Starb schon den 25. Febr. 1785 (s. daselbst)

[345]) Wahrscheinlich Expeditions-Rath Schneider.

[346]) Das Jägerhaus stand gegenüber dem Königsbau an der Königsstraße mit seiner Front etwa an dem Geleise der Straßenbahn. 1707—1710 Wohnung der Grävenitz. Es diente neben seiner eigentlichen Bestimmung zur Beherbergung von Standespersonen. 1803 Ministerium der auswärtigen Angelegenheiten, 1818 abgebrochen (s. Anm. 185).

[347]) Prinz Friedrich Franz und Prinzessin Luise. Sie waren auf der Rückreise von Paris.

[348]) Prinz Ludwig Karl Friedrich von Sachsen-Saalfeld-Coburg, Obrist im herzogl. Generalstab.

[349]) D. h. die 3. Compagnie der Leib-Garde zu Pferd.

[350]) Die Reise-Tagebücher des Herzogs sind erhalten und werden später veröffentlicht werden. Eine originelle Beschreibung dieser Reise nach Sachsen aus der Feder des Generalmajors von Buwinghausen, welcher den Herzog begleitet hat, steht in: „Zwei Württembergische Soldatenbilder" von Frhr. von Ziegesar, Seite 89 u. ff.

[351]) Janette und Charlotte von Pflug.

[352]) Prinz Ferdinand, 5. Sohn des Prinzen Friedrich Eugen (s. Anm. 327), war damals Kaiserl. Königl. Obrist-Lieutenant im österr. Infanterie-Regiment Riese in Klagenfurt.

353) Obrist-Wachtmeister (Major) von Rieger, Flügel-Adjutant.

354) Es betrifft den Briefwechsel mit dem berühmten Theologen und Pädagogen Professor August Hermann Niemeyer in Halle, welchen Franziska mit dem Herzog auf ihrer „sächsischen Reise" 1783 besucht, kennen und schätzen gelernt hatte. Franziska blieb nunmehr in stetem brieflichem Verkehr mit ihm, dem sie sich in ihrer Gottergebenheit völlig offenbarte. Näheres s. H. K. W. I. S. 98., E. Vely VIII. Abschnitt, wo auch Auszüge aus einigen Briefen an Niemeyer.

355) Außer dem Gut Ober-Ensingen (s. Anm. 26) erhielt sie jetzt vom Herzog als Wittum die jährliche Pension von 1500 Gulden, welche die Oberhofmeisterin von Wallbrunn vom herzoglichen Kirchenrat bezogen hatte. Diese Pension gieng nach dem Tode der Mutter an die 3 Schwestern der Franziska über (1793).

356) Der Nachfolger („Interems-Commendant") des Generals von Rieger (s. Anm. 288) war General-Major Eugen von Scheler, nunmehr Chef des General-Major von Schelerischen Infanterie-Regiments, Commandant der Vestung und Garnison Hohen-Asperg. Starb den 23. März 1784 (s. daselbst). Er ist öfters litterarisch hervorgetreten.

357) Markgräflich Badischer Gesandter, Obrist-Lieutenant von Stetten, Kammerherr.

358) Prinzessin Karoline Luise, Gemahlin des Markgrafen Karl Friedrich von Baden-Durlach.

359) Es fand eine Vorprüfung der Konfirmanden in den herzoglichen Gemächern statt, welche der öffentlichen Prüfung am folgenden Tage in der „Carls Hohenschule" (so nunmehr genannt) voranging.

360) Dieser Fasanenhof befindet sich noch heute zwischen Möhringen und Echterdingen. 1796 wurde das Anwesen von der „Hoheit" (s. Anm. 52) im Hohenheimer Styl angelegt und ihm von einem Tempel der Flora, welcher auf einer künstlichen Insel in einem kleinen See stand, der Namen „Floride" zugelegt. Ein anmutiges Bild davon in der K. Staatssammlung vaterländ. Altertümer.

361) Reis-Marschall von Dürkheim, Kammerherr.

362) Frau Tepper aus Warschau.

363) Kammerherr Rudolf August Lebrecht Freiherr von Taubenheim, Geheimer Rath und Hofrichter, auch Präses des Herzogl. Tutelar-Raths, später Staatsminister. 1734—1814.

364) Graf von Czabelizky, General der Cavallerie im Herzogl. General-Stab, Capitaine und Commandant der Herzogl. Garde-Noble.

365) Baron von der Gabelenz, General-Major im Herzogl. General-Stab, Chef des General-Major von Gabelenzischen Infanterie-Regiments.

366) Baron Hartmann Thumb von Neuenburg (Neuburg), General-Major und Lieutenant von der Herzogl. Noble-Garde, Kammerherr.

367) v. Fürstenwärter.

368) Fürst Joseph Wilhelm Franz und Fürstin Marie Theresie Friederike von Hohenzollern-Hechingen (s. Anm. 562).

369) Baron Franz Karl von Harling, General-Major und Commandeur der zweyten Compagnie der Herzogl. Garde du Corps, Kammerherr.

370) M. Johann Christian Volz aus Dettingen, Herzogl. Rath, seit 1783 Prälat von Bebenhausen, 1774—1783 „Rector Gymnasii illustris et Paedagogarcha der lateinischen Schulen unter der Steig."

[371]) Johann Jakob Hemmer, Meteorologe und deutscher Sprachforscher. 1760 churpfälzischer Hofkaplan, 1776 geistlicher Rath und Aufseher des physikalischen Kabinets des Herzogs von Zweibrücken (s. Anm. 318). Starb zu Mannheim 1790. Sein Werk über meteorologische Untersuchungen fand überall großen Beifall. Er veranschaulichte als Erster die Nützlichkeit der Blitzableiter.

[372]) Hohenheim erhielt damit den ersten Blitzableiter in Württemberg.

[373]) Rambeck.

[374]) Österreichischer Vicekanzler Graf von Cobenzl, ein Freund des Kaisers Joseph II. Um diese Zeit bemühte sich der Herzog aufs Neue bei diesem, Franziska in den Fürstenstand zu erheben und seine Heirat mit ihr auszuwirken.

[375]) Baron Friedrich Wilhelm von Phull, General-Lieutenant und Chef des Herzogl. General-Lieuten. von Phullischen Grenadier à Cheval-Regiments, Trabanten-Hauptmann, Kammerherr. 1735—1818.

[376]) Sebastian Holzhey, Hof- und Theatermaler neben dem bekannten Viktor Heideloff und Baßmann.

[377]) Lappenjagen ist ein Treibjagen, bei welchem Lappen Verwendung finden, die in einiger Höhe über dem Boden hingezogen werden durch Befestigung an Bäumen, Sträuchern oder Stangen, um das Wild zurückzuschrecken oder am Durchbruch zu verhindern.

[378]) Das Kochische Haus ist das später sogenannte Calwerhaus, Königsstraße No. 43 B, worin das Bankhaus Dörtenbach und Cie. sich befindet, welches der Handelsmann Koch mit einem Aufwand von beinahe 60 000 Gulden im Jahr 1775 erbaut hatte. Es war das in seiner ganzen Erscheinung vornehmste Privatgebäude.

[379]) Fürstbischoff von Speyer, Graf August Philipp von Limburg-Vehlen-Styrum, erwählt den 29. Mai 1770.

[380]) Von Buchenberg.

[381]) S. Anm. 305. Der neugeborene war Prinz Paul Friedrich August, geb. den 13. Juli 1783.

[382]) Von Hovenfels, Zweybrückischer Geheimer Rath.

[383]) Regierungs-Räthe: Immanuel Freiherr von Rieger, Gesandter in Paris, später Gelehrter Geheimer Rath und Consistorial-Vice-Direktor. Ferdinand Wilhelm Weckerlin.

[384]) Die Hassensaul oder Hasensaul ist ein Flurname nördlich des Sträßchens von Feuerbach zur „HohenWarte". Etwa 200 m von dem letzten Haus der Solitudestraße in Feuerbach steht eine steinerne Ruhebank an dem Sträßchen. 50 m westlich von dieser zweigt ein Feldweg in der Richtung nach Nordosten ab. Dieser Platz ist die „Hasensaul"; die Äcker dort heißen ebenso. Heute noch bestellt man sich zu Verkäufen, Jagden p.p. dorthin. Wahrscheinlich stand dort eine „Saule", vielleicht ein Stunden-Wegzeiger von Stein, oder ein Denkmal der Hessen aus den ersten Jahrhunderten nach Christus.

[385]) D. h. Weinberghäusle. Der Weinberg war an der südöstlichen Seite des Dörfles.

[386]) Bis in's Jahr 1784 hinein wurden in der Akademie gegen 200 Personen von einer Seuche, dem sogenannten Gallenfieber ergriffen, an der 10 Zöglinge starben. Auch in der Stadt herrschte diese Krankheit, woran wahrscheinlich der Nesenbach schuld war.

387) Kammerherr und Finanzrath Baron von Hegnenberg; Hof- und Kammerrath von Zwack von dem churbayrischen Wiesensteig.

388) Bücherkästen.

389) Der Benediktinerpater Bernhard Benedikt Maria Werkmeister. Die Geschichte seiner Erprobung am 9. Novbr. durch den Herzog ist enthalten in E. Vely VIII. Abschnitt

390) Dr. Karl Heinrich Köstlin, geboren 1756 in Brackenheim, Zögling der Akademie, Hofmedikus, Oberaufseher des Herzogl. und akademischen botanischen Gartens, 1780—1783 Professor der Naturgeschichte an der Akademie. Starb 1783 am „Gallenfieber". Einer der genialsten Lehrer der Schule. Sein Bild H. K. W. II. Seite 85.

Das Herzogliche Naturalienkabinet befand sich bei der Akademie-Bibliothek im äußersten südwestlichen Flügel im I. Stock entsprechend dem Tempelchen (s. Anm. 328).

391) Lehrmeister in dem Recht- und Schön-Schreiben, Johann Gottlieb Erhard, 1783—1791 an der „Hohen Carls-Schule".

392) D. h. seine Verehelichung mit Franziska zu betreiben.

393) Hauptmann Gaupp aus Pforzheim.

394) Philipp Heinrich von Gaisberg, Vizejäger- und Oberforstmeister zu Kirchheim, Kammerherr.

395) Früherer Weltpriester Augustin Bader, Hof-Caplan, von Bruchsal (s. 10. August 1783).

396) Nunmehr Chef des General-Major von Hügelschen Infanterie-Regiments, Commandant der Vestung Hohen-Asperg.

397) Ernst Platner, 1770 Professor der Medizin in Leipzig. Starb 1818.

398) Jakob Friedrich Abel, geb. 1751 zu Vaihingen, 1772—1790 Professor der Philosophie an der Akademie, dann an der Universität Tübingen. Der weitaus bedeutendste Philosoph an der Karlsschule. Sein Bild H. K. W. II. Seite 75. Prorektor den 29. Dezember 1786 an Stelle des bisherigen Prorektors Dr. Reuß.

399) Heinrich Gottfried Scheidemantel, geb. 1739 zu Gotha, 1784 Professor der juridischen Fakultät an der Akademie, Herzogl. Regierungsrath. Starb 1. Januar 1788.

400) Johann Christoph Schwab, geb. 1743 zu Ilsfeld, 1778—1794 Professor der philosophischen Fakultät an der Akademie, 1785 Geheimsekretär im Staatsministerium. Sein Bild H. K. W. II. Seite 74.

401) Prälat Nekrop, Präsident der Kais. orientalischen Akademie in Wien.

402) Graf von Lehrbach, Kaiserlicher Minister, Gesandter bei dem Schwäbischen Kreis, Geheimer Rath, Kammerherr.

403) Die älteste Tochter ihrer Schwester Luise von Pflug (s. Anm. 9). Luise mit Baron Heinrich Ernst von Biedenfeld, Oberamtmann zu Hornberg, Kammerherr.

404) Gustav von Biedenfeld, General-Lieutenant, Kammerherr.

405) Für den bestimmungsgemäß abtretenden Prorektor Schott (s. Anm. 255) wurde Prof. Dr. Reuß gewählt (s. Anm. 271).

406) Dr. Karl Friedrich Elsäßer, Regierungs-Rath, geb. 1746 zu Stuttgart, seit 1775 Professor in Erlangen, 1783—1794 Regierungs- und Professor der Rechtswissenschaft an der Akademie.

407) Bruder des Ministers von Uxküll (s. Anm. 12).

408) Johann Friedrich Stahl, Hof- und Rentkammer-Expeditionsrath, Professor der Forst- und Jagd-Wissenschaft, wie auch des Bergbaus und des Münzwesens an der Akademie, geb. 1718 zu Heimsheim, starb 1790.

409) Adolf Friedrich Harper, geb. 1725 zu Berlin, 1756 in württembergischem Dienst, 1759 Hofmaler, 1784 Galeriedirektor. 1761 Professor an der Académie des arts in Ludwigsburg, sowie Lehrer der Malerei an der Akademie, seit 1787 Professor daselbst. Sein Bild H. K. W. I. Seite 695.

410) Johann Friedrich Faber, Geheimer Rath, Vice-Direktor des Herzogl. Consistorii, Forst-Referens, p.p. 1788 Consistorial Präsident. Starb 1790.

411) Dr. Johann Friedrich Eisenbach, Regierungs-Rath und Landschafts-Consulent.

412) Der sogenannte lange See, östlich des Dörfles, der heute noch besteht, unmittelbar westlich des Fußweges von Station Hohenheim nach Plieningen in tiefem Baumesschatten. In ihm befand sich ein feststehendes Schiff (s. 30. Aug. 1785).

413) Von Werkamp vom General-Feldzeugmeister von Augéeischen Grenadier-Regiment.

414) Der Herzog pflegte größere Bestellungen bei dem Augsburger Silberhändler Philipp Adam Renz, sowie bei dem Juwelier Michael Wilhelm Rauner zu machen.

415) K. Englischer General-Major von Grenville.

416) Hannöverischer Hauptmann von Löw.

417) Engl. Obrister Lord Abercromby.

418) Baron de Grancourt aus Paris.

419) Der jetzige „Petersburger Hof“. Dieser Gasthof, der erste und beste in Stuttgart gehörte dem Georg David Rall, der ihn „Zum Ritter St. Georg“ benannte. Sein Nachfolger gab dem Haus zur Erinnerung an den Besuch russischer Gäste seinen jetzigen Namen im Jahre 1803. Näheres s. „Bilder aus Alt Stuttgart“ von Bach und Lotter, Seite 105.

420) Von Leuze aus Mons, welche zwei Söhne in der Akademie hatte.

421) Von Rudenz (s. 17. Juli).

422) Johann Baptist von Palm, Land-Oberjägermeister zu Mömpelgart.

423) Spätere Legionskaserne, erbaut 1753 für die Garde zu Fuß.

424) Es sind die künstlichen Felsen, welche sich südlich des Sibyllentempels von der Plieninger Straße bis zur östlichen Grenze des Dörfles hinzogen.

425) Johann Carl Christian von Seckendorf, Regierungs-Rath, Kreis-Direktorial-Gesandter, Kammerherr.

426) Fürst Bischoff Maximilian Christoph Freiherr von Rodt, erwählt den 14. Dezbr. 1775.

427) Erbprinz Anton von Hohenzollern-Sigmaringen.

428) Im „Landhaus“, Langestr. No. 51, wo sich jetzt noch die reformierte Kirche befindet.

429) Der Herzog hatte auf seiner Reise nach Kopenhagen (vom 9. Januar bis 15. März 1784) die 5000 Nummern umfassende Bibelsammlung des Pastors Lorck in Kopenhagen um 17 033 Gulden 20 Kreuzer gekauft. Diese Sammlung, wozu im Jahre 1786 die 1645 Nummern starke Bibelsammlung des Schaffers Panzer in Nürnberg um 3000 Gulden kam, bildet heute noch die wohl reichste

Bibelsammlung der Welt und befindet sich in der Königl. Landesbibliothek (s. Anm. 491).

[430]) Braunschweigischer Obrist Lieutenant Baron von Imhoff.

[431]) Kammerherr und Ober-Forstmeister August Wilhelm von Troyff, später Ober-Forstmeister des Forstamts Tübingen mit Wohnsitz in Waldenbuch.

[432]) Pappeln auszusähen.

[433]) Pulswärmer, Stößerle (?).

[434]) Ferdinand Friedrich von Nicolai, Obrist und General-Quartiermeister, Chef des Obrist von Nicolaischen Artillerie-Regiments. Näheres s. H. K. W. I. Seite 137.

[435]) Spezial-Superintendent und Stadtpfarrer Kausler. — Stadt- und Amts-Physicus Dr. Seubert.

[436]) Philipp Wilhelm von Kospoth, Ober-Forstmeister zu Kochersteinsfeld, Kammerherr.

[437]) Königsegg.

[438]) Herzog Karl kaufte von Chur-Mainz die Herrschaft Bönnigheim, Erligheim und $^1/_2$ Kleebronn für 46300 Gulden. Im Jahre 1785 fügte er dem Württemb. Wappen das Bönnigheimer Stadtwappen — silberner Mond in rotem Feld — hinzu.

[439]) Prinz Friedrich Eugen von Mömpelgart (s. Anm. 27).

[440]) Dompropst von Wesenberg aus Speyer.

[441]) Heute ließ sich der Herzog im neuen Schloß zu Stuttgart, nur in Gegenwart der Mömpelgarter Herrschaften, sowie des Staatsministers Grafen von Üxküll und des Hofpredigers Werkmeister als Zeugen durch den Hof-Caplan Schluß insgeheim „zur linken Hand" trauen. Niemand durfte etwas davon erfahren, was wohl die Veranlassung zu den Tagbuchaufzeichnungen der folgenden Tage ist.

[442]) Schatten. — Prinz Friedrich Eugen und dessen Gemahlin hatten schon am 15. April 1784 den Ehevertrag des Herzogs mit Franziska unterschriftlich bestätigt, während der streng katholische Prinz Ludwig Eugen die Ehe nicht anerkannte.

[443]) Von 1784 ab entstand als eine Lieblingstruppe des Herzogs die Gardelegion bestehend aus 1 Regiment Infanterie-Garde (2 Bataillone), je 1 Schwadron Leibjäger-Garde, Dragoner-Garde und Husaren-Garde und einer Compagnie reitender Artillerie (s. Anm. 423 und 607). Die Mannschaften waren von besonderer Größe, schön gekleidet, trefflich ausgerüstet und ausgezeichnet eingeübt. Das Infanterie-Regiment lag in der Legionskaserne in Stuttgart; nur die Leibgrenadier- und Scharfschützen-Kompagnie davon, sowie alle übrigen Truppen waren beständig in Hohenheim.

[444]) Pater Beda Pracher, welcher beauftragt wurde, die katholische Schule in Hofen einzurichten. (Näheres s. H. K. W. II. Seite 151.)

[445]) In die Klöster von Oberschwaben.

[446]) Churhanöverischer Resident von Knebel zur Übergabe seines Creditivs als Resident beim schwäbischen Kreis und Herzogl Hof. — Johann Philipp Conrad Falcke, Hanöverischer Hofrath und Direktor der Justizkanzlei.

[447]) Sogenannte Militärstraße, nördlich von den Schloßgebäuden, etwas erhöht mit Torbau, Wachhäusern, und 16 Gebäuden für die Gardelegion. Ein schönes Bild dieser Straße befindet sich in den „Ansichten des herzogl. würt.

Landsizes Hohenheim" v. V. Heideloff. Sie ist noch vorhanden mit zwei Kasernementsgebäuden am westlichen Ende: No. 20 und No. 21. No. 20 enthält die Wagnerei und Schmide der Akademie, No. 21, das sogenannte alte Kelterhaus, die meteorologische Hauptstation und Privatwohnungen.

448) Ulrich Mayr und Firmus Bleibimhaus, beide bis 1794.

449) Heute wurde also Franziska von Pfarrer Kohler, dem die stattgehabte Vermählung wohl in vertraulicher Weise mitgeteilt worden war, zum Abendmahl zugelassen.

450) Des eigentlichen Schlosses Hohenheim (Mittelbau), dessen Grundstein am 24. Juni 1785 gelegt wurde (s. 25. Juni 1785 und Anm. 34).

451) Auf der Domäne Einsiedel mit einem Jagdschlößchen hatte der Herzog ein Gestüt und in den 1760er Jahren nach der Anlegung einer Baumschule auf der Solitude eine solche dort eingerichtet und dann auch ein bald wieder eingegangenes Lustschlößchen erbaut.

452) Dieser laufende Brunnen stand an der östlichen Ecke des Schlosses, gegenüber dem an der westlichen Seite jetzt noch vorhandenen, von Franziska erdachten Springbrunnen; er hatte die Unterschrift: „So rollet sanft die Zeit mit einer Freundin hin."

453) Vom Herzog selbst geschrieben.

454) Es war Maimesse (s. Anm. 72).

455) Churpfälzisch Bayrischer Kammerherr und Regierungsrath Graf von Seyboldsdorff, sein Bruder Domherr Graf von Seyboldsdorff und der Bayerische Kammerherr von Frauenhofen aus München.

456) Baron von Mackau.

457) Russischer Gesandter Graf Romanzow (s. Anm. 319).

458) Die Grundsteinlegung fand am Freitag, den 24. Juni 1785 statt. Die Tage sind von Franziska vom Sonntag, den 12. Juni bis Samstag, den 8. Juli 1785 um einen Tag voraus datiert. In den Grundstein kam der von Fischer 39) überreichte, auf Silber gestochene Riß und eine silberne Kapsel, in welche der Herzog einen eigenhändigen Aufsatz über „Ursach und Bestimmung" des Baus legte. Das Hohenheimer Hofdiarium de Anno 1785 enthält zum 24. Juni folgende Bemerkung: „in die Grundlage wurde nicht wie sonst Früchten, Wein, u. Gold eingelegt. S. Herzogl. Durchlaucht nennten es nicht Schloß, sondern ein Hauß, und legten eine Capsul worinnen etwaß geschriebenes seye, selbsten hinein, und äußerten Höchst gnädigst, hier wird mann mit der Zeit finden warum ich dieses Hauß gebauet habe, und über den Grund Stein werde ich mein Schlafzimmer machen lassen."

459) Prinz Rezzonigo, Senator aus Rom.

460) Grandhomme.

461) Der jüngere Graf von Stadion, churmaynzischer Kammerherr, „um Serenissimo wegen des Bennigheimer Kaufes (s. Anm. 438) in Seinem und Seiner Famille Nahmen den U. Dank zu sagen."

462) Graf von Rothenhan und Graf Nys.

463) Hofkaplan Bernard Menninger. Die Hofkaplane blieben abwechslungsweise je eine Woche zum Kirchendienst in Hohenheim.

464) Der Herzog hatte die W. F. Frommann'sche Sammlung von Autographen und Wappen (mehr als 100 Foliobände) durch Kauf der Bibliothek (s. Anm. 36) einverleibt.

465) Graf Leuning.

466) Obristwachtmeister und Flügel-Adjutant von Varnbüler.

467) Von Gaisberg, Rittmeister bei der Herzogl. Garde du Corps.

468) Regierungsrath Ulrich von Mandelsloh, Kammerjunker.

469) Kammerherr von Echerny aus Paris.

470) Obristwachtmeister von Franquemont, Flügel-Adjutant und Kammerjunker

471) Hauptmann bei der Leib-Garde zu Fuß von Ostheim, Kammerjunker.

472) Der Eintrag am 6. Septbr. ist vom Herzog selbst geschrieben.

473) Kammergerichtsassessoren aus Wetzlar von Riedesel und von Öttinger.

474) Christian von Hochstetter, Expeditionsrath, sodann Direktor und Geheimer Rath. Starb den 2. Novbr. 1785. — Prinz Friedrich von Baden-Durlach.

475) Prinz Wilhelm (s. Anm. 327) war damals Königl. Dänischer General-Major und Kommandeur der Leib-Garde zu Fuß. Geb. 27. Dezemb. 1761.

476) Fürst von St. Blasii nebst seinem Kanzler und Dechant-Archivarius.

477) Baron von Mysani, Podestà von Tirano (s. Anm. 561).

478) Von Kriegsheim.

479) Unterirdische Gewölbe im sogenannten „Römischen Gefängniß“, in der Mitte des „Dörfles“. Von jenem sind heute noch die Gräben zu erkennen. (Etwas südlich von dem noch erhaltenen „Römischen Wirtshaus“ (s. Seite 8).

480) Oberst von Kalnoky, Kommandeur des Kaiserlich Warasdiner Croaten-Regiments.

481) Grafen von Zuccato und von Grabiz, Lieutenants in der Garde Legion.

482) Obristwachtmeister von Wolff, vorgesetzter Offizier an der Hohen Karls-Schule.

483) Das Uxküllische Haus, ein Herrensitz, dem Staatsminister Freiherrn von Uxküll (12) gehörend in schönem Garten, am „Besetzten Weg“ No. 326, erbaut 1611. Im Garten steht heute noch ein originelles Lusthäuschen ohne Fenster, die offene Vorderseite aus Werksteinen schwungvoll aufgegibelt mit allerlei Zierrat und Urnenbekrönung. Jetzt Büchsenstr. No. 21 im Besitz des Herrn Koppenhöfer. (S. Anm. 540.)

484) Eugène (Eugen), s. Anm. 206.

485) Kaiserl. Königl. Obrist und Regiments-Kommandeur Graf von Wolkenstein.

486) In dem Haus des Präzeptors Faber, „auf dem Graben“.

487) Kaiserl. Königl. General Baron von Staders, welcher mit österreichischen Truppen aus den Niederlanden durchmarschirte.

488) Von Schertel-Burtenbach und zwei von Seckendorf.

489) Auf der Reise nach Nürnberg (s. 4. Jan. 1786) hatte Prinz Ludwig Eugen, der Bruder Karls, welcher jenen auf seinem Schloß in Weiltingen mit Franziska besuchen wollte und sich ihm ankündigte, geantwortet, es werde ihm und seiner Frau die größte Gnade und Ehre sein, den Herzog allein, ohne die Gräfin von Hohenheim, von der sie beide nichts wissen, bei sich zu sehen. Karl hatte damals ohne Weiteres seine Reise fortgesetzt. Eingehendes hierüber s. Vely, IX. Abschnitt, auch Anm. 442.

490) Im Juni 1787 wurde die Ecole, nachdem sie schon seit Jahren auf die Erziehung von „Kavalliers- und Offizierstöchter“ beschränkt worden war, vollends

ganz aufgehoben (s. Anm. 15). Den Kavalierstöchtern derselben wurde bis zu ihrer Verheiratung eine Pension von 150 Gulden jährlich ausgesetzt.

[491]) Der Herzog hatte auf seiner Reise nach Nürnberg (s. 4. Jan. 1786) die 1645 Nummern starke Bibelsammlung des Schaffers Panzer in Nürnberg um 3000 Gulden erworben (s. Anm. 429).

[492]) Karoline und Eleonore von Franquemont in der Ecole (s. Anm. 73).

[493]) Karl hat vielleicht aus Ärger über die Zurückweisung seiner Gemahlin in Weiltingen (s. Anm. 489) die Veröffentlichung seiner Trauung beschleunigt. Am heutigen Tage befahl er, allen ganz unerwartet, dem Hofkaplan Werkmeister, im Gebet nach der Predigt auch die Reichsgräfin von Hohenheim ausdrücklich als seine Gemahlin mit den Worten: „Segne auch, o Gott, Höchstdesselben Gemahlin“ u. s. w. einzuschließen.

Im Herzogl. Wirtemb. Adreßbuch vom Jahre 1785 steht noch unter der Karl gewidmeten Seite „Wittwer den 6ten April 1780“, was 1786 fehlt, um 1787 durch den Eintrag: Höchst Dero Durchlauchtigste Frau Gemahlin, Frau Francisca Theresia, Gräfin von Hohenheim“ ersetzt zu werden.

[494]) Vom Herzog selbst geschrieben auf einer leer gebliebenen Seite.

[495]) Gleich nach der Rückkehr von der Reise nach Mecklenburg-Schwerin erhielt das herzogliche Paar von der Landschaft und den verschiedenen Collegien ein Hochzeitsgeschenk von 400 Carolins. Der Herzog überließ seine Hälfte dem Ludwigsburger militärischen Waisenhaus, Franziska ihre Hälfte meistens einigen durch Brand geschädigten Gemeinden.

[496]) Es scheint damit derjenige Teil des englischen Gartens gemeint zu sein, welcher unmittelbar südwestlich an das Schloß angrenzt, nördlich von der „Stuttgarter Chaussee“, westlich ans bisherige „Dörfle“ und südlich an den langen See grenzte (s. auch 31. März 1786).

[497]) Heute der Weg, der der östlichen Grenze des „exotischen Gartens“ entlang führt.

[498]) Den Haupteingang in die Gebäude und Anlagen von Hohenheim bildete das Thor im Thorbau der Militärstraße (s. Anm. 447).

[499]) Am 16. März 1599 von Herzog Friderich. Der Grundstein wurde nach einigen Tagen des Nachgrabens gefunden und in Gegenwart des herzoglichen Paares geöffnet. Man fand darin eine mit einer Denkschrift eingravirte (Inhalt s. Bilder aus Alt-Stuttgart von Bach und Lotter Seite 18) Kupferplatte und einen Goldgulden, welcher in's herzogl. Münzkabinet kam. Auf dem Stein war eine ähnliche Inschrift angebracht. Der Deckel des Grundsteins war von rotem Marmor und wurde sodann von den Eleven der Akademie als Meßtisch benützt.

[500]) Eulogius Schneider, Lektor im Franziskanerkloster in Augsburg, wurde vom Herzog auf Empfehlung des Augsburger Weihbischofs Umgelter als Hofprediger angestellt. Eingehendes und Bild von ihm s. H. K. W. II. Seite 263. — Fürst Heinrich August und Fürstin Wilhelmine Eleonore.

[501]) Von Mutius.

[502]) Von Kroekriz.

[503]) Prinz de Ligne, Kaiserlicher Gouverneur von Brüssel.

[504]) Obrist von Gussmann, sein Adjutant.

[505]) Fürstlich Taxischer Geheimer Rath Freiherr von Lilien.

506) Markgräflich Durlachischer Kammerherr und Regierungsrath Baron von Kniestett.

507) Kammerherr Karl Reinhard von Röder.

508) Otto Wilhelm Alexander von Rau von und zu Holzhausen, Obrist und Kommandeur des General-Major von Gabelenzischen Grenadier-Regiments, Kammerherr.

509) Maximilian von Jetten, Obrist-Wachtmeister bey dem General von Hügelischen Infanterie-Regiment, Kammerherr.

510) Von Stetten, Obristwachtmeister bei der Infanterie der Garde Legion.

511) Von Wiesenhütten, Hauptmann im General-Lieutenant von Stainschen Infanterie-Regiment, Kammerjunker.

512) Friedrich Wilhelm Reinhard Baron von Witzleben, Trabantenlieutenant und Kammerherr.

513) Obrist von Leidreuter, Commandeur des General-Lieutenant von Stainschen Infanterie-Regiments.

514) Erbprinz Karl Wilhelm Ferdinand von Braunschweig-Wolfenbüttel.

515) Oberhofmeister Obrist Baron von Bode.

516) Allen Hof-, Expeditions- und wirklichen Kammer-Räthen mit deren Frauen.

517) Neuhausen auf den Fildern.

518) Das „eiserne Treibhaus“ in der Neuanlage des „Dörfles“, nördlich vom langen See (s. Anm. 496).

519) Karl Fridrich Philipp Heinrich von Reischach, wirklicher adelicher Regierungsrath und Kammerjunker, bisher Lieutenant bei der Garde du Corps und Hofjunker.

520) Ludowike Reichenbach, spätere Simanoviz, geboren in Schorndorf, den 21. Februar 1759. Eine Freundin der Christophine Schiller. Seit 1786 durfte sie mit herzoglicher Unterstützung ihre Studien in Paris fortsetzen. Hauptsächlich bekannt durch ihre Porträts, von Schiller und seiner Angehörigen. Heiratete 1790 den Württemb. Lieutenant Franz Simanowiz. Näheres s. H. K. W. I. Seite 744.

521) Eine (mehrmals schon erwähnte (s. S. 293) Felsengrotte, ganz am Südende des „Dörfles“ vor dem Bau der Jägergarde.

522) Stallmeister Ferdinand von Üchteritz (Üchtritz), Hofjunker, später Kammerherr.

523) Als Graf und Gräfin von Schwerin (s. Anm. 157).

524) Oberstallmeister von Ranzau.

525) Rittmeister von Thumb bei der Garde du Corps.

526) Fräulein von Phull, nunmehrige Hofdame der Herzogin.

527) Es war die 1. Jahrhundertfeier des Gymnasiums, welche mit großem Gepränge, Prozession, Gottesdienst in der Stiftskirche und Teilnahme des herzoglichen Paares und der Hofkavaliere begangen wurde. Professor Balthasar Haug („Professor der Hohen Karls-Schule und Gymnas. Illustr.“) hielt eine Rede vom „Merkwürdigsten aus der Geschichte des 100jährigen Gymnasiums“. 6 Gymnasisten hielten Reden „über den großen Einfluß gymnastischer Studien auf das ganze Leben“. Franziska machte unter Anderem eine Stiftung von 200 Gulden. Näheres s. H. K. W. II. Seite 159.

[528]) Deutschen.

[529]) Johann Simon v. Kerner, Professor der Naturgeschichte und Botanik an der „Hohen Karls-Schule"; 1755—1830.

[530]) Der mit dem Statthalter gekommen war.

[531]) Kaiserl. Kammerherr Graf von Baar aus Wien.

[532]) Diesen, ehemals Bilfinger'schen, Weinberg hatte der Herzog erst vor einigen Tagen von der Stadt Cannstatt gekauft.

[533]) Karl August Wilhelm Schilling von Cannstatt, Ober-Forstmeister in Heidenheim, Kammerherr.

[534]) Vicomte de Beauchamp mit Frau und Sohn, Fräulein Colmore, Chevalier Convay, Baron Clifort, Mylord Cambton.

[535]) Ludwig Benjamin Martin Schmid, Dr. philos., Professor und Prediger bey der Hohen Karls-Schule 1786—1793, Lehrer für Religion und Finanzwissenschaft.

[536]) Hauptmann Feinmann, Regiments-Quartiermeister bei der Garde Legion, Jäger-Garde.

[537]) Durch die Unbeugsamkeit des Papstes Pius VI. erkannten auch der Wiener Hof und die katholischen Höfe die Ehe des Herzogs nicht an.

[538]) Geheimer Rath von Hopfer.

[539]) Aus Anspach. — Devantière, französ. = Damenreitkleid.

[540]) Im Uxküll'schen Haus (s. Anm. 483) fanden regelmäßige Gesellschaften des Adels statt, daher auch „adeliges Gesellschafts-Haus, Assemblé Haus genannt.

[541]) Ernst August von Rieben, Hofjäger und Oberforstmeister am Stromberg zu Freudenthal, Kammerherr. Gestorben 13. März 1787.

[542]) Karl Friedrich, Freiherr von Seckendorf, Ober-Forstmeister in Blaubeuren, Kammerjunker.

[543]) Dieser Brief ist enthalten in E. Vely, X. Abschnitt.

[544]) Dieser Weg ist noch erhalten. Er führt durch das Weidach, kreuzt die alte Straße nach Stuttgart und führt zur früheren „Militärstraße (s. Anm. 447). An beiden Enden dieser Straße war in einiger Entfernung je eine Pyramide, welche als „Point de vue" dienten und bei Nacht, sowie die ganze Militärstraße, beleuchtet wurden.

[545]) Obristlieutenant bey der Herzogl. Leibgarde zu Fuß, Kammerherr.

[546]) Pater Wilhelm Mercy aus Überlingen, Mönchrother Prämonstratenser, 15. April 1787—1794 Hofprediger, Lehrer an der Akademie (s. 29. Juli 1787).

[547]) Graf von Moltke, sein Bruder Jägermeister von Moltke und dessen Frau.

[548]) 2 Eleves von Franquemont.

[549]) Ludwig Otto Oßwald Prinz von Salm aus Luxemburg.

[550]) Chevalier Lokart aus Schottland.

[551]) Das sogenannte Pfarrhaus auf den Felsen bei der gothischen Kapelle (s. Anm. 74).

[552]) Die neue Meierei (im Gegensatz zur alten Meierei (s. Anm. 34) wurde auf der unteren Haugswiese (s. Anm. 292) angelegt. Sie war in der nordöstlichen Ecke des „Dörfles" nördlich des heute noch bestehenden „Sees mit einer Insel". Sie war die größte und ansehnlichste Parthie des „Dörfles" und bestand aus mehreren Gebäuden mit größerem Hof, der Milchkammer, dem Badehaus (s. Anm. 570), dem Krautgarten, Brunnen, Taubenschlag, Bienenstand etc.

[553]) Gräfin von Attems aus Görz, welche zwei Söhne in der Akademie hatte.

554) Geheimer Rath und Comitatsgesandter von G. aus Gotha und Baron von G. aus Rappenau.

555) Schwester des Herzogs Karl Augusta, Herzogin zu Wirtemberg und Teck etc., geboren den 20. Okt. 1734. Vermählt den 3. Septbr. 1753 mit Karl Anselm, damaligem Erbprinzen, nunmehrigem regierenden Fürsten von Thurn und Taxis, geb. den 10. Jan. 1733. Sie hatten 2 Söhne und 1 Tochter. Die Fürstin hielt sich in Hornberg auf, von wo der Leichnam am 12. Juni Nachts 10 Uhr in Ludwigsburg eintraf. Der Herzog und Franziska nahmen am Leichenbegängniß nicht Teil (s. 12. Juni und 6. Juli 1787 und Anm. 568).

556) Rayß Marschall von Schack; Geheimer Rath und Oberstallmeister von Jetten; Graf Savioly.

557) Georg Christian Knab, Sekretarius und geheimer Kanzellist, sowie Taxamtsverwalter. Christian Friedrich Göriz, Rentkammer-Buchhalter.

558) Von Effinger vom Schloß Wildeck, Kanton Aargau.

559) Von Thüngen.

560) Weil das Pferd gescheut hat.

561) Misani.

562) Es waren 1) der regierende Fürst von Hohenzollern-Hechingen, Joseph Wilhelm Franz und seine Gemahlin Marie Theresie Friederike (s. Anm. 368).

2) Der regierende Fürst von Fürstenberg Joseph Wenzelaus und seine Gemahlin Marie Josephe.

3) Der regierende Fürst von Hohenzollern-Sigmaringen Karl Friedrich; seine Schwester Marie Johanne, Canonissin zu Buchau.

563) Holländischer Contre Admiral von Kingspergen.

564) Kaiserl. Königl. Landvogt Graf von Bissing von Rothenburg.

565) Präsident von Hornstein von Dillingen.

566) Das „Kapregiment“ mit einer Kompagnie Artillerie (der offizielle Name war „Herzogliches Regiment Wirtemberg“, später „Indisches Subsidienregiment), dessen Abschied Schubart in dem allgemein bekannten Liede „Auf, auf, ihr Brüder, und seid stark! Der Abschiedstag ist da.“ besang, trat nach Fahnenweihe und festlichem Gottesdienst in Ludwigsburg in zwei Abteilungen am 28. Februar und 5. September 1787 den Marsch an die holländische Küste über Metz, Sedan, Lille an, um sich in Vliessingen einzuschiffen. Ankunft in Kapstadt Ende 1787 und im Sommer 1788. Näheres hierüber s. H. K. W. I. Seite 138 u. ff.

567) Knecht, früher beim Husaren-Regiment.

568) Erbprinz Carl Alexander von Thurn und Taxis und sein Bruder Friedrich, Söhne des Fürsten Carl Anselm und der verstorbenen Fürstin Augusta (s. Anm. 555).

569) Christian Freiherr Vogt zu Hunoldstein, genannt Steingallenfels, Pfalz-Zweibrückischer Kammerherr und Jägermeister, in der Folge herzogl. Wirtemb. Vice-Landjäger und Oberforstmeister zu Altensteig. Verheiratet den 27. April 1788 mit Janette von Pflug (s. 28. April 1788).

570) Im sogenannten Badhaus der „Meierei“ im Dörfle (s. Anm. 552) befand sich ein Badzimmer mit hellblauen und weiß seidenen Tapeten und Möbeln. Der Badezuber selbst war in einem Sopha versteckt.

571) Obrist-Lieutenant und Rittmeister von Naso, beim von Bouwinghausenschen Husaren-Regiment (s. Anm. 253).

572) In französischen Diensten.

573) Sein Adjutant Rittmeister von Ferré.

574) Dieses neue Oberamtsgebäude für Stuttgart, die „Herzogliche Oberamtei", wurde auf dem ehemaligen Stadtgraben bei der Planie 1784—1787 mit einem Aufwand von 30 000 Gulden erbaut (späteres Justizministerium).

575) Spezial-Superintendent und Stadtpfarrer M. Keller.

576) Heilbronn war damals freie Reichsstadt, welche der Herzog früher schon und auch öfters mit Franziska besuchte und mit welcher er in mannigerlei Beziehungen stand. (S. H. K. W. II. Seite 331.)

577) Archiv s. H. K. W . II. Seite 340.

578) Dieser See, südwestlich von Lauffen, wurde im Jahr 1454 von Graf Ulrich, dem Vielgeliebten im vermutlichen alten Neckarbett angelegt. Er war der größte See in Alt Württemberg. Im Jahre 1820 wurde er trocken gelegt, wodurch 225 Morgen Land gewonnen und das regelmäßig auftretende endemische Fieber gehoben wurde.

579) General von Raßler, früher Obrist im Creyß-Cuirassier-Regiment. Seine Frau eine geb. Haddik.

580) „beederley Geschlechts von 3. bis 10. Jahren."

581) Georg Hartmann, Expeditionsrath, Landrechnung- auch Herr- und Landschaftl. Schuldenzahlungs-Deputatus.

582) Hofprediger 1788—1794.

583) Von Richthoff aus Ludwigsburg.

584) Flözlingen (?) 8 Kilom. westlich von Rottweil.

585) nunmehr.

586) Franziska überspringt einen Tag, daher bis zum 31. April (!) jeder Tag voraus datirt ist.

587) Carl August Gottfried Freiherr von Seckendorf, früherer Minister am Anspachischen Hof, sodann Württ. Geheimer Rath und Comitial Gesandter für Regensburg und Ober-Hofmeister des Collegii illustris zu Tübingen. Die 3. Schwester der Franziska war zuerst mit dem Frhrn Franz v. Wöllwarth verheiratet; nach dessen Tode 1771 mit diesem Frhrn v. Seckendorf.

588) Es bestand immer noch das Werbesystem und die Jagd auf „die langen Kerls". Die Amtleute wetteiferten im Darlegen ihrer Fähigkeiten für ihre Werbung. „Der Herr Ober Ammtmann und Kammerherr von Biedenfeld Gnaden brachten einen großen Recrouten". Dieser wurde von „Hof gespeist und beherbergt".

589) Auf dem „Spitalplatz" No. 377, jetzt Büchsenstraße No. 26, Ecke der Büchsen- und Hospitalstraße, nachmaliges Sturmfeder'sches Haus. Jetzt umgebaut und vergrößtert, No. 26 A. Am Kellerportal war zu lesen: „I. F. S. 1788." Jakob Friedrich Schweickle, Hofschreiner.

590) Christoph Friedrich Kaußler, geb. 1760 zu Tübingen, Zögling der Akademie 1773—1780, dann Erzieher in Nîmes, 1783 als Lehrer der französischen Sprache an der Akademie und Ecole angestellt bis 1794, seit 1786 Professor; lehrte besonders auch Mathematik. Franziska, welche nicht französisch gelernt hatte, es auch nicht liebte, sich ihrer fehlerhaften Aussprache schämte und es unglaublich schlecht, wie auch aus dem Tagebuch ersichtlich, schrieb, scheint deswegen, um ihre französische Correspondenz aufrecht erhalten zu können, einen Kenner dieser Sprache bevorzugt zu haben.

591) Samuel Friedrich Freiherr von Gültlingen war einer der vielen Vohensteinschen Erben von Adelmannsfelden, welche sich um dessen Besitz herumstritten. Er hielt sich deßwegen längere Zeit dort auf. Seine Ansprüche sind aber gerichtlich nicht anerkannt worden. Diese Linie von Gültlingen ist ausgestorben. Seine 2. Frau war eine Base der Franziska.

592) Johann Wilhelm Seubert, Hofgerichtsassessor, Tutelarrath, auch Straßen- und Zucht- und Arbeitshaus Deputatus.

593) M. Carl Friedrich Ziller.

594) Schwefelbad Zaisenhausen, Dorf 11 Kilom. nordöstlich von Bretten.

595) S. den 4. Juli 1788. Es gab damals eine Gesellschaft von „englischen Reitern" (Kunstreiter) im oberen Holzgarten Vorstellungen.

596) Söhnerin, s. Anm. 251.

597) Hauptmann Stumppe im General-Major Prinz von Coburgischen Grenadier-Regiment.

598) S. Anm. 475 und 327. Prinz Wilhelm kam von seinen Eltern, welche sich in Baden in der Schweiz aufhielten, auf der Reise nach Kopenhagen.

599) Professor Ehrmann aus Straßburg i. E. Seine Frau Marianne, hauptsächlich bekannt durch ihre 1790 begründete Zeitschrift: „Amaliens Erholungsstunden, Teutschlands Töchtern geweiht," von 1791 ab im Verlag der J. G. Cottaschen Buchhandlung. 1793 erschien dafür die Monatsschrift „Flora", Teutschlands Töchtern geweiht von Freunden und Freundinnen des schönen Geschlechts, wozu Marianne Ehrmann die meisten Beiträge lieferte.

600) M. Christian Gottlieb Göz in Scharnhausen. Seine Frau dle Tochter des Hof- und Expeditionsraths Hettler in Stuttgart.

601) Mylord Camelfort aus London.

602) Freiherr von Milkau, Burgmann zu Vechta in Westphalen.

603) Capitaine von Cucomos aus Holland.

604) Carl Theodor Wilhelm Graf zu Sayn und Wittgenstein, Kammerherr.

605) Kaiserl. Königl. Bischof von Linz, welcher sich vorübergehend damals im Kloster der freien Reichsstadt Weilderstadt aufhielt.

606) Kaiserl. Königl. General-Feldzeugmeister, Geheimer Rath und Commandeur der österreichischen Lombardei, Graf von Stain.

607) Eine „kostbare" rote Uniform für diese Lieblingstruppe des Herzogs, welche zu seinem persönlich Dienst ausersehen war (s. Anm. 443).

608) Feuerlein.

609) Obristwachtmeister von Becke, Commandeur der berittenen Artillerie der Garde Legion. Die Frau Hauptmann, später Majorin von Becke, seine Frau, war „Frau Direktorin" der „Fayence-Fabrique", welche seit 1763 der „Herzogl. ächten Porcellainfabrik", um deren Ausfälle zu decken, angegliedert war.

610) Friedrich August von Phull, Obrister und Commandeur der Herzogl. Leibgarde zu Fuß, Kammerherr.

611) Der Herzog hatte die Holzschuhersche Deduktionensammlung, die als die größte ihrer Art galt, 1780 in Nürnberg um 2500 Gulden gekauft (s. 11. Febr. 1780).

612) Von Imhof.

613) Hellwig, Lieutenant im Infanterie-Regiment von Würtemberg, Zweytes Bataillon.

[614]) Möhringen.

[615]) Es war die Rauische Familie (s. Anm. 508).

[616]) Es war Hofdame Fräulein von Phull mit ihrer Schwester (s. Anm. 526).

[617]) Rittmeister von Gemmingen mit Frau.

[618]) Dr. Reuß, Leibmedicus.

[619]) Prinz Maximilian Joseph von Thurn und Taxis, Obrister der Cavallerie in Churpfälzischen Diensten, ein Halbbruder des regierenden Fürsten von Thurn und Taxis (s. Anm. 555).

[620]) Ehemaliger chursächsischer Gesandter, Geheimer Rath, Baron von Gemmingen zu Regensburg.

[621]) Mylord Beauchamp (s. Anm. 534).

[622]) Herzogl. Mecklenburgischer Oberforstmeister und Kammerherr von Lützow. Er war der Tochtermann des Land-Oberjäger- und Oberforstmeisters von Röder in Waldenbuch.

[623]) Das Boudoir befand sich etwa 20 Schritte nördlich von der Mitte des langen Sees (s. Anm. 412).

[624]) Beiberg, ein Aussichtspunkt 900 m westlich von der „Garbe" am Weg nach dem Fasanenhof. Heute noch erkennbar an einem Rondel mit Baumgruppe.

[625]) S. Anm. 310. Prinz Friedrich Wilhelm war Rußisch-Kaiserl. General-Lieutenant und Gouverneur von Finnland, später von Cherson; vermählt 27. Oktober 1780. Seine Gemahlin Augusta starb am 27. September 1788 in Reval Der Prinz kehrte im Jahre 1790 in seine Heimat zurück, wo er zurückgezogen in Ludwigsburg der Erziehung seiner Kinder lebte.

[626]) Pleidelsheim.

[627]) Vikarius Pater Jakob Bernhard predigte hier nur vorübergehend.

[628]) Dieser See besteht heute noch. Die Maierei befand sich am nordwestlichen Ende des „Dörfles" (s. Anm. 552). Dicht südlich davon ist der „See mit einer Insel" im heutigen exotischen Garten. Seine Umgebung bietet immer noch ein anmutiges, lauschiges Plätzchen.

[629]) An der Hohen Karls-Schule, Magister in der Griechischen und Lateinischen Litteratur und Sprache, sowie in der Erdbeschreibung, 1782—1794.

[630]) Frau des Franz Xaver Hutti, 1775—1788 Tanzmeister an der Akademie und am Herzogl. Hofe; starb 1788.

[631]) Johann Heinrich Tiedemann, Stifts-Meßner in Stuttgart, 1793 Hof-Optikus und Hof-Mechanikus.

[632]) Ein kleines Feuer in einem Zimmer des Herzogs im Dachstock der alten Maierei (s. Anm. 34).

[633]) Johann Jakob Flatt, Consistorialrath und Hofprediger.

[634]) Karl Gustav Friedrich Baron von Uxküll, vormaliger Gouverneur, nachheriger Oberhofmeister bei Ihrer Hoheit der verwittibten Frau Landgräfin von Hessen-Cassel.

[635]) D. h. auf den Tribünen des Festsaals (s. Anm. 5).

[636]) Karl Graf von Zeppelin, Domherr zu Camin, ehemaliger Rußisch Kaiserl. Major und Generaladjutant beim Prinzen Friedrich Wilhelm (s. Anm. 625), Württ. Kammerherr. Ein Freund dieses Prinzen, des nachmaligen Königs Friedrich, welcher das schöne Grabmonument für ihn auf dem Ludwigsburger Friedhof errichten ließ mit Aufschrift „Dem vorangegangenen Freunde".

[637]) Auf der östlichen Seite des Hohenheimer Schlosses führte eine schöne, im Winter mit der Orangerie besetzte Galerie nach dem Hause, das den Wintergarten, eine Lieblingsschöpfung des Herzogs, enthielt, eine kleine, grüne Landschaft auch in der rauhesten Jahreszeit (s. Anm. 337 und 338).

[638]) Dieser Brief ist enthalten in E. Vely, XI. Abschnitt.

[639]) Franziska blieb mit Lavater, den sie mit Karl im August 1775 in Zürich besucht hatte, in schriftlicher Verbindung. Noch im Jahre 1793 besuchte dieser das herzogliche Paar in Hohenheim. Das erwähnte Gemälde, einen biblischen Gegenstand behandelnd, war von Hetsch gemalt und ein nachträgliches Hochzeitsgeschenk für Lavater's Sohn.

[640]) Franziska hatte im Jahre 1790, um für alle Fälle einen Besitz außerhalb Landes zu haben, von dem Generalmajor und Gouverneur von Stuttgart von Stain das ritterschaftliche Gut Bächingen an der Brenz (heute bayr. A. G. Lauingen) um 250 000 Gulden erworben, wobei sie zur Zeit von Karls Tod aber noch 200 000 Gulden schuldig war.

[641]) Rittmeister von Müller im General-Major von Bouwinghausenschen Husaren-Regiment.

[642]) Elias Benjamin Tritschler, Herzogl. geheimer Hofrath.

[643]) Franziska hatte sich schon an dem, der Todesstunde Herzog Karls folgenden Morgen in Begleitung der Frau von Biedenfeld in die ihr zunächst zugewiesene Wohnung im alten Schlosse in Stuttgart begeben, wo sie bis zum Frühjahr 1794 wohnte. Von hier begab sie sich auf ihr durch Erbschaft und Kauf zugefallenes Familiengut Sindlingen (s. Anm. 335), wo sie bis zur Einrichtung ihres Wittumsitzes wohnte. Im August 1794 war sie zur Kur in Karlsbad. Herzog Karl hatte schon am 4. September 1792 durch eine Wittum-Versicherungsurkunde ihr das Schloß in Kirchheim u. T. mit Garten, Einrichtung, sammt 4000 Gulden zum Aufzug und zur ersten Einrichtung verschrieben; ferner 20 000 Gulden jährlich halb in baar, halb in Früchten und Wein; dazu viele Wagen und Pferde und eine Menge allerlei Wildprets und Holz. Am 22. Januar 1795 konnte sie dahin übersiedeln. Den Sommer brachte sie stets in Sindlingen zu, welches sie bedeutend verschönerte und auf dem sie mehrere Gebäude neu aufführte (s. da u. 14. Jan. 1791). Nach ihrem Tode fiel Sindlingen an ihren Neffen von Böhnen. In der dortigen kleinen Kapelle ließ dieser ihre Büste, welche ihre Züge wohl am besten wiedergibt und unter Glas verwahrt noch daselbst zu sehen ist, aufstellen mit der Inschrift: „Ihr Herz schlug warm für Gott und Menschen. Durch Frömmigkeit und Wohlthätigkeit zeichnete sie sich aus.“ Im Jahre 1906 ließ der Württembergische Geschichts- und Altertumsverein im Chor der Martinskirche in Kirchheim u. T., unter welchem sie beigesetzt ist, eine sehr schöne Gedenktafel mit ihrem Kopfstück in Hochrelief, nach der Büste in Sindlingen, von Bildhauer A. Schenk in Stuttgart modelirt und ausgeführt, anbringen, welche den wahren Eindruck ihres Wesens auf den Beschauer macht.

[644]) Von Böhnen (s. Anm. 41) war nach dem Tode des Herzogs in den Hofdienst der Herzogin Wittwe getreten; nach deren Tod wurde er ihr Universalerbe, auch bayrischer Geheimer Rath und Kämmerer. Er hatte sich mit ihrer Nichte Sophie Schertel von Burtenbach verheiratet. Zum Hof-Staat der Herzogin gehörte: Hof-Cavaliers: von Böhnen, von Biedenfeld. Hof-Dames: Frau von Biedenfeld, Fräulein von Schertel. Kammer-Frauen: Mesdemoiselles Ger-

lachin und Lelorein. 1 Garderobe-Mägdlein, Kammerdiener Föhringer, 1 Friseur, 1 Kammerlaquay, Hoflaquaien, Ein Jäger, Leibkutscher, Vorreuter und Stallknechte.

[645]) Von dem nicht weit entfernten Gärtringen.

[646]) Sindlingen war eine Filiale von Ober-Jettingen.

[647]) M. Philipp Heinrich Friz. Unter-Jettingen gehörte zum Altensteiger Amt.

[648]) Mouche, auch Mistigri, Pamphile oder Lenturla genannt, einfaches Kartenspiel unter 3—6 Personen, dem „Tippen" verwandt.

[649]) Nagold 1½ Wegstunden südwestlich von Sindlingen.

[650]) M. Johann David Schmid.

[651]) Christian Gottlieb Werthes.

[652]) Heinrich Ludwig Abel.

[653]) Carl Ludwig Kraft.

[654]) Gloker.

[655]) Carl Ludwig Wilhelm Ernst von Reischach, Ober-Forstmeister, Kammerjunker.

[656]) Boston, ein zur Zeit des Amerikanischen Freiheitskrieges aufgekommenes Kartenspiel mit Whistkarten unter 4 Personen.

[657]) Von Beulwiz, Sekond-Lieutenant im General-Major von Hügelischen Infanterie-Regiment (s. Anm. 545).

Personenregister.

Die Zahlen bedeuten die Seitenzahlen.

Ortsregister.

Inhaltsverzeichnis.

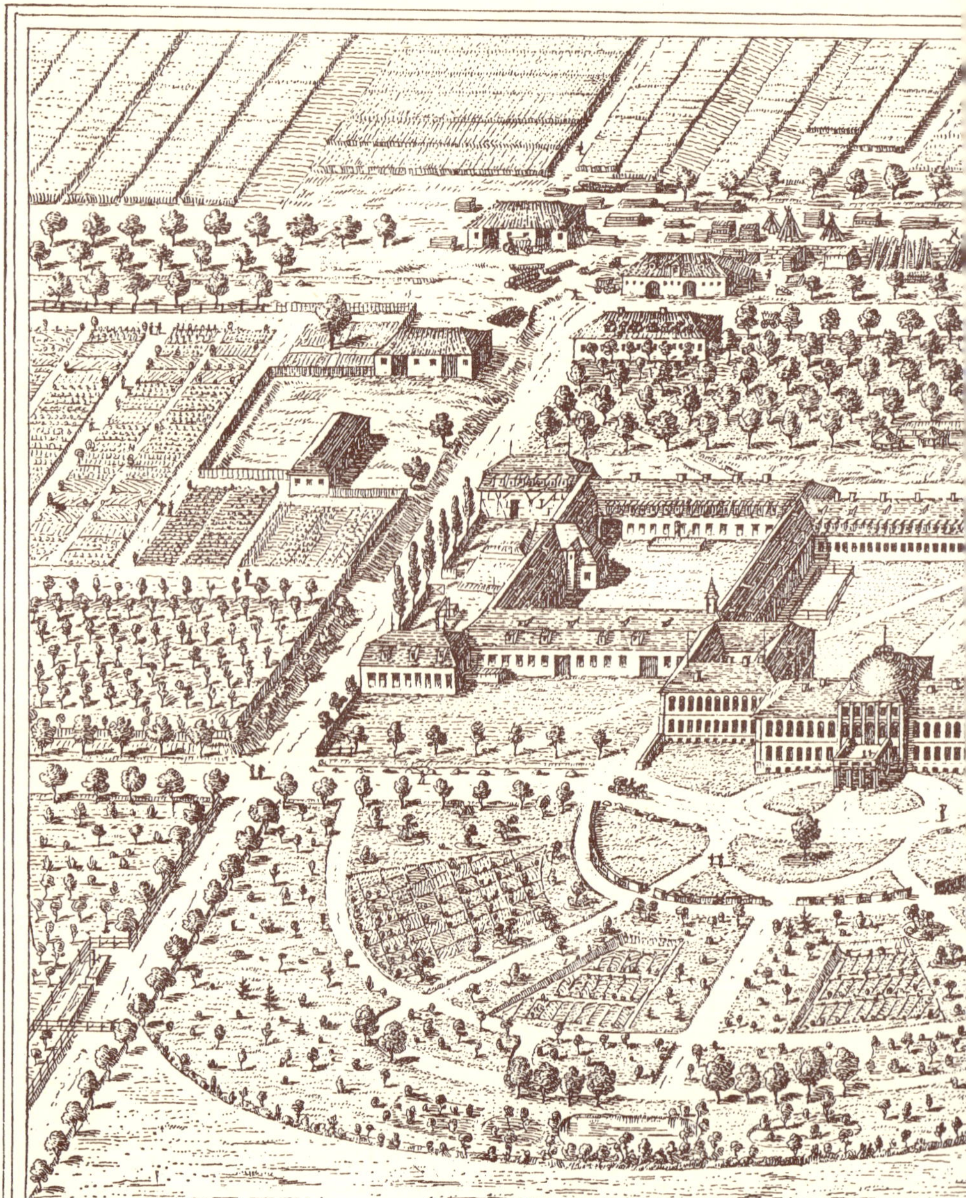

Hoh